目次

第一篇　勞工行政

第二篇 勞工法規

01 勞動法規概論

02 勞動條件類

05 就業安全類

第三篇　近年試題彙編

作者的話

勞工是屬於相對弱勢者，在提供勞務獲取工資的過程中，基於具備的生產要素僅有勞力一項，與同時擁有資金、土地、機具設備、廠房、技術、知識等多項要素的生產者相互比較，屬於弱勢者。為保護相對處於弱勢的廣大勞動者，各國相繼立法，並透過勞工行政單位的推動與執行，以期獲致保障勞動者的積極目標。

勞工行政單位是指由中央至直轄市的市政府，以及最基層的各縣市政府，尚包含中央附屬單位在內，屬於基本的勞工行政基本架構，命題率不高。惟勞工法規則顯得較為繁瑣，為有利準備，僅就勞工行政與勞工法規兩部分，依序編排，法規部分依性質不同，分為四大類：(一)勞動條件類；(二)勞工福利類；(三)勞資關係類；(四)就業安全類；至於國民年金法，不在命題範圍。

平時準備時，若能多閱讀與勞工議題相關的報導，以及上網查詢勞動部出版的〈台灣勞工〉（雙月刊）以及勞動力發展署出版的〈就業安全〉（半年刊），深信對於現況的瞭解會有更多的幫助，可有效應付部分時事題目的出現。

勞動法令隨時修正，為掌握最新法規內容，請上法務部全國法規資料庫查詢。

敬　祝

金榜題名

陳月娥 敬上

第一篇　勞工行政

一、勞工政策的意義與本質

「勞工政策」一詞，最早出現在十九世紀中葉德國舊歷史學派經濟學者的著作中；在1880年代，德國社會政策學派崛起，勞工政策是社會政策的主要課題，「勞工政策」一語遂流行於德國，而漸為其他國家採用。

「勞工政策」的涵義有廣、狹之分。廣義的勞工政策，指的是「一特殊組織的原則，或是該組織從事行動的指針；它與勞工事務的管理、工資給付的目標，以及影響勞工關係的廣泛安排有關。它一般是應用在聯盟或勞工組織中，但也可以平等的運用在特定的公司或整個國家的勞工政策中。當它是公司的勞工政策時，它指的是建立公司自身的原則，或者是對管理公司被僱者的指導，也可以是指公司人力及其他內部事務的管理。」這種廣義的說法包含了公司的、工會的以及國家的勞工政策。狹義的勞工政策係指「一國對於勞工方面所制定的各項主張。勞工政策的制定，係根據國家最高指導原則，就各項勞工問題，如勞動條件、勞工福利、勞工組織以及勞工活動等，所作具體而扼要的解決方策，以為勞工運動實施的準繩。」此時，勞工政策只是國家重要政策之一。本文對勞工政策一語係採狹義解釋，認為勞工政策是政府對勞工問題研究應該如何處理的一種價值判斷，這種判斷與國家的政治體制、社會制度和經濟組織的關係非常密切。當勞工問題的性質因時代、環境的變化而顯出不同的態勢時，勞工政策亦必須因時因地制宜。

勞工政策的本質為何，有許多的說法。有的認為勞工政策是一種社會政策，屬於救濟性質；有的認為勞工政策是一種經濟政策，在求國民生產力的高度發揮。不過若對之作一種動態的觀察，則可以發現勞工政策的本質乃是具有社會性、政治性和經濟性，因時代背景與客觀環境之不同，各個時期乃各有其重點。

當工業經濟發展的初期，經濟制度的特色是自由放任和「自己責任」原則。勞動者在低工資、長工時和不安全、不衛生的工作環境之下，不但生活窘

迫，妻兒被迫從事勞動，而且其生命與健康亦是岌岌可危，引起了社會改革
者的同情，於是督促政府採取保護性的立法。此時，勞工政策乃是基於人道
立場，對於自衛力薄弱的工人之一種救濟，富有社會政策的性質。至工業經
濟發展的中期，工廠、礦場日益普遍，都市人口不斷膨脹，勞工形成都市人
口中的多數，由於處境相同，利害一致，在相互影響和激盪之下，自然而然
的團結起來，向雇主爭取較多的權益。而雇主們為了本身的利害也聯合起
來，以與勞工團體相對抗，形成了尖銳對立的局面。勞方的武器是罷工、怠
工；資方的手段是歇業、鎖廠。各行其是的結果，不但勞資雙方俱受損失，
且有礙於社會秩序和政治安定。政府面對此種情況，乃運用政治的力量和途
徑加以干預，欲納勞資關係於正軌，這是偏重政治性的勞工政策。工業經濟
發展到成熟時期，在工業化的民主國家中，勞工已有堅強和優越的地位，有
足夠的力量來維護自身的權益。過去保護勞工個人的社會性政策和扶植勞工
團體的政治性政策，已不再是現代勞工政策的重點。當前最主要的勞工問題
是生產量雖然大量增加，而工作位置反而減少，人口急遽增加，而就業機會
相對減少。如何增加就業機會，使每一勞工都能發揮才能為生產而努力，是
現代勞工政策的重點所在，也就使勞工政策具有強烈的經濟性質。

若以不同國家的型態及發展情形來看其勞工政策之本質，是迥然不同的，茲
分別以下列圖形說明。

此圖表示工業剛發展國家的勞工政
策，偏重於社會方面，政治和經濟
兩方面的關係還不明顯。

圖一

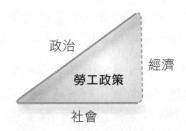

此圖表示工業發展中國家的勞
工政策，偏重於社會政治方
面，經濟性仍不明顯。

圖二

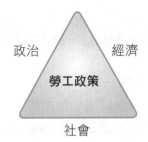

此圖表示工業發達國家的勞工政策，在社會、政治、經濟三方面的均衡發展關係上建立。

圖三

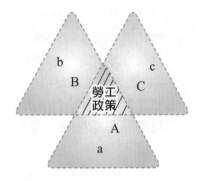

此圖等邊三角形的三邊代表社會、政治、經濟三方面均衡發展，形成勞工政策的三方面更擴大，勞工政策的面也愈大，任何一邊的發展都可影響其他兩邊，也更影響勞工政策的面。

A代表社會　B代表政治　C代表經濟
a 發展部分　b 發展部分　c 發展部分

圖四

二、勞動部113年度施政計畫

為持續積極保障及維護工作者勞動權益，本部秉持「安穩」、「安心」及「安全」的施政理念，推動公平穩定勞資關係，賡續完善勞動基準保障，支持新經濟、新科技模式工作者權益保護，加強營造友善工作環境，落實職場平權及就業平等，確保勞工保險及退休金制度穩定，精進就業服務效能，促進青年、婦女、中高齡及高齡者等國人就業，並協助改善疫後缺工、擴大就業，提供多元職訓管道，提升技能檢定服務量能，優化跨國勞動力聘僱管理制度，妥善運用跨國勞動力，完善職場減災策略，落實職業災害保險制度等重要施政目標。

本部依據行政院 113 年度施政方針，配合核定預算額度，並針對經社情勢變化及本部未來發展需要，編定 113 年度施政計畫。

(一)**年度施政目標及策略**

　1.**持續完善勞動基準保障，支持新經濟、新科技模式工作者權益保護**

　　(1)建構最低工資審議機制，擬定最低工資，確保勞工合理之最低工資。

(2)持續檢討現行工時規範，以完善工時制度。

(3)強化新經濟、新科技模式工作者就業機會、勞動權益、職業安全及勞動保險等面向之保障。

2. 加強營造友善工作環境，落實職場平權及就業平等

(1)健全就業平等法制，加強職場性騷擾防治，精進職場平權宣導。

(2)推動雇主提供哺（集）乳室及托兒設施措施，營造友善職場之育兒環境。

(3)推廣工作生活平衡理念，支持企業辦理友善員工措施。

3. 確保勞工保險及退休金制度穩定

(1)賡續檢討勞工保險相關制度及財務，維持勞工保險制度穩定運作；加強法規制度說明，提升勞工及投保單位對相關規範之瞭解。

(2)積極查核舊制勞工退休準備金之提撥，持續宣導並鼓勵新制勞工自願提繳退休金。

(3)落實勞動基金監理機制，增進勞動基金資產安全。

(4)深化多元投資策略，強化投資研究及風險管控機制，穩健提升基金收益。

4. 精進就業服務效能，積極協助國人就業

(1)賡續推動投資青年就業方案第二期，透過部會資源合作，協助青年職涯發展，培育並引導青年投入重點產業累積專業技能，穩定就業。

(2)整合部會協助措施，推動中高齡者及高齡者就業促進計畫，協助中高齡及高齡失業者就業、在職者續留職場及支持退休者再就業。

(3)辦理婦女再就業計畫，協助婦女自主訓練及再就業獎勵措施，並獎勵雇主提供工時調整職缺，促進婦女重新進入職場。

(4)落實疫後改善缺工擴大就業方案，積極運用就業獎勵措施，鼓勵雇主提供合理勞動薪資，促進國人投入疫後缺工產業，創造勞雇雙贏。

(5)協助受淨零轉型影響勞工，提供推介就業、職業訓練等資源。

(6)檢討就業保險相關規定，提升促進就業功能，增進勞工納保及給付權益。

5. 提供多元職訓管道，提升技能檢定服務量能

(1)配合重點產業政策及勞工職涯發展需求，辦理多元就業導向職業訓練，充裕產業所需人才。

(2)因應產業發展趨勢，串聯公私跨域合作、推展職能基準多元應用，強化技能檢定同步產業人才發展需求，落實教訓檢用合一目標。

6. **優化跨國勞動力聘僱管理制度，妥善運用跨國勞動力**

(1)因應經濟社會環境變化，強化留用外國專業及中階技術人才，研商推動重大跨國勞動力政策。

(2)健全跨國勞動力法制，保障外國人在臺工作權益，衡平國人就業權益及事業單位用人需求。

(3)加強國內外仲介公司許可管理，強化聘僱外國人法令宣導及諮詢申訴管道，提升外國人引進及業務管理。

(4)強化新聘外國人入境一站式接機及講習服務，便捷雇主申請聘僱作業，提升外國人工作權益。

(5)優化聘僱外國人線上申辦服務，簡化工作許可申辦規定，提供外國人數位工作許可，持續推動並擴大直接聘僱服務範疇。

7. **推動公平穩定勞資關係**

(1)推動勞工籌組工會及工會運作有利措施，持續推動團體協約簽訂之獎勵及協助措施。

(2)賡續精進訴訟外紛爭解決、裁決及大量解僱勞工保護相關機制，強化法律扶助措施。

(3)強化勞動教育扎根深植，提升國民勞動意識。

8. **完善職場減災策略，落實職業災害保險制度**

(1)健全職業傷病診治及職災勞工重建制度，結合區域醫療機構資源網絡；強化職業傷病通報，適時提供職災勞工必要服務，協助重返職場。

(2)持續推動職業安全衛生自主管理制度，推廣職場防災教育訓練，提升產業風險管控能力。

(3)精進職場減災策略，強化事業單位危害性化學品辨識評估、提升源頭管理及機械設備器具源頭管制，並加強營造業等高風險作業之安全衛生監督檢查，督促事業單位落實自主管理。

(4)優化勞工健康服務量能與執行品質，協助事業單位落實勞工身心健康保護措施。

(二)年度重要計畫

工作計畫名稱	重要計畫項目	計畫類別	實施內容
勞動關係業務	營造勞工有利結社環境	社會發展	一、推動研修工會法制,強化有利籌組工會相關規劃。 二、推動有利勞工結社措施,鼓勵勞工成立工會。
	強化勞資誠信協商		一、提升勞資雙方協商知能,培育集體協商人才。 二、獎勵及協助勞資雙方簽訂團體協約,提升勞工福祉。
	建立迅速有效勞資爭議處理機制		一、精進勞資爭議調解及仲裁效能,提升處理勞資爭議調解及仲裁相關人員專業知能。 二、補助地方政府辦理勞資爭議仲裁與委託民間團體調解業務。 三、強化大量解僱勞工保護措施,推動法律扶助,保障勞工權益。
	健全不當勞動行為裁決機制		一、精進不當勞動行為裁決案件審理及行政救濟相關事務。 二、完備裁決相關制度,提升裁決審理效能。
	提升國民勞動觀念,推動勞資會議制度		一、提升國民勞動意識,以多元管道推行勞動教育。 二、維運更新全民勞教e網,編製勞動教育e化補充教材。 三、深植校園勞動權益概念。 四、落實勞資會議制度。
勞動條件及就業平等業務	落實勞動基準法,保障勞工法定權益		一、督導地方政府落實勞動基準法業務。 二、辦理勞動基準法令研習,督促雇主遵守法令。 三、檢討研修勞動基準法規,健全勞動基準法制。

工作計畫名稱	重要計畫項目	計畫類別	實施內容
勞動條件及就業平等業務	推動合理工資制度，落實特別保護規定	社會發展	一、建構最低工資審議相關機制，擬定最低工資。 二、辦理積欠工資墊償基金管理作業；完備積欠工資墊償制度。 三、落實特別保護相關規範。
	建構彈性安全的工時規範		一、蒐集其他國家工時相關規範，以審視我國法制。 二、檢討現行法定工時制度。 三、辦理勞動基準法工時制度研習，編印有關勞動基準法令、工時制度等資料。
	促進職場平權，落實就業平等		一、研修就業平等相關法制。 二、強化職場性騷擾防治，提升被害人之保障。 三、召開性別平等工作會及性別平等工作申請審議業務。 四、辦理促進就業平等相關措施、政策宣導及教育訓練等業務。
勞動福祉退休業務	推動雇主提供哺（集）乳室與托兒設施措施		一、為促進員工子女托育服務，偕同地方政府輔導雇主提供哺（集）乳室與托兒設施措施。 二、辦理事業單位提供哺（集）乳室與托兒設施措施觀摩座談、專家諮詢輔導，以促進事業單位提供多元化育兒設施措施。
	輔導企業推動工作與生活平衡措施，打造友善職場環境		一、推廣友善職場作法，輔導與補助企業辦理工作生活平衡措施。 二、辦理教育訓練及專家入場輔導服務，培力企業規劃工作生活平衡措施知能。

工作計畫名稱	重要計畫項目	計畫類別	實施內容
勞動福祉退休業務	落實新、舊勞工退休金制度,強化勞工退休金權益保障工退休金制度,強化勞工退休金權益保障	社會發展	一、積極查核舊制勞工退休準備金,督促雇主落實按月及足額提撥義務。 二、編印勞工退休制度説明資料,辦理相關法令説明活動,加強宣導鼓勵新制勞工自願提繳退休金。
	落實勞動基金監理機制,增進勞動基金資產安全		一、每月召開「勞動基金監理會」會議,審議勞動基金運用計畫、資產配置、運用績效、預算及決算重要議案,強化外部監理機制。 二、審視勞動基金投資績效及勞工退休基金收支等相關報表,監督基金運用作業執行及法規遵循,提升日常監理效能。 三、辦理勞動基金收支、保管及運用業務實地查核,適時提出精進業務建議,維護基金資產安全。
勞動保險政策業務	提升就業保險促進就業功能		一、檢討就業保險法相關法規及解釋函令。 二、辦理就業保險法令及制度説明事宜,提升勞工及投保單位等人員對相關規範之瞭解。
	健全勞工保險制度及財務		一、檢討修正勞工保險條例相關法規及解釋函令。 二、配合整體年金政策期程,研謀勞工保險財務改善因應對策,維持制度穩定運作。 三、辦理勞工保險法令及制度説明事宜。
	完備勞工職業災害保險制度		一、檢討勞工職業災害保險相關法制。 二、辦理職業災害保險法令宣導説明事宜。

工作計畫名稱	重要計畫項目	計畫類別	實施內容
勞動保險政策業務	強化保險業務監理功能	社會發展	一、 定期召開勞工保險監理會議,審議勞工保險、就業保險及勞工職業災害保險年度工作計畫、預決算及其他業務監理事項。 二、 辦理勞工保險、就業保險及勞工職業災害保險業務檢查、財務帳務檢查及外部訪查等業務。
勞動保險執行業務	落實執行勞工保險、勞工職業災害保險及其他受任業務,提升服務品質及效能		一、 落實勞工保險、勞工職業災害保險及就業保險納保業務,積極輔導及查核雇主依法加保及覈實申報投保薪資,維護勞工權益。 二、 加強保險費收繳,掌握催收時效,鞏固勞工保險、勞工職業災害保險及就業保險之財務健全;積極辦理勞工退休金之提繳、查核及個人專戶管理,以維護勞工之退休金權益。 三、 正確、迅速、安全核發勞工保險、勞工職業災害保險及就業保險各項給付、津貼、補助、勞工退休金及墊償工資等,保障勞工及其家屬經濟生活。 四、 積極維運全球資訊網及Facebook粉絲團,持續宣導勞工保險、就業保險及勞工職業災害保險等業務,並提供民眾所需便捷服務與資訊。強化各地辦事處單一窗口服務及業務說明活動,增進為民服務效能。
	勞動保障暨年金服務躍升計畫		一、 持續強化營運環境維運管理與完善應用系統服務及效能,完成資料代碼及經營決策分析模型主題。 二、 擴大免書證介接範圍,導入移民署之書證系統,降低人工查驗時間,提高案件處理效率與降低時間成本。

工作計畫名稱	重要計畫項目	計畫類別	實施內容
勞動保險執行業務	勞動保障暨年金服務躍升計畫		三、落實資訊安全管理，強化核心業務隱私保護與使用，通過ISO/IEC27001轉版續審評鑑，完成資通安全責任等級A級機關應辦事項。 四、持續進行數位服務櫃檯與客戶服務應用系統－個人及單位功能整併程式設計開發及測試作業，以及資料策展儀表、年金暨給付整合試算服務、特定對象異常行為預警服務、數位服務櫃檯及智慧查調輔助平臺等5項主題應用系統精進及維護作業。 五、辦理審查回復跨域調查、案件編審註記作業及資料彙整試算作業等資料加值及智慧創新之主題應用系統開發及測試驗證。
勞動力發展業務	提升就業服務效能	社會發展	一、蒐集研析國內外經濟環境趨勢對產業發展狀況及就業市場變動情形。 二、辦理地區性就業市場分析並定期發布勞動供需調查。 三、運用僱用獎助及就業獎勵等措施，促進國人就業並協助改善疫後產業缺工。 四、提升就業服務人員專業知能。 五、運用網實整合多元通路提供求職求才推介與媒合服務。 六、因應新經濟模式與新科技發展對勞動市場之影響，滾動修正就業服務措施。 七、協助受淨零轉型影響之勞工，提供推介就業或參加職業訓練等措施，使其重回就業市場。 八、協助身心障礙者、特定對象及就業弱勢者就業。 九、推動多元培力就業計畫、提供創業諮詢輔導服務。

工作計畫名稱	重要計畫項目	計畫類別	實施內容
勞動力發展業務	協助青年職涯發展與適性就業	社會發展	一、結合各級學校辦理企業參訪、就業講座、校園徵才活動。 二、運用青年職涯發展中心協助青年釐清職涯方向及就業準備。 三、辦理青年就業領航計畫及提供穩定就業津貼。 四、提供青年多元化的職涯諮詢服務。 五、協調各部會推動「投資青年就業方案第二期」。
	促進婦女再就業		一、提供就業獎勵，鼓勵重返職場。 二、開發友善職場，協助婦女再就業。
	促進中高齡者及高齡者就業		一、提供失業與退休中高齡者及高齡者就業媒合服務。 二、推動在職中高齡者及高齡者職務再設計服務。
	推動多元培訓、職能基準及強化技能檢定		一、依青年各階段發展推動職業訓練。 二、運用公私協力實施多元職業訓練。 三、提供多元化職務導向在職勞工職業訓練。 四、因應新經濟、新科技模式與淨零碳排政策對產業發展及就業市場之影響，推動相關職業訓練。 五、推動職能基準多元應用及強化技能檢定內涵。
	有效運用跨國勞動力及強化聘僱管理制度		一、延攬留用外國專業及中階技術人才、調整跨國勞動力運用政策。 二、提升外國人聘僱管理及諮詢申訴管道、強化跨國人力仲介管理及跨國勞動力法制。

工作計畫名稱	重要計畫項目	計畫類別	實施內容
職業安全衛生業務	健全職業安全衛生及防災管理措施	社會發展	一、研修職業安全衛生法規及相關制度。 二、推動職業安全衛生管理制度及績效審查業務。 三、推廣職業安全衛生教育訓練、表揚職業安全衛生績效優良單位及人員。 四、維運勞動檢查相關資訊系統、編訂勞動檢查方針及統計年報。 五、強化石化業、營造業、機械設備製造業等高風險事業單位防災及管理效能。 六、與相關團體合作推廣安全衛生防災活動。 七、辦理機械設備器具安全資訊登錄驗證及危險性機械設備檢查。
	改善職場工作環境及促進友善勞動環境		一、提升綠能產業作業安全，降低職業災害發生。 二、輔導高風險、高職業災害、高違規之事業單位改善安全衛生工作環境。 三、補助地方政府招募在地安全衛生專責人力，辦理中小企業臨場輔導，協助改善工作環境。 四、提供臨場輔導與諮詢服務，精進事業單位輔導改善機制，營造職場健康工作環境。 五、透過跨部會減災合作、結合地方政府共同督促事業單位遵守勞動法令。 六、推動營造業及外國人職業安全衛生教育訓練，提升事業單位自主管理能力。 七、辦理體感實境場域教育訓練，提升工作場所危害辨識知能。

工作計畫名稱	重要計畫項目	計畫類別	實施內容
職業安全衛生業務	優化勞動監督檢查效能	社會發展	一、執行各行業勞動條件及安全衛生監督檢查。 二、透過與各地方政府、相關目的事業主管機關、工業區伙伴合作推動災害預防業務。 三、辦理職業災害高風險作業專案檢查及監督輔導。 四、辦理事業單位高階主管座談、安全衛生研討會及觀摩會。
	加強職業衛生與勞工健康服務量能		一、推動化學品危害辨識、管理及暴露評估業務、精進作業環境監測品質、查核、監督管理及職業衛生技術研討會。 二、推行勞工健康服務制度，辦理勞工健康服務人員之實務訓練與勞工健康顧問服務機構認可業務。 三、辦理勞工體格及健康檢查機構、特定檢查項目檢驗機構之認可、品質訪查及醫護人員教育訓練。 四、推廣工作相關疾病預防與辦理職業衛生及勞工身心健康相關資料之編製。
	加強職業災害預防與重建		一、完善勞工職業災害保險及保護法相關配套措施，確保職業災害勞工相關勞動權益。 二、推動職業災害勞工個案主動服務及勞工重建整合服務。 三、精進職業病鑑定評估及預防機制，強化職業傷病防治網絡及鑑定協助。 四、補助財團法人職業災害預防及重建中心辦理職業災害預防及重建等相關事務。

工作計畫名稱	重要計畫項目	計畫類別	實施內容
職業安全衛生業務	提升臺灣職場健康勞動力及安全衛生永續發展	社會發展	一、研訂職場健康安全揭露指南及發展評量工具，引領企業推動永續職場健康與安全發展目標。 二、提升企業職業性癌症預防及化學品危害風險管理知能。 三、借鏡國際經驗，強化新能源產業防災機制，促進產業永續發展。
勞動基金運用業務	深化全球多元投資策略，提升配置計畫規劃效能，強化資產配置執行效益，確保基金長期穩健報酬	社會發展	一、衡酌全球經濟情勢及各基金屬性，賡續多元布局金融資產。 二、密切關注投資環境發展，妥適規劃資產配置並控管基金投資風險，以維護基金經營長期投資效能。 三、機動因應市場變化，動態調整投資組合，以落實資產配置計畫，達致基金長期穩健收益。
勞動基金運用業務	優化國內股票投資布局，精進委託經營投資策略，強化風險管控機制，創造基金長期穩健收益	社會發展	一、持續增加臺股投資廣度及深度，精選高殖利率之績優個股長期持有，並逢低承接長線營運展望佳及評價合理個股，提高基金長期收益。 二、因應基金規模持續成長，研議規劃不同型態之委託經營類型，以分散投資風格及整體投資組合風險，並提升基金長期穩健績效。
勞動及職業安全衛生研究業務	精進勞動力發展趨勢與就業安定研究，強化區域貿易協定於勞動關係領域之研究，建構完善且彈性之勞動基準保障，促進職場平權	科技發展	一、前瞻掌握勞動市場機會與衝擊因素，研析淨零轉型等對勞動市場之影響，提供政策規劃參考。 二、強化青年與中高齡人力資本研究，提出就業服務與職業訓練政策規劃參考。 三、持續辦理特定族群就業安全研究，研議促進就業與職涯發展策略。

工作計畫名稱	重要計畫項目	計畫類別	實施內容
勞動及職業安全衛生研究業務	精進勞動力發展趨勢與就業安定研究，強化區域貿易協定於勞動關係領域之研究，建構完善且彈性之勞動基準保障，促進職場平權	科技發展	四、接軌區域經濟勞動環境發展趨勢，強化本土實證研究，提出優化健全勞動三權法制規範研析，營造有利結社環境，促進勞資自治。 五、面對新型態勞動關係，落實就業平等法令、非典型就業勞動型態之趨勢進行研究，促進勞工雙方共同創造雙贏的職場工作環境。
	開發職場安全防災與智慧監控技術，應用智慧科技提升職業安全衛生改善與職業傷病預防技術，強化職場危害因子暴露評估與職業傷病之預防，落實研發成果推廣與應用		一、調查評估職場安全危害，開發災害預防、智慧監控及安全管理技術，研擬安全減災對策。 二、應用科技掌握職業衛生風險並提升控制技術，協助落實危害預防措施。 三、建立職場危害因子暴露評估與監測技術，透過流行病學方法掌握職業傷病及健康管理。 四、推動勞動及職業安全衛生研究成果加值應用及展示，提升國人勞動與工安知能。 五、舉辦勞動及職業安全衛生跨國會議，促進國際交流合作。

三、勞工行政的演進

中華民國在國民政府時期公布社會部組織法，將勞工行政歸屬於社會部主責的社會行政業務內，1949年遷台後，社會部裁併於內政部，相關業務由勞工司辦理，主管就業輔導、職業訓練、勞工福利及教育、勞工團體、勞動條件、工礦安全衛生及檢查、勞資關係等七項，勞工司僅是內政部所轄的幕僚單位，無直接對外的獨立行政權限，明顯看出40～50年代臺灣勞工行政是屬於依附、邊緣與形式意義的。

1973年修正公布內政部組織法，勞工行政仍隸屬於內政部，特別是勞工保險業務亦歸屬社會司所轄，直至1987年行政院勞工委員會組織條例公布後，才將原隸屬於內政部主管的勞工行政事務獨立，充分顯現提升中央勞工行政主管機關的位階和功能。

民國99年1月12日推動行政院組織改造，行政院勞工委員會自103年2月17日升格為勞動部。

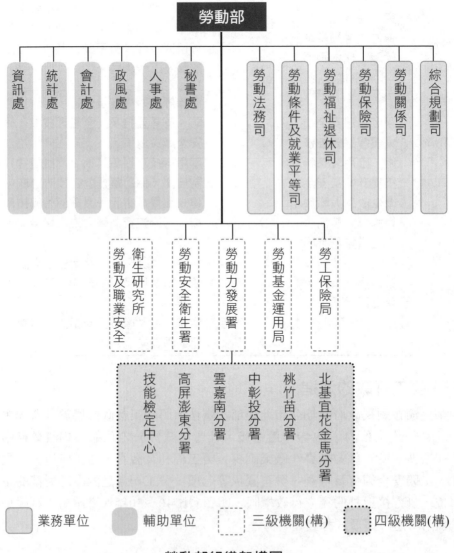

勞動部組織架構圖

四、勞動部組織職掌

綜合規劃司	1.勞動政策之研究發展、規劃及宣導。 2.勞工行政組織之規劃與中央及地方聯繫。 3.施政方針與施政計畫之編審、管制、考核及績效報告。 4.行政效能提升之規劃、督導及考核。 5.駐外人員之遴選、聯繫、監督及管理。 6.國際組織之參與及交流合作。 7.國際及兩岸勞動事務之交流合作。 8.國際勞動議題之諮商及談判。 9.人力資源政策之評估及規劃。 10.其他有關綜合規劃事項。
勞動關係司	1.工會組織政策、法規、計畫之研析、規劃及協調；工會組織之輔導、登記及發展。 2.團體協約政策、法規、計畫之研析、規劃及協調；團體協約簽訂之輔導及推動。 3.勞動契約與派遣勞工保護政策、法規、計畫之研析、規劃及協調。 4.勞工參與政策、法規、計畫之研析、規劃及協調。 5.勞資爭議處理政策、法規與計畫之研析、規劃及協調。 6.不當勞動行為裁決制度之推動與一方申請交付仲裁及裁決案件之處理。 7.勞工權益基金之設立、管理、支用及推動；勞工訴訟扶助之規劃及推動。 8.大量解僱勞工保護政策、法規與計畫之研析、規劃及協調。 9.勞動教育政策、法規與計畫之研析、規劃及協調。 10.其他有關勞動關係事項。
勞動條件及就業平等司	1.勞動基準政策、法規與計畫之研析、規劃及協調。 2.家事勞動保護政策、法規與計畫之研析、規劃及協調。 3.部分工時勞動政策、法規與計畫之研析、規劃及協調。 4.工資工時政策、法規與計畫之研析、規劃及協調。 5.積欠工資墊償非屬基金投資之提繳及墊償管理。 6.職業災害補償政策、法規與計畫之研析、規劃及協調。 7.特定勞動者及技術生特別保護事項之規劃及推動。 8.就業平等政策、法規與計畫之研析、規劃及協調。 9.其他有關勞動條件及就業平等事項。

勞動保險司	1.勞工保險普通事故保險、職業災害保險政策、法規與計畫之研析、規劃及協調。 2.勞工保險年金制度之研究、規劃及改進事項。 3.就業保險政策、法規與計畫之研析、規劃及協調。 4.勞工保險普通事故保險、職業災害保險與就業保險財務之研究、規劃及改進事項。 5.勞工保險普通事故保險、職業災害保險與就業保險之業務監理及督導。 6.勞工保險普通事故保險、職業災害保險與就業保險非屬基金投資之財務監理及督導。 7.其他有關勞動保險事項。
勞動福祉 退休司	1.勞工福利及服務制度之研究、規劃及推動。 2.職工福利政策、法規與計畫之研析、規劃及協調。 3.勞工工作與生活服務制度之研擬規劃及推動。 4.勞工退休制度之研究、規劃及推動。 5.勞工退休政策、法規與計畫之研析、規劃及協調。 6.勞工退休基金收支、保管與運用業務之審議、監督及考核。 7.勞工保險、就業保險、積欠工資墊償基金與職業災害勞工保護專款運用之審議、監督及考核。 8.職業災害勞工保護專款之監督及審核。 9.其他有關勞動福祉及勞工退休事項。
勞動法務司	1.勞動法制之規劃及協調。 2.勞動法規審議作業之處理。 3.勞動法規適用疑義之研議及諮詢。 4.國家賠償案件之處理。 5.訴願案件之處理。 6.勞工保險普通事故保險、職業災害保險及就業保險之爭議審議事項。 7.訴願及爭議審議案件類型化之研究。 8.其他有關勞動法制事項。

五、勞動力發展署組織職掌及架構

(一)組織職掌

1. 勞動力開發、提升、運用與發展業務之政策規劃、推動、管理、評估及法規制（訂）定、修正、廢止、解釋。
2. 職業訓練計畫、措施、模式、品質規範與表揚獎勵等業務之推動、督導及協調。
3. 就業服務、職業訓練與失業給付等業務之整合、推動及管理。
4. 身心障礙者職業重建與特定對象就業之推動及督導。
5. 職能標準、技能檢定、技能競賽與技能職類測驗能力認證之規劃、推動、督導及協調。
6. 跨國勞動力之引進、海外合作規劃與督導，仲介外國勞動力私立就業服務機構之許可、管理及評鑑。
7. 技能檢定之職類開發、基準建立、場地評鑑、監評管理、檢定試務、發證管理、題庫管理及稽核。
8. 雇主聘僱跨國勞動者工作之審核、許可、就業安定費與收容費之收繳、催繳及移送強制執行。
9. 職能標準、職業訓練課程教材、就業輔導工具之開發及師資培訓之推廣。

(二)組織架構

勞動力發展署所屬5分署分別為：

1. 勞動力發展署北基宜花金馬分署：位於新北市新莊區，業務轄區包括：臺北市、新北市、基隆市、宜蘭縣、花蓮縣、金門縣、連江縣等區域。
2. 勞動力發展署桃竹苗分署：位於桃園市楊梅區，業務轄區包括：桃園市、新竹市、新竹縣、苗栗縣等區域。
3. 勞動力發展署中彰投分署：位於臺中市西屯區，業務轄區包括：臺中市、彰化縣、南投縣等區域。
4. 勞動力發展署雲嘉南分署：位於臺南市官田區，業務轄區包括：臺南市、嘉義市、嘉義縣、雲林縣等區域。
5. 勞動力發展署高屏澎東分署：位於高雄市前鎮區，業務轄區含括高雄市、屏東縣、臺東縣、澎湖縣等區域。

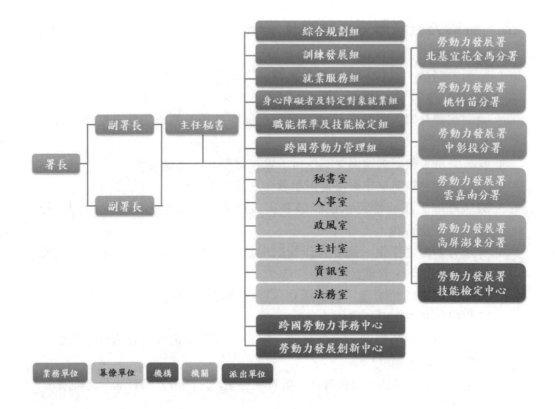

勞動力發展署組織架構圖

(三)各單位職掌

1. **綜合規劃組**：辦理就業安全政策規劃、委託研究及業務績效考評、推動國際交流及合作事務、就業安定基金之管理及運用、業務行銷及新聞發布等業務。

2. **訓練發展組**：配合國家重點發展產業及市場人力需求，辦理失業者職前訓練、青年職業訓練及在職者職業訓練。主要業務包括職業訓練制度之研擬與推動、職業訓練資源之運用及督導、職業訓練機構之設立及管理等。

3. **就業服務組**：建構完善之就業服務網絡，協助民眾適性就業。主要業務包括就業市場資訊蒐集及分析、就業服務政策之研擬及規劃、公立就業服務據點之設立與管理、就業保險失業認定及促進就業措施與資遣通報之推動、就業通路之規劃、推動及管理等。

4. **身心障礙者及特定對象就業組**：運用各項就業促進工具、開拓就業機會，協助特定對象及弱勢者就業。業務職掌包括身心障礙者及特定對象就業制度之研擬、規劃、在地就業機會開發、創業協助、就業轉銜與職業重建服務及原住民族就業促進之規劃及推動等。

5. **職能標準及技能檢定組**：開發重點產業關鍵人才職能基準，推動職能基準及技能檢定等相關制度，以提升我國人才培育效能。主要業務涵括職能基準之建立與職能導向課程品質之認證、人才發展品質管理系統之規劃與訂定，技能職類測驗能力認證制度之研擬及規劃，與技能檢定業務及技術士證管理制度之規劃與推動等。

6. **跨國勞動力管理組**：因應社會發展需要及兼顧本國勞工就業權益，保障移工工作權益，並適時檢討跨國勞動力開放及聘僱管理政策。主要業務包括跨國勞動力制度之研擬及規劃、勞動力來源國之協調聯繫、外國人入國工作動態管理之聯繫、外國人申訴及諮詢、私立就業服務機構之仲介外國勞動力之許可及管理等。

7. **跨國勞動力事務中心**：辦理審查外國人聘僱許可作業，並配合跨國勞動力政策之調整，推動重點工作，辦理就業安定費與收容費收繳、外國人直接聘僱業務之推動與辦理等業務。

8. **勞動力發展創新中心**：配合政策及社會經濟環境變遷需要，持續辦理社會企業、創客基地網絡推動計畫、微型創業貸款及諮詢輔導計畫、數位學習服務及職訓師資發證及管理等業務，並運用多元就業開發方案及培力計畫等工具，結合創業貸款資源，協助社會企業及社會創新組織育成，培育相關人才並創造就業機會。

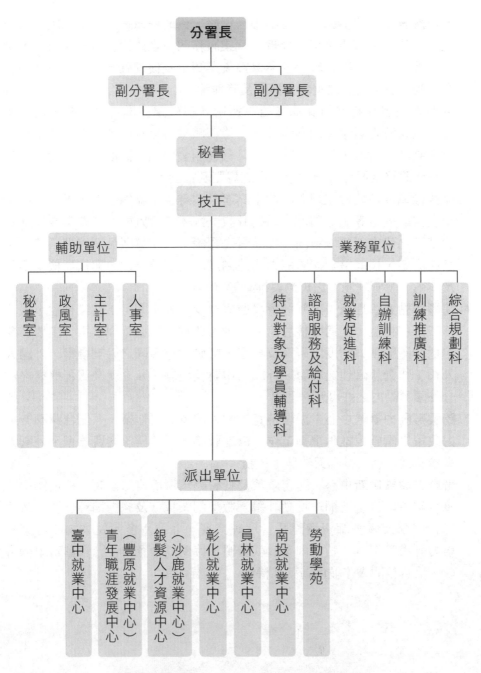

勞動力發展署 中彰投分署組織架構圖

六、勞動力發展署各分署就業中心服務區塊

(一)就業資訊

1. **就業情報及職訓資訊的查詢**：求職者可以運用分署網際網路資訊系統查詢就業機會。本區並提供職業訓練資訊以及就業報刊與雜誌，以利求職者了解相關就業資訊。

2. **填寫求職、失業給付等相關表格**：求職者可於本區先行填寫求職登記表或失業給付申請表，有專人提供協助，並引導抽取號碼牌後至櫃台辦理相關事宜。

3. **設置服務作業流程說明**：設置明確醒目的一案到底服務作業流程圖，協助申辦相關事宜。

(二)求職服務

1. 為提供求職者更深化之就業服務，推動「就業服務一案到底作業模式」，強調「單一窗口」、「固定專人」之精神，由專人辦理預約服務，讓求職者可以依個人需求，事先安排時間接受服務，從而減少等候時間，更能針對求職者工作能力與工作意願，提供有關就業、職訓、創業、技檢之「一案到底」服務。

2. **失業給付申請及認定**：針對填寫的失業給付相關書表審核，以及進行失業認定。

3. **協助登記政府各類短期就業方案**：政府各類短期就業方案資格審查、建檔及建立各類推薦（遞補）名單。

4. **協助申請相關就業促進津貼**：協助符合就業促進津貼資格者，申請相關津貼，例如：臨時工作津貼、求職交通補助金……等。（諮詢服務及給付科）

5. **個案轉介**：經簡易諮詢評定結果為「轉介個案管理服務」者，即轉介就業諮詢區個案管理員提供深度就業諮詢或職業心理測驗評量等服務。

6. **低收及中低收入戶個案管理就業服務**：提供社政機關轉介之低收及中低收入戶之求職者，提供就業資訊、創業及職業訓練等諮詢服務，求職者特性或需求評估，提供個別化行動諮詢就業服務，並運用就業促進工具，協助求職者推介媒合穩定就業。

7. **身心障礙個別化就業服務**：提供領有身心障礙證明，具工作能力及工作意願者，由身障就業服務員提供個別化就業服務，同時運用身心障礙者加值輔導補助計畫專案讓求職者與雇主獲得雙贏局面。

8. **轉介其他機構**：如無法提供相關服務，將聯繫社會福利等相關機構，尋求更完善服務。

(三) **求才服務**

1. **求才登記**：提供雇主免費辦理求才登記及推介人才服務，以通訊、電話或傳真告知求才條件，就會推介合適的人才，免費且服務到家。

2. **建立求才資料庫**：提供求職民眾及求才企業網路就業媒合登錄服務，以暢通就業管道，隨時掌握最新就業資訊。

3. **就業機會開發**：廠商訪視及開拓就業機會、協助辦理單一徵才、現場徵才活動等。

4. **僱用獎助**：連續僱用公立就業推介且使用僱用獎助推介卡之失業勞工達30日以上，可申請僱用獎助，最高可請領12個月。

5. **雇主聘僱移工前國內招募服務**：提供雇主申請聘僱移工所需之求才證明書。

6. **移工相關業務**：協助雇主辦理移工轉換雇主作業。

(四) **諮詢服務**

1. **個別化、專業化就業服務**：針對求職者特性，由專業就業服務員或個案管理員，研訂個別就業計畫，並安排就業深度諮詢、職業訓練諮詢評估、就業促進研習活動及就業推介等，並運用相關就業促進工具，幫助盡快進入職場。

2. **擬定處遇（評估）計畫**：依據個案資料及晤談結果擬定處遇計畫。

3. **就業促進研習活動**：透過就業促進研習課程，提供做好職前心理準備、了解就業市場概況，並增強尋職技巧。

4. **職業訓練諮詢**：由個案管理員評估適訓後，轉介參加分署自辦或委辦職業訓練課程，取得一技之長，為進入職場做好準備。

5. **安排多次就業諮詢**：由專業社工師及心理師幫助探索自我，協助選擇正確的就業途徑及方向。

6. **轉介衛生、社會福利機構**：將勞政體系無法提供服務之個案轉介社會福利機構。

7. **提供職業性向測驗**：由個案管理員提供職業性向測驗，協助釐清職業方向與工作目標。

8. **創業貸款資訊**：提供微型創業鳳凰貸款與青年創業貸款資訊，協助順利創業。

七、勞動部勞工保險局業務職掌

組室別	掌理事項
企劃管理組	辦理保險綜合業務規劃、保險費率精算、法律事務、稽核管考、辦事處管理、業務講習、資料之蒐集及分析等業務。
納保組	辦理事業單位、公司行號及機關團體之新投保業務；事業單位、公司行號之加保、退保及投保薪資調整處理等業務。
保費組	辦理工會、漁會之新投保業務；工會、漁會、機關團體與職業訓練機構之加保、退保及投保薪資調整處理業務；與其他有關保費處理、欠費清理及資料管理等業務。
普通事故給付組	辦理勞工保險生育、老年給付及就業保險給付之審核業務。勞工保險、就業保險收支及帳戶之管理業務。
職業災害給付組	辦理勞工保險傷病、失能、死亡及醫療給付之審核業務。
勞工退休金組	辦理勞工退休金之收支、保管、滯納金之加徵、罰鍰處分、強制執行及積欠工資墊償等業務。
國民年金組	接受委託辦理國民年金之承保受理、給付審理、收支管理與財務調度等相關業務。
農民保險組	接受委託辦理農民健康保險及老年農民福利津貼業務。
數位服務組	數位服務發展與資通安全策略之擬訂及推動、數位服務系統整體之規劃、建置及維護管理、業務資料庫之規劃設計及維護管理、跨機關間電子資料流通之規劃設計及維護管理、資訊應用環境之規劃、資訊資源配置及管理、資訊與資安教育訓練之規劃及推動、科技應用及數位創新發展之規劃及推動。

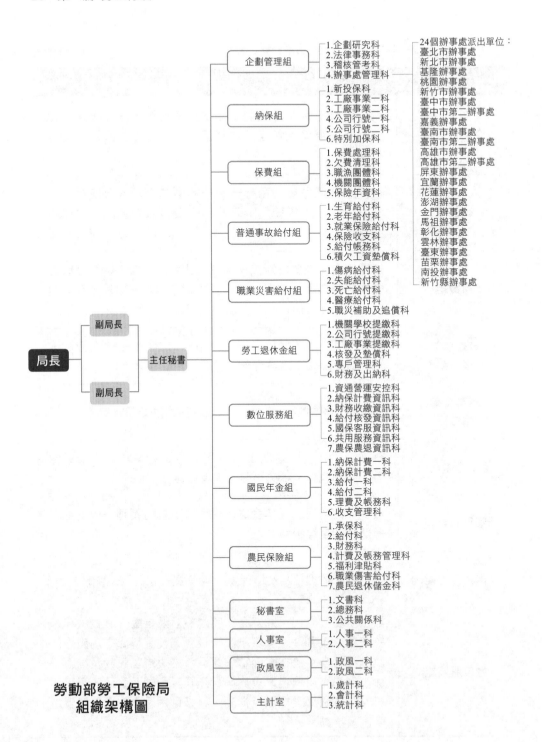

勞動部勞工保險局組織架構圖

八、勞動部職業安全衛生署業務職掌

設「綜合規劃組」、「職業衛生健康組」、「職業安全組」及「職業災害勞工保護組」4個業務單位及北區、中區、南區「職業安全衛生中心」3個派出單位，以及5個輔助單位「秘書室」、「人事室」、「主計室」、「政風室」及「資訊室」。

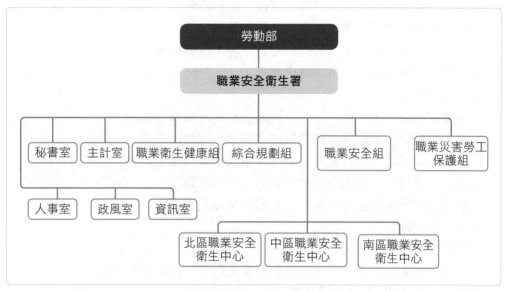

勞動部職業安全衛生署組織架構圖

(一)綜合規劃組

1. 施政計畫與方案之彙辦、管制、考核及評估。
2. 綜合業務資料之蒐集、分析及彙辦。
3. 國際交流及合作事務之推動。
4. 勞動監督檢查政策、法規與制度之研擬、推動及督導。
5. 勞動檢查機構之監督及管理。
6. 勞動檢查員專業知能訓練之規劃及推動。
7. 勞動條件檢查之規劃、推動及督導。
8. 勞動條件宣導與輔導之規劃、推動及督導。
9. 勞動條件申訴案件之受理及管考。
10. 其他有關綜合規劃事項。

(二)**職業衛生健康組**

　1.職業衛生政策、法規與制度之研擬、推動及督導。

　2.職業衛生管理與教育訓練之規劃、推動及督導。

　3.勞工作業環境監測之規劃、推動及督導。

　4.人因性與新興職業危害預防之規劃、推動及督導。

　5.勞工健康政策、法規與制度之研擬、推動及督導。

　6.勞工健康檢查與管理之規劃、推動及督導。

　7.職場勞工身心健康保護與健康促進之規劃、推動及督導。

　8.其他有關職業衛生及勞工健康事項。

(三)**職業安全組**

　1.職業安全政策、法規與制度之研擬、推動及督導。

　2.營造業職場安全政策與相關措施之規劃、推動及督導。

　3.不屬營造業之一般行業職場安全政策與相關措施之規劃、推動及督導。

　4.機械、設備與器具安全制度之規劃、推動及管理。

　5.危險性機械與設備代行檢查之規劃、推動及督導。

　6.職業安全輔導方案之規劃、推動及督導。

(四)**職業災害勞工保護組**

　1.職業災害勞工保護政策、法規與制度之研擬、推動及督導。

　2.職業病調查與鑑定之規劃及執行。

　3.職業傷病防治之規劃、推動及督導。

　4.職業災害勞工補助之規劃、推動及執行。

　5.職業災害勞工通報與重建之個案管理規劃、推動及督導。

　6.職業災害勞工社會復建、職能復健與職業重建之規劃、推動及督導。

(五)**北中南各區職業安全衛生中心**

　1.職業安全衛生之檢查。

　2.機械、設備及器具之檢查。

　3.危險性工作場所之審查及檢查。

　4.有害作業環境之檢查。

　5.勞工健康管理之檢查。

　6.職業災害檢查及勞工申訴之處理。

　7.勞動條件之檢查。

　8.職業災害預防之宣導及輔導。

九、臺北市政府勞動局組織圖及業務職掌表

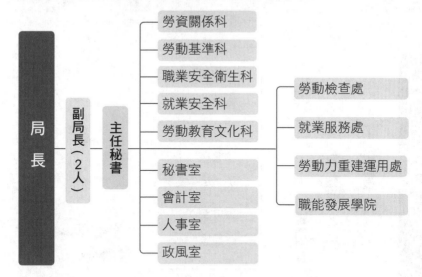

臺北市政府勞動局業務職掌表

勞資關係科	掌理工會輔導、勞工福利、勞工退休準備金及勞工勞健保之補助等事項。
勞動基準科	掌理勞動條件檢查、勞資爭議處理、大量解僱勞工保護、勞工權益基金、勞動條件及勞資爭議之處分等事項。
職業安全衛生科	掌理職業安全衛生與教育訓練、職業安全衛生檢查及處分等事項。
就業安全科	掌理就業歧視防治、性別平等工作推展審議、就業服務促進、就業保險及職業訓練推展等事項。
勞動教育文化科	掌理勞工教育補助及稽查、教學計畫之擬訂與實施、提供勞工教育資訊、輔導企業與民間辦理勞工教育及文康休閒活動之推廣等事項。
秘書室	掌理文書、檔案、出納、總務、財產之管理，資訊、法制、公關、研考等業務及不屬於其他各單位事項。
會計室	掌理歲計、會計及統計相關事項。
人事室	掌理人事管理相關事項。
政風室	掌理政風相關事項。

十、高雄市政府勞工局組織圖及業務職掌表

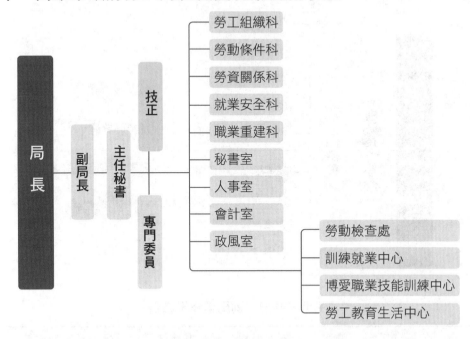

高雄市政府勞工局業務職掌表

勞工組織科	工會輔導、勞工教育、職工福利
勞動條件科	勞工權益、勞動檢查、職業安全衛生行政
勞資關係科	勞資合作、勞資爭議處理、勞工權益基金管理
就業安全科	就業服務、職業訓練、性別平等工作、外國人工作管理
職業重建科	身心障礙就業服務基金管理、職業重建、職災慰助、勞工福利
秘書室	法制、研考、文書、出納、總務、印信典守、檔案管理、財產管理與資訊業務及不屬於其他各科之事項
人事室	依法辦理人事管理事項
會計室	依法辦理歲計、會計事項並兼統計事項
政風室	依法辦理政風事務

十一、新北市政府勞工局組織圖及業務職掌表

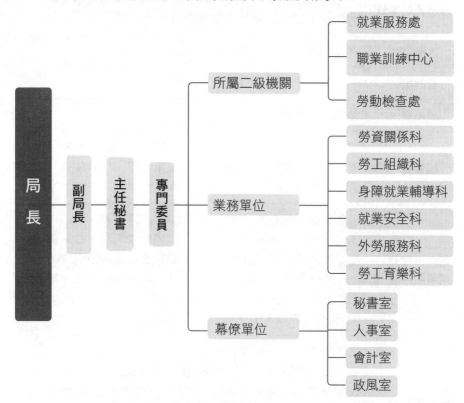

勞資關係科	勞資爭議處理、資遣通報與裁罰及勞工權益基金運作、管理等事項。
就業安全科	勞工退休準備金監督、防制就業歧視、推動性別平等工作、不實徵才查察及國內私立就業服務機構設立與管理等事項。
勞工組織科	工會輔導、會務評鑑、勞教輔導、職工福利輔導及勞健保補助等事項。
勞工育樂科	勞工教育及勞工大學規劃辦理、勞工中心管理、文康休閒推廣等事項。
外勞服務科	外國人工作管理及檢查、外勞法令諮詢及外勞安置服務等事項。

身障就業輔導科	身心障礙就業服務、庇護工場、職業重建、定額僱用、職災慰助及身障就業基金管理等事項。
人事室	依法辦理人事管理事項。
會計室	依法辦理歲計、會計及統計事項。
政風室	依法辦理政風事項。
秘書室	文書、檔案管理、公文管理、事務、出納、採購、財產管理、法制、研考、施政計畫、資訊管理、公共關係、新聞發布、綜合業務及不屬於其他各科事項。
新北市政府就業服務處	1.就業服務站台管理。　2.求職求才服務。 3.特定對象就業輔導。　4.辦理徵才活動、就業宣導。 5.辦理就業促進相關業務。　6.就業資訊蒐集及調查。 7.辦理資遣通報相關業務。　8.國內私立就業服務機構管理。 9.人力網站經營管理。　10.違反就業服務法裁罰業務。 11.幸福創業微利貸款業務。　12.辦理短期就業促進方案。
新北市政府職業訓練中心	1.職業訓練（自辦及委辦）。 2.就安基金補助地方政府辦理職業訓練課程。 3.私立職訓機構設立申請、管理及訪查業務。 4.職訓生活津貼請領業務。 5.職訓E-Learning及網站管理業務。 6.產學合作業務。 7.技能檢定業務。
新北市政府勞動檢查處	1.督導執行職業安全衛生法相關事項。 2.輔導事業單位辦理安全衛生相關業務。 3.辦理安全衛生在地扎根計畫。 4.審查勞工體格及健康檢查指定醫療機構作業執行。 5.辦理勞工特殊健康檢查備查事項。 6.職業安全衛生教育訓練督導事項。 7.辦理推行職業安全衛生優良單位及人員選拔。 8.辦理勞工安全衛生管理人員資格認定事項。

十二、臺中市政府勞工局組織圖及業務職掌表

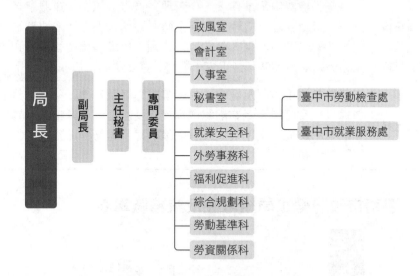

臺中市政府勞工局業務職掌表

勞資關係科	辦理工會設立登記與輔導、工會會務輔導與評鑑、勞工教育補助與輔導、模範勞工選拔與表揚等業務、勞工安全衛生管理師、管理員資格認定、職災勞工權益諮詢、協助職業疾病鑑定之申請、勞工一般及特殊健康檢查諮詢、大量勞工解僱通報、申請辦理勞工體格及健康檢查指定醫療機構、勞工安全衛生教育訓練單位開班之備查、團體協約備查、勞資會議代表名冊及異動備查。
勞動基準科	辦理勞動法令疑義諮詢、勞資爭議調解、督導勞資中介團體、勞工權益基金、勞工退休準備金、工作規則、性別平等工作、84條之1書面約定書及技術生訓練契約核備、無薪假通報、歇業事實認定等。
綜合規劃科	辦理臺中市勞工大學、統計及研究案、施政規劃、志願服務、國際組織、行政執行、網站維護等其他綜合規劃業務等。
福利促進科	辦理勞工福利、職工福利機構輔導、勞工育樂中心、勞工文康休閒、職業災害勞工個案服務、身心障礙者就業服務（含求才、求職、職業訓練、創業）等事項。

外勞事務科	外籍勞工生活照顧訪視、勞資爭議協調、法令諮詢及安置保護、外籍勞工檢舉申訴案件、工作管理與檢查、私立就業服務機構設立前檢查及管理、核發雇主申請聘僱外國人許可及管理辦法第16條第1項第5款證明書、外籍勞工入國、接續聘僱通報及終止聘僱關係解約驗證、外籍勞工失去聯繫及終止契約之通報。
就業安全科	辦理就業歧視防制及認定、求職陷阱防範及查處、私立就業服務機構設立及管理、職業訓練機構設立及管理、創業諮詢輔導與青年創業利息補貼業務、失業者職業訓練及弱勢勞工暨特定對象短期職業訓練。

十三、臺南市政府勞工局組織圖及業務職掌表

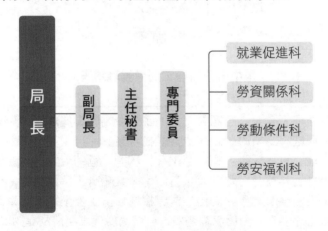

臺南市政府勞工局業務職掌

就業促進科	1.職業訓練及就業服務統籌業務。 2.就業機會平等及就業保障業務。 3.身心障礙者就業服務。 4.性別平等工作相關業務。
勞資關係科	工會組織、勞資關係、勞資爭議與大量解僱勞工保護等業務。
勞動條件科	勞動基準、外勞管理等業務。
勞安福利科	勞工安全衛生、勞工教育、勞工福利等業務。

十四、桃園市政府勞動局組織圖及業務職掌表

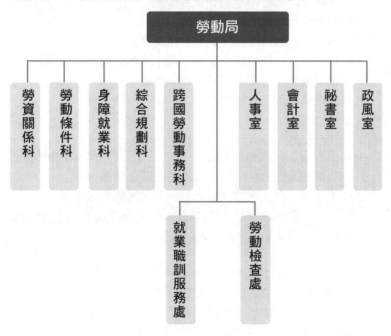

桃園市政府勞動局

綜合 規劃科	1.辦理勞工學苑，強化在職勞工學識及技能。 2.辦理國際勞政事務、勞政綜合規劃事務。 3.辦理勞政業務考核管制業務。 4.辦理法制、研考相關務等。
身障 就業科	1.辦理身心障礙者就業基金收支保管及運用行政業務。 2.辦理身心障礙者職業重建、就業轉銜、職業輔導評量、庇護工場、社區化就業服務、定額進用等業務。 3.辦理身心障礙者就業輔具、自力更生、創業貸款、技術證照獎勵等補助業務。
勞資 關係科	1.勞資爭議協調、調解及仲裁。 2.推行勞資會議，促進勞資和諧。 3.輔導締結團體協約促進勞資合作。 4.辦理勞工權益基金業務。 5.事業單位大量解僱計畫。 6.工會籌組、會務輔導及評鑑等相關事項。

勞動 條件科	1.督導執行勞動基準法相關事宜。 2.加強勞動條件檢查相關事項。 3.督導積欠工資墊償基金之提撥相關事宜。 4.督導勞工退休準備金之提撥及勞工退休金提繳相關事宜。 5.督導事業單位訂定工作規則相關事項。 6.辦理性別平等工作相關事項。 7.職工福利金。
跨國 勞動 事務科	1.移工查察：加強查察非法移工、雇主及仲介公司，督導雇主做好移工管理，保障合法移工及本國勞工之權益。 2.移工諮詢：移工申訴、法令諮詢、爭議協處等服務。 3.移工管理研習及移工休閒活動：辦理移工管理研習會、法令宣導資料及休閒活動。
秘書室	1.有關本局之：文書、檔案管理、庶務、出納、公文時效管制、資訊、採購等不屬其他科、室事項。 2.強化勞工育樂中心（桃園、石門山）服務功能。 3.推動勞工志願服務工作。
會計室	依法辦理歲計、會計及統計業務等事項。
人事室	1.組織編制、任免遷調業務。 2.差勤管理業務。 3.考績、獎懲、訓練進修業務。 4.待遇福利、退休撫卹業務。
政風室	1.廉政宣導及社會參與。 2.辦理防貪業務。 3.機關有貪瀆不法事項之處理。 4.機關公務機密維護及機關安全維護。 5.公職人員財產申報、利益衝突迴避及廉政倫理相關業務。

相關法規

行政院組織法

民國112年4月26日修正公布

第1條　本法依憲法第61條制定之。

第2條　行政院行使憲法所賦予之職權。

第3條　行政院設下列各部：
　　　　　一、內政部。　　　　　　　　二、外交部。
　　　　　三、國防部。　　　　　　　　四、財政部。
　　　　　五、教育部。　　　　　　　　六、法務部。
　　　　　七、經濟部。　　　　　　　　八、交通部。
　　　　　九、勞動部。　　　　　　　　十、農業部。
　　　　　十一、衛生福利部。　　　　　十二、環境部。
　　　　　十三、文化部。　　　　　　　十四、數位發展部。

第4條　行政院設下列各委員會：
　　　　　一、國家發展委員會。　　　　二、國家科學及技術委員會
　　　　　三、大陸委員會。　　　　　　四、金融監督管理委員會。
　　　　　五、海洋委員會。　　　　　　六、僑務委員會。
　　　　　七、國軍退除役官兵輔導委員會。　八、原住民族委員會。
　　　　　九、客家委員會。

第5條　行政院置政務委員七人至九人，特任。
　　　　　政務委員得兼任前條委員會之主任委員。

第6條　行政院設行政院主計總處及行政院人事行政總處。

第7條　行政院設中央銀行。

第8條　行政院設國立故宮博物院。

第9條　行政院設下列相當中央二級獨立機關：
　　　　　一、中央選舉委員會。
　　　　　二、公平交易委員會。
　　　　　三、國家通訊傳播委員會。

第10條　行政院院長綜理院務，並指揮監督所屬機關及人員。
　　　　　　行政院院長因事故不能視事時，由副院長代理其職務。

第11條　行政院院長得邀請或指定有關人員列席行政院會議。

第12條　行政院置秘書長一人，特任，綜合處理本院幕僚事務；副秘書長二人，其中一人職務比照簡任第十四職等，襄助秘書長處理本院幕僚事務。

行政院置發言人一人，特任，處理新聞發布及聯繫事項，得由政務職務人員兼任之。

第13條　行政院各職稱之官等職等及員額，另以編制表定之。

第14條　行政院為處理特定事務，得於院內設專責單位。

第15條　本法自中華民國101年1月1日開始施行。

本法修正條文施行日期，由行政院定之。

 ## 勞動部組織法

民國103年1月29日修正公布

第1條　行政院為辦理全國勞動業務，特設勞動部（以下簡稱本部）。

第2條　本部掌理下列事項：

一、勞動政策規劃、國際勞動事務之合作及研擬。

二、勞動關係制度之規劃及勞動關係事務之處理。

三、勞工保險、退休、福祉之規劃、管理及監督。

四、勞動基準與就業平等制度之規劃及監督。

五、職業安全衛生與勞動檢查政策規劃及業務推動之監督。

六、勞動力供需預測、規劃與勞動力發展及運用之監督。

七、勞動法律事務之處理與相關法規之制（訂）定、修正、廢止及解釋。

八、勞動統計之規劃、彙整、分析及管理。

九、勞動與職業安全衛生之調查及研究。

十、其他有關勞動事項。

第3條　本部置部長一人，特任；政務次長二人，職務比照簡任第十四職等；常務次長一人，職務列簡任第十四職等。

第4條　本部置主任秘書，職務列簡任第十二職等。

第5條　本部之次級機關及其業務如下：

一、勞工保險局：執行勞工保險、就業保險、積欠工資墊償及勞工退休金收支等事項。

二、勞動力發展署：執行職業訓練、技能檢定、就業服務、技能競賽與跨國勞動力聘僱許可及管理等勞動力發展運用相關事項，及統籌相關政策之規劃。

三、勞動基金運用局：統籌管理本部各類基金運用等事項。

四、職業安全衛生署：統籌政策規劃並執行職業安全衛生、勞工健康、職業病防治、職業災害勞工保護、職業安全衛生與勞動條件檢查及監督等事項。

第6條　本部為應業務需要，得報請行政院核准，派員駐境外辦事，並依駐外機構組織通則規定辦理。

第7條　本部各職稱之官等職等及員額，另以編制表定之。

原勞工保險監理委員會（以下簡稱勞保監理會）移入之三十九人，不納入中央政府機關總員額法所定員額範圍。

第8條　本法施行前，原勞保監理會具有公務人員任用資格之現職人員，其有關比照改任官職等級及退撫事項，由考試院會同行政院另以辦法定之。但依該辦法改任之人員經銓敘部審定之官職等、俸級所支給之俸給，如低於本法施行前之薪給者，准依其意願補足差額，其差額並隨同待遇調整而併銷，支領差額期間不得請領生活津貼；或選擇不補足差額，並依規定請領生活津貼。

前項人員，不受公務人員考試法、公務人員任用法有關特考特用及轉調規定之限制。但再轉調時，以原請辦考試機關及所屬機關、本部之職務為限。

本法施行前，原勞保監理會未具有公務人員任用資格之現職人員，得適用原有關法令之規定，繼續任用至離職或退休時為止。

本法施行前，原勞保監理會僱用之雇員、約聘審查員、臨時審查員及業務佐理，於本法施行後，均列冊管制繼續任原職，並依原適用法令規定之標準，繼續辦理至離職或退休時為止。

本法施行前，原勞保監理會正式編制內之工員，依工友管理要點規定繼續僱用，有關比照支領餉給事項依該要點規定辦理。其所支給之餉給低於本法施行前之薪給者，准依其意願補足差額，其差額並隨同待遇調整而併銷，支領差額期間不得請領生活津貼；或選擇不補足差額，並依規定請領生活津貼。

第1項及第5項所稱待遇調整，指全國軍公教員工待遇之調整、職務調動（升）、年度考績（核）晉級或升等所致之待遇調整。

第9條　本法施行日期，由行政院以命令定之。

勞動部勞動力發展署組織法

民國103年1月29日修正公布

第1條　勞動部為促進國家經濟及社會發展,開發、提升及運用勞動力,特設勞動力發展署(以下簡稱本署)。

第2條　本署掌理下列事項:
一、勞動力開發、提升、運用與發展業務之政策規劃、推動、管理、評估及法規制(訂)定、修正、廢止、解釋。
二、職業訓練及就業服務計畫、措施、模式、品質規範與表揚獎勵等業務之推動、督導及協調。
三、就業服務、職業訓練與失業給付等業務之整合、推動及管理。
四、青年就業之規劃、輔導、推動及督導。
五、身心障礙者職業重建與原住民族等特定對象就業之推動及督導。
六、職能標準、技能檢定、技能競賽與技能職類測驗能力認證之規劃、推動、督導及協調。
七、跨國勞動力引進之規劃、評估與督導、海外合作規劃與督導,仲介外國勞動力私立就業服務機構之許可、管理及評鑑。
八、技能檢定之職類開發、基準建立、場地評鑑、監評管理、檢定試務、發證管理、題庫管理及稽核。
九、雇主聘僱跨國勞動者工作之審核、許可、就業安定費與收容費之收繳、催繳及移送強制執行。
十、職能標準、職業訓練課程教材、就業輔導工具之開發及師資培訓之推廣。
十一、 其他勞動力發展業務管理事項。

第3條　本署置署長一人,職務列簡任第十三職等;副署長二人,職務列簡任第十二職等。

第4條　本署置主任秘書,職務列簡任第十一職等。

第5條　本署為應轄區業務需要,得設分署。

第6條　本署各職稱之官等職等及員額,另以編制表定之。

第7條　本法施行日期,由行政院以命令定之。

勞動部勞工保險局組織法

民國103年1月29日修正公布

第1條　勞動部為辦理勞工保險及其他相關業務，特設勞工保險局（以下簡稱本局）。

第2條　本局掌理下列事項：
一、勞工保險制度執行業務之規劃、資料蒐集與分析、保險費率精算、相關法規修正建議及其他綜合規劃。
二、勞工保險之加保、退保、投保薪資調整、查核、保險資料管理及其他承保業務。
三、保險費之計算、收繳及欠費處理。
四、勞工保險之給付審查及核付業務。
五、依法接受委任辦理就業保險、勞工退休金收支、積欠工資提繳及墊償等業務。
六、依法接受委託辦理其他業務之事項。
七、其他與勞工保險業務相關事項。

第3條　本局置局長一人，職務列簡任第十三職等；副局長二人，職務列簡任第十二職等。

第4條　本局置主任秘書，職務列簡任第十一職等。

第5條　本局各職稱之官等職等及員額，另以編制表定之。
本局所列各職稱之員額總數為一千九百一十五人，不納入中央政府機關總員額法所定員額範圍。

第6條　本法施行前，本局具有公務人員任用資格之現職人員，其有關比照改任官職等級及退撫事項，由考試院會同行政院另以辦法定之。但依該辦法改任之人員經銓敘部審定之官職等、俸級所支給之俸給，如低於本法施行前之薪給者，准依其意願補足差額，其差額並隨同待遇調整而併銷，支領差額期間不得請領生活津貼；或選擇不補足差額，並依規定請領生活津貼。
前項人員，不受公務人員考試法、公務人員任用法有關特考特用及轉調規定之限制。但再轉調時，以原請辦考試機關及所屬機關、本局之職務為限。

本法施行前，本局未具有公務人員任用資格之現職人員，得適用原有關法令之規定，繼續任用至離職或退休時為止。

本法施行前，本局原僱用之業務助理及業務佐理，於本法施行後，均列冊管制繼續任原職，並依原適用法令規定之標準，繼續辦理至離職或退休時為止。

本法施行前，本局原正式編制內之工員，依工友管理要點規定繼續僱用，有關比照支領餉給事項依該要點規定辦理。其所支給之餉給如低於本法施行前之薪給者，准依其意願補足差額，其差額並隨同待遇調整而併銷，支領差額期間不得請領生活津貼；或選擇不補足差額，並依規定請領生活津貼。

第一項及第五項所稱待遇調整，指全國軍公教員工待遇之調整、職務調動（升）、年度考績（核）晉級或升等所致之待遇調整。

第7條　本局設置特種基金，辦理相關業務。

第8條　本法施行日期，由行政院以命令定之。

勞動部勞動及職業安全衛生研究所組織法

民國103年1月29日修正公布

第1條　勞動部為辦理勞動及職業安全衛生研究業務，特設勞動及職業安全衛生研究所（以下簡稱本所）。

第2條　本所掌理下列事項：
　　一、勞動市場、人力資源及就業安全之研究。
　　二、勞動關係、勞動條件及勞動福祉之研究。
　　三、職業安全衛生技術及管理之研究。
　　四、職業傷病危害評估及管理之研究。
　　五、研究企劃管理及成果推廣。
　　六、其他有關勞動及職業安全衛生研究事項。

第3條　本所置所長一人，職務列簡任第十三職等，副所長一人，職務列簡任第十二職等。

第4條　本所置主任秘書，職務列簡任第十一職等。

第5條　本所各職稱之官等職等及員額，另以編制表定之。

第6條　本法施行日期，由行政院以命令定之。

第二篇 勞工法規

01 勞動法規概論

本章依據出題頻率區分，屬：**B** 頻率中

 焦點透視

本章是勞動法的基本概念，從勞動法體系談起，再就保障規範、勞動權入憲、勞動契約、勞工義務與權利及不同型態的勞雇關係說明，是入門基礎，必須詳讀，有利於後續各章的瞭解。

一、勞動法的體系

勞動法的分類，有採二分法及三分法。三分法係指將勞動法分為：(一)個別勞動法（individual labor law）、(二)集體勞動法（collective labor law）與(三)勞動保護法（labor protective law）；二分法則是將前述勞動保護法歸為個別勞動法之一部分。

個別勞動法是指規範個別勞工與雇主間法律關係之勞動法，尤其是指有關勞動關係之締結、內容、債務不履行、移轉、消滅等勞動契約上問題之法律。例如：勞動契約法、勞動基準法中關於勞動契約部分之規定等等。而勞動保護法則是指基於保護勞工不受勞動生活、工作環境危害之目的而制定的規範，例如：工作場所安全衛生與防護措施、設備配置、工作時間限制、童工、女工及身障勞工之特別保護等。因其同時構成勞動契約中雇主照顧保護義務之內容，故多將其歸為個別勞動法。集體勞動法則指規範勞工團體與雇主或雇主團體相互間，以及團體與其所屬成員相互間法律關係之勞動法，包括團結權、集體協商權、勞資爭議權等勞動三權，以及工會法、團體協約法、勞資爭議處理法及其他有關勞工代表（如職工福利委員會等）等法令。

區分個別勞動法與集體勞動法之基本理念來自兩者所規範之主體不同，且在法律形成方式亦不同：

(一)**規範主體不同**：個別勞動法是以個別之勞工與雇主為主要規範重心，集體勞動法則是以勞工之集體與雇主及雇主之集體作為規範之重心。

(二)**法律形成方式不同**：勞動法中之勞動關係內容形成，有兩種主要方式：

1. **個別形成**：透過個別勞動契約，由個別勞工與雇主以契約合意方式形成具體勞動關係之內容，係個別勞動法之範圍。

2. **集體形成**：係基於第一種個別形成方式並無法保障其所形成之勞動關係內容之公平正義而產生；勞動關係之集體形成係透過勞工團體與雇主協商及爭議而形成其內容，係集體勞動法之領域。個別勞動法之勞動關係內容形成權限係屬於個人；而集體勞動法則屬於集體。

二、個別勞動關係

(一)**勞工與雇主間須有一僱用行為**：此一僱用行為係勞雇雙方間發生法律關係之基礎，是指勞基法第2條第6款的勞動契約（是約定勞雇關係的契約），也是一種私法或民法上契約，係民法各種債章中的「僱傭契約」。由此可知，勞資關係基礎在於私法或民法契約。

(二)**勞工須依雇主指示而提供勞務**：有兩種意涵，一係為他人提供勞務；一係勞務之從屬性。分述如下：

1. **為他人提供勞務（即為他方服勞務）**：勞動契約屬於民法第482條僱傭契約之特殊類型。因此，勞工應具備僱傭契約之要件：亦即，勞基法第2條第1款所謂「從事工作」是民法第482條所稱為他方服勞務。服勞務是指勞務提供（勞動）過程，而非勞動、工作成果本身。

2. **勞務之從屬性**：勞工依契約從事工作，依勞動契約提供勞務給付，係為雇主從事工作、受雇主指示、為雇主服勞務，因而勞工具有從屬性。此一從屬性是勞動契約特徵，另可分為人格上及經濟上之從屬性兩種，分別是：

(1)**人格上從屬性**：勞工提供勞務之義務履行係受雇主指示，雇主透過勞動契約將勞工納入其事業組織中，並決定勞工勞務義務給付地點、給付時間與給付量等等；又因勞動契約具有繼續性，且勞動力與擁有勞動力之勞工個人身體係事實上不可分離，雇主將勞工納入事業組織並指示、決定勞工勞務給付地、給付時、給付量與勞動強度、勞動過程，等於是將勞工個人置於雇主控制範圍內，並支配勞工之人身、人

格，也就是說，支配勞動力等於勞工之人身、人格，且在勞工有妨礙企業生產秩序或企業運作情形時，雇主更得予以懲罰，以維護企業正常生產與運作及資方經營管理之權威。因此，勞工透過勞動契約導致人格上從屬性，應屬必然存在的特徵。

(2)**經濟上從屬性**：一般而言，在勞資關係中，勞工先天上處於相對弱勢地位，因勞工不如事業主擁有資本、生產原料，勞工所有者只有勞動力，生存基礎唯有依賴提供勞務而獲致工資。因此，勞工之提供勞務為雇主工作，為求生存，不工作即無法生存，故勞工對雇主有經濟上、財產關係上之從屬性、依賴性，是資方基於所有權，對勞方主要三重控制中的第一重控制，亦即勞方勞動力須依賴資方生產物料才能進行勞動。經濟上從屬性尚包括資方對工資及其他勞動條件等勞動契約內容決定性之控制，是本於資方市場強勢而來的第二重控制。此外，勞工勞動所得之工資是勞工投入一般商品市場（為求生活而支出食、衣、住、行、育、樂等）之消費、購買力，但商品之價格又是由資方決定、控制，相較於立於單純消費者地位之勞工對於商品價格無任何影響力，資方擁有較多影響商品價格之手段，如囤積、炒作等。以上是資方所有權對勞方主要的三重控制，也是勞工對資方所有權之經濟上從屬性、依存性。

三、勞動權益保障法令規範

規範勞資關係與保障勞工權益的法律，有其法源依據，部分國家在憲法中明定勞動基本權保障，有些國家憲法中未明定，在人民生存權中明定勞動基本權，據以制定勞動關係法令規範。我國憲法中，無直接明文規定勞動基本權之法源依據，但在集體或個別勞動關係法中，亦制定完整法令以保障勞工權益及規範勞資關係。

現行憲法對勞工權利的保障：現行憲法對勞工權利的保障可分為兩部分，一部分是基本權部分，規定在第二章人民的基本權利中，主要是第14條的結社自由，第15條的生存權及工作權，與第22條的概括條款。其中，以工作權的保障最重要，另一部分則是規定在基本國策第十三章的社會安全一節中，包括憲法第152條至第155條。

(一)基本權

1. **結社自由**：結社自由是一般人民為形成共同意志，追求共同理念，實現
   共同目標，組織團體的自由。憲法對勞工或雇主組成職業團體追求團體
   成員利益的權利並無特別的規定。因此憲法第14條的結社自由乃成為勞
   工或雇主組織職業團體可能的憲法基礎。司法院大法官會議釋字第373
   號，就主張勞工依憲法第14條及第153條的規定，享有組織工會的自由，
   並且得經由工會享有集體交涉及爭議等權利。

2. **生存權**：生存權也是一般人民所享有的基本權，對勞工而言有特別的意
   義。黃越欽認為：「生存權是要求確保生活所必要之諸般條件所必要的權
   利，是勞動者權利的基礎。憲法第15條生存權的規定，是將生存權作為維
   護工作權與財產權之經濟基本權加以保障。」

   陳繼盛也認為：「生存權也稱為『生活權』，對勞動者而言，是對於勞動
   者生活過程之保障。勞動者最重要的生存權之內容為工資之保護。」

3. **工作權**：有關工作權的內涵，國內學者與大法官會議的見解有所不同。
   陳繼盛強調：「工作權是對勞動者勞動過程的保障。其內容是：『只要
   有工作意願、有工作能力就有工作機會要求』以及『合乎人的條件之工
   作環境』。有關勞動契約、就業安全、職業安全衛生、勞動基準之規定
   可視為以工作權為基礎之勞工立法。」

   李惠宗主張：「我國憲法上的工作權有兩種內涵：工作權原則上是指職
   業自由與營業自由；另一方面，工作權也是一種社會權，必須與生存權
   結合，在此意義下，工作權也可以稱為『勞動權』。此一勞動權要求國
   家有積極保護的義務，對國家權力機關乃形成國家保護之義務。具體內
   容包括勞動保護立法（勞動基準法、勞工安全衛生法、職業災害勞工保
   護法、大量解僱勞工保護法）、勞動三權（勞工團結權、團體協商權及
   罷工權）與勞工的企業參與決定權。」

   黃越欽認為：「我國憲法上的工作權就是學理上的勞動權。在資本制度
   的法律秩序中，國民只有限定勞動權，而無完全的勞動權。亦即，只有
   當國民在私企業中自行尋求勞動機會或確保勞動機會無法滿足時，國家
   才補充提供勞動者以適當機會，或提供其維持生活必要的資金。勞動權
   的內涵不斷增長，可分為兩大範疇：一是對未就業者有向國家請求接受
   職業訓練、就業服務、就業輔導與失業救助等權利；已就業者除了仍可
   向國家主張上述權利外，尚待主張團結權、集體交涉權與爭議權。工作

權最重要的內容是勞動條件之維持改善，目前已不限於傳統的勞動條件，而是擴張至工作環境權，包括：參與企業安全衛生改善決策之權、充分獲得資訊之權，安全衛生代表在特殊危險狀況發生時之處置權、個別勞工拒絕危險工作之權、接受諮詢與訓練之權與安全衛生代表之保障權。」

4. **其他自由權利**：憲法第22條規定，凡人民之其他自由及權利，不妨害社會秩序公共利益者，均受憲法之保障。例如：黃程貫曾主張以憲法第22條作為罷工權的憲法基礎。認為以憲法第14條的結社自由或以第15條的工作權及生存權作為同盟自由基本權（團結權、集體交涉權）的基礎都不適宜，迫不得已，退而求其次，援用憲法第22條的概括條款作為憲法依據。

但該條為基本權的一般規定，在基本權相互衝突時，應優先適用憲法所列舉的特殊基本權。然而同盟自由基本權應該比結社自由更為特殊，更應受憲法保障，卻因憲法無明文規定而處於較其他憲法明定的基本權更不利的法律地位。正可突顯我國憲法對勞工基本權保障之不足，有增修之必要。

(二)**社會安全基本國策**：憲法第十三章規定基本國策，其中第四節有關社會安全的規定主要是勞工政策與社會政策。其中與勞工權利有關的包括：就業安全、制定勞動保護法律、女工與童工的特別保護、勞資關係與社會福利制度。

1. **就業安全**：人民具有工作能力者，國家應予以適當之工作機會（憲法第152條）。
2. **制定勞動保護法律**：國家為改良勞工及農民之生活，增進其生產技能，應制定保護勞工及農民之法律，實施保護勞工及農民之政策（憲法第153條第1項）。
3. **女工與童工的特別保護**：婦女兒童從事勞動者，應按其年齡及身體狀態，予以特別之保護（憲法第153條第2項）。
4. **勞資關係**：勞資雙方應本協調合作原則，發展生產事業。勞資糾紛之調解與仲裁，以法律定之（憲法第154條）。
5. **社會福利**：國家為謀社會福利，應實施社會保險制度。人民之老弱殘廢，無力生活及受非常災害者，國家應予以適當之扶助與救濟（憲法第155條）。※此條款雖為社會政策的規定，但與勞工的關係最為密切。

(三)**基本權與基本國策的不同**：國內多數學者認為，憲法基本國策的規定僅指示立法及行政之目標，無強行之性質，也就是所謂的方針條款。憲法學者陳新民教授則認為，我國憲法上的基本國策章除具有方針條款外，也有憲法對立法者的委託，惟立法者何時制定及如何制定法律則是立法者的裁量權。依此見解，則上述有關就業安全條款與社會福利的條款是屬於方針條款。而有關制定勞動保護法律（包括女工與童工的特別保護）條款，以及勞資關係條款的規定，則是屬於憲法對立法者的委託。

基本國策與基本權利最大的區別在於：人民無法依據基本國策而直接向國家有所請求，而可依據基本權向國家請求。此對於屬於傳統自由權（例如結社自由）而言固無問題，但是對於有社會權性質的基本權（例如生存權或工作權），則仍有待國家立法建立具體的制度才得以實現。

四、勞動權入憲概念

國內法學界對「勞動權」的概念並不完全一致，黃越欽教授認為：「我國憲法上的工作權就是學理上的勞動權」，而李惠宗則認為：「勞動權是工作權中具有社會權性質而與生存權結合的部分」；因此，不包含屬於自由權的職業自由與營業自由。此外，陳繼盛則將生存權、工作權、團結權、協商權與爭議權合稱為「勞動基本權」。因此究竟是那些「勞動權」要入憲，應是首先釐清的問題。有關的討論計有：

(一)**如何入憲**：納入基本權或基本國策之中？

「勞動權入憲」的可能方式主要有兩種，其一是納入基本權清單之中，其二是納入基本國策之中。雖然勞動權納入基本國策中，對國家權力機關（立法、行政與司法）仍有一定程度的拘束力。但終究不如納入基本權清單中的法律效力。何況現行憲法的基本國策有無存在的必要也尚待商榷，縱使有保留的必要，是否有關社會安全的基本國策皆要保留或是如何增刪也尚待檢討，又何需加入新的勞工政策。勞動權中有不少是屬於社會權，也就是所謂的第三代的基本權，各國憲政的潮流似乎也傾向於將社會權納入基本權清單中。

(二)**勞動基本權入憲的意義**：勞動基本權入憲的最大意義在於白紙黑字，明文規定，避免像現在一般，對於有無特定勞動基本權存在？或憲法上的依據為何？特別是對行政、立法與司法等公權利機關發生的拘束力，往往是各說各話。

此外，勞動基本權入憲後，即可具有一般基本權所具有的功能。依據當代基本權利的理論，基本權的功能可分為主觀功能與客觀功能兩種，分別是：

1. **基本權利的主觀功能**：主觀功能是得依據基本權向國家有所請求。包括防禦權、給付權與程序權。

   (1)**防禦權**：具有自由權性質的勞動基本權，得請求國家不作為（防禦權），例如勞工團結權、集體協商權與集體行動權，具有傳統自由權的性質，可防止國家不當的干預。

   (2)**給付權或受益權**：具有社會權性質的勞動權，得請求國家作為（給付權或受益權）。其通常需要國家的輔助才能實現，但國家有其財政預算上的限制，立法者有其裁量的空間，釋憲者也不易貫徹此種權利的保障，使這些社會權的效力受到懷疑。不過社會基本權入憲的最大意義在於，所有國家權利機關負有使這些權利實現的義務，只是實現到何種程度的問題，而不是實現與否的問題，因此仍有其積極促進的作用。例如對未就業者或已就業者接受職業訓練、就業服務、就業輔導與失業救助等權利受憲法保障後，國家就有制定相關法律的義務，使人民享有直接的請求權。

   (3)**程序權**：此外，基本權尚可透過一定的組織或程序獲得保障（程序權）。例如透過工會法、團體協約法與勞資爭議處理法的組織與程序，達到保障勞動三權之目的。

2. **基本權利的客觀功能**：

   (1)**制度性保障**：立法者有立法的義務，形成基本權的核心，以強化基本權的保障。例如立法者制定工會法、團體協約法與勞資爭議處理法，以防止勞工的團結權，集體協商權與集體行動權受到政府的干預，也可排除雇主利用不當手段妨礙這些權利的行使。

   (2)**基本權作為客觀的價值秩序**：基本權建立了一套價值標準或價值體系，不僅國家的行政、立法與司法機關應予尊重，而且也是所有的人民共同追求的價值目標。勞動權的入憲最重要的意義在於標示新時代新的勞資價值觀。例如勞動三權的入憲，標示出勞雇雙方「社會夥伴」的關係，而不是勞動商品買賣或人的支配關係。勞資雙方在對等的條件下共同決定勞動條件。

(3)**基本權的保護功能**：國家必須保障人民基本權利免於受第三人的侵害。例如國家應立法排除雇主以解僱組織工會者，或參加集體協商代表，或參加罷工者，作為直接或間接侵害勞工勞動三權的手段。

(4)**基本權的第三人效力**：基本權可以直接或間接在私法關係中發揮效力。勞動基本權主要是針對國家公權力發揮作用。但勞動基本權往往對勞雇間的私法關係發生影響，而發揮其效力。例如直接在憲法中規定侵害勞動三權的合意，或為此目的採取的措施無效。如德國基本法第9條第3項的規定或經由民法的概括條款判決侵害勞動基本權的私人行為無效，合法罷工則免除民事上的契約責任與侵權行為責任。

五、勞動基本權入憲清單

如前所述，現行憲法所明定的勞動基本權只有憲法第15條的「工作權」。由於憲法對勞動基本權規定的欠缺，使得許多勞動立法的憲法依據必須透過憲法解釋，在工作權、結社自由或概括條款中找尋憲法依據，結果往往人言言殊，莫衷一是。縱使可以在工作權中推衍出大部分的勞動基本權，但也難免承載過重。因此，可作以下的考量：

(一)**可考慮入憲的勞工權利清單**：目前學者或司法實務由現行憲法條款中所推衍的勞工權利，可歸納為：職業自由、有關就業安全的權利（包括：請求接受職業訓練、就業服務、就業輔導與失業救助等權利）、勞動三權（包括勞工團結權、集體協商權、爭議權）、勞動條件的保護（包括：工資之保護、勞動條件最低標準的保護、女工與童工的特別保護、工作環境權〔職業安全衛生〕、職業災害勞工保護，解僱勞工保護）、勞工的企業參與決定權與社會福利等權利。這些權利除勞工的企業參與決定權外，大部分都已經受法律的保障，是否有必要進一步提昇為憲法上的勞動基本權？為了發揮基本權的功能，並且避免實務與學說解釋的紛擾，有必要在憲法中明白增列重要的勞動基本權。其中最重要也最迫切的是增訂「團結權」、「集體協商權」與「爭議權」等一般所謂的「勞動三權」，其他權利也可以考慮一併納入勞動基本權體系中。

(二)**勞動三權入憲的迫切性**：「團結權」、「集體協商權」與「爭議權」等一般所謂的「勞動三權」為多項國際條約所確認的勞動基本權。包括國際勞工組織1948年第87號（自由結社與保障團結權）公約，1949年第98號（團結權與集體協商權適用原則）公約，1948年聯合國人權宣言中的

社會人權（第23條第4款）、1966年12月16日之經濟、社會文化人權聯合國國際公約（第8條）、1966年12月19日之公民權及政治權利聯合國國際公約（第22條）等公約。大多數國家的憲法都保障勞工或雇主的結社權（自由），有些國家的憲法明文保障「集體協商權」與「爭議權」。勞動三權的保障已是一種國際勞動基準。我國勞動三權的憲法基礎不清楚，法律形式上雖然也保障勞動三權，但實際上勞工的勞動三權受到法令上與事實上的重重限制。最大的影響是勞動條件的形成，無法經由勞資雙方以締結團體協約的方式作成。大多由雇主單方制定的工作規則，與國家所制定的勞動基準法加以決定。勞工成為受雇主支配勞動力的客體，而非權利主體。所謂的契約自由只是雇主單方面的自由，與一百多年前歐美工業國家的勞工境遇相差不大。由於勞資雙方以「協約自治」方式形成勞動條件幾乎不可能，使國家以勞動基準法介入大部分勞工與事業單位的勞動條件，而且不論企業規模與行業類別一體適用，造成諸多難行之處。

勞資關係為勞工或其團體與資方或其團體間私法上的權利義務關係，這種私人間的權利義務關係與其他私人間的法律關係一樣應當事人自行決定，只有在私人自行決定顯失公平時，才由國家介入。要解決目前諸多勞資關係的問題，惟有在保障勞動三權實現的前提下，不僅修正工會法、團體協約法與勞資爭議處理法中不當限制勞工權利的規定，也要在這些法律中積極排除雇主不阻撓勞工行使權利。而保障勞動三權實現的前提必須在憲法中明定，才足以有效拘束行政、立法與司法機關，才不致使勞動三權空洞化。

邱駿彥認為，由於我國現行憲法中，並未將勞動基本權等相關規定直接入憲，因此，國際上均肯定勞工團結權等三權之基本權利，截至目前為止，都需透過解釋、甚至大法官會議解釋，才有可能暫訂其法源依據，我國勞工在勞動基本權利行使上，無法迅速、明確主張原本應有的權利內容。

人民的生存權，可說是憲法保障人民得以像人一樣有尊嚴生存之最重要基本權利，是憲法保障之最高命題。但人民中有不同身分或經濟區分者，例如對於勞工身分者要保障其生存權之落實，則必須要有達成生存權手段的基本權存在，此即憲法位階中有必要直接予以明文宣示團結權等勞動基本權的內涵。勞動基本權如有憲法位階之明文直接規範，透過基本權利之作用，有可能迅速修正法律保障不足之處，對於真正落實勞工得自憲法之權

利保障有其正面、積極意義。此外，也能順應國際潮流，重視國際勞工組織強調的勞動基本權入憲，也可避免國際上的批判聲浪。

六、勞動契約

(一)勞動契約特性

1. 勞動契約以提供勞務之一方為勞方或勞動者；並以接受勞務提供而給付報酬之一方為雇方或雇主。
2. 勞動者提供勞務是職業上之勞動力，不論勞心勞力；也不分其產業別是工業、農業或服務業；更不問其廠內或廠外。因其為職業上勞動力，純以家人身分幫忙工作或義務從事社會公益工作，非職業上勞動力之提供，自無勞動關係存在可言。
3. 勞動契約以勞動者在從屬關係提供勞動為特點，僅以一般公眾為對象而提供勞務，則無從屬關係存在，自不得視為勞動契約關係存在。例如：醫師受病人之託，一時為病人服務，其與病人之間並無勞動契約關係存在；但若醫師受僱於醫院，則其與醫院之間，可有勞動契約關係存在。
4. 勞動契約應由雇主給付一定報酬，亦即雇主對勞工給付一定報酬，始成立勞動契約，如無報酬給付，屬義務提供勞務，其間無勞動契約關係存在可言。

(二)勞動契約之性質

勞動契約的法律性質，如下所述：

1. **勞動契約係私法上契約**：勞動契約與一般契約相同，以當事人間相對意思表示之合意而成立。勞動契約之當事人為雇主與勞工，並以私法上之法律關係為其契約內容，故勞動契約可視為私法上之契約。惟具公法性質之勞動保護法規，為勞動關係內容，為雇主或勞工所引用。
2. **勞動契約係有償契約**：有償契約是指雙方當事人各由自己予他方以利益而取得對待利益之契約，無酬契約則指一方予他方利益而不取得對待利益之契約。勞工對於雇主提供勞務及以取得雇主之報酬為目的，因此，勞動契約是有償契約，並非無償契約。
3. **勞動契約係雙務契約**：雙務契約指雙方當事人互負債務而互為因果、互為對價之契約；勞動契約就債法性質而言，係勞工之勞務提供義務與雇主之報酬給付義務成為對待給付關係，因此，勞動契約屬雙務契約。

4. **勞動契約係繼續性契約**：繼續性契約是指為契約上償權債務內容給付，需一定期間繼續履行之契約；一時性契約，則指契約上債權債務內容之給付，僅需在某一時間點履行即為完畢之契約。勞動契約乃以繼續性之勞動關係為目的之契約，即以勞工在一定或不定期間內繼續提供勞務，雇主亦因勞工提供勞務，繼續給付報酬為其內容。

5. **勞動契約係諾成契約**：諾成契約是指僅依意思表示之一致而成立之契約；要物契約則指因物之交付或完畢其他給付而成立之契約。勞動契約因當事人合意而成立，無待勞工開始實現勞務之提供始為成立，故為諾成契約。

6. **勞動契約係非要式契約**：非要式契約是契約之訂立，不必具備一定的形式，以書面訂立或以口頭約定，默示意思表示，或有事實上的行為而成立均無不可。勞動基準法未明定勞動契約必須具備一定形式，以書面或口頭均可成立勞動契約，故勞動契約屬非要式契約。惟有例外，勞動基準法第65條第1項明定：「雇主招收技術生時，須與技術生簽訂書面訓練契約一式三份，訂明訓練項目、訓練期限、膳宿負擔、生活津貼、相關教學、勞工保險、結業證明、契約生效與解除之條件及其他有關雙方權利、義務事項，由當事人分執，並送主管機關備案。」非作成書面契約不可。

7. **勞動契約係具有身分性質關係之契約**：勞動契約成立之勞動關係，在本質上是勞工與雇主基於某一共同目的組成的關係，並非單純的勞務與報酬之交換關係或對待給付關係。故勞工必須親自為勞務給付，非經雇主同意，不得使他人代服勞務。雇主亦不得將勞務請求權讓與第三人，且勞工必須在從屬關係上提供勞務。因之，勞動契約並非單純之償法上契約，係具有身分性質關係之契約。

(三)**定期與不定期勞動契約**：勞動基準法為保護勞工，故規定勞動契約應以不定期為原則，以定期為例外。由該法第9條第1項可明顯看出，就勞工工作權之保護而言，不定期契約對勞工較為有利，因為在不定期勞動契約之情形，雇主非有法定之契約終止事由(勞動基準法第11條與第12條第1項)，不得消滅勞動關係；定期契約規定期限屆滿，契約關係即行消滅，不定期勞動契約對勞工而言，應屬有保障制度。因此，勞動基準法遂規定，唯有於工作之性質為臨時性、短期性、季節性或特定性者，當事人始得將其勞動契約約定為定期契約，當然亦得約定為不定期契約，自不待言。

若工作之性質並非上述四種性質，或是屬於繼續性者，則不容當事人任意約定，當然只得約定為不定期契約。若當事人仍將之約定為定期，則其定期之約定部分，應屬無效；其他部分則仍有效。

由上可知，工作性質為臨時性、短期性、季節性或特定性等四者，係定期約定之法定正當事由，欠缺之，則應為不定期。「繼續性」工作所謂的繼續性，並非指不定期勞動契約之為「繼續性」債之關係，因為只要是勞動契約本即是繼續性債之關係，故定期勞動契約亦屬之。此處所謂的繼續性工作乃是指勞工所擔任之工作，就該事業單位之業務性質與經營運作而言，係具有持續性之需要者，並非只有臨時性、短期性、季節性之一時性需要或基於特定目的始有需要者。

至於臨時性、短期性、季節性或特定性四者之意義為何？勞動基準法施行細則於第6條第1項中有進一步之說明。

臨時性	無法預期之非繼續性工作，其工作期間在6個月以內者。
短期性	可預期於6個月內完成之非繼續性工作。
季節性	受季節性原料、材料來源或市場銷售影響之非繼續性工作，其工作期間在9個月以內者。
特定性	可在特定期間內完成之非繼續性工作，工作期間超過1年者，應報主管機關核備。

有上述四種性質者，當事人即得認定為定期勞動契約。惟依該細則同條第2項之規定，當事人所具備之工作性質不同者，其所得訂定之期限的長短亦應有所不同。若工作之性質係臨時性或短期性，則其定期契約之期限不得超過6個月；若工作具有季節性，則所定期限不得超過九個月；若工作之性質為特定性，則所定期限原則上並無限制；但若期限超過一年，則應將該契約報請勞工行政主管機關核備才可。

另依勞動基準法第9條第2項之規定，有法定更新與有連續性定期契約之情形時，定期性勞動契約會變為不定期契約。茲分述如下：

1. **法定更新**：法定更新問題係指定期契約之期限屆滿後，當事人之一方仍繼續給付，而他方亦無反對之表示，如此一來，原本已屆期之定期契約是否即因而轉變為一不定期契約，此一問題即係法定更新。

2. **連續性定期契約**：連續性又稱「連鎖性」，定期契約之質變為不定期契約之問題，民法並未規定，而於勞動基準法第9條第2項第2款則有特別明文規定「定期契約屆滿後，雖經另訂新約，惟其前後勞動契約之工作期間超過90日，前後契約間斷期間未超過30日者，視為不定期契約。」依此一規定，前後相續之二個以上的定期勞動契約，若是前後二個定期契約所定之期限的總合在90日以上，而且前一定期契約期限屆滿後，至後一定期契約成立時為止，若在30日之內，則前後二個定期契約，即應合併自始視為一個不定期契約。此等規定之立法目的乃是在防止雇主以連續性定期契約替代不定期勞動契約，除侵害勞工若為不定期工時應享有的各種權益外，並因而規避勞動基準法中之強行性終止保護規定（尤其是勞動基準法第11條所規定之應支付資遣費的預告終止）。一方面無須有法定事由即可令勞動契約消滅，且不需支付資遣費，因為定期勞動契約本即多為期限較短，每次於期限屆滿時，勞動契約即行消滅，勞工即須離職，不須等待契約之終止。因此，雇主即得規避勞動基準法中終止保護規定，為防止雇主以連續性定期契約之方式規避強行法規、為防止雇主此種脫法行為，才有將合乎上述要件之連續性定期契約視為不定期契約之規定。

(四)**勞動契約的終止**

黃越欽（2008）指出，勞動契約終止，勞雇關係結束，原因及法律效果如下：

1. **勞動契約終止事由**

勞動契約可因下列事由之一而終止：

(1)**契約當事人合意**：勞動契約不論其為定期契約或不定期契約，均得隨時因當事人之合意而終止，此乃基於契約自由原則之當然解釋。

(2)**契約當事人一方之意思表示**：勞動契約因雇主之意思表示而終止時，雇主應自知悉其情形之日起，30日內為之。此外，雇主尚可在上述事由之範圍內，另行在工作規則、團體協約或勞動契約中，就懲戒解僱予以具體明確之規定。

(3)**經濟解僱**：雇主基於懲戒勞工以外之動機而解僱勞工，其應遵守下列法定情事：

A. 歇業或轉讓時。

B. 虧損或業務緊縮時。

C. 不可抗力暫停工作在1個月以上時。

D. 業務性質變更，有減少勞工之必要，又無適當工作可供安置時。

E. 勞工對於所擔任之工作確實不能勝任時。

(4) **解僱之預告**：

A. **預告期間**：雇主為解僱之意思表示時，除懲戒解僱之事由可立即解僱勞工外，應依下列規定期間，向勞工為解僱之預告（勞動基準法第16條第1項）：

　　a. 繼續工作3個月以上，1年未滿者，於10日前預告之。

　　b. 繼續工作1年以上，3年未滿者，於20日前預告之。

　　c. 繼續工作3年以上者，於30日前預告之。

B. **預告工資**：解僱之預告，原則上應依前述預告期間之規定；但雇主若未依上述期間預告時，可以預告工資代替之。此外，勞工於接到解僱預告後，為另謀工作，得於工作時間請假外出。其請假時數，每星期不得超過2日之工作時間（俗稱謀職假），請假期間工資照給。

(5) **可增加解僱之限制**：

A. **勞動基準法上之限制**：

　　a. 解僱時期之限制：雇主除因天災、事變或其他不可抗力致事業不能繼續，經報主管機關核定者外，對於勞工，在依規定請產假之停止工作期間或在職業災害之醫療期間，不得予以解僱。

　　b. 解僱手續之限制（勞動基準法第16條）：雇主基於懲戒勞工以外之動機而解僱勞工，應事先預告勞工或支付預告工資。

　　c. 違法理由申訴之解僱禁止（勞動基準法第74條）：勞工發現事業單位違反勞動基準法及其他勞工法令規定時，得向雇主、主管機關或檢查機關申訴，雇主不得因勞工為前項申訴而予解僱、調職或其他不利之處分。

B. **工會法上的限制（俗稱不當勞動行為）**：

　　a. 雇主或代表雇主行使管理權之人，不得對於勞工組織工會、加入工會、參加工會活動或擔任工會職務，而拒絕僱用、解僱、降調、減薪或為其他不利之待遇。

　　b. 雇主或代表雇主行使管理權之人，不得對於勞工或求職者以不加入工會或擔任工會職務為僱用條件。

  c. 雇主或代表雇主行使管理權之人，不得對於勞工提出集體協商之要求或參與集體協商相關事務，而拒絕僱用、解僱、降調、減薪或為其他不利之待遇。

  d. 雇主或代表雇主行使管理權之人，不得對於勞工參與或支持爭議行為，而解僱、降調、減薪或為其他不利之待遇。

  e. 雇主或代表雇主行使管理權之人，不得不當影響、妨害或限制工會之成立、組織或活動。

 C. **其他之限制**：雇主可在工作規則中規定；勞資雙方亦可在團體協約或勞動契約中約定解僱限制條款。

(6) **懲戒解僱**：指勞動基準法第12條之規定：勞工有下列情形之一者，雇主得不經預告終止契約：

 A. 於訂立勞動契約時為虛偽意思表示，使雇主誤信而有受損害之虞者。

 B. 對於雇主、雇主家屬、雇主代理人或其他共同工作之勞工，實施暴行或有重大侮辱之行為者。

 C. 受有期徒刑以上刑之宣告確定，而未諭知緩刑或未准易科罰金者。

 D. 違反勞動契約或工作規則，情節重大者。

 E. 故意損耗機器、工具、原料、產品，或其他雇主所有物品，或故意洩漏雇主技術上、營業上之秘密，致雇主受有損害者。

 F. 無正當理由繼續曠工3日，或一個月內曠工達6日者。

2. **勞動契約終止所產生之義務**

 (1) **勞工之義務**

工作結束之義務	勞工於勞動契約終止後，應依誠實信用原則，結束原擔任之工作。
物品或其他財產返還之義務	勞工於勞動契約終止後，應返還原保管、使用屬雇主之物品或其他財產。
不為營業競爭之義務	勞動契約得約定勞工於勞動關係終止後，不得與雇主競爭營業，但以勞工因勞動關係得知雇主技術上秘密，而對於雇主有損害時為限。前項約定以書面為之，對於營業之種類、地域及時期，應加以限制。惟雇主對勞工如無正當理由而解僱時，其禁止競爭營業之約定，失其效力。

(2)**雇主之義務**

工資給付之義務	勞動契約終止後，積欠勞工之工資，雇主應即結清給付之（勞動基準法施行細則第9條）。
資遣費發給之義務	勞工有資遣費之請求權者，雇主應於終止勞動契約時發給之。
退休金給付之義務	舊制勞工退休金，勞工有退休金之請求權者，自勞工退休之日起30日內，雇主應給付之；雇主如無法一次發給時，得報經主管機關核定後，分期給付（指舊制勞基法，新制勞退條例則無此義務）。
服務證明發給之義務	勞動契約終止時，勞工如請求發給服務證明書，雇主或其代理人不得拒絕。
勞方物品或其他財產之交付或返還義務	勞動契約終止後，勞工之物品、公積金、保證金及其他名義之財產，雇主應交付或返還之。

七、勞工之義務

勞動契約為雙務契約，雙方當事人互負債務，互為對價之契約關係，因此，勞工基於勞動契約訂立，有提供職業上勞動義務。且勞工對雇主關係為從屬關係，勞工有聽從雇主為完成勞動目的必要的指示義務，也要對雇主付出忠誠、守密等義務。分述如下：

(一)**勞動給付義務**

1. **提供勞務義務人**：勞務給付，原則上應由勞工親自為之，不得使他人代服勞務。勞工違反親自服勞務義務時，雇主得依法終止勞動契約（民法第484條）。

2. **勞動給付現象**：勞工以與其訂定勞動契約之雇主，為其服勞務對象。亦即，勞務請求權人通常為勞動契約當事人之雇方。勞務請求權為不可轉讓之權利，雇主未得勞工承諾不得將請求權任意讓與第三人。但勞工服勞務對象，並不一定限於雇主一人，尚可包括雇主的顧客或雇主家屬等。勞動契約訂定時，即約定向第三人服勞務者，該第三人自始亦有勞務請求權（民法第269條）。雇主死亡而其營業由其繼承人承受，或營業轉讓第三人時，如無特別約定，勞務請求權不需勞工承諾，移轉於第三人。

3. **勞動給付種類與範圍**：勞動給付種類及範圍，依團體協約或勞動契約確定，如無法依團體協約或勞動契約予以確定，則依雇主或其代理人指示為勞務給付，此外，勞工原則上不須為約定外的勞動給付。有緊急情形，或職業上有特別習慣時，勞工不能拒絕其所能給付之勞務。

4. **勞動給付地點**：勞動給付處所，由勞雇雙方以勞動契約約定。如無約定時，由雇主依勞務性質指示確定。勞工對於雇主所有廠場服勞務，有默示同意。所以，勞工原則上以雇主廠場為其勞動給付地。雇主廠場遷移時，如未增加勞工負擔者，勞工不得拒絕移廠服務。

   勞動基準法第10-1條明確規範，雇主調動勞工工作，不得違反勞動契約之約定，並應符合下列原則：(1)基於企業經營上所必須，且不得有不當動機及目的。但法律另有規定者，從其規定。(2)對勞工之工資及其他勞動條件，未作不利之變更。(3)調動後工作為勞工體能及技術可勝任。(4)調動工作地點過遠，雇主應予以必要之協助。(5)考量勞工及其家庭之生活利益。

5. **勞務給付時間**：勞務給付開始、終止、休息、延長等，原則上，依勞動契約當事人約定。勞務給付時間確定後，勞工於時間內負有完全服勞務之義務，即使按件計酬，如訂有勞務給付時間，亦不得任意中止工作。勞工於規定工作時間內，雖有服勞務義務，但於工作時間外，則無服勞務之義務。

(二)**忠實義務**：勞工忠實義務範圍及程度，依勞務給付種類及性質而定，忠實義務內容分述如下：

1. **服從義務**：勞工在勞務給付上有服從雇主指導監督義務，勞務給付方法、地點、時間，除法令、團體協約、工作規則有規定，或勞動契約有約定外，應順從雇主之指示。但勞工之服從義務，本質上，僅限於勞務給付，即服從之範圍，以勞動關係之目的為限，超越勞動關係範圍以外之事情，並無服從之義務。並以工作時間內為限，於工作時間外，則無服從之義務。但勞工有時例外的於勞動關係及工作時間外，尚對於雇主有服從之義務，例如：家事勞工於勞動給付外，當有遵從雇主家庭之禮儀習慣等之必要。

2. **保密義務**：勞工在工作中獲悉之雇主營業上或製造上秘密，有保密義務。保密義務有依法規予以規定，亦有特約予以明定者，但縱無此項法規或特約，勞動契約本質上應解釋為勞工有此義務。例如：事務員、技

師不得洩漏其因被僱所知之秘密，並不得利用此知識與雇主為同種類之營業競爭。

3. **勤慎義務**：勞工對於其所承受之工作應注意行為，如所需材料由雇主供給者，應注意使用其材料，並報告消費數量，如有剩餘應返還之，此即勞工之勤慎義務。關於勞工兼差是否違反此項義務，勞動契約法第8條第1項明文規定：「勞動者於勞動契約期滿前，未經雇方同意不得與第三人訂立勞動契約，但無損於原約之履行者不在此限。」此規定顯以有否損害原勞動契約之履行為可否兼差之判斷標準。至於勞工未經雇主同意兼差時，其法律效果如何？同條第2項又規定「勞動者違反前項規定時，其後約無效，後約他方當事人不知情者，對於勞動者得請求賠償其因不履行所產生之損害。」

(三) **其他附隨義務**：其他附隨義務，最主要者為損害賠償義務，即勞工怠於履行或不完全履行或因可歸責於自己之事由，不能履行上述義務時，應賠償因此所生之損害。勞工因故意或過失，毀損雇主之原料、機械、器具時亦應負賠償之責。

八、雇主之義務

勞雇雙方當事人，互相享受權利並負擔義務。勞工的義務有：勞動給付義務、忠實義務及其他附隨義務，而雇主也有報酬給付義務、照顧義務以及其他附隨義務，與之相對應。分述如下：

(一) **報酬給付義務**：報酬之給付為雇主之重要義務，此項義務與勞工之勞務給付義務成為互相對待之給付義務。報酬依契約當事人約定，或依團體協約約定，有時也可以默示約定。

(二) **照顧義務**：雇主除給付報酬外，對於勞工負有照顧義務。此義務為與勞工之忠誠義務互相對待之義務。雇主對於勞工的生命、身體、健康、紀律等，應加以維護，如容留勞工住宿於家庭內，對於勞工之起居場所之設備、飲食等，應加以注意。

(三) **其他附隨義務**

1. 就一般情形而言，雇主對勞工有請求勞務給付之權利，但特別情形：如按件計酬或按日計酬之勞工，其工作量多寡，對勞工之工資收入有直接關係。雇主應依據勞動契約提供勞工工作之義務。

2. 雇主對於勞工除有特別約定或有特別習慣外，應供給勞工工作之場所，勞動之必要工具及原料等。勞工履行勞務給付義務中，所支付之必要費用，如無特別約定，雇主應償還之。

3. 雇主對於勞工於其行使公民權，履行證人、鑑定人之法律上義務，或執行工會職務時應給假。對於勞工需要服務證明時，亦應給予。

4. 勞工在職務上之發明，其專利權屬於雇主，但雙方另有約定者，從其契約。勞工與職務有關之發明，其專利權屬於勞雇雙方所共有。

勞工與職務無關之發明，其專利權屬於該勞工，但其發明係利用雇主之資源或經驗者，雇主得依契約於該事業實施其發明。雇主為法人者，勞工在法人之企劃下，完成其職務上之著作，以該勞工為著作人。但契約約定以法人或其代表人為著作人者，從其約定。勞工符合規定應取得之專利權或著作權，雇主應予以尊重。

九、勞動（僱傭）、承攬與委任契約的差異

僱傭、承攬與委任三者之本質有所不同，分別就僱傭、承攬與委任契約在民法結構中之地位、三者之區分以及其區分之困難，敘述如下：

(一)**僱傭、承攬與委任契約在民法結構中之地位**：依我國民法之結構，勞務給付契約是以委任契約為主，僱傭契約與承攬契約係特殊類型，在法律適用上應優先適用特殊類型之規定；無規定者，才會適用「委任」規定。（參見民法第529條）。此外，在民法結構上，委任契約主要是規範白領階級的勞務給付契約，故民法第528條關於委任契約之定義規定為「處理事務」而非提供勞務；僱傭契約與承攬契約兩者是關於勞力之藍領階級的勞務給付。委任契約是無償契約，僱傭契約與承攬契約是有償，是其主要區別。

又，承攬契約在今日已因完成工作所需之專業能力與資格的不斷提升，不再像過去只侷限於藍領階級的勞務給付，白領階級的勞務給付亦包括在內。此外，有人認為委任契約亦得以「處理事務成功」作為契約標的，使得委任與承攬契約更難以區分。

(二)**僱傭與承攬、委任契約之區分**：僱傭契約與承攬契約及委任契約差異性為：

1. **法源不同**：民國73年8月1日施行的「勞動基準法」對於勞動契約的定義，依據第2條第6款規定：「謂約定勞雇關係的契約」並未加以明確定

義，僅就其分類、變更及終止等分別規範，而民國25年12月25日公布但
迄今未施行的「勞動契約法」中所指稱的勞動契約，謂當事人之一方，
對於他方在從屬關係提供其職業上之勞動力，而他方給付報酬之契約。
與民法第482條所稱：「僱傭者謂當事人約定，一方於一定或不定之期
限內為他方服勞務，他方給付報酬之契約。」其定義是一致的。而「承
攬」則規定在民法第490條：「稱承攬者，謂當事人約定，一方為他方完
成一定之工作，他方俟工作完成，給付報酬之契約。」而「委任」規定
在民法第528條可見：「稱委任者，謂當事人約定，一方委託他方處理事
務，他方允為處理之契約。」由上可見，三者在法令所界定的基本意涵
顯著不同。

2. **特性不同：**

   (1)**提供之內容不同：**僱傭契約所界定的內容是一方必須提供勞務，狹義
      上僅指勞力，而廣義的勞務尚包括受僱人的智慧、專業、經驗、社會
      關係以及技術等等。而承攬契約僅指一定工作的完成，除勞務的提供
      之外，承攬人必須提供工作場所、設備、材料及原料等。因此，僱傭
      關係只負責「工」，承攬關係則是「連工帶料」。而「委任」則以處
      理事務為標的，事後未必有報酬之給付。

   (2)**從屬關係不同：**亦即上述所指的在僱傭關係的定義上，勞務提供者與
      僱用者之間具人格與經濟從屬性，亦即受僱人在雇主企業組織內，必
      須服從雇主權威，並有接受懲戒或制裁之義務；且受僱人必須親自履
      行勞務之提供，不得使用代理人；受僱人之工作場所、工作內容與職
      場紀律係受到約束的。而在經濟從屬性上受僱人並非為自己之營業從
      事勞動，而是從屬於他人，為該他人之目的而提供勞務；受僱人被納
      入雇方生產組織體系中，並與同僚居於分工合作狀態。因此，僅有僱
      傭關係具從屬性，承攬關係則無。

   (3)**勞務給付性質不同：**承攬契約的勞務給付是非固定或固定、持續或非
      繼續，由雙方加以界定，惟僱傭契約（尤其是勞動基準法的勞動契
      約）、勞務給付則是固定與繼續的。

   (4)**勞務給付的單一或多元性不同：**僱傭關係都為單一性（或稱排他
      性），亦即當事人約定於一定或不定之期限內為他方服勞務（甲公
      司），至少在同時間內，不可同時為甲、乙兩家公司服勞務。而承攬
      契約則不具備此特性，倘張三是甲公司的承攬人，張三亦可在同一時

間內，同時承攬甲公司與乙公司的工作，因承攬人只須於約定時間完成一個或數個特定之工作，並無特定之雇主，與定作人間無從屬關係，可同時與數位定作人成立數個不同之承攬契約。

(5)**勞務給付的替代性不同：**

僱傭契約中的受僱人非經僱用人同意，不得使第三人代服勞務，承攬契約則無此規定，承攬契約的勞務給付屬可替代性，僱傭契約的勞務給付在未經僱用人同意之前，屬不可替代性。

(6)**受僱人忠誠及服從性不同：**

僱傭關係下的受僱人對僱用者有服從指揮命令之義務，但承攬關係下的承攬人，其忠誠對象是「工作結果」，因此可拒絕承攬人的指揮與命令，無服從之義務。委任契約之受任人亦具有獨立裁量權，不受委任者之指揮或命令。

僱傭契約、承攬契約與委任契約差異比較表

項目		僱傭契約	承攬契約	委任契約
法源不同		勞動基準法第2條 民法第482條	民法第490條	民法第528條
特性不同	提供之內容不同	勞務（工）	勞務與設備材料等（連工帶料）	事務的處理
	從屬關係不同	具人格與經濟從屬關係	不具人格與經濟從屬關係	不具人格與經濟從屬關係
	勞務給付性質不同	固定性與繼續性	不固定性與非繼續性	不固定性與非繼續性
	勞務給付的單一或多元性不同	單一性（排他性）	非單一性	多屬非單一性
	勞務給付的替代性不同	不可替代性	可替代性	多為不可替代性
	受僱人忠誠及服從性不同	具忠誠及服從性	不具忠誠及服從性	不具忠誠及服從性

(三)**外包問題**：外包是承攬的一種型式，常見的是家庭代工，由工廠直接以
承攬方式將工作委由個別家庭完成，再支付報酬，又稱「家內勞動」或
「家內工作」。一天內之工作時段及工作數量，由承攬者自行決定，德
國勞動法界雖不認定其為勞工身份，若承攬人以此等工作報酬為其主要
收入來源，則其社會經濟地位與勞工無異，可稱之為「準勞工或類似勞
工」。另一種複雜之外包制，是指企業將其業務之全部或一部分以承攬
之方式，由包頭承包。包頭再將之轉包承攬之方式交由包工完成，或者
包頭以自行僱用員工方式完成，此等包頭或者本身亦是企業主的員工或
獨立的自營作業者；其業務完成場所或者為包頭提供，或者為包工自
己提供，或者根本就在原企業主的工廠內，而由包頭向其承租、借用廠
房、機器；而包頭工作的僱用人員，不能是包頭自己招攬的小包或僱用
的勞工，在此情形，此種外包制度目的在於，使原企業主得以承攬方式
規避雇主應負擔責任，由財力相對薄弱的包頭、小包頭、小小包頭承擔
雇主責任，對勞工很不公平，常常無法求償；關於外包制問題，我國勞
基法第62條與第63條以及職業安全衛生法第16條規定原定作人與包頭
（承攬人）、小包頭（再承攬人）僅就職業災害的補償應負連帶責任，
原定作人並應就勞工勞動條件之符合法令一事，對包頭、小包頭負監督
義務，在勞工保護上明顯不足。

(四)**按件計酬或以工作成果計算工資**：按件計酬可分成支領底薪及不支領底
薪兩種，此一底薪又稱固定薪資，與勞工實際工作量無關，而按件計酬
又稱為變動薪資，完全依照勞工實際工作量給付，變動薪資在按件計酬
非常罕見，由於工資是依實際工作成果計算，常與承攬契約相互混淆。
按件計酬工資及計時工之變動薪資，表面上帶有承攬契約色彩，惟實際
上與承攬契約完全無關。按件計酬勞工屬於勞動契約受僱人，縱使是計
件，亦是受雇主僱用擔任繼續性工作之勞工，且被雇主納入企業組織，
又受雇主指揮監督、管理，因此本質上應屬於勞動契約受僱人，只是在
工資計算方式上，以實際工作成果計算，這一點與承攬相似而已。

十、非典型勞動與勞動派遣

(一)**基礎論述**：成之約（2008）提出非典型勞動的基礎論述如下：

1. **國際勞工組織的規範**：1997年通過私立就業機構公約第181號，在此公約
中有兩項重點：修正1949年收費的就業機構公約（Convention Concerning

Fee-Charging Employment Agencies），將私立就業機構活動不再侷限於以往的職業介紹與就業安置兩項，將其功能與角色擴張為可以僱用勞工提供第三人使用的雇主（私立就業機構公約第二條）。其次，呼籲國際社會成員要重視勞動市場彈性化的重要性。顯然，修正意味著國際社會不僅開始重視勞動市場彈性化，更重要的是，國際社會開始面對所謂非典型準聘僱關係，尤其是派遣勞動發展的趨勢。

2. **派遣勞動發展的主因**：隨著日本終身僱用制的瓦解以及全球化延伸的產業大革命下，就業市場結構與型態驟變，在標榜「成本極小化、利潤極大化」的資本主義風潮下，就業市場、勞資關係與彈性勞動等議題方興未艾，甚至激盪出「勞務商品化」與「為我所用、不必然為我所有」等新興概念，讓全球勞動專家學者嗅到不尋常勞資對立煙硝味與勞動階級化漸次形成的隱憂。相關研究顯示，發展原因歸納為三點：(1)勞動彈性化發展，(2)服務經濟發展，及(3)市場供需因素影響。

3. **勞動彈性化擴張理由**：就總體面來說，「勞動彈性化」概念或非典型工作型態的發展與產業結構轉換、國際分工、生產專業化和經濟景氣循環有著密切關係。勞工生活與社會地位的維持以及工作穩定性具有高度關聯，無工作無收入，更遑論生活與社會地位的維持。因此，因應全球化發展，「勞動彈性化」的管理措施，尤其是「派遣勞動」或非典型聘僱關係廣泛為企業所運用，如何提供勞工一個「安全」的工作環境，以及如何設計一個足以因應非典型工作與工作場所發展的「勞資」關係架構，應該是勞、資、政三方深思的一個議題。

　　換言之，當「派遣勞動」和非典型聘僱關係的發展確實威脅到就業（聘僱）安全與穩定時，以及影響到傳統勞資關係時，究竟應該如何加以因應呢？是防堵、是逆勢操作、抑或順其自然呢？誠如學者所言，以傳統的勞動立法加以嚴格規範或解除規範管制，均非良好措施。

4. **非典型勞動法制解析**：契約勞動屬定期契約勞動（勞動基準法的特定性工作）；至於委託勞動則屬代理或經紀勞動（民法規範）；調轉勞動為資遣勞工再僱用（屬勞動命令）；派遣勞動則為要派單位勞動；臨時勞動則屬短期全時勞動（屬勞動基準法中的臨時性工作）；又，短期間勞動則依時數勞動（勞動基準法的短期性工作或季節性工作）。108年6月派遣勞動已納入勞動基準法保障。

5. **非典型工作型態現況**：當前臺灣非典型工作型態的就業者約150萬人，占總受僱人口11.4%。比例與日本30%及歐美25%相較，不高。惟近幾年來均以倍數成長，專家預估未來將達到23%，值得重視。令人關切的是，非典型就業者的薪資僅及正職勞工的47.6%，工作亦相對不穩定，企業視之為廉價商品，工具性考量凌駕倫理思維，共存共榮的勞資倫理受到嚴重割裂，現有的勞動關係架構面臨調適、面臨困窘。

6. **勞動派遣趨勢與潮流**：勞動派遣在全世界已成為趨勢與潮流，無法阻絕或禁止，若政府不加以規範，可能衍生嚴重問題。因此，如何訂定有效規範是一重要課題。在制度設計上，讓要派公司能滿足勞動力彈性運用與降低部分管理成本需求，非以規避法令責任為目的。對於派遣公司來說，引導正派經營公司，以專業能力賺取合理的管理費用，而非以剝削勞工權益換取公司生存。對於派遣勞工來說，藉由彈性及多樣化工作機會，豐富自己的職場經驗並累積人力資本，提高未來進入正職工作的可能性。政府亦可達到提高就業率及穩定就業市場的雙重目的，若此，勞動派遣制度可以往正向發展。

(二) **定義**：傳統勞動關係中，勞工直接由雇主指揮監督，為其提供職業上之勞動力，雇主則給付工資作為報酬。但隨著服務業經濟發展與經貿全球化，企業為因應景氣變化而產生彈性運用勞動力之需求，於是逐漸興起多種「非典型勞動」型態，例如：部分時間工作、外包、電傳勞動及勞動派遣等。

有關勞動派遣之概念，可簡單歸納如下：提供派遣勞工者（以下稱派遣機構）與使用派遣勞工者（以下稱要派機構）簽訂提供與使用派遣勞工之商務契約（以下稱要派契約），而派遣勞工在與派遣機構維持勞動契約前提下，被派遣至要派機構之工作場所，並在要派機構之指揮監督下提供勞務。所以勞動派遣具有以下特色：

1. 是一種涉及三方當事人的勞動關係。
2. **派遣勞工**與**派遣機構**間為勞動契約關係。
3. 派遣機構與要派機構間為商務契約關係。
4. **要派機構**與派遣勞工間雖無勞動契約關係，但派遣勞工係在要派機構之指揮監督下提供勞務。

茲將派遣機構、要派機構與派遣勞工間之關係圖示如下：

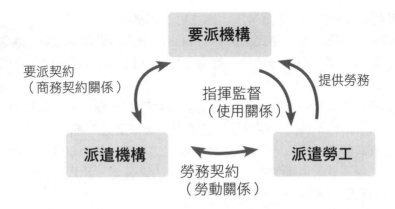

1. **勞動派遣適用勞動基準法**：查中華民國行業標準分類（民國85年12月31日第6次修訂版）規定，其他工商服務業項下人力供應業（細類編號：7901）係指凡從事職業介紹或人力仲介、派遣、接受委託招募員工之行業均屬之。依據勞動部民國86年10月30日（86）台勞動一字第047494號函釋，其他工商服務業及所屬勞工應自民國87年4月1日起適用勞動基準法。所以派遣機構應適用勞動基準法。是以，派遣勞工若受僱於派遣機構或其他適用勞動基準法之事業單位，雙方約定之各項勞動條件，均不得低於該法所定之最低標準，且僱用派遣勞工之派遣機構當然應遵行所有勞動法令規定之雇主義務。

2. **勞動派遣權益指導原則**：由勞動部於111年4月7日勞動關二字第1110135532號函修正頒布，主要內容如下：

   (1) 勞動部為使派遣事業單位與要派單位確實符合勞動法令，保障派遣勞工權益，特訂定本指導原則。

   (2) 本指導原則用詞，定義如下：

   　A. 勞動派遣：指派遣事業單位指派所僱用之勞工至要派單位，接受該要派單位指揮監督管理，提供勞務之行為。

   　B. 派遣事業單位：指從事勞動派遣業務之事業單位。

   　C. 要派單位：指依據要派契約，實際指揮監督管理派遣勞工從事工作者。

   　D. 派遣勞工：指受派遣事業單位僱用，並向要派單位提供勞務者。

   　E. 要派契約：指要派單位與派遣事業單位就勞動派遣事項所訂立之契約。

(3)派遣事業單位僱用派遣勞工,應注意下列事項:

A. 人力供應業於中華民國87年4月1日起納入勞動基準法適用範圍,派遣事業單位僱用派遣勞工從事工作,應遵循勞動基準法及相關勞動法令之規定。

B. 派遣事業單位與派遣勞工訂定之勞動契約,應為不定期契約。派遣事業單位不得配合要派單位之需求,與派遣勞工簽訂定期契約。

C. 有關勞動基準法施行細則第7條規定之事項,派遣事業單位與派遣勞工應本誠信原則協商,且不得低於法律規定,並宜以書面載明,由勞雇雙方各執一份為憑。

D. 派遣事業單位應依法令規定為派遣勞工辦理勞工保險、勞工職業災害保險、就業保險及全民健康保險,並依規定覈實申報投保薪資(金額)。

E. 派遣事業單位應依勞動基準法及勞工退休金條例辦理勞工退休事項。

F. 派遣事業單位招募或僱用派遣勞工應遵守就業服務法規定,不得有就業歧視,亦不得對派遣勞工扣留證件、財物或收取保證金。

G. 派遣事業單位招募或僱用派遣勞工應遵守性別平等工作法規定。

H. 派遣勞工依勞動基準法第17條之1規定與要派單位訂定勞動契約者,其與派遣事業單位之勞動契約視為終止,派遣勞工不負違反最低服務年限約定或返還訓練費用之責任。派遣事業單位應依同法或勞工退休金條例規定之給付標準及期限,發給派遣勞工退休金或資遣費。

I. 派遣事業單位不得因派遣勞工依前款規定向要派單位提出要求訂約之意思表示,而予以解僱、降調、減薪、損害其依法令、契約或習慣上所應享有之權益,或其他不利之處分。派遣事業單位為前開行為之一者,無效。

J. 要派單位與派遣事業單位終止要派契約,不影響派遣勞工為派遣事業單位工作之受僱者權益。派遣事業單位無適當工作可供安置者,有關勞動契約之終止,應依勞動基準法等相關規定辦理。

K. 派遣事業單位僱用勞工人數在30人以上者,應依其事業性質,訂立工作規則,報請主管機關核備後公開揭示。

L. 派遣事業單位未符合勞動基準法第15條之1第1項規定者，不得約定勞工於派遣期間，轉任為要派單位之正職人員須給付違約金或返還訓練費用。

M.派遣事業單位未符合勞動基準法第9條之1第1項規定者，不得約定勞工於勞動契約終止後，一定期間內禁止至要派單位任職。

(4)要派單位使用派遣勞工，應注意下列事項：

A. 要派單位不得為規避勞動法令上雇主義務，強迫正職勞工離職，改用派遣勞工。

B. 要派單位不得於派遣事業單位與派遣勞工簽訂勞動契約前，有面試該派遣勞工或其他指定特定派遣勞工之行為。

C. 要派單位違反前款規定，且已受領派遣勞工勞務者，派遣勞工得於要派單位提供勞務之日起90日內，以書面向要派單位提出訂定勞動契約之意思表示。

D. 要派單位應自前款派遣勞工意思表示到達之日起10日內，與其協商訂定勞動契約。逾期未協商或協商不成立者，視為雙方自期滿翌日成立勞動契約，並以派遣勞工於要派單位工作期間之勞動條件為勞動契約內容。

E. 要派單位不得因派遣勞工依前2款規定向其提出要求訂約之意思表示，而予以解僱、降調、減薪、損害其依法令、契約或習慣上所應享有之權益，或其他不利之處分。要派單位為前開行為之一者，無效。

F. 勞動派遣關係有其特殊性，有關派遣勞工提供勞務時之就業歧視禁止、性騷擾防治、性別平等及職業安全衛生等事項，要派單位亦應積極辦理。

G. 要派單位為派遣勞工辦理教育、訓練或其他類似活動，不得因性別或性傾向而有差別待遇。

H. 要派單位應設置處理性騷擾申訴之專線電話、傳真、專用信箱或電子信箱，並將相關資訊於工作場所顯著之處公開揭示。

I. 要派單位知悉派遣勞工遭性騷擾之情形時，應採取立即有效之糾正及補救措施。派遣勞工遭受要派單位所屬人員性騷擾時，要派單位應受理申訴並與派遣事業單位共同調查；調查屬實者，要派單位應對所屬人員進行懲處，並將結果通知派遣事業單位及當事人。

J. 派遣勞工於要派單位工作期間之福利事項，除法律另有規定外，應本公平原則，避免差別待遇。

K. 要派單位應依法給予派遣勞工哺（集）乳時間，哺（集）乳時間視為工作時間。派遣勞工子女未滿2歲須親自哺（集）乳者，除規定之休息時間外，要派單位應每日另給哺（集）乳時間60分鐘；派遣勞工於每日正常工作時間以外之延長工作時間達1小時以上者，要派單位應給予哺（集）乳時間30分鐘。僱用30人以上受僱者之要派單位，派遣勞工育有未滿3歲子女者，得要求每日減少工作時間1小時或調整工作時間，要派單位不得拒絕。

L. 要派單位不得因派遣勞工提出性別平等工作法之申訴或協助他人申訴，而予以解僱、調職或其他不利之處分。

M. 派遣事業單位積欠派遣勞工工資，經主管機關處罰或限期令其給付而屆期未給付者，派遣勞工得請求要派單位給付。要派單位應自派遣勞工請求之日起30日內給付之。

N. 要派單位使用派遣勞工發生職業災害時，要派單位應與派遣事業單位連帶負擔勞動基準法所定雇主職業災害補償之責任；其職業災害依勞工職業災害保險及保護法或其他法令規定，已由要派單位或派遣事業單位支付費用補償者，得主張抵充。

O. 要派單位及派遣事業單位因違反勞動基準法或有關安全衛生規定，致派遣勞工發生職業災害時，應連帶負損害賠償之責任。要派單位或派遣事業單位依勞動基準法給付之補償金額，得抵充就同一事故所生損害之賠償金額。

(5)派遣事業單位與要派單位訂立要派契約應注意下列事項：

A. 派遣事業單位依法應全額定期給付工資，不得以任何理由遲延或拒絕給付工資。其與要派單位因履約所生爭議，派遣事業單位應另循司法程序救濟，不得以要派單位拖欠費用為由積欠派遣勞工工資或其他給與。

B. 要派單位支付派遣事業單位任何費用前，應確認派遣事業單位已依約按期支付派遣勞工工資，以確保無積欠派遣勞工工資或其他給與情事。

C. 派遣事業單位積欠派遣勞工工資，經主管機關處罰或限期令其給付而屆期未給付者，要派單位因派遣勞工請求而給付工資者，得向派遣事業單位求償或扣抵要派契約之應付費用。

D. 派遣事業單位應與要派單位於要派契約中明定派遣勞工延長工時或變更工作事項，並應先經派遣勞工所組織工會同意；無工會者，經勞資會議同意後，始可為之。

E. 要派單位因經營因素，有要求派遣勞工配合延長工時、休息日出勤或變更工作時間需要者，有關延長工時、休息日出勤之時數以及延長工時、休息日出勤工資計給方式、如何給付、正常工作時間分配調整等，應與派遣事業單位先行確認有無徵得勞工同意，並於要派契約中約定。

F. 要派單位認為派遣勞工有無法勝任工作情事者，應要求派遣事業單位依要派契約改派適任勞工，不得決定派遣勞工之任用。

G. 派遣勞工因遭遇職業災害而致死亡、失能、傷害或疾病時，派遣事業單位應給予職業災害補償。派遣事業單位與要派單位應於要派契約明確約定要派單位應盡設置安全衛生設施、實施安全衛生管理與教育訓練之義務及其他雙方權利義務有關事項，並得於派遣勞工工作前，事先透過保險規劃雇主之補償及賠償責任。

H. 派遣事業單位與要派單位訂定之要派契約，宜明定提前終止契約之預告期間。

(6)勞工從事派遣工作應注意下列事項：

A. 充分瞭解勞動派遣特性，並評估自身能力、意願及職涯規劃後，再決定是否從事勞動派遣工作。

B. 慎選派遣事業單位，考量其規模、成立時間、服務客戶素質、派遣勞工人數、員工訓練制度及有無重大勞資爭議歷史等。

C. 與派遣事業單位簽訂勞動契約，宜以書面為之，其內容除勞動基準法施行細則第7條列舉事項外，仍宜針對勞動派遣關係中較特殊事項，例如安全衛生、職業災害補償、就業歧視禁止、性騷擾防治、擔任職務或工作內容、獎勵懲戒、應遵守之紀律有關事項或獎金紅利等詳細約定，避免日後爭議。該勞動契約應至少一式二份，一份由派遣勞工收執。

D. 接受勞動派遣時，應要求派遣事業單位以書面載明要派單位名稱、工作地點、擔任職務、工作內容、工作時間（含休息、休假、請假）等事項。

E. 請求派遣事業單位除辦理一般教育訓練外，派遣之前應針對職務特性辦理職前訓練。

F. 應確認派遣事業單位是否於到職當日為派遣勞工加保勞工保險、勞工職業災害保險、就業保險及全民健康保險，及是否覈實申報投保薪資（金額）。

G. 派遣期間內，應確認派遣事業單位是否已按勞工退休金條例提繳退休金。

H. 派遣勞工於勞動契約終止時，得請求派遣事業單位開立服務證明書。

I. 派遣事業單位僱用勞工人數在30人以上者，受僱勞工可依法組織工會，團結勞工力量，維護勞工權益。

J. 派遣勞工權益受有損害者，可提供具體事實及訴求向當地勞工行政主管機關（勞工局、處）申訴處理。

(三) **納入勞動基準法保障**：108年6月19日修正公布勞基法，強化派遣勞工權益保障，包括勞動派遣定義、禁止登錄型派遣型態、職災補償及賠償連帶責任規範、工資補充給付責任規範及禁止人員轉掛規範等。針對要派單位及派遣事業單位的重要規範如下：

1. **派遣事業單位的規範**：派遣事業單位與派遣勞工訂定不定期勞動契約派遣事業單位與派遣勞工訂定之勞動契約應為不定期契約，派遣勞工與派遣事業單位以長僱為目的，避免派遣事業單位以要派契約期間作為與派遣勞工訂定定期契約之理由，規避勞工法令相關終止契約及給付資遣費之責任，兼顧派遣勞工之僱用安定。

2. **要派事業單位的規範**

(1) **增列禁止轉掛派遣**：禁止轉掛規定，避免要派單位與派遣事業單位約定「人員轉掛」服務。要派單位違反規定者，課以行政處罰外，並賦予派遣勞工要求要派單位直接僱用之權利，遏止轉掛派遣情形發生。若違反，將有以下法律效果及影響：

A. 派遣勞工可書面通知要派單位成立勞動契約：派遣勞工可於要派單位受領勞務之日起90天內，以書面形式向要派單位提出訂定勞動契約之意思表示。

B.要派單位逾期未與派遣勞工協商視為成立勞動契約：要派單位應於派遣勞工意思表示到達之日起10天內，與其協商勞動條件並訂定勞動契約。如逾期未與派遣勞工議定勞動條件訂定勞動契約者，視為雙方自期滿之次日成立勞動契約，並應以派遣勞工於要派單位工作期間之勞動條件為勞動契約內容。

C.派遣事業單位與派遣勞工之勞動契約視為終止：派遣事業單位與派遣勞工之勞動契約視為終止，派遣勞工不需負擔違反最低服務年限約定或返還訓練費用之責任。

D.派遣事業單位應於法定時限內給付資遣費或退休金：派遣事業單位與派遣勞工之勞動契約終止後，按適用勞工退休新制或勞基法舊制之年資，於終止日後30天內給付資遣費或退休金；違反此規定，主管機關可處新台幣30萬元以上150萬元以下罰鍰。

(2)**要派單位負工資補充規定，保障派遣勞工工資安全**：要派單位工資補充責任規定，保障派遣勞工之工資安全，避免派遣事業單位積欠工資，嚴重影響派遣勞工生計。

(3)**要派單位連帶負派遣勞工遭遇職業災害之補（賠）償責任規定**：當要派單位所使用之派遣勞工發生職業災害時，應與派遣事業單位連帶負職災勞工之補償及賠償責任，以保障職災派遣勞工相關權益。

(四)**國際勞工組織勞動派遣者保護公約演進**：與勞動派遣有關的國際勞工公約，最初是以規範私立就服機構為濫觴。因私立就服機構以介紹勞工工作，或介紹雇主合適的勞工為主要業務範圍，其形式近似於今日勞動派遣由派遣機構介紹適合的勞工至要派機構工作，兩者都有工作媒合的性質。與勞動派遣相關之國際公約如下：

1. **初步萌芽階段（1919年至1932年）**：國際勞工組織最早對於勞動派遣之相關規範可溯源自1919年的第2號失業公約 [Unemployment Convention]及第1號失業推薦書[Unemployment Recommendation]。當時為避免就業服務機構對求職者收取不正當之仲介費用，並將勞工派遣至他國剝削使用，故在公約中，皆明文禁止收費及以商業為目的之就業服務，使「勞動非商品」（Labor is not commodity）之理念足以貫徹。

2. **第34號公約階段（1933年至1948年）**：在1933年通過的第34號收費就業服務機構公約中[Fee-Charging Employment Agencies Convention]，又再次重申就業服務機構之非營利性。該號公約在第1條及第2條中，首先

定義「收費就業服務機構」是指：「任何人、公司、機構、仲介，或其
他組織以營利為目的，作為媒介者介紹工作給勞工，或者提供勞工給雇
主，為了從雇主或勞工那方，獲取直接或間接的任何金錢上或物質上的
利益。」或者是：「就業服務機構雖非以營利為目的，卻向受服務的不
論雇主或勞工方，收取入會費、定期的捐獻，或其他任何收費。」而會
員國在此項公約生效後三年內應廢除上述機構。雖有例外情況得免於廢
除就業服務機構，但也僅限於雇主與勞工團體協商後的特定行業，如勞
工是經由國家法令或規範特別認證的，像是藝術家或音樂家。但這種例
外仍受到相當嚴格的限制，故僅有11個會員國簽署該公約。

3. **第96號公約階段（1949年至1994年）**：因第34號公約成效不彰，
無法被多數會員國採納，故第96號收費就業機構公約[Fee-Charging
Employment Agencies Convention（Revised）]在1949年修正了第34號
公約中較為嚴格的部分，包括：對於營利之就服機構採取逐步廢除的方
式，期限由當局主管定之。在營利就業服務機構廢除前，應接受當局主
管的監督，收取費用之價格表也須經合法當局同意，並取得每年更新的
許可證。而非營利性的就服機構須接受當局主管的監督及價格收取管
理。雖放寬了就服機構的存在條件，但該公約同時也加強了違反相關規
範，會員國訂定適當的刑罰的權力，例如吊銷執照或許可證。本公約因
作法較為彈性，會員國接受度也較高，比起第34號公約的11個會員國簽
署，本公約至1972年共獲得44個會員國的認可，雖然後來有4個會員國因
適用範圍之疑慮而退出，但對於保障勞工尋職時免於受剝削之目的，有
更實際的保護作用。

4. **第181號公約（1994年至1997年）**：

(1)**制定背景及源起**：第181號公約的制定，可由瑞典的「流動性打字機
構」（ambulatory typing agencies）說起。該國在1950年代開始出現
了一種工作型態，由打字機構派遣打字工到各個需要打字的雇主處，
接受該雇主的指揮監督，但打字工的薪資卻是由打字機構所給付，即
類似於今日我們所知的勞動派遣。且該工作型態非僅在打字行業中，
在運輸、文化、印刷業都有相同情況發生。故瑞典政府向ILO提出釋
明的要求，詢問此類「流動性打字機構」是否在第96號公約的規範
範圍內，希望得解除對於該類機構的管制。然ILO理事長之回應則認

為，因該打字機構是以提供勞工工作，或提供雇主勞工為目的之媒介者，符合公約中第1條之定義，故當然應將此種「非直接僱用營運」的型態也包括在規範範圍內。

在此同時，由於勞動派遣逐漸從臨時性、補充性的人力，轉為一般勞動力的替代，法國在1972年即修正其勞動法典，成為第一個承認勞動派遣的國家。德國也隨後施行勞動派遣法，承認營利性勞動派遣業的存在。為了使此種新工作型態在已存在的既定事實下有新的基準規範之，1988年至1990年ILO自行從事一項大規模的研究，進而發現共有18種不同類型的此種機構在勞動市場中運作。ILO此時發現，先前各種公約中對於就業服務機構之禁止已漸失規範之效，使其合法化是不可避免的趨勢。

在1994年第81屆國際勞工會議中，針對就服機構，三方會員在下列共識下達成協議：A.政府能實施就服機構並建立勞動市場機制。B.雇主承認暫時性勞動之優點。C.勞動者在暫時性勞動的架構下可得到更好的待遇。勞資政三方雖然都同意修正第96號公約，但雇主代表希望全面放棄傳統僱用型態的管理機制；勞方代表雖接受此種三方關係，卻希望保有傳統僱用型態的管理機制；政府代表則採中庸之道。最後181號公約的通過，雖保有某些傳統的特質，但似乎已走向彈性的僱用關係，對於勞工的保障相對較顯不足。

(2) **公約之重要內容**：第181號私立就業服務機構公約中[Private Employment Agencies Convention]對於「私立就業服務機構」之定義為：提供下列一項或多項勞動市場服務，並獨立於政府的自然人或法人：A.將求才者與求職者媒合，但私立就業服務機構不成為所產生僱傭關係當事人之服務。B.長期提供下列服務：僱用勞工以提供給第三方使用，第三方可以是自然人或法人（下稱「用人企業」），其分配任務並監督該任務的執行。C.其他經主管機構於諮商最具代表性之雇主團體及勞工團體後所決定有關求職之服務，但並非僅限於媒合就業職缺，也得提供相關訊息。

本公約重要內容如下：

A. 私營就業服務機構的合法化：在本公約前言的部分先談到有關勞動市場彈性化運作的重要性，並提及當時限制私營就服機構的公約（即先

前的34號、96號公約），其適用的時空背景已與今日大不相同。而
私營就服機構只要在運作良好的勞動市場中，即可發揮使勞工免於虐
待、保障勞工勞動三權，及社會對話的功用。這也使私營就服機構在
構成良好勞資關係中成為不可獲缺一部分。在第2條中，亦開宗明義
的規範：「本公約適用於所有私立就業服務機構。」因在大多數國家
中，公營就服機構只保有不到1/4的佔有率，亦即市場上確實有對私
營就服機構的需求，以負荷龐大的工作量，故無法真正限制並將之剷
除。其適用本公約的規範也當然承認其存在的合法性。

B. 對於私營就服機構的限制及管理：本公約對私立就服機構之管理實
質上是允許其在勞動市場中自由運作，對於其限制僅有在第2條規
定：「成員國在經有代表性之勞資團體協商後，於特定情況下禁
止其提供某些類別的勞工或某類經濟活動相關的就業服務。」；
及第3條：「成員國須以發放執照或證書的制度來管理私營就服機
構。」；第8條：「私營就服機構在其領土中招聘或安置外籍勞工
（migrant workers）時，應提供適當的保護並防止虐待現象。」；
第9條：「私營就服機構不得利用或提供童工。」對於私營就服機構
的態度，ILO已轉為接受其與公立就服機構並存互補的合作關係，
甚至允許公營機構將其服務項目「外包」給第三者執行。

C. 將勞動派遣業納入本公約之規範：在1997年ILO舉行大會時，對於
將勞動派遣業納入公約適用一事，勞資雙方皆採贊同意見。雇主方
認為，既然私營就服機構已合法化，則應將勞動派遣也納入，避免
後來被全面禁止。勞方則認為應為此類派遣型態建立一套完整而多
面向的保障機制，故應將其納入適用。政府方雖表示其納入會產生
國內法律適用的困難，但由於勞資雙方已達成共識，故也不再持反
對立場。在本公約第1條之服務項目中，僱用勞工供第三人使用即為
勞動派遣適用之實際規範。

D. 收取費用之原則：本公約承襲以往的規範，在第7條中規定：「私營
就服機構不得直接或間接，全部或部分地向勞工收取任何酬金或使
其承擔費用。」此宗旨是為保護勞工不會在求職時，因他人介入勞
動契約而抽取不法利益，但實質上此規定卻僅有宣示性的作用，因
該公約在第7條第2項中隨即又規定：「主管當局得對於某類型的勞
工，或是某些特別的服務，授權私營就服機構使其獲得上述規定的

例外。」故即使在「勞動非商品」的大方向下，本公約也作出較為彈性的管制方式。

E. 派遣勞工保護之規範及責任歸屬：本公約在第4條即規定須保障私營就服機構招聘工人之「結社自由和集體協商權利」。在第11、12條則針對派遣勞工應保障的項目有更明確的規範。在第11條規定「成員國須根據該國的法律和慣例採取必要措施，以確保第1條第1款（b）中所謂由私營就服機構聘僱之勞工，在下列事項受到保護」；在第12條則是「成員國須就下列事項，分配應由私營就服機構或是用人企業負責」，而二個條文中除了第11條的結社自由外，其他的事項全然相同。條文中規定派遣勞工應被保障的項目如下：a.結社自由；b.集體協商；c.最低工資；d.工時和其他工作條件；e.法定社會保障津貼；f.接受培訓；g.職業安全與衛生；h.出現職災事故或職業病時的賠償；i.出現破產時的賠償和保護勞工債權；j.生育及親職的保護和津貼。

第12條制定時，雇主即對「責任分配」（the respective responsibilities）一詞有所不滿。他們認為政府無權介入勞資雙方，來決定應由私營就服機構（派遣機構）或是用人企業（要派機構）來負擔上述項目的責任，頂多在職業安全與衛生的事項上，政府有權插手分配。勞方代表則認為，派遣勞工被派遣機構派至要派機構時，雙方責任的釐清極為重要。雖然後來政府方採取勞方代表修正之意見，認為應由派遣機構和要派機構共同分擔責任。

F. 簡評第181號公約由勞動派遣相關之公約發展沿革中可發現，最初以「勞動非商品」原則禁止私立就服機構的存在，避免勞工在獲取工作的機會上被剝取不當利益之憂慮，至今仍是勞動派遣型態中難解的核心問題。直至討論「是否承認勞動派遣型態存在」之際，勞方當初所提出「勞動者在暫時性勞動的架構下得到更佳待遇」之要求，在實際發展過程中亦已非被重視的焦點；過度導向資方彈性需求利益而存在的勞動派遣，即為今日各國法令修訂之重要因素。

首先，在公約中並未針對實務上派遣勞工薪資待遇之不平等做出規範，而薪資又屬勞動過程中最重要之勞動條件－要派機構所願提供給一位派遣勞工之薪資，派遣機構究竟「得」從中獲取多少合理的費用？公約中僅針對「私立就服機構」在某些例外情況下得向勞工

收取費用，但針對私立就服機構的規範，是否亦得適用在派遣機構、要派機構，與派遣勞工的三方關係中？或者，公約是否應規定各成員國針對派遣機構收取之費用自行制定合理範圍？以確實達到勞動派遣型態同時助益勞資雙方之效？

次者，在第181號公約第11、12條中，儘管已名列派遣勞工應受保護的項目包括：「結社自由、集體協商、最低工資、工時及其他勞動條件、社會保障、教育訓練、職業安全衛生、職災賠償、雇主破產之賠償及勞工債權保護、生育及親職保護與津貼。」然勞動派遣之所以為人詬病，並成為侵害勞工權益的一種勞動型態，在於雇主勞動條件給予的責任分配不清；一位勞工有二個雇主的狀況使傳統單一的雇主照顧勞工義務變得複雜。究竟誰應負擔派遣勞工的職安衛責任？誰應負責派遣勞工工資及福利上平等待遇的要求？責任分配的歸屬才是改善派遣勞工勞動條件的重點。然本公約中僅點出派遣勞工需受特別保護的勞動條件項目，而非「誰應提供保護？」；公約中「雙方共同分擔責任」之結論仍未能有效解決問題。且本公約未再提供具體的指導原則供各國作為立法參考，對於派遣勞工有關保護裝備的提供及資遣費的發放也未列入考慮。

ILO 181 號公約重要內容一覽表

項目	條項及內涵
私營就業服務機構的合法化	a.前言：私立就服機構在彈性勞動市場之運作不可或缺。 b.第2條：本公約適用於所有私立就業服務機構。
私營就服機構的限制及管理	a.第2條：得限制提供某類勞工或某類經濟活動就業之服務。 b.第3條：以發放執照或證書的制度管理私營就服機構。 c.第8條：應提供外籍勞工適當保護並防止其受虐。 d.第9條：禁止利用或提供童工。
勞動派遣業納入本公約規範	a.第1條：僱用勞工提供給第三方使用，由第三方分配任務並監督該任務的執行。
收取費用之原則	a.第7條：原則上禁止任何收費，但對於特定類型勞工或服務得有例外。

項目		條項及內涵	
派遣勞工應受保護之項目	a.第4條 b.第11條 c.第12條	結社自由	出現職災事故或職業病時的賠償
		集體協商	出現破產時的賠償和保護勞工債權
		最低工資	生育及親職的保護和津貼
		接受培訓	法定社會保障津貼
		職業安全與衛生	工時和其他工作條件

資料來源：黃榆絜（2014：15-22）

(五)類型比較

我國非典型就業比率較各國低，非典型就業型態主要包括部分時間工作、定期契約工作（臨時工作）及人力派遣工作，民國106年我國部分工時就業比率占3.2%、臨時性勞工占受僱者比率為2.6%、派遣勞工受僱者比率為0.9%，若與各主要國家相比，我國非典型就業比率較低。至於各種非典型勞動的比較詳見下表。

各種非典型勞動的比較表

就業類型	僱用型態	主要特性	優缺所在	工作內容
臨時／契約工	直接聘僱、定期或短期僱用、全時工作	工作時間與勞雇關係的維持過短	優：可補充一般工作的薪資、作為一種公共救助手段、企業成本減低。 缺：薪資總額無保障、工作時間不穩定、勞動權亦不易保障。	外包契約、約聘僱人員、政府方案
部分時間工作	直接聘僱、不定期、部分工作時間	工作時間彈性、較一般更短的工時、短期運用人力	優：職務共享可減少失業衝擊、作為替代性的人力補充、有利家庭照顧、成本減低。 缺：升遷較不樂觀、薪資水準較低、福利待遇有限、不能獲得教育訓練機會。	政府方案、打工、研究助理

就業類型	僱用型態	主要特性	優缺所在	工作內容
派遣勞動	間接聘僱、不定期、全部或部分工作時間	勞雇關係彈性	優：減低企業成本、調節景氣循環與勞動市場的供需問題。 缺：雇主責任降低、性別差異化、工作薪資偏低、僱用不安定、勞工權益無保障。	派遣工、勞務型工作
自僱型就業	無固定僱傭關係、全部或部分工作時間	自行接案、自主營運作業、自願性質居多	優：時間彈性、有利於家庭照顧。 缺：無法定勞動保障、無企業福利條件、薪資不固定。	電傳勞動、攤販、自營作業
家務勞動	無僱傭關係、全部或部分工作時間	不屬於勞動參與人口	優：本身就是家庭照顧的工作型態。 缺：無法定勞動保障、無薪酬。	照顧工作、家務勞動

資料來源：姚奮志（2010），勞動彈性化下的社會安全網建構－從中高齡非典型勞動者談起。

(六)派遣勞動契約應約定及不得約定事項（111年4月7日勞動部修正公布）

　1. 依勞動基準法等有關規定應約定下列事項：

　　(1)工作場所及應從事之工作。

　　(2)工作開始與終止之時間、休息時間、休假、例假、休息日、請假及輪班制之換班。

　　(3)工資之議定、調整、計算、結算與給付之日期及方法。

　　(4)勞動契約之訂定、終止及退休。

　　(5)資遣費、退休金、其他津貼及獎金。

　　(6)勞工應負擔之膳宿費及工作用具費。

　　(7)安全衛生。

(8)勞工教育及訓練。

(9)福利。

(10) 災害補償及一般傷病補助。

(11) 應遵守之紀律。

(12) 獎懲。

(13) 其他勞資權利義務有關事項。

2. **不得約定事項：**

(1)與派遣勞工簽訂定期契約。

(2)要求勞工離職預告期間超過勞動基準法第16條規定期間。

(3)雇主有權單方決定調降或不利變更薪資。

(4)限制勞工請（休）假權益、請（休）假不依法給薪或懲罰性扣薪。

(5)延長工作時間及休息日出勤不依法定標準加給工資。

(6)預扣薪資作為違約金或賠償費用。

(7)女性勞工於懷孕期間仍須輪值夜班。

(8)雇主得不依規定提繳勞工退休金或將雇主應提繳百分之六之退休金金額內含於工資。

(9)雇主得不依規定記載勞工出勤情形。

(10) 勞工保險、勞工職業災害保險、全民健康保險、就業保險不依相關規定辦理。

(11) 雇主得扣留勞工身分證明等文件、證書或收取保證金，於離職時方能領回。

(12) 勞工有結婚、懷孕、分娩或育兒情事，應離職、留職停薪或同意終止勞動契約。

(13) 不符合勞動基準法第15條之1第1項規定，約定勞工於派遣期間，轉任為要派單位之正職人員須給付違約金或返還訓練費用。

(14) 不符合勞動基準法第9條之1第1項規定，約定勞工於勞動契約終止後，一定期間內不得至要派單位任職。

(15) 禁止勞工依勞動基準法第17條之1第2項規定，向要派單位提出訂定勞動契約之意思表示。

(16) 要求勞工依勞動基準法第17條之1第2項或第3項規定與要派單位成立勞動契約時，應負違反最低服務年限約定或返還訓練費用之責任。

十一、ILO 國際勞動基準平等工作相關法制

國際勞工組織之理事長韓森（Michel Hensenne）在1994年提出的一項報告中將第29號強迫勞動公約、第87號結社自由及組織保障公約、第98號組織權及團體協商權原則應用公約、第100號男女同工同酬公約、第105號廢止強迫勞動公約、第111號禁止歧視（就業與職業）公約、第138號最低年齡公約，及2000年通過的第182號最惡劣型態童工公約，併稱為「核心勞動基準」。此八項核心公約中大至可分類為四項勞動人權類型：(一)強迫勞動的禁止與消弭；(二)團結權與團體協商權的保障；(三)同工同酬與就業歧視的禁止；(四)童工的禁止。而勞動派遣型態內，最需受保護之處即為「同工同酬與就業歧視的禁止」。

國際公約中所有與平等待遇、就業歧視相關內容重點分述如下：

(一)**外籍勞工平等待遇**：在保障特定弱勢勞工的公約中，最早即為1925年的第19號公約，主張外國工人與本國工人災害賠償應受同等待遇[Equality of Treatment（Accident Compensation）Convention]，公約中僅針對外籍勞工及其瞻養之家屬在職災發生時，能獲得與本國工人相同待遇的賠償。但在1939年的第66號移民就業公約[Migration for Employment Convention]第6條中，增加了對於外籍勞工在工作條件不得劣於本國人的規定，特別是工作報酬和成為工會會員的權利保障上。第97號為移民就業公約[Migration for Employment Convention（Revised）]第6條中，除了對第66號公約所提及的部分再次重申平等待遇外，還加上了工作時間、加班工時、有給休假、在家工作之限制、僱傭最低年齡、學徒訓練、婦女及少年人之工作、住宿、社會安全保障等各方面，不得低於本國國民的要求。1975年的第143號移民濫用限制及平等機會與待遇促進公約[Migrant Workers（Supplementary Provisions）Convention]再次重申移民勞工的基本人權。各會員國更應抑止移民暗中地就業及非法就業，且移民勞工的居留權或工作許可，不得因僅喪失就業而撤銷。

(二)**男女就業條件均等**：男性與女性的地位不平等，自歷史傳統中延續至今。而其中在就業方面最顯著的歧視即在於薪資，故除在國際勞工組織憲章第41條已揭櫫同工同酬之原則外，1951年之第100號男女同工同酬公約（Equal Remuneration Convention）規定各會員國應以符合現行決定報酬率辦法之適當手段，保證將男女勞工同工同酬之原則實施於所有

勞工。1981年通過的第156號公約（Workers with Family Responsibilities Convention）中，更將平等待遇要求擴及至對於有家庭責任之勞工，為達到家庭責任之男女勞工待遇與機會平等的目的，公約中第4條規定應使有家庭責任之勞工能行使其自由選擇工作之權利，並考慮其工作條件與情況及社會安全之需要，使家庭責任不致成為終止勞工工作之正當理由。

(三)**禁止歧視公約**：ILO將特定對象之就業歧視禁止，進一步擴充至應剷除一切形式之就業歧視，藉以實現推廣社會正義及尊重基本人權之理念，於1958年通過第111號歧視（就業與職業）公約[Discrimination（Employment and Occupation）Convention]，明示「歧視」包含1.「基於種族、膚色、性別、宗教、政治主張、血統或社會門閥所作足以損害或取消僱傭與職業方面之機會均等或待遇平等之區別、排除或優先[distinction, exclusionorpreference]」。此部分較易於理解，例如因為某求職者為女性而優先受僱為餐廳服務生，或因某勞工為女性而將其排除於升遷候選名單中。2.「經有關會員國於諮商具有代表性之雇主團體、工人團體及其他適當團體後所可能決定之其他足以損害或取消僱傭或職業方面之機會均等或待遇平等之區別、排除或優先。」舉例言之，某雇主團體整合工會幹部黑名單，作為聘僱時排除僱用的依據。

(四)**求職弱勢族群就業機會平等**：1988年通過的第168號就業促進與失業保障公約（Employment Promotionand Protection Against Unemployment Convention）為改善全球失業和不充分就業的問題，應提供失業給付或相關就業促進措施。公約第6條第1項中，首先明示對所有受保障之人員應予以平等待遇，無任何基於種族、膚色、性別、宗教、政治信仰、國籍、族裔、社會背景、失能、年齡等之歧視。第8條規定各會員國應致力依國家法律及習慣建立促進就業之特別方案，藉以促進增加就業機會並協助難以覓得持久性工作之劣勢群組（諸如婦女、青年、失能者、老年人、長期失業者、合法定居之外國移民等），獲得自由選擇及有生產價值之工作。

(五)**原住民族平等待遇**：1989年通過的第169號原住民與部落居民公約[Indigenous and Tribal Peoples Convention]是針對獨立國家內，其社會、文化及經濟條件與其他國民不同之部落居民（第1條）所制定，各國政府應在尊重其社會與文化特性、傳統、風俗與習慣之前提下促進其社會、經濟與文化權利充分實現；且協助原住民與部落居民消除其與其他國民間可

能存在之社會與經濟方面之差距（第2條）。原住民族應享有人權和基本自由，且公約之各項規定應適用於所有男、女原住民及部落居民，不得有任何歧視（第3條）。招募與僱用條件方面，各國政府應盡一切可能防止原住民與部落居民勞工在下列事項上受任何歧視：包括就業、就業上之升遷、對具有同等價值之工作給予同等報酬、醫療與社會援助、職業安全與衛生、住宅、所有社會安全給付及任何其他與工作相關聯之給付或福利、結社權、工會活動自由等（第20條）。在職業訓練方面原住民與部落居民亦應至少享有與其他國民同等之機會（第21條）。社會安全體制上，亦應逐步適用於原住民與部落居民，不得有任何歧視（第24條）。原住民與部落居民也應享有與其他國民平等接受各級教育之機會（第26條）。

(六) **部分工時勞工均等待遇**：部分工時勞動型態的興起最初源自資本主義國家中勞動法規的鬆綁和彈性化政策，而部分工時勞動者最初也大多是為了調和工作和家庭照顧需求的女性。故在1994年通過的第175號部分時間工作公約[Part-Time Work Convention]中，其目的主要即是改善對於女性工作者的歧視，並建構一個完備的部分工時勞動制度以創造就業，解決當時歐洲國家的失業問題。

「部分工時勞工」在該公約中的定義，是指受僱者其正常工作時間少於同類全時工作者。在均等待遇方面，第4條明列部分工時勞工應享有與全時工作者相同之組織權、團體協商權、充任員工代表權、職業安全與衛生、僱傭與職業方面歧視之保護。工資方面，部分工時勞工應依據與同類全時工作者相同標準計算（按每小時、按績效、或按件）按比例領取之基本工資。各國亦應按照部分工時勞工之工作時數、收入或所繳納保險費之多寡，使其加入職業社會安全制度。在母性保護、僱傭之終止、有給公共假日及每年有給休假、病假等事項上，與全時工作者均等待遇，但有關之金錢給付應按工作時數或收入之比例訂定。

第175號公約制定之立場有三點：

1. **對部分工時勞工勞動權之保障**：扭轉部分工時勞工被定位為調節人力需求，用過即丟的差別待遇角色，改善其勞動尊嚴及基本人權，更保障女性勞動者。

2. **平等待遇原則的確立**：部分工時工時勞工應享有與同類之全時工作者相同的待遇及保障。

3. **就業型態自由轉換之保障**：部分工時勞工可能是由全時工作者轉換而來，故此種就業型態在自由轉換後，應獲得同等的保障。

(七)**家事工作者勞動條件均等**：家事工作者，不同於在家工作者，指的是在僱傭關係範圍內從事家庭工作的任何人。以一般我們熟知的印象解釋，即為從事家庭打掃、烹飪、照顧家庭小孩之工作，一般通常由家中女性或所僱用的家庭幫傭負責。2011年通過的第189號家事工作者公約[Domestic Workers Convention]僅指在「僱傭關係」範圍內的家事工作者。

家事工作者的勞動權益保障上，主要是促進其結社自由和集體協商權利、消除一切形式的強制勞動、有效廢除童工勞動，並消除就業和職業歧視（第3條）。各會員國亦需保障家事工作者如同一般勞工般，享有公平就業待遇和合理的工作條件，若其居住於住戶家中，則應享有體面的居住條件並尊重其隱私（第6條）。除此之外，考慮到家事工作者工作的特殊性，各國應以法律確保家事工作者的工作時間、加班補貼、每日和每週休息、帶薪年假，享有與一般勞工的平等待遇。

NOTE

勞動條件類

本章依據出題頻率區分，屬：**A** 頻率高

 焦點透視

勞動基準類法令最為繁雜，顧名思義，是以保障勞動者的基本權益為主要，主要法令較多，分別有：勞動基準法、職業安全衛生法、勞動檢查法、勞工退休金條例、大量解僱勞工保護法等，準備上比較費時，建議在重點內容上多以做筆記的方式進行，當能獲致較理想的效果。近日宜以縮短工時之彈性工時政策及法令調整為重點。

主題一　勞動基準法
民國113年7月31日修正公布

一、勞動基準法公布日期及其宗旨

勞動基準法於<u>民國73年7月30日公布，8月1日施行</u>，最近一次在<u>113年7月31日修訂</u>，其宗旨為規定勞動條件最低標準，保障勞工權益，加強勞雇關係，促進社會與經濟發展。

勞基法中工資及平均工資的定義：

(一)**工資**：謂勞工因工作而獲得之報酬；包括工資、薪金及按計時、計日、計月、計件以現金或實物等方式給付之獎金、津貼及其他任何名義之經常性給與均屬之。

(二)**平均工資**：謂計算事由發生之當日<u>前6個月內</u>所得工資總額除以該期間之總日數所得之金額。工作未滿6個月者，謂工作期間所得工資總額除以工作期間之總日數所得之金額。工資按工作日數、時數或論件計算者，其依上述方式計算之平均工資，如少於該期內工資總額除以實際工作日數所得金額60%者，以60%計。

二、勞基法適用範圍

適用的各業為：

(一)農、林、漁、牧業。　　　　(二)礦業及土石採取業。

(三)製造業。　　　　　　　　　(四)營造業。

(五)水電、煤氣業。　　　　　(六)運輸、倉儲及通信業。

(七)大眾傳播業。　　　　　　(八)其他經中央主管機關指定之行業。

本法適用於一切勞雇關係，部分經中央主管機關指定公告之行業或工作者，不適用之。

勞動基準法適用行業及適用日期

73.8.1	81.7.21	87.4.1	89.1.7	98.1.1	102.9.11
1.農林漁牧業 2.礦業及土石採取業 3.製造業 4.營造業 5.水電煤氣業 6.運輸倉儲及通信業 7.大眾傳播業 8.保險輔助業中之海事檢定服務 9.運輸工具設備租賃業 10.新聞供應業 11.出版業 12.廣播電視業 13.停車場業 註：8～13係因中華民國行業標準分類變更致該等業為不適用行業後，為避免原有勞工權益受損再指定其為適用行業。 **77.4.5** 其他顧問業中之驗船師事務所 **80.10.7** 獸醫業	1.電影片製作業 2.電影片發行業 3.汽車修理保養業 4.電器修理業 5.機踏車及自行車修理業 6.洗染業 7.其他凡用發動機器從事製造、加工、修理、解體之事業 **86.5.1** 1.銀行業（含信託投資業） 2.加油站業 3.環境衛生及污染防治服務業 **87.3.1** 1.金融及其輔助業 2.資訊服務業 3.觀光旅館業 4.信用合作社業 5.證券業及期貨業 6.國際貿易業 7.汽車零售業 8.綜合商品零售業 9.建築及工程技術服務業 10.國會助理	1.保險業 2.不動產業 3.廣告業 4.設計業 5.商品經紀業 6.顧問服務業 7.租賃業 8.其他工商服務業 9.個人服務業 10.電影片映演業 11.法律及會計服務業（律師、會計師除外）之工作者 **87.7.1** 1.社會福利服務業 2.醫療保健服務業（醫師除外）之工作者 3.公務機構技工、工友、駕駛 4.公務機構清潔隊員 5.國防事業非軍職人員之工作者 **87.12.31** 除藝文業、其他社會服務業、人民團體、國際機構及外國駐在機構、餐飲業中未分類其他餐飲業、個人服務業中家事服務業外，其餘行業即日起適用（惟特定行業適用勞基法有例外情形）	藝文業之公立單位技工、工友、駕駛 **89.3.9** 地方民意代表僱用之助理人員 **90.1.21** 受僱於縣（市）政府從事停車場業務之人員 **92.10.1** 政黨僱用勞工 **92.12.1** 勞工團體僱用勞工 **94.6.30** 1.公立醫療院所臨時人員（不含約聘僱） 2.全國性政治團體僱用勞工 **97.1.1** 公務機構、公立教育訓練服務業、公立社會福利機構、公立學術研究服務業、公立藝文業非依公務人員法制進用之臨時人員（不含約聘僱）	1.工商業團體僱用勞工 2.已完成財團法人設立登記之私立幼稚園教師及職員 **98.5.1** 社會團體僱用勞工 **98.7.1** 自由職業團體僱用勞工 **98.9.1** 依立法院通過之組織條例所設立基金會之工作者 **99.1.1** 1.傳教機構僱用之勞工 2.會計服務業僱用之會計師 **99.3.1** 1.私立藝文業僱用之勞工 2.私立學術研究及服務業之研究人員 3.私立特殊教育事業與社會教育事業及職業訓練事業之教師職員	公部門各業原依「特殊教育相關專業人員及助理人員遴用辦法」進用之特殊教育相關專業人員及特殊教育相關助理人員（不含約聘僱） **103.4.1** 法律服務業僱用之律師 **103.7.1** 依公寓大廈管理條例成立並報備之大廈管理委員會僱用勞工 **103.8.1** 私立各級學校編制外之工作者（不包括僅從事教學工作之教師） **104.1.1** 未依公寓大廈管理條例成立並報備之大廈管理委員會僱用勞工農民團體僱用勞工（不包括農田水利會） **108.9.1** 醫療保健業之住院醫師 **109.10.1** 農田水利會僱用勞工

說明：各勞動基準法適用行業之業別代號，請參照「行業細類編號表」。

三、勞動契約的分類

勞動契約，分為**定期契約**及**不定期契約**。**臨時性、短期性、季節性**及**特定性工作**得為定期契約；有繼續性工作應為不定期契約。派遣事業單位與派遣勞工訂定之勞動契約，應為不定期契約。

定期契約屆滿後，有下列情形之一者，視為不定期契約：

(一)勞工繼續工作而雇主不即表示反對意思者。

(二)雖經另訂新約，惟其前後勞動契約之工作期間超過<u>90日</u>，前後契約間斷期間未超過<u>30日</u>者。

至前項所稱臨時性、短期性、季節性及特定性工作之定義如下：

(一)**臨時性工作**：係指**無法預期**之**非繼續性**工作，其工作期間在<u>6個月以內</u>者。

(二)**短期性工作**：係指**可預期**於6個月內完成之**非繼續性**工作。

(三)**季節性工作**：係指受季節性原料、材料來源或市場銷售影響之非繼續性工作，其工作期間在<u>9個月以內</u>者。

(四)**特定性工作**：係指可在**特定期間完成**之**非繼續性**工作，其工作期間**超過1年**者。

關於「試用期」之約定，原規範於勞動基準法施行細則，但該細則已於86年6月12日修正發布刪除試用期間之規定，可由勞資雙方依工作特性在不違背契約誠信原則下自由約定。

又勞工於試用期間之相關勞動權益，與一般受僱勞工並無不同，特別是契約終止，雇主仍須非有該法第11條、第12條或第13條但書規定情事之一，始得終止勞動契約。因此，如果勞工試用期滿經雇主考核工作表現評價為不適任時，雇主須依第11條規定終止勞動契約，並依法預告及給付資遣費。

四、勞動契約訂定服務年限之約定

符合下列規定之一，雇主得與勞工為最低服務年限之約定：

(一)雇主為勞工進行專業技術培訓，並提供該項培訓費用者。

(二)雇主為使勞工遵守最低服務年限之約定，提供其合理補償者。

　　最低服務年限之約定，應就下列事項綜合考量，不得逾合理範圍：

　1. 雇主為勞工進行專業技術培訓之期間及成本。

　2. 從事相同或類似職務之勞工，其人力替補可能性。

3. 雇主提供勞工補償之額度及範圍。
4. 其他影響最低服務年限合理性之事項。

五、雇主得預告而終止勞動契約之情事（又稱經濟性解僱）

有下列情事之一者，雇主得預告勞工終止勞動契約：
(一)歇業或轉讓時。
(二)虧損或業務緊縮時。
(三)不可抗力暫停工作在1個月以上時。
(四)業務性質變更，有減少勞工之必要，又無適當工作可供安置時。
(五)勞工對於所擔任之工作確不能勝任時。

六、勞工得不經預告而終止勞動契約之情事

有下列情形之一者，勞工得不經預告終止契約：
(一)雇主於訂立勞動契約時為虛偽之意思表示，使勞工誤信而有受損害之虞者。
(二)雇主、雇主家屬、雇主代理人對於勞工，實施暴行或有重大侮辱之行為者。
(三)契約所訂之工作，對於勞工健康有危害之虞，經通知雇主改善而無效果者。
(四)雇主、雇主代理人或其他勞工患有法定傳染病，對共同工作之勞工有傳
　　染之虞，且重大危害其健康者。
(五)雇主不依勞動契約給付工作報酬，或對於按件計酬之勞工不供給充分之
　　工作者。
(六)雇主違反勞動契約或勞工法令，致有損害勞工權益之虞者。

七、雇主終止勞動契約，預告期間之規定

雇主依規定終止勞動契約者，其預告期間依下列各款之規定：
(一)繼續工作3個月以上1年未滿者，於<u>10日前</u>預告之。
(二)繼續工作1年以上3年未滿者，於<u>20日前</u>預告之。
(三)繼續工作3年以上者，於<u>30日前</u>預告之。

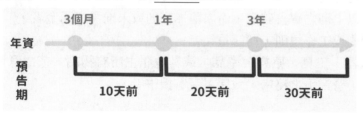

勞工於接到前項預告後，為另謀工作得於工作時間請假外出。其請假時數，每星期不得超過2日之工作時間，請假期間之工資照給。

雇主未依第1項規定期間預告而終止契約者，應給付預告期間之工資。

八、資遣費發給之規定

雇主依法終止勞動契約者，應依下列規定發給勞工資遣費：

(一)在同一雇主之事業單位繼續工作，每**滿1年**發給相當於**1個月平均工資**之資遣費。

(二)依前款計算之剩餘月數，或工作**未滿1年**者，以**比例計給之**。未滿1個月者以1個月計。

勞動基準法與勞工退休金條例資遣費比較表

	勞動基準法	勞工退休金條例
適用對象	原適用勞基法受僱勞工。	94年7月1日後到職勞工。
年資計算	同一雇主之事業單位繼續工作，每滿1年發給1個月平均工資。	同一雇主之事業單位繼續工作，每滿1年發給半個月平均工資。
剩餘月數計算	未滿1年的年資，比例計給，未滿1個月以1個月計。	未滿1年的年資，比例計。
上限規定	未限制。	最高6個月。

九、懲戒解僱

指基於勞工過失，由雇主終止勞動契約，勞動基準法第12條規定，勞工有下列情形之一者，雇主得不經預告終止契約：

(一)於訂立勞動契約時為虛偽意思表示，使雇主誤信而有受損害之虞者。

(二)對於雇主、雇主家屬、雇主代理人或其他共同工作之勞工，實施暴行或有重大侮辱之行為者。

(三)受有期徒刑以上刑之宣告確定，而未諭知緩刑或未准易科罰金者。

(四)違反勞動契約或工作規則，情節重大者。

(五)故意損耗機器、工具、原料、產品，或其他雇主所有物品，或故意洩漏雇主技術上、營業上之秘密，致雇主受有損害者。

(六)無正當理由繼續曠工3日,或1個月內曠工達6日者。

且雇主依前項第1款、第2款及第4款至第6款規定終止契約者,應自知悉其情形之日起,30日內為之。

十、工資

(一)工資的給予及現行基本工資規定

工資由勞雇雙方議定之。但**不得低於基本工資**。

基本工資,由中央主管機關設基本工資審議委員會擬訂後,報請行政院核定之。

勞動基準法第21條所稱基本工資,指勞工在正常工作時間內所得之報酬。不包括延長工作時間之

> **NOTE**
> 基本工資係指勞工在正常工作時間內所得之報酬。

工資與休息日、休假日及例假工作加給之工資。採計件工資之勞工所得基本工資,以每日工作8小時之生產額或工作量換算之。

工資之給付,應以法定通用之貨幣為之,但基於習慣或業務性質,得於勞動契約內訂明一部以實物給付之。工資之一部以實物給付時,其實物之作價應公平合理,並適合勞工及其家屬之需要。自114年1月1日起調高為每月28,590元。

(二)工資之定義

1. 勞動者提供勞務後,他方給付勞務之對價。
2. 就法律關係而言,勞動者的勞務提供與使用者的支付工資是屬於給付與對待給付的關係。
3. 私法上債權債務的契約關係。

(三)法令規範的工資意涵

1. 勞雇雙方合意議定的「議定工資」:
   (1)工資由勞雇雙方議定之。但不得低於基本工資（勞基法第21條）。
   (2)工資之議定、調整、計算、結算及給付之日期與方法有關事項（勞基法施行細則第7條第1項第3款）。
2. 為保障勞務交易過程中的相對弱勢勞工之經濟安全,規範勞雇雙方議定之工資不得低於政府公告的基本工資。
3. 工資內涵:工資種類繁多,項目與內容有基本規範。
   (1)概分為經常性與非經常性給予兩大類。

(2)內容可分現金與實物。

(3)計算方式分別有計時、日、月、件。

(4)工資各項目計算方式明細,應包括下列事項:

　　A.勞雇雙方議定之工資總額。

　　B.工資各項目之給付金額。

　　C.依法令規定或勞雇雙方約定,得扣除項目之金額。

　　D.實際發給之金額。

　　　（雇主提供之前項明細,得以紙本、電子資料傳輸方式或其他勞工可隨時取得及得列印之資料為之）。

至於,經常性給予係指下列各款以外之給予:

(1)紅利。

(2)獎金。

(3)春節、端午節、中秋節給與之節金。

(4)醫療補助費、勞工及其子女教育補助費。

(5)勞工直接受自顧客之服務費。

(6)婚喪喜慶由雇主致送之賀禮、慰問金或奠儀等。

(7)職業災害補償費。

(8)勞工保險及雇主以勞工為被保險人加入商業保險支付之保險費。

(9)差旅費、差旅津貼、交際費。

(10)工作服、作業用品及其代金。

(11)其他經中央主管機關會同中央目的事業主管機關指定者。

(四)最低工資

112年12月27日總統公布「最低工資法」,113年1月1日施行,我國正式邁入最低工資審議機制的新紀元。

將最低工資所需參考的社會經濟指標明確入法,並確立最低工資審議會的議事規則及最低工資的核定程序,以穩定明確的調整最低工資。同時,建立行政院不核定最低工資時,最低工資審議會應再召開會議審議之重審機制,消除外界對調整最低工資的不確定感。此外,設置跨領域研究小組之先行評估機制,評估最低工資調整後的影響,並依審議指標作成研究報告及調整建議,供最低工資審議會審議參考,使最低工資審議制度更為完善周延。最低工資作為政府保障基層勞工維持生活水準的

重要政策，藉由專法的制定，完善審議機制的建構，達成政府穩定明確調整最低工資，保障勞工及其家庭經濟生活。

(五)**平均工資**

1. **定義**：謂計算事由發生之當日前6個月內所得工資總額除以該期間之總日數所得之金額。工作未滿6個月者，謂工作期間所得工資總額除以工作期間之總日數所得之金額。工資按工作日數、時數或論件計算者，其依上述方式計算之平均工資，如少於該期內工資總額除以實際工作日數所得金額60%者，以60%計。

2. **計算運用**：核發延長工時工資（加班費）、資遣費、職災補償或舊制退休金時計算。

(六)**給付**

1. **直接給付**：工資應直接給付勞工。但法令另有規定或勞雇雙方另有約定者，不在此限（勞基法第22條）。

2. **全額給付**：工資應全額給付勞工。但法令另有規定或勞雇雙方另有約定者，不在此限（勞基法第22條）。

3. **定期給付**：工資之給付，除當事人有特別約定或按月預付者外，每月至少定期發給二次，並應提供工資各項目計算方式明細；按件計酬者亦同（勞基法第23條）。

4. **工資續付義務**：

   (1)屬不工作之給付（各種假期）。

   (2)工資續付義務縮減（折半發給）。

   普通傷病假一年內合計未超過30日部分或年資未滿6個月的產假期間工資減半發給。

5. **工資續付義務免除**：

   (1)勞工普通傷病假超過規定期限時，經以事假或特別休假抵充後，仍未痊癒者，得以留職停薪（勞工請假規則第5條）。

   (2)勞工因有事故必須親自處理者，得請事假，一年內合計不得超過14日，事假期間不給工資（勞工請假規則第7條）。

(七)**工資之保護**

1. 延長工時的工資加給。

2. **工資保護**：
(1)**扣押禁止**：雇主不得預扣勞工工資作為違約金或賠償費用（勞基法第26條）。
(2)**抵銷禁止**：工資禁止抵銷（民法第33條）。

3. **工資優先權**：雇主有歇業、清算或宣告破產之情事時，勞工之下列債權受償順序與第一順位抵押權、質權或留置權所擔保之債權相同，按其債權比例受清償；未獲清償部分，有最優先受清償之權：
(1)本於勞動契約所積欠之工資未滿6個月部分。
(2)雇主未依本法給付之退休金。
(3)雇主未依本法或勞工退休金條例給付之資遣費（勞基法第28條）。

4. **雇主結清工資之義務**：
(1)依本法終止勞動契約時，雇主應即結清工資給付勞工（勞基法施行細則第9條）。
(2)勞工死亡時，雇主應即結清其工資給付其遺屬（勞基法施行細則第16條）。

(八)**工資之保障**

女工的工資保障：雇主對勞工不得因性別而有差別之待遇。工作相同、效率相同者，給付同等之工資（勞基法第25條）。

(九)**獎金與紅利發放**

1. **發給條件**：
(1)營業年度終了結算有盈餘。
(2)先繳納稅捐、彌補虧損及提列股息、公積金後尚有剩餘。
(3)勞工全年工作無過失：事業單位於營業年度終了結算，如有盈餘，除繳納稅捐、彌補虧損及提列股息、公積金外，對於全年工作並無過失之勞工，應給與獎金或分配紅利（勞基法第29條）。

2. **發給標準**：勞動契約議定、工作規則訂定或團體協約簽訂計算方式與標準內容。
(1)雇主僱用勞工人數在30人以上者，應依其事業性質，就下列事項訂立工作規則，報請主管機關核備後並公開揭示之（勞基法第70條）：……四、津貼及獎金。
(2)勞動契約應依本法有關規定約定下列事項（勞基法施行細則第7條）：……五、……其他津貼、獎金有關事項。

十一、工作時間及延長工時的規定

勞工每日正常工作時間**不得超過8小時**，每週**不得超過40小時**。

前項正常工作時間，雇主經工會同意，如事業單位無工會者，經勞資會議同意後，得將其2週內2日之正常工作時數，分配於其他工作日。其分配於其他工作日之時數，每日不得超過**2小時**。但每週工作總時數不得超過**48小時**。

中央主管機關**指定之行業**，雇主經**工會同意**，如事業單位無工會者，經**勞資會議同意**後，其**工作時間**得依下列原則**變更**：

(一)4週內正常工作時數分配於其他工作日之時數，每日不得超過2小時，不受30條第2項至第4項規定之限制。

(二)當日正常工時達10小時者，其延長之工作時間不得超過2小時。

(三)女性勞工，除妊娠或哺乳期間者外，於夜間工作，不受第49條第1項之限制。但雇主應提供必要之安全衛生設施。

又工作時間得經主管機關同意後作變更，又稱**變形工時**，分別有**2週**、**4週**及**8週**等三種不同的規定，分別是：

(一)**2週變形工時**：適用勞動基準法之行業，在正常工作時間，雇主經工會同意，如事業單位無工會者，經勞資會議同意後，得將其2週內2日之正常工作時數，分配於其他工作日。分配於其他工作日之時數，每日不得超過2小時。但每週工作總時數不得超過48小時。

　凡適用勞動基準法之行業，均為適用同法第30條第2項規定之行業。

(二)**4週變形工時**：經中央主管機關指定之行業，雇主經工會同意，如事業單位無工會者，經勞資會議同意後，得將4週內之正常工作時數（即168小時）加以分配。但每日正常工作時間不得超過10小時，每2週內應有2日之休息，作為例假。

NOTE

工時之定義：
(1)勞動者提供勞務的時間。
(2)就提供勞務者而言，工時是付出的成本。
(3)就購買勞務者而言，工時是購買的生產要素。
(4)工作時間的彈性低是其缺失。

NOTE

工時可分為：
(1)實際從事工作的時間。
(2)備勤時間。
(3)待命時間。
(4)非工作時間。
(5)候傳時間。
(6)法定工時與延長工時。
(7)全時工作與部分工作。
(8)固定工時與彈性或變形工時。

(三)**8週變形工時**：中央主管機關指定之行業，雇主經工會同意，如事業單位無工會者，經勞資會議同意後，得將8週內之正常工作時數（即336小時）加以分配。但每日正常工作時間不得超過8小時，每週工作總時數不得超過48小時。

雇主有使勞工在正常工作時間以外工作之必要者，雇主經工會同意，如事業單位無工會者，經勞資會議同意後，得將工作時間延長之。

三種彈性工時模式差異比較表

類別	2週彈性	4週彈性	8週彈性
定義	2週內2天正常工時分配到其他工作日	4週內正常工時加以分配	8週內正常工時加以分配
法條	第30條第2項	第30-1條	第30條第3項
工時上限	每日10小時，每週48小時	每日8小時，每週48小時	每日10小時，每4週160小時
延長工時上限	每日正常工時加延長工時上限為12小時		
休息日	每7天需有1例假日，不得連續工作超過6天	每14天需有2例假日	每7天需有1例假日，不得連續工作超過6天
例假日	每2週2休	每4週4休	每8週8休

前項雇主**延長**勞工之**工作時間**連同正常工作時間，**一日不得超過12小時**。延長之工作時間，**一個月不得超過46小時**。

因天災、事變或突發事件，雇主有使勞工在正常工作時間以外工作之必要者，得將工作時間延長之。但應於延長開始後24小時內通知工會；無工會組織者，應報當地主管機關備查。延長之工作時間，雇主應於事後補給勞工以適當之休息。

現行適用勞動基準法彈性工時之行業

107.2.27

工時制度	指定適用日期	指定行業
2週彈性工時	92.3.31	適用勞動基準法之行業
8週彈性工時	92.3.31	指定所有適用4週彈性之行業得適用8週彈性工時
		製造業
	92.5.16	營造業
		遊覽車客運業
		航空運輸業
		港埠業
		郵政業
		電信業
		建築投資業
	92.10.8	批發及零售業
		影印業
		汽車美容業
		電器及電子產品修理業
		機車修理業
		未分類其他器物修理業
		洗衣業
		相片沖洗業
		浴室業
		裁縫業
	92.10.8	其他專業科學及技術服務業
		顧問服務業
		軟體出版業
		農林漁牧業
		租賃業
		自來水供應業

工時制度	指定適用日期	指定行業
8週彈性工時	105.1.21	依政府行政機關辦公日曆表出勤之行業
	106.6.16	汽車貨運業
	107.2.27	攝影業中婚紗攝影業及結婚攝影業
	107.2.27	大眾捷運系統運輸業
4週彈性工時	86.5.15	環境衛生及污染防治服務業
	86.6.12	加油站業
	86.7.3	銀行業
	86.9.18	信託投資業
	86.11.13	資訊服務業
	86.12.6	綜合商品零售業
	86.12.8	醫療保健服務業
	86.12.24	保全業
	87.1.12	建築及工程技術服務業
	87.1.20	法律服務業
	87.1.20	信用合作社業
	87.2.5	觀光旅館業
	87.2.5	證券業
	87.2.21	一般廣告業
	87.2.25	不動產仲介業
	87.3.4	公務機構
	87.3.7	電影片映演業
	87.3.26	建築經理業
	87.4.13	國際貿易業
	87.4.15	期貨業
	87.4.17	保險業
	87.4.17	會計服務業
	87.5.4	存款保險業
	87.5.29	社會福利服務業

工時制度	指定適用日期	指定行業
4週彈性工時	87.10.9	管理顧問業
	88.1.6	票券金融業
	88.1.29	餐飲業
	88.2.19	娛樂業
	88.2.3	國防事業
	88.3.3	信用卡處理業
	88.5.14	學術研究及服務業
	88.5.19	一般旅館業
	88.5.21	理髮及美容業
	88.5.21	其他教育訓練服務業
	88.5.28	大專院校
	88.7.14	影片及錄影節目帶租賃業
	88.7.26	社會教育事業
	88.7.26	市場及展示場管理業
	92.1.7	鐘錶、眼鏡零售業
	104.3.10	農會及漁會
	106.6.16	石油製品燃料批發業中之筒裝瓦斯批發業及其他燃料零售業中之筒裝瓦斯零售業
	106.7.25	農、林、漁、牧業

註：依中華民國85年12月27日修正施行前第3條規定適用本法之行業（如製造業、營造業、運輸倉儲及通信業、大眾傳播業），除農、林、漁、牧業外，均不適用。

十二、工時休假彈性調整措施檢查參考指引

（107年3月15日勞職綜2字第1071009408號函訂定）

(一)因應勞動基準法（以下簡稱本法）部分修正條文業於107年1月10日經立法院三讀通過，並於3月1日施行，內容新增若干工時與休假彈性調整措施，為齊一各地方政府勞動檢查之程序與標準，以減少勞動檢查時之爭議，爰訂定本指引。

(二)本指引所稱「彈性調整措施」，係指本次修正條文所增訂本法第32條第2項、第3項、第34條第2項、第3項及第36條第4項、第5項新修正規定內容。（如圖2-1）

(三)共通性原則：

1. 實施彈性調整措施均需經工會同意，無工會者應經勞資會議同意始可適用，勞動檢查過程須注意同意權有無併附期限。

2. 實施彈性調整措施，若涉及個別勞工勞動契約之變更，仍應徵得個別勞工同意後，始得為之。

3. 僱用勞工逾30人以上事業單位，經工會或勞資會議同意實施彈性調整措施，至少應於實施前1日，報經地方主管機關備查，倘未備查即屬程序違法。另應注意有無備查並不影響工會或勞資會議同意實施之效力。

4. 雇主欲實施彈性調整措施前，應就有關工作時間調整範圍公告周知。

5. 有關本法第34條與第36條新修正之彈性調整措施，具有目的事業主管機關與中央主管機關把關機制，其中第34條部分，目前係針對指定之「工作者」，第36條係針對指定之「行業」進行公告適用，執行勞動檢查時應注意公告期間與是否符合適用情形。

(四)有關新修正之本法第32條第2項、第3項部分，勞動檢查時僅發現事業單位有使勞工延長工作時間單月逾46小時以上、54小時以下時，始需進一步確認是否適用彈性調整措施。凡單日正常工作時間連同延長工作時間逾12小時，或單月延長工作時間逾54小時之情形，均可直接認列違反本法第32條第2項，建議檢查程序（如圖2-2）。

(五)有關新修正之本法第34條第2項、第3項部分，僅於發現事業單位僱有輪班制勞工且輪班間隔少於11小時以下且逾8小時以上，始需進一步確認是否適用彈性調整措施。凡輪班間隔少於8小時，或非指定事業單位之工作者，輪班間隔少於11小時之情形，均可直接認列違反本法第34條第2項，建議檢查程序（如圖2-4）。

(六)有關新修正之本法第36條第4項、第5項部分，僅於發現事業單位勞工連續出勤逾6日以上、12日以下，且未採用4週彈性工時，始需進一步確認是否適用彈性調整措施。凡連續出勤逾12天，或非指定行業與特殊情形，使勞工連續出勤逾6日以上，均可直接認列違反本法第36條第1項，建議檢查程序（如圖2-5）。

(七)有關新增之本法第32條之1規定與修正之第38條第4項部分：

1. 若於勞動檢查過程發現事業單位有使勞工加班後補休或特別休假遞延之情形，應先確認如何徵得勞工同意（含方式過程），並透過檢視書面協議、勞動契約、團體協約、工作規則、相關申請及使用紀錄，配合口頭詢問方式及與陪檢工會代表進行瞭解確認有無疑義之處。

2. 如欲抽訪勞工以了解事業單位實際制度，應隨機進行抽選，訪談過程應隔離，對於內容予以保密，同時抽訪人數應足以達去識別化之效果。

3. 事業單位應說明屆期結清加班費與特別休假工資之計算方式並提供依據，但對於違法事實之論列，勞動檢查員仍應詳盡計算差額並予以舉證。

4. 建議檢查程序詳圖2-3及圖2-6。

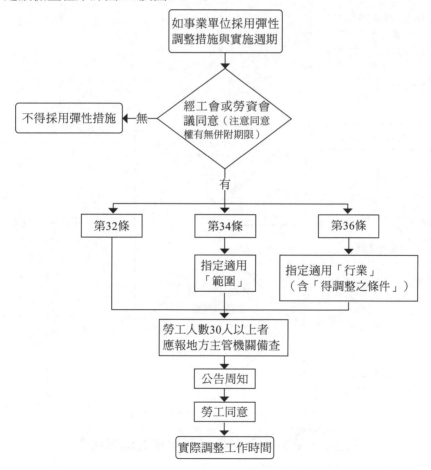

圖2-1　第32條、第34條及第36條彈性措施修法架構

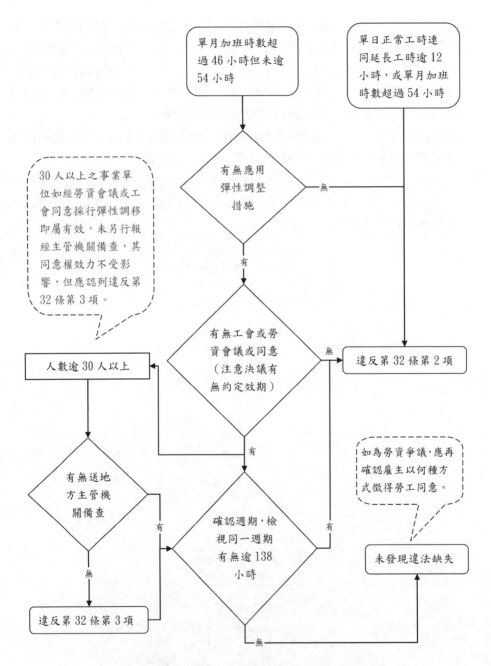

圖2-2　第32條第2項、第3項檢查建議程序

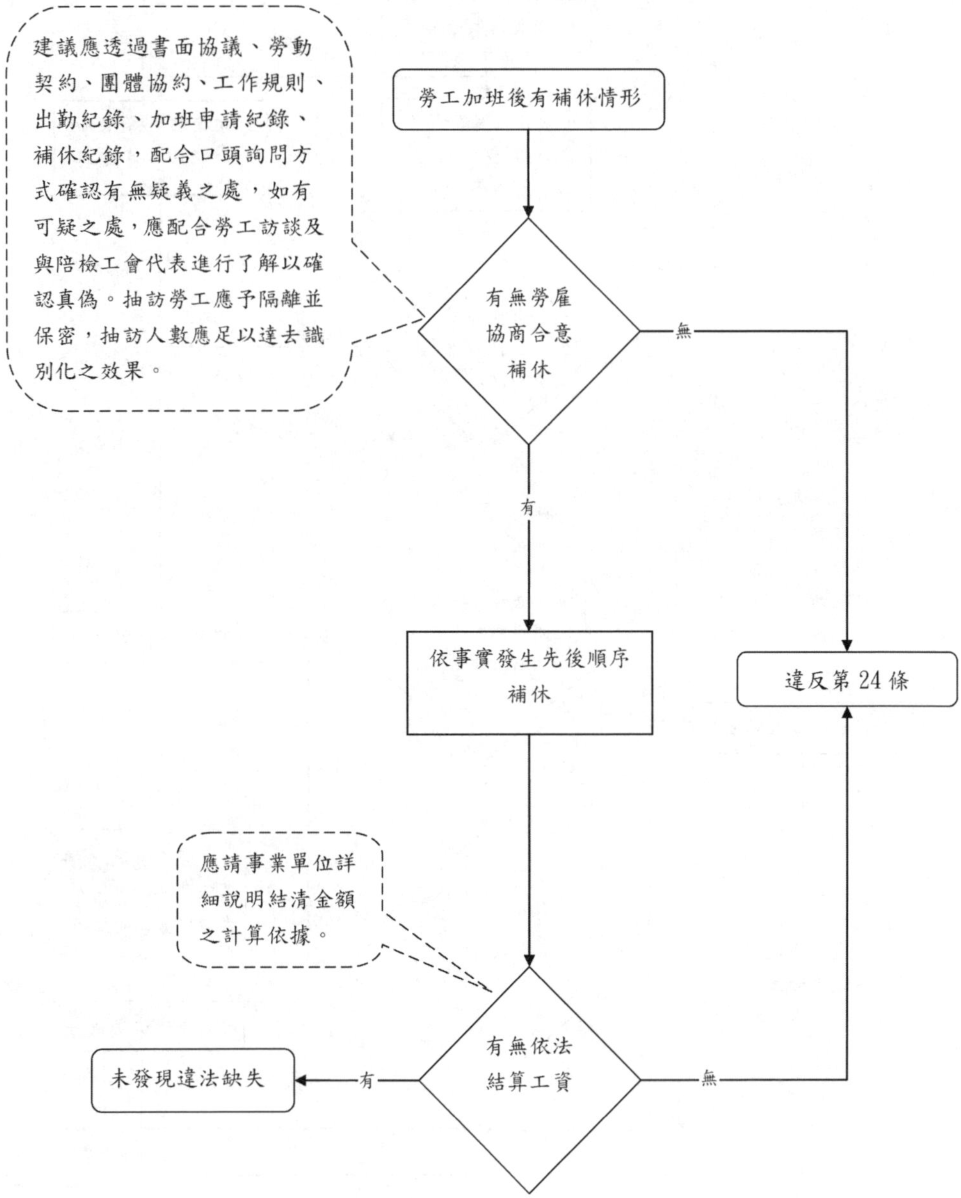

建議應透過書面協議、勞動
契約、團體協約、工作規則、
出勤紀錄、加班申請紀錄、
補休紀錄，配合口頭詢問方
式確認有無疑義之處，如有
可疑之處，應配合勞工訪談及
與陪檢工會代表進行了解以確
認真偽。抽訪勞工應予隔離並
保密，抽訪人數應足以達去識
別化之效果。

勞工加班後有補休情形

有無勞雇
協商合意
補休

無

有

依事實發生先後順序
補休

違反第 24 條

應請事業單位詳
細說明結清金額
之計算依據。

有無依法
結算工資

未發現違法缺失 ← 有

無

圖2-3　第32條之1檢查建議程序

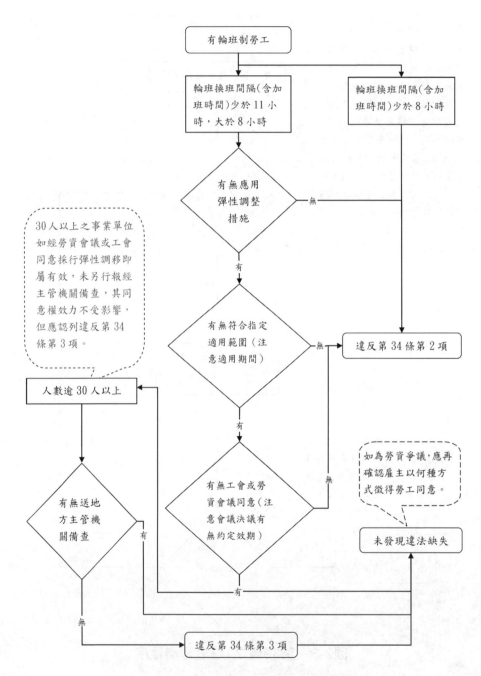

圖2-4　第34條第2項、第3項檢查建議程序

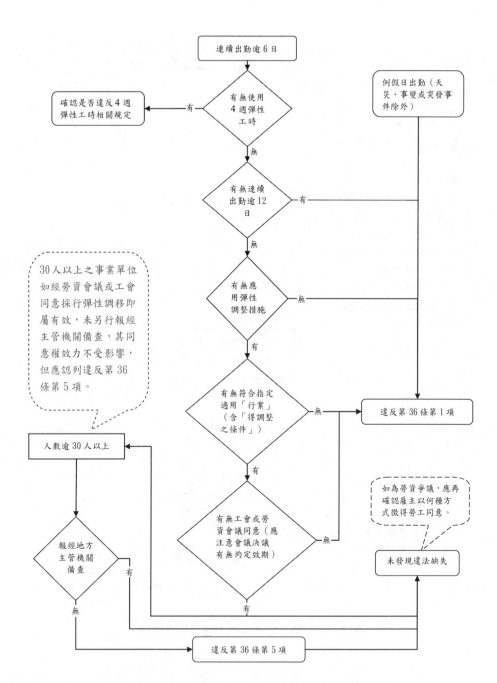

圖2-5　第36條第4項、第5項檢查建議程序

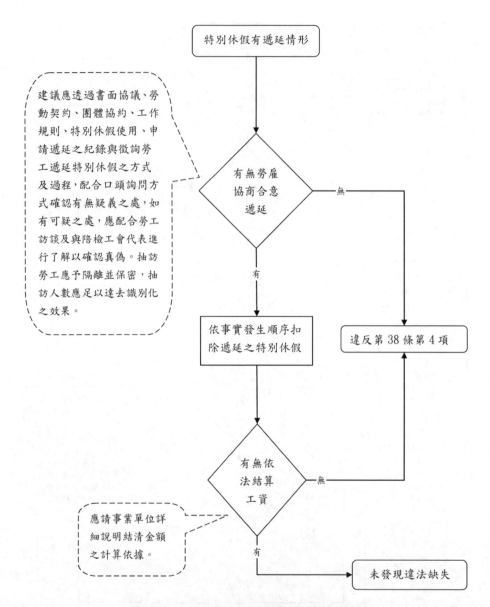

圖2-6　第38條第4項檢查建議程序

指定勞動基準法第 36 條第 4 項行業附表

特殊型態	得調整之條件	行業
時間特殊	配合年節、紀念日、勞動節日及其他由中央主管機關規定應放假之日，為因應公眾之生活便利所需	1.食品及飲料製造業 2.燃料批發業及其他燃料零售業 3.石油煉製業
地點特殊	工作之地點具特殊（如海上、高山、隧道或偏遠地區等），其交通相當耗時	1.水電燃氣業 2.石油煉製業
性質特殊	勞工於國外、船鑑、航空器、闈場或歲修執行職務	1.製造業 2.水電燃氣業 3.藥類、化妝品零售業 4.旅行業
	為因應天候、施工工序或作業期程	1.石油煉製業 2.預拌混擬土製造業 3.鋼鐵基本工業
	為因應天候、海象或航舶貨運作業	1.水電燃氣業 2.石油煉製業 3.冷凍食品製造業 4.製冰業
狀況特殊	為辦理非經常性之活動或會議	1.製造業 2.設計業

指定勞動基準法第 34 條第 2 項但書適用範圍附表

適用範圍	適用期間
交通部臺灣鐵路管理局之乘務人員（機車助理、司機員、機車長、整備員、技術助理、助理工務員及工務員：列車長、車長及站務助理）	107.03.01～108.12.31
經濟部所屬臺灣電力股份有限公司、臺灣中油股份有限公司及臺灣糖業股份有限公司之輪班人員	107.03.01～108.07.31
經濟部所屬臺灣中油股份有限公司及臺灣自來水股份有限公司之設備管線搶修、原料與產品生產、輸送、配送及供銷人員	天災、事變或突發事件之處理期間

十三、因應景氣影響勞雇雙方協商減少工時應行注意事項

(一)勞動部109年7月1日勞動條3字第1090130635號函修正

1. 勞動部為因應事業單位受景氣因素影響，勞雇雙方協商減少工時時，保障勞工權益，避免勞資爭議，特訂定本注意事項。

2. 事業單位受景氣因素影響致停工或減產，為避免資遣勞工，經勞雇雙方協商同意，始得暫時縮減工作時間及減少工資。

3. 事業單位如未經與勞工協商同意，仍應依約給付工資，不得片面減少工資。勞工因雇主有違反勞動契約致有損害其權益之虞者，可依勞動基準法第十四條規定終止勞動契約，並依法請求資遣費。

4. 事業單位如確因受景氣因素影響致停工或減產，應優先考量採取減少公司負責人、董事、監察人、總經理及高階經理人之福利、分紅等措施。如仍有與勞工協商減少工時及工資之必要時，該事業單位有工會組織者，宜先與該工會協商，並經與個別勞工協商合意。

5. 事業單位實施勞資雙方協商減少工時及工資者，就對象選擇與實施方式，應注意衡平原則。

6. 勞雇雙方協商減少工時及工資者，對於按月計酬全時勞工，其每月工資仍不得低於基本工資。

7. 勞雇雙方終止勞動契約者，實施減少工時及工資之日數，於計算平均工資時，依法應予扣除。

8. 事業單位實施減少工時及工資之期間，以不超過三個月為原則。如有延長期間之必要，應重行徵得勞工同意。事業單位營運如已恢復正常或勞資雙方合意之實施期間屆滿，應即恢復勞工原有勞動條件。

9. 勞雇雙方如同意實施減少工時及工資，應參考「勞雇雙方協商減少工時協議書（範例）」（如附件），本誠信原則，以書面約定之，並應確實依約定辦理。

10. 事業單位與勞工協商減少工時及工資者，應依「地方勞工行政主管機關因應事業單位實施勞雇雙方協商減少工時通報及處理注意事項」，確實通報勞工勞務提供地之下列機關：

    (1)地方勞工行政主管機關。

    (2)勞動部勞動力發展署所屬分署。

    　事業單位縮減工作時間之實施期間或方式有變更者，仍應依前項規定辦理通報。

　　事業單位未依前二項規定辦理通報，勞工得逕向地方勞工行政主管機關反映或申訴；地方勞工行政主管機關知悉轄內事業單位有實施減班休息情事，應即進行瞭解，並依法處理。

11. 勞工欲參加勞工行政主管機關推動之短期訓練計畫或就業協助措施者，雇主應提供必要之協助。

12. 事業單位於營業年度終了結算，如有盈餘，除繳納稅捐及提列股息、公積金外，對於配合事業單位實施減少工時及工資之勞工，於給予獎金或分配紅利時，宜予特別之考量。

13. 事業單位或雇主未參照本注意事項辦理，致有違反勞動法令情事者，依各該違反之法令予以處罰。

(二) **另於113年1月16日勞動條 3 字第 1130147568 號函修正「地方勞工行政主管機關因應事業單位實施勞雇雙方協商減少工時通報及處理注意事項」如下：**

1. 勞動部為保障勞工權益，避免勞資爭議，建立地方勞工行政主管機關因應事業單位實施勞雇雙方協商減少工時通報及處理機制，特訂定本注意事項。

2. 本注意事項所稱「勞雇雙方協商減少工時」，指雇主受景氣因素影響致停工或減產，經勞雇雙方協商同意，暫時縮減工作時間。

3. 地方勞工行政主管機關應通告轄區內事業單位，於其受景氣因素影響致停工或減產，經勞雇雙方協商同意，始得暫時縮減工作時間，並應主動通報勞工勞務提供地之下列機關；其縮減工作時間之實施期間或方式有變更者，亦同：

   (1) 地方勞工行政主管機關。

   (2) 勞動部勞動力發展署所屬分署。

   　　地方勞工行政主管機關受理前項規定之通報案件，應督責事業單位確實遵守基本工資及其他勞動法令之規定，並將處理情形副知勞動部勞動力發展署所屬分署。

4. 地方勞工行政主管機關知悉勞雇雙方擬減少工時，應適時輔導勞雇雙方參考「勞雇雙方協商減少工時協議書（範例）」（如附件），約定實施期間、方式、工資給付及相關權利義務等事宜。

5. 地方勞工行政主管機關對於轄區內勞工反映或申訴事業單位未通報勞雇雙方協商減少工時之案件，應即進行瞭解，並依法處理。

地方勞工行政主管機關查證事業單位減少工作時間，業經勞雇雙方協議同意，應即列入勞雇雙方協商減少工時之案件，並依第七點規定報送。

6. 地方勞工行政主管機關對於轄區內營運異常、輿情反映或團體通報之案件，應主動查察及處理。必要時，得請相關單位提供資料及協助。

7. 各地方勞工行政主管機關應就轄區內勞雇雙方協商減少工時之案件彙整列冊，並依勞動部規定期間至全國勞工行政資訊管理整合應用系統之減班休息子系統填報。

8. 地方勞工行政主管機關應指定通報專責單位。有異動時，應隨時陳報更新。

9. 國家科學及技術委員會新竹科學園區管理局、國家科學及技術委員會中部科學園區管理局、國家科學及技術委員會南部科學園區管理局及經濟部產業園區管理局依法辦理勞工事務之機關，適用本注意事項。

十四、各項延長工時工資之計算及依據

(一)**勞動基準法第24條第1項**：雇主有使勞工每日工作時間超過8小時者，或每週工作超過40小時者，應依法給付加班費，其標準為：

1. 延長工作時間在2小時以內者，按平日每小時工資額加給3分之1以上。

2. 再延長工作時間在2小時以內者，按平日每小時工資額加給3分之2以上。

3. 雇主因天災、事變或突發事件，有使勞工於平日延長工作時間者，按平日每小時工資額加倍發給。

(二)**勞動基準法第24條第2項**：雇主使勞工於第36條所定休息日工作時，應依法給付加班費，其標準為：

1. 工作時間在2小時以內者，按平日每小時工資額另再加給1又1/3以上。

2. 工作2小時後再繼續工作者，按平日每小時工資額另再加給1又2/3以上。

3. 工作超過8小時者，按平日每小時工資額另再加給2又2/3以上。

4. 雇主使勞工於休息日工作之時間，計入勞動基準法第32條第2項所定延長工作時間總數（即必須計入一個月46小時內）。

5. 因天災、事變或突發事件，雇主使勞工於休息日工作之必要者，出勤工資應依勞動基準法第24條第2項規定計給，其工作時數不受勞動基準法第32條第2項規定之限制。

(三)**國定假日及特別休假出勤工資**：勞動基準法第39條規定：雇主經徵得勞工同意於休假日（國定假日或特別休假）工作者，工資應加倍發給，所稱加倍發給，係指假日當日工資照給外，再加發1日工資。

(四)**例假出勤工資**：勞動基準法第40條：沒有天災、事變或突發事件，雇主不得使勞工於「例假」出勤，若因前揭原因有使勞工出勤者，該日應加倍給薪，並應給予勞工事後補假休息。

舉例來說：勞工月薪30,000元，平日加班3小時，休息日加班6小時，國定假日出勤8小時，加班費之算法如下：

$$[（30,000/240×4/3×2）+（30,000/240×5/3×1）+（30,000/240×4/3×2）+（30,000/240×5/3×4）+（30,000/240×8×1）]=2,708.33...$$

十五、休假、特別休假之規定

(一)休假

106年1月1日開始調整之休假日12天，包括：

1.中華民國開國紀念日（一月一日）。　2.和平紀念日（二月二十八日）。

3.國慶日（十月十日）。　　　　　　　4.勞動節（五月一日）。

5.春節（農曆正月初一至初三）。　　　6.兒童節（四月四日）。

7.民族掃墓節（農曆清明節為準）。　　8.端午節（農曆五月五日）。

9.中秋節（農曆八月十五日）。　　　　10.農曆除夕。

(二)特別休假之規定

勞工在同一雇主或事業單位，繼續工作滿一定期間者，每年應依下列規定給予特別休假：

1.6個月以上1年未滿者，3日。　　　2.1年以上2年未滿者，7日。

3.2年以上3年未滿者，10日。　　　4.3年以上5年未滿者，每年14日。

5.5年以上10年未滿者，每年15日。

6.10年以上者，每1年加給1日，加至30日為止。

勞動基準法相關假別一覽表

假別	給假原則	依據
例假	勞工每7日中應有2日之休息，其中1日為例假，1日為休息日。	勞動基準法第36條
國定假日	內政部所定應放假之紀念日、節日、勞動節及其他中央主管機關指定應放假日。	勞動基準法第37條

假別	給假原則	依據
特別休假	6個月至未滿1年：3日。 工作滿第1年：7日。 工作滿第2年：10日。 工作滿第3年：14日。 工作滿第4年：14日。 工作滿第5年：15日。 工作滿第6年：15日。 工作滿第7年：15日。 工作滿第8年：15日。 工作滿第9年：15日。 工作滿第10年：16日。 工作滿第11年：17日。 工作滿第12年：18日。 工作滿第13年：19日。 工作滿第14年：20日。 工作滿第15年：21日。 工作滿第16年：22日。 工作滿第17年：23日。 工作滿第18年：24日。 工作滿第19年：25日。 工作滿第20年：26日。 工作滿第21年：27日。 工作滿第22年：28日。 工作滿第23年：29日。 工作滿第24年：30日。 工作滿第25年以上：30日。	勞動基準法第38條 特別休假試算表
婚假	8天	勞工請假規則第2條
喪假	父母、養父母、繼父母、配偶喪亡者，喪假8日。 祖父母、子女、配偶之父母、配偶之養父母或繼父母喪亡者，喪假6日。 曾祖父母、兄弟姊妹、配偶之祖父母喪亡者，喪假3日。	勞工請假規則第3條

假別	給假原則	依據
普通傷病假	未住院者，1年內合計不得超過30日。 住院者，2年內合計不得超過1年。 未住院傷病假與住院傷病假2年內合計不得超過1年。 經醫師診斷，罹患癌症（含原位癌）採門診方式治療或懷孕期間需安胎休養者，其治療或休養期間，併入住院傷病假計算。	勞工請假規則第4條
公傷病假	因職業災害而致失能、傷害或疾病者，其治療、休養期間，給予公傷病假。	勞工請假規則第6條
事假	1年內合計不得超過14日。	勞工請假規則第7條
公假	依法令規定應給予公假者。	勞工請假規則第8條

十六、勞基法中對童工及女工保護之規定

臺灣現行勞基法對童工及女工保護之規定有：

(一)15歲以上未滿16歲之受僱從事工作者，為童工。又童工及16歲以上未滿18歲之人，不得從事危險性或有害性之工作。

(二)雇主不得僱用未滿15歲之人從事工作。但國民中學畢業或經主管機關認定其工作性質及環境無礙其身心健康而許可者，不在此限。

(三)未滿15歲之人透過他人取得工作為第三人提供勞務，或直接為他人提供勞務取得報酬未具勞僱關係者，準用前項及童工保護之規定。

(四)未滿18歲之人受僱從事工作者，雇主應置備其法定代理人同意書及其年齡證明文件。

(五)童工每日之工作時間不得超過8小時，每週之工作時間不得超過40小時，例假日不得工作。

(六)童工不得於午後8時至翌晨6時之時間內工作。

(七)女工分娩前後，應停止工作，給予產假8星期；妊娠3個月以上流產者，應停止工作，給予產假4星期。

(八)女工在妊娠期間，如有較為輕易之工作，得申請改調，雇主不得拒絕，並不得減少其工資。

(九)子女未滿1歲須女工親自哺乳者,於第35條規定之休息時間外,雇主應每日另給哺乳時間2次,每次以30分鐘為度。

前項哺乳時間,視為工作時間。

國際勞工組織(ILO)在1990年修正「修正女性夜間工作公約」,並通過「夜間工作公約」(Night Work Covnention, 1990 (No.171) 參見主題九)。我國對於女性夜間工作的規定,依照勞動基準法第49條第1項前段,原則上禁止雇主使女工於午後10時至翌晨6時之間工作。然而為了配合國際潮流,勞基法亦規定在符合特定條件的情況下,雇主可例外使女工於午後10時至翌晨6時之間工作。

勞基法第49條第1項但書規定:「雇主經工會同意,如事業單位無工會者,經勞資會議同意」且符合以下條件:「一、提供必要之安全衛生設施;二、無大眾運輸工具可資運用時,提供交通工具或安排女工宿舍」者,雇主得使女工於午後10時至翌晨6時之間工作。此外,勞基法第49條第4項規定,如果因為發生天災、事變或突發事件,即使不符合前述條件,如有必要,雇主亦得使女工於午後10時至翌晨6時之間工作。經民國110年8月20日大法官釋字第807號解釋違憲在案。

十七、勞工退休及退休金給予標準

勞工退休分**自願退休**及**強制退休**二種:

(一)**勞工有下列情形之一者,得自請退休:**
　1.工作15年以上年滿55歲者。　　2.工作25年以上者。
　3.工作10年以上年滿60歲者。

(二)**勞工非有下列情形之一者,雇主不得強制其退休:**
　1.年滿65歲者。(勞雇雙方得協商延後退休年齡)
　2.身心障礙不堪勝任工作者。

勞工退休金之給與標準如下:

(一)按其工作年資,**每滿1年**給與**兩個基數**。但**超過**15年之工作年資,**每滿1年**給與**1個基數**,最高總數以45個基數為限。未滿半年者以半年計;滿半年者以一年計(指舊制的勞動基準法,非指勞工退休金條例)。

(二)依第54條第1項第2款規定,強制退休之勞工,其身心障礙係因執行職務所致者,依前款規定加給20%。

所稱退休金基數之標準,係指核准退休時**1個月平均工資**。

至於，適用新制之退休勞工，則依**勞工退休金條例第24條**規定請領：
勞工年滿60歲，得依下列規定之方式請領退休金：
1.工作年資滿15年以上者，選擇請領月退休金或一次退休金。
2.工作年資未滿15年者，請領一次退休金。

十八、職業災害補償

勞工因遭遇職業災害而致死亡、失能、傷害或疾病時，雇主應依下列規定予
以補償。但如同一事故，依勞工保險條例或其他法令規定，已由雇主支付費
用補償者，雇主得予以抵充之：

(一)勞工受傷或罹患職業病時，雇主應補償其必需之醫療費用。職業病之種
　　類及其醫療範圍，依勞工保險條例有關之規定。

(二)勞工在醫療中不能工作時，雇主應按其原領工資數額予以補償。但醫療
　　期間屆滿二年仍未能痊癒，經指定之醫院診斷，審定為喪失原有工作能
　　力，且不合第3款之失能給付標準者，雇主得一次給付40個月之平均工資
　　後，免除此項工資補償責任。

(三)勞工經治療終止後，經指定之醫院診斷，審定其身體遺存失能者，雇主
　　應按其平均工資及其失能程度，一次給予失能補償。失能補償標準，依
　　勞工保險條例有關之規定。

(四)勞工遭遇職業傷害或罹患職業病而死亡時，雇主除給與五個月平均工資
　　之喪葬費外，並應一次給與其遺屬40個月平均工資之死亡補償。其遺屬
　　受領死亡補償之順位如下：

　1.配偶及子女。　　　　　　　2.父母。
　3.祖父母。　　　　　　　　　4.孫子女。
　5.兄弟、姐妹。

受領補償權，自得受領之日起，因2年間不行使而消滅。受領補償之權利，
不因勞工之離職而受影響，且不得讓與、抵銷、扣押或擔保。

十九、技術生

雇主不得招收**未滿15歲**之人為技術生。但國民中學畢業者，不在此限。稱技
術生者，指依中央主管機關規定之技術生訓練職類中，以學習技能為目的，
依法規定而接受雇主訓練之人。於事業單位之養成工、見習生、建教合作班
之學生及其他與技術生性質相類之人，準用此規定。

(一)雇主招收技術生時，須與技術生簽訂書面訓練契約一式三份，訂明訓練項目、訓練期限、膳宿負擔、生活津貼、相關教學、勞工保險、結業證明、契約生效與解除之條件及其他有關雙方權利、義務事項，由當事人分執，並送主管機關備案。

(二)技術生如為未成年人，其訓練契約，應得**法定代理人**之允許。

(三)雇主不得向技術生收取有關訓練費用。

(四)技術生人數，不得超過勞工人數四分之一。勞工人數不滿4人者，以4人計。

二十、工作規則

雇主僱用勞工人數在**30人**以上者，應依其事業性質，就下列事項訂立工作規則，報請**主管機關**核備後並**公開揭示**之：

(一)工作時間、休息、休假、國定紀念日、特別休假及繼續性工作之輪班方法。

(二)工資之標準、計算方法及發放日期。

(三)延長工作時間。

(四)津貼及獎金。

(五)應遵守之紀律。

(六)考勤、請假、獎懲及升遷。

(七)受僱、解僱、資遣、離職及退休。

(八)災害傷病補償及撫卹。

(九)福利措施。

(十)勞雇雙方應遵守勞工安全衛生規定。

(十一)勞雇雙方溝通意見加強合作之方法。

(十二)其他。

二一、雇主調動勞工五大原則

勞基法第10-1條　雇主調動勞工工作，不得違反勞動契約之約定，並應符合下列原則：

(一)基於企業經營上所必須，且不得有不當動機及目的。但法律另有規定者，從其規定。

(二)對勞工之工資及其他勞動條件，未作不利之變更。

(三)調動後工作為勞工體能及技術可勝任。
(四)調動工作地點過遠，雇主應予以必要之協助。
(五)考量勞工及其家庭之生活利益。

二二、工資墊償

工資為勞工的工作報酬，亦為勞工及家屬主要經濟來源，所以工資保障非常重要，我國在勞動基準法中有工資保障的規定，當事業單位在正常營運時，固然可以達到工資保障的效果，然而事業單位若發生歇業、清算或宣告破產時，則積欠勞工的工資，恐怕無能力償付。

政府為保障勞工因雇主歇業、清算或宣告破產而被積欠的工資，特別在勞動基準法第28條訂定積欠工資墊償基金制度，以發揮企業互助精神，加強對工資的保障。凡適用勞基法行業之雇主應按當月僱用勞工投保薪資總額及規定的費率（目前為萬分之2.5），繳納一定數額的積欠工資墊償基金，當事業單位因歇業、清算或宣告破產所積欠勞工的工資退休金及資遣費，會計數額以6個月平均工資為限。經勞工向雇主請求而不能獲得清償時，可以向勞工保險局申請積欠工資墊償，經勞保局查證屬實，即可將積欠的工資代墊給勞工，勞保局再向雇主請求於規定期限內，將墊款償還積欠工資墊償基金。

積欠工資墊償基金是由「行政院勞動部積欠工資墊償基金管理委員會」管理，基金的收繳及墊償有關業務則委任勞工保險局辦理，有關基金提繳、墊償與管理的規定，訂有積欠工資墊償基金提繳及墊償管理辦法。

二三、責任制

責任制（system of job responsibility）是指存在於固定月薪的工作，原本不需受固定上下班時間限制，完成自己負責的工作即可下班，是不需打卡記錄出勤時間的工作制度。工作規定作業人員要有責任感，除非高階主管，否則很少能因工作量少而延後上班或提早下班。責任制引進臺灣後，部分雇主為追求最大利潤，開始使用責任制規避延長工時工資，形成「上班打卡制，下班責任制」的特殊現象。在臺灣適用責任制的工作，依據勞基法第84-1條由中央主管機關指定的很少，包括資訊服務業的系統研發或維護工程師、金融業的證券業務員與保險業務員、廣告業的創意或企劃人員、或是在醫院工作的醫事檢驗員，不包括科技業。但已被濫用至電子業、保全業等各種職業，導致過勞死的職災事件頻傳。

對於責任制人員的適用規範，勞基法第84-1條訂有適用行業與職務別限制。

勞動基準法第84-1條　經中央主管機關核定公告下列工作者，得由勞雇雙方另行約定，工作時間、例假、休假、女性夜間工作，並報請當地主管機關核備，不受第30條、第32條、第36條、第37條、第49條規定之限制。

(一)監督、管理人員或責任制專業人員。

(二)監視性或間歇性之工作。

(三)其他性質特殊之工作。

前項約定應以書面為之，並應參考勞動基準法所定基準不得損及勞工健康及福祉。

亦即，必須勞動部公告適用的工作者，且屬於上述所指三種職務內容者，才可排除工作時間、加班、休假等限制。換言之，企業實施責任制必須有法源依據，且符合上述職務別限制。若工作內容不符，就不能針對員工實施責任制。

二四、企業併購法與勞基法相關內容

在併購案中與勞動基準法有關的部分，主要為員工之資遣以及退休金的提撥問題，分別是：

(一)依據勞動基準法第20條規定，事業改組或轉讓時，除新舊雇主商定留用之勞工外，其餘勞工應依勞動基準法規定期間預告終止契約，預告期間為10日至30日不等，依勞動基準法之規定發給勞工資遣費。就勞工資遣的計算，以工作每滿一年給予相當於一月平均工資之資遣，其留用勞工工作年資，應由新雇主續予以承認。

(二)企業併購法與勞基法的解釋，明令未獲留用與自願不留用的員工，也可領資遣費，這對於合併的企業而言，較為不利，對合併企業可能產生相當不利的競爭風險，不利政府推動企業合併。因為政府鼓勵企業合併是促使企業發揮團體戰力、創造綜效走向國際化，倘法令要求雇主支付資遣費給自願離職員工，是變相鼓勵員工離職跳槽，將使合併意義盡失，影響其他企業合併意願。

(三)金融企業合併適用金融機構合併法的規定，讓法明文規定員工得享有的權益，依勞動基準法規定辦理。而勞動基準法並未明文規定，雇主須支付資遣費給合併後自願離職的員工。企業併購法則明文規定新雇主應支付資遣費給自願離職員工，明顯忽略合併的意義及資遣費的立法目的。

(四)依勞動部民國89年間的一項解釋令以及企業併購法規定，消滅公司的員工如在一定期限內表明不接受留任，須由舊雇主給付資遣費，如果舊雇主未給付，如新公司法第75條規定：「因合併而消滅的公司，其權利義務應由合併後存續或另立的公司承受。」可知存續公司必須負起給付責任。

二五、競業禁止

(一)**緣起**：企業面對人才競逐壓力，基於保護營業秘密考量，對於內部員工訂定所謂的「競業禁止」條款，限制員工在離職之後不得從事一定的行為，以防止其營業祕密外洩。有關競業禁止約定內容多樣，勞資雙方在處理本約定時，就其內涵、期間長短暨違約賠償責任等項目看法分歧，成為勞資爭議來源，影響企業發展與勞工職涯發展及權益保障至鉅。

事實上，基於私法自治及契約自由，暨確保企業競爭優勢之目的，雇主與勞工訂定競業禁止約定，於法並無不可，但如何訂定適當的限制，才能達到又能保障企業合法營業利益也不過度侵害勞工權益之雙重目標。

勞動者的工作權、選擇職業的自由及雇主財產權的確保，都是憲法保障人民基本權利的重要目標。但近年來，企業競爭日趨熱絡，企業挖角、勞工跳槽時有所聞。因此，為預防不公平競爭及保護企業利益前提下，簽訂「離職後競業禁止條款」已是企業界普遍作法。簡言之，勞雇雙方以契約方式約定限制員工離職後，在一定的時間及地理界域內，不得從事與原雇主競爭之相同或類似工作，已是不爭事實，惟如何在事前預加防範，訂定明確契約內容，以維企業永續經營及確保工作倫理，不僅可以維持勞動市場秩序運作，同時可使勞資雙方達到共存共榮、共創雙贏之理想目標。

(二)**法源**：勞動基準法第9-1條：未符合下列規定者，雇主不得與勞工為離職後競業禁止之約定：

1. 雇主有應受保護之正當營業利益。
2. 勞工擔任之職位或職務，能接觸或使用雇主之營業秘密。
3. 競業禁止之期間、區域、職業活動之範圍及就業對象，未逾合理範疇。
4. 雇主對勞工因不從事競業行為所受損失有合理補償。

(三)**定義**：競業禁止是指「事業單位為保護其商業機密、營業利益或維持其競爭的優勢，要求特定人與其約定在在職期間或離職後之一定期間、區

域內,不得經營、受僱或經營與其相同或類似之業務工作」。其限制範圍廣泛,內容複雜。

1. **限制對象廣泛**:包括企業經營管理人、董事、監察人、執行業務之股東、企業經理人及一般勞工。

2. **限制內容複雜**:以企業經營管理人為例,其禁止內容皆是有關雙方營業利益上之衝突,屬單純財產權上的爭議;而一般技術性勞工則涉及雇主財產權與勞動者工作權的衝突。

(四) **目的**:憲法第15條保障人民的生存權、工作權及財產權。勞工簽訂競業禁止條款上的限制,在於維持憲法保障人民基本權利的精神,因此要求勞工簽訂競業禁止條款的主要目在於:

1. 避免其他競爭之事業單位惡意挖角或勞工惡意跳槽。

2. 避免優勢生產技術或營業秘密外洩。

3. 避免勞工利用其在職期間所獲知的各項技術或營業秘密在外自行營業,削弱原雇主之競爭力。

(五) **在職期間及離職後相關規定**:勞工受競業禁止約定的限制可分為「在職期間」及「離職後」兩種樣態,分別是:

1. **在職期間**:在勞雇關係存續期間,勞工除有提供勞務的義務外,尚有忠誠、慎勤之義務,易言之,勞工必須守住公司秘密及不得兼職或為競業行為的義務。

   現行勞工法令對於勞工兼職行為並未明文禁止,因此,勞工利用下班時間兼差,若未損害雇主利益,原則上並未違法。但,如果勞工在雇主競爭對手處兼差,或利用下班時間經營與雇主競爭之事業,則可能危及雇主事業競爭力,因此,雇主可經由勞動契約或工作規則,限制勞工在職期間之兼職或競業行為,勞工如有違反情事,可能遭受到處分,嚴重者可構成懲戒、終止勞動契約。

2. **離職後**:勞動契約終止後,勞工各項義務隨即終止,雇主欲再保護其營業上利益或競爭優勢,依勞基法第9-1條規定。可限制勞工離職後之就業自由,明定離職後一定期間內,不得從事與雇主相同或類似工作,違反者,應賠償一定數額之違約金,惟以雇主已給合理補償為前提要件。

(六) **簽訂競業禁止相關約定注意事項**:勞工與雇主簽訂競業禁止相關約定時,為避免損害勞工個人工作權,且可預防無謂爭議發生,可循以下原則進行之:

1. **員工有無顯著背信或違反誠信原則**：競業禁止的效力應在離職員工競業行為確實出現顯著背信及違反誠信原則時出現。例如：離職員工對原雇主的客戶、商業情報等大量使用或其競業內容或具惡質性或顯著違反誠信原則，屬之。

2. **雇主有無法律上利益應受保護之必要**：綜覽我國營業秘密法、公司法、公平交易法及民法相關條文，對於雇主營業秘密已有適當保障機制，雇主欲有效保護企業經營重要資訊，簽訂競業禁止約定，需著眼於雇主有無實質被保護之利益存在，若其主張應受保護之法律上利益，係營業秘密時，此營業秘密必須符合「營業秘密法」所定之「營業秘密」。

3. **勞工擔任之職務（位）之必要限制**：離職後競業禁止之規定，對於勞工擔任一定職務，且該職務有機會接觸公司之營業秘密、參與公司技術之研發等才可以；而對於較低職位、普通技能之勞工，或所擔任職務並無機會接觸公司欲保護之優勢技術或營業利益者，則無限制其競業之必要性。

4. **本契約自由及誠信原則約定**：簽訂競業禁止約定應本於契約自由原則，雇主不得以強迫或脅迫手段，強制勞工簽立，或利用新進勞工無經驗或急於求職，任意要求勞工簽訂。

5. **限制期間、區域、職業活動範圍及補償是否合理**：勞動基準法第9條之1第1項第3款所為之約定未逾合理範疇，應符合下列規定：
   (1)競業禁止之期間，不得逾越雇主欲保護之營業秘密或技術資訊之生命週期，且最長不得逾2年。
   (2)競業禁止之區域，應以原雇主實際營業活動之範圍為限。
   (3)競業禁止之職業活動範圍，應具體明確，且與勞工原職業活動範圍相同或類似。
   (4)競業禁止之就業對象，應具體明確，並以與原雇主之營業活動相同或類似，且有競爭關係者為限。

   至於，勞動基準法第9條之1第1項第4款所定之合理補償，應就下列事項綜合考量：
   (1)每月補償金額不低於勞工離職時1個月平均工資50%。
   (2)補償金額足以維持勞工離職後競業禁止期間之生活所需。
   (3)補償金額與勞工遵守競業禁止之期間、區域、職業活動範圍及就業對象之範疇所受損失相當。

(4)其他與判斷補償基準合理性有關之事項。

(5)前項合理補償,應約定離職後一次預為給付或按月給付。

(七)**代償措施**:代償措施係指雇主對於勞工因不從事競業行為所受損失之相關補償措施。勞工離職後,因遵守與原雇主競業禁止之約定,可能遭受工作上的相關損失,可要求雇主提供代償,法理上及實務上均屬合理。

(八)**違約金合理性**:勞工與雇主簽訂競業禁止條款所生之效果,一為離職後不得為競業行為,一為如有違約情形,必須支付違約金或損害賠償金。違約金多寡並無一定標準,端視個案情節輕重,依事實認定。一般都依客觀事實、當時社會經濟及當事人受損情形衡酌。一份明確且合理之競業禁止約定,應以書面定之,並載明下列內容,可有效杜減爭議的產生:

1. 競業禁止之明確期限(包括起訖時間及期限)。

2. 競業禁止之區域範圍(如行政區域或一定之地域)。

3. 競業禁止之行業或職業之範圍(如特定產業或職業)。

4. 違反競業禁止約定時之處理方式(如賠償訓練費用或違約金)。

5. 例外情形之保障(如勞工因不可抗力之原因而違反時)。

(九)**競業禁止之免除**:依據現行勞動基準法規定,競業禁止之免除含「雙方合意終止」及「勞雇雙方單方意思表示終止」兩類,分別是:

1. **雙方合意終止**:勞雇雙方合意終止競業禁止之相關約定時,其效力自始免除。

2. **單方意思表示終止**:倘勞工單方意思表示終止約定時,須回歸勞動基準法第15條之規定。若原因上係歸責於雇主,致使勞工做出終止之意思,是否適用勞動基準法第10條之規定,值得深究。若不可歸責於雇主之事由,則在勞動關係終了後,勞工仍應受到競業禁止之相關約束。反之,若契約之終止係來自雇主依勞動基準法第11、12條之規定,不論其可歸責或不可歸責於勞工,其競業禁止之約定,勞工自不能為義務免除之主張。

事實上,除透過競業禁止條款禁止員工離職外,企業更應以積極性作為留住人才,例如:提供更優渥勞動條件與企業發展願景,又與其任意進行挖角,形成企業人力資源管理困擾與勞動市場失序,不如針對企業內部進行人才培育以從事研發工作,才是企業追求永續經營的宏觀作為。勞資雙方更應開誠佈公、事先溝通,與其事後處理繁雜爭議,不如事先防範,訂定明確契約內容,以維護企業經營及職業倫理,並維持勞動市場秩序。易言之,勞資雙方應本著「勞雇同心、共創雙贏」的信念,共

同研議符合社會期望及兼顧勞資雙方利益的競業禁止約定，以避免徒增
爭議與損害雙方權益或信譽，達到勞資合作、互惠互利之目標。

二六、司法院釋字第 807 號解釋摘要（女性夜間工作限制違憲）

(一)聲請案號：

1. 109年度憲三字第35號（聲請人一：臺北高等行政法院第五庭）
2. 109年度憲二字第531號（聲請人二：家福股份有限公司）
3. 110年度憲二字第217號（聲請人二：家福股份有限公司）
4. 110年度憲二字第322號（聲請人二：家福股份有限公司）
5. 110年度憲二字第363號（聲請人二：家福股份有限公司）
6. 109年度憲二字第540號（聲請人三：中華航空股份有限公司）

　　解釋公布日期：110年8月20日

(二)事實背景：

1. 聲請人一為審理同院109年度訴字第420號勞動基準法事件，認應適用之
   勞動基準法第49條第1項規定（下稱系爭規定），有牴觸憲法之疑義，裁
   定停止訴訟程序，於109年9月向本院聲請解釋。

2. 聲請人二因違反勞動基準法事件，遭處罰鍰，其中部分並公布聲請人二
   名稱及負責人姓名，訴願後復提起行政訴訟，經用盡審級救濟途徑後，
   主張臺北高等行政法院107年度簡上字第103號、臺北高等行政法院107
   年度簡上字第82號、臺中高等行政法院107年度簡上字第34號、臺中高等
   行政法院106年度簡上字第37號、臺中高等行政法院106年度簡上字第31
   號、高雄高等行政法院107年度簡上字第27號及高雄高等行政法院106年
   度簡上字第84號等判決所適用之系爭規定，有牴觸憲法之疑義，於109年
   12月向本院聲請解釋。

3. 聲請人二因違反勞動基準法事件，遭處罰鍰，其中部分並公布聲請人二
   名稱及負責人姓名，訴願後復提起行政訴訟，經用盡審級救濟途徑後，
   主張最高行政法院108年度判字第473號、最高行政法院108年度判字第
   472號及臺北高等行政法院109年度訴字第574號等判決所適用之系爭規
   定，有牴觸憲法之疑義，於110年5月向本院聲請解釋。

4. 聲請人二因違反勞動基準法事件，遭處罰鍰，訴願後復提起行政訴
   訟，經用盡審級救濟途徑後，主張臺中高等行政法院110年度簡上字

第8號判決所適用之系爭規定,有牴觸憲法之疑義,於110年7月向本院聲請解釋。

5. 聲請人二因違反勞動基準法事件,遭處罰鍰並公布聲請人二名稱及負責人姓名,訴願後復提起行政訴訟,經用盡審級救濟途徑後,主張高雄高等行政法院109年度訴字第238號判決所適用之系爭規定,有牴觸憲法之疑義,於110年8月向本院聲請解釋。

6. 聲請人三因違反勞動基準法事件,遭處罰鍰,其中部分並公布其名稱及負責人姓名,訴願後復提起行政訴訟,經用盡審級救濟途徑後,主張最高行政法院109年度判字第230號及臺北高等行政法院109年度簡上字第148號等判決所適用之系爭規定,有牴觸憲法之疑義,於109年12月向本院聲請解釋。

7. 以上6件聲請案,所聲請解釋之系爭規定有其共通性,爰併案審理。

(三)**解釋文**:勞動基準法第49條第1項規定:「雇主不得使女工於午後10時至翌晨6時之時間內工作。但雇主經工會同意,如事業單位無工會者,經勞資會議同意後,且符合下列各款規定者,不在此限:一、提供必要之安全衛生設施。二、無大眾運輸工具可資運用時,提供交通工具或安排女工宿舍。」違反憲法第7條保障性別平等之意旨,應自本解釋公布之日起失其效力。

(四)**解釋理由書**:

1. 惟法規範如採取性別之分類而形成差別待遇,因係以難以改變之個人特徵、歷史性或系統性之刻板印象等可疑分類,為差別待遇之標準,本院即應採中度標準從嚴審查(本院釋字第365號解釋參照)。其立法目的須為追求重要公共利益,所為差別待遇之手段,與目的之達成間具實質關聯,始與憲法平等權保障之意旨無違。〔第6段〕

2. 系爭規定明定:「雇主不得使女工於午後10時至翌晨6時之時間內工作。但雇主經工會同意,如事業單位無工會者,經勞資會議同意後,且符合下列各款規定者,不在此限:(1)提供必要之安全衛生設施;(2)無大眾運輸工具可資運用時,提供交通工具或安排女工宿舍。雖以雇主為規範對象,但其結果不僅僅就女性勞工原則禁止其於夜間工作,且例外仍須經工會或勞資會議同意始得為之,因而限制女性勞工之就業機會;而男性勞工則無不得於夜間工作之限制,即便於夜間工作亦無須工會或勞資會議同意,顯係以性別為分類標準,對女性勞工形成不利之差別待遇。是

系爭規定之目的須為追求重要公共利益，所採差別待遇之手段須與目的
之達成間具實質關聯，始為合憲。〔第7段〕

3. 系爭規定之所以原則禁止雇主使女性勞工於夜間工作，其立法理由依立
法過程中之討論，可知應係出於社會治安、保護母性、女性尚負生養子
女之責、女性須照顧家庭及保護女性健康等考量。基此，系爭規定之目
的概為追求保護女性勞工之人身安全、免於違反生理時鐘於夜間工作以
維護其身體健康，並因此使人口結構穩定及整體社會世代健康安全等，
固均屬重要公共利益。〔第8段〕

4. 惟維護社會治安，本屬國家固有職責，且憲法增修條文第10條第6項更
明定「國家應保障婦女之人身安全」。因此，就女性夜行人身安全之疑
慮，國家原即有義務積極採取各種可能之安全保護措施以為因應，甚至
包括立法課予有意使女性勞工於夜間工作之雇主必要時提供交通工具或
宿舍之義務，以落實夜間工作之婦女人身安全之保障，而非採取禁止女
性夜間工作之方法。乃系爭規定竟反以保護婦女人身安全為由，原則禁
止雇主使女性勞工於夜間工作，致女性原應享有並受保障之安全夜行權
變相成為限制其自由選擇夜間工作之理由，足見其手段與所欲達成之目
的間顯然欠缺實質關聯。〔第9段〕

5. 其次，從維護身體健康之觀點，盡量避免違反生理時鐘而於夜間工作，
係所有勞工之需求，不以女性為限。女性勞工於夜間工作者，亦難謂因
生理結構之差異，對其身體健康所致之危害，即必然高於男性，自不得
因此一律禁止雇主使女性勞工於夜間工作。至於所謂女性若於夜間工
作，則其因仍須操持家務及照顧子女，必然增加身體負荷之說法，不僅
將女性在家庭生活中，拘泥於僅得扮演特定角色，加深對女性不應有之
刻板印象，更忽略教養子女或照顧家庭之責任，應由經營共同生活之全
體成員依其情形合理分擔，而非責由女性獨自承擔。況此種夜間工作與
日常家務之雙重負擔，任何性別之勞工均可能有之，不限於女性勞工。
又，前述說法，對單身或無家庭負擔之女性勞工，更屬毫不相關。〔第
10段〕

6. 系爭規定之但書部分以工會或勞資會議之同意作為雇主使女性勞工於夜
間工作之程序要件。就雇主對勞工工作時間之指示而言，工會或勞資會
議之同意程序，通常固具有維護勞工權益之重要功能，避免弱勢之個別
勞工承受雇主不合理之工作指示而蒙受生命身體健康之危害。然而，女

性勞工是否適於從事夜間工作，往往有個人意願與條件之個別差異，究竟何種情形屬女性勞工應受維護之權益，本難一概而論，未必適宜全由工會或勞資會議代表代事業單位所有女性勞工而為決定。況各種事業單位之工會組成結構與實際運作極為複雜多樣，工會成員之性別比例亦相當分歧，其就雇主得否使女性勞工於夜間工作所為之決定，是否具有得以取代個別女性勞工之意願而為同意或不同意之正當性，實非無疑。基此，系爭規定以工會或勞資會議同意作為解除雇主不得使女性勞工於夜間工作之管制之程序要件，此一手段與系爭規定目的之達成間，亦難謂存有實質關聯。〔第11段〕

7. 綜上，系爭規定對女性勞工所形成之差別待遇，難認其採取之手段與目的之達成間有實質關聯，更淪於性別角色之窠臼，違反憲法第7條保障性別平等之意旨，應自本解釋公布之日起失其效力。〔第12段〕

勞動部加強性別觀點融入機關業務，強化「消除對婦女一切形式歧視公約」（簡稱CEDAW）及重要性別平等政策或措施之規劃、執行與評估，以達成實質性別平等之目標，推動重點如下：

(1)建構友善就業環境，去除性別刻板印象與偏見，支持婚育年齡女性留任職場，強化高齡社會之公共支持，並促進女性再就業機制，以提升女性經濟力。

(2)促進女性就（創）業，提升婦女職業技能，並強化女性工會幹部培力，厚植女性人力資本，提升女性經濟賦權。

(3)落實性別平等工作法制，保障女性勞工（就業）保險之權益，確保女性勞動者工作權益。

二七、最低工資法總說明

依契約自由原則，工資係由勞雇雙方議定，惟為保障勞工基本生活，勞動基準法第21條第1項明定，勞雇雙方議定之工資不得低於基本工資。基本工資之審議程序及擬訂，係依據基本工資審議辦法，由勞動部下設基本工資審議委員會，參考該辦法所定經社數據審議之。是以，我國對於勞工工資最低標準之保障雖以「基本工資」名之，實與世界各國所定之「最低工資」無異。然考量基本工資審議辦法之位階終屬法規命令，為使相關制度更為健全，俾以穩定、明確地調整最低工資，有必要立法建構最低工資制度，強化最低工資審議程序，並將訂定最低工資所需參考的社會、經濟指標入法，以保障勞

工工資權益。爰擬具「最低工資法」（以下簡稱本法）112年12月27日經總統公布，113年1月1日施行，共計19條，其重點如下：

一、將最低工資所需參考的社會經濟指標明確入法，並確立最低工資審議會的議事規則及最低工資的核定程序，以穩定明確的調整最低工資。

二、建立行政院不核定最低工資時，最低工資審議會應再召開會議審議之重審機制，消除外界對調整最低工資的不確定感。

三、設置跨領域研究小組之先行評估機制，評估最低工資調整後的影響，並依審議指標作成研究報告及調整建議，供最低工資審議會審議參考，使最低工資審議制度更為完善周延。

總之，最低工資作為政府保障基層勞工維持生活水準的重要政策，藉由專法的制定，完善審議機制的建構，達成政府穩定明確調整最低工資，撐住勞工及其家庭經濟生活的承諾。

主題二　性別平等工作法
民國112年8月16日修正公布

一、公布日期
91年3月8日公布施行，最近一次修正於112年8月16日，法令名稱亦由「性別工作平等法」修正為「性別平等工作法」。

二、立法宗旨
為保障工作權之性別平等，貫徹憲法消除性別歧視、促進性別地位實質平等之精神。

三、主管機關
在中央為勞動部；在直轄市為直轄市政府；在縣（市）為縣（市）政府。

四、適用對象
雇主與受僱者、公務人員、教育人員、軍職人員、技術生及實習生（實習期間），均適用。

五、性別平等工作會

應置委員5人至11人，任期2年，由具備勞工事務、性別問題之相關學識經驗或法律專業人士擔任之；其中經勞工團體、性別團體推薦之委員各2人；女性委員人數應占全體委員人數二分之一以上；政府機關代表不得逾全體委員人數三分之一。

六、性別歧視之禁止

(一)對求職者或受僱者之招募、甄試、進用、分發、配置、考績或陞遷等，不得因性別或性傾向而有差別待遇。

(二)為受僱者舉辦或提供教育、訓練或其他類似活動，不得因性別或性傾向而有差別待遇。

(三)為受僱者舉辦或提供各項福利措施，不得因性別或性傾向而有差別待遇。

(四)對受僱者薪資之給付，不得因性別或性傾向而有差別待遇；其工作或價值相同者，應給付同等薪資。但基於年資、獎懲、績效或其他非因性別或性傾向因素之正當理由者，不在此限。

(五)對受僱者之退休、資遣、離職及解僱，不得因性別或性傾向而有差別待遇。工作規則、勞動契約或團體協約，不得規定或事先約定受僱者有結婚、懷孕、分娩或育兒之情事時，應行離職或留職停薪；亦不得以其為解僱之理由。

七、性騷擾之防治

(一)**性騷擾樣態**

1. **敵意式性騷擾**：受僱者於執行職務時，任何人以性要求、具有性意味或性別歧視之言詞或行為，對其造成敵意性、脅迫性或冒犯性之工作環境，致侵犯或干擾其人格尊嚴、人身自由或影響其工作表現。

2. **交換式（權勢性）性騷擾**：雇主對受僱者或求職者為明示或暗示之性要求、具有性意味或性別歧視之言詞或行為，作為勞務契約成立、存續、變更或分發、配置、報酬、考績、陞遷、降調、獎懲等之交換條件。

3. **權勢性騷擾**：指對於因僱用、求職或執行職務關係受自己指揮、監督之人，利用權勢或機會為性騷擾。

(二)防治措施

雇主應採取適當措施防治性騷擾發生：

1. 僱用受僱者10人以上未達30人者，應訂定申訴管道，並在工作場所公開揭示。
2. 僱用受僱者30人以上者，應訂定性騷擾防治措施、申訴及懲戒規範，並在工作場所公開揭示。
3. 防治內容應包括性騷擾樣態、防治原則、教育訓練、申訴管道、申訴調查程序、應設申訴處理單位之基準與其組成、懲戒處理及其他相關措施。

(三)立即有效之補正措施

雇主知悉性騷擾情形時，應採取下列立即有效之糾正及補救措施：

1. 雇主因接獲被害人申訴而知悉性騷擾之情形時：

(1)採行避免申訴人受性騷擾情形再度發生之措施。

(2)對申訴人提供或轉介諮詢、醫療或心理諮商、社會福利資源及其他必要之服務。

(3)對性騷擾事件進行調查。

(4)對行為人為適當之懲戒或處理。

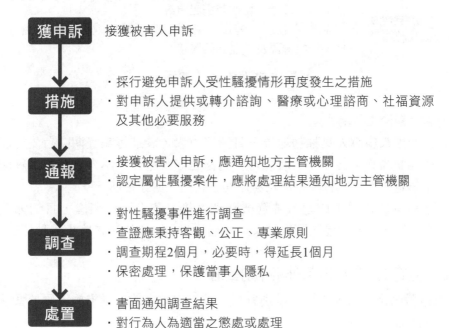

雇主處理流程（接獲申訴）

2. **雇主非因前款情形而知悉性騷擾事件時：**
(1)就相關事實進行必要之釐清。
(2)依被害人意願，協助其提起申訴。
(3)適度調整工作內容或工作場所。
(4)依被害人意願提供或轉介諮詢、醫療或心理諮商處理、社會福利資源及其他必要之服務。

知悉　非因接獲被害人申訴而知悉性騷擾之情形，
　　　如他人檢舉、陳情等

措施　・採行立即有效之糾正及補救措施
　　　・適度調整工作內容或工作場所

釐清　・就相關事實進行必要之釐清
　　　・保密處理，保護當事人隱私

協助　・依被害人意願，協助其提起申訴
　　　・依被害人意願，提供或轉介諮詢、醫療或心理諮商處理、社福資源及其他必要服務

雇主處理流程（知悉）

(四)調查期間之作為
1. 性騷擾被申訴人具權勢地位，且情節重大，於進行調查期間有先行停止或調整職務之必要時，雇主得暫時停止或調整被申訴人之職務；經調查未認定為性騷擾者，停止職務期間之薪資，應予補發。
2. 申訴案件經雇主或地方主管機關調查後，認定為性騷擾，且情節重大者，雇主得於知悉該調查結果之日起30日內，不經預告終止勞動契約。

八、促進性別平等工作相關措施

除上述勞動條件均等之外，特別針對女性訂定更多的促進措施，屬於女性勞工福利範圍，計有：

(一)女性受僱者每月得請**生理假**1日，全年請假未逾3日之生理假，不併入病假，其餘日數併入病假計算。生理假薪資減半發給。

(二)**產檢假**7天（薪資照給）。

(三)分娩之**產假**8星期，流產假5天至4星期不等（視個別懷孕週數而定）。

(四)**陪產檢**及**陪產假**7日（薪資照給）。

(五)**留職停薪育嬰假**2年（限年資滿6個月、子女未滿3歲者，男女受僱者均可申請）。

(六)每日休息時間外，另給哺（集）乳60分鐘。

(七)**家庭照顧假**全年7日（併入事假計算）受僱者的家庭成員接受預防接種或發生嚴重疾病或發生其他重大事故，須親自照顧時，均可申請之。

(八)為撫育未滿3歲子女，可申請每天**減少工作時間**1小時或調整工作時間。（未滿30人企業經勞資協商合意，可適用）

(九)事業單位應設置**托兒設施或提供托兒措施**。

(十)雇主依規定給付產檢假、陪產檢及陪產假薪資後，就其中各逾5日之部分得向中央主管機關申請補助。但依其他法令規定，應給予產檢假、陪產檢及陪產假各逾5日且薪資照給者，不適用之。補助業務由中央主管機關委任勞動部勞工保險局辦理。

(十一) 雇主申請產檢假、陪產檢及陪產假薪資補助規定：

 1. 雇主依性別平等工作法第15條第6項及第7項規定，給付受僱者產檢假、陪產檢及陪產假薪資後，就其中第6日、第7日之薪資，得申請本補助。

 2. 雇主依其他法令規定應給予產檢假、陪產檢及陪產假各逾5日且薪資照給者，不適用。

 3. 本補助按雇主實際給付受僱者第6日、第7日之產檢假、陪產檢及陪產假薪資總額，核實發給。

 4. 雇主於受僱者請畢產檢假、陪產檢及陪產假，或請畢前終止契約，並給付產檢假、陪產檢及陪產假薪資後，檢附文件及資料，向勞保局申請補助，經勞保局核定後，於次月底發給。

九、申訴、調查及處理

(一)受僱者或求職者遭受性騷擾，應向雇主提起申訴。但有下列情形之一者，得逕向地方主管機關提起申訴：

1. 被申訴人屬最高負責人或僱用人。
2. 雇主未處理或不服被申訴人之雇主所為調查或懲戒結果。

(二)受僱者或求職者依前項但書規定，向地方主管機關提起申訴之期限，應依下列規定辦理：

1. 被申訴人非具權勢地位：自知悉性騷擾時起，逾2年提起者，不予受理；自該行為終了時起，逾5年者，亦同。
2. 被申訴人具權勢地位：自知悉性騷擾時起，逾3年提起者，不予受理；自該行為終了時起，逾7年者，亦同。

申訴期限相關規定

被申訴人	自知悉時起	行為終了時起
非具權勢地位	2年	5年
具權勢地位	3年	7年

(三)地方主管機關為調查前述性騷擾申訴案件，得請專業人士或團體協助；必要時，得請求警察機關協助。

(四)地方主管機關依本法規定進行調查時，被申訴人、申訴人及受邀協助調查之個人或單位應配合調查，並提供相關資料，不得規避、妨礙或拒絕。

(五)地方主管機關受理之申訴，經認定性騷擾行為成立或原懲戒結果不當者，得令行為人之雇主於一定期限內採取必要之處置。

(六)性騷擾之被申訴人為最高負責人或僱用人時，於地方主管機關調查期間，申訴人得向雇主申請調整職務或工作型態至調查結果送達雇主之日起30日內，雇主不得拒絕。

(七)公務人員、教育人員或軍職人員遭受性騷擾，且行為人為最高負責人者，應向上級機關（構）、所屬主管機關或監督機關申訴。

(八)最高負責人或機關（構）、公立學校、各級軍事機關（構）、部隊、行政法人及公營事業機構各級主管涉及性騷擾行為，且情節重大，於進行調查期間有先行停止或調整職務之必要時，得由其上級機關（構）、所屬主管機關、監督機關，或服務機關（構）、公立學校、各級軍事機關（構）、部隊、行政法人或公營事業機構停止或調整其職務。

(九)私立學校校長或各級主管涉及性騷擾行為，且情節重大，於進行調查期間有先行停止或調整職務之必要時，得由學校所屬主管機關或服務學校停止或調整其職務。依規定停止或調整職務之人員，其案件調查結果未經認定為性騷擾，或經認定為性騷擾但未依公務人員、教育人員或其他相關法律予以停職、免職、解聘、停聘或不續聘者，得依各該法律規定申請復職，及補發停職期間之本俸（薪）、年功俸（薪）或相當之給與。

(十)機關政務首長、軍職人員，其停止職務由上級機關或具任免權之機關為之。

十、罰則

性別平等工作法罰則一覽表

措施	條文	違反之規定	罰則內容
性別歧視禁止	第7條	雇主對求職者或受僱者之招募、甄試、進用、分發、配置、考績或陞遷等，不得因性別或性傾向而有差別待遇。	處新臺幣30萬元以上150萬元以下罰鍰
性別歧視禁止	第8條	雇主為受僱者舉辦或提供教育、訓練或其他類似活動，不得因性別或性傾向而有差別待遇。	處新臺幣30萬元以上150萬元以下罰鍰
	第9條	雇主為受僱者舉辦或提供各項福利措施，不得因性別或性傾向而有差別待遇。	
	第10條	雇主對受僱者薪資之給付，不得因性別或性傾向而有差別待遇；其工作或價值相同者，應給付同等薪資。	
	第11條第1項	雇主對受僱者之退休、資遣、離職及解僱，不得因性別或性傾向而有差別待遇。	
	第11條第2項	工作規則、勞動契約或團體協約，不得規定或事先約定受僱者有結婚、懷孕、分娩或育兒之情事時，應行離職或留職停薪；亦不得以其為解僱之理由。	

措施	條文	違反之規定	罰則內容
性騷擾防治	第13條第1項第2款	僱用受僱者30人以上者,應訂定性騷擾防治措施、申訴及懲戒規範,並在工作場所公開揭示。	處新臺幣2萬元以上30萬元以下罰鍰
	第13條第1項第1款	僱用受僱者10人以上未達30人者,應訂定申訴管道,並在工作場所公開揭示。	處新臺幣1萬元以上10萬元以下罰鍰
	第13條第2項	雇主於知悉性騷擾之情形時,應採取下列立即有效之糾正及補救措施;被害人及行為人分屬不同事業單位,且具共同作業或業務往來關係者,該行為人之雇主,亦同。	處新臺幣2萬元以上100萬元以下罰鍰
	第32條之2第3項	地方主管機關受理之申訴,經認定性騷擾行為成立或原懲戒結果不當者,得令行為人之雇主於一定期限內採取必要之處置,但雇主未在期限內進行處置。	處新臺幣2萬元以上100萬元以下罰鍰
性騷擾防治	第32條之2第5項	性騷擾之被申訴人為最高負責人或僱用人時,於地方主管機關調查期間,申訴人得向雇主申請調整職務或工作型態至調查結果送達雇主之日起30日內,雇主不得拒絕。	處新臺幣1萬元以上5萬元以下罰鍰
	第38條之2	最高負責人或僱用人經地方主管機關認定有性騷擾者。	處新臺幣1萬元以上100萬元以下罰鍰
	第32條之2第2項	被申訴人無正當理由而規避、妨礙、拒絕調查或提供資料者。	處新臺幣1萬元以上5萬元以下罰鍰,並得按次處罰

措施	條文	違反之規定	罰則內容
促進工作平等措施	第21條	受僱者依前7條之規定為請求時，雇主不得拒絕。 受僱者為前項之請求時，雇主不得視為缺勤而影響其全勤獎金、考績或為其他不利之處分。	處新臺幣1萬元以上30萬元以下罰鍰

十一、性騷擾防治

廣義的性騷擾是指「在權力不平等的關係情境中，提出違反對方意願的性要求」。而針對性騷擾的定義，美國平等就業機會委員會（Equal Employment Opportunity Commission, EEOC）的性騷擾指引中確認兩種型式的性騷擾：

(一)**交換型性騷擾**（quid pro quo sexual harassment）：是指以性服務換取工作上的利益，被騷擾者必須選擇遵從「性要求」或者喪失工作上的利益，上司以性要求作為職務調遷或薪資高低之交換條件。

(二)**敵意工作環境型性騷擾**（hostile environment sexual harassment）：意指上司或老闆因性別歧視而對其員工惡意且持續的挑剔與敵視。不論是在言語上的「調戲」、「吃豆腐」、「黃色笑話」……等，甚而提出工作機會的交換等，都是職業上性騷擾。而因為性騷擾貶低了女性的地位，將女性物化，而使得女性處於工作地位不平等的狀態下，或是性騷擾的發生，使女性處於不舒服的工作環境當中，都是不利於女性的工作平等。因此，職場上的性騷擾是一種職業性別歧視。

美國女性主義法學家MacKinnon認為，工作場所之性騷擾不應被理解為個別事件，其亦非因生理因素所致，而是「整體兩性關係權力不對等」與「僱傭關係（婦女在勞動力市場中居下位）」結合所導致。並且認為婦女在職場上受到的性騷擾就是在工作上的性別歧視，性騷擾的本質不是性而是權力的不平等。

性別平等工作法中，明定雇主僱用受僱者30人以上者，應訂定性騷擾防治措施、申訴及懲戒辦法，並在工作場所公開揭示。不但雇主有訂定性騷擾防治措施的責任，並且明定申訴管道及懲戒辦法，要求雇主負起消除性別歧視與性騷擾的責任，僱用10人以上未達30人者，也應訂定申訴管道並在工作場所公開揭示。

十二、同工同酬與同值同酬

同工同酬在1957年國際勞工組織（ILO）訂定同工同酬公約，而美國也在1963年通過同酬法。同工並非一模一樣的工作（the same），而是同等的工作（equal work）。是指從工作責任、工作條件、努力、技能等方面來看。同工同酬不僅限於經濟面的讓女性保有獨立自主的經濟安全，而是藉由經濟訴求來凸顯女性勞動價值長久以來被貶抑低估的事實。藉由經濟手段（工資提高）以達成意識型態之目的（正視女性勞動價值）。

整體來看，勞基法與性別平等工作法性別歧視的禁止重疊的部分只有在第10條薪資給付，但它對於平等薪資給付的定義有了不同的標準。勞基法中規定：「工作相同、效率相同者，給付同等之工資」。但由於男女從事的工作性質本來就會有所差異，而這更加深了性別職業隔離的現象，讓女性多半從事工資較少、升遷機會較低的工作。再者，就算是性質相同的工作，也很難有「相同的名稱」，因此，此一規範對於性別歧視的禁止效果有限。嚴祥鸞指出：在臺灣地區，女性在男性的職業，諸如民意代表、行政主管和經理人員和藍領工作都有減少的趨勢；而女性在服務和事務工作卻持續增加的兩極化職業性別化現象，不同工作如何適用同工同酬。

1980年代起，同值同酬的概念假設女性和男性的勞動一樣有價值，同樣有資格取得生活工資（living wage）。強調只要工作具同等價值（equal value），則待遇相同。而性別平等工作法重新賦予工作薪資平等的定義，亦即「同值同酬」，而同值同酬的定義，郭玲惠認為，可參考日內瓦條款中所訂定的考量方針，如：(1)工作經驗、經歷、教育程度。(2)精確熟練度及手的靈活能力。(3)體能上的要求。(4)智力的要求。(5)注意力及其他精神上的要求。(6)對於工作工具、材料、生產資料、以及同事健康的負責程度。(7)環境的影響（對溫度、灰塵、污染、噪音、危險垃圾及其他的抵抗能力）。(8)監督的範圍、專業素養、工作注意力、精神負荷度、負責任的範圍等。以同值同酬取代同工同酬，補充現行勞基法的不足，對於男女薪資上的平等更客觀。

為喚起兩性同酬之公共意識，勞動部賡續發布我國「同酬日」，兩性平均薪資除性別影響外，亦與工作性質、類型、年資、學經歷等因素有關，縮小兩性薪資差距為社會各界共同努力的目標。

我國同酬日係依據行政院主計總處「受僱員工薪資調查」（以下簡稱薪資調查），以當年兩性平均時薪差距計算自隔年1月1日起女性需增加之工作日數。依主計總處110年薪資統計初步結果，我國女性平均時薪304元，為男性

361元之84.2%，兩性薪資差距為15.8%，換言之，女性較男性需多工作58天（365日曆天×15.8%≒58天），才能達到整年總薪資相同，因此111年「同酬日」為2月27日。105年為2月23日，106年為2月21日，107年為2月21日，108年為2月23日，109年為2月21日，110年為2月20日，111年及112年均為2月27日。

歷年來我國兩性平均薪資差距相較美、日、韓等國為小，110年我國為15.8%，低於日本之30.7%（109年）、南韓30.4%（109年）及美國16.9%。

主題三　性別平等政策綱領：就業、經濟與福利篇

一、目前臺灣兩性在勞動市場有以下幾種趨勢

(一)女性勞動參與緩步提升，但與男性仍有差距。

(二)無酬照顧工作與家務勞動的女性化：女性中斷就業狀況明顯，以照顧小孩為主因；女性未進入勞動市場，以料理家務為最主要原因。

(三)女性從事非典型工作比例較男性為高。

(四)工業及服務業女性受雇者平均薪資為男性八成，且中高齡群體之薪資，兩性差異擴大。

(五)女性因收入較低，成為依賴人口的可能性較男性為高。

(六)雇主、企業主管及經理人員以男性居多。

二、為縮減性別差異，特從以下四點思考方向，制定性別平等政策綱領

(一)**結合脫貧與福利政策思維**：婦女福利的制度設計，除了殘補式的津貼救助，應以增加或支持婦女就業，使其邁向經濟自立為根本目標。因此，諸如婦女投入較多的合作經濟模式之推廣，照顧經濟的思維以及相關產業的發展，以及重新檢視職業保險的社會保障制度等，皆為增進福利之重要環節。

(二)**平衡兩性工作與家庭責任**：增進勞動參與需有完善的家庭支持體系，以及平等的就業環境。不同年齡、族群、階層、地域的婦女，因社會角色與責任而產生的勞動、經濟與社會安全需求不同，如何發展友善的家庭照顧支持體系，同時透過政策鼓勵與倡導，才能促進女性勞動參與意願。

(三)**落實尊嚴及平等勞動價值**：鑑於非正式、非典型之勞動模式日益增加，且女性因家庭調適功能而有較高比例進入類似部門，因此政府應重視不同型態勞動模式中所存在的不公平與歧視問題，以及相關就業安全、職場權益等保障。

(四)**建構友善的就業與創業環境**：照顧工作、家務勞動、照顧產業、多元化就業型態等人力產能與運用議題與女性在職涯、家庭責任等面向上具有整體相關性，因此政府應就不同性別的勞動人口及就業特質進行通盤考量。同時，也應於各項重大法規、政策與方案之決策機制中強化公民參與之民主組合機制，促進受政策影響之群體意見能受重視並納入，以提升政策之合理性與效益。

主題四　友善職場

友善職場是指無歧視、重平等的職場，在職場中，員工與雇主彼此尊重、合作，共同打造一個性別平權的工作環境。友善職場是將性別工作平權的觀念落實到勞工每日工作的職場中，實質內容包含禁止性別歧視、防治性騷擾及促進工作平等。

友善職場措施計有以下三大項：

(一)員工懷孕、分娩及育兒時，提供友善對待措施：

 1.安胎休養假期間全薪。

 2.流產假期間給予全薪。

 3.懷孕未滿3個月流產者，給予產假10日。

 4.產前假8日，前5日工資全額發給。

 5.15週有薪產假，男性亦可申請。

 6.7日陪產檢及陪產假。

 7.放寬陪產假申請期限。

 8.懷孕女性專用停車位。

 9.懷孕女性專用置物櫃。

 10.育嬰留職停薪2年內發給半薪。

 11.育嬰留職停薪後保證回復原職。

 12.育嬰留職停薪復職輔導訓練。

13.育嬰留職停薪關懷小組。

14.育嬰留職停薪復職後薪資加計育嬰留停期間之物價調薪。

(二)推動員工工作與家庭平衡：

　1.生理假可享全薪。

　2.有薪家庭照顧假。

　3.為照顧家庭可申請在家工作。

　4.優良哺集乳室認證。

　5.哺乳時間彈性。

　6.配偶可短期隨輪船航行或提供前往駐點機票。

　7.設置完善托兒所及安親班。

　8.新生入學假半薪。

　9.可轉任半職或請調非輪班單位。

10.提供多模式班別由員工自由排定。

11.可申請減少或調整工時。

12.可申請提早或延後上班。

(三)建立企業內性騷擾防治及申訴協調處理機制：

　1.性騷擾案件處理聘請外部委員參與。

　2.設有心理諮詢與治療。

　3.與諮商機構合作，提供必要協助與諮詢。

主題五　職業安全衛生法
民國108年5月15日修正公布

一、公布與修訂

「勞工安全衛生法」於63年4月16日制定，102年7月3日修正名稱為「職業安全衛生法」及全文55條，最近修正於108年5月15日。

二、職業災害定義與內涵

(一)勞工就業場所之建築物、機械設備、原料、材料、化學品、氣體、蒸氣、粉塵等或作業活動及其他職業上原因引起。

(二)造成工作者疾病、傷害、失能或死亡事故發生。

(三)影響工作者安全與健康。

(四)影響國家生產力與經濟發展。

(五)造成家庭與社會的沉重負擔。

三、適用行業

適用於各業,但因事業規模、性質及風險等因素,中央主管機關得指定公告其適用本法之部分規定。

四、法令規定避免職業災害的有效途徑

(一)雇主使勞工從事工作,應在合理可行範圍內,採取必要之預防設備或措施,使勞工免於發生職業災害。機械、設備、器具、原料、材料等物件之設計、製造或輸入者,及工程之設計或施工者,應於設計、製造、輸入或施工規劃階段實施風險評估,致力防止此等物件於使用或工程施工時,發生職業災害。

(二)雇主應有符合規定的必要安全衛生設備。

(三)雇主對下列事項,應妥為規劃及採取必要之安全衛生措施

　1. 重複性作業等促發肌肉骨骼疾病之預防。

　2. 輪班、夜間工作、長時間工作等異常工作負荷促發疾病之預防。

　3. 執行職務因他人行為遭受身體或精神不法侵害之預防。

　4. 避難、急救、休息或其他為保護勞工身心健康之事項。

(四)製造者、輸入者、供應者或雇主,對於未經型式驗證合格之產品或型式驗證逾期者,不得使用驗證合格標章或易生混淆之類似標章揭示於產品。

(五)雇主對於具有危害性之化學品,應予標示、製備清單及揭示安全資料表,並採取必要之通識措施。

(六)雇主對於危險性化學品,應依其健康危害、散布狀況及使用量等情形,評估風險等級,並採取分級管理措施。

(七)雇主對於中央主管機關定有容許暴露標準之作業場所,應確保勞工之危害暴露低於標準值。

(八)有下列情事之一之工作場所,事業單位應依中央主管機關規定之期限,定期實施製程安全評估,並製作製程安全評估報告及採取必要之預防措施;製程修改時,亦同:

　1. 從事石油裂解之石化工業。

　2. 從事製造、處置或使用危害性之化學品數量達中央主管機關規定量以上。

(九)雇主對於經中央主管機關指定具有危險性之機械或設備，非經勞動檢查
　　機構或中央主管機關指定之代行檢查機構檢查合格，不得使用；其使用
　　超過規定期間者，非經再檢查合格，不得繼續使用。

(十)勞工工作場所之建築物，應由依法登記開業之建築師依建築法規及本法
　　有關安全衛生之規定設計。

(十一)　工作場所有立即發生危險之虞時，雇主或工作場所負責人應即令停止
　　　作業，並使勞工退避至安全場所。

(十二)　高溫場所工作之勞工，雇主不得使其每日工作時間超過6小時；異常
　　　氣壓作業、高架作業、精密作業、重體力勞動或其他對於勞工具有特
　　　殊危害之作業，亦應規定減少勞工工作時間，並在工作時間中予以適
　　　當之休息。

五、勞工健康檢查之規定

雇主於僱用勞工時，應施行體格檢查；對在職勞工應施行下列健康檢查：

(一)一般健康檢查。

(二)從事特別危害健康作業者之特殊健康檢查。

(三)經中央主管機關指定為特定對象及特定項目之健康檢查。

體格檢查發現應僱勞工不適於從事某種工作，不得僱用其從事該項工作。健
康檢查發現勞工有異常情形者，應由醫護人員提供其健康指導；其經醫師健
康評估結果，不能適應原有工作者，應參採醫師之建議，變更其作業場所、
更換工作或縮短工作時間，並採取健康管理措施。

檢查結果及個人健康注意事項，雇主應彙編成健康檢查手冊發給勞工，並不
得作為健康管理目的以外之用途。

又勞工人數在50人以上之事業單位，應僱用或特約醫護人員，辦理健康管
理、職業病預防及健康促進等勞工健康保護事項。

六、青少年、女工之工作限制

(一)**雇主不得使未滿18歲者從事下列危險性或有害性工作**

　1. 坑內工作。

　2. 處理爆炸性、易燃性等物質之工作。

3. 鉛、汞、鉻、砷、黃磷、氯氣、氰化氫、苯胺等有害物散布場所之工作。

4. 有害輻射散布場所之工作。

5. 有害粉塵散布場所之工作。

6. 運轉中機器或動力傳導裝置危險部分之掃除、上油、檢查、修理或上卸皮帶、繩索等工作。

7. 超過220伏特電力線之銜接。

8. 已熔礦物或礦渣之處理。

9. 鍋爐之燒火及操作。

10. 鑿岩機及其他有顯著振動之工作。

11. 一定重量以上之重物處理工作。

12. 起重機、人字臂起重桿之運轉工作。

13. 動力捲揚機、動力運搬機及索道之運轉工作。

14. 橡膠化合物及合成樹脂之滾輾工作。

15. 其他經中央主管機關規定之危險性或有害性之工作。

(二)雇主不得使妊娠中之女性勞工從事下列危險性或有害性工作

1. 礦坑工作。

2. 鉛及其化合物散布場所之工作。

3. 異常氣壓之工作。

4. 處理或暴露於弓形蟲、德國麻疹等影響胎兒健康之工作。

5. 處理或暴露於二硫化碳、三氯乙烯、環氧乙烷、丙烯醯胺、次乙亞胺、砷及其化合物、汞及其無機化合物等經中央主管機關規定之危害性化學品之工作。

6. 鑿岩機及其他有顯著振動之工作。

7. 一定重量以上之重物處理工作。

8. 有害輻射散布場所之工作。

9. 已熔礦物或礦渣之處理工作。

10. 起重機、人字臂起重桿之運轉工作。

11. 動力捲揚機、動力運搬機及索道之運轉工作。

12. 橡膠化合物及合成樹脂之滾輾工作。

13. 處理或暴露於經中央主管機關規定具有致病或致死之微生物感染風險之工作。

14.其他經中央主管機關規定之危險性或有害性之工作。

(三)**雇主不得使分娩後未滿1年之女性勞工從事下列危險性或有害性工作**

　1.礦坑工作。

　2.鉛及其化合物散布場所之工作。

　3.鑿岩機及其他有顯著振動之工作。

　4.一定重量以上之重物處理工作。

　5.其他經中央主管機關規定之危險性或有害性之工作。

七、職業災害通報責任

(一)事業單位工作場所發生職業災害,雇主應即採取必要之急救、搶救等措施,並會同勞工代表實施調查、分析及作成紀錄。

(二)事業單位勞動場所發生下列職業災害之一者,**雇主應於8小時內通報勞動檢查機構:**

　1.**發生死亡災害。**

　2.**發生災害之罹災人數在3人以上。**

　3.**發生災害之罹災人數在1人以上,且需住院治療。**

　4.其他經中央主管機關指定公告之災害。

(三)勞動檢查機構接獲前項報告後,應就工作場所發生死亡或重傷之災害派員檢查。

(四)事業單位發生災害,除必要之急救、搶救外,雇主非經司法機關或勞動檢查機構許可,不得移動或破壞現場。

(五)雇主應依規定填載職業災害內容及統計,按月報請勞動檢查機構備查,並公布於工作場所。

 主題六　勞動檢查法

民國109年6月10日修正公布

一、公布與修訂

最近修正於109年6月10日。

二、立法目的

貫徹勞動法令之執行、維護勞雇雙方權益、安定社會、發展經濟。

三、主管機關

在中央為勞動部；在直轄市為直轄市政府；在縣（市）為縣（市）政府。

四、名詞定義

(一)**勞動檢查機構**：謂中央或直轄市主管機關或有關機關為辦理勞動檢查業務所設置之專責檢查機構。

(二)**代行檢查機構**：謂由中央主管機關指定為辦理危險性機械或設備檢查之行政機關、學術機構、公營事業機構或非營利法人。

(三)**勞動檢查員**：謂領有勞動檢查證執行勞動檢查職務之人員。

(四)**代行檢查員**：謂領有代行檢查證執行代行檢查職務之人員。

五、勞動檢查事項

(一)依本法規定應執行檢查之事項。　(二) 勞動基準法令規定之事項。

(三)職業安全衛生法令規定之事項。　(四) 其他依勞動法令應辦理之事項。

六、勞動檢查機構

由中央主管機關設勞動檢查機構或授權直轄市主管機關或有關機關專設勞動檢查機構辦理之。

七、勞動檢查員任用與行為禁止

(一)勞動檢查員之任用，除適用公務人員有關法令之規定外，其遴用標準由中央主管機關定之。

(二)勞動檢查員不得有下列行為：

1. 為變更、隱匿或捏造事實之陳報。

2. 洩漏受檢查事業單位有關生產技術、設備及經營財務等秘密；離職後亦同。

3. 處理秘密申訴案件，洩漏其申訴來源。

4. 與受檢查事業單位發生不當財務關係。

八、代行檢查機構

中央主管機關對於危險性機械或設備之檢查，必要時得指定代行檢查機構派代行檢查員實施。

九、勞動檢查程序

(一)勞動檢查員進入事業單位進行檢查時，應主動出示勞動檢查證（勞動檢查證由中央主管機關製發），並告知雇主及工會。

(二)勞動檢查員於實施檢查後應作成紀錄，告知事業單位違反法規事項及提供雇主、勞工遵守勞動法令之意見。

(三)勞動檢查員實施勞動檢查認有必要時，得報請所屬勞動檢查機構核准後，邀請相關主管機關、學術機構、相關團體或專家、醫師陪同前往鑑定，事業單位不得拒絕。

(四)勞動檢查員對於事業單位之檢查結果，應報由所屬勞動檢查機構依法處理；其有違反勞動法令規定事項者，勞動檢查機構並應於10日內以書面通知事業單位立即改正或限期改善，並副知直轄市、縣（市）主管機關督促改善。

主題七　大量解僱勞工保護法

民國104年7月1日修正公布

一、立法沿革及宗旨

(一)92年2月7日公布施行，最近修正於104年7月1日。

(二)全文21條，立法宗旨為：1.保障勞工工作權、2.調和雇主經營權及3.維護社會安定。

二、大量解僱勞工之定義

事業單位有勞基法第11條所列各款情形之一、或因併購、改組而解僱勞工，且有下列情形之一：

(一)同一事業單位之同一廠場僱用勞工人數未滿30人，60日內解僱勞工逾10人。

(二)同一事業單位之同一廠場僱用勞工人數在30人以上未滿200人者，於60日內解僱勞工逾所僱用勞工人數1/3或單日逾20人。

(三)同一事業單位之同一廠場僱用勞工人數在200人以上未滿500人者，於60日內解僱勞工逾所僱用勞工人數1/4或單日逾50人。

(四)同一事業單位之同一廠場僱用勞工人數在500人以上者，於60日內解僱勞工逾所僱用勞工人數1/5或單日逾80人。

(五)同一事業單位於60日內解僱勞工逾200人或單日逾100人。

（前項各款僱用及解僱勞工人數之計算，不包含就業服務法第46條所定之定期契約勞工。）

大量解僱勞工之定義

事業單位僱用勞工人數	解僱人數及比例	
	期間／人數	單日／人數
29人以下	60日內超過10人	
30～199人	60日內超過1/3	單日超過20人
200～499人	60日內超過1/4	單日超過50人
500人以上	60日內超過1/5	單日超過80人
同一事業單位	60日內超過200人	單日超過100人

三、事業單位應辦事項

(一)60日前將解僱計畫書通知主管機關或相關單位或人員：
　　通知順序：
　　1. 所屬工會。　　2. 勞資會議勞方代表。　　3. 全體員工。

(二)**提出解僱計畫書**：10天內與勞方代表進行協商。

(三)勞資雙方拒絕協商時，由主管機關召集雙方組成協商委員會（5～11人，勞資雙方人數相同，1位為政府機關代表）。

(四)大量解僱後再僱用應以原解僱之員工優先僱用。

(五)**相關單位的通報**：僱用勞工30人以上之事業單位，有下列情形之一者，由相關單位或人員向主管機關通報：

1. 僱用勞工人數在200人以下者，積欠勞工工資達2個月；僱用勞工人數逾200人者，積欠勞工工資達1個月。

2. 積欠勞工保險保險費、積欠工資墊償基金、全民健康保險保險費或未依法提繳勞工退休金達2個月，且金額分別在新臺幣20萬元以上。

3. 全部或主要之營業部分停工。

4. 決議併購。

5. 最近2年曾發生重大勞資爭議。

(六)**禁止董事長及實際負責人出國**：事業單位於大量解僱勞工時，積欠勞工退休金、資遣費或工資，有下列情形之一，經主管機關限期令其清償，屆期未清償者，中央主管機關得函請入出國管理機關禁止其董事長及實際負責人出國：

1. 僱用勞工人數在10～30人，積欠全體被解僱勞工之總金額達新臺幣300萬元。

2. 僱用勞工人數在31～100人者，積欠全體被解僱勞工之總金額達新臺幣500萬元。

3. 僱用勞工人數在101～200人者，積欠全體被解僱勞工之總金額達新臺幣1000萬元。

4. 僱用勞工人數在201人以上，積欠全體被解僱勞工之總金額達新臺幣2000萬元。

(七)**大量解僱勞工歧視的禁止**：事業單位大量解僱勞工時，不得以種族、語言、階級、思想、宗教、黨派、籍貫、性別、容貌、身心障礙、年齡及擔任工會職務為由解僱勞工。

(八)**政府補助勞工涉訟或生活**：中央主管機關應編列專款預算，作為因違法大量解僱勞工所需訴訟及必要生活費用。

主題八　勞工退休金條例

民國108年5月15日修正公布

一、制度內容

勞工退休金制度係指勞工退休時，雇主依法給與勞工之退休金，其又分為新制、舊制兩種。勞退舊制依據「勞動基準法」辦理，由雇主依勞工每月薪資總額2%～15%按月提撥到臺灣銀行的勞工退休準備金專戶中儲存。當勞工符合退休條件向雇主請領退休金時，雇主可由勞工退休準備金專戶中支付。

勞工退休金條例（勞退新制）於94年7月1日施行，規定雇主應為適用該條例勞工按月提繳不低於勞工每月工資6％之退休金，儲存於勞保局設立之勞工退休金個人專戶，此專戶所有權屬於勞工，當勞工年滿60歲時，即可向勞保局請領其個人專戶累積本金及收益。

反觀，勞保老年給付是依據「勞工保險條例」所提供的一項保險給付，由勞工、雇主及政府依一定比例（20%、70%、10%）每個月繳交保險費給勞保局，當被保險人符合老年給付條件時，勞保局將依規定核發老年給付。

綜上，為保障勞工老年及退休後之生活水準，我國法令依性質訂有「勞工保險老年給付」及「勞工退休金制度」，勞工保險老年給付與勞工退休金係兩種不同的制度。

(一) **舊制**：勞動基準法（勞退舊制）課予雇主應給付勞工退休金之義務，由雇主依勞工每月薪資總額2%～15%按月提撥到勞工退休準備金專戶中。此帳戶專款專用，所有權屬於雇主，並由臺灣銀行（信託部）辦理該基金收支、保管及運用。當勞工符合退休條件向雇主請領退休金時，雇主可由勞工退休準備金專戶中支付。勞工退休金條例94年7月1日施行後，於該條例施行前已適用勞動基準法之勞工，服務於同一事業單位，而選擇繼續適用勞動基準法退休金規定或選擇適用該條例之退休金制度而保留舊制工作年資者，其舊制工作年資之退休金依勞動基準法規定辦理。

(二) **新制**：94年7月1日勞工退休金條例（勞退新制）施行後，雇主應為適用該條例退休金制度之勞工按月提繳退休金，儲存於勞保局設立之勞工退休金個人專戶或選擇為勞工投保年金保險，雇主負擔提繳之退休金，不得低於勞工每月工資6%。另勞工得在其每月工資6%範圍內，自願提繳退休金，並自當年度個人綜合所得總額中全數扣除，此專戶所有權屬於勞工。

勞工退休金條例（勞退新制）於94年7月1日施行，有關勞工退休金之收支、保管、滯納金之加徵、罰鍰處分及移送強制執行等業務，由中央主管機關委任勞動部勞工保險局（以下簡稱勞保局）辦理。勞退新制係以「個人退休金專戶」為主，「年金保險」為輔的制度，以下分別說明其內涵：

1. **個人退休金專戶**：雇主應為適用勞基法之勞工（含本國籍、外籍配偶、陸港澳地區配偶、永久居留之外籍人士），按月提繳不低於其每月工資6％勞工退休金，儲存於勞保局設立之勞工退休金個人專戶，退休金累積帶著走，不因勞工轉換工作或事業單位關廠、歇業而受影響，專戶所有權屬於勞工。勞工亦得在每月工資6％範圍內，個人自願另行提繳退休金，勞工個人自願提繳部分，得自當年度個人綜合所得總額中全數扣除。勞工年滿60歲即得請領退休金，提繳退休金年資滿15年以上者，得選擇請領月退休金或一次退休金，提繳退休金年資未滿15年者，應請領一次退休金。領取退休金後繼續工作提繳，1年得請領1次續提退休金。另勞工如於請領退休金前死亡，可由遺屬或遺囑指定請領人請領退休金。又勞工未滿60歲惟喪失工作能力者，得提早請領退休金。

2. **年金保險**：僱用勞工人數200人以上之事業單位經工會同意，事業單位無工會者，經勞資會議同意，報請勞動部核准後，投保符合保險法規定之年金保險。

   年金保險契約應由雇主擔任要保人，勞工為被保險人及受益人。事業單位以向同一保險人投保為限。年金保險之承辦機構為經中央主管機關核准之保險公司。給付請領方式依年金保險保單內容規定辦理。另外雇主每月負擔之年金保險費，不得低於勞工每月工資6％。又事業單位實施年金保險時，有關勞退條例所規範之適用對象、新舊制度銜接、保險費計算起迄、工資、提繳率調整及申報期限、請領權利等規定，於年金保險準用個人退休金專戶之規定。如有違反者，依相關條文處罰。

「勞工退休金」與「勞保」為不同的制度，勞工退休金是一種強制雇主應給付勞工退休金的制度，分為新、舊制：舊制依「勞動基準法」辦理；新制則依「勞工退休金條例」辦理。而勞保是一種社會保險，被保險人發生保險事故時，得依「勞工保險條例」規定請領保險給付，並無新、舊制。勞工退休金新制，係勞動基準法退休金規定之改制，與勞保無關，勞保被保險人之相

關權益（例如投保年資併計、可以請領的老年給付等）並不會因為勞工選擇適用退休金新、舊制而受到任何影響。

二、適用對象

(一)**強制提繳對象**：適用勞基法之勞工（含本國籍、外籍配偶、陸港澳地區配偶、永久居留之外籍人士）

1. 依照勞退條例第7條第1項規定及外國專業人才延攬及僱用法第11條規定，勞退條例之適用對象為適用勞基法之勞工（含本國籍、外籍配偶、陸港澳地區配偶、永久居留之外籍人士）。但依私立學校法之規定提撥退休準備金者，不適用之。

   提繳規定：雇主必須先為勞工提繳退休金，勞工始得於每月工資6%範圍內，個人自願另行提繳退休金。

   提繳率：雇主提繳率不得低於6%；個人自願提繳率不得高於6%。

   94年6月底前到職，且94年7月1日仍服務於同一事業單位之本國籍勞工，於94年7月15日前可選擇適用勞退新制、舊制或暫不選擇，如暫不選擇者，則繼續適用舊制。選擇適用新制者，自94年7月1日起提繳勞退新制退休金；選擇適用舊制（含暫不選擇）者，5年內（99年6月30日前）可改選新制。至94年7月1日以後新到職或離職再受僱者，一律適用新制。

2. 依照103年1月17日修正生效之勞工退休金條例第7條第1項、第8條之1規定，受僱且適用勞基法之外籍配偶、陸港澳地區配偶（以下簡稱陸港澳配偶）及99年7月1日後取得本國籍勞工，已納入強制提繳對象。

   修法生效前已受僱且修法生效後仍服務於同一事業單位者，若修法生效時已係外籍配偶、陸港澳配偶或本國籍身分，自修法生效日（即103年1月17日）起為強制提繳對象；若修法生效後始取得外籍配偶、陸港澳配偶或本國籍身分，自取得身分之日起為強制提繳對象，前述人員如欲繼續適用勞動基準法之退休金規定（勞退舊制）者，其應於修法生效日起6個月內（即103年7月16日前）或取得身分6個月內，以書面向單位表明，一旦選擇繼續適用勞退舊制，不得再變更選擇適用勞退新制，屆期未選擇者，一律適用新制。

   修法生效後受僱者，若新到職時即係外籍配偶、陸港澳配偶身分，自到職日起為強制提繳對象；若為到職後始取得外籍配偶、陸港澳配偶或本國籍身分，則自取得身分之日起為強制提繳對象。

3. 外國專業人才延攬及僱用法，經行政院核定自107年2月8日起施行，該法第11條規定，受聘僱從事專業工作且取得永久居留之外國專業人才自是日起適用勞退新制。

該法施行前已受僱且該法施行後仍服務於同一事業單位者，若該法施行時已係永久居留者身分，自該法施行之日（即107年2月8日）起為強制提繳對象；若該法施行後始取得永久居留者身分，自取得永久居留之日起為強制提繳對象，前述人員如欲繼續適用勞動基準法之退休金規定（勞退舊制）者，其應於施行之日起6個月內（即107年8月7日前）或取得永久居留6個月內，以書面向單位表明，一旦選擇繼續適用勞退舊制，不得再變更選擇適用勞退新制，屆期未選擇者，一律適用新制。

該法施行後受僱者，若新到職時即係永久居留者身分，自到職日起為強制提繳對象；若為到職後始取得永久居留者身分，則自取得永久居留之日起為強制提繳對象。

4. 依照108年5月17日修正生效之勞工退休金條例第7條第1項、第8條之1規定，受僱且適用勞基法之永久居留之外籍人士，已納入強制提繳對象。

修法生效前已受僱且修法生效後仍服務於同一事業單位者，若修法生效時已係永久居留者身分，自修法生效日（108年5月17日）起為強制提繳對象；若修法生效後始取得永久居留者身分，自取得永久居留之日起為強制提繳對象，前述人員如欲繼續適用勞動基準法之退休金規定（勞退舊制）者，其應於施行之日起6個月內（即108年11月16日前）或取得永久居留6個月內，以書面向單位表明，一旦選擇繼續適用勞退舊制，不得再變更選擇適用勞退新制，屆期未選擇者，一律適用新制。

修法生效後受僱者，若新到職時即係永久居留者身分，自到職日起為強制提繳對象；若為到職後始取得永久居留者身分，則自取得永久居留之日起為強制提繳對象。

(二)**自願提繳對象**：依照勞退條例第7條第2項規定，實際從事勞動之雇主、自營作業者、受委任工作者及不適用勞基法之勞工，得自願依本條例之規定提繳及請領退休金。

1. **不適用勞基法之勞工或受委任工作者**：提繳規定：雇主或所屬單位為其提繳及個人自願提繳之提繳順序，並無限制。雇主或所屬單位自願為該等人員提繳退休金，或該等人員個人自願提繳退休金皆可。

提繳率：雇主提繳率及個人自願提繳率均不得高於6%。

2. **實際從事勞動之雇主**：雇主僅得於6%範圍內，個人自願提繳退休金，事業單位不得為其提繳退休金。

3. **自營作業者**：得在6%的範圍內，個人自願提繳退休金。

三、請領勞工退休金

勞工退休金係為保障勞工年老退休生活，不宜太早提領，爰規定請領年齡為60歲。勞工年滿60歲，工作年資未滿15年，應請領一次退休金，其工作年資滿15年以上，得選擇請領月退休金或一次退休金；勞工領取退休金後若繼續工作提繳，得距前次請領退休金滿1年後請領續提退休金；另勞工如於請領退休金前死亡，可由遺屬或遺囑指定請領人請領一次退休金；又勞工未滿60歲惟喪失工作能力者，得提前請領勞工退休金。上述請領一次退休金、月退休金、續提退休金或提前請領退休金時，應由勞工本人提出；勞工死亡時，應由勞工之遺屬或遺囑指定請領人請領退休金，無須透過事業單位或雇主提出申請。

勞工退休金請領種類如下：

(一)**請領一次退休金**

1. **請領資格：**

(1)勞工年滿60歲，工作年資未滿15年者，請領一次退休金或工作年資滿15年以上者選擇請領一次退休金。

(2)工作年資以有實際提繳退休金之月數計算，年資中斷者，其前後提繳年資合併計算。

(3)年齡以戶籍之記載為準，自出生之日起實足計算。

2. **請領標準：**

(1)一次退休金之計算方式，係以核定時已提繳入專戶之本金及累積收益合計為準，其後所提繳之金額，勞保局將無息核發請領人。

(2)累積收益金額除已分配入專戶之收益外，尚未分配期間之收益，以勞工申請當月勞動部勞動基金運用局公告最近月份之收益率（點選勞動部勞動基金運用局），計算至申請當月止。

(3)勞工退休金運用收益，不得低於以當地銀行2年定期存款利率計算之收益；有不足者，由國庫補足之。該保證收益之計算，係自勞工開始提繳至依法領取退休金期間，各年度實際分配收益累計數與同期間保證收益累計數比較，如果實際分配收益累計數低於保證收益累計數，依法補足之。

(4)當地銀行2年定期存款利率，指依臺灣銀行、第一銀行、合作金庫銀行、華南銀行、土地銀行、彰化銀行等6家行庫每月第1個營業日牌告2年期小額定期存款之固定利率，計算之平均年利率。勞動部勞動基金運用局每月公告當月之最低保證收益率。

3. 勞工退休金之發給

(1)勞工申請勞工退休金，手續完備者，勞保局於收到申請書之日起30日內核發並匯入請領人金融機構帳戶。

(2)勞工退休金經核發入帳後，勞保局另以書面通知請領人知悉。

(二)請領月退休金

1. 請領條件：

(1)勞工年滿60歲，工作年資滿15年以上者，得選擇請領月退休金或一次退休金。

(2)工作年資以有實際提繳退休金之月數計算，年資中斷者，其前後提繳年資合併計算。勞工全額移入結清舊制工作年資之退休金者，併計新制、舊制工作年資滿15年以上。

(3)年齡以戶籍之記載為準，自出生之日起實足計算。

2. 請領標準：

(1)勞工退休金條例第25條規定之年金保險尚未開辦前，領取月退休金之計算方式，係將個人退休金專戶內累積本金（含申請當月及前1個月因提繳時差尚未繳納之退休金）及累積收益金額，依據年金生命表，以平均餘命、利率等因素精算每月應核發退休金金額，分期按季發給。

(2)累積收益金額除已分配入專戶之收益外，尚未分配期間之收益，以勞工申請當月勞動部勞動基金運用局公告最近月份之收益率（點選勞動部勞動基金運用局），計算至申請當月止。

(3)勞工退休金運用收益，不得低於以當地銀行2年定期存款利率計算之收益；有不足者，由國庫補足之。該保證收益之計算，係自勞工開始提繳至依法領取退休金期間，各年度實際分配收益累計數與同期間保證收益累計數比較，如果實際分配收益累計數低於保證收益累計數，依法補足之。

(4)當地銀行2年定期存款利率，指依臺灣銀行、第一銀行、合作金庫銀行、華南銀行、土地銀行、彰化銀行等6家行庫每月第1個營業日牌告2年期小額定期存款之固定利率，計算之平均年利率。勞動部勞動基金運用局每月公告當月之最低保證收益率。

(5)年金生命表、平均餘命、利率以勞工申請月退休金時本局公告適用之資料為準，開辦後至少每3年檢討一次。嗣後於每3年檢討調整之年金生命表、平均餘命、利率內容報請勞動部核准後公告，惟修正之內容對已受領月退休金中之案件，其年金生命表及平均餘命不再變動，利率隨每3年之調整結果，須重新計算月退休金額。

3.**勞工退休金之發給：**

(1)請領月退休金者，勞工申請之第1次月退休金，請領手續完備，經勞保局審查核可者，自收到申請書之次月起核發至當季止，並匯入請領人金融機構帳戶。（例如3月申請月退休金者，第一次將發給4月至6月之月退休金，共3個月；又例如4月申請月退休金者，第一次將發給5月至6月之月退休金，共2個月）。

(2)**月退休金採按季發給，其核發日期如下：**

1月至3月份之月退休金，於2月底前發給。

4月至6月份之月退休金，於5月31日前發給。

7月至9月份之月退休金，於8月31日前發給。

10月至12月份之月退休金，於11月30日前發給。

(3)勞工申請月退休金時前因提繳時差尚未繳納之退休金已併入計算月退休金，倘屆期未繳入專戶，逕自續發之月退休金額中沖還。

(4)勞工於領取月退休金期間死亡者，即停止月退休金之發放，其個人退休金專戶結算剩餘金額，由遺屬或指定請領人領回。

(三)**請領繼提退休金**

1.**請領條件：**勞工於領取退休金後繼續工作，雇主仍應為勞工提繳退休金至個人退休金專戶，勞工領取前述繼續工作提繳之退休金及其收益之次數，1年以1次為限（前後二次請領退休金期間，至少須屆滿1年）。

2.**請領標準：**

(1)退休金之計算方式，係以核定時已提繳入專戶之本金及累積收益合計為準。

(2)累積收益金額除已分配入專戶之收益外，尚未分配期間之收益，以勞工申請當月勞動部勞動基金運用局公告最近月份之收益率，計算至申請當月止。

(3)勞工退休金運用收益，不得低於以當地銀行2年定期存款利率計算之收益；有不足者，由國庫補足之。該保證收益之計算，係自勞工開始提繳至依法領取退休金期間，各年度實際分配收益累計數與同期間保

證收益累計數比較，如果實際分配收益累計數低於保證收益累計數，依法補足之。

3. **勞工退休金之發給：**

(1)勞工申請續提退休金，手續完備者，勞保局於收到申請書之日起30日內核發並匯入請領人金融機構帳戶。

(2)勞工續提退休金經核發入帳後，勞保局另以書面通知請領人知悉。

(四)**家屬請領退休金**

請領條件：

(1)勞工於請領退休金前死亡者，應由其遺屬或遺囑指定請領人請領一次退休金。

(2)勞工已領取月退休金，於未屆平均餘命或所定請領年限前死亡者，停止核發月退休金，由其遺屬或遺囑指定請領人領回其個人退休金專戶結算實際賸餘金額。

(3)請領人之相關規定如下：

A. 由勞工之遺屬為請領人，其順位如下：

 a. 配偶及子女。   b. 父母。

 c. 祖父母。   d. 孫子女。

 e. 兄弟、姊妹。

B. 同一順位之遺屬有2人以上時，應共同具領，有未具名之其他遺屬者，由具領之遺屬負責分配之。有死亡、拋棄或因法定事由喪失繼承權時，由其餘遺屬請領之。前述遺屬如係未成年者，應由法定代理人（監護人）簽章。

C. 遺囑指定請領人。

D. 遺囑指定請領人有2人以上時，應共同具領；遺囑載有分配比例者，請領人應於領取後自行分配。前述遺囑指定請領人係未成年者，應由法定代理人（監護人）簽章。勞工以遺囑指定非順位遺屬之指定請領人請領退休金時，如有民法第1223條規定特留分之情形，致請領人有數人時，應共同具領之。

(4)前項所稱父母、子女係指生身父母、養父母、婚生子女（包括依民法規定視為婚生子女者），或已依法收養並辦妥戶籍登記之養子女而言；祖父母係指內外祖父母。

(5)領取勞工退休金之請求權，自得請領之日（勞工死亡之次日）起算，因10年間不行使而消滅。註：108年5月17日勞工退休金條例修正生效前，該請求權時效為5年，故修法生效前請求權已超過5年〔即勞工死亡日期為103年5月16日（含該日）以前〕者，基於法律不溯及既往原則，仍適用修正前之規定，即退休金請求權已因5年間不行使而當然消滅。

(五)提前請領退休金

1. 請領條件：

(1)勞工未滿60歲，惟已領取勞工保險之失能年金給付、或失能等級1、2、3等之一次失能給付、或國民年金法所定之身心障礙年金給付或身心障礙基本保證年金給付者；或非屬勞工保險、國民年金保險之被保險人，惟符合得請領上述失能或身心障礙給付之程度者。

(2)勞工提前請領退休金者，其工作年資未滿15年，請領一次退休金；其工作年資滿15年以上，得請領月退休金或一次退休金。請領月退休金者，由勞工決定請領之年限。前項年限應以年為單位，並以整數計之。

(3)工作年資以有實際提繳退休金之月數計算，年資中斷者，其前後提繳年資合併計算。

2. 請領標準：

(1)退休金之計算方式，係以核定時已提繳入專戶之本金及累積收益合計為準，其後所提繳之金額，勞保局將無息核發請領人。

(2)累積收益金額除已分配入專戶之收益外，尚未分配期間之收益，以勞工申請當月勞動部勞動基金運用局公告最近月份之收益率，計算至申請當月止。

(3)勞工退休金運用收益，不得低於以當地銀行2年定期存款利率計算之收益；有不足者，由國庫補足之。該保證收益之計算，係自勞工開始提繳至依法領取退休金期間，各年度實際分配收益累計數與同期間保證收益累計數比較，如果實際分配收益累計數低於保證收益累計數，依法補足之。

(4)當地銀行2年定期存款利率，指依臺灣銀行、第一銀行、合作金庫銀行、華南銀行、土地銀行、彰化銀行等6家行庫每月第1個營業日牌告2年期小額定期存款之固定利率，計算之平均年利率。勞動部勞動基金運用局每月公告當月之最低保證收益率。

3. **勞工退休金之發給：**

(1)勞工申請勞工退休金，手續完備者，勞保局於收到申請書之日起30日內核發並匯入請領人金融機構帳戶。

(2)勞工退休金經核發入帳後，勞保局另以書面通知請領人知悉。

勞工退休金月提繳分級表

中華民國112年10月18日

勞動部勞動福3字第1120153650號令修正發布，自113年1月1日生效

級距	級	實際工資/執行業務所得	月提繳工資/月提繳執行業務所得	級距	級	實際工資/執行業務所得	月提繳工資/月提繳執行業務所得
第1組	1	1,500元以下	1,500元	第7組	36	45,801元至48,200元	48,200元
	2	1,501元至3,000元	3,000元		37	48,201元至50,600元	50,600元
	3	3,001元至4,500元	4,500元		38	50,601元至53,000元	53,000元
	4	4,501元至6,000元	6,000元		39	53,001元至55,400元	55,400元
	5	6,001元至7,500元	7,500元		40	55,401元至57,800元	57,800元
第2組	6	7,501元至8,700元	8,700元	第8組	41	57,801元至60,800元	60,800元
	7	8,701元至9,900元	9,900元		42	60,801元至63,800元	63,800元
	8	9,901元至11,100元	11,100元		43	63,801元至66,800元	66,800元
	9	11,101元至12,540元	12,540元		44	66,801元至69,800元	69,800元
	10	12,541元至13,500元	13,500元		45	69,801元至72,800元	72,800元

級距	級	實際工資/執行業務所得	月提繳工資/月提繳執行業務所得	級距	級	實際工資/執行業務所得	月提繳工資/月提繳執行業務所得
第3組	11	13,501元至15,840元	15,840元	第9組	46	72,801元至76,500元	76,500元
	12	15,841元至16,500元	16,500元		47	76,501元至80,200元	80,200元
	13	16,501元至17,280元	17,280元		48	80,201元至83,900元	83,900元
	14	17,281元至17,880元	17,880元		49	83,901元至87,600元	87,600元
	15	17,881元至19,047元	19,047元	第10組	50	87,601元至92,100元	92,100元
	16	19,048元至20,008元	20,008元		51	92,101元至96,600元	96,600元
	17	20,009元至21,009元	21,009元		52	96,601元至101,100元	101,100元
	18	21,010元至22,000元	22,000元		53	101,101元至105,600元	105,600元
	19	22,001元至23,100元	23,100元		54	105,601元至110,100元	110,100元
第4組	20	23,101元至24,000元	24,000元	第11組	55	110,101元至115,500元	115,500元
	21	24,001元至25,250元	25,250元		56	115,501元至120,900元	120,900元
	22	25,251元至26,400元	26,400元		57	120,901元至126,300元	126,300元
	23	26,401元至27,470元	27,470元		58	126,301元至131,700元	131,700元
	24	27,471元至27,600元	27,600元		59	131,701元至137,100元	137,100元
	25	27,601元至28,800元	28,800元		60	137,101元至142,500元	142,500元
第5組	26	28,801元至30,300元	30,300元	第11組	61	142,501元至147,900元	147,900元
	27	30,301元至31,800元	31,800元		62	147,901元以上	150,000元
	28	31,801元至33,300元	33,300元				
	29	33,301元至34,800元	34,800元				
	30	34,801元至36,300元	36,300元				
第6組	31	36,301元至38,200元	38,200元				
	32	38,201元至40,100元	40,100元				
	33	40,101元至42,000元	42,000元				
	34	42,001元至43,900元	43,900元				
	35	43,901元至45,800元	45,800元				

備註：
一、本表依勞工退休金條例第十四條第五項規定訂定之。
二、本表月提繳工資/月提繳執行業務所得金額以新臺幣元為單位，角以下四捨五入。

四、年金保險

(一)**事業單位實施年金保險制的基本要件**：其條件為：僱用勞工人數200人以上之事業單位經工會同意，事業單位無工會者，經**勞資會議**同意後，得投保符合保險法規定之年金保險。

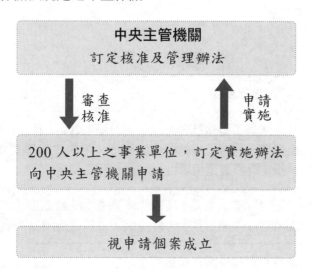

(二)**適用對象**

1. 僱用勞工人數200人以上之事業單位經工會同意，無工會者，經勞資會議同意後，得以書面選擇投保符合保險法及相關規定之年金保險。
2. 僱用勞工人數之計算以申請當月一日，投保勞工保險之人數為準，包括分支機構及附屬單位僱用人數。
3. 核准實施後，僱用勞工人數減少至200人以下或參加年金之勞工人數減至二分之一以下時，仍得繼續實施。

(三)**主要內容**

1. 雇主每月負擔年金保險費之提繳率，不得低於勞工**每月工資**6%。
2. 勞工離職後再就業，勞工得選擇加入個人帳戶或由新雇主擔任要保人，繼續提繳保險費。新舊雇主開辦或參加之年金保險提繳率不同時，其差額應由勞工**自行負擔**。但新雇主自願負擔者，不在此限。
3. 為保障選擇適用年金保險之勞工退休生活，勞工退休金條例亦明定年金保險之平均收益不得低於當地銀行二年定期存款利率。
4. 有關勞工新舊制選擇權利、新舊年資處理與轉換、以及勞工退休金及請領勞工退休金權利保障等規定，亦適用於年金保險制。

(四)年金保險制的優點

1. 保單多元化,可供選擇。
2. 可能享有意外險或醫療險等之保障。
3. 年金化終身領取,退休收入固定。

五、罰則

相關罰則一覽表

條文	違反事項	處分
第45條	受委託運用勞工退休基金之機構違反規定,將勞工退休基金用於非指定之投資運用項目者	處新臺幣200萬元以上1000萬元以下罰鍰,中央主管機關並應限期令其附加利息歸還
第46條	保險人違反第36條第2項規定,未於期限內通知勞保局者	處新臺幣6萬元以上30萬元以下罰鍰,並按月連續處罰至改正為止
第48條	事業單位拒絕提供資料或對提出申訴勞工為不利處分者	處新臺幣3萬元以上30萬元以下罰鍰
第49條	雇主未辦理申報提繳、停繳手續或置備名冊,經限期改善,屆期未改善者	處新臺幣2萬元以上10萬元以下罰鍰,並按月連續處罰至改正為止
第50條	雇主未繼續按月提撥勞工退休準備金者	處新臺幣2萬元以上30萬元以下罰鍰,並應按月連續處罰
第50條	雇主未在5年內提撥足額之勞工退休準備金	處新臺幣2萬元以上10萬元以下罰鍰,並按月連續處罰
第51條	雇主違反規定扣留勞工工資者	處新臺幣1萬元以上5萬元以下罰鍰
第52條	雇主未依規定將調整之月提繳工資通知勞保局	處新臺幣5千元以上2萬5千元以下罰鍰

條文	違反事項	處分
第52條	雇主未依規定每月將提繳金額書面通知勞工	處新臺幣5千元以上2萬5千元以下罰鍰
第53條	雇主未按時足額為勞工提繳勞工退休金	自期限屆滿之次日起至完繳前1日止，每逾1日加徵其應提繳金額3%之滯納金至應提繳金額之1倍為止，仍不繳足者，自次日起按月加徵應提繳金額2倍之滯納金至繳足為止；其按月加徵之滯納金，未滿1個月部分，按比例計算
第53條	雇主違反第36條及第39條規定，未按時繳納或繳足保險費者	處其應負擔金額同額之罰鍰，並按月連續處罰至改正為止

六、勞工退休金條例之退休金制度比較說明

項目	個人退休金專戶制（個人帳戶制）	年金保險制（投保商業年金保險）
辦理方式	所有企業之勞工皆可參加，無僱用勞工人數之限制。由雇主每月為勞工個人提存退休金至勞保局，專戶存儲	僱用勞工人數200人以上之事業單位經工會同意，事業單位無工會者，經二分之一以上勞工同意後，若有過半數勞工選擇參加，得投保符合保險法規定之年金保險
特色	由個別勞工承擔風險，具有強制儲蓄特性	1.由參加投保者共同分擔風險 2.可能享有意外險及醫療險之保障
雇主負擔	退休金提繳率採固定費率，雇主負擔成本明確，提繳率不得低於6%	退休金提繳率採固定費率，雇主負擔成本明確，提繳率不得低於6%

項目	個人退休金專戶制 （個人帳戶制）	年金保險制 （投保商業年金保險）
勞工 負擔	勞工可自願提繳，在工資百分之六範圍內可以自願提繳，享有稅賦優惠	勞工可自願參加，每年有2萬4千元列舉扣除額，享有稅賦優惠
所得 維持	1.視個人帳戶累積本金及收益總合而定 2.國庫負銀行2年定期存款利率之收益保證	1.由保險公司負給付責任 2.由保險公司負銀行2年定期存款利率之收益保證
政府 角色	由勞保局承辦個人帳戶之收支及保管業務，政府建立管理及監督機制	政府建立管理及監督機制，保險公司應符合一定要件，始可承辦
優點	1.年資不受同一事業限制 2.個人帳戶累積金額明確，易於查知 3.基金財務收支風險較低	1.年資不受同一事業限制 2.可滿足勞工對不同保證收益及年金領取方式之需求 3.具有安定基金、再保及提存準備金等保障、控管機制 4.保險公司之資金運用較靈活
缺點	1.無所得重分配之功能 2.採確定提繳制，平日累積之退休金，易受通貨膨脹影響	1.財務收支風險高，保險公司有倒閉之風險 2.失業期間，保險契約恐難以維持，須審慎因應

主題九　ILO夜間工作公約

國際勞工組織（ILO）在1990年修正「修正女性夜間工作公約」，並通過「夜間工作公約」[Night Work Covnention, 1990（No.171）]。

第1條

1. 為本公約之目的：

1.1. 「夜間工作」一詞係指在一包括午夜至上午五時之時段且不少於七小時之連續期間內所從事之任何工作；其工作時數由主管機關於諮商最具代表性之雇主團體與勞工團體後定之或由團體協約定之。

1.2. 「夜間工作者」一詞係指受雇者之須從事超過特定時數限制之夜間工作者；此項時限由主管機關於諮商最具代表性之雇主團體與勞工團體後定之或由團體協約定之。

第2條

1. 本公約適用於所有受雇者，但受雇從事農業、畜牧、漁業、海上運輸及內河航運者除外。

1.1. 凡批准本公約之會員國得於諮商具有代表性之有關雇主團體與勞工團體後對若干類別之員工其適用可能引起實質性之特別問題者豁免其適用本公約之全部或一部分。

1.2. 凡依本條第2款規定作豁免者應於其依國際勞工組織憲章第22條規定所提送關於本公約之實施報告中說明其豁免適用之員工類別及其理由。

1.3. 報告中並應說明其所採取旨在逐步將本公約擴張適用於各該類員工之各種措施。

第3條

1. 各會員國應採取夜間工作本質所需要之各種具體措施，至少應包括第4至第10各條所述之措施，以保障夜間工作者之衛生、協助其善盡對家庭及社會之責任、提供職業上之升遷機會、並給予適當之報償。此外並應採取措施保障所有從事夜間工作者之安全及所需母性保護。

2. 上述第1款規定之各種措施得以漸進方式實施之。

第4條

1. 依其請求，員工在下述時間及情況下有權作免費身體檢查並就如何減輕或避免與其工作有關之健康問題請教專家：

1.1. 在開始擔任夜間工作任務之前；

1.2. 擔任夜間工作期間內每隔一固定之時間；

1.3. 在擔任夜間工作期間內發生起因與擔任夜間工作無關之健康問題。

2. 此項診斷之結果如未經該有關員工之同意不得傳送他人或作對其不利之利用,但診斷結果為不適任夜間工作者不在此限。

第5條

擔任夜間工作之員工應有適當之急救設備可資利用,包括必要時將此等員工迅速送往可獲適當治療場所之安排。

第6條

1. 經證明基於健康原因不適任夜間工作之夜間工作者應在可能之情況下調任其適任之類似工作。

2. 如不可能作此項工作之調動時,此等員工應予以與其他不能工作或另謀工作員工相同之給付與福利。

3. 經證明基於健康原因暫時不適任夜間工作之夜間工作者應予以與其他基於健康原因不能工作員工相同之解雇通知及有關不得任意解雇之保護。

第7條

1. 在下述各種期間及情況下應採取措施務使原可擔任夜間工作之女性員工得改調其他工作:
   1.1. 在分娩前後至少十六週(至少八週在預產期之前)之期間內;
   1.2. 經醫師證明為維護母親或嬰兒之健康需要更長之額外休息期間;
   　　1.2.1. 懷孕期間;
   　　1.2.2. 在超過依本條第1款所定產後期間之特定時間內,其時間長度由主管機關於諮商最具代表性之雇主團體與勞工團體後定之。

2. 本條第1項所述之措施得包括改調日間工作(如有可能)、發給社會安全給付、或延長產假。

3. 在本條第1項所述之期間內:
   3.1. 除另有與懷孕或分娩無關之正當理由外,不得解雇女性員工或給予解雇通知;
   3.2. 各會員國務應循由本條第2項所列舉之措施以及其他適當措施維持女性員工之收入使在適當之生活標準下足能維持其本人及嬰兒之生活;
   3.3. 女性員工不應喪失其因經常擔任夜間工作而克享之地位、年資及升遷機會。

4. 本條之規定不應影響與產假相關聯之保護與給付。

第8條

關於夜間工作者之工作時間、薪資及福利等待遇應計及夜間工作之性質。

第9條

對擔任夜間工作之員工應提供適當之社會服務。

第10條

1. 雇主在未訂定需要夜間工作者服務之工作時間表之前應就此項工作時間表之細節、最適合事業單位及其員工之夜間工作組織方式、以及所需之職業衛生措施及社會服務等與有關之員工代表諮商。雇用夜間工作者之事業單位應經常進行此項諮商。

2. 依據1971年「員工代表公約」之規定，為本公約之目的，員工代表係指國家法律或習慣所承認為員工代表之人員。

第11條

1. 本公約各項規定得以法律、規章、團體協約、仲裁書、法院之裁決及任何符合本國國情與習慣之其他方式予以實施；其未能以其他方式予以實施者應訂定法律、規章實施之。

2. 本公約規定之循由法律、規章予以實施者，事前應與最具代表性之雇主團體及勞工團體諮商。

第12條

本公約之正式批准書應送請國際勞工局局長登記之。

第13條

1. 本公約僅對已將批准書送請國際勞工局登記之國際勞工組織之會員國發生效力。

2. 本公約應於國際勞工組織二會員國將其批准書送請國際勞工局局長登記之日起十二個月後發生效力。

3. 嗣後本公約對任何會員國將其批准書送請國際勞工局局長登記之日起十二個月後發生效力。

第14條

1. 凡業已批准本公約之會員國，自本公約開始生效之日起滿十年後，得通知國際勞工局局長登記廢止之，但是項廢止應於登記之日起滿一年後始行生效。

2. 凡業已批准本公約之會員國，如未於前段所述十年期滿後一年內行使本條規定之廢止權，則本公約對該會員國應繼續有效十年；嗣後每十年期限屆滿時，該會員國仍係依據本條之規定宣告廢止本公約。

第15條

1. 國際勞工局局長應將國際勞工組織會員國送請其登記之一切批准書與廢止文件通知該組織所有會員國。

2. 國際勞工局局長應於第二個會員國批准本公約之日起，通知其他會員國，並將本公約之生效日期提請各會員國注意。

第16條

國際勞工局局長應依照聯合國憲章第102條規定，將經其依照前述各條規定登記之一切批准書與廢止文件，送請聯合國秘書長登記之。

第17條

國際勞工局理事會於認為必要時，應將本公約實施狀況向大會提出報告，並應考慮是否宜將本公約作局部或全部修正之問題，列入大會議程。

第18條

1. 倘大會通過對本公約作局部或全部修正之新公約時，除新公約另有規定外，則：

　1.1. 一會員國對新修正公約之批准，於該新修正公約開始生效時，法律上即構成對本公約之廢止，不受上述第14條規定之限制；

　1.2. 自新修正公約開始生效之日起，本公約應即停止聽由各會員國批准。

2. 在任何情形下，本公約之現有形式及內容，對業已批准本公約而未批准新修正公約之各會員國，應仍繼續有效。

第19條

本公約之英文本與法文本同一作準。

｜相關法規｜

勞動基準法

民國113年7月31日修正公布

第一章　總則

第1條　為規定勞動條件最低標準，保障勞工權益，加強勞雇關係，促進社會與經濟發展，特制定本法；本法未規定者，適用其他法律之規定。

雇主與勞工所訂勞動條件，不得低於本法所定之最低標準。

第2條　本法用詞，定義如下：
一、勞工：指受雇主僱用從事工作獲致工資者。
二、雇主：指僱用勞工之事業主、事業經營之負責人或代表事業主處理有關勞工事務之人。
三、工資：指勞工因工作而獲得之報酬；包括工資、薪金及按計時、計日、計月、計件以現金或實物等方式給付之獎金、津貼及其他任何名義之經常性給與均屬之。
四、**平均工資：指計算事由發生之當日前6個月內所得工資總額除以該期間之總日數所得之金額**。工作未滿6個月者，指工作期間所得工資總額除以工作期間之總日數所得之金額。工資按工作日數、時數或論件計算者，其依上述方式計算之平均工資，如少於該期內工資總額除以實際工作日數所得金額百分之六十者，以百分之六十計。
五、事業單位：指適用本法各業僱用勞工從事工作之機構。
六、勞動契約：指約定勞雇關係而具有從屬性之契約。
七、**派遣事業單位：指從事勞動派遣業務之事業單位。**
八、**要派單位：指依據要派契約，實際指揮監督管理派遣勞工從事工作者。**
九、**派遣勞工：指受派遣事業單位僱用，並向要派單位提供勞務者。**
十、**要派契約：指要派單位與派遣事業單位就勞動派遣事項所訂立之契約。**

第3條　本法於下列各業適用之：
一、農、林、漁、牧業。　　　二、礦業及土石採取業。
三、製造業。　　　　　　　　四、營造業。
五、水電、煤氣業。　　　　　六、運輸、倉儲及通信業。

七、大眾傳播業。

八、其他經中央主管機關指定之事業。

依前項第8款指定時，得就事業之部分工作場所或工作者指定適用。

本法適用於一切勞雇關係。但因經營型態、管理制度及工作特性等因素適用本法確有窒礙難行者，並經中央主管機關指定公告之行業或工作者，不適用之。

前項因窒礙難行而不適用本法者，不得逾第1項第1款至第7款以外勞工總數五分之一。

第4條　本法所稱主管機關：在中央為勞動部；在直轄市為直轄市政府；在縣（市）為縣（市）政府。

第5條　雇主不得以強暴、脅迫、拘禁或其他非法之方法，強制勞工從事勞動。

第6條　任何人不得介入他人之勞動契約，抽取不法利益。

第7條　雇主應置備勞工名卡，登記勞工姓名、性別、出生年月日、本籍、教育程度、住址、身分證統一號碼、到職年月日、工資、勞工保險投保日期、獎懲、傷病及其他必要事項。

前項**勞工名卡，應保管至勞工離職後5年**。

第8條　雇主對於僱用之勞工，應預防職業上災害，建立適當之工作環境及福利設施。其有關安全衛生及福利事項，依有關法律之規定。

第二章　勞動契約

第9條　勞動契約，分為**定期契約**及**不定期契約**。**臨時性**、**短期性**、**季節性**及**特定性**工作得為定期契約；有繼續性工作應為不定期契約。**派遣事業單位與派遣勞工訂定之勞動契約，應為不定期契約**。

定期契約屆滿後，有下列情形之一，視為不定期契約：

一、勞工繼續工作而雇主不即表示反對意思者。

二、雖經另訂新約，惟其前後勞動契約之工作期間超過**90日**，前後契約間斷期間未超過**30日**者。

前項規定於特定性或季節性之定期工作不適用之。

第9-1條　未符合下列規定者，雇主不得與勞工為離職後競業禁止之約定：

一、雇主有應受保護之正當營業利益。

二、勞工擔任之職位或職務，能接觸或使用雇主之營業秘密。

三、競業禁止之期間、區域、職業活動之範圍及就業對象，未逾合理範疇。

四、雇主對勞工因不從事競業行為所受損失有合理補償。

前項第4款所定合理補償，不包括勞工於工作期間所受領之給付。

違反第1項各款規定之一者，其約定無效。

離職後競業禁止之期間，最長不得逾2年。逾2年者，縮短為2年。

第10條　定期契約屆滿後或不定期契約因故停止履行後，未滿3個月而訂定新約或繼續履行原約時，勞工前後工作年資，應合併計算。

第10-1條　雇主調動勞工工作，不得違反勞動契約之約定，並應符合下列原則：

一、基於企業經營上所必須，且不得有不當動機及目的。但法律另有規定者，從其規定。

二、對勞工之工資及其他勞動條件，未作不利之變更。

三、調動後工作為勞工體能及技術可勝任。

四、調動工作地點過遠，雇主應予以必要之協助。

五、考量勞工及其家庭之生活利益。

第11條　非有下列情形之一者，雇主不得預告勞工終止勞動契約：

一、**歇業或轉讓時。**

二、**虧損或業務緊縮時。**

三、**不可抗力暫停工作在1個月以上時。**

四、**業務性質變更，有減少勞工之必要，又無適當工作可供安置時。**

五、**勞工對於所擔任之工作確不能勝任時。**

第12條　勞工有下列情形之一者，雇主得不經預告終止契約：

一、於訂立勞動契約時為虛偽意思表示，使雇主誤信而有受損害之虞者。

二、對於雇主、雇主家屬、雇主代理人或其他共同工作之勞工，實施暴行或有重大侮辱之行為者。

三、受有期徒刑以上刑之宣告確定，而未諭知緩刑或未准易科罰金者。

四、違反勞動契約或工作規則，情節重大者。

五、故意損耗機器、工具、原料、產品，或其他雇主所有物品，或故意洩漏雇主技術上、營業上之秘密，致雇主受有損害者。

六、**無正當理由繼續曠工3日，或1個月內曠工達6日者。**

雇主依前項第1款、第2款及第4款至第6款規定終止契約者，應自知悉其情形之日起，30日內為之。

第13條　勞工在第50條規定之停止工作期間或第59條規定之醫療期間，雇主不得終止契約。但雇主因天災、事變或其他不可抗力致事業不能繼續，經報主管機關核定者，不在此限。

第14條　有下列情形之一者，勞工得不經預告終止契約：

一、雇主於訂立勞動契約時為虛偽之意思表示，使勞工誤信而有受損害之虞者。

二、雇主、雇主家屬、雇主代理人對於勞工,實施暴行或有重大侮辱之行為者。

三、契約所訂之工作,對於勞工健康有危害之虞,經通知雇主改善而無效果者。

四、雇主、雇主代理人或其他勞工患有法定傳染病,對共同工作之勞工有傳染之虞,且重大危害其健康者。

五、雇主不依勞動契約給付工作報酬,或對於按件計酬之勞工不供給充分之工作者。

六、雇主違反勞動契約或勞工法令,致有損害勞工權益之虞者。

勞工依前項第1款、第6款規定終止契約者,應自知悉其情形之日起,30日內為之。但雇主有前項第6款所定情形者,勞工得於知悉損害結果之日起,30日內為之。

有第1項第2款或第4款情形,雇主已將該代理人間之契約終止,或患有法定傳染病者依衛生法規已接受治療時,勞工不得終止契約。

規定於本條終止契約準用之。

第15條　**特定性定期契約期限逾3年者,於屆滿3年後,勞工得終止契約**。但應於30日前預告雇主。

不定期契約,勞工終止契約時,應準用第16條第1項規定期間預告雇主。

第15-1條　未符合下列規定之一,雇主不得與勞工為最低服務年限之約定:

一、雇主為勞工進行專業技術培訓,並提供該項培訓費用者。

二、雇主為使勞工遵守最低服務年限之約定,提供其合理補償者。

前項最低服務年限之約定,應就下列事項綜合考量,不得逾合理範圍:

一、雇主為勞工進行專業技術培訓之期間及成本。

二、從事相同或類似職務之勞工,其人力替補可能性。

三、雇主提供勞工補償之額度及範圍。

四、其他影響最低服務年限合理性之事項。

違反前二項規定者,其約定無效。

勞動契約因不可歸責於勞工之事由而於最低服務年限屆滿前終止者,勞工不負違反最低服務年限約定或返還訓練費用之責任。

第16條　雇主依第11條或第13條但書規定終止勞動契約者,其預告期間依下列各款之規定:

一、繼續工作3個月以上1年未滿者,於10日前預告之。

二、繼續工作1年以上3年未滿者,於20日前預告之。

三、 繼續工作**3年以上者**，於30**日前**預告之。

勞工於接到前項預告後，為另謀工作得於工作時間請假外出。其請假時數，**每星期不得超過2日之工作時間，請假期間之工資照給。**

雇主未依第1項規定期間預告而終止契約者，應給付預告期間之工資。

第17條　雇主依前條終止勞動契約者，應依下列規定發給勞工資遣費：

一、 在同一雇主之事業單位繼續工作，每滿**1年**發給相當於**1個月平均工資**之資遣費。

二、 依前款計算之剩餘月數，或工作**未滿1年**者，以**比例計給之**。未滿1個月者以1個月計。

前項所定資遣費，雇主應於終止勞動契約30日內發給。

第17-1條　要派單位不得於派遣事業單位與派遣勞工簽訂勞動契約前，有面試該派遣勞工或其他指定特定派遣勞工之行為。

要派單位違反前項規定，且已受領派遣勞工勞務者，**派遣勞工得於要派單位提供勞務之日起90日內，以書面向要派單位提出訂定勞動契約之意思表示。**

要派單位應自前項派遣勞工意思表示到達之日起10日內，與其協商訂定勞動契約。逾期未協商或協商不成立者，視為雙方自期滿翌日成立勞動契約，並以派遣勞工於要派單位工作期間之勞動條件為勞動契約內容。

派遣事業單位及要派單位不得因派遣勞工提出第2項意思表示，而予以解僱、降調、減薪、損害其依法令、契約或習慣上所應享有之權益，或其他不利之處分。

派遣事業單位及要派單位為前項行為之一者，無效。

派遣勞工因第2項及第3項規定與要派單位成立勞動契約者，其與派遣事業單位之勞動契約視為終止，且不負違反最低服務年限約定或返還訓練費用之責任。

前項派遣事業單位應依本法或勞工退休金條例規定之給付標準及期限，發給派遣勞工退休金或資遣費。

第18條　有下列情形之一者，**勞工不得向雇主請求加發預告期間工資及資遣費：**

一、 依第12條或第15條規定終止勞動契約者。

二、 定期勞動契約期滿離職者。

第19條　勞動契約終止時，勞工如請求發給服務證明書，雇主或其代理人不得拒絕。

第20條　事業單位改組或轉讓時，除新舊雇主商定留用之勞工外，其餘勞工應依第16條規定期間預告終止契約，並應依第17條規定發給勞工資遣費。其留用勞工之工作年資，應由新雇主繼續予以承認。

第三章　工資

第21條　工資由勞雇雙方議定之。但**不得低於基本工資**。
　　前項基本工資，由中央主管機關設基本工資審議委員會擬訂後，報請行政院核定之。
　　前項基本工資審議委員會之組織及其審議程序等事項，由中央主管機關另以辦法定之。

第22條　工資之給付，應以法定通用貨幣為之。但基於習慣或業務性質，得於勞動契約內訂明一部以實物給付之。工資之一部以實物給付時，其實物之作價應公平合理，並適合勞工及其家屬之需要。
　　工資應全額直接給付勞工。但法令另有規定或勞雇雙方另有約定者，不在此限。

第22-1條　派遣事業單位積欠派遣勞工工資，經主管機關處罰或依第27條規定限期令其給付而屆期未給付者，派遣勞工得請求要派單位給付。**要派單位應自派遣勞工請求之日起30日內給付之**。
　　要派單位依前項規定給付者，得向派遣事業單位求償或扣抵要派契約之應付費用。

第23條　工資之給付，除當事人有特別約定或按月預付者外，每月至少定期發給二次，並應提供工資各項目計算方式明細；按件計酬者亦同。
　　雇主應置備勞工工資清冊，將發放工資、工資各項目計算方式明細、工資總額等事項記入。**工資清冊應保存5年**。

第24條　雇主延長勞工工作時間者，其延長工作時間之工資，依下列標準加給之：
　　一、延長工作時間在**2小時以內**者，按平日每小時工資額加給**三分之一**以上。
　　二、再延長工作時間在**2小時以內**者，按平日每小時工資額加給**三分之二**以上。
　　三、依第32條第4項規定，延長工作時間者，按平日每小時工資額加倍發給。
　　雇主使勞工於第36條所定休息日工作，工作時間在2小時以內者，其工資按平日每小時工資額另再加給一又三分之一以上；工作2小時後再繼續工作者，按平日每小時工資額另再加給一又三分之二以上。

第25條　雇主對勞工不得因性別而有差別之待遇。工作相同、效率相同者，給付同等之工資。

第26條　雇主不得預扣勞工工資作為違約金或賠償費用。

第27條　雇主不按期給付工資者，主管機關得限期令其給付。

第28條　雇主有歇業、清算或宣告破產之情事時，勞工之下列債權受償順序與第一順位抵押權、質權或留置權所擔保之債權相同，按其債權比例受清償；未獲清償部分，有最優先受清償之權：
　　一、本於勞動契約所積欠之工資未滿6個月部分。
　　二、雇主未依本法給付之退休金。
　　三、雇主未依本法或勞工退休金條例給付之資遣費。
　　雇主應按其當月僱用勞工投保薪資總額及規定之費率，繳納一定數額之積欠工資墊償基金，作為墊償下列各款之用：
　　一、前項第1款積欠之工資數額。
　　二、前項第2款與第3款積欠之退休金及資遣費，其合計數額以6個月
　　　　平均工資為限。
　　積欠工資墊償基金，累積至一定金額後，應降低費率或暫停收繳。
　　第2項費率，由中央主管機關於萬分之十五範圍內擬訂，報請行政院核定之。
　　雇主積欠之工資、退休金及資遣費，經勞工請求未獲清償者，由積欠工資墊償基金依第2項規定墊償之；雇主應於規定期限內，將墊款償還積欠工資墊償基金。
　　積欠工資墊償基金，由中央主管機關設管理委員會管理之。基金之收繳有關業務，得由中央主管機關，委託勞工保險機構辦理之。基金墊償程序、收繳與管理辦法、第3項之一定金額及管理委員會組織規程，由中央主管機關定之。

第29條　事業單位於營業年度終了結算，如有盈餘，除繳納稅捐、彌補虧損及提列股息、公積金外，對於全年工作並無過失之勞工，應給予獎金或分配紅利。

第四章　工作時間、休息、休假

第30條　勞工**正常工作時間，每日不得超過8小時，每週不得超過40小時。**
　　前項正常工作時間，雇主經工會同意，如事業單位無工會者，經勞資會議同意後，得將其2週內2日之正常工作時數，分配於其他工作日。其分配於其他工作日之時數，**每日不得超過2小時。但每週工作總時數不得超過48小時。**

第1項正常工作時間，雇主經工會同意，如事業單位無工會者，經勞資會議同意後，得將8週內之正常工作時數加以分配。但每日正常工作時間不得超過8小時，每週工作總時數不得超過48小時。

前二項規定，僅適用於經中央主管機關指定之行業。

雇主應置備**勞工出勤紀錄，並保存五年**。

前項**出勤紀錄，應逐日記載勞工出勤情形至分鐘為止**。勞工向雇主申請其出勤紀錄副本或影本時，雇主不得拒絕。

雇主不得以第1項正常工作時間之修正，作為減少勞工工資之事由。

第1項至第3項及第30條之1之正常工作時間，雇主得視勞工照顧家庭成員需要，允許勞工於不變更每日正常工作時數下，在**1小時範圍內，彈性調整工作開始及終止之時間**。

第30-1條 中央主管機關指定之行業，雇主**經工會同意**，如事業單位無工會者，**經勞資會議同意後**，其工作時間得依下列原則變更：

一、 4週內正常工作時數分配於其他工作日之時數，每日**不得超過2小時**，不受前條第2項至第4項規定之限制。

二、 當日**正常工時達10小時者，其延長之工作時間不得超過2小時**。

三、 女性勞工，除妊娠或哺乳期間者外，於夜間工作，不受第49條第1項之限制。但雇主應提供必要之安全衛生設施。

依民國85年12月27日修正施行前第3條規定適用本法之行業，除第1項第1款之農、林、漁、牧業外，均不適用前項規定。

第31條 在坑道或隧道內工作之勞工，以入坑口時起至出坑口時止為工作時間。

第32條 雇主有使勞工在正常工作時間以外工作之必要者，雇主經工會同意，如事業單位無工會者，經勞資會議同意後，得將工作時間延長之。

前項雇主**延長勞工之工作時間連同正常工作時間，1日不得超過12小時；延長之工作時間，1個月不得超過46小時**，但雇主經工會同意，如事業單位無工會者，經勞資會議同意後，**延長之工作時間，1個月不得超過54小時，每三個月不得超過138小時**。

雇主**僱用勞工人數在30人以上**，依前項但書規定**延長勞工工作時間者，應報當地主管機關備查**。

因天災、事變或突發事件，雇主有使勞工在正常工作時間以外工作之必要者，得將工作時間延長之。但應於延長開始後24小時內通知工會；無工會組織者，應報當地主管機關備查。延長之工作時間，雇主應於事後補給勞工以適當之休息。

在坑內工作之勞工，其工作時間不得延長。但以監視為主之工作，或有前項所定之情形者，不在此限。

第32-1條 雇主依第32條第1項及第2項規定使勞工延長工作時間，或使勞工於第36條所定休息日工作後，依勞工意願選擇補休並經雇主同意者，應依勞工工作之時數計算補休時數。

前項之補休，其補休期限由勞雇雙方協商；補休期限屆期或契約終止未補休之時數，應依延長工作時間或休息日工作當日之工資計算標準發給工資；未發給工資者，依違反第24條規定論處。

第33條 第3條所列事業，除製造業及礦業外，因公眾之生活便利或其他特殊原因，有調整第30條、第32條所定之正常工作時間及延長工作時間之必要者，得由當地主管機關會商目的事業主管機關及工會，就必要之限度內以命令調整之。

第34條 勞工工作採輪班制者，其**工作班次，每週更換一次**。但經勞工同意者不在此限。

依前項**更換班次時，至少應有連續11小時之休息時間**。但因工作特性或特殊原因，經中央目的事業主管機關商請中央主管機關公告者，得變更休息時間不少於連續8小時。

雇主依前項但書規定**變更休息時間者，應經工會同意**，如事業單位**無工會者，經勞資會議同意後**，始得為之。雇主**僱用勞工人數在30人以上者，應報當地主管機關備查**。

第35條 勞工繼續工作4小時，至少應有30分鐘之休息。但實行輪班制或其工作有連續性或緊急性者，雇主得在工作時間內，另行調配其休息時間。

第36條 勞工**每7日中應有2日之休息**，其中**1日為例假，1日為休息日**。

雇主有下列情形之一，不受前項規定之限制：

一、 依第30條第2項規定變更正常工作時間者，勞工每7日中至少應有1日之例假，每2週內之例假及休息日至少應有4日。

二、 依第30條第3項規定變更正常工作時間者，勞工每7日中至少應有1日之例假，每8週內之例假及休息日至少應有16日。

三、 依第30條之1規定變更正常工作時間者，勞工每2週內至少應有2日之例假，每4週內之例假及休息日至少應有8日。

雇主使勞工於休息日工作之時間，計入第32條第2項所定延長工作時間總數。但因天災、事變或突發事件，雇主有使勞工於休息日工作之必要者，其工作時數不受第32條第2項規定之限制。

經中央目的事業主管機關同意，且經中央主管機關指定之行業，雇主得將第1項、第2項第1款及第2款所定之例假，於每7日之週期內調整之。

前項所定例假之調整，應經工會同意，如事業單位無工會者，經勞資會議同意後，始得為之。雇主僱用勞工人數在30人以上者，應報當地主管機關備查。

第37條　內政部所定**應放假之紀念日、節日、勞動節及其他中央主管機關指定應放假日，均應休假。**

中華民國105年12月6日修正之前項規定，自106年1月1日施行。

第38條　勞工在同一雇主或事業單位，繼續工作滿一定期間者，應依下列規定給予特別休假：

一、　6個月以上1年未滿者，3日。
二、　1年以上2年未滿者，7日。
三、　2年以上3年未滿者，10日。
四、　3年以上5年未滿者，每年14日。
五、　5年以上10年未滿者，每年15日。
六、　10年以上者，每1年加給1日，加至30日為止。

前項之特別休假期日，由勞工排定之。但雇主基於企業經營上之急迫需求或勞工因個人因素，得與他方協商調整。

雇主應於勞工符合第1項所定之特別休假條件時，告知勞工依前二項規定排定特別休假。

勞工之特別休假，因年度終結或契約終止而未休之日數，雇主應發給工資。但**年度終結未休之日數，經勞雇雙方協商遞延至次一年度實施者，於次一年度終結或契約終止仍未休之日數，雇主應發給工資。**

雇主應將勞工每年特別休假之期日及未休之日數所發給之工資數額，記載於第23條所定之勞工工資清冊，並每年定期將其內容以書面通知勞工。

勞工依本條主張權利時，雇主如認為其權力不存在，應負舉證責任。

第39條　第36條所定之例假、休息日、第37條所定之休假及第38條所定之特別休假，工資應由雇主照給。雇主經徵得勞工同意於休假日工作者，工資應加倍發給。因季節性關係有趕工必要，經勞工或工會同意照常工作者，亦同。

第40條　因天災、事變或突發事件，雇主認有繼續工作之必要時，得停止第36條至第38條所定勞工之假期。但停止假期之工資，應加倍發給，並應於事後補假休息。

前項**停止勞工假期，應於事後24小時內，詳述理由，報請當地主管機關核備。**

第**41**條　公用事業之勞工，當地主管機關認有必要時，得停止第38條所定之特別休假。假期內之工資應由雇主加倍發給。

第**42**條　勞工因健康或其他正當理由，不能接受正常工作時間以外之工作者，雇主不得強制其工作。

第**43**條　勞工因婚、喪、疾病或其他正當事由得請假；請假應給之假期及事假以外期間內工資給付之最低標準，由中央主管機關定之。

第五章　童工、女工

第**44**條　**15歲以上未滿16歲之受僱從事工作者，為童工。**
童工及16歲以上未滿18歲之人，不得從事危險性或有害性之工作。

第**45**條　雇主不得僱用未滿15歲之人從事工作。但國民中學畢業或經主管機關認定其工作性質及環境無礙其身心健康而許可者，不在此限。
前項受僱之人，準用童工保護之規定。
第1項工作性質及環境無礙其身心健康之認定基準、審查程序及其他應遵行事項之辦法，由中央主管機關依勞工年齡、工作性質及受國民義務教育之時間等因素定之。
未滿15歲之人透過他人取得工作為第三人提供勞務，或直接為他人提供勞務取得報酬未具勞僱關係者，準用前項及童工保護之規定。

第**46**條　**未滿18歲之人受僱從事工作者，雇主應置備其法定代理人同意書及其年齡證明文件。**

第**47**條　**童工每日之工作時間不得超過8小時，每週之工作時間不得超過40小時，例假日不得工作。**

第**48**條　童工不得於午後8時至翌晨6時之時間內工作。

第**49**條　雇主不得使女工於午後10時至翌晨6時之時間內工作。但雇主經工會同意，如事業單位無工會者，經勞資會議同意後，且符合下列各款規定者，不在此限：

> **NOTE**
> 參考110.8.20大法官釋字第807號解釋

一、提供必要之安全衛生設施。
二、無大眾運輸工具可資運用時，提供交通工具或安排女工宿舍。
前項第1款所稱必要之安全衛生設施，其標準由中央主管機關定之。但雇主與勞工約定之安全衛生設施優於本法者，從其約定。
女工因健康或其他正當理由，不能於午後10時至翌晨6時之時間內工作者，雇主不得強制其工作。

第1項規定，於因天災、事變或突發事件，雇主必須使女工於午後10時至翌晨6時之時間內工作時，不適用之。

第1項但書及前項規定，於妊娠或哺乳期間之女工，不適用之。

第50條 **女工分娩前後，應停止工作，給予產假8星期；妊娠3個月以上流產者，應停止工作，給予產假4星期。**

前項**女工受僱工作在6個月以上者，停止工作期間工資照給；未滿6個月者減半發給。**

第51條 女工在妊娠期間，如有較為輕易之工作，得申請改調，雇主不得拒絕，並不得減少其工資。

第52條 子女未滿1歲須女工親自哺乳者，於第35條規定之休息時間外，雇主應**每日另給哺乳時間2次，每次以30分鐘為度。**

前項哺乳時間，視為工作時間。

第六章　退休

第53條 勞工有下列情形之一者，得自請退休：
一、 工作**15年以上**年滿**55歲**者。
二、 工作**25年以上**者。
三、 工作**10年以上**年滿**60歲**者。

第54條 勞工非有下列情形之一，雇主不得強制其退休：
一、 **年滿65歲者**。
二、 **身心障礙不堪勝任工作者。**

前項第1款所規定之年齡，得由勞雇雙方協商延後之；對於擔任具有危險、堅強體力等特殊性質之工作者，得由事業單位報請中央主管機關予以調整，但不得少於55歲。

第55條 勞工退休金之給與標準如下：
一、 **按其工作年資，每滿1年給與兩個基數。但超過15年之工作年資，每滿1年給與1個基數，最高總數以45個基數為限。**未滿半年者以半年計；滿半年者以一年計。
二、 依第54條第1項第2款規定，強制退休之勞工，其**身心障礙係因執行職務所致者，依前款規定加給百分之二十。**

前項第1款退休金基數之標準，係指核准退休時1個月平均工資。

第1項所定**退休金，雇主應於勞工退休之日起30日內給付，**如無法一次發給時，得報經主管機關核定後，分期給付。本法施行前，事業單位原定退休標準優於本法者，從其規定。

第56條　雇主應依勞工每月薪資總額百分之二至百分之十五範圍內，按月提撥勞工退休準備金，專戶存儲，並不得作為讓與、扣押、抵銷或擔保之標的；其提撥之比率、程序及管理等事項之辦法，由中央主管機關擬訂，報請行政院核定之。

雇主應於每年年度終了前，估算前項勞工退休準備金專戶餘額，該餘額不足給付次一年度內預估成就第53條或第54條第1項第1款退休條件之勞工，依前條計算之退休金數額者，雇主應於次年度3月底前一次提撥其差額，並送事業單位勞工退休準備金監督委員會審議。

第1項雇主按月提撥之勞工退休準備金匯集為勞工退休基金，由中央主管機關設勞工退休基金監理委員會管理之；其組織、會議及其他相關事項，由中央主管機關定之。

前項基金之收支、保管及運用，由中央主管機關會同財政部委託金融機構辦理。最低收益不得低於當地銀行二年定期存款利率之收益；如有虧損，由國庫補足之。基金之收支、保管及運用辦法，由中央主管機關擬訂，報請行政院核定之。

雇主所提撥勞工退休準備金，應由勞工與雇主共同組織勞工退休準備金監督委員會監督之。委員會中勞工代表人數不得少於三分之二；其組織準則，由中央主管機關定之。

雇主按月提撥之勞工退休準備金比率之擬訂或調整，應經事業單位勞工退休準備金監督委員會審議通過，並報請當地主管機關核定。

金融機構辦理核貸業務，需查核該事業單位勞工退休準備金提撥狀況之必要資料時，得請當地主管機關提供。

金融機構依前項取得之資料，應負保密義務，並確實辦理資料安全稽核作業。

前二項有關勞工退休準備金必要資料之內容、範圍、申請程序及其他應遵行事項之辦法，由中央主管機關會商金融監督管理委員會定之。

第57條　勞工工作年資以服務同一事業者為限。但受同一雇主調動之工作年資，及依第20條規定應由新雇主繼續予以承認之年資，應予併計。

第58條　**勞工請領退休金之權利，自退休之次月起，因5年間不行使而消滅。**

勞工請領退休金之權利，不得讓與、抵銷、扣押或供擔保。

勞工依本法規定請領勞工退休金者，得檢具證明文件，於金融機構開立專戶，專供存入勞工退休金之用。

前項專戶內之存款，不得作為抵銷、扣押、供擔保或強制執行之標的。

第七章　職業災害補償

第59條　勞工因遭遇職業災害而致死亡、失能、傷害或疾病時,雇主應依下列
規定予以補償。但如同一事故,依勞工保險條例或其他法令規定,已
由雇主支付費用補償者,雇主得予以抵充之:

一、 勞工受傷或罹患職業病時,雇主應補償其必需之醫療費用。職
業病之種類及其醫療範圍,依勞工保險條例有關之規定。

二、 勞工在醫療中不能工作時,雇主應按其原領工資數額予以補
償。但醫療期間屆滿**2年**仍未能痊癒,經指定之醫院診斷,審定
為喪失原有工作能力,且不合第3款之失能給付標準者,雇主得
一次給付**40個月**之平均工資後,免除此項工資補償責任。

三、 勞工經治療終止後,經指定之醫院診斷,審定其遺存障害者,
雇主應按其平均工資及其失能程度,一次給予失能補償。失能
補償標準,依勞工保險條例有關之規定。

四、 勞工遭遇職業傷害或罹患職業病而死亡時,雇主除給與**5個月平
均工資**之喪葬費外,並應一次給與其遺屬**40個月平均工資**之死
亡補償。

其遺屬受領死亡補償之順位如下:

(一)配偶及子女。　　　(二)父母。　　　(三)祖父母。
(四)孫子女。　　　　　(五)兄弟姐妹。

第60條　雇主依前條規定給付之補償金額,得抵充就同一事故所生損害之賠償
金額。

第61條　第59條之受**領補償權,自得受領之日起,因2年間不行使而消滅**。
受領補償之權利,不因勞工之離職而受影響,且不得讓與、抵銷、扣
押或供擔保。
勞工或其遺屬依本法規定受領職業災害補償金者,得檢具證明文件,
於金融機構開立專戶,專供存入職業災害補償金之用。
前項專戶內之存款,不得作為抵銷、扣押、供擔保或強制執行之
標的。

第62條　事業單位以其事業招人承攬,如有再承攬時,承攬人或中間承攬人,
就各該承攬部分所使用之勞工,均應與最後承攬人,連帶負本章所定
雇主應負職業災害補償之責任。
事業單位或承攬人或中間承攬人,為前項之災害補償時,就其所補償
之部分,得向最後承攬人求償。

第63條　承攬人或再承攬人工作場所,在原事業單位工作場所範圍內,或為原
事業單位提供者,原事業單位應督促承攬人或再承攬人,對其所僱用

勞工之勞動條件應符合有關法令之規定。

事業單位違背職業安全衛生法有關對於承攬人、再承攬人應負責任之規定，致承攬人或再承攬人所僱用之勞工發生職業災害時，應與該承攬人、再承攬人負連帶補償責任。

第63-1條 要派單位使用派遣勞工發生職業災害時，要派單位應與派遣事業單位連帶負本章所定雇主應負職業災害補償之責任。

前項之職業災害依勞工保險條例或其他法令規定，已由要派單位或派遣事業單位支付費用補償者，得主張抵充。

要派單位及派遣事業單位因違反本法或有關安全衛生規定，致派遣勞工發生職業災害時，應連帶負損害賠償之責任。

要派單位或派遣事業單位依本法規定給付之補償金額，得抵充就同一事故所生損害之賠償金額。

第八章　技術生

第64條 雇主不得招收**未滿15歲**之人為技術生。但國民中學畢業者，不在此限。

稱技術生者，指依中央主管機關規定之技術生訓練職類中以學習技能為目的，依本章之規定而接受雇主訓練之人。

本章規定，於事業單位之養成工、見習生、建教合作班之學生及其他與技術生性質相類之人，準用之。

第65條 雇主招收技術生時，須與技術生簽訂書面訓練契約一式3份，訂明訓練項目、訓練期限、膳宿負擔、生活津貼、相關教學、勞工保險、結業證明、契約生效與解除之條件及其他有關雙方權利、義務事項，由當事人分執，並送主管機關備案。

前項技術生如為未成年人，其訓練契約，應得法定代理人之允許。

第66條 雇主不得向技術生收取有關訓練費用。

第67條 技術生訓練期滿，雇主得留用之，並應與同等工作之勞工享受同等之待遇。雇主如於技術生訓練契約內訂明留用期間，應不得超過其訓練期間。

第68條 技術生人數，不得超過勞工人數**四分之一**。勞工人數**不滿4人者**，以4人計。

第69條 本法第四章工作時間、休息、休假，第五章童工、女工，第七章災害補償及其他勞工保險等有關規定，於技術生準用之。

技術生災害補償所採薪資計算之標準，不得低於基本工資。

第九章　工作規則

第70條　**雇主僱用勞工人數在30人以上者，應依其事業性質，就下列事項訂立工作規則，報請主管機關核備後並公開揭示**之：

一、工作時間、休息、休假、國定紀念日、特別休假及繼續性工作之輪班方法。

二、工資之標準、計算方法及發放日期。

三、延長工作時間。

四、津貼及獎金。

五、應遵守之紀律。

六、考勤、請假、獎懲及升遷。

七、受僱、解僱、資遣、離職及退休。

八、災害傷病補償及撫卹。

九、福利措施。

十、勞雇雙方應遵守勞工安全衛生規定。

十一、勞雇雙方溝通意見加強合作之方法。

十二、其他。

第71條　工作規則，違反法令之強制或禁止規定或其他有關該事業適用之團體協約規定者，無效。

第十章　監督與檢查

第72條　中央主管機關，為貫徹本法及其他勞工法令之執行，設勞工檢查機構或授權直轄市主管機關專設檢查機構辦理之；直轄市、縣（市）主管機關於必要時，亦得派員實施檢查。

前項勞工檢查機構之組織，由中央主管機關定之。

第73條　檢查員執行職務，應出示檢查證，各事業單位不得拒絕。事業單位拒絕檢查時，檢查員得會同當地主管機關或警察機關強制檢查之。

檢查員執行職務，得就本法規定事項，要求事業單位提出必要之報告、紀錄、帳冊及有關文件或書面說明。如需抽取物料、樣品或資料時，應事先通知雇主或其代理人並掣給收據。

第74條　**勞工發現事業單位違反本法及其他勞工法令規定時，得向雇主、主管機關或檢查機構申訴。**

雇主不得因勞工為前項申訴，而予以解僱、降調、減薪、損害其依法令、契約或習慣上所應享有之權益，或其他不利之處分。

雇主為前項行為之一者，無效。

主管機關或檢查機構於接獲第1項申訴後，應為必要之調查，並於60日內將處理情形，以書面通知勞工。

主管機關或檢查機構應對申訴人身分資料嚴守秘密，不得洩漏足以識別其身分之資訊。

違反前項規定者，除公務員應依法追究刑事與行政責任外，對因此受有損害之勞工，應負損害賠償責任。

主管機關受理檢舉案件之保密及其他應遵行事項之辦法，由中央主管機關定之。

第十一章　罰則

第75條　違反第5條規定者，處**5年以下**有期徒刑、拘役或科或併科新臺幣75萬元以下罰金。

第76條　違反第6條規定者，處**3年以下**有期徒刑、拘役或科或併科新臺幣45萬元以下罰金。

第77條　違反第42條、第44條第2項、第45條第1項、第47條、第48條、第49條第3項或第64條第1項規定者，處**6個月以下**有期徒刑、拘役或科或併科新臺幣**30萬元以下**罰金。

第78條　未依第17條、第17條之1第7項、第55條規定之標準或期限給付者，處新臺幣30萬元以上150萬元以下罰鍰，並限期令其給付，屆期未給付者，應按次處罰。

違反第13條、第17條之1第1項、第4項、第26條、第50條、第51條或第56條第2項規定者，處新臺幣9萬元以上45萬元以下罰鍰。

第79條　有下列各款規定行為之一者，處新臺幣2萬元以上30萬元以下罰鍰：
一、違反第21條第1項、第22條至第25條、第30條第1項至第3項、第6項、第7項、第32條、第34條至第41條、第49條第1項或第59條規定。
二、違反主管機關依第27條限期給付工資或第33條調整工作時間之命令。
三、違反中央主管機關依第43條所定假期或事假以外期間內工資給付之最低標準。

違反第30條第5項或第49條第5項規定者，處新臺幣9萬元以上45萬元以下罰鍰。

違反第7條、第9條第1項、第16條、第19條、第28條第2項、第46條、第56條第1項、第65條第1項、第66條至第68條、第70條或第74條第2項規定者，處新臺幣2萬元以上30萬元以下罰鍰。

有前三項規定行為之一者，主管機關得依事業規模、違反人數或違反情節，加重其罰鍰至法定罰鍰最高額二分之一。

第79-1條 違反第45條第2項、第4項、第64條第3項及第69條第1項準用規定之處罰,適用本法罰則章規定。

第80條 拒絕、規避或阻撓勞工檢查員依法執行職務者,處新臺幣**3萬元以上15萬元以下**罰鍰。

第80-1條 違反本法經主管機關處以罰鍰者,主管機關應公布其事業單位或事業主之名稱、負責人姓名、處分期日、違反條文及罰鍰金額,並限期令其改善;屆期未改善者,應按次處罰。

主管機關裁處罰鍰,得審酌與違反行為有關之勞工人數、累計違法次數或未依法給付之金額,為量罰輕重之標準。

第81條 法人之代表人、法人或自然人之代理人、受僱人或其他從業人員,因執行業務違反本法規定,除依本章規定處罰行為人外,對該法人或自然人並應處以各該條所定之罰金或罰鍰。但法人之代表人或自然人對於違反之發生,已盡力為防止行為者,不在此限。

法人之代表人或自然人教唆或縱容為違反之行為者,以行為人論。

第82條 本法所定之罰鍰,經主管機關催繳,仍不繳納時,得**移送法院強制執行**。

第十二章　附則

第83條 為協調勞資關係,促進勞資合作,提高工作效率,事業單位應舉辦勞資會議。其辦法由中央主管機關會同經濟部訂定,並報行政院核定。

第84條 公務員**兼具勞工身分者**,其有關任(派)免、薪資、獎懲、退休、撫卹及保險(含職業災害)等事項,應**適用公務員法令**之規定。但其他所定勞動條件優於本法規定者,從其規定。

第84-1條 經中央主管機關核定公告下列工作者,得由勞雇雙方另行約定,工作時間、例假、休假、女性夜間工作,並報請當地主管機關核備,不受第30條、第32條、第36條、第37條、第49條規定之限制。

一、監督、管理人員或責任制專業人員。

二、監視性或間歇性之工作。

三、其他性質特殊之工作。

前項約定應以**書面**為之,並應參考本法所定之基準且不得損及勞工之健康及福祉。

第84-2條 勞工工作年資自受僱之日起算,適用本法前之工作年資,其資遣費及退休金給與標準,依其當時應適用之法令規定計算;當時無法令可資適用者,依各該事業單位自訂之規定或勞雇雙方之協商計算之。適用本法後之工作年資,其資遣費及退休金給與標準,依第17條及第55條規定計算。

第85條　本法施行細則,由中央主管機關擬定,報請行政院核定。

第86條　本法自公布日施行。

本法中華民國89年6月28日修正公布之第30條第1項及第2項,自90年1月1日施行;104年2月4日修正公布之第28條第1項,自公布後8個月施行;104年6月3日修正公布之條文,自105年1月1日施行;105年12月21日修正公布之第34條第2項施行日期,由行政院定之、第37條及第38條,自106年1月1日施行。

本法中華民國107年1月10日修正之條文,自107年3月1日施行。

勞動基準法施行細則

民國113年3月27日修正發布

第一章　總則

第1條　本細則依勞動基準法(以下簡稱本法)第85條規定訂定之。

第2條　依本法第2條第4款**計算平均工資時,下列各款期日或期間均不計入:**

一、發生計算事由之當日。

二、因職業災害尚在醫療中者。

三、依本法第50條第2項減半發給工資者。

四、雇主因天災、事變或其他不可抗力而不能繼續其事業,致勞工未能工作者。

五、依勞工請假規則請普通傷病假者。

六、依性別平等工作法請生理假、產假、家庭照顧假或安胎休養,致減少工資者。

七、留職停薪者。

第3條　本法第3條第1項第1款至第7款所列各業,適用中華民國行業標準分類之規定。

第4條　本法第3條第1項第8款所稱中央主管機關指定之事業及第3項所稱適用本法確有窒礙難行者,係指中央主管機關依中華民國行業標準分類之規定指定者,並得僅指定各行業中之一部分。

第4-1條　(刪除)

第5條　勞工工作年資以服務同一事業單位為限,並自受僱當日起算。

適用本法前已在同一事業單位工作之年資合併計算。

第二章　勞動契約

第6條　本法第9條第1項所稱臨時性、短期性、季節性及特定性工作,依左列規定認定之:

一、**臨時性工作:係指無法預期之非繼續性工作,其工作期間在六個月以內者。**

二、**短期性工作:係指可預期於六個月內完成之非繼續性工作。**

三、**季節性工作:係指受季節性原料、材料來源或市場銷售影響之非繼續性工作,其工作期間在九個月以內者。**

四、**特定性工作:係指可在特定期間完成之非繼續性工作。其工作期間超過一年者,應報請主管機關核備。**

第7條　勞動契約應依本法有關規定約定下列事項:

一、工作場所及應從事之工作。

二、工作開始與終止之時間、休息時間、休假、例假、休息日、請假及輪班制之換班。

三、工資之議定、調整、計算、結算與給付之日期及方法。

四、勞動契約之訂定、終止及退休。

五、資遣費、退休金、其他津貼及獎金。

六、勞工應負擔之膳宿費及工作用具費。

七、安全衛生。

八、勞工教育及訓練。

九、福利。

十、災害補償及一般傷病補助。

十一、應遵守之紀律。

十二、獎懲。

十三、其他勞資權利義務有關事項。

第7-1條　離職後競業禁止之約定,應以書面為之,且應詳細記載本法第9條之1第1項第3款及第4款規定之內容,並由雇主與勞工簽章,各執一份。

第7-2條　本法第9條之1第1項第3款所為之約定未逾合理範疇,應符合下列規定:

一、**競業禁止之期間**,不得逾越雇主欲保護之營業秘密或技術資訊之生命週期,且**最長不得逾二年**。

二、競業禁止之區域,應以原雇主實際營業活動之範圍為限。

三、競業禁止之職業活動範圍,應具體明確,且與勞工原職業活動範圍相同或類似。

四、競業禁止之就業對象，應具體明確，並以與原雇主之營業活動相同或類似，且有競爭關係者為限。

第7-3條　本法第9條之1第1項第4款所定之合理補償，應就下列事項綜合考量：

一、每月補償金額不低於勞工離職時一個月平均工資百分之五十。

二、補償金額足以維持勞工離職後競業禁止期間之生活所需。

三、補償金額與勞工遵守競業禁止之期間、區域、職業活動範圍及就業對象之範疇所受損失相當。

四、其他與判斷補償基準合理性有關之事項。

前項合理補償，應約定離職後一次預為給付或按月給付。

第8條　（刪除）

第9條　依本法終止勞動契約時，雇主應即結清工資給付勞工。

第三章　工資

第10條　本法第2條第3款所稱之其他任何名義之經常性給與係指左列各款以外之給與。

一、紅利。

二、獎金：指年終獎金、競賽獎金、研究發明獎金、特殊功績獎金、久任獎金、節約燃料物料獎金及其他非經常性獎金。

三、春節、端午節、中秋節給與之節金。

四、醫療補助費、勞工及其子女教育補助費。

五、勞工直接受自顧客之服務費。

六、婚喪喜慶由雇主致送之賀禮、慰問金或奠儀等。

七、職業災害補償費。

八、勞工保險及雇主以勞工為被保險人加入商業保險支付之保險費。

九、差旅費、差旅津貼及交際費。

十、工作服、作業用品及其代金。

十一、其他經中央主管機關會同中央目的事業主管機關指定者。

第11條　本法第21條所稱基本工資，指勞工在正常工作時間內所得之報酬。不包括延長工作時間之工資與休息日、休假日及例假工作加給之工資。

第12條　採計件工資之勞工所得基本工資，以每日工作八小時之生產額或工作量換算之。

第13條　勞工工作時間每日少於八小時者，除工作規則、勞動契約另有約定或另有法令規定者外，其基本工資得按工作時間比例計算之。

第14條　（刪除）

第14-1條 本法第23條所定工資各項目計算方式明細，應包括下列事項：
一、勞雇雙方議定之工資總額。
二、工資各項目之給付金額。
三、依法令規定或勞雇雙方約定，得扣除項目之金額。
四、實際發給之金額。
雇主提供之前項明細，得以紙本、電子資料傳輸方式或其他勞工可隨時取得及得列印之資料為之。

第15條 本法第28條第1項第1款所定積欠之工資，以雇主於歇業、清算或宣告破產前六個月內所積欠者為限。

第16條 勞工死亡時，雇主應即結清其工資給付其遺屬。
前項受領工資之順位準用本法第59條第4款之規定。

第四章　工作時間、休息、休假

第17條 本法第30條所稱正常工作時間跨越二曆日者，其工作時間應合併計算。

第18條 勞工因出差或其他原因於事業場所外從事工作致不易計算工作時間者，以平時之工作時間為其工作時間。但其實際工作時間經證明者，不在此限。

第19條 勞工於同一事業單位或同一雇主所屬不同事業場所工作時，應將在各該場所之工作時間合併計算，並加計往來於事業場所間所必要之交通時間。

第20條 雇主有下列情形之一者，應即公告周知：
一、依本法第30條第2項、第3項或第30條之1第1項第1款規定變更勞工正常工作時間。
二、依本法第30條之1第1項第2款或第32條第1項、第2項、第4項規定延長勞工工作時間。
三、依本法第34條第2項但書規定變更勞工更換班次時之休息時間。
四、依本法第36條第2項或第4項規定調整勞工例假或休息日。

第20-1條 本法所定雇主延長勞工工作之時間如下：
一、每日工作時間超過八小時或每週工作總時數超過四十小時之部分。但依本法第30條第2項、第3項或第30條之1第1項第1款變更工作時間者，為超過變更後工作時間之部分。
二、勞工於本法第36條所定休息日工作之時間。

第21條　本法第30條第5項所定出勤紀錄，包括以簽到簿、出勤卡、刷卡機、門禁卡、生物特徵辨識系統、電腦出勤紀錄系統或其他可資覈實記載出勤時間工具所為之紀錄。

前項出勤紀錄，雇主因勞動檢查之需要或勞工向其申請時，應以書面方式提出。

第22條　本法第32條第2項但書所定每三個月，以每連續三個月為一週期，依曆計算，以勞雇雙方約定之起迄日期認定之。

本法第32條第5項但書所定坑內監視為主之工作範圍如下：

一、從事排水機之監視工作。

二、從事壓風機或冷卻設備之監視工作。

三、從事安全警報裝置之監視工作。

四、從事生產或營建施工之紀錄及監視工作。

第22-1條　本法第32條第3項、第34條第3項及第36條第5項所定雇主僱用勞工人數，以同一雇主僱用適用本法之勞工人數計算，包括分支機構之僱用人數。

本法第32條第3項、第34條第3項及第36條第5項所定當地主管機關，為雇主之主事務所、主營業所或公務所所在地之直轄市政府或縣（市）政府。

本法第32條第3項、第34條第3項及第36條第5項所定應報備查，雇主至遲應於開始實施延長工作時間、變更休息時間或調整例假之前一日為之。**但因天災、事變或突發事件不及報備查者，應於原因消滅後二十四小時內敘明理由為之。**

第22-2條　本法第32條之1所定補休，應依勞工延長工作時間或休息日工作事實發生時間先後順序補休。補休之期限逾依第24條第2項所約定年度之末日者，以該日為期限之末日。

前項補休期限屆期或契約終止時，發給工資之期限如下：

一、補休期限屆期：於契約約定之工資給付日發給或於補休期限屆期後三十日內發給。

二、契約終止：依第9條規定發給。

勞工依本法第32條之1主張權利時，雇主如認為其權利不存在，應負舉證責任。

第22-3條　本法第36條第1項、第2項第1款及第2款所定之例假，以每七日為一週期，依曆計算。雇主除依同條第4項及第5項規定調整者外，不得使勞工連續工作逾六日。

第23條　（刪除）

第23-1條　本法第37條所定休假遇本法第36條所定例假及休息日者，應予補假。但不包括本法第37條指定應放假之日。

前項補假期日，由勞雇雙方協商排定之。

第24條　勞工於符合本法第38條第1項所定之特別休假條件時，取得特別休假之權利；其計算特別休假之工作年資，應依第5條之規定。

依本法第38條第1項規定給予之特別休假日數，勞工得於勞雇雙方協商之下列期間內，行使特別休假權利：

一、以勞工受僱當日起算，每一週年之期間。但其工作六個月以上一年未滿者，為取得特別休假權利後六個月之期間。

二、每年一月一日至十二月三十一日之期間。

三、教育單位之學年度、事業單位之會計年度或勞雇雙方約定年度之期間。

雇主依本法第38條第3項規定告知勞工排定特別休假，應於勞工符合特別休假條件之日起三十日內為之。

第24-1條　本法第38條第4項所定年度終結，為前條第2項期間屆滿之日。

本法第38條第4項所定雇主應發給工資，依下列規定辦理：

一、發給工資之基準：

(一) 按勞工未休畢之特別休假日數，乘以其一日工資計發。

(二) 前目所定一日工資，為勞工之特別休假於年度終結或契約終止前一日之正常工作時間所得之工資。其為計月者，為年度終結或契約終止前最近一個月正常工作時間所得之工資除以三十所得之金額。

(三) 勞雇雙方依本法第38條第4項但書規定協商遞延至次一年度實施者，按原特別休假年度終結時應發給工資之基準計發。

二、發給工資之期限：

(一) 年度終結：於契約約定之工資給付日發給或於年度終結後三十日內發給。

(二) 契約終止：依第9條規定發給。

勞雇雙方依本法第38條第4項但書規定協商遞延至次一年度實施者，其遞延之日數，於次一年度請休特別休假時，優先扣除。

第24-2條　本法第38條第5項所定每年定期發給之書面通知，依下列規定辦理：

一、雇主應於前條第2項第2款所定發給工資之期限前發給。

二、書面通知，得以紙本、電子資料傳輸方式或其他勞工可隨時取得及得列印之資料為之。

第24-3條　本法第39條所定休假日，為本法第37條所定休假及第38條所定特別休假。

第五章　童工、女工

第25條　本法第44條第2項所定危險性或有害性之工作，依職業安全衛生有關法令之規定。

第26條　雇主對依本法第50條第1項請產假之女工，得要求其提出證明文件。

第六章　退休

第27條　本法第53條第1款、第54條第1項第1款及同條第2項但書規定之年齡，應以戶籍記載為準。

第28條　（刪除）

第29條　本法第55條第3項所定雇主得報經主管機關核定分期給付勞工退休金之情形如下：

一、依法提撥之退休準備金不敷支付。

二、事業之經營或財務確有困難。

第29-1條　本法第56條第2項規定之退休金數額，按本法第55條第1項之給與標準，依下列規定估算：

一、勞工人數：為估算當年度終了時適用本法或勞工退休金條例第11條第1項保留本法工作年資之在職勞工，且預估於次一年度內成就本法第53條或第54條第1項第1款退休條件者。

二、工作年資：自適用本法之日起算至估算當年度之次一年度終了或選擇適用勞工退休金條例前一日止。

三、平均工資：為估算當年度終了之一個月平均工資。

前項數額以元為單位，角以下四捨五入。

第七章　職業災害補償

第30條　雇主依本法第59條第2款補償勞工之工資，應於發給工資之日給與。

第31條　本法第59條第2款所稱原領工資，係指該勞工遭遇職業災害前一日正常工作時間所得之工資。其為計月者，以遭遇職業災害前最近一個月正常工作時間所得之工資除以三十所得之金額，為其一日之工資。

罹患職業病者依前項規定計算所得金額低於平均工資者，以平均工資為準。

第32條　依本法第59條第2款但書規定給付之補償，雇主應於決定後十五日內給與。在未給與前雇主仍應繼續為同款前段規定之補償。

第33條　雇主依本法第59條第4款給與勞工之喪葬費應於死亡後三日內，死亡補償應於死亡後十五日內給付。

第34條　本法第59條所定同一事故，依勞工保險條例或其他法令規定，已由雇主支付費用補償者，雇主得予以抵充之。但支付之費用如由勞工與雇主共同負擔者，其補償之抵充按雇主負擔之比例計算。

第34-1條　勞工因遭遇職業災害而致死亡或失能時，雇主已依勞工保險條例規定為其投保，並經保險人核定為職業災害保險事故者，雇主依本法第59條規定給予之補償，以勞工之平均工資與平均投保薪資之差額，依本法第59條第3款及第4款規定標準計算之。

第八章　技術生

第35條　雇主不得使技術生從事家事、雜役及其他非學習技能為目的之工作。但從事事業場所內之清潔整頓，器具工具及機械之清理者不在此限。

第36條　技術生之工作時間應包括學科時間。

第九章　工作規則

第37條　**雇主於僱用勞工人數滿三十人時應即訂立工作規則，並於三十日內報請當地主管機關核備**。
本法第70條所定雇主僱用勞工人數，依第22條之1第1項規定計算。
工作規則應依據法令、勞資協議或管理制度變更情形適時修正，修正後並依第一項程序報請核備。
主管機關認為有必要時，得通知雇主修訂前項工作規則。

第38條　工作規則經主管機關核備後，雇主應即於事業場所內公告並印發各勞工。

第39條　雇主認有必要時，得分別就本法第70條各款另訂單項工作規則。

第40條　事業單位之事業場所分散各地者，雇主得訂立適用於其事業單位全部勞工之工作規則或適用於該事業場所之工作規則。

第十章　監督及檢查

第41條　中央主管機關應每年定期發布次年度勞工檢查方針。
檢查機構應依前項檢查方針分別擬定各該機構之勞工檢查計畫，並於檢查方針發布之日起五十日內報請中央主管機關核定後，依該檢查計畫實施檢查。

第42條　勞工檢查機構檢查員之任用、訓練、服務，除適用公務員法令之規定外，由中央主管機關定之。

第43條　檢查員對事業單位實施檢查時，得通知事業單位之雇主、雇主代理人、勞工或有關人員提供必要文件或作必要之說明。

第44條　檢查員檢查後，應將檢查結果向事業單位作必要之說明，並報告檢查機構。

檢查機構認為事業單位有違反法令規定時，應依法處理。

第45條　事業單位對檢查結果有異議時，應於通知送達後十日內向檢查機構以書面提出。

第46條　本法第74條第1項規定之申訴得以口頭或書面為之。

第47條　雇主對前條之申訴事項，應即查明，如有違反法令規定情事應即改正，並將結果通知申訴人。

第48條　（刪除）

第49條　（刪除）

第十一章　附則

第50條　本法第84條所稱公務員兼具勞工身分者，係指依各項公務員人事法令任用、派用、聘用、遴用而於本法第3條所定各業從事工作獲致薪資之人員。所稱其他所定勞動條件，係指工作時間、休息、休假、安全衛生、福利、加班費等而言。

第50-1條　本法第84條之1第1項第1款、第2款所稱監督、管理人員、責任制專業人員、監視性或間歇性工作，依左列規定：

一、**監督、管理人員：係指受雇主僱用，負責事業之經營及管理工作，並對一般勞工之受僱、解僱或勞動條件具有決定權力之主管級人員。**

二、**責任制專業人員：係指以專門知識或技術完成一定任務並負責其成敗之工作者。**

三、**監視性工作：係指於一定場所以監視為主之工作。**

四、**間歇性工作：係指工作本身以間歇性之方式進行者。**

第50-2條　雇主依本法第84條之1規定將其與勞工之書面約定報請當地主管機關核備時，其內容應包括職稱、工作項目、工作權責或工作性質、工作時間、例假、休假、女性夜間工作等有關事項。

第50-3條　勞工因終止勞動契約或發生職業災害所生爭議，提起給付工資、資遣費、退休金、職業災害補償或確認僱傭關係存在之訴訟，得向中央主管機關申請扶助。

前項扶助業務，中央主管機關得委託民間團體辦理。

第50-4條　本法第28條第2項中華民國104年2月6日修正生效前，雇主有清算或宣告破產之情事，於修正生效後，尚未清算完結或破產終結者，勞工對於該雇主所積欠之退休金及資遣費，得於同條第2項第2款規定之數額內，依同條第5項規定申請墊償。

第51條　本細則自發布日施行。

勞工請假規則

民國112年5月1日修正發布

第1條　本規則依勞動基準法（以下簡稱本法）第43條規定訂定之。

第2條　勞工結婚者給予<u>婚假八日，工資照給</u>。

第3條　勞工喪假依左列規定：
一、父母、養父母、繼父母、配偶喪亡者，給予喪假<u>八日</u>，工資照給。
二、祖父母、子女、配偶之父母、配偶之養父母或繼父母喪亡者，給予喪假<u>六日</u>，<u>工資照給</u>。
三、曾祖父母、兄弟姊妹、配偶之祖父母喪亡者，給予喪假<u>三日</u>，<u>工資照給</u>。

第4條　勞工因普通傷害、疾病或生理原因必須治療或休養者，得在下列規定範圍內請普通傷病假。
一、未住院者，<u>一年內</u>合計不得超過<u>三十日</u>。
二、住院者，<u>二年內</u>合計不得超過<u>一年</u>。
三、<u>**未住院傷病假與住院傷病假二年內合計不得超過一年**</u>。
經醫師診斷，罹患癌症（含原位癌）採門診方式治療或懷孕期間需安胎休養者，其治療或休養期間，併入住院傷病假計算。
普通傷病假<u>一年內</u>未超過<u>三十日</u>部分，<u>**工資折半發給**</u>，其領有勞工保險普通傷病給付未達工資半數者，由雇主補足之。

第5條　勞工普通傷病假超過前條第1項規定之期限，經以事假或特別休假抵充後仍未痊癒者，得予留職停薪。但<u>留職停薪期間以一年為限</u>。

第6條　勞工因職業災害而致失能、傷害或疾病者，其治療、休養期間，給予公傷病假。

第7條　勞工因有事故必須親自處理者，得請事假，<u>一年內</u>合計不得超過<u>十四日</u>。事假期間不給工資。

第8條　勞工依法令規定應給予公假者，工資照給，其假期視實際需要定之。

第9條　雇主**不得因勞工請婚假、喪假、公傷病假及公假，扣發全勤獎金；勞工因妊娠未滿三個月流產未請產假，而請普通傷病假者，亦同。**

第10條　勞工請假時，應於事前親自以**口頭**或**書面**敘明請假理由及日數。但遇有急病或緊急事故，得委託他人代辦請假手續。辦理請假手續時，雇主得要求勞工提出有關證明文件。

第11條　雇主或勞工違反本規則之規定時，主管機關得依本法有關規定辦理。

第12條　本規則自發布日施行。

最低工資法

民國112年12月27日公布

第1條　為確保勞工合理之最低工資，提高勞工及其家庭之生活水準，促進勞資和諧，特制定本法。

最低工資事項，依本法之規定；本法未規定者，適用勞動基準法及其他相關法律之規定。

第2條　本法之主管機關：在中央為勞動部；在直轄市為直轄市政府；在縣（市）為縣（市）政府。

第3條　本法之適用對象為適用勞動基準法之勞工。

本法所稱勞工、雇主、工資及事業單位之定義，依勞動基準法第2條規定。

第4條　最低工資分為每月最低工資及每小時最低工資。

第5條　勞工與雇主雙方議定之工資，不得低於最低工資；其議定之工資低於最低工資者，以本法所定之最低工資為其工資數額。

第6條　中央主管機關應設最低工資審議會（以下簡稱審議會），審議最低工資。

第7條　審議會置委員21人，由勞動部部長擔任召集人，並為當然委員；其餘委員之組成如下：

一、經濟部代表1人。

二、國家發展委員會代表1人。

三、勞方代表7人。

四、資方代表7人。

五、學者專家4人。

前項勞方代表及資方代表，分別由全國性勞工及工商之相關團體推薦後，由中央主管機關遴聘之。

第1項第5款學者專家，由中央主管機關遴聘之。

審議會委員，任一性別比例不得少於三分之一。

第8條　審議會委員任期為2年，期滿得續聘。

前條第1項第1款至第4款所定委員辭職或出缺者，由原推薦機關或團體重行推薦，經中央主管機關遴聘，任期至原任期屆滿之日為止。

前條第1項第5款所定委員辭職或出缺者，由中央主管機關另行遴聘，任期至原任期屆滿之日為止。

審議會委員均為無給職。

第9條　最低工資之審議，應參採消費者物價指數年增率擬訂調整幅度。

前項審議，並得參採下列資料：

一、勞動生產力指數年增率。

二、勞工平均薪資年增率。

三、國家經濟發展狀況。

四、國民所得及平均每人所得。

五、國內生產毛額及成本構成之分配比率。

六、民生物價及生產者物價變動狀況。

七、各業產業發展情形及就業狀況。

八、各業勞工工資。

九、家庭收支狀況。

十、最低生活費。

第10條　審議會應於每年第三季召開會議。但依第13條第2項規定召開者，不在此限。

最低工資之審議，應有委員二分之一以上出席，始得開會；審議未能達成共識者，得經出席委員過半數同意議決之。

審議會委員應親自出席，不得委任他人代理。

第11條　中央主管機關應於審議會會議結束後30日內，於該機關網站公開會議資料及紀錄。

第12條　中央主管機關應組成研究小組，研究最低工資審議事宜。

前項研究小組之組成，應包括下列人員：

一、學者專家6人，其中4人由第7條第1項第5款所定學者專家擔任，其餘由中央主管機關遴聘之。

二、中央主管機關、國家發展委員會、經濟部、財政部及行政院主計
　　總處各指派1人。
第1項研究小組應於每年四月向審議會提出最低工資實施對經濟及就
業狀況之影響報告，並於審議會召開會議30日前，就第9條所定審議
參採資料提出研究報告及調整建議。

第13條　中央主管機關應於最低工資審議通過之次日起10日內，報請行政院
　　　　　核定後公告實施。
　　　　　行政院不予核定者，中央主管機關應於收到不予核定函之日起30日
　　　　　內，再召開審議會進行審議，並將審議結果依前項規定報請行政院予
　　　　　以核定。

第14條　經行政院核定之最低工資，除審議會認有另定實施日期必要，並經行
　　　　　政院核定者外，自次年1月1日實施。

第15條　中央主管機關依第13條第1項規定公告實施最低工資前，原依勞動基
　　　　　準法公告之基本工資繼續有效。
　　　　　本法施行後第一次公告之最低工資數額，不得低於本法施行前最後一
　　　　　次依勞動基準法公告之基本工資數額。

第16條　最低工資之監督及檢查，適用勞動基準法監督與檢查及其他相關事項
　　　　　之規定。

第17條　勞工與雇主雙方議定之工資低於最低工資者，由直轄市、縣（市）主
　　　　　管機關處雇主或事業單位新臺幣2萬元以上100萬元以下罰鍰，並得
　　　　　依事業單位規模、違反人數或違反情節，加重其罰鍰至法定罰鍰最高
　　　　　額二分之一。
　　　　　經依前項規定處以罰鍰者，直轄市、縣（市）主管機關應公布該事業
　　　　　單位或事業主之名稱、負責人姓名、處分日期及罰鍰金額，並限期令
　　　　　其改善；屆期未改善者，應按次處罰。
　　　　　直轄市、縣（市）主管機關裁處罰鍰，得審酌與違反行為有關之勞工
　　　　　人數、累計違法次數或未依法給付之金額，為量罰輕重之基準。

第18條　本法施行後，其他法規關於基本工資之規定，適用本法最低工資之
　　　　　規定。

第19條　本法施行日期，由行政院定之。

勞工退休金條例

民國108年5月15日修正公布

第一章　總則

第1條　為增進勞工退休生活保障，加強勞雇關係，促進社會及經濟發展，特制定本條例。

勞工退休金事項，優先適用本條例。本條例未規定者，適用其他法律之規定。

第2條　本條例所稱主管機關：在中央為勞動部。在直轄市為直轄市政府；在縣（市）為縣（市）政府。

第3條　本條例所稱勞工、雇主、事業單位、勞動契約、工資及平均工資之定義，依勞動基準法第2條規定。

第4條　中央主管機關為監理本條例與勞動基準法第56條第3項規定勞工退休基金之管理及運用業務，應聘請政府機關代表、勞工代表、雇主代表及專家學者，以勞動基金監理會（以下簡稱監理會）行之。

前項監理會之監理事項、程序、人員組成、任期與遴聘及其他相關事項之辦法，由中央主管機關定之。

第5條　勞工退休金之收支、保管、滯納金之加徵及罰鍰處分等業務，由中央主管機關委任勞動部勞工保險局（以下稱勞保局）辦理之。

第6條　雇主應為適用本條例之勞工，按月提繳退休金，儲存於勞保局設立之勞工退休金個人專戶。

除本條例另有規定者外，雇主不得以其他自訂之勞工退休金辦法，取代前項規定之勞工退休金制度。

第二章　制度之適用與銜接

第7條　本條例之適用對象為適用勞動基準法之下列人員，但依私立學校法之規定提撥退休準備金者，不適用之：

一、本國籍勞工。

二、與在中華民國境內設有戶籍之國民結婚，且獲准居留而在臺灣地區工作之外國人、大陸地區人民、香港或澳門居民。

三、前款之外國人、大陸地區人民、香港或澳門居民，與其配偶離婚或其配偶死亡，而依法規規定得在臺灣地區繼續居留工作者。

四、前二款以外之外國人，經依入出國及移民法相關規定許可永久居留，且在臺灣地區工作者。

本國籍人員、前項第2款至第4款規定之人員具下列身分之一，得自願依本條例規定提繳及請領退休金：

一、實際從事勞動之雇主。　　二、自營作業者。

三、受委任工作者。　　　　　四、不適用勞動基準法之勞工。

第8條　本條例施行前已適用勞動基準法之勞工，於本條例施行後仍服務於同一事業單位者，得選擇繼續適用勞動基準法之退休金規定。但於離職後再受僱時，應適用本條例之退休金制度。

公營事業於本條例施行後移轉民營，公務員兼具勞工身分者繼續留用，得選擇適用勞動基準法之退休金規定或本條例之退休金制度。

第8-1條　下列人員自下列各款所定期日起，應適用本條例之退休金制度：

一、第7條第1項第2款、第3款人員及於中華民國99年7月1日後始取得本國籍之勞工，於本條例102年12月31日修正之條文施行日。

二、第7條第1項第4款人員，於本條例108年4月26日修正之條文施行日。

三、前二款人員於各該修正條文施行後始取得各該身分者，為取得身分之日。

前項所定人員於各該修正條文施行前已受僱且仍服務於同一事業單位者，於適用本條例之日起六個月內，得以書面向雇主表明選擇繼續適用勞動基準法之退休金規定。

依前項規定向雇主表明選擇繼續適用勞動基準法之退休金規定者，不得再變更選擇適用本條例之退休金制度。

勞工依第1項規定適用本條例退休金制度者，其適用本條例前之工作年資依第11條規定辦理。

雇主應為依第1項及第2項規定適用本條例退休金制度之勞工，向勞保局辦理提繳手續，並至遲於第1項及第2項規定期限屆滿之日起十五日內申報。

第9條　雇主應自本條例公布後至施行**前一日**之期間內，就本條例之勞工退休金制度及勞動基準法之退休金規定，以書面徵詢勞工之選擇；勞工屆期未選擇者，自本條例施行之日起繼續適用勞動基準法之退休金規定。

勞工選擇繼續自本條例施行之日起適用勞動基準法之退休金規定者，於**五年**內仍得選擇適用本條例之退休金制度。

雇主應為適用本條例之退休金制度之勞工，依下列規定向勞保局辦理提繳手續：

一、依第1項規定選擇適用者，應於本條例施行後**十五日**內申報。

二、 依第2項規定選擇適用者，應於選擇適用之日起**十五日**內申報。

三、 本條例施行後新成立之事業單位，應於成立之日起十五日內申報。

第10條　勞工適用本條例之退休金制度後，不得再變更選擇適用勞動基準法之退休金規定。

第11條　本條例施行前已適用勞動基準法之勞工，於本條例施行後，仍服務於同一事業單位而選擇適用本條例之退休金制度者，其適用本條例前之工作年資，應予保留。

前項保留之工作年資，於勞動契約依勞動基準法第11條、第13條但書、第14條、第20條、第53條、第54條或職業災害勞工保護法第23條、第24條規定終止時，雇主應依各法規定，以契約終止時之平均工資，計給該保留年資之資遣費或退休金，並於終止勞動契約後**三十日**內發給。

第1項保留之工作年資，於勞動契約存續期間，勞雇雙方約定以不低於勞動基準法第55條及第84條之2規定之給與標準結清者，從其約定。

公營事業之公務員兼具勞工身分者，於民營化之日，其移轉民營前年資，依民營化前原適用之退休相關法令領取退休金。但留用人員應停止其領受月退休金及相關權利，至離職時恢復。

第12條　勞工適用本條例之退休金制度者，適用本條例後之工作年資，於勞動契約依勞動基準法第11條、第13條但書、第14條及第20條或職業災害勞工保護法第23條、第24條規定終止時，**其資遣費由雇主按其工作年資，每滿一年發給二分之一個月之平均工資，未滿一年者，以比例計給；最高以發給六個月平均工資為限**，不適用勞動基準法第17條之規定。

依前項規定計算之**資遣費，應於終止勞動契約後三十日內發給**。

選擇繼續適用勞動基準法退休金規定之勞工，其資遣費與退休金依同法第17條、第55條及第84條之2規定發給。

第13條　為保障勞工之退休金，雇主應依選擇適用勞動基準法退休制度與保留適用本條例前工作年資之勞工人數、工資、工作年資、流動率等因素精算其勞工退休準備金之提撥率，繼續依勞動基準法第56條第1項規定，按月於五年內足額提撥勞工退休準備金，以作為支付退休金之用。

勞雇雙方依第11條第3項規定，約定結清之退休金，得自勞動基準法第56條第1項規定之勞工退休準備金專戶支應。

依第11條第4項規定應發給勞工之退休金，應依公營事業移轉民營條例第9條規定辦理。

第三章　退休金專戶之提繳與請領

第14條　**雇主應為第7條第1項規定之勞工負擔提繳之退休金，不得低於勞工每月工資百分之六。**

雇主得為第7條第2項第3款或第4款規定之人員，於每月工資百分之六範圍內提繳退休金。

第7條規定之人員，得在其每月工資百分之六範圍內，自願提繳退休金；其自願提繳之退休金，不計入提繳年度薪資所得課稅。

第7條第2項第1款至第3款規定之人員，得在其每月執行業務所得百分之六範圍內，自願提繳退休金；其自願提繳之退休金，不計入提繳年度執行業務收入課稅。

第1項至第3項所定每月工資及前項所定每月執行業務所得，由中央主管機關擬訂月提繳分級表，報請行政院核定之。

第15條　於同一雇主或依第7條第2項、前條第3項自願提繳者，**一年**內調整勞工退休金之提繳率，以**二次**為限。調整時，雇主應於調整當月底前，填具提繳率調整表通知勞保局，並自通知之**次月一日**起生效；其提繳率計算至百分率小數點第一位為限。

勞工之工資如在當年**二月**至**七月**調整時，其雇主應於當年**八月底**前，將調整後之月提繳工資通知勞保局；如在當年**八月**至次年**一月**調整時，應於次年**二月底**前通知勞保局，其調整均自通知之**次月一日**起生效。

雇主為第7條第1項所定勞工申報月提繳工資不實或未依前項規定調整月提繳工資者，勞保局查證後得逕行更正或調整之，並通知雇主，且溯自提繳日或應調整之次月一日起生效。

第16條　勞工退休金自勞工到職之日起提繳至離職當日止。但選擇自本條例施行之日起適用本條例之退休金制度者，其提繳自選擇適用本條例之退休金制度之日起至離職當日止。

第17條　依第7條第2項自願提繳退休金者，由雇主或自營作業者向勞保局辦理開始或停止提繳手續，並按月扣、收繳提繳數額。

前項自願提繳退休金者，自申報自願提繳之日起至申報停止提繳之當日止提繳退休金。

第18條　雇主應於勞工到職、離職、復職或死亡之日起七日內，列表通知勞保局，辦理開始或停止提繳手續。

第19條　雇主應提繳及收取之退休金數額，由勞保局繕具繳款單於次月<u>二十五</u><u>日</u>前寄送事業單位，雇主應於再次月底前繳納。

勞工自願提繳退休金者，由雇主向其收取後，連同雇主負擔部分，向勞保局繳納。其退休金之提繳，自申報自願提繳之日起至離職或申報停繳之日止。

雇主未依限存入或存入金額不足時，勞保局應限期通知其繳納。

自營作業者之退休金提繳，應以勞保局指定金融機構辦理自動轉帳方式繳納之，勞保局不另寄發繳款單。

第20條　勞工留職停薪、入伍服役、因案停職或被羈押未經法院判決確定前，雇主應於發生事由之日起<u>七日</u>內以書面向勞保局申報停止提繳其退休金。勞工復職時，雇主應以書面向勞保局申報開始提繳退休金。

因案停職或被羈押勞工復職後，應由雇主補發停職期間之工資者，雇主應於**復職當月之再次月底**前補提繳退休金。

第21條　**雇主提繳之金額，應每月以書面通知勞工。**

雇主應置備僱用勞工名冊，其內容包括勞工到職、離職、出勤工作紀錄、工資、每月**提繳紀錄及相關資料，並保存至勞工離職之日起五年止**。

勞工依本條例規定選擇適用退休金制度相關文件之保存期限，依前項規定辦理。

第22條　（刪除）

第23條　退休金之領取及計算方式如下：

一、月退休金：勞工個人之退休金專戶本金及累積收益，依據年金生命表，以平均餘命及利率等基礎計算所得之金額，作為定期發給之退休金。

二、一次退休金：一次領取勞工個人退休金專戶之本金及累積收益。

前項提繳之勞工退休金運用收益，不得低於以當地銀行<u>二年</u>定期存款利率計算之收益；有不足者，由國庫補足之。

第1項第1款所定年金生命表、平均餘命、利率及金額之計算，由勞保局擬訂，報請中央主管機關核定。

第24條　**勞工年滿六十歲，得依下列規定之方式請領退休金：**

一、工作年資滿十五年以上者，選擇請領月退休金或一次退休金。

二、工作年資未滿十五年者，請領一次退休金。

依前項第1款規定選擇請領退休金方式，經勞保局核付後，不得變更。

第1項工作年資採計，以實際提繳退休金之年資為準。年資中斷者，其前後提繳年資合併計算。

勞工不適用勞動基準法時，於有第1項規定情形者，始得請領。

第24-1條 勞工領取退休金後繼續工作者，其提繳年資重新計算，雇主仍應依本條例規定提繳勞工退休金；勞工領取年資重新計算之退休金及其收益次數，一年以一次為限。

第24-2條 **勞工未滿六十歲，有下列情形之一，其工作年資滿十五年以上者，得請領月退休金或一次退休金。但工作年資未滿十五年者，應請領一次退休金：**

一、領取勞工保險條例所定之失能年金給付或失能等級三等以上之一次失能給付。

二、領取國民年金法所定之身心障礙年金給付或身心障礙基本保證年金給付。

三、非屬前二款之被保險人，符合得請領第1款失能年金給付或一次失能給付之失能種類、狀態及等級，或前款身心障礙年金給付或身心障礙基本保證年金給付之障礙種類、項目及狀態。

依前項請領月退休金者，由勞工決定請領之年限。

第25條 勞工開始請領月退休金時，應一次提繳一定金額，投保年金保險，作為超過第23條第3項所定平均餘命後之年金給付之用。

前項規定提繳金額、提繳程序及承保之保險人資格，由中央主管機關定之。

第26條 勞工於請領退休金前死亡者，應由其遺屬或指定請領人請領一次退休金。

已領取月退休金勞工，於未屆第23條第3項所定平均餘命或第24條之2第2項所定請領年限前死亡者，停止給付月退休金。其個人退休金專戶結算謄餘金額，由其遺屬或指定請領人領回。

第27條 依前條規定請領退休金遺屬之順位如下：

一、配偶及子女。　　　　　二、父母。　　　三、祖父母。

四、孫子女。　　　　　　　五、兄弟、姊妹。

前項遺屬同一順位有數人時，應共同具領，有未具名之遺屬者，由具領之遺屬負責分配之；有死亡、拋棄或因法定事由喪失繼承權時，由其餘遺屬請領之。但生前預立遺囑指定請領人者，從其遺囑。

　　　　　　勞工死亡後，有下列情形之一者，其退休金專戶之本金及累積收益應
　　　　　　歸入勞工退休基金：
　　　　　　一、　無第1項之遺屬或指定請領人。
　　　　　　二、　第1項之遺屬或指定請領人之退休金請求權，因時效消滅。

第28條　勞工或其遺屬或指定請領人請領退休金時，應填具申請書，並檢附相
　　　　　　關文件向勞保局請領；相關文件之內容及請領程序，由勞保局定之。
　　　　　　請領手續完備，經審查應予發給月退休金者，應自收到申請書**次月**起
　　　　　　按季發給；其為請領一次退休金者，應自收到申請書之日起**三十日**內
　　　　　　發給。
　　　　　　勞工或其遺屬或指定請領人請領之退休金結算基準，由中央主管機關
　　　　　　定之。
　　　　　　第1項勞工之**遺屬或指定請領人退休金請求權，自得請領之日起，因
　　　　　　十年間不行使而消滅**。

第29條　勞工之退休金及請領勞工退休金之權利，不得讓與、扣押、抵銷或供
　　　　　　擔保。
　　　　　　勞工依本條例規定請領退休金者，得檢具勞保局出具之證明文件，於
　　　　　　金融機構開立專戶，專供存入退休金之用。
　　　　　　前項專戶內之存款，不得作為抵銷、扣押、供擔保或強制執行之
　　　　　　標的。

第30條　雇主應為勞工提繳之金額，不得因勞工離職，扣留勞工工資作為賠償
　　　　　　或要求勞工繳回。約定離職時應賠償或繳回者，其約定無效。

第31條　雇主未依本條例之規定按月提繳或足額提繳勞工退休金，致勞工受有
　　　　　　損害者，勞工得向雇主請求損害賠償。
　　　　　　前項**請求權，自勞工離職時起，因五年間不行使而消滅**。

第32條　勞工退休基金之來源如下：
　　　　　　一、勞工個人專戶之退休金。　　二、基金運用之收益。
　　　　　　三、收繳之滯納金。　　　　　　四、其他收入。

第33條　勞工退休基金除作為給付勞工退休金及投資運用之用外，不得扣押、
　　　　　　供擔保或移作他用；其管理、運用及盈虧分配之辦法，由中央主管機
　　　　　　關擬訂，報請行政院核定之。
　　　　　　勞工退休基金之管理、經營及運用業務，由勞動部勞動基金運用局
　　　　　　（以下簡稱基金運用局）辦理；該基金之經營及運用，基金運用局得
　　　　　　委託金融機構辦理，委託經營規定、範圍及經費，由基金運用局擬
　　　　　　訂，報請中央主管機關核定之。

第34條　勞保局與基金運用局對於勞工退休金及勞工退休基金之財務收支，應分戶立帳，並與其辦理之其他業務分開處理；其相關之會計報告及年度決算，應依有關法令規定辦理，並由基金運用局彙整，報請中央主管機關備查。

前項勞工退休基金之收支、運用與其積存金額及財務報表，基金運用局應按月報請中央主管機關備查，中央主管機關應按年公告之。

第四章　年金保險

第35條　事業單位僱用勞工人數**二百人**以上，經**工會**同意，或**無工會者**，經**勞資會議**同意後，得為以書面選擇投保年金保險之勞工，投保符合保險法規定之年金保險。

前項選擇投保年金保險之勞工，雇主得不依第6條第1項規定為其提繳勞工退休金。

第1項所定年金保險之收支、核准及其他應遵行事項之辦法，由中央主管機關定之；事業單位採行前項規定之年金保險者，應報請中央主管機關核准。

第1項年金保險之平均收益率不得低於第23條之標準。

第35-1條　保險人應依保險法規定專設帳簿，記載其投資資產之價值。

勞工死亡後無遺屬或指定請領人者，其年金保險退休金之本金及累積收益，應歸入年金保險專設帳簿之資產。

第35-2條　實施年金保險之事業單位內適用本條例之勞工，得以一年一次為限，變更原適用之退休金制度，改為參加個人退休金專戶或年金保險，原已提存之退休金或年金保險費，繼續留存。雇主應於勞工書面選擇變更之日起十五日內，檢附申請書向勞保局及保險人申報。

第36條　**雇主每月負擔之年金保險費，不得低於勞工每月工資百分之六**。

前項雇主應負擔之年金保險費，及勞工自願提繳之年金保險費數額，由保險人繕具繳款單於次月**二十五日**前寄送事業單位，雇主應於再**次月月底**前繳納。雇主應提繳保險費之收繳情形，保險人應於繳納期限之**次月七日**前通知勞保局。

勞工自願提繳年金保險費者，由雇主向其收取後，連同雇主負擔部分，向保險人繳納。其保險費之提繳，自申報自願提繳之日起至離職或申報停繳之日止。

雇主逾期未繳納年金保險費者，保險人應即進行催收，並限期雇主於應繳納期限之次月月底前繳納，催收結果應於再次月之七日前通知勞保局。

第37條 年金保險之契約應由雇主擔任要保人，勞工為被保險人及受益人。事業單位以向一保險人投保為限。保險人之資格，由中央主管機關會同該保險業務之主管機關定之。

第38條 勞工離職後再就業，所屬年金保險契約應由新雇主擔任要保人，繼續提繳保險費。新舊雇主開辦或參加之年金保險提繳率不同時，其差額由勞工自行負擔。但新雇主自願負擔者，不在此限。

前項勞工之新雇主未辦理年金保險者，應依第6條第1項規定提繳退休金。除勞雇雙方另有約定外，所屬年金保險契約之保險費由勞工全額自行負擔；勞工無法提繳時，年金保險契約之存續，依保險法及各該保險契約辦理。

第1項勞工離職再就業時，得選擇由雇主依第6條第1項規定提繳退休金。

勞工離職再就業，前後適用不同退休金制度時，選擇移轉年金保險之保單價值準備金至個人退休金專戶，或個人退休金專戶之本金及收益至年金保險者，應全額移轉，且其已提繳退休金之存儲期間，不得低於四年。

第39條 第7條至第13條、第14條第2項至第5項、第15條、第16條、第20條、第21條、第24條、第24條之1、第24條之2、第27條第1項、第2項、第29條至第31條規定，於本章所定年金保險準用之。

第五章　監督及經費

第40條 為確保勞工權益，主管機關、勞動檢查機構或勞保局必要時得查對事業單位勞工名冊及相關資料。

勞工發現雇主違反本條例規定時，得向雇主、勞保局、勞動檢查機構或主管機關提出申訴，雇主不得因勞工提出申訴，對其做出任何不利之處分。

第41條 受委託運用勞工退休基金之金融機構，發現有意圖干涉、操縱、指示其運用或其他有損勞工利益之情事時，應通知基金運用局。基金運用局認有處置必要者，應即通知中央主管機關採取必要措施。

第42條 主管機關、勞保局、基金運用局、受委託之金融機構及其相關機關、團體所屬人員，不得對外公布業務處理上之秘密或謀取非法利益，並應善盡管理人忠誠義務，為基金謀取最大之效益。

第43條 勞保局及基金運用局辦理本條例規定行政所須之費用，應編列預算支應。

第44條　勞保局及基金運用局辦理本條例規定業務之一切帳冊、單據及業務收支，均免課稅捐。

第六章　罰則

第45條　受委託運用勞工退休基金之機構違反第33條第2項規定，將勞工退休基金用於非指定之投資運用項目者，處新臺幣**二百萬元**以上**一千萬元**以下罰鍰，中央主管機關並應限期令其附加利息歸還。

第45-1條　雇主有下列各款情事之一者，處新臺幣三十萬元以上一百五十萬元以下罰鍰，並限期令其給付；屆期未給付者，應按次處罰：
一、違反第11條第2項或第12條第1項、第2項規定之給與標準或期限。
二、違反第39條準用第11條第2項或第12條第1項、第2項規定之給與標準或期限。

第46條　保險人違反第36條第2項規定，未於期限內通知勞保局者，處新臺幣**六萬元**以上**三十萬元**以下罰鍰，並限期令其改善，屆期未改善者，應按次處罰。

第47條　（刪除）

第48條　事業單位違反第40條規定，拒絕提供資料或對提出申訴勞工為不利處分者，處新臺幣**三萬元**以上**三十萬元**以下罰鍰。

第49條　雇主違反第8條之1第5項、第9條、第18條、第20條第1項、第21條第2項、第35條之2或第39條規定，未辦理申報提繳、停繳手續、置備名冊或保存文件，經限期改善，屆期未改善者，處新臺幣**二萬元**以上**十萬元**以下罰鍰，並按月處罰至改正為止。

第50條　雇主違反第13條第1項規定，未繼續按月提撥勞工退休準備金者，處新臺幣**二萬元**以上**三十萬元**以下罰鍰，並應按月處罰，不適用勞動基準法之罰鍰規定。
主管機關對於前項應執行而未執行時，應以公務員考績法令相關處罰規定辦理。
第1項收繳之罰鍰，歸入勞動基準法第56條第3項勞工退休基金。

第51條　雇主違反第30條或第39條規定，扣留勞工工資者，處新臺幣一萬元以上五萬元以下罰鍰。

第52條　雇主違反第15條第2項、第21條第1項或第39條申報、通知規定者，處新臺幣**五千元**以上**二萬五千元**以下罰鍰。

第53條　雇主違反第14條第1項、第19條第1項或第20條第2項規定，未按時提
　　　　繳或繳足退休金者，自期限屆滿之次日起至完繳前一日止，每逾一日
　　　　加徵其應提繳金額**百分之三**滯納金至應提繳金額之一倍為止。
　　　　前項雇主欠繳之退休金，經勞保局限期令其繳納，屆期未繳納者，依
　　　　法移送行政執行。雇主有不服者，得依法提起行政救濟。
　　　　雇主違反第36條及第39條規定，未按時繳納或繳足保險費者，處其
　　　　應負擔金額同額之罰鍰，並按月處罰至改正為止。
　　　　第1項及第2項規定，溯自中華民國94年7月1日生效。

第53-1條　雇主違反本條例，經主管機關或勞保局處以罰鍰或加徵滯納金者，應
　　　　公布其事業單位或事業主之名稱、負責人姓名、處分期日、違反條文
　　　　及處分金額；受委託運用勞工退休基金之機構經依第45條規定處以
　　　　罰鍰者，亦同。

第54條　依本條例加徵之滯納金及所處之罰鍰，受處分人應於收受通知之日起
　　　　三十日內繳納；屆期未繳納者，依法移送行政執行。
　　　　第39條所定年金保險之罰鍰處分及移送行政執行業務，委任勞保局
　　　　辦理之。

第54-1條　雇主未依本條例規定繳納退休金或滯納金，且無財產可供執行或其財
　　　　產不足清償者，由其代表人或負責人負清償責任。
　　　　前項代表人或負責人經勞保局限期令其繳納，屆期未繳納者，依法移
　　　　送行政執行。

第55條　法人之代表人或其他從業人員、自然人之代理人或受僱人，因執行業
　　　　務違反本條例規定，除依本章規定處罰行為人外，對該法人或自然人
　　　　並應處以各該條所定之罰鍰。但法人之代表人或自然人對於違反之發
　　　　生，已盡力為防止行為者，不在此限。
　　　　法人之代表人或自然人教唆或縱容為違反之行為者，以行為人論。

第七章　附則

第56條　事業單位因分割、合併或轉讓而消滅者，其積欠勞工之退休金，應由
　　　　受讓之事業單位當然承受。

第56-1條　勞保局對於雇主未依本條例規定繳納之退休金及滯納金，優先於普通
　　　　債權受清償。

第56-2條　勞工退休金不適用下列規定：
　　　　一、公司法有關公司重整之債務免責規定。
　　　　二、消費者債務清理條例有關清算之債務免責規定。
　　　　三、破產法有關破產之債務免責規定。

第56-3條 勞保局為辦理勞工退休金業務所需必要資料，得請相關機關提供，各該機關不得拒絕。

　　　　勞保局依前項規定取得之資料，應盡善良管理人之注意義務，相關資料之保有、處理及利用等事項，應依個人資料保護法之規定為之。

第57條 本條例施行細則，由中央主管機關定之。

第58條 本條例自公布後一年施行。

　　　　本條例修正條文，除已另定施行日期者外，自公布日施行。

勞工退休金條例施行細則
民國110年7月12日修正發布

第一章　　總則

第1條 本細則依勞工退休金條例（以下簡稱本條例）第57條規定訂定之。

第2條 雇主依本條例第6條第1項規定申報提繳退休金時，應填具勞工退休金提繳單位申請書（以下簡稱提繳單位申請書）及勞工退休金提繳申報表（以下簡稱提繳申報表）各一份送勞動部勞工保險局（以下簡稱勞保局）。

　　　　前項已參加勞工保險或就業保險者，得免填提繳單位申請書，其提繳單位編號由勞保局逕行編列。

第3條 雇主依本條例第6條第1項規定申報提繳退休金時，除政府機關、公立學校及使用政府機關（構）提供之線上申請系統辦理者外，應檢附雇主國民身分證影本，或負責人國民身分證影本及下列證件影本：

　　一、工廠：工廠登記有關證明文件。

　　二、礦場：礦場登記證、採礦或探礦執照。

　　三、鹽場、農場、牧場、林場、茶場等：登記證書。

　　四、交通事業：運輸業許可證或有關證明文件。

　　五、公用事業：事業執照或有關證明文件。

　　六、公司、行號：公司登記證明文件或商業登記證明文件。

　　七、私立學校、新聞事業、文化事業、公益事業、合作事業、漁業、職業訓練機構及各業人民團體：立案或登記證明書。

　　八、其他事業單位：目的事業主管機關核發之許可或證明文件。

　　　　不能取得前項各款規定之證件者，應檢附稅捐稽徵機關核發之扣繳單位設立（變更）登記或使用統一發票購票證辦理。

　　　　依第1項規定應檢附負責人國民身分證影本者，負責人非本國籍時，以居留證或護照影本為之。

第4條　有下列資料變更時,雇主應於**三十日**內向勞保局申請:
一、 事業單位之名稱、登記地址或通訊地址變更。
二、 負責人變更。
未依前項規定辦理變更手續者,勞保局得依勞工保險或就業保險之投保單位變更資料或相關機關登記之資料逕予變更。

第4-1條　雇主為本條例第7條第1項第2款至第4款人員申報提繳退休金時,應檢附其在我國居留證影本。
依本條例第7條第2項規定自願提繳退休金者,準用前項規定。

第4-2條　本條例第7條第2項第2款所稱自營作業者,指有下列情形之一,並獲致報酬,且未僱用有酬人員幫同工作者:
一、 自己經營或合夥經營事業。
二、 獨立從事勞動或技藝工作。

第二章　制度之適用及銜接

第5條　雇主依本條例第9條第1項規定以**書面**徵詢勞工,應由勞工親自簽名。書面徵詢格式一式二份,雇主及勞工各留存一份。
雇主應將徵詢結果填具勞工退休金制度選擇及提繳申報表寄交勞保局,並留存一份。
勞工依本條例第9條第1項規定選擇本條例勞工退休金制度時,除依第1項規定以**書面**向雇主表明外,並得以書面向勞保局聲明。雇主申報如與勞工聲明不同者,以**勞工聲明**為準。
勞工依本條例第9條第2項規定選擇適用本條例退休金制度時,應以書面為之,並親自簽名。
勞工依本條例第8條之1第2項規定選擇適用勞動基準法之退休金規定時,應以書面為之,並親自簽名;該書面一式二份,雇主及勞工各留存一份。

第6條　事業單位未經核准實施年金保險前,應依本條例第6條第1項規定為勞工提繳退休金至個人退休金專戶。

第7條　事業單位依本條例第35條第1項規定徵詢勞工之選擇時,勞工未選擇參加年金保險者,除選擇適用勞動基準法之退休金制度者外,雇主應為其提繳退休金至個人退休金專戶。
新進勞工未選擇參加年金保險者,雇主應為其提繳退休金至個人退休金專戶。
雇主徵詢勞工之選擇時,應以書面為之,並由勞工親自簽名。書面徵詢格式一式二份,雇主及勞工應各留存一份。

第8條	本條例施行後，經中央主管機關公告指定適用勞動基準法之勞工，應適用本條例之退休金制度，由雇主為其提繳退休金至個人退休金專戶，並於適用勞動基準法之日起**十五日**內向勞保局辦理申報。但依本條例第35條規定實施年金保險者，不在此限。
	前項勞工適用本條例前之工作年資，其退休金及資遣費給與標準，依勞動基準法第84條之2規定辦理。
第9條	勞工同期間受僱於二個以上之雇主者，各該雇主應依本條例第6條規定分別提繳。
第10條	勞工遭遇職業災害，醫療中不能工作之期間，雇主應以勞動基準法第59條第2款規定之原領工資，依月提繳分級表按月為勞工提繳退休金。
第11條	事業單位依勞動基準法第20條規定改組、轉讓或依企業併購法、金融機構合併法進行併購者，其留用勞工依本條例第8條之1第2項、第9條第1項、第2項、第11條第1項或第35條第1項規定選擇適用之退休金制度及保留之工作年資，併購後存續、新設或受讓之事業單位應予承受。
第12條	勞工得將依本條例第13條第2項規定約定結清之退休金，移入勞保局之個人退休金專戶或依本條例投保之年金保險；於未符合本條例第24條第1項或第24條之2第1項規定之請領退休金條件前，不得領回。
	勞工依前項規定全額移入退休金者，其所採計工作年資，始得併計為本條例第24條及第24條之2第1項之工作年資；移入時，應通知勞保局或保險人。
第12-1條	（刪除）
第13條	（刪除）
第14條	選擇適用個人退休金專戶之勞工，離職後再就業，依本條例第35條第1項規定選擇投保年金保險時，得選擇保留已提存之個人退休金專戶，或一次將其個人退休金專戶之本金及收益移轉至年金保險。
	選擇投保年金保險之勞工，離職後再就業，選擇由雇主為其提繳退休金至個人退休金專戶時，得選擇保留已提存之年金保險，或一次將其年金保險之保單價值準備金移轉至個人退休金專戶。
	依前二項規定之移轉，勞保局及保險人應於收到申請書之日起**三十日**內，完成移轉作業。

第三章　　退休金專戶之提繳與請領

第15條　依本條例第14條第1項至第3項規定提繳之退休金，由雇主或委任單位按勞工每月工資總額，依月提繳分級表之標準，向勞保局申報。

勞工每月工資如不固定者，以最近**三個月**工資之平均為準。

新進勞工申報提繳退休金，其工資尚未確定者，暫以同一工作等級勞工之工資，依月提繳分級表之標準申報。

適用本條例之勞工同時為勞工保險或全民健康保險之被保險人者，除每月工資總額低於勞工保險投保薪資分級表下限者外，其月提繳工資金額不得低於勞工保險投保薪資或全民健康保險投保金額。

第16條　雇主每月負擔之勞工退休金提繳率，除向勞保局申報以不同提繳率為個別勞工提繳外，應依相同之提繳率按月提繳。

雇主未為本條例第7條第1項人員申報提繳率或申報未達**百分之六**者，以**百分之六**計算。

第17條　雇主依本條例規定辦理開始或停止提繳勞工退休金，應填具申報表送勞保局。

未依前項規定辦理者，勞保局得暫以雇主申報所屬勞工參加勞工保險或就業保險加保或退保生效日期，並依所申報之勞工保險投保薪資或全民健康保險投保金額為月提繳工資，開始或停止計收勞工退休金。

第18條　雇主所送勞工退休金申報資料，有疏漏者，除提繳率應依第16條規定辦理外，應於接到勞保局書面通知之翌日起**十日**內補正。

第19條　勞工或受委任工作者之姓名、出生年月日及國民身分證統一編號或居留證統一證號有變更或錯誤時，雇主或委任單位應即填具勞工資料變更申請書，並檢附國民身分證影本、居留證影本或有關證件，送勞保局辦理變更。

未依前項規定辦理者，勞保局得依勞工保險或就業保險之被保險人變更資料或相關機關登記之資料逕予變更。

第20條　實際從事勞動之雇主自願提繳退休金時，應與所僱用之勞工併同辦理。

第21條　本條例第7條第1項及第2項第3款、第4款人員依本條例第14條第3項規定自願提繳退休金者，雇主或委任單位應填具提繳申報表通知勞保局，並得自其工資中扣繳，連同雇主負擔部分，一併向勞保局繳納。

前項人員停止自願提繳退休金時，應通知雇主或委任單位，由雇主或委任單位填具停止提繳申報表送勞保局，辦理停止自願提繳退休金。

依本條例第14條第3項或第4項規定自願提繳退休金者，因可歸責於其個人事由而屆期未繳納，視同停止提繳。

第21-1條 自營作業者依本條例申報提繳退休金時,應填具自營作業者自願提繳勞工退休金申請書及委託轉帳代繳勞工退休金約定書,並檢附國民身分證或居留證影本送勞保局辦理。

自營作業者之姓名、出生年月日、國民身分證統一編號或居留證統一證號、戶籍或通訊地址有變更或錯誤時,應檢附國民身分證或居留證影本,向勞保局辦理變更。

第22條 勞工退休金繳款單採按月開單,每月以**三十日**計算。

雇主為每一勞工提繳之退休金總額,以元為單位,角以下四捨五入。

雇主應提繳及收取之退休金數額,由勞保局繕具繳款單於次月二十五日前寄發或以電子資料傳輸方式遞送雇主繳納。

委任單位為受委任工作者提繳退休金時,應依前三項規定辦理。

第23條 提繳退休金時,雇主或委任單位應持勞工退休金繳款單至指定之代收機構繳納或以辦理自動轉帳方式繳納之。

自營作業者每月自願提繳退休金數額,由勞保局於次月二十五日前計算,並於再次月底前,由自營作業者委託轉帳代繳勞工退休金之金融機構帳戶扣繳之。

第24條 雇主未依勞工退休金繳款單所載金額足額繳納者,由勞保局逕行將雇主所繳金額按每位勞工應提繳金額比例分配之。

第25條 勞工退休金繳款單所載金額與雇主應繳金額不符時,雇主應先照額全數繳納,並向勞保局提出調整理由,經勞保局查明後,於計算最近月份提繳金額時,一併結算。

第26條 雇主於每月**十五日**前尚未收到勞保局上個月應寄發之勞工退休金繳款單時,應通知勞保局補發。

第27條 事業單位有歇業、解散、破產宣告或已無營業事實,且未僱用勞工者,其應提繳退休金及應加徵滯納金之計算,以事實確定日為準,未能確定者,以勞保局查定之日為準。

第28條 雇主依本條例第18條及第20條第1項規定申報停止提繳退休金時,勞工自願提繳部分即同時停止。

第29條 雇主應將每月為勞工所提繳之退休金數額,於勞工薪資單中註明或另以其他書面方式或以電子資料傳輸方式通知勞工。勞工自願提繳之退休金數額,亦應一併註明,年終時應另掣發收據。

第30條 (刪除)

第31條 本條例第23條第1項第1款之年金生命表、平均餘命、利率及金額,由勞保局擬訂,報請中央主管機關核定後主動公開之,並至少每**三年**檢討一次。

第32條　本條例第23條第2項所定勞工退休金運用收益，不得低於以當地銀行二年定期存款利率計算之收益，為開始提繳之日起至依法領取退休金之日止期間之累積收益，不得低於同期間以每年當地銀行二年定期存款利率之全年平均利率計算之累積收益。

前項所稱當地銀行二年定期存款利率，指依臺灣銀行股份有限公司、第一銀行股份有限公司、合作金庫銀行股份有限公司、華南銀行股份有限公司、土地銀行股份有限公司、彰化銀行股份有限公司等六家行庫每月第一個營業日牌告二年期小額定期存款之固定利率，計算之平均年利率。

勞動部勞動基金運用局（以下簡稱基金運用局）應每月公告前項平均年利率，作為當月之最低保證收益率。

第33條　勞工申請月退休金者，因提繳時差尚未提繳入專戶之金額，以已提繳論。

屆期未繳入專戶者，應由其月退休金額中沖還。

請領一次退休金者，其當月退休金專戶本金，以核定時已提繳入專戶之金額為準，其後所提繳之金額，勞保局應無息核發請領人。

第34條　勞工或其遺屬或指定請領人申請退休金時之累積收益金額，除已分配入專戶之收益外，尚未分配期間之收益，以申請當月基金運用局公告最近月份之收益率，計算至申請當月止。

前項所定收益率，計算至百分率小數點第四位。

第35條　本條例第24條第1項及第24條之2第1項之工作年資，以實際提繳退休金之月數計算。

勞工參加本條例年金保險之工作年資，將年金保險之保單價值準備金全額移撥至個人退休金專戶者，始合併計算。

第36條　（刪除）

第37條　勞工依本條例第28條第1項規定請領勞工退休金時，應填具勞工退休金申請書。

勞工依本條例第24條之2第1項規定請領勞工退休金時，應填具提前請領勞工退休金申請書；依該條第1項第3款規定請領者，並應檢附重度以上身心障礙手冊（證明）正背面影本。

前二項請領人未於國內設有戶籍者，應另檢附身分證明相關文件。

第37-1條　本條例第25條規定之年金保險開辦前，勞工依本條例規定，選擇請領月退休金者，其個人退休金專戶之累積數額，全數依本條例第23條第1項第1款規定計算發給。

勞保局依本條例第24條之2核發月退休金數額時，應以勞工決定請領月退休金之年限，作為本條例第23條第1項第1款之月退休金計算基礎。

前項年限應以年為單位，並以整數計之。經核發後，不得再為變更。

第38條 勞工之遺屬或指定請領人依本條例第28條規定請領勞工退休金者，應填具勞工遺屬或指定請領人之退休金申請書，並檢附下列文件：

一、 載有勞工死亡日期之戶口名簿影本、死亡診斷書、檢察官相驗屍體證明書、死亡宣告裁定或相當證明文件。

二、 請領人與勞工非同一戶籍者，其證明身分關係之相關戶口名簿影本或相當證明文件。

三、 遺囑指定請領人應檢附之身分證明文件影本及遺囑影本。

指定請領人有二人以上者，應依本條例第27條第2項規定辦理。遺囑載有分配比例者，請領人應於領取後自行分配。

第39條 勞工或其遺屬或指定請領人，因僑居國外，不能返國或來臺請領勞工退休金時，可由請領人擬具委託書，並檢附僑居地之我國駐外使領館、代表處、辦事處或其他外交部授權機構（以下簡稱駐外館處）或該國出具之身分證明文件，委託代領轉發。

前項委託書及身分證明文件，應包含中文譯本，送我國駐外館處驗證，中文譯本未認證者，應由我國法院或民間公證人公證。但委託書及身分證明文件為英文者，除勞保局認有需要外，得予免附中文譯本。

第1項請領人為大陸地區人民，無法來臺領取退休金時，得由請領人擬具委託書，並附身分證明文件委託代領轉發。委託書及身分證明文件需經大陸公證並經我國認可之相關機構驗證。

第40條 本條例第28條第2項所定月退休金，以定期方式按季發給；其核發日期如下：

一、 一月至三月份之月退休金，於二月底前發給。

二、 四月至六月份之月退休金，於五月三十一日前發給。

三、 七月至九月份之月退休金，於八月三十一日前發給。

四、 十月至十二月份之月退休金，於十一月三十日前發給。

前項申請之第一次月退休金經勞保局審查核可者，自收到申請書之次月起核發至當季止。

第41條 依本條例第28條第2項規定應發給之退休金，由勞保局匯入勞工或其遺屬或指定請領人指定之金融機構之本人名義帳戶；其帳戶在國外者，手續費用由領取人負擔。

第42條　退休金領取人經勞保局查明不符請領退休金規定者,應自收到返還通知之日起<u>三十日</u>內,將已領取之退休金返還。屆期未返還者,應附加法定遲延利息一併返還。

第43條　(刪除)

第四章　監督及經費

第44條　勞保局辦理本條例第5條及第34條規定事項之執行情形,應配合決算編製相關規定,擬具決算報告,並按月將下列書表送基金運用局彙整,報請中央主管機關備查:

一、提繳單位數、提繳人數、提繳工資統計表。

二、退休金核發統計表。

三、退休金收支會計報表。

四、其他經中央主管機關審議規定之文件。

第45條　依本條例第44條規定免課之稅捐如下:

一、辦理勞工退休金所用之帳冊契據,免徵印花稅。

二、辦理勞工退休金所收退休金、滯納金、罰鍰,及因此所承受強制執行標的物之收入、雜項收入及基金運用之收支,免納營業稅及所得稅。

第五章　附則

第46條　本條例第19條第3項及第49條規定限期繳納及改善之期限,不得逾<u>三十日</u>。但事業單位遭逢天災或不可抗力者,於必要時得予以延長至<u>六十日</u>。

第47條　雇主違反本條例第19條第1項規定者,自同條第3項期限屆滿之次日起,依本條例第53條第1項規定加徵滯納金。

第48條　(刪除)

第48-1條　勞工因終止勞動契約所生爭議,提起給付退休金或資遣費之訴訟,得向中央主管機關申請扶助。

前項扶助業務,中央主管機關得委託民間團體辦理。

第49條　本細則規定之各種書表格式,由勞保局定之。

第50條　本細則自中華民國九十四年七月一日施行。

本細則修正條文,除中華民國一百零三年六月二十四日修正發布之第38條自一百零四年一月一日施行外,自發布日施行。

勞工退休金條例年金保險實施辦法
民國110年7月12日修正發布

第一章　總則

第1條　本辦法依勞工退休金條例（以下簡稱本條例）第35條第3項及第37條規定訂定之。

第2條　事業單位實施勞工退休金條例年金保險（以下簡稱本保險），應依本辦法規定，本辦法未規定者，依其他法令規定。
　　　　保險人及保險業務員、保險代理人及保險經紀人經營、執行本保險業務，應依本辦法規定，本辦法未規定者，依其他法令規定。

第3條　本辦法之主管機關為勞動部。
　　　　本辦法所稱保險業務主管機關，指保險法所定主管機關。

第4條　本辦法所稱保險業，係指經營保險法第13條第3項人身保險業務之機構。
　　　　本辦法所稱保險代理人、保險業務員及保險經紀人，係指保險法第8條、第8條之1及第9條規定者。

第5條　雇主依本條例第36條第1項為勞工提繳年金保險費之本金及收益，應作為給付勞工退休金之用；勞工未符合請領條件前，不得請領保單價值準備金。

第6條　年金保險契約約定之權利，不得讓與、扣押、抵銷或供擔保。要保人及被保險人不得以保險契約為質，向保險人借款。

第7條　投保本保險、請領給付之手續及應備文件，除本辦法規定者外，年金保險契約另有約定者，從其約定。
　　　　年金保險之最低保單價值準備金累積期間、行政費用、保單價值準備金及收益計算方式之約定，年金保險契約中應予明顯標示。
　　　　保險人應發給勞工保險證，保險證中應載明年金保險投保及保險給付等事項之申訴及處理程式。

第二章　年金保險之實施與變更

第8條　本條例第35條第1項所稱僱用**勞工人數，以申請實施本保險之當月一日投保勞工保險之人數為準**，包括事業單位分支機構及所屬單位僱用勞工之總人數。
　　　　經核准實施年金保險之事業單位，於僱用勞工人數減少至二百人以下時，得繼續實施。

第9條　金融控股公司及其子公司所僱用之勞工人數合計達二百人以上者，經依工會法第6條第1項第1款所組織之全數企業工會同意，無工會者，經全數勞資會議同意後，得併同申請實施年金保險。

第10條　事業單位徵詢勞工參加年金保險意願，應先將年金保險單條款交付勞工，並明確告知年金保險內容。

第11條　事業單位經勞雇雙方合意，依本條例第35條第3項規定申請實施年金保險時，應檢附下列文件報請主管機關核准：
一、申請書。
二、雇主身分證、工廠登記、公司登記及商業登記證明文件影本。
三、工會同意參加年金保險之同意書。無工會者，檢附勞資會議同意之會議紀錄。
四、參加年金保險之勞工簽名同意書影本。
五、經審查核准之年金保險單條款及證明文件。
六、其他經主管機關規定之文件。
前項第3款之工會同意書有效期間為二年。

第12條　事業單位有下列情形之一者，應報請主管機關備查：
一、參加年金保險之勞工變更保險人事項。
二、調降或調高年金保險費提繳率事項。
三、足以影響勞工退休金給付標準事項。
四、其他經主管機關規定之事項。
有前項情形者，事業單位應檢附勞工之簽名同意書、原投保之年金保險契約及變更之年金保險契約內容。

第13條　年金保險契約未經勞工同意，雇主不得變更或終止。任意變更或終止致勞工受有損害者，勞工得向雇主請求賠償。
事業單位依第16條第1項辦理投保或變更時，未檢附主管機關之核准文件者，保險人不得受理；保險人未依規定辦理，致勞工受有損害者，勞工得向保險人請求賠償。

第14條　主管機關應於受理事業單位申請實施年金保險之翌日起六十日內核復，並副知勞動部勞工保險局（以下簡稱勞保局）；申請變更時，亦同。
前項年金保險之申請或變更所需文件有欠缺者，應於限期內補正，逾期不補正者，駁回其申請。
前項主管機關應自受理補正之翌日起算三十日內核復。
事業單位所報事項或文件經查證有虛偽情事者，於行政處分後三個月內不得重新申請。

第15條　事業單位應於核准實施或變更年金保險內容之日起十五日內,於事業單位內公告年金保險單條款周知並通知勞工。

第16條　事業單位應於核准實施本保險之日起十五日內,檢附核准文件向保險人辦理投保年金保險手續。投保手續完備者,自辦理之次月一日生效。變更時,亦同。

　　　　　雇主應於投保生效後十五日內,將保險人交付之年金保險單條款與投保證明轉交參加年金保險之勞工,並將參加年金保險勞工名冊送勞保局。

　　　　　新到職勞工經書面徵詢選擇參加年金保險者,自到職日起計算應提繳之年金保險費。雇主應於其到職之日起七日內通知保險人,並於簽約後十五日內交付年金保險單條款與保險人所製作之投保證明予勞工。

　　　　　雇主應於每月月底將當月份參加年金保險勞工投保資料送勞保局,不需另行辦理個人退休金專戶之停止提繳手續。

第17條　事業單位之勞工參加年金保險之保險人不同時,經參加年金保險之勞工同意,得變更保險人。

第18條　事業單位進行併購而消滅,原勞工已依本條例第35條第1項規定投保年金保險者,併購後存續、受讓或新設之事業單位應繼續為其提繳年金保險費。

　　　　　併購之事業單位所投保之年金保險之保險人不同時,併購後存續、受讓或新設事業單位得於併購後,經參加年金保險之勞工同意,選定一保險人投保年金保險。

第19條　事業單位經勞工同意,變更保險人時,應檢附變更保險人之勞工名冊,以書面通知原保險人、新保險人及勞保局。

　　　　　前項變更自事業單位通知保險人之次月一日起生效。

　　　　　不同意變更保險人之勞工,得繼續其原有之年金保險,或選擇由雇主為其提繳退休金至勞保局之個人退休金專戶。

第三章　年金保險費之提繳

第20條　雇主為勞工提繳年金保險費之月提繳工資,應按勞工每月工資,依本條例第14條第5項提繳分級表之標準提繳,並向保險人申報。

　　　　　勞工每月工資不固定者,以最近三個月工資之平均為準申報;新進勞工工資尚未確定者,暫以同一工作等級勞工之工資為準申報。

　　　　　參加年金保險之勞工同時為勞工保險或全民健康保險之被保險人者,除每月工資總額低於勞工保險投保薪資分級表下限者外,其月提繳工資金額不得低於勞工保險投保薪資或全民健康保險投保金額。

第21條 **雇主得為本條例第7條第2項第3款或第4款規定之人員，於每月工資百分之六範圍內提繳年金保險費。**

本條例第7條第2項第1款、第3款或第4款規定之人員，得在其每月工資或執行業務所得百分之六範圍內，自願提繳年金保險費。

本條例第7條第2項第1款所定實際從事勞動之雇主自願提繳年金保險費時，應與其所僱用之勞工併同辦理。

第22條 雇主應於勞工復職、離職、死亡、留職停薪、入伍服役、因案停職或被羈押之日起七日內，以書面向保險人申報開始或停止提繳年金保險費。

因案停職或被羈押勞工復職後，應由雇主補發停職期間之工資者，雇主應於復職當月之再次月底前補繳年金保險費。

雇主依第1項申報停止提繳時，勞工自願提繳部分，應即同時停止扣繳。但年金保險契約另有約定者，從其約定。

勞工依前項但書自行繳納，其自行繳納之年資不計入第42條之工作年資。

第23條 勞工自願另行提繳年金保險費者，雇主應通知保險人，並得自其工資中扣繳，連同雇主負擔部分，一併向保險人繳納。勞工不願提繳時，於通知雇主後，由雇主通知保險人，辦理其自願提繳部分停止提繳。

第24條 參加年金保險勞工之姓名、性別、出生年月日及國民身分證統一編號或居留證統一證號如有變更或錯誤時，雇主應即填具資料變更申請書，並檢附其國民身分證影本、居留證影本或有關證件，送保險人辦理變更。

雇主所送參加年金保險之申報資料，有疏漏者，應於接到保險人書面通知之翌日起十日內補正。

第25條 雇主應負擔之年金保險費，及勞工自願提繳之年金保險費數額，由保險人繕具繳款單於次月二十五日前寄送事業單位，雇主應於再次月月底前繳納。雇主應提繳保險費之收繳情形，保險人應於繳納期限之次月七日前通知勞保局。

雇主於每月十五日前尚未收到保險人上個月寄發之繳款單時，應先照前期數額繳納，並通知保險人補發。

雇主逾期未繳納年金保險費者，保險人應即進行催收，並限期雇主於應繳納期限之次月月底前繳納，催收結果應於再次月之七日前通知勞保局。

第26條 年金保險費採按月計費，每月以三十日計算。

雇主為每一勞工提繳之年金保險費總額以元為單位，角以下四捨五入。

第27條 雇主未依年金保險費繳款單所載之雇主應提繳金額足額繳納者,由保險人逕行將雇主所繳金額按每位勞工應提繳金額比例分配之。

第28條 年金保險費繳款單所載金額與雇主應繳金額不符時,雇主應先照額全數繳納,並向保險人提出調整理由,經保險人查明後,於計算最近月份提繳金額時,一併結算之。

第29條 **雇主應將每月為勞工所提繳之年金保險費數額,於勞工薪資單中註明或另以其他書面方式通知勞工。**勞工自願提繳之年金保險費數額,亦應一併註明。

保險人於年終時,應另掣發收據給勞工。

第30條 雇主為勞工辦理投保或其他代辦之手續,不得向勞工及保險人收取任何費用。

第31條 雇主應提繳之年金保險費與勞工自願提繳部分,保險人應分別立帳,作成帳冊文件,明確記載提繳率、繳費之期間及金額,承受轉換保單時,亦同。

第32條 保險人應每月列表通知雇主,載明個別勞工至上月底止之保單價值準備金,並由雇主轉知所屬勞工。

第33條 保險人收到年金保險費後,應掣發保險費收據於次月七日前寄發雇主,並依勞保局之規定,將投保及收繳年金保險費之資料送交勞保局。

第34條 實施年金保險事業單位內適用本條例之勞工,依本條例第35條之2規定,變更原選擇適用退休金制度者,該項變更自雇主申報之次月一日生效。

第35條 **參加年金保險之勞工離職後再就業,所屬年金保險應由新雇主擔任要保人,繼續提繳保險費。**

勞工離職後未就業,或離職後再就業選擇參加新雇主所投保之年金保險,原年金保險之要保人,應轉換為勞工本人,勞工並得選擇繼續、停止繳費或辦理減額繳費,依轉換當時保單價值準備金繼續累積收益。

勞工離職後再就業,申請將原年金保險之保單價值準備金移轉至新雇主所投保之年金保險時,原保險人應依第67條規定於收到申請之日起三十日內完成移轉程序。

第36條 保險契約不得約定所累積之保單價值準備金期間已逾四年者,仍不得變更保險人、轉換保單或移轉保單價值準備金。

保險人有終止經營年金保險業務或有併購之情形,致年金保險契約終

止或轉換保單，被保險人不受前項四年期間之限制，得選擇新保險人或移轉保單價值準備金至其個人退休金專戶，原保險人及併購後存續之保險人均不得拒絕。

第1項期間之計算，以收到雇主為個別勞工提繳之第一筆年金保險費之日起算。

年金保險契約已達約定之最低保單價值準備金累積期間者，保險人應通知勞工。

勞工或其遺屬或指定受益人符合受益年金保險之退休金條件者，保險人不得以最低保單價值準備金累積期間之約定限制其請領。

第37條　事業單位因歇業、解散、破產宣告或勞雇雙方合意而致終止實施本保險時，至遲應於終止實施日前三十日公告周知勞工，並載明下列事項通知保險人及主管機關：

一、　終止事由。

二、　事業單位負責人、破產管理人、清算人。

三、　年金保險契約之轉換計畫。

四、　歇業、解散、破產宣告或合意終止實施生效日期。

事業單位有歇業、解散、破產宣告或已無營業事實，且未僱用勞工者，以事實確定日為準，停止提繳年金保險費。

第四章　年金保險之退休金給付

第38條　保險人應掣發年金保險權益說明書於每年二月底前交由要保人。要保人為雇主者，由雇主於收到後十日內轉交勞工或受委任工作者。

前項權益說明書應包括下列事項：

一、　勞工或受委任工作者個人基本資料：姓名、國民身分證統一編號、居留證統一證號、性別、出生年月日、受僱日期等。

二、　年金保險之契約生效日期、符合請領年金保險之退休金日期及累積已提繳年資。

三、　至上一年度止累積應繳納與已繳納之保險費總額。

四、　至上一年度止之保單價值準備金。

五、　至上一年度投資收益相關資訊。

六、　至上一年度保證收益及實際收益率。

勞工或受委任工作者對前項說明書向雇主提出疑義時，雇主應請保險人於十五日內回覆處理情形。

第39條　**勞工**依本條例施行細則第12條第1項規定，**將結清之退休金移入所投保之年金保險**，或依本條例施行細則第14條規定**移轉勞工個人退休**

金專戶之本金及收益，或**年金保險之保單價值準備金**時，勞保局及保險人應明確記載其工作年資、提繳期間、移轉日期及金額，並**分別開立證明予勞工。**

第40條　勞工依本條例施行細則第14條第2項規定，向保險人申請將其年金保險之保單價值準備金移撥至個人退休金專戶者，保險人應將勞工之結算保單價值準備金金額、年金保險費提繳期間及移轉日期等資料送交勞保局。

依前項結算之保單價值準備金，如未達本條例第35條第4項之平均收益率時，保險人應先予補足。保單價值準備金結算明細表，保險人應以書面送交勞工。

勞工對前項結算保單價值準備金如有疑義時，保險人應負責說明；有不足者，應補足之。

第41條　勞工依本條例施行細則第14條第2項規定將年金保險之保單價值準備金移轉至個人退休金專戶，或依第42條規定請領年金保險之退休金，其工作年資以雇主實際提繳年金保險費之月數計算之。

個人退休金專戶之本金及累積收益全額移轉至年金保險者，其工作年資合併計算。

第42條　**勞工請領年金給付年齡，年金保險契約不得約定低於六十歲。**但有本條例第24條之2第1項各款規定情形之一者，不在此限。

年金保險契約，應約定勞工請領年金給付之條件及方式如下：

一、　**勞工年滿六十歲，工作年資滿十五年以上者，得選擇請領月退休金或一次退休金；勞工年滿六十歲，工作年資未滿十五年者，請領一次退休金。**

二、　**勞工未滿六十歲**，有本條例第24條之2第1項各款規定情形之一，其**工作年資滿十五年以上者**，得請領月退休金或一次退休金；工作年資未滿十五年者，應請領一次退休金。

年金保險契約得約定，勞工死亡者，由其指定受益人請領保險金；未指定時，由遺屬請領積存之保單價值準備金。

第43條　**勞工或其遺屬或指定受益人向保險人請領退休金之權利，自得請領之日起，因十年間不行使而消滅。**

第44條　年金保險之退休金採月退休金之方式給付者，保險人每三個月至少應發放一次。

前項月退休金保險人應自收到申請書之次月起，核發第一次之退休金。

第45條　請領一次退休金者，保險人應自收到申請書之日起三十日內發給。

第46條　勞工向保險人請領年金保險之給付應填具申請書，並檢附下列文件：
一、 本人名義之金融機構帳戶影本。
二、 身分證影本或戶籍謄本。
除前項規定文件外，有本條例第24條之2第1項第1款或第2款情形者，應檢附已領取勞工保險或國民年金保險給付之證明文件；有本條例第24條之2第1項第3款情形者，應檢附重度以上身心障礙手冊（證明）正背面影本。

第47條　勞工死亡，其指定受益人或遺屬向保險人請領其積存之保單價值準備金時，應填具申請書，並檢附下列文件：
一、 指定受益人或遺屬本人名義之金融機構帳戶影本。
二、 載有勞工死亡日期之全戶戶籍謄本、死亡診斷書、檢察官相驗屍體證明書或死亡宣告判決書。
三、 請領人與勞工非同一戶籍者，其證明身分關係之相關戶籍謄本。
四、 指定受益人或遺屬應檢附之身分證明文件影本。

第48條　勞工或其遺屬或指定受益人，因僑居國外，不能返國或來臺請領年金保險之退休金時，可由請領人擬具委託書，並檢附僑居地之我國駐外機構或該國出具之身分證明文件，委託代領轉發。
前項委託書及身分證明文件，應包含中文譯本，送我國駐外機構驗證，中文譯本未驗證者，應由我國法院或民間公證人公證。但委託書及身分證明文件為英文者，除保險人認有需要外，得予免附中文譯本。
第1項請領人為大陸地區人民，無法來臺領取退休金時，得由請領人擬具委託書，並附身分證明文件委託代領轉發。委託書及身分證明文件需經大陸公證，並經我國認可之相關機構驗證。

第五章　保險人銷售本保險商品之資格與審核

第49條　保險人銷售本保險商品，應符合下列規定：
一、 依保險法規定取得經營人身保險業務執照之機構，或經保險業務主管機關許可取得在臺經營人身保險業執照之外商保險業在臺分公司。
二、 自有資本與風險資本比率，符合保險法第143條之4第1項之規定。
三、 經主管機關認可之信用評等機構評等A級以上。
四、 最近三年內未因違反保險法令而受保險業務主管機關撤換其董事、總經理或負責本項業務經理人之處分者。
保險人應每二年向主管機關認可之信用評等機構辦理信用評等。

第1項之信用評等，外商保險業在臺分公司或子公司，其債務由國外總公司或母公司負連帶責任者，得以國外總公司或母公司之評等申請。

第50條　符合前條規定資格之保險人，應檢附前條第1款至第3款規定之證明文件送請主管機關審查。

主管機關審查保險人資格，應洽商保險業務主管機關之意見。

第51條　保險人銷售本保險商品前，應依保險法規定辦理其銷售前應採行程式。

保險業務主管機關審查前項本保險商品時，應洽商主管機關意見。

第52條　主管機關應自受理保險業申請之翌日起六十日內核復。經函復限期補正者，應自受理補正文件之翌日起三十日內核復。逾期不補正者，駁回其申請。

保險業依第50條所報文件經查有虛偽情事而退件者，於退件後三個月內不得重新申請。

第53條　勞工退休年金保險單條款應記載下列事項：

一、勞工離職後未就業或離職後再就業自行繼續提繳年金保險費時，要保人應轉換為勞工。

二、勞工離職後未就業或離職後再就業自行繼續提繳年金保險費時，應提供彈性繳費之方式，年金保險契約不因停止繳費而喪失效力或減損保單價值準金。

三、年金保險契約約定之權利，不得讓與、扣押、抵銷或供擔保。

四、年金保險費提繳及退休金請領期間之平均收益率，扣除行政費用後，不得低於當地銀行二年定期存款利率。

五、第5條、第6條、第16條第1項、第35條、第36條、第38條、第40條至第48條及第67條規定之事項。

第54條　保險人經營本保險業務，其商品屬投資型保險者，除本辦法另有規定者外，應依投資型保險投資管理辦法之規定辦理；其商品非屬投資型保險者，應依下列事項辦理：

一、其資金運用適用保險法相關規定。

二、其專設帳簿之設置、記載、資產管理及風險控管等事宜，準用投資型保險投資管理辦法第4條至第6條、第8條及第9條之規定。

第55條　保險人經營本保險業務或因勞工變更保險人、轉換保單而衍生之費用，得於保單中約定收取行政費用，並自收益中逕自扣除。但年金保險之收益率，於扣除行政費用後，仍不得低於當地銀行二年定期存款利率。

承受轉換保單之保險人不得收取保單轉換而衍生之任何費用。

保單轉換衍生之行政費用上限,由保險業務主管機關定之。

第六章 保險人及相關執行業務人員之管理

第56條 保險人執行業務,應善盡善良管理人之注意,忠實執行專設帳戶投資管理業務,確實維護勞工及雇主之利益。

第57條 保險業務員、保險代理人及保險經紀人執行本保險業務前,應接受教育訓練,其教育訓練辦理情形應送請主管機關備查。

第58條 保險業務員、保險代理人及保險經紀人執行本保險業務時,應向事業單位出示核准文件明確告知。

第59條 保險人應將其信用評等及保險商品之簡介、資產配置等資訊登載於公司(處)網站;並應以書面備置於總公司(處)、分公司(處)及通訊處等其他分支機構,或於上述各機構提供電腦設備供大眾公開查閱下載。

第60條 保險人應於每月十五日前將下列書表報請主管機關備查,並於年度終了後二個月內提交總報告:

一、 提繳事業單位數、參加勞工人數、提繳工資之統計事項。

二、 年金保險給付核發統計事項。

三、 申訴或糾紛案件之統計事項。

四、 責任準備金提存、資產配置及保單收益事項。

五、 信用評等事項。

六、 其他經主管機關規定之文件。

前項書表資訊由主管機關彙整後按季公開之。

第61條 主管機關於必要時得限期令保險人據實提供年金保險之收支、保管資料,並得派員、委託適當機構、專業人員或函請保險業務主管機關會同檢查保險人之經營狀況。

第62條 保險人依保險法第145條提存責任準備金時,應包含本條例第35條第4項規定之收益率。

第63條 保險人經營本保險業務,有下列情形之一時,由主管機關通知改善,必要時得函請保險業務主管機關依法處理:

一、 經保險業務主管機關認定保險人之自有資本與風險資本比率,違反保險法第143條之4第1項規定,且未於保險業務主管機關要求之期限內補足、補正或提出補救方案。

二、 嚴重違反保險法令致使其董事、總經理或負責本項業務經理人受到保險業務主管機關撤換之處分。

三、 保險人最近連續二次之信用評等均低於第49條第1項第3款所定之等級。

四、 廣告或宣傳誇大不實。

五、 妨礙主管機關查核業務或業務陳報不實。

六、 其他違反本條例所訂定之法令。

第64條 保險人不得將本保險業務委託其他保險人經營。

保險人終止經營本保險業務或有併購之情形時，至遲應於終止經營本保險或併購基準日之前三十日，載明下列事項，陳報主管機關備查：

一、 終止經營年金保險事由。

二、 年金保險契約之轉換計畫。

三、 終止年金保險業務之日期。

保險人終止經營本保險業務時，應向主管機關陳報，並由主管機關公告之。

第65條 保險人經撤銷或自行終止經營、或因併購之情形而終止本保險業務時，其所簽訂之年金保險契約，應經被保險人同意後轉讓予其他得經營本保險業務之保險人；無法轉讓時，由主管機關會同保險業務主管機關指定保險人承受或由原保險人將保單價值準備金轉移至個人退休金專戶。

前項由保險人轉移至個人退休金專戶之資產，如非屬勞工退休金個人專戶基金管理運用及盈虧分配辦法所定之投資標的者，保險人應依帳面價值以現金交付之。

保險人依第1項完成轉讓年金保險契約，應通知被保險人及勞保局。

保險人依前項變更，原保險人及承受保險契約之保險人均不得向勞工收取任何費用。

第66條 保險人有併購之情事者，被併購之保險人所訂定之年金保險契約依前條第1項轉讓時，其要保人及被保險人之權利義務由併購後存續之保險人概括承受。

第67條 保單價值準備金依第17條、第18條第2項、第19條第3項、第39條或第65條第1項移轉至新保險人或個人退休金專戶時，保險人應於收到申請書或受指定之日起三十日內完成移轉手續。

前項保單價值準備金移轉時，保險人應全額移轉。

第1項保單價值準備金以累積提繳年金保險費之期間，作為計算期間，除已分配之收益外，其尚未分配之收益，以前一期收益分配標準，計算至移轉之前一日止。

第七章　附則

第68條　第11條第1項第1款、第4款、第12條第1項及第37條第1項書表格式，由主管機關定之。

第16條第2項、第33條及第40條第1項申報書表格式，由勞保局另定之。

第69條　本辦法自中華民國94年7月1日施行。

本辦法修正條文，自發布日施行。

積欠工資墊償基金提繳及墊償管理辦法

民國104年5月20日修正發布

第1條　本辦法依勞動基準法（以下簡稱本法）第28條規定訂定之。

第2條　積欠工資墊償基金（以下簡稱本基金）由中央主管機關設積欠工資墊償基金管理委員會（以下簡稱管理委員會）管理之。

本基金之收繳及墊償等業務，委任勞動部勞工保險局（以下簡稱勞保局）辦理；運用業務由勞動部勞動基金運用局（以下簡稱基金運用局）辦理，必要時，並得將其運用，委託金融機構辦理。

勞保局為辦理本基金之收繳及保管事宜，應訂定相關作業規範，提經管理委員會通過，並報請中央主管機關核定。

本基金運用之監理，由中央主管機關行之。

第3條　**本基金由雇主依勞工保險投保薪資總額萬分之二‧五按月提繳。**

第4條　勞保局每月計算各雇主應提繳本基金之數額繕具提繳單，於次月底前寄送雇主，於繳納同月份勞工保險費時，一併繳納。

前項提繳單，雇主於次月底前未收到時，應按上月份提繳數額暫繳，並於次月份提繳時，一併沖轉結算。

第5條　雇主對於提繳單所載金額如有異議，應先照額繳納後，再向勞保局申述理由，經勞保局查明確有錯誤者，於計算次月份提繳金額時沖轉結算。

第6條　雇主提繳本基金，得依法列支為當年度費用。

第7條　本基金墊償範圍，以申請墊償勞工之雇主已提繳本基金者為限。

雇主欠繳本基金，嗣後已補提繳者，勞工亦得申請墊償。

第8條　雇主有歇業之情事，積欠勞工之工資、本法之退休金、資遣費或勞工退休金條例之資遣費（以下簡稱工資、退休金或資遣費），勞工已向

雇主請求而未獲清償，請求墊償時，應檢附當地主管機關開具已註銷、撤銷或廢止工廠、商業或營利事業登記，或確已終止生產、營業、倒閉、解散經認定符合歇業事實之證明文件。

事業單位之分支機構發生註銷、撤銷或廢止工廠登記，或確已終止生產、營業經當地主管機關認定符合歇業事實者，亦得請求墊償。

第9條　雇主有歇業、清算或宣告破產之情事，勞工請求墊償時，應檢附雇主積欠工資、退休金或資遣費之債權證明文件；雇主清算或宣告破產者，並應檢附向清算人或破產管理人申報債權之證明文件。

勞保局於勞工依前項規定請求墊償時，經查證仍未能確定積欠工資、退休金或資遣費金額及工作年資者，得依其勞工保險或就業保險投保薪資及投保年資認定後，予以墊償。

第10條　同一雇主之勞工請求墊償時，應備申請書及下列文件向勞保局申請之：
一、請求墊償項目、金額及勞工名冊。
二、第八條或前條所定證明文件。
三、墊償收據。

前項之申請應一次共同為之。但情況特殊者，不在此限。

第11條　勞工故意隱匿事實或拒絕、妨礙查詢，或為不實之舉證或證明文件者，不予墊償。

第12條　勞工請求墊償，勞保局應自收件日起三十日內核定。如需會同當地主管機關或勞動檢查機構調查該事業單位有關簿冊、憑證、勞工退休準備金專戶及其他相關文件後核辦者，得延長二十日。

第13條　勞工對勞保局之核定事項有異議時，得於接到核定通知之日起三十天內，繕具訴願書，經由勞保局向中央主管機關提起訴願。

第14條　勞保局依本法第28條規定墊償勞工工資、退休金或資遣費後，在墊償金額範圍內，承受勞工對雇主之債權，並得向雇主、清算人或破產管理人請求於一定期間內償還墊款；逾期償還者，自逾期之日起，依基金所存金融機構當期一年定期存款利率計收利息。

雇主欠繳基金者，除追繳及依本法第79條規定處罰鍰外，並自墊付日起計收利息。

第15條　本基金之墊款，應直接發給勞工；勞工死亡時，依本法第59條第4款順位交其遺屬領取，無遺屬者，撤銷其墊償。

前項墊款由遺屬請領者，應檢附下列文件：
一、載有勞工本人死亡日期之戶口名簿影本。

二、 請領人之戶口名簿影本。

三、 請領人及勞工非同一戶籍者，其證明身分關係之相關戶口名簿影本或其他相當證明文件。

同一順位之遺屬有二人以上者，應委任一名遺屬代表請領全部墊款，並負責分配之。

第1項之墊款，匯入勞工本人或其遺屬指定之國外金融機構帳戶者，相關國外匯款手續費，由本基金編列之行政事務費項下支應。

第16條 勞保局或雇主為勞工辦理墊償手續，不得收取任何費用。

第17條 本基金孳息收入，依所得稅法有關規定免徵所得稅。

勞保局及基金運用局辦理本基金有關業務，依有關稅法規定免繳稅捐。

勞工請領墊款之收據，依印花稅法有關規定免徵印花稅。

勞保局於墊償時，應依法代為扣繳墊款之所得稅；雇主或清算人或破產管理人償還墊款時，不再重複扣繳。

第18條 勞保局及基金運用局辦理本基金業務，其每年所需行政經費，應編列預算，經管理委員會審議通過，並報請中央主管機關核定，由本基金孳息支應。

第19條 本基金之運用範圍如下：

一、 存放於金融機構。

二、 以貸款方式供各級政府辦理有償性或可分年編列預算償還之經濟建設或投資支出之用。

三、 購買上市公司股票、國內基金管理機構所發行或經理之證券投資信託基金之受益憑證、國內資產證券化商品。

四、 購買調節本基金經常收支所需票券或債券。

前項第3款運用金額，不得超過本基金淨額之百分之三十。

管理委員會得請基金運用局就年度基金運用情形列席報告。

本基金之收益，除前條規定支應行政經費外，應併入本基金運用。

第20條 勞保局應於每年度結束後編具業務報告，並分別按月將下列各報表請管理委員會轉報中央主管機關備查：

一、 提繳事業單位及勞工人數統計表。

二、 本基金收繳及墊償會計報表。

三、 本基金概況表。

第21條 勞保局取得工資、退休金或資遣費債權後，有下列情形之一，其債權之全部或一部，得經管理委員會審議通過，報請中央主管機關准予呆帳損失列支：

一、　債務人因逃匿或行蹤不明，無從追償者。

二、　取得債務人確已無力清償墊款之證明文件或法院債權憑證者。

三、　與債務人達成和解而未獲清償之墊款，並取得和解證明者。

四、　可償還之金額不敷追償費用者。

五、　依有關法令規定雇主可免除其清償債務責任。

第22條　本辦法所規定之各種書表格式，由勞保局及基金運用局分別定之。

第23條　本基金開始提繳及墊償日期，由中央主管機關以命令定之。

第24條　本辦法自發布日施行。

性別平等工作法

民國112年8月16日修正公布，113年3月8日施行

第一章　總則

第1條　為保障工作權之性別平等，貫徹憲法消除性別歧視、促進性別地位實質平等之精神，爰制定本法。

工作場所性騷擾事件，除校園性騷擾事件依性別平等教育法規定處理外，依本法規定處理。

第2條　雇主與受僱者之約定優於本法者，從其約定。

本法於公務人員、教育人員及軍職人員，亦適用之。但第32條之1、第32條之2、第33條、第34條、第38條及第38條之1之規定，不適用之。

公務人員、教育人員及軍職人員之申訴、救濟及處理程序，依各該人事法令之規定。

本法於雇主依勞動基準法規定招收之技術生及準用技術生規定者，除適用高級中等學校建教合作實施及建教生權益保障法規定之建教生外，亦適用之。但第16條及第17條之規定，不在此限。

實習生於實習期間遭受性騷擾時，適用本法之規定。

第3條　本法用詞，定義如下：

一、　受僱者：指受雇主僱用從事工作獲致薪資者。

二、　求職者：指向雇主應徵工作之人。

三、　雇主：指僱用受僱者之人、公私立機構或機關。代表雇主行使管理權之人或代表雇主處理有關受僱者事務之人，視同雇主。要派單位使用派遣勞工時，視為第8條、第9條、第12條、第13條、第18條、第19條及第36條規定之雇主。

四、實習生：指公立或經立案之私立高級中等以上學校修習校外實習課程之學生。

五、要派單位：指依據要派契約，實際指揮監督管理派遣勞工從事工作者。

六、派遣勞工：指受派遣事業單位僱用，並向要派單位提供勞務者。

七、派遣事業單位：指從事勞動派遣業務之事業單位。

八、薪資：指受僱者因工作而獲得之報酬；包括薪資、薪金及按計時、計日、計月、計件以現金或實物等方式給付之獎金、津貼及其他任何名義之經常性給與。

九、復職：指回復受僱者申請育嬰留職停薪時之原有工作。

第4條　本法所稱主管機關：在中央為勞動部；在直轄市為直轄市政府；在縣（市）為縣（市）政府。

本法所定事項，涉及各目的事業主管機關職掌者，由各該目的事業主管機關辦理。

第5條　各級主管機關應設性別平等工作會，處理審議、諮詢及促進性別平等工作事項。

前項性別平等工作會應置委員5人至11人，任期2年，由具備勞工事務、性別問題之相關學識經驗或法律專業人士擔任之；其中經勞工團體、性別團體推薦之委員各2人；女性委員人數應占全體委員人數二分之一以上；政府機關代表不得逾全體委員人數三分之一。

前2項性別平等工作會組織、會議及其他相關事項，由各級主管機關另定之。

地方主管機關設有就業歧視評議委員會者，第1項性別平等工作會得與該委員會合併設置，其組成仍應符合第2項規定。

第6條　直轄市及縣（市）主管機關為婦女就業之需要應編列經費，辦理各類職業訓練、就業服務及再就業訓練，並於該期間提供或設置托兒、托老及相關福利設施，以促進性別平等工作。

中央主管機關對直轄市及縣（市）主管機關辦理前項職業訓練、就業服務及再就業訓練，並於該期間提供或設置托兒、托老及相關福利措施，得給予經費補助。

第6-1條　主管機關應就本法所訂之性別、性傾向歧視之禁止、性騷擾之防治及促進工作平等措施納入勞動檢查項目。

第二章　性別歧視之禁止

第7條　雇主對求職者或受僱者之招募、甄試、進用、分發、配置、考績或陞遷等，不得因性別或性傾向而有差別待遇。但工作性質僅適合特定性

別者,不在此限。

第8條 雇主為受僱者舉辦或提供教育、訓練或其他類似活動,不得因性別或性傾向而有差別待遇。

第9條 雇主為受僱者舉辦或提供各項福利措施,不得因性別或性傾向而有差別待遇。

第10條 雇主對受僱者薪資之給付,不得因性別或性傾向而有差別待遇;其工作或價值相同者,應給付同等薪資。但基於年資、獎懲、績效或其他非因性別或性傾向因素之正當理由者,不在此限。

雇主不得以降低其他受僱者薪資之方式,規避前項之規定。

第11條 雇主對受僱者之退休、資遣、離職及解僱,不得因性別或性傾向而有差別待遇。

工作規則、勞動契約或團體協約,不得規定或事先約定受僱者有結婚、懷孕、分娩或育兒之情事時,應行離職或留職停薪;亦不得以其為解僱之理由。

違反前二項規定者,其規定或約定無效;勞動契約之終止不生效力。

第三章　性騷擾之防治

第12條 本法所稱性騷擾,指下列情形之一:

一、受僱者於執行職務時,任何人以性要求、具有性意味或性別歧視之言詞或行為,對其造成敵意性、脅迫性或冒犯性之工作環境,致侵犯或干擾其人格尊嚴、人身自由或影響其工作表現。

二、雇主對受僱者或求職者為明示或暗示之性要求、具有性意味或性別歧視之言詞或行為,作為勞務契約成立、存續、變更或分發、配置、報酬、考績、陞遷、降調、獎懲等之交換條件。

本法所稱**權勢性騷擾,指對於因僱用、求職或執行職務關係受自己指揮、監督之人,利用權勢或機會為性騷擾。**

有下列情形之一者,適用本法之規定:

一、受僱者於非工作時間,遭受所屬事業單位之同一人,為持續性性騷擾。

二、受僱者於非工作時間,遭受不同事業單位,具共同作業或業務往來關係之同一人,為持續性性騷擾。

三、受僱者於非工作時間,遭受最高負責人或僱用人為性騷擾。

前三項性騷擾之認定,應就個案審酌事件發生之背景、工作環境、當事人之關係、行為人之言詞、行為及相對人之認知等具體事實為之。

中央主管機關應建立性別平等人才資料庫、彙整性騷擾防治事件各項資料,並作統計及管理。

第13條、第13條之1、第27條至第30條及第36條至第38條之1之規定，於性侵害犯罪，亦適用之。

第1項第1款所定情形，係由不特定人於公共場所或公眾得出入場所為之者，就性騷擾事件之調查、調解及處罰等事項，適用性騷擾防治法之規定。

本法所稱最高負責人，指下列之人：

一、機關（構）首長、學校校長、各級軍事機關（構）及部隊上校編階以上之主官、行政法人董（理）事長、公營事業機構董事長、理事主席或與該等職務相當之人。

二、法人、合夥、設有代表人或管理人之非法人團體及其他組織之對外代表人或與該等職務相當之人。

第13條 **雇主應採取適當之措施，防治性騷擾之發生，並依下列規定辦理：**

一、僱用受僱者10人以上未達30人者，應訂定申訴管道，並在工作場所公開揭示。

二、僱用受僱者30人以上者，應訂定性騷擾防治措施、申訴及懲戒規範，並在工作場所公開揭示。

雇主於知悉性騷擾之情形時，應採取下列立即有效之糾正及補救措施；被害人及行為人分屬不同事業單位，且具共同作業或業務往來關係者，該行為人之雇主，亦同：

一、**雇主因接獲被害人申訴而知悉性騷擾之情形時：**

(一)採行避免申訴人受性騷擾情形再度發生之措施。

(二)對申訴人提供或轉介諮詢、醫療或心理諮商、社會福利資源及其他必要之服務。

(三)對性騷擾事件進行調查。

(四)對行為人為適當之懲戒或處理。

二、**雇主非因前款情形而知悉性騷擾事件時：**

(一)就相關事實進行必要之釐清。

(二)依被害人意願，協助其提起申訴。

(三)適度調整工作內容或工作場所。

(四)依被害人意願，提供或轉介諮詢、醫療或心理諮商處理、社會福利資源及其他必要之服務。

雇主對於性騷擾事件之查證，應秉持客觀、公正、專業原則，並給予當事人充分陳述意見及答辯機會，有詢問當事人之必要時，應避免重複詢問；其內部依規定應設有申訴處理單位者，其人員應有具備性別意識之專業人士。

雇主接獲被害人申訴時，應通知地方主管機關；經調查認定屬性騷擾之案件，並應將處理結果通知地方主管機關。

地方主管機關應規劃整合相關資源，提供或轉介被害人運用，並協助雇主辦理第2項各款之措施；中央主管機關得視地方主管機關實際財務狀況，予以補助。

雇主依第1項所為之防治措施，其內容應包括性騷擾樣態、防治原則、教育訓練、申訴管道、申訴調查程序、應設申訴處理單位之基準與其組成、懲戒處理及其他相關措施；其準則，由中央主管機關定之。

第13-1條 性騷擾被申訴人具權勢地位，且情節重大，於進行調查期間有先行停止或調整職務之必要時，雇主得暫時停止或調整被申訴人之職務；經調查未認定為性騷擾者，停止職務期間之薪資，應予補發。

申訴案件經雇主或地方主管機關調查後，認定為性騷擾，且情節重大者，雇主得於知悉該調查結果之日起30日內，不經預告終止勞動契約。

第四章　促進工作平等措施

第14條 女性受僱者因生理日致工作有困難者，每月得請生理假1日，全年請假日數未逾3日，不併入病假計算，其餘日數併入病假計算。

前項併入及不併入病假之生理假薪資，減半發給。

第15條 雇主於女性受僱者分娩前後，應使其停止工作，給予產假八星期；妊娠3個月以上流產者，應使其停止工作，給予產假4星期；妊娠2個月以上未滿3個月流產者，應使其停止工作，給予產假1星期；妊娠未滿2個月流產者，應使其停止工作，給予產假5日。

產假期間薪資之計算，依相關法令之規定。

受僱者經醫師診斷需安胎休養者，其治療、照護或休養期間之請假及薪資計算，依相關法令之規定。

受僱者妊娠期間，雇主應給予產檢假7日。

受僱者陪伴其配偶妊娠產檢或其配偶分娩時，雇主應給予陪產檢及陪產假7日。

產檢假、陪產檢及陪產假期間，薪資照給。

雇主依前項規定給付產檢假、陪產檢及陪產假薪資後，就其中各逾5日之部分得向中央主管機關申請補助。但依其他法令規定，應給予產檢假、陪產檢及陪產假各逾5日且薪資照給者，不適用之。

前項補助業務，由中央主管機關委任勞動部勞工保險局辦理之。

第16條　受僱者任職滿6個月後，於每一子女滿3歲前，得申請育嬰留職停薪，期間至該子女滿3歲止，但不得逾2年。同時撫育子女2人以上者，其育嬰留職停薪期間應合併計算，最長以最幼子女受撫育2年為限。

育嬰留職停薪期間，得繼續參加原有之社會保險，原由雇主負擔之保險費，免予繳納；原由受僱者負擔之保險費，得遞延3年繳納。

依家事事件法、兒童及少年福利與權益保障法相關規定與收養兒童先行共同生活之受僱者，其共同生活期間得依第1項規定申請育嬰留職停薪。

育嬰留職停薪津貼之發放，另以法律定之。

育嬰留職停薪實施辦法，由中央主管機關定之。

第17條　前條受僱者於育嬰留職停薪期滿後，申請復職時，除有下列情形之一，並經主管機關同意者外，雇主不得拒絕：

一、歇業、虧損或業務緊縮者。

二、雇主依法變更組織、解散或轉讓者。

三、不可抗力暫停工作在1個月以上者。

四、業務性質變更，有減少受僱者之必要，又無適當工作可供安置者。

雇主因前項各款原因未能使受僱者復職時，應於30日前通知之，並應依法定標準發給資遣費或退休金。

第18條　子女未滿2歲須受僱者親自哺（集）乳者，除規定之休息時間外，雇主應每日另給哺（集）乳時間60分鐘。

受僱者於每日正常工作時間以外之延長工作時間達1小時以上者，雇主應給予哺（集）乳時間30分鐘。

前二項哺（集）乳時間，視為工作時間。

第19條　受僱於僱用30人以上雇主之受僱者，為撫育未滿3歲子女，得向雇主請求為下列二款事項之一：

一、每天減少工作時間1小時；減少之工作時間，不得請求報酬。

二、調整工作時間。

受僱於僱用未滿30人雇主之受僱者，經與雇主協商，雙方合意後，得依前項規定辦理。

第20條　受僱者於其家庭成員預防接種、發生嚴重之疾病或其他重大事故須親自照顧時，得請家庭照顧假；其請假日數併入事假計算，全年以7日為限。

家庭照顧假薪資之計算，依各該事假規定辦理。

第21條 受僱者依前七條之規定為請求時，雇主不得拒絕。

受僱者為前項之請求時，雇主不得視為缺勤而影響其全勤獎金、考績或為其他不利之處分。

第22條 （刪除）

第23條 僱用受僱者100人以上之雇主，應提供下列設施、措施：

一、哺（集）乳室。

二、托兒設施或適當之托兒措施。

主管機關對於雇主設置哺（集）乳室、托兒設施或提供托兒措施，應給予經費補助。

有關哺（集）乳室、托兒設施、措施之設置標準及經費補助辦法，由中央主管機關會商有關機關定之。

第24條 主管機關為協助因結婚、懷孕、分娩、育兒或照顧家庭而離職之受僱者獲得再就業之機會，應採取就業服務、職業訓練及其他必要之措施。

第25條 雇主僱用因結婚、懷孕、分娩、育兒或照顧家庭而離職之受僱者成效卓著者，主管機關得給予適當之獎勵。

第五章　救濟及申訴程序

第26條 受僱者或求職者因第7條至第11條或第21條之情事，受有損害者，雇主應負賠償責任。

第27條 受僱者或求職者因遭受性騷擾，受有財產或非財產上損害者，由雇主及行為人連帶負損害賠償責任。但雇主證明其已遵行本法所定之各種防治性騷擾之規定，且對該事情之發生已盡力防止仍不免發生者，雇主不負損害賠償責任。

如被害人依前項但書之規定不能受損害賠償時，法院因其聲請，得斟酌雇主與被害人之經濟狀況，令雇主為全部或一部之損害賠償。

雇主賠償損害時，對於性騷擾行為人，有求償權。

被害人因遭受性騷擾致生法律訴訟，於受司法機關通知到庭期間，雇主應給予公假。

行為人因權勢性騷擾，應依第1項規定負損害賠償責任者，法院得因被害人之請求，依侵害情節，酌定損害額1倍至3倍之懲罰性賠償金。

前項行為人為最高負責人或僱用人，被害人得請求損害額3倍至5倍之懲罰性賠償金。

第28條 受僱者或求職者因雇主違反第13條第2項之義務，受有損害者，雇主應負賠償責任。

第29條　前三條情形，受僱者或求職者雖非財產上之損害，亦得請求賠償相當之金額。其名譽被侵害者，並得請求回復名譽之適當處分。

第30條　第26條至第28條之損害賠償請求權，自請求權人知有損害及賠償義務人時起，2年間不行使而消滅。自有性騷擾行為或違反各該規定之行為時起，逾10年者，亦同。

第31條　受僱者或求職者於釋明差別待遇之事實後，雇主應就差別待遇之非性別、性傾向因素，或該受僱者或求職者所從事工作之特定性別因素，負舉證責任。

第32條　雇主為處理受僱者之申訴，得建立申訴制度協調處理。

第32-1條　受僱者或求職者遭受性騷擾，應向雇主提起申訴。但有下列情形之一者，得逕向地方主管機關提起申訴：
一、被申訴人屬最高負責人或僱用人。
二、雇主未處理或不服被申訴人之雇主所為調查或懲戒結果。
受僱者或求職者依前項但書規定，向地方主管機關提起申訴之期限，應依下列規定辦理：
一、被申訴人非具權勢地位：自知悉性騷擾時起，逾2年提起者，不予受理；自該行為終了時起，逾5年者，亦同。
二、被申訴人具權勢地位：自知悉性騷擾時起，逾3年提起者，不予受理；自該行為終了時起，逾7年者，亦同。
有下列情形之一者，依各款規定辦理，不受前項規定之限制。但依前項規定有較長申訴期限者，從其規定：
一、性騷擾發生時，申訴人為未成年，得於成年之日起3年內申訴。
二、被申訴人為最高負責人或僱用人，申訴人得於離職之日起1年內申訴。但自該行為終了時起，逾10年者，不予受理。
申訴人依第1項但書規定向地方主管機關提起申訴後，得於處分作成前，撤回申訴。撤回申訴後，不得就同一案件再提起申訴。

第32-2條　地方主管機關為調查前條第1項但書之性騷擾申訴案件，得請專業人士或團體協助；必要時，得請求警察機關協助。
地方主管機關依本法規定進行調查時，被申訴人、申訴人及受邀協助調查之個人或單位應配合調查，並提供相關資料，不得規避、妨礙或拒絕。
地方主管機關依前條第1項第2款受理之申訴，經認定性騷擾行為成立或原懲戒結果不當者，得令行為人之雇主於一定期限內採取必要之處置。

前條及前三項有關地方主管機關受理工作場所性騷擾申訴之範圍、處理程序、調查方式、必要處置及其他相關事項之辦法，由中央主管機關定之。

性騷擾之被申訴人為最高負責人或僱用人時，於地方主管機關調查期間，申訴人得向雇主申請調整職務或工作型態至調查結果送達雇主之日起30日內，雇主不得拒絕。

第32-3條 公務人員、教育人員或軍職人員遭受性騷擾，且行為人為第12條第8項第1款所定最高負責人者，應向上級機關（構）、所屬主管機關或監督機關申訴。

第12條第8項第1款所定最高負責人或機關（構）、公立學校、各級軍事機關（構）、部隊、行政法人及公營事業機構各級主管涉及性騷擾行為，且情節重大，於進行調查期間有先行停止或調整職務之必要時，得由其上級機關（構）、所屬主管機關、監督機關，或服務機關（構）、公立學校、各級軍事機關（構）、部隊、行政法人或公營事業機構停止或調整其職務。但其他法律別有規定者，從其規定。

私立學校校長或各級主管涉及性騷擾行為，且情節重大，於進行調查期間有先行停止或調整職務之必要時，得由學校所屬主管機關或服務學校停止或調整其職務。

依前二項規定停止或調整職務之人員，其案件調查結果未經認定為性騷擾，或經認定為性騷擾但未依公務人員、教育人員或其他相關法律予以停職、免職、解聘、停聘或不續聘者，得依各該法律規定申請復職，及補發停職期間之本俸（薪）、年功俸（薪）或相當之給與。

機關政務首長、軍職人員，其停止職務由上級機關或具任免權之機關為之。

第33條 受僱者發現雇主違反第14條至第20條之規定時，得向地方主管機關申訴。

其向中央主管機關提出者，中央主管機關應於收受申訴案件，或發現有上開違反情事之日起7日內，移送地方主管機關。

地方主管機關應於接獲申訴後7日內展開調查，並得依職權對雙方當事人進行協調。

前項申訴處理辦法，由地方主管機關定之。

第34條 受僱者或求職者發現雇主違反第7條至第11條、第13條第2項、第21條或第36條規定時，得向地方主管機關提起申訴。

前項申訴，地方主管機關應經性別平等工作會審議。雇主、受僱者或求職者對於地方主管機關審議後所為之處分有異議時，得於10日內

向中央主管機關性別平等工作會申請審議或逕行提起訴願；如有不服中央主管機關性別平等工作會之審定，得逕行提起行政訴訟。

地方主管機關對於第32條之1第1項但書所定申訴案件，經依第32條之2第1項及第2項規定調查後，除情節重大或經媒體報導揭露之特殊案件外，得不經性別平等工作會審議，逕為處分。如有不服，得提起訴願及進行行政訴訟。

第1項及第2項申訴審議處理辦法，由中央主管機關定之。

第35條 法院及主管機關對差別待遇事實之認定，應審酌性別平等工作會所為之調查報告、評議或處分。

第36條 雇主不得因受僱者提出本法之申訴或協助他人申訴，而予以解僱、調職或其他不利之處分。

第37條 受僱者或求職者因雇主違反本法之規定，或遭受性騷擾，而向地方主管機關提起申訴，或向法院提出訴訟時，主管機關應提供必要之法律諮詢或扶助；其諮詢或扶助業務，得委託民間團體辦理。

前項法律扶助辦法，由中央主管機關定之。

地方主管機關提供第1項之法律諮詢或扶助，中央主管機關得視其實際財務狀況，予以補助。

受僱者或求職者為第1項訴訟而聲請保全處分時，法院得減少或免除供擔保之金額。

第六章 罰則

第38條 雇主違反第21條、第27條第4項或第36條規定者，處新臺幣1萬元以上30萬元以下罰鍰。

有前項規定行為之一者，應公布其姓名或名稱、負責人姓名，並限期令其改善；屆期未改善者，應按次處罰。

第38-1條 雇主違反第7條至第10條、第11條第1項、第2項規定者，處新臺幣30萬元以上150萬元以下罰鍰。

雇主違反第13條第2項規定或地方主管機關依第32條之2第3項限期為必要處置之命令，處新臺幣2萬元以上100萬元以下罰鍰。

雇主違反第13條第1項第2款規定，處新臺幣2萬元以上30萬元以下罰鍰。

雇主違反第13條第1項第1款規定，經限期改善，屆期未改善者，處新臺幣1萬元以上10萬元以下罰鍰。

雇主違反第32條之2第5項規定，處新臺幣1萬元以上5萬元以下罰鍰。

有前條或前五項規定行為之一者，應公布其名稱、負責人姓名、處分期日、違反條文及罰鍰金額，並限期令其改善；屆期未改善者，應按次處罰。

第38-2條 最高負責人或僱用人經地方主管機關認定有性騷擾者，處新臺幣1萬元以上100萬元以下罰鍰。

被申訴人違反第32條之2第2項規定，無正當理由而規避、妨礙、拒絕調查或提供資料者，處新臺幣1萬元以上5萬元以下罰鍰，並得按次處罰。

第1項裁處權時效，自地方主管機關收受申訴人依第32條之1第1項但書規定提起申訴之日起算。

第38-3條 第12條第8項第1款之最高負責人經依第32條之3第1項規定認定有性騷擾者，由地方主管機關依前條第1項規定處罰。

前項裁處權時效，自第32條之3第1項所定受理申訴機關收受申訴人依該項規定提起申訴之日起算，因3年期間之經過而消滅；自該行為終了時起，逾10年者，亦同。

第七章　附則

第38-4條 性騷擾防治法第10條、第25條及第26條規定，於本法所定性騷擾事件，適用之。

第39條 本法施行細則，由中央主管機關定之。

第39-1條 本法中華民國112年7月31日修正之本條文施行前，已受理之性騷擾申訴案件尚未終結者，及修正施行前已發生性騷擾事件而於修正施行後受理申訴者，均依修正施行後之規定終結之。但已進行之程序，其效力不受影響。

第40條 本法自中華民國91年3月8日施行。

本法修正條文，除中華民國97年1月16日修正公布之第16條及111年1月12日修正公布之條文施行日期由行政院定之；112年7月31日修正之第5條第2項至第4項、第12條第3項、第5項至第8項、第13條、第13條之1、第32條之1至第32條之3、第34條、第38條之1至第38條之3自113年3月8日施行外，自公布日施行。

育嬰留職停薪實施辦法

民國113年1月4日修正發布

第1條　本辦法依性別平等工作法第16條第5項規定訂定之。

第2條　受僱者**申請育嬰留職停薪，應於10日前以書面向雇主提出**。
　　　　前項書面應記載下列事項：
　　　　一、姓名、職務。
　　　　二、留職停薪期間之起迄日。
　　　　三、子女之出生年、月、日。
　　　　四、留職停薪期間之住居所、聯絡電話。
　　　　五、是否繼續參加社會保險。
　　　　前項**育嬰留職停薪期間，每次以不少於6個月為原則**。但受僱者有**少
　　　　於6個月之需求者，得以不低於30日之期間**，向雇主提出申請，並以
　　　　2次為限。

第3條　受僱者於申請育嬰留職停薪期間，得與雇主協商提前或延後復職。

第4條　育嬰留職停薪期間，除勞雇雙方另有約定外，不計入工作年資計算。

第5條　育嬰留職停薪期間，受僱者欲終止勞動契約者，應依各相關法令之規
　　　　定辦理。

第6條　育嬰留職停薪期間，雇主得僱用替代人力，執行受僱者之原有工作。

第7條　受僱者於育嬰留職停薪期間，不得與他人另訂勞動契約。

第8條　受僱者育嬰留職停薪期間，雇主應隨時與受僱者聯繫，告知與其職務
　　　　有關之教育訓練訊息。

第9條　本辦法自發布日施行。
　　　　本辦法中華民國110年6月4日修正發布之條文，自110年7月1日施行；
　　　　111年1月18日修正發布之條文，自111年1月18日施行。

哺集乳室與托兒設施措施設置標準及經費補助辦法

民國113年8月27日修正發布

第1條　本辦法依性別平等工作法（以下簡稱本法）第23條第3項規定訂定之。

第2條　本法第23條第1項第1款所定哺（集）乳室，為雇主設置供受僱者親
　　　　自哺乳或收集母乳之場所。
　　　　本法第23條第1項第2款所定**托兒設施，為雇主以自行或聯合方式設
　　　　置托兒服務機構**。

本法第23條第1項第2款所定托兒措施如下：

一、雇主以委託方式與托兒服務機構簽約辦理托兒服務。

二、雇主聘僱或委託托育人員至雇主設置之指定地點提供受僱者子女之托育服務。

三、提供受僱者托兒津貼。

前二項托兒設施及托兒措施之適用對象，為受僱者未滿12歲子女。

第2項及第3項第1款所定托兒服務機構，為經直轄市、縣（市）主管機關（以下簡稱地方主管機關）許可設立之托嬰中心、幼兒園、職場互助教保服務中心、社區公共托育家園及兒童課後照顧服務中心等機構。

第3條　雇主設置哺（集）乳室標準如下：

一、哺（集）乳室之設置位置，應便於受僱者使用，設有明顯標示，且鄰近洗手台或提供洗手設施。

二、哺（集）乳室應具隱密、安全性及良好之採光、通風。

三、哺（集）乳室應具下列基本設備：

(一)靠背椅。　　　　　　(二)桌子。

(三)電源插座。　　　　　(四)母乳儲存專用冰箱。

(五)有蓋垃圾桶。

四、訂定哺（集）乳室使用規範。

第4條　**雇主**得依下列規定標準申請補助：

一、**哺（集）乳室**：最高補助**新臺幣2萬元**。

二、**托兒設施**：

(一)**新興建完成**者：最高補助**新臺幣500萬元**。

(二)已設置者：**改善或更新**，每年最高補助**新臺幣50萬元**。

三、雇主聘僱或委託托育人員至雇主設置之指定地點**提供受僱者子女之托育服務**：每年最高補助**新臺幣60萬元**。

四、提供受僱者子女**送托於托兒服務機構之托兒津貼：每年最高補助新臺幣60萬元**。

前項第2款所定托兒設施之補助項目，包括托兒遊樂設備、廚衛設備、衛生保健設備、安全設備、教保設備、幼童專用車內部安全設施及哺集乳設備等。

第1項第3款所定托育服務之補助項目，包括遊具、玩具、睡眠休息、安全防護、盥洗、備餐用餐等設施及設備。

第1項第4款所定托兒服務機構，不以與雇主簽約者為限。

第5條　申請補助案由地方主管機關受理及審查，審查通過者，除依前條第1
項之補助標準補助，並得送中央主管機關視情形再予補助。
主管機關得視實際需要進行實地訪視。

第6條　本辦法補助之審查項目如下：
一、哺（集）乳室規劃及設置之妥適性。
二、雇主設置托兒服務機構之收托總人數及收托受僱者子女人數。
三、受僱者子女需要送托人數與實際送托人數之比率。
四、收托費用降低幅度。
五、收托時間與受僱者上、下班時間配合度。
六、雇主聘僱或委託托育人員至雇主設置之指定地點，提供受僱者
　　子女之托育服務空間設備規劃安排之妥適性。
七、雇主提供托兒津貼之補助狀況。
八、辦理方式之創新性與多元性。
中央主管機關對申請單位之補助額度，得按各地方主管機關當年度辦
理本辦法哺（集）乳室、托兒設施及托兒措施之預算編列情形、申請
情況及視當年度經費預算酌定。

第7條　雇主申請補助，應檢具下列文件：
一、哺（集）乳室
　　(一)申請書。
　　(二)實施計畫。
二、托兒設施
　　(一)申請書。
　　(二)實施計畫。
　　(三)受僱者子女托兒名冊。
　　(四)托兒服務機構設立許可證書影本。
三、托兒津貼
　　(一)申請書。
　　(二)實施計畫。
　　(三)受僱者子女托兒名冊。
　　(四)受僱者子女送托托兒服務機構之證明文件。
　　(五)雇主補助托兒津貼之證明文件資料。
四、雇主設置居家式托育服務：
　　(一)申請書。
　　(二)實施計畫。
　　(三)受僱者子女托兒名冊。
　　(四)居家式托育人員登記之證明文件。

第8條　依本辦法辦理之哺（集）乳室、托兒設施、托兒措施，由政府設立、推動者，或當年度已獲各目的事業主管機關補助者，不得再申請補助。

托兒設施以公辦民營或出租場所模式委由專業團體經營，且自負盈虧者，得不受前項規定之限制。

第9條　雇主接受經費補助者，應依所提計畫及補助經費，確實執行，如有違背法令或與指定用途不符或未依計畫有效運用者，主管機關應予追繳。

第10條　雇主接受經費補助者，其經費請領、收支、結報及核銷等事項，依相關法令之規定辦理。

第11條　本辦法所需經費由主管機關編列預算辦理。

第12條　本辦法自發布日施行。

 ## 消除對婦女一切形式歧視公約施行法

民國100年6月8日公布，101年1月1日施行

第1條　為實施聯合國**1979年消除對婦女一切形式歧視公約**（Convention on the Elimination of All Forms of Discrimination Against Women）（以下簡稱公約），以消除對婦女一切形式歧視，健全婦女發展，落實保障性別人權及促進性別平等，特制定本法。

第2條　公約所揭示保障性別人權及促進性別平等之規定，具有國內法律之效力。

第3條　適用公約規定之法規及行政措施，應參照公約意旨及聯合國消除對婦女歧視委員會對公約之解釋。

第4條　各級政府機關行使職權，應符合公約有關性別人權保障之規定，消除性別歧視，並積極促進性別平等之實現。

第5條　各級政府機關應確實依現行法規規定之業務職掌，負責籌劃、推動及執行公約規定事項，並實施考核；其涉及不同機關業務職掌者，相互間應協調連繫辦理。

政府應與各國政府、國內外非政府組織及人權機構共同合作，以保護及促進公約所保障各項性別人權之實現。

第6條　政府應依公約規定，建立消除對婦女一切形式歧視報告制度，每四年提出國家報告，並邀請相關專家學者及民間團體代表審閱，政府應依審閱意見檢討、研擬後續施政。

第7條　各級政府機關執行公約保障各項性別人權規定所需之經費，應依財政狀況，優先編列，逐步實施。

第8條　各級政府機關應依公約規定之內容，檢討所主管之法規及行政措施，有不符公約規定者，應於本法施行後三年內，完成法規之制（訂）定、修正或廢止及行政措施之改進。

第9條　本法自中華民國101年1月1日起施行。

大量解僱勞工保護法

民國104年7月1日修正公布

第1條　為保障勞工工作權及調和雇主經營權，避免因事業單位大量解僱勞工，致勞工權益受損害或有受損害之虞，並維護社會安定，特制定本法；本法未規定者，適用其他法律之規定。

第2條　本法所稱大量解僱勞工，指事業單位有勞動基準法第11條所定各款情形之一、或因併購、改組而解僱勞工，且有下列情形之一：
　　一、同一事業單位之同一廠場僱用勞工人數未滿**30人**者，於**60日**內解僱勞工**逾10人**。
　　二、同一事業單位之同一廠場僱用勞工人數在**30人**以上未滿**200人**者，於**60日**內解僱勞工逾所僱用勞工人數**三分之一**或單日**逾20人**。
　　三、同一事業單位之同一廠場僱用勞工人數在**200人**以上未滿**500人**者，於**60日**內解僱勞工逾所僱用勞工人數**四分之一**或單日**逾50人**。
　　四、同一事業單位僱用勞工人數在**500人**以上者，於**60日**內解僱勞工逾所僱用勞工人數**五分之一**或單日逾80人。
　　五、同一事業單位於**60日內解僱勞工逾200人或單日逾100人**。
　　前項各款僱用及解僱勞工人數之計算，不包含就業服務法第46條所定之定期契約勞工。

第3條　本法所稱主管機關：在中央為勞動部；在直轄市為直轄市政府；在縣（市）為縣（市）政府。
　　同一事業單位大量解僱勞工事件，跨越直轄市、縣（市）行政區域時，直轄市或縣（市）主管機關應報請中央主管機關處理，或由中央主管機關指定直轄市或縣（市）主管機關處理。

第4條　事業單位大量解僱勞工時，應於符合第2條規定情形之日起**60日**前，將解僱計畫書通知主管機關及相關單位或人員，並公告揭示。但因**天災、事變**或**突發事件，不受60日之限制**。

依前項規定**通知**相關單位或人員之**順序**如下：

一、**事業單位內涉及大量解僱部門勞工所屬之工會**。

二、**事業單位勞資會議之勞方代表**。

三、**事業單位內涉及大量解僱部門之勞工**。但不包含就業服務法第46條所定之定期契約勞工。

事業單位依第1項規定提出之**解僱計畫書內容**，應記載下列事項：

一、**解僱理由**。　　　　　二、**解僱部門**。

三、**解僱日期**。　　　　　四、**解僱人數**。

五、**解僱對象之選定標準**。

六、**資遣費計算方式及輔導轉業方案等**。

第5條　事業單位依前條規定提出解僱計畫書之日起**10日**內，勞雇雙方應即本於勞資自治精神進行協商。

勞雇雙方拒絕協商或無法達成協議時，主管機關應於**10日**內召集勞雇雙方組成協商委員會，就解僱計畫書內容進行協商，並適時提出替代方案。

第6條　協商委員會置委員5人至11人，由主管機關指派代表一人及勞雇雙方同數代表組成之，並由主管機關所指派之代表為主席。資方代表由雇主指派之；勞方代表，有工會組織者，由工會推派；無工會組織而有勞資會議者，由勞資會議之勞方代表推選之；無工會組織且無勞資會議者，由事業單位通知第4條第2項第3款規定之事業單位內涉及大量解僱部門之勞工推選之。

勞雇雙方無法依前項規定於10日期限內指派、推派或推選協商代表者，主管機關得依職權於期限屆滿之次日起5日內代為指定之。

協商委員會應由主席至少**每2週**召開一次。

第7條　協商委員會協商達成之協議，其效力及於個別勞工。

協商委員會協議成立時，應作成協議書，並由協商委員簽名或蓋章。

主管機關得於協議成立之日起7日內，將協議書送請管轄法院審核。

前項協議書，法院應盡速審核，發還主管機關；不予核定者，應敘明理由。

經法院核定之協議書，以給付金錢或其他代替物或有價證券之一定數量為標的者，其協議書得為執行名義。

第8條　主管機關於協商委員會成立後，應指派就業服務人員協助勞資雙方，提供就業服務與職業訓練之相關諮詢。

前項就業服務人員進駐，並應排定時間供勞工接受就業服務人員個別協助。

第9條　事業單位大量解僱勞工後再僱用工作性質相近之勞工時，除法令另有規定外，應優先僱用經其大量解僱之勞工。

前項規定，於事業單位歇業後，有重行復工或其主要股東重新組織營業性質相同之公司，而有招募員工之事實時，亦同。

前項主要股東係指佔原事業單位**一半以上**股權之股東持有新公司**百分之五十**以上股權。

政府應訂定辦法，獎勵雇主優先僱用第1項、第2項被解僱之勞工。

第10條　經預告解僱之勞工於協商期間就任他職，原雇主仍應依法發給資遣費或退休金。但依本法規定協商之結果條件較優者，從其規定。

協商期間，雇主不得任意將經預告解僱勞工調職或解僱。

第11條　僱用勞工**30人**以上之事業單位，有下列情形之一者，由相關單位或人員向主管機關通報：

一、僱用勞工人數在**200人**以下者，積欠勞工工資達**2個月**；僱用勞工人數逾**200人**者，積欠勞工工資達**1個月**。

二、積欠勞工保險保險費、工資墊償基金、全民健康保險保險費或未依法提繳勞工退休金達**2個月**，且金額分別在新臺幣**20萬元**以上。

三、全部或主要之營業部分停工。

四、決議併購。

五、最近**2年**曾發生重大勞資爭議。

前項規定所稱相關單位或人員如下：

一、第1款、第3款、第4款及第5款為工會或該事業單位之勞工；第4款為事業單位。

二、第2款為勞動部勞工保險局、衛生福利部中央健康保險署。

主管機關應於接獲前項通報後**7日**內查訪事業單位，並得限期令其提出說明或提供財務報表及相關資料。

主管機關依前項規定派員查訪時，得視需要由會計師、律師或其他專業人員協助辦理。

主管機關承辦人員及協助辦理人員，對於事業單位提供之財務報表及相關資料，應保守秘密。

第12條　事業單位於大量解僱勞工時，積欠勞工退休金、資遣費或工資，有下列情形之一，經主管機關限期令其清償；屆期未清償者，中央主管機關得函請入出國管理機關禁止其代表人及實際負責人出國：
一、僱用勞工人數在**10人**以上未滿**30人**者，積欠全體被解僱勞工之總金額達新臺幣**300萬元**。
二、僱用勞工人數在**30人**以上未滿**100人**者，積欠全體被解僱勞工之總金額達新臺幣**500萬元**。
三、僱用勞工人數在**100人**以上未滿**200人**者，積欠全體被解僱勞工之總金額達新臺幣**1,000萬元**。
四、僱用勞工人數在**200人**以上者，積欠全體被解僱勞工之總金額達新臺幣**2,000萬元**。
　　事業單位歇業而勞工依勞動基準法第14條第1項第5款或第6款規定終止勞動契約，其僱用勞工人數、勞工終止契約人數及積欠勞工退休金、資遣費或工資總金額符合第2條及前項各款規定時，經主管機關限期令其清償，屆期未清償者，中央主管機關得函請入出國管理機關禁止其代表人及實際負責人出國。
　　前二項規定處理程序及其他應遵行事項之辦法，由中央主管機關定之。

第13條　事業單位大量解僱勞工時，不得以種族、語言、階級、思想、宗教、黨派、籍貫、性別、容貌、身心障礙、年齡及擔任工會職務為由解僱勞工。
　　違反前項規定或勞動基準法第11條規定者，其勞動契約之終止不生效力。
　　主管機關發現事業單位違反第1項規定時，應即限期令事業單位回復被解僱勞工之職務，逾期仍不回復者，主管機關應協助被解僱勞工進行訴訟。

第14條　中央主管機關應編列專款預算，作為因違法大量解僱勞工所需訴訟及必要生活費用。其補助對象、標準、申請程序等應遵行事項之辦法，由中央主管機關定之。

第15條　為掌握勞動市場變動趨勢，中央主管機關應設置評估委員會，就事業單位大量解僱勞工原因進行資訊蒐集與評估，以作為產業及就業政策制訂之依據。
　　前項評估委員會之組織及應遵行事項之辦法，由中央主管機關定之。

第16條　依第12條規定禁止出國者，有下列情形之一時，中央主管機關應函請入出國管理機關廢止禁止其出國之處分：

一、已清償依第12條規定禁止出國時之全部積欠金額。

二、提供依第12條規定禁止出國時之全部積欠金額之相當擔保。但以勞工得向法院聲請強制執行者為限。

三、已依法解散清算，且無賸餘財產可資清償。

四、全部積欠金額已依破產程序分配完結。

第17條　事業單位違反第4條第1項規定，未於期限前將解僱計畫書通知主管機關及相關單位或人員，並公告揭示者，處新臺幣10萬元以上50萬元以下罰鍰，並限期令其通知或公告揭示；屆期未通知或公告揭示者，按日連續處罰至通知或公告揭示為止。

第18條　事業單位有下列情形之一者，處新臺幣**10萬元**以上**50萬元**以下罰鍰：

一、未依第5條第2項規定，就解僱計畫書內容進行協商。

二、違反第6條第1項規定，拒絕指派協商代表或未通知事業單位內涉及大量解僱部門之勞工推選勞方代表。

三、違反第8條第2項規定，拒絕就業服務人員進駐。

四、違反第10條第2項規定，在協商期間任意將經預告解僱勞工調職或解僱。

第19條　事業單位違反第11條第3項規定拒絕提出說明或未提供財務報表及相關資料者，處新臺幣**3萬元**以上**15萬元**以下罰鍰；並限期令其提供，屆期未提供者，按次連續處罰至提供為止。

第20條　依本法所處之罰鍰，經限期繳納，屆期不繳納者，依法移送強制執行。

第21條　本法自公布日後3個月施行。
本法修正條文自公布日施行。

職業安全衛生法
民國108年5月15日修正公布

第一章　總則

第1條　為防止職業災害，保障工作者安全及健康，特制定本法；其他法律有特別規定者，從其規定。

第2條　本法用詞，定義如下：

一、工作者：指**勞工、自營作業者**及**其他受工作場所負責人指揮**或**監督從事勞動之人員**。

二、 勞工：指**受僱從事工作獲致工資者**。

三、 雇主：指**事業主**或**事業之經營負責人**。

四、 事業單位：指本法**適用範圍內僱用勞工從事工作之機構**。

五、 職業災害：指因勞動場所之**建築物**、**機械**、**設備**、**原料**、**材料**、**化學品**、**氣體**、**蒸氣**、**粉塵**等或作業活動及其他職業上原因引起之工作者**疾病**、**傷害**、**失能**或**死亡**。

第3條 本法所稱主管機關：在中央為**勞動部**；在直轄市為直轄市政府；在縣（市）為縣（市）政府。

本法有關衛生事項，中央主管機關應會商中央衛生主管機關辦理。

第4條 本法適用於各業。但因事業規模、性質及風險等因素，中央主管機關得指定公告其適用本法之部分規定。

第5條 雇主使勞工從事工作，應在合理可行範圍內，採取必要之預防設備或措施，使勞工免於發生職業災害。

機械、設備、器具、原料、材料等物件之設計、製造或輸入者，及工程之設計或施工者，應於設計、製造、輸入或施工規劃階段實施風險評估，致力防止此等物件於使用或工程施工時，發生職業災害。

第二章　安全衛生設施

第6條 雇主對下列事項應有符合規定之必要安全衛生設備及措施：

一、 防止機械、設備或器具等引起之危害。

二、 防止爆炸性或發火性等物質引起之危害。

三、 防止電、熱或其他之能引起之危害。

四、 防止採石、採掘、裝卸、搬運、堆積或採伐等作業中引起之危害。

五、 防止有墜落、物體飛落或崩塌等之虞之作業場所引起之危害。

六、 防止高壓氣體引起之危害。

七、 防止原料、材料、氣體、蒸氣、粉塵、溶劑、化學品、含毒性物質或缺氧空氣等引起之危害。

八、 防止輻射、高溫、低溫、超音波、噪音、振動或異常氣壓等引起之危害。

九、 防止監視儀表或精密作業等引起之危害。

十、 防止廢氣、廢液或殘渣等廢棄物引起之危害。

十一、 防止水患、風災或火災等引起之危害。

十二、 防止動物、植物或微生物等引起之危害。

十三、 防止通道、地板或階梯等引起之危害。

十四、 防止未採取充足通風、採光、照明、保溫或防濕等引起之危害。

雇主對下列事項，應妥為規劃及採取必要之安全衛生措施：
一、重複性作業等促發肌肉骨骼疾病之預防。
二、輪班、夜間工作、長時間工作等異常工作負荷促發疾病之預防。
三、執行職務因他人行為遭受身體或精神不法侵害之預防。
四、避難、急救、休息或其他為保護勞工身心健康之事項。
前二項必要之安全衛生設備與措施之標準及規則，由中央主管機關定之。

第7條　製造者、輸入者、供應者或雇主，對於中央主管機關指定之機械、設備或器具，其構造、性能及防護非符合安全標準者，不得產製運出廠場、輸入、租賃、供應或設置。
前項之安全標準，由中央主管機關定之。
製造者或輸入者對於第1項指定之機械、設備或器具，符合前項安全標準者，應於中央主管機關指定之資訊申報網站登錄，並於其產製或輸入之產品明顯處張貼安全標示，以供識別。但屬於公告列入型式驗證之產品，應依第8條及第9條規定辦理。
前項資訊登錄方式、標示及其他應遵行事項之辦法，由中央主管機關定之。

第8條　製造者或輸入者對於中央主管機關公告列入型式驗證之機械、設備或器具，非經中央主管機關認可之驗證機構實施型式驗證合格及張貼合格標章，不得產製運出廠場或輸入。
前項應實施型式驗證之機械、設備或器具，有下列情形之一者，得免驗證，不受前項規定之限制：
一、依第16條或其他法律規定實施檢查、檢驗、驗證或認可。
二、供國防軍事用途使用，並有國防部或其直屬機關出具證明。
三、限量製造或輸入僅供科技研發、測試用途之專用機型，並經中央主管機關核准。
四、非供實際使用或作業用途之商業樣品或展覽品，並經中央主管機關核准。
五、其他特殊情形，有免驗證之必要，並經中央主管機關核准。
第1項之驗證，因產品構造規格特殊致驗證有困難者，報驗義務人得檢附產品安全評估報告，向中央主管機關申請核准採用適當檢驗方式為之。
輸入者對於第1項之驗證，因驗證之需求，得向中央主管機關申請先行放行，經核准後，於產品之設置地點實施驗證。
前四項之型式驗證實施程序、項目、標準、報驗義務人、驗證機構資格條件、認可、撤銷與廢止、合格標章、標示方法、先行放行條件、

申請免驗、安全評估報告、監督管理及其他應遵行事項之辦法,由中央主管機關定之。

第9條　製造者、輸入者、供應者或雇主,對於未經型式驗證合格之產品或型式驗證逾期者,不得使用驗證合格標章或易生混淆之類似標章揭示於產品。

中央主管機關或勞動檢查機構,得對公告列入應實施型式驗證之產品,進行抽驗及市場查驗,業者不得規避、妨礙或拒絕。

第10條　雇主對於具有危害性之化學品,應予標示、製備清單及揭示安全資料表,並採取必要之通識措施。

製造者、輸入者或供應者,提供前項化學品與事業單位或自營作業者前,應予標示及提供安全資料表;資料異動時,亦同。

前二項化學品之範圍、標示、清單格式、安全資料表、揭示、通識措施及其他應遵行事項之規則,由中央主管機關定之。

第11條　雇主對於前條之化學品,應依其健康危害、散布狀況及使用量等情形,評估風險等級,並採取分級管理措施。

前項之評估方法、分級管理程序與採行措施及其他應遵行事項之辦法,由中央主管機關定之。

第12條　雇主對於中央主管機關定有容許暴露標準之作業場所,應確保勞工之危害暴露低於標準值。

前項之容許暴露標準,由中央主管機關定之。

雇主對於經中央主管機關指定之作業場所,應訂定作業環境監測計畫,並設置或委託由中央主管機關認可之作業環境監測機構實施監測。但中央主管機關指定免經監測機構分析之監測項目,得僱用合格監測人員辦理之。

雇主對於前項監測計畫及監測結果,應公開揭示,並通報中央主管機關。中央主管機關或勞動檢查機構得實施查核。

前二項之作業場所指定、監測計畫與監測結果揭示、通報、監測機構與監測人員資格條件、認可、撤銷與廢止、查核方式及其他應遵行事項之辦法,由中央主管機關定之。

第13條　製造者或輸入者對於中央主管機關公告之化學物質清單以外之新化學物質,未向中央主管機關繳交化學物質安全評估報告,並經核准登記前,不得製造或輸入含有該物質之化學品。但其他法律已規定或經中央主管機關公告不適用者,不在此限。

前項評估報告,中央主管機關為防止危害工作者安全及健康,於審查後得予公開。

　　　　　　　前二項化學物質清單之公告、新化學物質之登記、評估報告內容、審
查程序、資訊公開及其他應遵行事項之辦法,由中央主管機關定之。

第14條　製造者、輸入者、供應者或雇主,對於經中央主管機關指定之管制性
化學品,不得製造、輸入、供應或供工作者處置、使用。但經中央主
管機關許可者,不在此限。
製造者、輸入者、供應者或雇主,對於中央主管機關指定之優先管理
化學品,應將相關運作資料報請中央主管機關備查。
前二項化學品之指定、許可條件、期間、廢止或撤銷許可、運作資料
內容及其他應遵行事項之辦法,由中央主管機關定之。

第15條　有下列情事之一之工作場所,事業單位應依中央主管機關規定之期
限,定期實施製程安全評估,並製作製程安全評估報告及採取必要之
預防措施;製程修改時,亦同:
一、從事石油裂解之石化工業。
二、從事製造、處置或使用危害性之化學品數量達中央主管機關規
定量以上。
前項製程安全評估報告,事業單位應報請勞動檢查機構備查。
前二項危害性之化學品數量、製程安全評估方法、評估報告內容要
項、報請備查之期限、項目、方式及其他應遵行事項之辦法,由中央
主管機關定之。

第16條　雇主對於經中央主管機關指定具有危險性之機械或設備,非經勞動檢
查機構或中央主管機關指定之代行檢查機構檢查合格,不得使用;其
使用超過規定期間者,非經再檢查合格,不得繼續使用。
代行檢查機構應依本法及本法所發布之命令執行職務。
檢查費收費標準及代行檢查機構之資格條件與所負責任,由中央主管
機關定之。
第1項所稱危險性機械或設備之種類、應具之容量與其製程、竣工、
使用、變更或其他檢查之程序、項目、標準及檢查合格許可有效使用
期限等事項之規則,由中央主管機關定之。

第17條　勞工工作場所之建築物,應由依法登記開業之建築師依建築法規及本
法有關安全衛生之規定設計。

第18條　**工作場所有立即發生危險之虞時,雇主或工作場所負責人應即令停止
作業,並使勞工退避至安全場所。**
勞工執行職務發現有立即發生危險之虞時,得在不危及其他工作者
安全情形下,自行停止作業及退避至安全場所,並立即向直屬主管
報告。

雇主不得對前項勞工予以解僱、調職、不給付停止作業期間工資或其他不利之處分。但雇主證明勞工濫用停止作業權，經報主管機關認定，並符合勞動法令規定者，不在此限。

第19條 在**高溫場所工作之勞工，雇主不得使其每日工作時間超過6小時**；異常氣壓作業、高架作業、精密作業、重體力勞動或其他對於勞工具有特殊危害之作業，亦應規定減少勞工工作時間，並在工作時間中予以適當之休息。

前項高溫度、異常氣壓、高架、精密、重體力勞動及對於勞工具有特殊危害等作業之減少工作時間與休息時間之標準，由中央主管機關會同有關機關定之。

第20條 雇主於**僱用勞工**時，應**施行體格檢查**；對**在職勞工應施行**下列**健康檢查**：

一、 **一般健康檢查**。

二、 **從事特別危害健康作業者之特殊健康檢查**。

三、 經中央主管機關指定為**特定對象及特定項目之健康檢查**。

前項檢查應由中央主管機關會商中央衛生主管機關認可之醫療機構之醫師為之；檢查紀錄雇主應予保存，並**負擔健康檢查費用**；實施特殊健康檢查時，雇主應提供勞工作業內容及暴露情形等作業經歷資料予醫療機構。

前二項檢查之對象及其作業經歷、項目、期間、健康管理分級、檢查紀錄與保存期限及其他應遵行事項之規則，由中央主管機關定之。

醫療機構對於健康檢查之結果，應通報中央主管機關備查，以作為工作相關疾病預防之必要應用。但一般健康檢查結果之通報，以指定項目發現異常者為限。

第2項醫療機構之認可條件、管理、檢查醫師資格與前項檢查結果之通報內容、方式、期限及其他應遵行事項之辦法，由中央主管機關定之。

勞工對於第1項之檢查，有接受之義務。

第21條 雇主依前條**體格檢查發現應僱勞工不適於從事某種工作，不得僱用其從事該項工作。健康檢查發現勞工有異常情形者，應由醫護人員提供其健康指導；其經醫師健康評估結果，不能適應原有工作者，應參採醫師之建議，變更其作業場所、更換工作或縮短工作時間，並採取健康管理措施。**

雇主應依前條檢查結果及個人健康注意事項，彙編成健康檢查手冊，發給勞工，並不得作為健康管理目的以外之用途。

前二項有關健康管理措施、檢查手冊內容及其他應遵行事項之規則，
由中央主管機關定之。

第22條 事業單位**勞工人數在50人以上者，應僱用或特約醫護人員，辦理健
康管理、職業病預防及健康促進等勞工健康保護事項。**
前項職業病預防事項應配合第23條之安全衛生人員辦理之。
第1項事業單位之適用日期，中央主管機關得依規模、性質分階段
公告。
第1項有關從事勞工健康服務之醫護人員資格、勞工健康保護及其他
應遵行事項之規則，由中央主管機關定之。

第三章　安全衛生管理

第23條 雇主應依其事業單位之規模、性質，訂定職業安全衛生管理計畫；並
設置安全衛生組織、人員，實施安全衛生管理及自動檢查。
前項之事業單位達一定規模以上或有第15條第1項所定之工作場所
者，應建置職業安全衛生管理系統。
中央主管機關對前項職業安全衛生管理系統得實施訪查，其管理績效
良好並經認可者，得公開表揚之。
前三項之事業單位規模、性質、安全衛生組織、人員、管理、自動檢
查、職業安全衛生管理系統建置、績效認可、表揚及其他應遵行事項
之辦法，由中央主管機關定之。

第24條 經中央主管機關指定具有危險性機械或設備之操作人員，雇主應僱用
經中央主管機關認可之訓練或經技能檢定之合格人員充任之。

第25條 事業單位以其事業招人承攬時，其承攬人就承攬部分負本法所定雇主
之責任；原事業單位就職業災害補償仍應與承攬人負連帶責任。再承
攬者亦同。
原事業單位違反本法或有關安全衛生規定，致承攬人所僱勞工發生職
業災害時，與承攬人負連帶賠償責任。再承攬者亦同。

第26條 事業單位以其事業之全部或一部分交付承攬時，應於事前告知該承攬
人有關其事業工作環境、危害因素暨本法及有關安全衛生規定應採取
之措施。
承攬人就其承攬之全部或一部分交付再承攬時，承攬人亦應依前項規
定告知再承攬人。

第27條 事業單位與承攬人、再承攬人分別僱用勞工共同作業時，為防止職業
災害，原事業單位應採取下列必要措施：
一、 設置協議組織，並指定工作場所負責人，擔任指揮、監督及協
　　調之工作。

二、 工作之連繫與調整。

三、 工作場所之巡視。

四、 相關承攬事業間之安全衛生教育之指導及協助。

五、 其他為防止職業災害之必要事項。

事業單位分別交付2個以上承攬人共同作業而未參與共同作業時，應指定承攬人之一負前項原事業單位之責任。

第28條　**2個以上之事業單位分別出資共同承攬工程時，應互推1人為代表人；**該代表人視為該工程之事業雇主，負本法雇主防止職業災害之責任。

第29條　雇主**不得使未滿18歲者從事下列危險性或有害性工作：**

一、 坑內工作。

二、 處理爆炸性、易燃性等物質之工作。

三、 鉛、汞、鉻、砷、黃磷、氯氣、氰化氫、苯胺等有害物散布場所之工作。

四、 有害輻射散布場所之工作。

五、 有害粉塵散布場所之工作。

六、 運轉中機器或動力傳導裝置危險部分之掃除、上油、檢查、修理或上卸皮帶、繩索等工作。

七、 超過220伏特電力線之銜接。

八、 已熔礦物或礦渣之處理。

九、 鍋爐之燒火及操作。

十、 鑿岩機及其他有顯著振動之工作。

十一、 一定重量以上之重物處理工作。

十二、 起重機、人字臂起重桿之運轉工作。

十三、 動力捲揚機、動力運搬機及索道之運轉工作。

十四、 橡膠化合物及合成樹脂之滾輾工作。

十五、 其他經中央主管機關規定之危險性或有害性之工作。

前項危險性或有害性工作之認定標準，由中央主管機關定之。

未滿十八歲者從事第1項以外之工作，經第20條或第22條之醫師評估結果，不能適應原有工作者，雇主應參採醫師之建議，變更其作業場所、更換工作或縮短工作時間，並採取健康管理措施。

第30條　雇主**不得使妊娠中之女性勞工從事下列危險性或有害性工作：**

一、 礦坑工作。

二、 鉛及其化合物散布場所之工作。

三、 異常氣壓之工作。

四、 處理或暴露於弓形蟲、德國麻疹等影響胎兒健康之工作。

五、 處理或暴露於二硫化碳、三氯乙烯、環氧乙烷、丙烯醯胺、次乙亞胺、砷及其化合物、汞及其無機化合物等經中央主管機關規定之危害性化學品之工作。

六、 鑿岩機及其他有顯著振動之工作。

七、 一定重量以上之重物處理工作。

八、 有害輻射散布場所之工作。

九、 已熔礦物或礦渣之處理工作。

十、 起重機、人字臂起重桿之運轉工作。

十一、 動力捲揚機、動力運搬機及索道之運轉工作。

十二、 橡膠化合物及合成樹脂之滾輾工作。

十三、 處理或暴露於經中央主管機關規定具有致病或致死之微生物感染風險之工作。

十四、 其他經中央主管機關規定之危險性或有害性之工作。

雇主不得使**分娩後未滿1年之女性勞工從事下列危險性或有害性工作：**

一、 礦坑工作。

二、 鉛及其化合物散布場所之工作。

三、 鑿岩機及其他有顯著振動之工作。

四、 一定重量以上之重物處理工作。

五、 其他經中央主管機關規定之危險性或有害性之工作。

第1項第5款至第14款及前項第3款至第5款所定之工作，雇主依第31條**採取母性健康保護措施，經當事人書面同意者，不在此限。**

第1項及第2項危險性或有害性工作之認定標準，由中央主管機關定之。

雇主未經當事人告知妊娠或分娩事實而違反第1項或第2項規定者，得免予處罰。但雇主明知或可得而知者，不在此限。

第31條 中央主管機關指定之事業，雇主應對有母性健康危害之虞之工作，採取危害評估、控制及分級管理措施；對於妊娠中或分娩後**未滿1年**之女性勞工，應依醫師適性評估建議，採取工作調整或更換等健康保護措施，並留存紀錄。

前項勞工於保護期間，因工作條件、作業程序變更、當事人健康異常或有不適反應，經醫師評估確認不適原有工作者，雇主應依前項規定重新辦理之。

第1項事業之指定、有母性健康危害之虞之工作項目、危害評估程序與控制、分級管理方法、適性評估原則、工作調整或更換、醫師資格與評估報告之文件格式、紀錄保存及其他應遵行事項之辦法，由中央主管機關定之。

　　　　　雇主未經當事人告知妊娠或分娩事實而違反第1項或第2項規定者，
　　　　　得免予處罰。但雇主明知或可得而知者，不在此限。

第32條　雇主對勞工應施以從事工作與預防災變所必要之安全衛生教育及
　　　　　訓練。
　　　　　前項必要之教育及訓練事項、訓練單位之資格條件與管理及其他應遵
　　　　　行事項之規則，由中央主管機關定之。
　　　　　勞工對於第1項之安全衛生教育及訓練，有接受之義務。

第33條　雇主應負責宣導本法及有關安全衛生之規定，使勞工周知。

第34條　雇主應依本法及有關規定會同勞工代表訂定適合其需要之安全衛生工
　　　　　作守則，報經勞動檢查機構備查後，公告實施。
　　　　　勞工對於前項安全衛生工作守則，應切實遵行。

第四章　監督與檢查

第35條　中央主管機關得聘請勞方、資方、政府機關代表、學者專家及職業災
　　　　　害勞工團體，召開**職業安全衛生諮詢會**，研議國家職業安全衛生政
　　　　　策，並提出建議；其成員之**任一性別不得少於三分之一**。

第36條　中央主管機關及勞動檢查機構對於各事業單位勞動場所得實施檢查。
　　　　　其有不合規定者，應告知違反法令條款，並通知限期改善；屆期未改
　　　　　善或已發生職業災害，或有發生職業災害之虞時，得通知其**部分**或**全
　　　　　部**停工。勞工於停工期間應由雇主照給工資。
　　　　　事業單位對於前項之改善，於必要時，得請中央主管機關協助或洽請
　　　　　認可之顧問服務機構提供專業技術輔導。
　　　　　前項顧問服務機構之種類、條件、服務範圍、顧問人員之資格與職
　　　　　責、認可程序、撤銷、廢止、管理及其他應遵行事項之規則，由中央
　　　　　主管機關定之。

第37條　事業單位工作場所發生職業災害，雇主應即採取必要之急救、搶救等
　　　　　措施，並會同勞工代表實施調查、分析及作成紀錄。
　　　　　**事業單位勞動場所發生下列職業災害之一者，雇主應於8小時內通報
　　　　　勞動檢查機構：**
　　　　　一、發生**死亡災害**。
　　　　　二、發生災害之**罹災人數在3人以上**。
　　　　　三、發生災害之**罹災人數在1人以上，且需住院治療**。
　　　　　四、其他經中央主管機關指定公告之災害。
　　　　　勞動檢查機構接獲前項報告後，應就工作場所發生死亡或重傷之災害
　　　　　派員檢查。

事業單位發生第2項之災害，除必要之急救、搶救外，雇主非經司法機關或勞動檢查機構許可，不得移動或破壞現場。

第38條　中央主管機關指定之事業，雇主應依規定填載職業災害內容及統計，按月報請勞動檢查機構備查，並公布於工作場所。

第39條　工作者發現下列情形之一者，得向雇主、主管機關或勞動檢查機構申訴：

一、事業單位違反本法或有關安全衛生之規定。

二、疑似罹患職業病。

三、身體或精神遭受侵害。

主管機關或勞動檢查機構為確認前項雇主所採取之預防及處置措施，得實施調查。

前項之調查，必要時得通知當事人或有關人員參與。

雇主不得對第1項申訴之工作者予以解僱、調職或其他不利之處分。

第五章　罰則

第40條　違反第6條第1項或第16條第1項之規定，致發生第37條第2項第1款之災害者，處<u>3年</u>以下有期徒刑、拘役或科或併科新臺幣<u>30萬</u>元以下罰金。

法人犯前項之罪者，除處罰其負責人外，對該法人亦科以前項之罰金。

第41條　有下列情形之一者，處<u>1年</u>以下有期徒刑、拘役或科或併科新臺幣<u>18萬元</u>以下罰金：

一、違反第6條第1項或第16條第1項之規定，致發生第37條第2項第2款之災害。

二、違反第18條第1項、第29條第1項、第30條第1項、第2項或第37條第4項之規定。

三、違反中央主管機關或勞動檢查機構依第36條第1項所發停工之通知。

法人犯前項之罪者，除處罰其負責人外，對該法人亦科以前項之罰金。

第42條　違反第15條第1項、第2項之規定，其危害性化學品洩漏或引起火災、爆炸致發生第37條第2項之職業災害者，處新臺幣<u>30萬元</u>以上<u>300萬元</u>以下罰鍰；經通知限期改善，屆期未改善，並得按次處罰。

雇主依第12條第4項規定通報之監測資料，經中央主管機關查核有虛偽不實者，處新臺幣<u>30萬元</u>以上<u>100萬元</u>以下罰鍰。

第**43**條　有下列情形之一者，處新臺幣**3萬元**以上**30萬元**以下罰鍰：
　　　　一、違反第10條第1項、第11條第1項、第23條第2項之規定，經通知限期改善，屆期未改善。
　　　　二、違反第6條第1項、第12條第1項、第3項、第14條第2項、第16條第1項、第19條第1項、第24條、第31條第1項、第2項或第37條第1項、第2項之規定；違反第6條第2項致發生職業病。
　　　　三、違反第15條第1項、第2項之規定，並得按次處罰。
　　　　四、規避、妨礙或拒絕本法規定之檢查、調查、抽驗、市場查驗或查核。

第**44**條　未依第7條第3項規定登錄或違反第10條第2項之規定者，處新臺幣**3萬元**以上**15萬元**以下罰鍰；經通知限期改善，屆期未改善者，並得按次處罰。
　　　　違反第7條第1項、第8條第1項、第13條第1項或第14條第1項規定者，處新臺幣**20萬元**以上**200萬元**以下罰鍰，並得限期停止輸入、產製、製造或供應；屆期不停止者，並得按次處罰。
　　　　未依第7條第3項規定標示或違反第9條第1項之規定者，處新臺幣**3萬元**以上**30萬元**以下罰鍰，並得令限期回收或改正。
　　　　未依前項規定限期回收或改正者，處新臺幣**10萬元**以上**100萬元**以下罰鍰，並得按次處罰。
　　　　違反第7條第1項、第8條第1項、第9條第1項規定之產品，或第14條第1項規定之化學品者，得沒入、銷燬或採取其他必要措施，其執行所需之費用，由行為人負擔。

第**45**條　有下列情形之一者，處新臺幣**3萬元**以上**15萬元**以下罰鍰：
　　　　一、違反第6條第2項、第12條第4項、第20條第1項、第2項、第21條第1項、第2項、第22條第1項、第23條第1項、第32條第1項、第34條第1項或第38條之規定，經通知限期改善，屆期未改善。
　　　　二、違反第17條、第18條第3項、第26條至第28條、第29條第3項、第33條或第39條第4項之規定。
　　　　三、依第36條第1項之規定，應給付工資而不給付。

第**46**條　違反第20條第6項、第32條第3項或第34條第2項之規定者，處新臺幣**3千元**以下罰鍰。

第**47**條　代行檢查機構執行職務，違反本法或依本法所發布之命令者，處新臺幣6萬元以上30萬元以下罰鍰；其情節重大者，中央主管機關並得予以暫停代行檢查職務或撤銷指定代行檢查職務之處分。

第48條 有下列情形之一者,予以警告或處新臺幣**6萬元**以上**30萬元**以下罰
鍰,並得限期令其改正;屆期未改正或情節重大者,得撤銷或廢止其
認可,或定期停止其業務之全部或一部:
一、 驗證機構違反中央主管機關依第8條第5項規定所定之辦法。
二、 監測機構違反中央主管機關依第12條第5項規定所定之辦法。
三、 醫療機構違反第20條第4項及中央主管機關依第20條第5項規定
所定之辦法。
四、 訓練單位違反中央主管機關依第32條第2項規定所定之規則。
五、 顧問服務機構違反中央主管機關依第36條第3項規定所定之規則。

第49條 有下列情形之一者,得公布其事業單位、雇主、代行檢查機構、驗證
機構、監測機構、醫療機構、訓練單位或顧問服務機構之名稱、負責
人姓名:
一、 發生第37條第2項之災害。
二、 有第40條至第45條、第47條或第48條之情形。
三、 發生職業病。

第六章　附則

第50條 為提升雇主及工作者之職業安全衛生知識,促進職業安全衛生文化之
發展,中央主管機關得訂定獎勵或補助辦法,鼓勵事業單位及有關團
體辦理之。
直轄市與縣(市)主管機關及各目的事業主管機關應積極推動職業安
全衛生業務;中央主管機關得訂定績效評核及獎勵辦法。

第51條 自營作業者準用第5條至第7條、第9條、第10條、第14條、第16條、
第24條有關雇主之義務及罰則之規定。
第2條第1款所定受工作場所負責人指揮或監督從事勞動之人員,於
事業單位工作場所從事勞動,比照該事業單位之勞工,適用本法之規
定。但第20條之體格檢查及在職勞工健康檢查之規定,不在此限。

第52條 中央主管機關得將第8條驗證機構管理、第9條抽驗與市場查驗、第
12條作業環境監測機構之管理、查核與監測結果之通報、第13條新
化學物質之登記與報告之審查、第14條管制性化學品之許可與優先
管理化學品之運作資料之備查、第20條認可之醫療機構管理及健康
檢查結果之通報、第23條第3項職業安全衛生管理系統之訪查與績效
認可、第32條第2項訓練單位之管理及第39條第2項疑似職業病調查
等業務,委託相關專業團體辦理。

第53條　主管機關辦理本法所定之認可、審查、許可、驗證、檢查及指定等業務，應收規費；其收費標準由中央主管機關定之。

第54條　本法施行細則，由中央主管機關定之。

第55條　本法施行日期，由行政院定之。

勞動檢查法
民國109年6月10日修正公布

第一章　總則

第1條　為實施勞動檢查，貫徹勞動法令之執行、維護勞雇雙方權益、安定社會、發展經濟，特制定本法。

第2條　本法所稱主管機關：在中央為勞動部；在直轄市為直轄市政府；在縣（市）為縣（市）政府。

第3條　本法用詞定義如下：
一、勞動檢查機構：指中央或直轄市主管機關或有關機關為辦理勞動檢查業務所設置之專責檢查機構。
二、代行檢查機構：指由中央主管機關指定為辦理危險性機械或設備檢查之行政機關、學術機構或非營利法人。
三、勞動檢查員：指領有勞動檢查證執行勞動檢查職務之人員。
四、代行檢查員：指領有代行檢查證執行代行檢查職務之人員。

第4條　勞動檢查事項範圍如下：
一、依本法規定應執行檢查之事項。
二、勞動基準法令規定之事項。
三、職業安全衛生法令規定之事項。
四、其他依勞動法令應辦理之事項。

第二章　勞動檢查機構

第5條　勞動檢查由中央主管機關設勞動檢查機構或授權直轄市主管機關或有關機關專設勞動檢查機構辦理之。勞動檢查機構認有必要時，得會同縣（市）主管機關檢查。
前項授權之勞動檢查，應依本法有關規定辦理，並受中央主管機關之指揮監督。
勞動檢查機構之組織、員額設置基準，依受檢查事業單位之數量、地區特性，由中央主管機關擬訂，報請行政院核定之。

第6條　中央主管機關應參酌我國勞動條件現況、安全衛生條件、職業災害嚴重率及傷害頻率之情況，於**年度開始前六個月公告並宣導勞動檢查方針**，其內容為：
一、優先受檢查事業單位之選擇原則。
二、監督檢查重點。
三、檢查及處理原則。
四、其他必要事項。
勞動檢查機構應於前項**檢查方針公告後三個月內，擬定勞動監督檢查計畫**，報請中央主管機關核備後實施。

第7條　勞動檢查機構應建立事業單位有關勞動檢查之資料，必要時得請求有關機關或團體提供。
對於前項之請求，除其他法律有特別規定者外，有關機關或團體不得拒絕。
中央主管機關應每年定期公布勞動檢查年報。

第三章　勞動檢查員

第8條　**勞動檢查員之任用**，除適用公務人員有關法令之規定外，其遴用標準**由中央主管機關定之。**

第9條　勞動檢查員應接受專業訓練。
前項訓練辦法，由中央主管機關定之。

第10條　勞動檢查員由勞動檢查機構依其專長及任務之特性指派，執行第4條所定之職務。

第11條　勞動檢查員不得有下列行為：
一、為變更、隱匿或捏造事實之陳報。
二、洩漏受檢查事業單位有關生產技術、設備及經營財務等秘密；離職後亦同。
三、處理秘密申訴案件，洩漏其申訴來源。
四、與受檢查事業單位發生不當財務關係。
勞動檢查員有違法或失職情事者，任何人得根據事實予以舉發。

第12條　勞動檢查員與受檢查事業單位有利害關係者，應自行迴避，不得執行職務；其辦法，由中央主管機關定之。

第13條　勞動檢查員執行職務，除下列事項外，不得事先通知事業單位：
一、第26條規定之審查或檢查。
二、危險性機械或設備檢查。

三、職業災害檢查。

四、其他經勞動檢查機構或主管機關核准者。

第14條 勞動檢查員為執行檢查職務，得隨時進入事業單位，雇主、雇主代理人、勞工及其他有關人員均不得無故拒絕、規避或妨礙。

前項事業單位有關人員之拒絕、規避或妨礙，非警察協助不足以排除時，勞動檢查員得要求警察人員協助。

第15條 **勞動檢查員執行職務時**，得就勞動檢查範圍，對事業單位之雇主、有關部門主管人員、工會代表及其他有關人員為**下列行為：**

一、**詢問有關人員，必要時並得製作談話紀錄或錄音。**

二、**通知有關人員提出必要報告、紀錄、工資清冊及有關文件或作必要之說明。**

三、**檢查事業單位依法應備置之文件資料、物品等，必要時並得影印資料，拍攝照片、錄影或測量等。**

四、**封存或於掣給收據後抽取物料、樣品、器材、工具，以憑檢驗。**

勞動檢查員依前項所為之行為，事業單位或有關人員不得拒絕、規避或妨礙。

勞動檢查員依第1項第3款所為之錄影、拍攝之照片等，事業單位認有必要時，得向勞動檢查機構申請檢視或複製。

對於前項事業單位之請求，勞動檢查機構不得拒絕。

第16條 勞動檢查員對違反勞動法律規定之犯罪嫌疑者，必要時，得聲請檢察官簽發搜索票，就其相關物件、處所執行搜索、扣押。

第四章　代行檢查機構與代行檢查員

第17條 中央主管機關對於危險性機械或設備之檢查，除由勞動檢查機構派勞動檢查員實施外，必要時亦得指定代行檢查機構派代行檢查員實施。

第18條 代行檢查機構之資格條件與所負責任、考評及獎勵辦法，暨代行檢查員之資格、訓練，由中央主管機關定之。

第19條 代行檢查業務為非營利性質，其收費標準之計算，以收支平衡為原則，由代行檢查機構就其代行檢查所需經費列計標準，報請中央主管機關核定之。

第20條 代行檢查機構擬變更代行檢查業務時，應檢附擬增減之機械或設備種類、檢查類別、區域等資料，向中央主管機關申請核准。

第21條 第11條及第12條之規定，於代行檢查員適用之。

第五章　檢查程序

第22條　勞動檢查員進入事業單位進行檢查時，**應主動出示勞動檢查證**，並告知雇主及工會。事業單位對未持勞動檢查證者，得拒絕檢查。

勞動檢查員於實施檢查後應作成紀錄，告知事業單位違反法規事項及提供雇主、勞工遵守勞動法令之意見。

第1項之勞動檢查證，由中央主管機關製發之。

第23條　勞動檢查員實施勞動檢查認有必要時，得報請所屬勞動檢查機構核准後，邀請相關主管機關、學術機構、相關團體或專家、醫師陪同前往鑑定，事業單位不得拒絕。

第11條第1項第2款及第12條之規定，於前項陪同人員適用之。

第24條　勞動檢查機構辦理職業災害檢查、鑑定、分析等事項，得由中央主管機關所屬勞動部勞動及職業安全衛生研究所或其他學術、研究機構提供必要之技術協助。

第25條　勞動檢查員對於事業單位之檢查結果，應報由所屬勞動檢查機構依法處理；其**有違反勞動法令規定事項者，勞動檢查機構並應於十日內以書面通知事業單位立即改正或限期改善，並副知直轄市、縣（市）主管機關督促改善**。對公營事業單位檢查之結果，應另副知其目的事業主管機關督促其改善。

事業單位對前項**檢查結果，應於違規場所顯明易見處公告七日以上。**

第26條　下列危險性工作場所，非經勞動檢查機構審查或檢查合格，事業單位不得使勞工在該場所作業：
一、從事石油裂解之石化工業之工作場所。
二、農藥製造工作場所。
三、爆竹煙火工廠及火藥類製造工作場所。
四、設置高壓氣體類壓力容器或蒸汽鍋爐，其壓力或容量達中央主管機關規定者之工作場所。
五、製造、處置、使用危險物、有害物之數量達中央主管機關規定數量之工作場所。
六、中央主管機關會商目的事業主管機關指定之營造工程之工作場所。
七、其他中央主管機關指定之工作場所。
前項工作場所應審查或檢查之事項，由中央主管機關定之。

第27條　勞動檢查機構對事業單位**工作場所發生重大職業災害時，應立即指派勞動檢查員前往實施檢查**，調查職業災害原因及責任；其發現非立即停工不足以避免職業災害擴大者，應就發生災害場所**以書面通知事業單位部分或全部停工。**

第28條　勞動檢查機構指派勞動檢查員對各事業單位工作場所實施安全衛生檢查時，**發現勞工有立即發生危險之虞，得就該場所以書面通知事業單位逕予先行停工**。

　　　　前項有立即發生危險之虞之情事，由中央主管機關定之。

第29條　勞動檢查員對事業單位未依勞動檢查機構通知限期改善事項辦理，而有發生職業災害之虞時，應陳報所屬勞動檢查機構；勞動檢查機構於認有必要時，得以書面通知事業單位部分或全部停止。

第30條　經依第27條至第29條規定通知停工之事業單位，得於停工之**原因消滅**後，**向勞動檢查機構申請復工**。

第31條　代行檢查員進入事業單位實施檢查時，應主動出示代行檢查證，並告知雇主指派人員在場。

　　　　代行檢查員於實施危險性機械或設備之檢查後，合格者，應即於原合格證上簽署，註明有效期限；不合格者，應告知事業單位不合格事項，並陳報所屬代行檢查機構函請勞動檢查機構依法處理。

　　　　前項不合格之危險性機械或設備，非經檢查合格，不得使用。

　　　　第1項之代行檢查證，由中央主管機關製發之。

第32條　事業單位應於顯明而易見之場所公告下列事項：

　　　　一、受理勞工申訴之機構或人員。
　　　　二、勞工得申訴之範圍。
　　　　三、勞工申訴書格式。
　　　　四、申訴程序。

　　　　前項公告書，由中央主管機關定之。

第33條　勞動檢查機構於受理勞工申訴後，應儘速就其申訴內容派勞動檢查員實施檢查，並應於十四日內將檢查結果通知申訴人。

　　　　勞工向工會申訴之案件，由工會依申訴內容查證後，提出書面改善建議送事業單位，並副知申訴人及勞動檢查機構。

　　　　事業單位拒絕前項之改善建議時，工會得向勞動檢查機構申請實施檢查。

　　　　事業單位不得對勞工申訴人終止勞動契約或為其他不利勞工之處分。

　　　　勞動檢查機構受理勞工申訴必須保持秘密，不得洩漏勞工申訴人身分。

第六章　罰則

第34條　有下列情形之一者，處**三年**以下有期徒刑、拘役或科或併科新臺幣**十五萬元**以下罰金：

　　　　一、違反第26條規定，使勞工在未經審查或檢查合格之工作場所作業者。

二、 違反第27條至第29條停工通知者。

法人之代表人、法人或自然人之代理人、受僱人或其他從業人員,因執行業務犯前項之罪者,除處罰其行為人外,對該法人或自然人亦科以前項之罰金。

第35條　事業單位或行為人有下列情形之一者,處新臺幣**三萬元**以上**十五萬元**以下罰鍰,並得按次處罰:

一、 違反第14條第1項規定者。

二、 違反第15條第2項規定者。

第36條　有下列情形之一者,處新臺幣**三萬元**以上**六萬元**以下罰鍰:

一、 事業單位違反第25條第2項或第32條第1項規定者。

二、 有關團體違反第7條第2項規定者。

第37條　依本法所處之罰鍰,經通知而逾期不繳納者,移送法院強制執行。

第七章　附則

第38條　本法修正施行前已依法令設立之屬第26條所定危險性工作場所,應於中央主管機關指定期限內,申請該管勞動檢查機構審查或檢查;逾期不辦理或審查、檢查不合格,而仍使勞工在該場所作業者,依第34條規定處罰。

第39條　本法施行細則,由中央主管機關定之。

第40條　本法自公布日施行。

企業併購法（部分條文）

民國111年6月15日修正公布;註:與勞動基準法相關條文為15～17條,僅列至第17條。

第一章　總則

第1條　為利企業以併購進行組織調整,發揮企業經營效率,並兼顧股東權益之保障,特制定本法。

第2條　公司之併購,依本法之規定;本法未規定者,依公司法、證券交易法、公平交易法、勞動基準法、外國人投資條例及其他法律之規定。

金融機構之併購,依金融機構合併法及金融控股公司法之規定;該2法未規定者,依本法之規定。

第3條　本法主管機關為經濟部。

本法所定事項涉及目的事業主管機關職掌者,由主管機關會同目的事業主管機關辦理。

第4條　本法用詞定義如下：

一、公司：指依公司法設立之股份有限公司。

二、併購：指公司之合併、收購及分割。

三、合併：指依本法或其他法律規定參與之公司全部消滅，由新成立之公司概括承受消滅公司之全部權利義務；或參與之其中一公司存續，由存續公司概括承受消滅公司之全部權利義務，並以存續或新設公司之股份、或其他公司之股份、現金或其他財產作為對價之行為。

四、收購：指公司依本法、公司法、證券交易法、金融機構合併法或金融控股公司法規定取得他公司之股份、營業或財產，並以股份、現金或其他財產作為對價之行為。

五、股份轉換：指公司讓與全部已發行股份予他公司，而由他公司以股份、現金或其他財產支付公司股東作為對價之行為。

六、分割：指公司依本法或其他法律規定將其得獨立營運之一部或全部之營業讓與既存或新設之他公司，而由既存公司或新設公司以股份、現金或其他財產支付予該公司或其股東作為對價之行為。

七、母、子公司：直接或間接持有他公司已發行有表決權之股份總數或資本總額超過半數之公司，為母公司；被持有者，為子公司。

八、外國公司：指以營利為目的，依照外國法律組織登記之公司。

第5條　公司進行併購時，董事會應為公司之最大利益行之，並應以善良管理人之注意，處理併購事宜。

公司董事會違反法令、章程或股東會決議處理併購事宜，致公司受有損害時，參與決議之董事，對公司應負賠償之責。但經表示異議之董事，有紀錄或書面聲明可證者，免其責任。

公司進行併購時，公司董事就併購交易有自身利害關係時，應向董事會及股東會說明其自身利害關係之重要內容及贊成或反對併購決議之理由。

前項情形，公司應於股東會召集事由中敘明董事利害關係之重要內容及贊成或反對併購決議之理由，其內容得置於證券主管機關或公司指定之網站，並應將其網址載明於通知。

第6條　公開發行股票之公司於召開董事會決議併購事項前，應設置特別委員會，就本次併購計畫與交易之公平性、合理性進行審議，並將審議結果提報董事會及股東會。但本法規定無須召開股東會決議併購事項者，得不提報股東會。

前項規定，於公司依證券交易法設有審計委員會者，由審計委員會行之；其辦理本條之審議事項，依證券交易法有關審計委員會決議事項之規定辦理。

特別委員會或審計委員會進行審議時，應委請獨立專家協助就換股比例或配發股東之現金或其他財產之合理性提供意見。

特別委員會之組成、資格、審議方法與獨立專家之資格條件、獨立性之認定、選任方式及其他相關事項之辦法，由證券主管機關定之。

第7條　公開發行股票之公司依本法應發送股東之併購文件屬下列之一者，經公司於證券主管機關指定之網站公告同一內容，且備置於公司及股東會會場供股東索閱者，對於股東視為已發送：

一、依第22條第3項、第31條第7項、第38條第2項規定應附於股東會召集通知之合併契約、轉換契約或分割計畫之應記載事項、特別委員會或審計委員會審議結果及獨立專家意見。

二、依第19條第2項、第30條第2項或第37條第3項規定於董事會決議後，應附於對股東通知之合併契約、轉換契約或分割計畫之應記載事項、特別委員會或審計委員會審議結果及獨立專家意見。

公司董事會依第18條第7項、第19條第1項、第29條第6項、第30條第1項、第36條第1項及第2項、第37條第1項為併購之決議，免經股東會決議且決議無須通知股東者，應於最近一次股東會就併購事項提出報告。

第8條　公司有下列情形之一者，得不保留發行之新股由員工承購、通知原有股東儘先分認或提撥一定比率對外公開發行，不受公司法第267條第1項至第3項及證券交易法第28條之1規定之限制：

一、存續公司為合併而發行新股，或母公司為子公司與他公司之合併而發行新股。

二、發行新股全數用於被收購。

三、發行新股全數用於收購他公司已發行之股份、營業或財產。

四、因進行股份轉換而發行新股。

五、因受讓分割而發行新股。

公司依前項發行之新股，得以現金或公司事業所需之財產為出資，且不受公司法第272條規定之限制。

第9條　公司依公司法第304條規定訂定之重整計畫，得訂明以債權人對公司之債權作價繳足債權人承購公司發行新股所需股款，並經公司法第305條關係人會議可決及經法院裁定認可後執行之，不受公司法第270條、第272條及第296條規定之限制。

第10條　公司進行併購時，股東得以書面契約約定其共同行使股東表決權之方式及相關事宜。

公司進行併購時，股東得將其所持有股票移轉予信託公司或兼營信託業務之金融機構，成立股東表決權信託，並由受託人依書面信託契約之約定行使其股東表決權。

股東非將前項書面信託契約、股東姓名或名稱、事務所或住（居）所與移轉股東表決權信託之股份總數、種類及數量於股東常會開會30日前，或股東臨時會開會15日前送交公司辦理登記，不得以其成立股東表決權信託對抗公司。

前項情形，公開發行股票公司之股東應於股東常會開會60日前，或股東臨時會開會30日前為之。

第11條　公司進行併購時，得以股東間書面契約或公司與股東間之書面契約合理限制下列事項：

一、股東轉讓持股時，應優先轉讓予公司、其他股東或指定之第3人。

二、公司、股東或指定之第3人得優先承購其他股東所持有股份。

三、股東得請求其他股東一併轉讓所持有股份。

四、股東轉讓股份或將股票設質予特定人應經公司董事會或股東會之同意。

五、股東轉讓股份或設質股票之對象。

六、股東於一定期間內不得將股份轉讓或股票設質予他人。

未公開發行股票之公司得以章程記載前項約定事項。

第1項所指合理限制，應符合下列原則：

一、為符合證券交易法、稅法或其他法令規定所為之限制。

二、其他因股東身分、公司業務競爭或整體業務發展之目的所為必要之限制。

公開發行股票之公司進行併購發行新股而受第1項股份轉讓或股票設質之限制時，應依證券交易法規定於公開說明書或證券主管機關規定應交付投資人之書面文件中載明。

公司法第163條不得以章程禁止或限制股份轉讓之規定，於第1項及第2項情形不適用之。

公司依第1項第1款或第2款買回股份之數量併同依其他法律買回股份之總數，不得超過該公司已發行股份總數百分之二十，且其收買股份之總金額，不得逾保留盈餘加已實現之資本公積之金額。

第12條　公司於進行併購而有下列情形之一，股東得請求公司按當時公平價格，收買其持有之股份：

一、 公司股東對公司依前條規定修改章程記載股份轉讓或股票設質
之限制，於股東會集會前或集會中，以書面表示異議，或以口
頭表示異議經記錄，並投票反對或放棄表決權者。

二、 公司進行第18條之合併時，存續公司或消滅公司之股東於決議
合併之股東會集會前或集會中，以書面表示異議，或以口頭表
示異議經記錄，並投票反對或放棄表決權者。但公司依第18條
第7項進行合併時，僅消滅公司股東得表示異議。

三、 公司進行第19條之簡易合併時，其子公司股東於決議合併之董
事會依第19條第2項公告及通知所定期限內以書面向子公司表示
異議者。

四、 公司進行第27條之收購時，公司股東於股東會集會前或集會
中，以書面表示異議，或以口頭表示異議經記錄，並投票反對
或放棄表決權者。

五、 公司進行第29條之股份轉換時，進行轉換股份之公司股東及受
讓股份之既存公司股東於決議股份轉換之股東會集會前或集會
中，以書面表示異議，或以口頭表示異議經記錄，並投票反對
或放棄表決權者。但公司依第29條第6項規定進行股份轉換時，
僅轉換股份公司之股東得表示異議。

六、 公司進行第30條股份轉換時，其子公司股東於決議股份轉換之
董事會依第30條第2項規定公告及通知所定期限內，以書面向子
公司表示異議者。

七、 公司進行第35條之分割時，被分割公司之股東或受讓營業或財
產之既存公司之股東於決議分割之股東會集會前或集會中，以
書面表示異議，或以口頭表示異議經記錄，並投票反對或放棄
表決權者。

八、 公司進行第37條之簡易分割時，其子公司股東，於決議分割之
董事會依第37條第3項規定公告及通知所定期限內，以書面向子
公司表示異議者。

前項放棄表決權之股份數，不算入已出席股東之表決權數。

股東為第1項之請求，應於股東會決議日起20日內以書面提出，並列
明請求收買價格及交存股票之憑證。依本法規定以董事會為併購決議
者，應於第19條第2項、第30條第2項或第37條第3項所定期限內以書
面提出，並列明請求收買價格及交存股票之憑證。

公司受理股東交存股票時，應委任依法得受託辦理股務業務之機構
辦理。

股東交存股票時，應向公司委任股務業務之機構辦理。受委任機構接受股票交存時，應開具該股票種類、數量之憑證予股東；股東以帳簿劃撥方式交存股票者，應依證券集中保管事業相關規定辦理。

第1項股東之請求，於公司取銷同項所列之行為時，失其效力。

股東與公司間就收買價格達成協議者，公司應自股東會或董事會決議日起90日內支付價款。未達成協議者，公司應自決議日起90日內，依其所認為之公平價格支付價款予未達成協議之股東；公司未支付者，視為同意股東依第3項請求收買之價格。

股東與公司間就收買價格自股東會或董事會決議日起60日內未達成協議者，公司應於此期間經過後30日內，以全體未達成協議之股東為相對人，聲請法院為價格之裁定。未達成協議之股東未列為相對人者，視為公司同意該股東第3項請求收買價格。公司撤回聲請，或受駁回之裁定，亦同。但經相對人陳述意見或裁定送達相對人後，公司為聲請之撤回者，應得相對人之同意。

公司聲請法院為價格之裁定時，應檢附會計師查核簽證公司財務報表及公平價格評估說明書，並按相對人之人數，提出繕本或影本，由法院送達之。

法院為價格之裁定前，應使聲請人與相對人有陳述意見之機會。相對人有2人以上時，準用民事訴訟法第41條至第44條及第401條第2項規定。

對於前項裁定提起抗告，抗告法院於裁定前，應給予當事人陳述意見之機會。

價格之裁定確定時，公司應自裁定確定之日起30日內，支付裁定價格扣除已支付價款之差額及自決議日起90日翌日起算之法定利息。

非訟事件法第171條、第182條第1項、第2項及第4項規定，於本條裁定事件準用之。

聲請程序費用及檢查人之報酬，由公司負擔。

第13條　公司依前條規定買回股份，應依下列規定辦理：

一、消滅公司自合併後買回股東之股份，應併同消滅公司其他已發行股份，於消滅公司解散時，一併辦理註銷登記。

二、前款以外情形買回之股份，得依下列規定辦理：

(一) 依合併契約、股份轉換契約、分割計畫或其他契約約定轉讓予消滅公司或其他公司股東。

(二) 逕行辦理變更登記。

(三) 於買回之日起3年內，按市價將其出售，屆期未經出售者，視為公司未發行股份，並辦理變更登記。

公司依本法規定買回之股份，不得質押；於未出售或註銷前，不得享有股東權利。

第14條 公司於併購時，董事會有不能行使職權之虞，得經代表已發行股份總數三分之二以上股東出席股東會，以出席股東表決權過半數之同意選任臨時管理人，並訂定行使職權之範圍及期限，由臨時管理人於董事會不能行使職權時，代行董事長、董事會依公司法規定之職權。

公開發行股票之公司，出席股東之股份總數不足前項定額者，得以有代表已發行股份總數過半數股東之出席，出席股東表決權三分之二以上之同意行之。

臨時管理人之委任，應於就任後15日內向公司登記主管機關辦理登記；其解任，應併同改選董事、監察人後15日內為之。

第15條 **公司進行合併時，消滅公司提撥之勞工退休準備金，於支付未留用或不同意留用勞工之退休金後，得支付資遣費；所餘款項，應自公司勞工退休準備金監督委員會專戶全數移轉至合併後存續公司或新設公司之勞工退休準備金監督委員會專戶。**

公司進行收購財產或分割而移轉全部或一部營業者，讓與公司或被分割公司提撥之勞工退休準備金，於支付未留用或不同意留用勞工之退休金後，得支付資遣費；所餘款項，應按隨同該營業或財產一併移轉適用勞動基準法退休金制度工作年資勞工之比例，移轉至受讓公司之勞工退休準備金監督委員會專戶。

讓與公司或被分割公司依前項規定比例移轉勞工退休準備金前，其提撥之勞工退休準備金，應達到勞工法令相關規定申請暫停提撥之數額。但其具有適用勞動基準法退休金制度工作年資之勞工，已全數隨同移轉至受讓公司，所餘款項，應全數移轉至受讓公司之勞工退休準備金監督委員會專戶。

第16條 **併購後存續公司、新設公司或受讓公司應於併購基準日30日前，以書面載明勞動條件通知新舊雇主商定留用之勞工。該受通知之勞工，應於受通知日起10日內，以書面通知新雇主是否同意留用，屆期未為通知者，視為同意留用。**

留用勞工於併購前在消滅公司、讓與公司或被分割公司之工作年資，併購後存續公司、新設公司或受讓公司應予以承認。

第17條 公司進行併購，**未經留用或不同意留用之勞工，應由併購前之雇主終止勞動契約，並依勞動基準法第16條規定期間預告終止或支付預告期間工資，並依法發給勞工退休金或資遣費。**

前項所定不同意留用，包括經同意留用後，於併購基準日前因個人因素不願留用之情形。

03 勞工福利類

焦點透視

包含「勞工保險條例」、「勞工職業災害保險及保護法」、「職工福利金條例」三大法。

勞工保險自民國39年3月開辦，是臺灣第一個辦理的社會保險，亦即由政府法令規定強制特定對象參加的一項保險制度，其中，與新制的勞工退休金條例最具密切關係的是老年給付一章的規定。事實上，勞工退休金條例的規定與勞工保險條例之老年給付是不相關聯的兩個獨立法令，加上勞工保險條例年金制完成修正，自98年1月1日正式施行。

主題一　勞工保險條例
民國110年4月28日修正公布

一、勞工保險的定義

勞工保險是以受僱者身分為主所辦理的一項社會保險制度，目的在保障勞工生活及促進社會安全。主要原理同一般的社會保險一樣，在於強調危險集中管理、社會連帶及互助精神，主要給付內容多為現金方式，計有失能、死亡、生育、老年及傷病等五種。

二、勞工保險的特性

勞保是政府推行勞工福利措施的要項之一，目的在提供勞工所得保障與醫療照顧，以增進勞工福祉，促進社會安全。其實施雖採一般保險的大數法則及危險分擔的原理，但不論在保障對象、經營主體與目的，保險費的分擔及保險給付等，均與一般商業保險不同，茲要述其特質如下：

(一)**強制參加保險**：為貫徹社會保險福利政策，必須顧及多數國民的利益，在法令規定範圍內的勞工，不論所從事工作危險性高低，健康狀況良否以及年齡大小，均應強制納入保險對象，以免逆選擇。

(二)**保障最低收入**：勞保目的在提供勞工基本經濟安全的保障，惟所得的多寡與生活需求，因人而異，且頗具彈性。故只能依假定需要，以特定基期的生活水準與基本薪資狀況，訂其最低給付標準。惟一般生活有變動者，其給付標準亦須調整以符實際需要。

(三)**強調社會適當**：勞保在制度設計上，較著重於社會適當性，認為給付金額須能提供被保險人某種程度的生活水準的保障，其所領給付與所繳保險費間，並無絕對的數理關係。惟給付的金額與個人所得及生活水準有關，因此勞工保險對於個人公平性也非全然不顧，只不過在社會適當性與個人公平性間，力求其合理與平衡，且更為注重社會適當性而已。

(四)**合理分擔保費**：基於個人責任、企業福利與政府政策觀點，勞保規定保險費應由被保險人與雇主分擔，或由政府酌予補助並負擔行政事務費用，以減輕被保險人負擔。至其分擔比例，或政府補助多寡，則視經濟發展情況，勞資負擔能力，以及政府財政狀況等因素決定。

(五)**法定給付權利**：申請勞工保險給付，只要保險事故符合給付要件，無須資產調查，此乃法定的權利，亦即其給付權利源自法律規定。領受給付無損個人尊嚴，受益機會人人平等，舉凡依法規定的給付，不可任意壓制或減少，其受益資格與給付標準，非經修法程序，亦不得任意變更。

(六)**維持財務平衡**：勞保是一種長期性與開放性的社會安全事業，透過強制投保與世代移轉的作用，其財務處理，雖不必完全提存準備，但應維持一定期間內（短期給付三年至五年，長期給付至少十年）的收支平衡。若有順差，宜提高給付或降低保費，反之，若發生逆差，則以提高保費或降低給付水準，以為挹注因應。

(七)**配合相關制度**：勞保對事故的發生，無不採取預防與控制措施，如舉辦職業災害保險，應伴以嚴格的安全衛生與勞動檢查或職業災害防治的研究。實施疾病保險，則輔以健康管理與預防保健措施；辦理失業保險，則與就業服務及職業訓練措施相結合。此種制度間的緊密配合，相輔相成，易使保險功能落實。

三、歷史沿革

我國勞工保險於民國39年開辦時，保障範圍包括傷害、殘廢、生育、死亡及老年5種給付，並規定各種給付得視實際需要情形分期實施。

民國45年7月，開始辦理疾病住院給付，而疾病門診給付，則遲至民國59年1月才辦理。此外，民國57年勞工保險條例第一次修正時，增列「失業給付」一種，並規定其實施地區、時間及辦法，由行政院另以命令訂之，但失業保險的舉辦，必須與就業輔導及職業訓練互為配合，故法雖有規定，因配合措施尚待加強，故一直未予推動。

民國68年勞工保險條例第三次修正時，又增列普通疾病補助費一項，並將給付名稱改為生育、傷病、醫療、殘廢、失業、老年及死亡七種。其中生育係以現金發給分娩費（津貼）及生育補助費，但被保險人因難產住院施行剖腹產者，亦可專案申請醫療給付；傷病給付包括職業傷病補償費與普通傷病補助費；死亡給付則包括眷屬及本人喪葬津貼與本人死亡遺屬津貼，並於給付通則章內規定有失蹤津貼一項。由此觀之，勞工保險實施以來，保險給付的範圍、項目逐次增加，保障的內容也充實不少。

民國77年第4次修正勞工保險條例時，再度增加醫療給付項目，增列職業病預防檢查，並將精神病納入醫療給付範圍；此外，對於生育給付，除將早產列入給付範圍外，並放寬流產的給付條件，以及加保年資的規定；老年給付之條件以及計算給付之年資規定亦予放寬，使勞工獲得更多的保障。

民國84年2月第5次修正勞工保險條例，依照新修正條例規定，勞工保險各項給付，除普通事故保險之醫療給付業務移轉中央健康保險局辦理外，普通事故保險之生育給付、傷病給付、殘廢給付、老年給付、死亡給付及職業災害保險之各種給付，仍由勞保局繼續辦理。

民國87年7月1日，政府為因應高齡化社會的來臨，保障高齡者就業的安全，開辦已領取勞工保險老年給付再受僱勞工，得自願參加職業災害保險業務，以保障高齡人口的就業安全。

民國88年1月1日開辦勞工保險失業給付業務，至92年1月1日就業保險法實施後，將失業給付由勞保體制脫離，與職業訓練及就業服務體系結合，並委任勞保局辦理。

政府為建立完善勞工保險年金保障體系，提供被保險人或其遺屬長期生活照顧，爰參酌各界意見、我國國情及先進國家年金制度實施經驗，同時規劃失能、老年及遺屬年金制度。勞保條例部分條文修正案於97年7月17日經立法院三讀通過，8月13日經總統公布，勞保年金自98年1月1日起施行。原來的勞保現金給付包括：生育、傷病、殘廢、老年、死亡等給付，勞保年金施行後，除了將「殘廢給付」名稱改為「失能給付」外，失能、老年及死亡三種給付更增加了可以每個月領年金的方式，也就是「老年年金」、「失能年金」和「遺屬年金」三種給付。

另，自111年5月1日起，將原有勞工保險條例中的「職業災害保險」內容抽離出來，加入原單獨公布施行的「職業災害勞工保護法」內容，合併為「勞工職業災害保險及保護法」。

四、勞保年金給付之優點

(一)**年金給付與一次給付雙軌併行，勞工或其遺屬可自由選擇**：年金施行前有保險年資者，原有之勞保給付權益不受影響，勞工或其遺屬可以在請領老年、失能或死亡給付時，選擇請領年金給付或一次給付。

(二)**提供被保險人或其遺屬長期且安定的生活保障**：年金給付係按月領取，既安全又有保障。老年年金可提供被保險人老年退職後安定之生活所需，亦得視個人退休需求而選擇延後或提前請領；失能年金並有加發眷屬補助，可確實保障失能達終身不能從事工作被保險人家庭經濟生活；遺屬年金另有遺屬加計，可提供被保險人遺屬長期之生活照顧。

(三)**活到老領到老，保愈久領愈多，年金得相互轉銜，保障完整**：勞保年金是按照實際保險年資為計算基礎，沒有年資上限，所以保險年資愈久，未來領取年金給付金額愈高，且年金得相互轉銜，具有保障完整性。例如：於領取老年年金給付或失能年金給付期間死亡者，則轉為遺屬年金，由遺屬續領。

(四)**領取年金可以避免因通貨膨脹導致給付縮水**：為確保年金給付之實質購買力，年金給付金額會隨著消費者物價指數累計成長率來調整，所以，年金給付是對抗通貨膨脹之最佳選擇。

(五)**提供被保險人或其受益人基本生活保障**：為使被保險人或其受益人獲得最基本生活保障，勞保年金規範各項年金給付之最低基礎保障金

額，**老年及遺屬年金給付最低保障金額為金額為**3,000元，**失能年金給付為**4,000元。

五、勞工保險年金規劃歷程及配套措施

政府從1993年即展開勞工保險老年年金的規劃，規劃歷程可分為六個階段：

(一)**第一階段（1993年至1994年）**：先完成老年年金規劃報告及立案要點草案，並經行政院交由經建會併國民年金討論，其後1995年至1999年因國民年金制度規劃究竟如何整合勞工保險年金，並未有定論，或遇全民健康保險開辦或921地震等原因，而未有進展。

(二)**第二階段（2000年9月至2003年4月）**：勞委會成立「勞保年金規劃小組」，並完成老年年金草案送立法院審議，期間2001年11月監察院對行政院遲遲未完成勞保老年年金給付而提出糾正，2002年5月「全國社會福利會議」也「儘速完成勞保年金制度，使之合理保障退休勞工」之共同意見。

(三)**第三階段（2003年5月至2004年12月）**：立法院審查期間，因費率調整未達成共識。

(四)**第四階段（2005年）**：行政院成立「國民年金修正工作圈」，併同討論勞保年金。

(五)**第五階段（2006年7月至2007年12月）**：經續會有「國民年金與勞保年金同步推動」之結論，且國民年金於2007年7月立法通過，勞保年金法案則因所得替代率、費率及平均月投保薪資計算等問題而未能完成審議。

(六)**第六階段（2008年1月至2008年7月）**：勞保年金法案立法院審議通過，並自2009年1月1日正式施行。

勞工保險年金制度正式實施後，勞工保險制度仍存在部分問題，未來努力方向分別是：

(一)目前4人以下受僱勞工仍為自願加保對象，未來政策上仍應克服阻力，將4人以下勞工強制納保，張大保護傘，照顧更多勞工。

(二)目前年金給付採「最高」的月投保薪資計算方式，未來仍宜考量道德風險，參考國外以全部加保期間投保薪資計算方式，逐步延長計算基準。

(三)目前投保薪資未覈實申報情況嚴重，未來仍應宣導勞工誠實繳納保險費之重要。

(四)目前投保薪資分級表上、下限倍數僅2.54倍，相較日本厚生年金投保薪資分級表上、下限差6.3倍，無法反映勞工工作所得、確實保障勞工生活，未來宜在確立延長保投薪資計算基準或調高費率之後，檢討該分級表級距之合理性。

(五)提高勞工保險基金運用收益，增加基金收入來源，充裕基金金額，提高勞工對年金的信心。

(六)定期精算保險費率，掌握財務流量，適時揭露保險財務資訊，減少勞工對財務之疑慮。

六、勞工保險的保險對象

勞工保險是在職保險，其對象是實際從事工作，獲得報酬之專任員工，兼職人員不包括在內，分為強制被保險人與自願被保險人兩種，以強制為主，自願為輔。

(一)**強制被保險人：年滿15歲以上，65歲以下**之下列勞工，應以其雇主或所屬團體或所屬機構為投保單位，全部參加勞工保險為被保險人：

1. 受僱於**僱用5人以上**之公營、民營工廠、礦場、鹽場、農場、牧場、林場、茶場之產業勞工及交通、公用事業之員工。
2. 受僱於**僱用5人以上**公司、行號之員工。
3. 受僱於**僱用5人以上**之新聞、文化、公益及合作事業之員工。
4. 依法不得參加公務人員保險或私立學校教職員保險之政府機關及公、私立學校之員工。
5. 受僱從事漁業生產之勞動者。
6. 在政府登記有案之職業訓練機構接受訓練者。
7. 無一定雇主或自營作業而參加職業工會者。
8. 無一定雇主或自營作業而參加漁會之甲類會員。

(二)**自願被保險人：**

1. 受僱於第6條第1項各款規定各業以外之員工。
2. 受僱於僱用未滿5人之第6條第1項第1款至第3款規定各業之員工。
3. 實際從事勞動之雇主。
4. 參加海員總工會或船長公會為會員之外僱船員。

5. 個人自願被保險人,如:

(1)應徵召服兵役者。

(2)派遣出國考察、研習或提供服務者。

(3)因傷病請假致留職停薪,普通傷病未超過**1年**,職業災害未超過**2年**者。

(4)在職勞工,年逾**65歲**繼續工作者。

(5)因案停職或被羈押,未經法院判決確定者。

(6)被保險人參加保險,年資合計滿**15年**,被裁減資遣而自願繼續參加勞工保險者。

七、勞工保險費率內容及種類

勞工保險保險費率,依據勞工保險條例規定,保險費之計算,採**普通事故保險費率**及**職業災害保險費率**兩種。

(一)**普通事故保險費率**:按保險人當月投保薪資7～13%擬訂。民國97年7月17日修正之條文施行時,保險費率定為7.5%,施行後第三年調0.5%,其後每年調高0.5%至10%,並自10%當年起,每兩年調高0.5%至上限13%。但保險基金餘額足以支付未來20年保險給付時,不予調高。(自112年1月1日起費率12%,含就業保險費率1%)。

勞保年金施行後保險費率的調整及老年年金請領年齡遞增之一覽表

年度	1	2	3	4	5	6	7	8	9	10	11	12	13	14	15	16	17	18	19
民國	98	99	100	101	102	103	104	105	106	107	108	109	110	111	112	113	114	115	116
費率(%)	7.5	7.5	8	8.5	9	9.5	10	10	10.5	10.5	11	11	11.5	11.5	12	12	12.5	12.5	13
勞保	6.5	6.5	7	7.5	8	8.5	9	9	9.5	9.5	10	10	10.5	10.5	11	11	11.5	11.5	12
老年年金請領年齡	60	60	60	60	60	60	60	60	60	61	61	62	62	63	63	64	64	65	----

(二)**職業災害保險費率**：分為行業別災害費率及上、下班災害費率二種，每3年調整一次，由中央主管機關擬訂，報請行政院核定，送請立法院查照。

僱用員工達一定人數以上之投保單位，前項行業別災害費率採實績費率，按其前3年職業災害保險給付總額占應繳職業災害保險費總額之比率，由保險人依下列規定，每年計算調整之：

　1. 超過80%者，每增加10%，加收其適用行業之職業災害保險費率之5%，並以加收至40%為限。

　2. 低於70%者，每減少10%，減收其適用行業之職業災害保險費率之5%。

　（本項自111年5月起依「勞工職業保險及保護法」規定辦理。）

八、勞工保險保險費的負擔

勞工保險保險費是採**勞、資共同分擔**的方式，現行規定各類被保險人應該分擔的情形如下列：

(一)**有雇主的各類被保險人**：普通事故保險費本人負擔20%，投保單位負擔70%，其餘10%，由中央政府補助；職業災害保險費全部由投保單位負擔。

(二)**無一定雇主或自營作業之職業工人**：其普通事故保險費及職業災害保險費，由中央政府補助40%，被保險人負擔60%。

(三)**外僱船員**：其普通事故保險費及職業災害保險費，由中央政府補助20%，被保險人負擔80%。

(四)**裁減資遣續保人員**：其保險費被保險人負擔80%，其餘20%，由中央政府補助。

(五)**無一定雇主或自營作業之漁會甲類會員**：其普通事故保險費及職業災害保險費，由被保險人負擔20%，其餘80%，由中央政府補助。

勞工保險保險費負擔比例一覽表

被保險人類別	保險費負擔比例								
	勞工保險						就業保險費		
	普通事故保險費			職業災害保險費					
	被保險人	投保單位	政府	被保險人	投保單位	政府	被保險人	投保單位	政府
1.產業勞工及交通、公用事業之員工 2.公司、行號之員工 3.新聞、文化、公益、合作事業之員工 4.受僱從事漁業生產者 5.政府機關及公、私立學校之員工 6.勞工保險自願加保員工	20%	70%	10%		100%		20%	70%	10%
職訓機構受訓者	20%	70%	10%		100%				
無一定雇主之職業工人	60%		40%	60%		40%			
無一定雇主之漁會甲類會員	20%		80%	20%		80%			
漁民上岸候船	100%								
外僱船員	80%		20%	80%		20%			
外僱船員上岸候船	100%								
自願參加職災保險人員					100%				
被裁減資遣續保人員	80%		20%						
育嬰留停續保人員（政府單位）	20%	70%	10%				20%	70%	10%
育嬰留停續保人員（政府單位以外之投保單位）	20%		80%				20%		80%
職災勞工離職後續保人員	20%		80%						
僅參加就業保險人員							20%	70%	10%

備註：

1. 育嬰留職停薪繼續加保人員原由投保單位負擔部分之保險費由政府負擔。惟自92年1月1日起，受僱政府單位之育嬰留職停薪繼續加保人員，投保單位應負擔之保險費仍由投保單位負擔。
2. 依照行政院勞工委員會93年4月2日函示，自93年4月1日起外僱船員上岸候船期間繼續加保被保險人不計收職業災害保險費。
3. 96年2月9日後初次辦理職災勞工離職後續保人員，於初次加保生效之日起2年內，其保險費由被保險人負擔20%，政府專款負擔80%。2年後則由被保險人及專款各負擔50%。

勞工保險投保薪資分級表

勞工保險投保薪資分級表		中華民國112年10月16日勞動部勞動保2字第1120077361號令修正發布，自113年1月1日施行
投保薪資等級	月薪資總額（實物給付應折現金計算）	月投保薪資
第1級	27,470元以下	27,470元
第2級	27,471元至27,600元	27,600元
第3級	27,601元至28,800元	28,800元
第4級	28,801元至30,300元	30,300元
第5級	30,301元至31,800元	31,800元
第6級	31,801元至33,300元	33,300元
第7級	33,301元至34,800元	34,800元
第8級	34,801元至36,300元	36,300元
第9級	36,301元至38,200元	38,200元
第10級	38,201元至40,100元	40,100元
第11級	40,101元至42,000元	42,000元
第12級	42,001元至43,900元	43,900元
第13級	43,901元以上	45,800元
備註	一、本表依勞工保險條例第十四條第三項規定訂定之。 二、職業訓練機構受訓者之薪資報酬未達基本工資者，其月投保薪資分13,500元（13,500元以下者）、15,840元（13,501元至15,840元）、16,500元（15,841元至16,500元）、17,280元（16,501元至17,280元）、17,880元（17,281元至17,880元）、19,047元（17,881元至19,047元）、20,008元（19,048元至20,008元）、21,009元（20,009元至21,009元）、22,000元（21,010元至22,000元）、23,100元（22,001元至23,100元）、24,000元（23,101元至24,000元）及25,250元（24,001元至25,250元）及26,400元（25,251元至26,400元）十三級，其薪資總額超過26,400元而未達基本工資者，應依本表第一級申報。	

勞工保險投保薪資分級表	中華民國112年10月16日勞動部勞動保2字第1120077361號令修正發布，自113年1月1日施行
備註	三、部分工時勞工保險被保險人之薪資報酬未達基本工資者，其月投保薪資分11,100元（11,100元以下者）及12,540元（11,101元至12,540元）二級，其薪資總額超過12,540元者，應依前項規定覈實申報。 四、依身心障礙者權益保障法規定之庇護性就業身心障礙者被保險人之薪資報酬未達基本工資者，其月投保薪資分6,000元（6,000元以下）、7,500元（6,001元至7,500元）、8,700元（7,501元至8,700元）、9,900元（8,701元至9,900元）、11,100元（9,901元至11,100元）、12,540元（11,101元至12,540元），其薪資總額超過12,540元者，應依第二項規定覈實申報。 五、本表投保薪資金額以新臺幣元為單位。

九、勞工保險給付的分類與基準

勞工保險均為現金給付，計有生育、傷病、失能、死亡及老年等五種給付，平均月投保薪資之計算方式如下：

(一)**年金給付及老年一次金給付**：按被保險人加保期間最高60個月之月投保薪資予以平均計算；參加保險未滿5年者，按其實際投保年資之平均月投保薪資計算。

(二)**依勞保條例修正條文第58條第2項規定選擇一次請領老年給付**：仍同舊制規定，按被保險人退保之當月起前3年之月投保薪資平均計算；參加保險未滿3年者，按其實際投保當年資之平均月投保薪資計算。

(三)**其他現金給付**：仍同舊制規定，按被保險人發生保險事故之當月起前6個月之實際月投保薪資平均計算；其以日為給付單位者，以平均月投保薪資除以30計算。

(四)**同時受僱於2個以上投保單位**：其普通事故保險給付之月投保薪資得合併計算，不得超過勞工保險投保薪資分級表最高1級。但連續加保未滿30日者，不予合併計算。

(五)**至於保險年資計算方式**：

在條例修正施行後，不論是「三種年金給付」，「老年一次金」或「一次請領老年給付」，於計算給付標準時，如保險年資未滿1年者，依其實

際加保月數按比例計算；未滿30日者，以1個月計算（計算至小數第二位為止，小數第二位以下四捨五入）。

例如：實際投保年資16年3個月15天，則以「16又12分之4」年（16.33年）計算核給。

勞工保險平均月投保薪資計算標準

給付項目	平均月投保薪資計算
老年年金	加保期間最高60個月的平均月投保薪資
失能年金	
遺屬年金	
老年一次金	
一次請領老年給付	退保當月起前3年的平均月投保薪資
生育給付	事故之當月起前6個月的平均月投保薪資
傷病給付	
喪葬津貼	
遺屬津貼	
失蹤津貼	

十、勞工保險生育給付請領資格與給付標準

(一)請領資格

1. 被保險人參加保險280日後分娩者。
2. 被保險人參加保險滿181日後早產者。

(二)給付標準：被保險人分娩或早產者，按其平均月投保薪資一次給付生育補助費60日。

十一、勞工保險傷病給付請領資格與給付標準

(一)請領資格：被保險人罹患**普通疾病住院診療**，不能工作，以致未能取得原有薪資，正在治療中者，得自**不能工作之第4天起，請領普通疾病補助費**。

(二)**給付標準**：普通傷害補助費及普通疾病補助費，均按被保險人遭受傷害或罹患疾病住院診療之當月起前6個月平均月投保薪資之半數，自住院不能工作之第4日起發給，每半個月給付1次，以6個月為限。但傷病事故前參加保險之年資已滿1年者，增加給付6個月，前後合計共為1年。

十二、勞工保險失能請領資格及給付標準

(一)**請領資格**

1. **失能年金**：被保險人遭遇傷害或罹患疾病，經治療後，症狀固定，再行治療仍不能期待其治療效果，經全民健康保險特約醫院診斷為永久失能，並符合失能給付標準或為身心障礙者權益保障法所定之身心障礙，且經評估為終身無工作能力者（即符合下列規定之一者），得請領失能年金給付。

   經審定失能狀態符合失能給付標準附表所定失能狀態列有「終身無工作能力」者，共計20項。

   為請領失能年金給付，經審定失能程度符合第1至7等級，並經個別化專業評估工作能力減損達70%以上，且無法返回職場者。

2. **失能一次金**：

   被保險人遭遇傷害或罹患疾病，經治療後，症狀固定，再行治療仍不能期待其治療效果，經全民健康保險特約醫院診斷為永久失能，失能狀態符合失能給付標準規定，但未達「終身無工作能力」之給付項目者，得1次請領失能給付。

   被保險人之失能狀態符合「終身無工作能力」之給付項目者，且於98年1月1日前有保險年資者，亦得選擇1次請領失能給付。

(二)**給付標準**

被保險人因職業傷害或罹患職業病，於111年4月30日（含當日）前診斷失能，且已提出申請職災失能給付，或續領職災失能年金給付者，適用勞工保險條例規定（詳見「勞工職業災害保險111年5月1日施行前發生職業災害事故>失能給付」）。如尚未提出申請，且於111年5月1日勞工職業災害保險及保護法施行後，未逾5年請領時效者，得選擇依勞工職業災害保險及保護法規定。111年5月1日（含當日）後因職災診斷失能，適用勞工職業災害保險及保護法規定。

1. 勞保失能給付係按勞工保險失能給付標準及其附表所定之失能項目、失能等級及給付日數審核辦理。
2. **失能項目**：依勞工保險失能給付標準及其附表，以身體失能部位不同計分：精神、神經、眼、耳、鼻、口、胸腹部臟器、軀幹、頭臉頸、皮膚、上肢、下肢等12個失能種類、221個失能項目、15個失能等級。
3. **平均月投保薪資及平均日投保薪資之計算**：失能年金：按被保險人加保期間最高60個月之月投保薪資平均計算。

   失能一次金：按被保險人發生保險事故（即診斷永久失能日期）之當月起前6個月之月投保薪資平均計算；平均日投保薪資以平均月投保薪資除以30計算之。

   被保險人同時受僱於2個以上投保單位者，其普通事故保險給付之月投保薪資得合併計算，不得超過勞工保險投保薪資分級表最高一級。但連續加保未滿30日者，不予合併計算。
4. **給付額度**：
   (1)失能年金：依被保險人之保險年資計算，每滿 1 年，發給平均月投保薪資之1.55%（即平均月投保薪資×年資×1.55%）。

   金額不足新台幣4,000元者，按新台幣4,000元發給。

   被保險人具有國民年金保險年資者，已繳納保險費之年資，每滿 1 年，按其國民年金保險之月投保金額1.3%計算發給（即國保之月投保金額×繳費年資×1.3%）。

   合併勞工保險失能年金給付及國民年金保險身心障礙年金給付後，金額不足新台幣4,000元者，按新台幣4,000元發給。

   保險年資未滿1年者，依實際加保月數按比例計算；未滿30日者，以1個月計算。

   加發眷屬補助：請領失能年金給付者，同時有符合條件之配偶或子女時，每一人加發依第53條規定計算後金額25%之眷屬補助，最多加計50%。

   停發眷屬補助：眷屬資格不符時，其眷屬補助應停止發給。
   (2)失能一次金：因普通傷害或罹患普通疾病失能者，最高第1等級，給付日數1,200日，最低第15等級，給付日數30日。

十三、勞工保險老年給付請領資格與給付標準

(一)請領資格

98年1月1日勞保年金施行後,老年給付分成三種給付項目:

1. **老年年金給付**:被保險人合於下列規定之一者,得請領老年年金給付。

   (1)**年滿60歲,保險年資合計滿15年**,並辦理離職退保者。

   (2)擔任具有危險、堅強體力等特殊性質之工作合計滿15年,年滿55歲,並辦理離職退保者。

   ※請領年齡逐步提高:自年金施行之日起,第10年提高1歲,其後每2年提高1歲,以提至65歲為限。111年後為63歲。

2. **老年一次金給付:年滿60歲,保險年資合計未滿15年,並辦理離職退保者。**

3. **一次請領老年給付:97年12月31日前有勞保年資者,才能選擇;亦即98年1月1日勞保年金施行後初次參加勞工保險者,不得選擇一次請領老年給付。**被保險人於98年1月1日勞工保險條例施行前有保險年資者,符合下列規定之一時,得選擇一次請領老年給付。

   (1)參加保險之年資合計滿1年,年滿60歲或女性被保險人年滿55歲退職者。

   (2)參加保險之年資合計滿15年,年滿55歲退職者。

   (3)在同一投保單位參加保險之年資合計滿25年退職者。

   (4)參加保險之年資合計滿25年,年滿50歲退職者。

   (5)擔任具有危險、堅強體力等特殊性質之工作合計滿5年,年滿55歲退職者。

   (6)轉投軍人保險、公教人員保險,符合勞工保險條例第76條保留勞保年資規定退職者。

(二)給付標準

1. **老年年金給付:依下列2種方式擇優發給。**

   (1)**平均月投保薪資×年資×0.775%＋3,000元。**

   (2)**平均月投保薪資×年資×1.55%。**

   平均月投保薪資按加保期間最高60個月之月投保薪資平均計算。

   平均月投保薪資較高或年資較長者,選擇第2式較有利。

舉例1：陳先生60歲退休時，保險年資35年又5個多月，平均月投保薪資32,000元
每月年金金額：$32,000 \times (35 + 6/12) \times 1.55\% = 17,608$元。

舉例2：陳先生繼續工作延至63歲退休，保險年資38年又3個多月，平均月投保薪資32,000元。
每月年金金額：$32,000 \times (38 + 4/12) \times 1.55\% \times (1 + 4\% \times 3) = 21,293$元。

2. **老年一次金給付：保險年資合計每滿1年，按其平均月投保薪資發給1個**月。保險年資未滿1年者，依其實際加保月數按比例計算；未滿30日者，以1個月計算。**逾60歲以後之保險年資，最多以5年計**。平均月投保薪資按加保期間最高60個月之月投保薪資平均計算。

3. **一次請領老年給付：保險年資合計每滿1年，按其平均月投保薪資發給1個月；保險年資合計超過15年者，超過部分，每滿1年發給2個月，最高以45個月為限**。被保險人逾60歲繼續工作者，其逾60歲以後之保險年資，最多以5年計，合併60歲以前之一次請領老年給付，最高以50個月為限。保險年資未滿1年者，依其實際加保月數按比例計算；未滿30日者，以1個月計算。平均月投保薪資按退保當月起前3年之實際月投保薪資平均計算。

舉例：陳先生57歲退休時，保險年資30年，平均月投保薪資32,000元，其一次請領老年給付金額為：$32,000 \times (15 \times 1 + 15 \times 2) = 1,440,000$元。

十四、勞工保險死亡給付請領資格與給付標準

(一)本人死亡給付

1. 喪葬津貼：

(1)被保險人在保險有效期間因普通傷病或因職業傷害或罹患職業病死亡時，由支出殯葬費之人，按被保險人死亡之當月（含）起前6個月之平均月投保薪資，請領喪葬津貼5個月。

(2)被保險人死亡，其遺屬不符合請領遺屬年金給付或遺屬津貼條件，或無遺屬者，由支出殯葬費之人，按被保險人死亡之當月（含）起前6個月之平均月投保薪資請領10個月喪葬津貼。

2. **遺屬津貼**：

(1)**請領資格**：被保險人於98年1月1日前有保險年資者，在保險有效期間死亡，遺有配偶、子女及父母、祖父母或受被保險人生前扶養之孫子女及兄弟、姊妹者。

(2)**給付標準**：

A.**普通傷病死亡**：

a. 保險年資合併未滿1年者，按其死亡之當月（含）起前6個月之平均月投保薪資，1次發給10個月遺屬津貼。

b. 保險年資合併已滿1年而未滿2年者，按其死亡之當月（含）起前6個月之平均月投保薪資，1次發給20個月遺屬津貼。

c. 保險年資合併已滿2年者，按其死亡之當月（含）起前6個月之平均月投保薪資，1次發給30個月遺屬津貼。

B.**因職業傷害或罹患職業病死亡**：不論保險年資，按其死亡之當月（含）起前6個月之平均月投保薪資，發給40個月遺屬津貼。受領遺屬津貼之順序如下：

a. 配偶及子女。

b. 父母。

c. 祖父母。

d. 受被保險人扶養之孫子女。

e. 受被保險人扶養之兄弟、姊妹。

所稱父母、子女係指生身父母、養父母、婚生子女（包括依民法規定視為婚生子女者），或已依法收養並辦妥戶籍登記滿6個月之養子女而言。養子女不得請領生身父母之遺屬津貼。

3. **遺屬年金**：

(1)**請領資格**：

A.被保險人在保險有效期間死亡者。

B.被保險人退保，於領取失能年金給付或老年年金給付期間死亡者。

C.保險年資滿15年，並符合勞工保險條例第58條第2項各款所定請領老年給付資格，於未領取老年給付前死亡者。

(2)**遺屬順序**：A.配偶及子女→B.父母→C.祖父母→D.受扶養之孫子女→E.受扶養之兄弟、姊妹。

(3)**請領條件**

　A.**配偶**：符合下列情形之一：

　　a. 年滿55歲，且婚姻關係存續1年以上。但如無謀生能力或有扶養下述B.項之子女，不在此限。

　　b. 年滿45歲且婚姻關係存續1年以上，且每月工作收入未超過投保薪資分級表第一級。

　B.**子女（養子女須有收養關係6個月以上）**：符合下列情形之一。

　　a. 未成年。

　　b. 無謀生能力。

　　c. 25歲以下，在學，且每月工作收入未超過投保薪資分級表第一級者。

　C.保險年資滿15年，並符合勞工保險條例第58條第2項各款所定請領老年給付資格，於未領取老年給付前死亡者。

(4)**給付標準**

　A.被保險人在保險有效期間死亡者：依被保險人之保險年資合計每滿一年，按其平均月投保薪資之1.55%計算。

　B.被保險人退保，於領取失能年金給付或老年年金給付期間死亡，或保險年資滿15年，並符合勞工保險條例第58條第2項各款所定請領老年給付資格，於未領取老年給付前死亡者：依失能年金或老年年金給付標準計算後金額之半數發給。

　　舉例1：李先生在保險有效期間死亡，保險年資25年又3個多月，平均月投保薪資32,000元。

　　　　　　每月年金金額：$32,000 \times (25+4/12) \times 1.55\% = 12,564$元，如其為職災事故，再加發：$32,000 \times 10$個月$=32$萬元。

　　舉例2：周先生在領取老年年金期間死亡，保險年資25年又3個多月，平均月投保薪資32,000元。

　　　　　　原領每月老年年金金額：$32,000 \times (25+4/12) \times 1.55\% = 12,564$元。

　　　　　　改領每月遺屬年金金額：$12,564 \times 50\% = 6,282$元。

　C.前述計算後之給付金額不足新臺幣3,000元者，按新臺幣3,000元發給。

　　D. 發生職災致死亡者，除發給年金外，另加發10個月職災死亡補償一次金。

　　E. 遺屬加計：同一順序遺屬有2人以上時，每多1人加發25%，最多加計50%。

　　　舉例3：同前例1，李先生在保險有效期間死亡，遺有配偶及2名子女。
　　　　　　　每月年金金額：32,000×(25+4/12)×1.55%×(1+25%×2)=18,846元。

　　　舉例4：同前例2，周先生在領取老年年金期間死亡，遺有配偶及2名子女。
　　　　　　　每月年金金額：6,282×(1+25%×2)=9,423元。

(二)**家屬死亡給付**：家屬死亡給付項目為喪葬津貼，按家屬死亡之當月（含）起前6個月之被保險人平均月投保薪資，依下列標準發給：

　1. **父母、配偶死亡時，發給3個月**。

　2. **年滿12歲之子女死亡時，發給**2.5個月。

　3. **未滿12歲之子女死亡時，發給**1.5個月。

十五、舊制與新制的選擇規定

(一)在年金施行前（98.1.1）有保險年資之被保險人，得選擇年金給付或一次請領給付，分別是：

　1. **老年給付**：符合修正條文第58條第2項規定者，得選擇請領老年年金給付或一次請領老年給付。

　2. **失能給付**：失能程度經評估為終身無工作能力者，得選擇請領失能給付或一次請領失能給付。

　3. **死亡給付**：在加保期間死亡者，其遺屬得選擇請領遺屬年金給付或一次請領遺屬津貼。

　4. **給領老年年金或失能年金期間死亡者**：其遺屬得就請領遺屬年金給付、一次請領失能給付或老年給付再扣除已領年金給付總額之差額中，擇一請領。

　5. **離職退保時，保險年資滿15年，並符合修正條文第58條第2項老年給付條件，於未領取老年給付前死亡者**：其遺屬除得請領遺屬年金給付外，亦得選擇一次請領老年給付。

(二)不論選擇年金給付或一次請領給付，經保險核付後，不得變更本條例修正施行前有保險年資者，勞工或其遺屬於請領老年、失能或死亡給付時，而慎重考慮，不論選擇年金給付或一次請領給付，經保險人核付後，即不得變更。

(三)當消費者物價指數累計成長率達正負5%時，勞保年金給付金額即隨同調整，為確保年金給付之實質購買力，自勞工保險條例施行之第2年起，當消費者物價指數累計成長率達正負5%時，年金給付金額將隨同該成長率予以適時調整。

(四)三種年金給付僅能擇一請領：基於社會保險給付不重複保障之原則，被保險人或其受益人符合失能年金、老年年金或遺屬年金給付條件時，應擇一請領。

(五)被保險人請領老年給付，不受勞工保險條例第30條請求權時效規定之限制。

十六、勞保與國保之銜接與競合

(一)**勞保與國保之老年年金給付得同時請領**：被保險人符合勞保及國保老年年金給付請領資格者，得向任一保險人同時請領，並按勞保及國保之年資，依規定分別計算後合併發給。

(二)**未達請領勞保老年年金之年限條件，而併計國保年資後已符合者，亦得於65歲時請領勞保老年年金**：鑑於勞工進出勞動市場頻繁，且國保施行後，勞工在勞保及國保體系均有年資，惟勞工可能因勞保年資較短，未達請領老年年金給付「保險年資計滿15年」之條件，故為確保其老年經濟生活安全，於併計國保年資後已符合條件，亦得於65歲時請領勞保老年年金。

　　舉例：王先生於民國110年時年滿65歲，參加勞保年資13年（平均月投保薪32,000元）參加國民年資2年，可併計勞、國保年資合計15年，即符合請領勞保老年年金之年限條件。

　　　　　每月年金金額：32,000×13（勞保年資）×1.55%=6,448元。

　　　　　（此例選擇第2式較有利）

(三)**被保險人經評估為終身無工作能力並請領失能年金給付，如具有國保年資者，得依勞、國保各保險規定分別核計相關之年金給付**：為兼顧失能

者權益，使其於勞保及國保二個社會保險體系流動時，獲得適當生活保障，故予明定請領勞保失能年金給付時，如具有國保年資者，得按各保險之給付標準分別核計「勞保失能年金」及「國保身心障礙年金」。

(四)被保險人發生失能或死亡保險事故，如被保險人或其遺屬同時符合國民年金保險給付條件時，僅得擇一請領。

十七、保險基金及經費

勞工保險基金之來源如下：

(一)創立時政府一次撥付之金額。

(二)當年度保險費及其孳息之收入與保險給付支出之結餘。

(三)保險費滯納金。

(四)基金運用之收益。

勞工保險機構辦理本保險所需之經費，由保險人按編製預算之當年六月份應收保險費百分之五點五全年伸算數編列預算，經勞工保險監理委員會審議通過後，由中央主管機關撥付之。

 主題二　勞工職業災害保險及保護法
民國110年4月30日公布，5月1日施行

一、公布日期

110年4月30日公布，111年5月1日施行。

二、立法目的

以專法形式，將勞工保險條例的職業災害保險及職業災害勞工保護法的規定整合，除擴大納保，受僱勞工到職即有保障，一旦發生職災，政府有給付保證；提升各項給付，勞工災後生活有保護；雇主也藉由少許保費，讓勞工獲得大保障，雇主更有效分攤補償責任；並整合職災預防與重建業務，使整體職災保障制度更完善。

三、立法特色

分別是：

(一)擴大納保範圍及提高處罰額度

1. 為強化勞工工作安全，並因應現行勞工保險僱用4人以下事業單位屬自願加保，且於申報作法下，雇主未加保，勞工無給付保障之狀況，本法參採先進國家作法，明定受僱於登記有案事業單位勞工，不分僱用人數，皆強制納保，且其保險效力自到職日起算。

   勞工遭遇職業傷病，即使雇主未辦理加保手續，勞工仍得依規定請領相關給付。為督促雇主為所屬勞工辦理保險手續，提高未加保處罰額度，並明定公布事業單位名稱、負責人姓名等名譽處罰；勞工於未加保期間遭遇職業傷病領取保險給付者，後續也將向違法雇主追繳保險給付金額。

2. 考量我國從事非典型工作的勞動者逐漸增加，且提供勞務的型態日趨多元，為讓臨時或短暫受僱於自然人雇主之勞工，或實際從事勞動之人員均可獲得本法保障，故將其納為特別加保對象。

(二)保險費率調整機制：
基於職業災害保險屬短期保險，各先進國家就其保險費率，多採經驗費率方式，以達各行業費率計算之公平性與保險財務之健全，本法亦依循該作法，並針對僱用員工達一定人數以上之投保單位搭配實績費率機制，以確實反映各行業別發生職業災害之風險程度，鼓勵雇主重視職業安全衛生，以降低職業災害發生。另為減低施行初期勞資雙方之保險費負擔，本法明定施行前3年按現行職業災害保險費率表計收保費，第4年起再依精算結果據以調整費。

(三)增進各項保障權益：
為因應現行職業災害保險於勞工保險之綜合保險體系，難單獨調整，致有保障不足、雇主無法抵充職業災害補償責任之問題，參酌國際勞工組織公約及先進國家職業災害保險制度作法，調整本法各項給付或津貼補助內容，以符職災勞工及其家屬之保障需求。各項給付或津貼補助與現行規定對照詳下表。

本法保險給付或津貼補助與現行規定之對照表		
	本法	**現行規定**
投保薪資	上限：規劃72,800元。 下限：基本工資（目前27,470元）。	上限：45,800元。 下限：基本工資（目前27,470元）。部分工時者，得自11,100元起申報。
醫療給付	除依健保給付標準支付外，將提供健保給付之特殊材料自付差額保障。	依健保支付標準給付診療費用。
傷病給付	前2個月發給平均投保薪資之100%。第3個月起發給平均投保薪資之70%，最長2年。	第1年按平均投保薪資70%發給，第2年減為50%，最長2年。
失能年金	增列部分失能年金。 年金按失能程度以平均投保薪資一定比率發給，不以年資計（完全失能70%、嚴重失能50%、部分失能20%）。	年金須評估終身無工作能力者，按平均投保薪資*年資*1.55%計算，並加發20個月補償一次金。
遺屬年金	加保期間死亡，按平均投保薪資50%發給，不以年資計。不符年金資格，發給遺屬一次金。	加保期間死亡，按平均投保薪資*年資*1.55%計算，並加發10個月補償一次金。
年金競合	得併領，職災年金給付減額發給。	加保期間死亡，按平均投保薪資*年資*1.55%計算，並加發10個月補償一次金。
相關津貼補助	退保後經診斷確定罹患職業病者，發給醫療補助、失能或死亡津貼。 提供被保險人、退保後經診斷確定罹患職業病者之照護補助、輔助器具補助。 未加保勞工之照護、失能及死亡補助。	

(四)**整合職業災害預防重建及其他勞動權益保障**：本次職業災害保險單獨立法的一大重點，是運用保險資源，連結職業災害預防與重建業務，以因應現行多以年度採購計畫方式辦理，所衍生難培養專業人力、經驗難以傳承等問題，且藉由相關業務的法制化、專責機構的建置，以同步提升辦理職業災害預防與重建措施之質與量，落實本法連結災前預防與災後重建的立法目的。本法職業災害預防重建及其他勞動權益保障詳下表。

本法有關職業災害預防與重建措施	
經費來源	年度應收保費20%範圍內，編列經費辦理。
統籌單位	成立財團法人職災預防及重建中心統籌辦理。
辦理預防健檢	持續辦理被保險人在職健康檢查。曾從事有害作業（疾病潛伏期長）者，在轉換工作或離職退保後，提供追蹤健檢。
明定重建業務	明定重建業務範疇（醫療復健、社會復健、職能復健、職業重建）。個管服務機制法制化，整合資源提供個別化服務。
強化職能復健	提供職能復健服務，包含就業適性評估、擬定復工計畫及生理心理功能強化訓練等。提供勞工最長180日之職能復健津貼。提供雇主協助職災勞工復工之輔助設施補助。提供事業單位僱用職災勞工之補助。
職業傷病通報	認可醫療機構提供職業傷病診治整合性服務，辦理職業病通報。職災勞工、雇主、醫療機構亦得通報。
其他勞動權益保障	明定雇主與職業災害勞工得終止勞動契約之情形，以及職業災害勞工之續保、資遣費、退休金或離職金，與傷病假等權益。

四、保險對象

(一)**強制參加**

1. **受僱勞工**：年滿15歲以上之下列勞工，應以其雇主為投保單位，參加本保險為被保險人：

(1)受僱於領有執業證照、依法已辦理登記、設有稅籍或經中央主管機關依法核發聘僱許可之雇主。

(2)依法不得參加公教人員保險之政府機關（構）、行政法人及公、私立學校之受僱員工。

依勞動基準法規定未滿15歲之受僱從事工作者，亦適用之。

2. **職業工會或漁會會員**：年滿15歲以上之下列勞工，應以其所屬團體為投保單位，參加本保險為被保險人：

(1)無一定雇主或自營作業而參加職業工會之會員。

(2)無一定雇主或自營作業而參加漁會之甲類會員。

3. **參加職業訓練之學員**：年滿15歲以上，於政府登記有案之職業訓練機構或受政府委託辦理職業訓練之單位接受訓練者，應以其所屬機構或單位為投保單位，參加本保險為被保險人。

以上均包括外國籍人員。

(二)**任意參加**：下列人員得準用本法規定參加本保險：

1.受僱於經中央主管機關公告之第6條第1項規定以外雇主之員工。

2.實際從事勞動之雇主。

3.參加海員總工會或船長公會為會員之外僱船員。

五、投保薪資及保險費

雇主應以職災保險最高投保薪資等級（72,800元）投保，如所得未達投保薪資分級表最高一級者，得自行舉證申報其投保薪資。受僱勞工的工資認定方式，與勞保規定相同，均以勞動基準法第2條第3款之工資為準，即勞工因工作而獲得之報酬均屬之。另勞工職業災害保險及保護法施行細則第26條明定各類被保險人之月薪資總額規定如下表：

各類被保險人之職保月薪資總額一覽表

類別		月薪資總額定義
1.受僱勞工	適用勞基法	勞動基準法第2條第3款之工資
	不適用勞基法	從事勞動所獲致之報酬

類別	月薪資總額定義
2.技術生、養成工、見習生、其他與技術生性質相類之人及建教生	生活津貼
3.職訓機構受訓者	訓練所得之津貼或給與
4.實際從事勞動之雇主	從事勞動所獲致報酬或經營事業所得
5.自營作業者	從事勞動或技藝工作所獲致之報酬
6.外僱船員、經中央主管機關公告其他提供勞務事實並受有報酬者	從事勞動所獲致之報酬

職災保險之保險費，依被保險人當月月投保薪資及保險費率計算。職災保險費率分為「行業別災害費率」及「上、下班災害單一費率」。行業別災害費率，係按各行業性質不同而適用不同費率；上、下班災害單一費率以0.07%計算。現行依111年1月1日起施行之「勞工保險職業災害保險適用行業別及費率表」，最低為0.11%，最高為0.93%。

勞工職業災害保險投保薪資分級表		中華民國112年10月16日勞動部勞動保3字第1120077391令修正發布，自113年1月1日施行
投保薪資等級	月薪資總額（實物給付應折現金計算）	月投保薪資
第1級	27,470元以下	27,470元
第2級	27,471元至27,600元	27,600元
第3級	27,601元至28,800元	28,800元
第4級	28,801元至30,300元	30,300元
第5級	30,301元至31,800元	31,800元
第6級	31,801元至33,300元	33,300元
第7級	33,301元至34,800元	34,800元

勞工職業災害保險投保薪資分級表		中華民國112年10月16日 勞動部勞動保3字第1120077391令 修正發布，自113年1月1日施行
投保薪資等級	月薪資總額 （實物給付應折現金計算）	月投保薪資
第8級	34,801元至36,300元	36,300元
第9級	36,301元至38,200元	38,200元
第10級	38,201元至40,100元	40,100元
第11級	40,101元至42,000元	42,000元
第12級	42,001元至43,900元	43,900元
第13級	43,901元至45,800元	45,800元
第14級	45,801元至48,200元	48,200元
第15級	48,201元至50,600元	50,600元
第16級	50,601元至53,000元	53,000元
第17級	53,001元至55,400元	55,400元
第18級	55,401元至57,800元	57,800元
第19級	57,801元至60,800元	60,800元
第20級	60,801元至63,800元	63,800元
第21級	63,801元至66,800元	66,800元
第22級	66,801元至69,800元	69,800元
第23級	69,801元以上	72,800元
備註	一、本表依勞工職業災害保險及保護法第十七條第四項規定訂定之。 二、本表投保薪資金額以新臺幣元為單位。	

六、保險給付

保險給付共分五類，如下：

(一)醫療給付。　　　　(二)傷病給付。　　　　(三)失能給付。

(四)死亡給付。　　　　(五)失蹤給付。

各項給付內容：

(一)**醫療給付**：被保險人遭遇職業傷病時，應至全民健康保險特約醫院或診所診療；其所發生之醫療費用，由保險人支付予全民健康保險保險人，被保險人不得請領現金。

(二)**傷病給付**

1. **資格條件**：被保險人遭遇職業傷病不能工作，致未能取得原有薪資，正在治療中者，自不能工作之日起算第4日起，得請領傷病給付。

2. **給付標準**：前2個月按被保險人平均月投保薪資發給，第3個月起按被保險人平均月投保薪資70%發給，每半個月給付1次，最長以2年為限。

(三)**失能給付**

1. **失能一次金**：被保險人遭遇職業傷病，經治療後，症狀固定，再行治療仍不能改善其治療效果，經全民健康保險特約醫院或診所診斷為永久失能，符合本保險失能給付標準規定者，得按其平均月投保薪資，依規定之給付基準，請領失能一次金給付。

2. **失能年金**：被保險人失能程度經評估符合下列情形之一者，得請領失能年金：

   (1)**完全失能**：按平均月投保薪資70%發給。

   (2)**嚴重失能**：按平均月投保薪資50%發給。

   (3)**部分失能**：按平均月投保薪資20%發給。

(四)**死亡給付**

1. **喪葬津貼**：被保險人於保險有效期間，遭遇職業傷病致死亡時，支出殯葬費之人，得請領喪葬津貼。按被保險人平均月投保薪資一次發給5個月。被保險人無遺屬者，按其平均月投保薪資一次發給10個月。

2. **遺屬年金**：被保險人遺有配偶、子女、父母、祖父母、受其扶養之孫子女或受其扶養之兄弟姊妹者，得依順序，請領遺屬年金。給付標準按被保險人之平均月投保薪資50%發給。

3. **遺屬一次金及遺屬津貼**：按被保險人平均月投保薪資發給40個月。

(五)**失蹤給付**：被保險人於作業中遭遇意外事故致失蹤時，自失蹤之日起，發給失蹤給付。按被保險人平均月投保薪資70%，於每滿3個月之期末給付一次，至生還之前1日、失蹤滿1年之前1日或受死亡宣告裁判確定死亡時之前1日止。

(六)**預防職業病健康檢查**

1. **請領資格**：被保險人從事「勞工職業災害保險預防職業病健康檢查及健康追蹤檢查辦法」第2條第1項規定之有害作業，最近加保年資至本局受理申請日止，連續滿1年以上者，每年得申請本項檢查1次。

2. **給付標準**：檢查費用由勞保局參照全民健康保險醫療服務給付項目及支付標準所列有關項目規定核付。

(七)**預防職業病健康追蹤檢查**

1. **請領資格**：勞工曾從事「勞工職業災害保險預防職業病健康檢查及健康追蹤檢查辦法」第2條第2項規定之有害作業，且加保期間年資連續滿1年者，其於變更作業、離職或退保後，得由投保單位或勞工本人向勞保局申請預防職業病健康追蹤檢查，每年得申請本項檢查1次。

2. **給付標準**：檢查費用由勞保局參照全民健康保險醫療服務給付項目及支付標準所列有關項目規定核付。

 主題三　職工福利金條例
民國104年7月1日修正公布

一、公布日期

32年1月26日公布施行，最近一次修正為104年7月1日。

二、立法目的

凡公營、私營之工廠、礦場或其他企業組織，均應提撥職工福利金，辦理職工福利事業。

三、職工福利金之提撥來源

工廠、礦場或其他企業組織提撥職工福利金，依下列之規定：

(一)創立時就其資本總額提撥1～5%。

(二)每月營業收入總額內提撥0.05～0.15%。

(三)每月於每個職員工人薪津內各扣0.5%。

(四)下腳變價時提撥20～40%。

無一定雇主之工人，應由所屬工會就其會費收入總額，提撥30%為福利金。

四、職工福利委員會

職工福利金之保管動用，應由依法組織之工會及各工廠、礦場或其他企業組織共同設置職工福利委員會負責辦理；職工福利委員會之工會代表，不得少於三分之二。

五、職工福利金之保障

(一)職工福利金不得沒收。

(二)職工福利金有優先受清償之權。

(三)工廠、礦場或其他企業組織因解散或受破產宣告而結束經營者，所提撥之職工福利金，應由職工福利委員會妥議處理方式，陳報主管官署備查後發給職工。

(四)因保管人之過失，致職工福利金受損失時，保管人應負賠償責任。

(五)職工福利金有侵佔或其他舞弊情事者，依刑法各該條之規定，從嚴處斷。

｜相關法規｜

勞工保險條例
民國110年4月28日修正公布

第一章　總　則

第1條　為保障勞工生活，促進社會安全，制定本條例；本條例未規定者，適用其他有關法律。

第2條　勞工保險之分類及其給付種類如下：
一、**普通事故保險：分生育、傷病、失能、老年及死亡五種給付。**
二、**職業災害保險：分傷病、醫療、失能及死亡四種給付。**

第3條	勞工保險之一切帳冊、單據及業務收支,均免課稅捐。
第4條	勞工保險之主管機關:在中央為勞動部;在直轄市為直轄市政府。

第二章　保險人、投保單位及被保險人

第5條　中央主管機關統籌全國勞工保險業務,設勞工保險局為保險人,辦理勞工保險業務。為監督勞工保險業務及審議保險爭議事項,由有關政府代表、勞工代表、資方代表及專家各佔四分之一為原則,組織勞工保險監理委員會行之。

前項規定勞工保險局之組織及勞工保險監理委員會之組織,另以法律定之。

勞工保險爭議事項審議辦法,由中央主管機關擬訂,報請行政院核定之。

第6條　年滿**十五歲**以上,**六十五歲**以下之下列勞工,應以其雇主或所屬團體或所屬機構為投保單位,全部參加勞工保險為被保險人:

一、受僱於僱用勞工**五人**以上之公、民營工廠、礦場、鹽場、農場、牧場、林場、茶場之產業勞工及交通、公用事業之員工。

二、受僱於僱用**五人**以上公司、行號之員工。

三、受僱於僱用**五人**以上之新聞、文化、公益及合作事業之員工。

四、依法不得參加公務人員保險或私立學校教職員保險之政府機關及公、私立學校之員工。

五、受僱從事漁業生產之勞動者。

六、在政府登記有案之職業訓練機構接受訓練者。

七、無一定雇主或自營作業而參加職業工會者。

八、無一定雇主或自營作業而參加漁會之甲類會員。

前項規定,於經主管機關認定其工作性質及環境無礙身心健康之**未滿十五歲**勞工亦適用之。

前二項所稱勞工,包括在職外國籍員工。

第7條　前條第1項第1款至第3款規定之勞工,參加勞工保險後,其投保單位僱用勞工減至**四人**以下時,仍應繼續參加勞工保險。

第8條　下列人員得準用本條例之規定,參加勞工保險:

一、受僱於第6條第1項各款規定各業以外之員工。

二、受僱於僱用**未滿五人**之第6條第1項第1款至第3款規定各業之員工。

三、實際從事勞動之雇主。

四、參加海員總工會或船長公會為會員之外僱船員。

前項人員參加保險後,非依本條例規定,不得中途退保。

第1項第3款規定之雇主,應與其受僱員工,以同一投保單位參加勞工保險。

第9條 被保險人有下列情形之一者,得繼續參加勞工保險:

一、 應徵召服兵役者。

二、 派遣出國考察、研習或提供服務者。

三、 因傷病請假致留職停薪,普通傷病**未超過一年**,職業災害**未超過二年**者。

四、 在職勞工,年逾**六十五歲繼續**工作者。

五、 因案停職或被羈押,未經法院判決確定者。

第9-1條 被保險人參加保險,年資合計**滿十五年**,被裁減資遣而自願繼續參加勞工保險者,由原投保單位為其辦理參加普通事故保險,至符合請領老年給付之日止。

前項被保險人繼續參加勞工保險及保險給付辦法,由中央主管機關定之。

第10條 各投保單位應為其所屬勞工,辦理投保手續及其他有關保險事務,並備僱用員工或會員名冊。

前項投保手續及其他有關保險事務,投保單位得委託其所隸屬團體或勞工團體辦理之。

保險人為查核投保單位勞工人數、工作情況及薪資,必要時,得查對其員工或會員名冊、出勤工作紀錄及薪資帳冊。

前項規定之表冊,投保單位應自被保險人離職、退會或結(退)訓之日起保存**五年**。

第11條 符合第6條規定之勞工,各投保單位應於其所屬勞工到職、入會、到訓、離職、退會、結訓之當日,列表通知保險人;其保險效力之開始或停止,均自應為通知之當日起算。但投保單位非於勞工到職、入會、到訓之當日列表通知保險人者,除依本條例第72條規定處罰外,其保險效力之開始,均自通知之翌日起算。

第12條 被保險人退保後再參加保險時,其原有保險年資應予併計。

被保險人於88年12月9日以後退職者,且於本條例68年2月21日修正前停保滿**二年**或77年2月5日修正前停保滿**六年**者,其停保前之保險年資應予併計。

前項被保險人已領取老年給付者,得於本條施行後**二年**內申請補發併計年資後老年給付之差額。

第三章　保險費

第13條　本保險之保險費，依被保險人當月投保薪資及保險費率計算。

普通事故保險費率，為被保險人當月投保薪資**百分之七點五至百分之十三**；本條例中華民國97年7月17日修正之條文施行時，保險費率定**為百分之七點五**，施行後**第三年**調高**百分之零點五**，其後**每年**調高**百分之零點五至百分之十**，並自**百分之十**當年起，每**兩年**調高**百分之零點五**至上限**百分之十三**。但保險基金餘額足以支付未來二十年保險給付時，不予調高。

職業災害保險費率，分為行業別災害費率及上、下班災害費率二種，每**三年**調整一次，由中央主管機關擬訂，報請行政院核定，送請立法院查照。

僱用員工達一定人數以上之投保單位，前項行業別災害費率採實績費率，按其前三年職業災害保險給付總額占應繳職業災害保險費總額之比率，由保險人依下列規定，每年計算調整之：

一、超過**百分之八十**者，每增加**百分之十**，加收其適用行業之職業災害保險費率之**百分之五**，並以加收至**百分之四十**為限。

二、低於**百分之七十**者，每減少**百分之十**，減收其適用行業之職業災害保險費率之**百分之五**。

前項實績費率實施之辦法，由中央主管機關定之。

職業災害保險之會計，保險人應單獨辦理。

第14條　前條所稱月投保薪資，係指由投保單位按被保險人之月薪資總額，依投保薪資分級表之規定，向保險人申報之薪資；被保險人薪資以件計算者，其月投保薪資，以由投保單位比照同一工作等級勞工之月薪資總額，按分級表之規定申報者為準。被保險人為第6條第1項第7款、第8款及第8條第1項第4款規定之勞工，其月投保薪資由保險人就投保薪資分級表範圍內擬訂，報請中央主管機關核定適用之。

被保險人之薪資，如在當年二月至七月調整時，投保單位應於當年八月底前將調整後之月投保薪資通知保險人；如在當年八月至次年一月調整時，應於次年二月底前通知保險人。其調整均自通知之次月一日生效。

第1項投保薪資分級表，由中央主管機關擬訂，報請行政院核定之。

第14-1條　投保單位申報被保險人投保薪資不實者，由保險人按照同一行業相當等級之投保薪資額逕行調整通知投保單位，調整後之投保薪資與實際薪資不符時，應以實際薪資為準。

依前項規定逕行調整之投保薪資，自調整之**次月一日**生效。

第14-2條 依第8條第1項第3款規定加保，其所得未達投保薪資分級表最高一級者，得自行舉證申報其投保薪資。但最低不得低於所屬員工申報之最高投保薪資適用之等級。

第15條 勞工保險保險費之負擔，依下列規定計算之：
一、第6條第1項第1款至第6款及第8條第1項第1款至第3款規定之被保險人，其普通事故保險費由被保險人負擔**百分之二十**，投保單位負擔**百分之七十**，其餘**百分之十**，**由中央政府補助**；職業災害保險費全部由投保單位負擔。
二、第6條第1項第7款規定之被保險人，其普通事故保險費及職業災害保險費，由被保險人負擔**百分之六十**，其餘**百分之四十**，**由中央政府補助**。
三、第6條第1項第8款規定之被保險人，其普通事故保險費及職業災害保險費，由被保險人負擔**百分之二十**，其餘**百分之八十**，**由中央政府補助**。
四、第8條第1項第4款規定之被保險人，其普通事故保險費及職業災害保險費，由被保險人負擔**百分之八十**，其餘**百分之二十**，**由中央政府補助**。
五、第9-1條規定之被保險人，其保險費由被保險人負擔**百分之八十**，其餘**百分之二十**，**由中央政府補助**。

第16條 勞工保險保險費依下列規定，按月繳納：
一、第6條第1項第1款至第6款及第8條第1項第1款至第3款規定之被保險人，其應自行負擔之保險費，由投保單位負責扣、收繳，並須於次月底前，連同投保單位負擔部分，一併向保險人繳納。
二、第6條第1項第7款、第8款及第8條第1項第4款規定之被保險人，其自行負擔之保險費，應按月向其所屬投保單位繳納，於次月底前繳清，所屬投保單位應於再次月底前，負責彙繳保險人。
三、第9條之1規定之被保險人，其應繳之保險費，應按月向其原投保單位或勞工團體繳納，由原投保單位或勞工團體於次月底前負責彙繳保險人。
勞工保險之保險費一經繳納，概不退還。但非歸責於投保單位或被保險人之事由所致者，不在此限。

第17條 投保單位對應繳納之保險費，未依前條第1項規定限期繳納者，得寬限**十五日**；如在寬限期間仍未向保險人繳納者，自寬限期滿之翌日起至完納前一日止，每逾一日加徵其應納費額**百分之零點一**滯納金；加徵之滯納金額，以至應納費額之**百分之二十**為限。

加徵前項滯納金十五日後仍未繳納者，保險人應就其應繳之保險費及滯納金，依法訴追。投保單位如無財產可供執行或其財產不足清償時，其主持人或負責人對逾期繳納有過失者，應負損害賠償責任。

保險人於訴追之日起，在保險費及滯納金未繳清前，暫行拒絕給付。但被保險人應繳部分之保險費已扣繳或繳納於投保單位者，不在此限。

第6條第1項第7款、第8款及第8條第1項第4款規定之被保險人，依第15條規定負擔之保險費，應按期送交所屬投保單位彙繳。如逾寬限期間**十五日**而仍未送交者，其投保單位得適用第1項規定，代為加收滯納金彙繳保險人；加徵滯納金**十五日**後仍未繳納者，暫行拒絕給付。

第9條之1規定之被保險人逾**二個月**未繳保險費者，以退保論。其於欠繳保險費期間發生事故所領取之保險給付，應依法追還。

第17-1條 勞工保險之保險費及滯納金，優先於普通債權受清償。

第18條 被保險人發生保險事故，於其請領傷病給付或住院醫療給付未能領取薪資或喪失收入期間，得免繳被保險人負擔部分之保險費。

前項免繳保險費期間之年資，應予承認。

第四章　保險給付
第一節　通則

第19條 被保險人於保險效力開始後停止前，發生保險事故者，被保險人或其受益人得依本條例規定，請領保險給付。

以現金發給之保險給付，其金額按被保險人平均月投保薪資及給付標準計算。被保險人同時受僱於二個以上投保單位者，其普通事故保險給付之月投保薪資得合併計算，不得超過勞工保險投保薪資分級表最高一級。但連續加保未滿三十日者，不予合併計算。

前項平均月投保薪資之計算方式如下：

一、年金給付及老年一次金給付之平均月投保薪資：按被保險人加保期間最高六十個月之月投保薪資予以平均計算；參加保險未滿五年者，按其實際投保年資之平均月投保薪資計算。但依第58條第2項規定選擇一次請領老年給付者，按其退保之當月起前三年之實際月投保薪資平均計算；參加保險未滿三年者，按其實際投保年資之平均月投保薪資計算。

二、其他現金給付之平均月投保薪資：按被保險人發生保險事故之當月起前**六個月**之實際月投保薪資平均計算；其以日為給付單位者，以平均月投保薪資除以**三十**計算。

第2項保險給付標準之計算，於保險年資**未滿一年**者，依其實際加保月數按比例計算；**未滿三十日**者，以**一個月**計算。

被保險人如為漁業生產勞動者或航空、航海員工或坑內工，除依本條例規定請領保險給付外，於漁業、航空、航海或坑內作業中，遭遇意外事故致失蹤時，自失蹤之日起，按其平均月投保薪資**百分之七十**，給付失蹤津貼；於每滿**三個月**之期末給付一次，至生還之前一日或失蹤滿一年之前一日或受死亡宣告判決確定死亡時之前一日止。

被保險人失蹤滿一年或受死亡宣告判決確定死亡時，得依第64條規定，請領死亡給付。

第20條　被保險人在保險有效期間發生傷病事故，於保險效力停止後一年內，得請領同一傷病及其引起之疾病之傷病給付、失能給付、死亡給付或職業災害醫療給付。

被保險人在保險有效期間懷孕，且符合本條例第31條第1項第1款或第2款規定之參加保險日數，於保險效力停止後一年內因同一懷孕事故而分娩或早產者，得請領生育給付。

第20-1條　被保險人退保後，經診斷確定於保險有效期間罹患職業病者，得請領職業災害保險失能給付。

前項得請領失能給付之對象、職業病種類、認定程序及給付金額計算等事項之辦法，由中央主管機關定之。

第21條　（刪除）

第21-1條　（刪除）

第22條　同一種保險給付，不得因同一事故而重複請領。

第23條　被保險人或其受益人或其他利害關係人，為領取保險給付，故意造成保險事故者，保險人除給與喪葬津貼外，不負發其他保險給付之責任。

第24條　投保單位故意為不合本條例規定之人員辦理參加保險手續，領取保險給付者，保險人應依法追還；並取消該被保險人之資格。

第25條　被保險人無正當理由，不接受保險人特約醫療院、所之檢查或補具應繳之證件，或受益人不補具應繳之證件者，保險人不負發給保險給付之責任。

第26條　因戰爭變亂或因被保險人或其父母、子女、配偶故意犯罪行為，以致發生保險事故者，概不給與保險給付。

第27條　被保險人之養子女，其收養登記在保險事故發生時未滿六個月者，不得享有領取保險給付之權利。

第28條　保險人為審核保險給付或勞工保險監理委員會為審議爭議案件認有必要者，得向被保險人、受益人、投保單位、各該醫院、診所或領有執業執照之醫師、助產士等要求提出報告，或調閱各該醫院、診所及投保單位之病歷、薪資帳冊、檢查化驗紀錄或放射線診斷攝影片（X光照片）及其他有關文件，被保險人、受益人、投保單位、各該醫院、診所及領有執業執照之醫師或助產士等均不得拒絕。

第29條　被保險人、受益人或支出殯葬費之人領取各種保險給付之權利，不得讓與、抵銷、扣押或供擔保。

　　依本條例規定請領保險給付者，得檢具保險人出具之證明文件，於金融機構開立專戶，專供存入保險給付之用。

　　前項專戶內之存款，不得作為抵銷、扣押、供擔保或強制執行之標的。

　　被保險人已領取之保險給付，經保險人撤銷或廢止，應繳還而未繳還者，保險人得以其本人或其受益人請領之保險給付扣減之。

　　被保險人有未償還第67條第1項第4款之貸款本息者，於被保險人或其受益人請領保險給付時逕予扣減之。

　　前項未償還之貸款本息，不適用下列規定，並溯自中華民國92年1月22日施行：

一、消費者債務清理條例有關債務免責之規定。

二、破產法有關債務免責之規定。

三、其他法律有關請求權消滅時效規定。

　　第4項及第5項有關扣減保險給付之種類、方式及金額等事項之辦法，由中央主管機關定之。

　　保險人應每年書面通知有未償還第67條第1項第4款貸款本息之被保險人或其受益人之積欠金額，並請其依規定償還。

第29-1條　依本條例以現金發給之保險給付，經保險人核定後，應在十五日內給付之；年金給付應於次月底前給付。如逾期給付可歸責於保險人者，其逾期部分應加給利息。

第30條　領取保險給付之請求權，自得請領之日起，因五年間不行使而消滅。

第二節　生育給付

第31條　被保險人合於下列情形之一者，得請領生育給付：

一、參加保險滿<u>二百八十日</u>後分娩者。

二、參加保險滿<u>一百八十一日</u>後早產者。

三、參加保險滿<u>八十四日</u>後流產者。

　　被保險人之配偶分娩、早產或流產者，比照前項規定辦理。

第32條　生育給付標準，依下列各款辦理：

一、被保險人或其配偶分娩或早產者，按被保險人平均月投保薪資一次給與分娩費三十日，流產者減半給付。

二、被保險人分娩或早產者，除給與分娩費外，並按其平均月投保薪資**一次給與生育補助費六十日**。

三、分娩或早產為雙生以上者，分娩費及生育補助費比例增給。

被保險人難產已申領住院診療給付者，不再給與分娩費。

被保險人同時符合相關社會保險生育給付或因軍公教身分請領國家給與之生育補助請領條件者，僅得擇一請領。但農民健康保險者，不在此限。

第三節　傷病給付

第33條　被保險人遭遇普通傷害或普通疾病住院診療，不能工作，以致未能取得原有薪資，正在治療中者，自不能工作之**第四日起**，發給普通傷害補助費或普通疾病補助費。

第34條　被保險人因執行職務而致傷害或職業病不能工作，以致未能取得原有薪資，正在治療中者，自不能工作之**第四日起**，發給職業傷害補償費或職業病補償費。

前項因執行職務而致傷病之審查準則，由中央主管機關定之。

第35條　普通傷害補助費及普通疾病補助費，均按被保險人平均月投保薪資半數發給，每半個月給付一次，以**六個月**為限。但傷病事故前參加保險之年資合計已**滿一年**者，增加給付**六個月**。

第36條　職業傷害補償費及職業病補償費，均按被保險人平均月投保薪資**百分之七十**發給，每半個月給付一次；如經過**一年**尚未痊癒者，其職業傷害或職業病補償費減為平均月投保薪資之半數，但以**一年**為限。

第37條　被保險人在傷病期間，已領足前二條規定之保險給付者，於痊癒後繼續參加保險時，仍得依規定請領傷病給付。

第38條　（刪除）

第四節　醫療給付

第39條　醫療給付分門診及住院診療。

第39-1條　為維護被保險人健康，保險人應訂定辦法，辦理職業病預防。

前項辦法，應報請中央主管機關核定之。

第40條　被保險人罹患傷病時，應向保險人自設或特約醫療院、所申請診療。

第**41**條　　門診給付範圍如下：

一、診察（包括檢驗及會診）。

二、藥劑或治療材料。

三、處置、手術或治療。

前項費用，由被保險人自行負擔百分之十。但以不超過中央主管機關規定之最高負擔金額為限。

第**42**條　　被保險人合於下列規定之一，經保險人自設或特約醫療院、所診斷必須住院治療者，由其投保單位申請住院診療。但緊急傷病，須直接住院診療者，不在此限。

一、因職業傷害者。

二、因罹患職業病者。

三、因普通傷害者。

四、因罹患普通疾病，於申請住院診療前參加保險之年資合計滿四十五日者。

第**42-1**條　被保險人罹患職業傷病時，應由投保單位填發職業傷病門診單或住院申請書（以下簡稱職業傷病醫療書單）申請診療；投保單位未依規定填發者，被保險人得向保險人請領，經查明屬實後發給。

被保險人未檢具前項職業傷病醫療書單，經醫師診斷罹患職業病者，得由醫師開具職業病門診單；醫師開具資格之取得、喪失及門診單之申領、使用辦法，由保險人擬訂，報請中央主管機關核定發布。

第**43**條　　住院診療給付範圍如下：

一、診察（包括檢驗及會診）。　二、藥劑或治療材料。

三、處置、手術或治療。　　　四、膳食費用三十日內之半數。

五、勞保病房之供應，以公保病房為準。

前項第1款至第3款及第5款費用，由被保險人自行負擔百分之五。但以不超過中央主管機關規定之最高負擔金額為限。

被保險人自願住較高等病房者，除依前項規定負擔外，其超過之勞保病房費用，由被保險人負擔。

第2項及第41條第2項之實施日期及辦法，應經立法院審議通過後實施之。

第**44**條　　醫療給付不包括法定傳染病、麻醉藥品嗜好症、接生、流產、美容外科、義齒、義眼、眼鏡或其他附屬品之裝置、病人運輸、特別護士看護、輸血、掛號費、證件費、醫療院、所無設備之診療及第41條、第43條未包括之項目。但被保險人因緊急傷病，經保險人自設或特約醫療院、所診斷必須輸血者，不在此限。

第45條 被保險人因傷病住院診療,住院日數超過一個月者,每一個月應由醫院辦理繼續住院手續一次。

住院診療之被保險人,經保險人自設或特約醫院診斷認為可出院療養時,應即出院;如拒不出院時,其繼續住院所需費用,由被保險人負擔。

第46條 被保險人有自由選擇保險人自設或特約醫療院、所診療之權利,但有特殊規定者,從其規定。

第47條 (刪除)

第48條 被保險人在保險有效期間領取醫療給付者,仍得享有其他保險給付之權利。

第49條 被保險人診療所需之費用,由保險人逕付其自設或特約醫療院、所,被保險人不得請領現金。

第50條 在本條例施行區域內之各級公立醫療院、所,符合規定者,均應為勞工保險之特約醫療院、所。各投保單位附設之醫療院、所及私立醫療院、所符合規定者,均得申請為勞工保險之持約醫療院、所。

前項勞工保險特約醫療院、所特約及管理辦法,由中央主管機關會同中央衛生主管機關定之。

第51條 各特約醫療院、所辦理門診或住院診療業務,其診療費用,應依照勞工保險診療費用支付標準表及用藥種類與價格表支付之。

前項勞工保險診療費用支付標準表及用藥種類與價格表,由中央主管機關會同中央衛生主管機關定之。

保險人為審核第1項診療費用,應聘請各科醫藥專家組織診療費用審查委員會審核之;其辦法由中央主管機關定之。

第52條 投保單位填具之門診就診單或住院申請書,不合保險給付、醫療給付、住院診療之規定,或虛偽不實或交非被保險人使用者,其全部診療費用應由投保單位負責償付。

特約醫療院、所對被保險人之診療不屬於醫療給付範圍者,其診療費用應由醫療院、所或被保險人自行負責。

第五節 失能給付

第53條 被保險人遭遇普通傷害或罹患普通疾病,經治療後,症狀固定,再行治療仍不能期待其治療效果,經保險人自設或特約醫院診斷為永久失能,並符合失能給付標準規定者,得按其平均月投保薪資,依規定之給付標準,請領失能補助費。

前項被保險人或被保險人為身心障礙者權益保障法所定之身心障礙者，經評估為終身無工作能力者，得請領失能年金給付。其給付標準，依被保險人之保險年資計算，每滿**一年**，發給其平均月投保薪資之**百分之一點五五**；金額不足新臺幣**四千元**者，按新臺幣**四千元**發給。

前項被保險人具有國民年金保險年資者，得依各保險規定分別核計相關之年金給付，並由保險人合併發給，其所需經費由各保險分別支應。

本條例中華民國97年7月17日修正之條文施行前有保險年資者，於符合第2項規定條件時，除依前二項規定請領年金給付外，亦得選擇一次請領失能給付，經保險人核付後，不得變更。

第54條　被保險人遭遇職業傷害或罹患職業病，經治療後，症狀固定，再行治療仍不能期待其治療效果，經保險人自設或特約醫院診斷為永久失能，並符合失能給付標準規定發給一次金者，得按其平均月投保薪資，依規定之給付標準，增給**百分之五十**，請領失能補償費。

前項被保險人經評估為終身無工作能力，並請領失能年金給付者，除依第53條規定發給年金外，另按其平均月投保薪資，一次發給**二十個月**職業傷病失能補償一次金。

第54-1條　前二條失能種類、狀態、等級、給付額度、開具診斷書醫療機構層級及審核基準等事項之標準，由中央主管機關定之。

前項標準，應由中央主管機關建立個別化之專業評估機制，作為失能年金給付之依據。

前項個別化之專業評估機制，應於本條例中華民國97年7月17日修正之條文公布後**五年**施行。

第54-2條　請領失能年金給付者，同時有符合下列條件之眷屬時，每一人加發依第53條規定計算後金額**百分之二十五**之眷屬補助，最多加計**百分之五十**：

一、配偶應年滿**五十五歲**且婚姻關係存續**一年**以上。但有下列情形之一者，不在此限：(一)無謀生能力；(二)扶養第3款規定之子女。

二、配偶應年滿**四十五歲**且婚姻關係存續**一年**以上，且每月工作收入未超過投保薪資分級表**第一級**。

三、子女應符合下列條件之一。但養子女須有收養關係**六個月**以上：(一)未成年；(二)無謀生能力；(三)二十五歲以下，在學，且每月工作收入未超過投保薪資分級表第一級。

前項所稱無謀生能力之範圍，由中央主管機關定之。

第1項各款眷屬有下列情形之一時，其加給眷屬補助應停止發給：

一、配偶：(一)再婚；(二)未滿五十五歲，且其扶養之子女不符合第
　　　1項第3款所定請領條件；(三)不符合第1項第2款所定請領條件。

二、子女不符合第1項第3款所定之請領條件。

三、入獄服刑、因案羈押或拘禁。

四、失蹤。

前項第3款所稱拘禁，指受拘留、留置、觀察勒戒、強制戒治、保安
處分或感訓處分裁判之宣告，在特定處所執行中，其人身自由受剝奪
或限制者。但執行保護管束、僅受通緝尚未到案、保外就醫及假釋中
者，不包括在內。

第55條　被保險人之身體原已局部失能，再因傷病致身體之同一部位失能程
度加重或不同部位發生失能者，保險人應按其加重部分之失能程
度，依失能給付標準計算發給失能給付。但合計不得超過第一等級
之給付標準。

前項被保險人符合失能年金給付條件，並請領失能年金給付者，保險
人應按月發給失能年金給付金額之**百分之八十**，至原已局部失能程度
依失能給付標準所計算之失能一次金給付金額之半數扣減完畢為止。

前二項被保險人在保險有效期間原已局部失能，而未請領失能給付
者，保險人應按其加重後之失能程度，依失能給付標準計算發給失能
給付。但合計不得超過第一等級之給付標準。

第56條　保險人於審核失能給付，認為有複檢必要時，得另行指定醫院或醫師
複檢，其費用由保險基金負擔。

被保險人領取失能年金給付後，保險人應至少每**五**年審核其失能程
度。但經保險人認為無須審核者，不在此限。

保險人依前項規定審核領取失能年金給付者之失能程度，認為已減輕
至不符合失能年金請領條件時，應停止發給其失能年金給付，另發給
失能一次金。

第57條　被保險人經評估為終身無工作能力，領取失能給付者，應由保險人逕
予退保。

第六節　老年給付

第58條　年滿**六十歲**有保險年資者，得依下列規定請領老年給付：

一、保險年資合計**滿十五年**者，請領老年年金給付。

二、保險年資合計**未滿十五年**者，請領老年一次金給付。

本條例中華民國97年7月17日修正之條文施行前有保險年資者，於符合下列規定之一時，除依前項規定請領老年給付外，亦得選擇一次請領老年給付，經保險人核付後，不得變更：

一、參加保險之年資合計**滿一年**，年滿**六十歲**或女性被保險人年滿**五十五歲**退職者。

二、參加保險之年資合計**滿十五年**，年滿**五十五歲**退職者。

三、在同一投保單位參加保險之年資合計**滿二十五年**退職者。

四、參加保險之年資合計**滿二十五年**，年滿**五十歲**退職者。

五、擔任具有危險、堅強體力等特殊性質之工作合計**滿五年**，年滿**五十五歲**退職者。

依前二項規定請領老年給付者，應辦理離職退保。

被保險人請領老年給付者，不受第30條規定之限制。

第1項老年給付之請領年齡，於本條例中華民國97年7月17日修正之條文施行之日起，**第十年提高一歲，其後每二年提高一歲，以提高至六十五歲為限**。

被保險人已領取老年給付者，不得再行參加勞工保險。

被保險人擔任具有危險、堅強體力等特殊性質之工作合計滿十五年，年滿五十五歲，並辦理離職退保者，得請領老年年金給付，且不適用第5項及第58條之2規定。

第2項第5款及前項具有危險、堅強體力等特殊性質之工作，由中央主管機關定之。

第58-1條　老年年金給付，依下列方式擇優發給：

一、保險年資合計每滿一年，按其平均月投保薪資之百分之零點七七五計算，並加計新臺幣三千元。

二、保險年資合計每滿一年，按其平均月投保薪資之百分之一點五五計算。

第58-2條　符合第58條第1項第1款及第5項所定請領老年年金給付條件而延後請領者，於請領時應發給展延老年年金給付。每延後**一年**，依前條規定計算之給付金額增給**百分之四**，最多增給**百分之二十**。

被保險人保險年資**滿十五年**，未符合第58條第1項及第5項所定請領年齡者，得**提前五年**請領老年年金給付，每提前一年，依前條規定計算之給付金額減給**百分之四**，最多減給**百分之二十**。

第59條　依第58條第1項第2款**請領老年一次金給付或同條第2項規定一次請領老年給付者，其保險年資合計每滿一年，按其平均月投保薪資發給一**

個月；其保險年資合計超過十五年者，超過部分，每滿一年發給二個月，最高以四十五個月為限。

被保險人逾六十歲繼續工作者，其**逾六十歲以後之保險年資，最多以五年計，合併六十歲以前之一次請領老年給付，最高以五十個月為限。**

第60條　（刪除）

第61條　（刪除）

第七節　死亡給付

第62條　被保險人之父母、配偶或子女死亡時，依下列規定，請領喪葬津貼：
一、被保險人之**父母、配偶死亡**時，按其平均月投保薪資，**發給三個月**。
二、被保險人之**子女年滿十二歲死亡**時，按其平均月投保薪資，**發給二個半月**。
三、被保險人之子女**未滿十二歲死亡**時，按其平均月投保薪資，**發給一個半月**。

第63條　被保險人在保險有效期間死亡時，除由支出殯葬費之人請領喪葬津貼外，遺有配偶、子女、父母、祖父母、受其扶養之孫子女或受其扶養之兄弟、姊妹者，得請領遺屬年金給付。
前項遺屬請領遺屬年金給付之條件如下：
一、配偶符合第54條之2第1項第1款或第2款規定者。
二、子女符合第54條之2第1項第3款規定者。
三、父母、祖父母年滿五十五歲，且每月工作收入未超過投保薪資分級表第一級者。
四、孫子女符合第54條之2第1項第3款第1目至第3目規定情形之一者。
五、兄弟、姊妹符合下列條件之一：(一)有第54之2條第1項第3款第1目或第2目規定情形；(二)年滿五十五歲，且每月工作收入未超過投保薪資分級表第一級。
第1項被保險人於本條例中華民國97年7月17日修正之條文施行前有保險年資者，其遺屬除得依前項規定請領年金給付外，亦得選擇一次請領遺屬津貼，不受前項條件之限制，經保險人核付後，不得變更。

第63-1條　被保險人退保，於領取失能年金給付或老年年金給付期間死亡者，其符合前條第2項規定之遺屬，得請領遺屬年金給付。
前項被保險人於本條例中華民國97年7月17日修正之條文施行前有保險年資者，其遺屬除得依前項規定請領年金給付外，亦得選擇一次請

領失能給付或老年給付，扣除已領年金給付總額之差額，不受前條第2項條件之限制，經保險人核付後，不得變更。

被保險人保險年資滿十五年，並符合第58條第2項各款所定之條件，於未領取老年給付前死亡者，其符合前條第2項規定之遺屬，得請領遺屬年金給付。

前項被保險人於本條例中華民國97年7月17日修正之條文施行前有保險年資者，其遺屬除得依前項規定請領年金給付外，亦得選擇一次請領老年給付，不受前條第2項條件之限制，經保險人核付後，不得變更。

第63-2條　前二條所定**喪葬津貼、遺屬年金及遺屬津貼**給付標準如下：

一、**喪葬津貼**：按被保險人平均月投保薪資一次**發給五個月**。但其遺屬不符合請領遺屬年金給付或遺屬津貼條件，或無遺屬者，按其平均月投保薪資一次發給十個月。

二、**遺屬年金**：

　(一) 依第63條規定請領遺屬年金者：依被保險人之**保險年資合計每滿一年，按其平均月投保薪資之百分之一點五五計算**。

　(二) 依前條規定請領遺屬年金者：依失能年金或老年年金給付標準計算後金額之半數發給。

三、**遺屬津貼**：

　(一) 參加保險**年資合計未滿一年者，按被保險人平均月投保薪資發給十個月**。

　(二) 參加保險年資合計**已滿一年而未滿二年者，按被保險人平均月投保薪資發給二十個月**。

　(三) 參加保險年資合計**已滿二年者，按被保險人平均月投保薪資發給三十個月**。

前項第2款之遺屬年金給付金額不足新臺幣三千元者，按新臺幣三千元發給。

遺屬年金給付於同一順序之遺屬有**二人以上**時，每多一人加發依第1項第2款及前項規定計算後金額之**百分之二十五**，最多加計**百分之五十**。

第63-3條　遺屬具有受領二個以上遺屬年金給付之資格時，應擇一請領。

本條例之喪葬津貼、遺屬年金給付及遺屬津貼，以一人請領為限。符合請領條件者有二人以上時，應共同具領，未共同具領或保險人核定前如另有他人提出請領，保險人應通知各申請人協議其中一人代表請領，未能協議者，喪葬津貼應以其中核計之最高給付金額，遺屬津貼及遺屬年金給付按總給付金額平均發給各申請人。

同一順序遺屬有二人以上，有其中一人請領遺屬年金時，應發給遺屬年金給付。但經共同協議依第63條第3項、第63條之1第2項及第4項規定一次請領給付者，依其協議辦理。

保險人依前二項規定發給遺屬給付後，尚有未具名之其他當序遺屬時，應由具領之遺屬負責分與之。

第63-4條　領取遺屬年金給付者，有下列情形之一時，其年金給付應停止發給：
一、配偶：(一)再婚；(二)未滿五十五歲，且其扶養之子女不符合第63條第2項第2款所定請領條件；(三)不符合第63條第2項第1款所定請領條件。
二、子女、父母、祖父母、孫子女、兄弟、姊妹，於不符合第63條第2項第2款至第5款所定請領條件。
三、有第54條之2第3項第3款、第4款規定之情形。

第64條　被保險人因職業災害致死亡者，除由支出殯葬費之人依第63條之2第1項第1款規定請領喪葬津貼外，有符合第63條第2項規定之遺屬者，得請領遺屬年金給付及按被保險人平均月投保薪資，一次發給十個月職業災害死亡補償一次金。

前項被保險人之遺屬依第63條第3項規定一次請領遺屬津貼者，按被保險人平均月投保薪資發給**四十個月**。

第65條　受領遺屬年金給付及遺屬津貼之順序如下：
一、配偶及子女。　　　　二、父母。　　　　三、祖父母。
四、孫子女。　　　　　　五、兄弟、姊妹。

前項當序受領遺屬年金給付或遺屬津貼者存在時，後順序之遺屬不得請領。

前項第一順序之遺屬全部不符合請領條件，或有下列情形之一且無同順序遺屬符合請領條件時，第二順序之遺屬得請領遺屬年金給付：
一、在請領遺屬年金給付期間死亡。
二、行蹤不明或於國外。
三、提出放棄請領書。
四、於符合請領條件起一年內未提出請領者。

前項遺屬年金嗣第一順序之遺屬主張請領或再符合請領條件時，即停止發給，並由第一順序之遺屬請領；但已發放予第二順位遺屬之年金不得請求返還，第一順序之遺屬亦不予補發。

第八節　年金給付之申請及核發

第65-1條　被保險人或其受益人符合請領年金給付條件者，應填具申請書及檢附相關文件向保險人提出申請。

前項被保險人或其受益人，經保險人審核符合請領規定者，其年金給付自申請之當月起，按月發給，至應停止發給之當月止。

遺屬年金之受益人未於符合請領件條之當月提出申請者，其提出請領之日起前**五年**得領取之給付，由保險人依法追溯補給之。但已經其他受益人請領之部分，不適用之。

第65-2條 被保險人或其遺屬請領年金給付時，保險人得予以查證，並得於查證期間停止發給，經查證符合給付條件者，應補發查證期間之給付，並依規定繼續發給。

領取年金給付者不符合給付條件或死亡時，本人或其法定繼承人應自事實發生之日起三十日內，檢具相關文件資料，通知保險人，自事實發生之次月起停止發給年金給付。

領取年金給付者死亡，應發給之年金給付未及撥入其帳戶時，得由其法定繼承人檢附申請人死亡戶籍謄本及法定繼承人戶籍謄本請領之；法定繼承人有二人以上時，得檢附共同委任書及切結書，由其中一人請領。

領取年金給付者或其法定繼承人未依第2項規定通知保險人致溢領年金給付者，保險人應以書面命溢領人於三十日內繳還；保險人並得自匯發年金給付帳戶餘額中追回溢領之年金給付。

第65-3條 被保險人或其受益人符合請領失能年金、老年年金或遺屬年金給付條件時，應擇一請領失能、老年給付或遺屬津貼。

第65-4條 本保險之年金給付金額，於中央主計機關發布之消費者物價指數累計成長率達正負百分之五時，即依該成長率調整之。

第65-5條 保險人或勞工保險監理委員會為處理本保險業務所需之必要資料，得洽請相關機關提供之，各該機關不得拒絕。

保險人或勞工保險監理委員會依規定所取得之資料，應盡善良管理人之注意義務，確實辦理資訊安全稽核作業，其保有、處理及利用，並應遵循電腦處理個人資料保護法之規定。

第五章　保險基金及經費

第66條 勞工保險基金之來源如下：

一、創立時政府一次撥付之金額。

二、當年度保險費及其孳息之收入與保險給付支出之結餘。

三、保險費滯納金。

四、基金運用之收益。

第67條　勞工保險基金，經勞工保險監理委員會之通過，得為下列之運用：
一、對於公債、庫券及公司債之投資。
二、存放於公營銀行或中央主管機關指定之金融機構。
三、自設勞保醫院之投資及特約公立醫院勞保病房整修之貸款；其
　　辦法，由中央主管機關定之。
四、對於被保險人之貸款。
五、政府核准有利於本基金收入之投資。
勞工保險基金除作為前項運用及保險給付支出外，不得移作他用或轉
移處分；其管理辦法，由中央主管機關定之。基金之收支、運用情形
及其積存數額，應由保險人報請中央主管機關按年公告之。
第1項第4款對於被保險人之貸款資格、用途、額度、利率、期限及
還款方式等事項，應由保險人報請中央主管機關公告之。

第68條　勞工保險機構辦理本保險所需之經費，由保險人按編製預算之當年六
月份應收保險費百分之五點五全年伸算數編列預算，經勞工保險監理
委員會審議通過後，由中央主管機關撥付之。

第69條　勞工保險如有虧損，在中央勞工保險局未成立前，應由中央主管機關
審核撥補。

第六章　罰則

第70條　以詐欺或其他不正當行為領取保險給付或為虛偽之證明、報告、陳述
及申報診療費用者，除按其領取之保險給付或診療費用處以二倍罰鍰
外，並應依民法請求損害賠償；其涉及刑責者，移送司法機關辦理。
特約醫療院、所因此領取之診療費用，得在其已報應領費用內扣除。

第71條　勞工違背本條例規定，不參加勞工保險及辦理勞工保險手續者，處
一百元以上、**五百元**以下罰鍰。

第72條　投保單位違反本條例規定，未為其所屬勞工辦理投保手續者，按自僱
用之日起，至參加保險之前一日或勞工離職日止應負擔之保險費金
額，處四倍罰鍰。勞工因此所受之損失，並應由投保單位依本條例規
定之給付標準賠償之。
投保單位未依本條例之規定負擔被保險人之保險費，而由被保險人負
擔者，按應負擔之保險費金額，處**二倍**罰鍰。投保單位並應退還該保
險費與被保險人。
投保單位違反本條例規定，將投保薪資金額以多報少或以少報多者，
自事實發生之日起，按其短報或多報之保險費金額，處**四倍**罰鍰，並
追繳其溢領給付金額。勞工因此所受損失，應由投保單位賠償之。

投保單位於保險人依第10條第3項規定為查對時，拒不出示者，或違反同條第4項規定者，處新臺幣**六千元**以上**一萬八千元**以下罰鍰。

投保單位於本條例中華民國九十七年五月十六日修正生效前，依第17條第1項規定加徵滯納金至應納費額一倍者，其應繳之保險費仍未向保險人繳納，且未經保險人處以罰鍰或處以罰鍰未執行者，不再裁處或執行。

第73條　本條例所規定之罰鍰，經催告送達後，無故逾**三十日**，仍不繳納者，移送法院強制執行。

第七章　附則

第74條　失業保險之保險費率、實施地區、時間及辦法，由行政院以命令定之。

第74-1條　被保險人於本條例中華民國97年7月17日修正之條文施行前發生失能、老年或死亡保險事故，其本人或其受益人領取保險給付之請求權未超過第30條所定之時效者，得選擇適用保險事故發生時或請領保險給付時之規定辦理。

第74-2條　本條例中華民國97年7月17日修正之條文施行後，被保險人符合本保險及國民年金保險老年給付請領資格者，得向任一保險人同時請領，並由受請求之保險人按其各該保險之年資，依規定分別計算後合併發給；屬他保險應負擔之部分，由其保險人撥還。

前項被保險人於各該保險之年資，未達請領老年年金給付之年限條件，而併計他保險之年資後已符合者，亦得請領老年年金給付。

被保險人發生失能或死亡保險事故，被保險人或其遺屬同時符合國民年金保險給付條件時，僅得擇一請領。

第75條　（刪除）

第76條　被保險人於轉投軍人保險、公務人員保險或私立學校教職員保險時，不合請領老年給付條件者，其依本條例規定參加勞工保險之年資應予保留，於其年老依法退職時，得依本條例第59條規定標準請領老年給付。

前項年資之保留辦法，由中央主管機關擬訂，報請行政院核定之。

第76-1條　本條例第2條、第31條、第32條及第39條至第52條有關生育給付分娩費及普通事故保險醫療給付部分，於全民健康保險施行後，停止適用。

第77條　本條例施行細則，由中央主管機關擬訂，報請行政院核定之。

第78條　本條例施行區域，由行政院以命令定之。

第79條　本條例自公布日施行。

本條例中華民國97年7月17日修正條文施行日期，除另定施行日期者外，由行政院定之。

本條例中華民國100年4月8日修正之第15條之施行日期，由行政院定之。

勞工保險條例施行細則

民國110年6月8日修正發布

第一章　總則

第1條　本細則依勞工保險條例（以下簡稱本條例）第77條規定訂定之。

第2條　依本條例第3條規定免課之稅捐如下：

一、保險人、勞動基金運用局及投保單位辦理勞工保險所用之帳冊契據，免徵印花稅。

二、保險人及勞動基金運用局辦理勞工保險所收保險費、滯納金，及因此所承受強制執行標的物之收入、基金運用之收支、雜項收入，免納營業稅及所得稅。

三、保險人及勞動基金運用局辦理業務使用之房屋與土地、醫療藥品與器材、治療救護車輛，及被保險人、受益人或支出殯葬費之人領取之保險給付，依稅法有關規定免徵稅捐。

第3條　本條例有關保險期間之計算，除本條例另有規定外，依行政程序法之規定，行政程序法未規定者，依民法之規定。

被保險人及其眷屬年齡之計算，均依戶籍記載為準。

第二章　保險人、投保單位及被保險人

第一節　保險人

第4條　保險人及勞動部勞動基金運用局應依其業務職掌，分別將下列書表報請中央主管機關備查：

一、投保單位、投保人數、投保薪資統計表。

二、保險給付統計表。

三、保險收支會計報表。

四、保險基金運用概況表。

保險人應於每年年終時編具總報告，報請中央主管機關備查。

第5條	（刪除）
第6條	保險人或中央主管機關依本條例第28條規定派員調查有關勞工保險事項時，應出示其身分證明文件。
	保險人為審核保險給付，得視業務需要委請相關科別之醫師或專家協助之。
第7條	本條例第6條第2項所稱之主管機關，指勞工工作所在地之直轄市或縣（市）政府。

第二節　投保單位

第8條	本條例第8條第1項第1款所稱各業以外之員工，指中央主管機關核定准許投保之其他各業或人民團體之員工。
第9條	無一定雇主或自營作業而參加二個以上職業工會為會員之勞工，由其選擇主要工作之職業工會加保。
第10條	投保單位應置備僱用員工或會員名冊（卡）、出勤工作紀錄、薪資表及薪資帳冊。
	員工或會員名冊（卡）應分別記載下列事項：
	一、姓名、性別、出生年月日、住址、國民身分證統一編號。
	二、到職、入會或到訓之年月日。
	三、工作類別。
	四、工作時間及薪資。
	五、傷病請假致留職停薪期間。
	第1項之出勤工作紀錄、薪資表、薪資帳冊及前項第四款、第五款規定，於職業工會、漁會、船長公會、海員總工會，不適用之。
第11條	本條例第6條第1項第7款及第8款所稱無一定雇主之勞工，指經常於三個月內受僱於非屬同條項第1款至第5款規定之二個以上不同之雇主，其工作機會、工作時間、工作量、工作場所、工作報酬不固定者。
	本條例第6條第1項第7款及第8款所稱自營作業者，指獨立從事勞動或技藝工作，獲致報酬，且未僱用有酬人員幫同工作者。
第12條	申請投保之單位辦理投保手續時，應填具投保申請書及加保申報表各一份送交保險人。
	前項加保申報表應依戶籍資料或相關資料詳為記載。
第13條	本條例第6條及第8條之勞工，其雇主、所屬團體或所屬機構申請投保時，除政府機關（構）、公立學校及使用政府機關（構）提供之線上申請系統辦理投保手續者外，應檢附負責人國民身分證正背面影本

及各目的事業主管機關核發之下列相關證件影本：

一、　工廠：應檢附工廠有關登記證明文件。

二、　礦場：應檢附礦場登記證、採礦或探礦執照。

三、　鹽場、農場、牧場、林場、茶場：應檢附登記證書。

四、　交通事業：應檢附運輸業許可證或有關認定證明文件。

五、　公用事業：應檢附事業執照或有關認定證明文件。

六、　公司、行號：應檢附公司登記證明文件或商業登記證明文件。

七、　私立學校、新聞事業、文化事業、公益事業、合作事業、漁業、職業訓練機構及各業人民團體：立案或登記證明書。

八、　其他各業應檢附執業證照或有關登記、核定或備查證明文件。

投保單位無法取得前項各款規定之證件者，應檢附稅捐稽徵機關核發之扣繳單位設立（變更）登記申請書或使用統一發票購票證，辦理投保手續。

第14條　符合本條例第6條規定之勞工，各投保單位於其**所屬勞工到職、入會、到訓之當日列表通知保險人者，其保險效力之開始，自投保單位將加保申報表送交保險人或郵寄之當日零時起算**；投保單位非於勞工到職、入會、到訓之當日列表通知保險人者，其保險效力之開始，自投保單位將加保申報表送交保險人或郵寄之翌日零時起算。

前項勞工於下列時間到職，投保單位至遲於次一上班日將加保申報表及到職證明文件送交或郵寄保險人者，其保險效力之開始，自勞工到職之當日零時起算：

一、　保險人依規定放假之日。

二、　到職當日十七時後至二十四時前。

勞工於所屬投保單位所在地方政府依規定發布停止上班日到職，投保單位至遲於次一上班日將加保申報表及到職證明文件送交或郵寄保險人者，其保險效力之開始，自勞工到職之當日零時起算。

投保單位於其所屬勞工離職、退會、結（退）訓之當日辦理退保者，其保險效力於投保單位將退保申報表送交保險人或郵寄之當日二十四時停止。

投保單位非於勞工離職、退會、結（退）訓之當日辦理退保者，其保險效力於離職、退會、結（退）訓之當日二十四時停止。但勞工未離職、退會、結（退）訓，投保單位辦理退保者，其保險效力於投保單位將退保申報表送交保險人或郵寄之當日二十四時停止。勞工因此所受之損失，依本條例第72條規定，應由投保單位負責賠償之。

前五項郵寄之當日，以原寄郵局郵戳為準。

本條例第8條第1項各款規定人員準用本條例規定參加勞工保險者，其保險效力之開始及停止，準用前六項規定。

第15條　申請投保之單位未填具投保申請書或投保申請書漏蓋投保單位印章、負責人印章，保險人應以書面通知補正；投保單位應於接到通知之翌日起十日內補正。

投保單位所送之加保、轉保申報表或投保薪資調整表，除姓名及國民身分證統一編號均未填者不予受理外，漏蓋投保單位印章及負責人印章，或被保險人姓名、出生年月日、國民身分證統一編號、投保薪資疏誤者，或被保險人為本條例第6條第3項之外國籍員工，未檢附核准從事工作之證明文件影本，保險人應以書面通知補正；投保單位應於接到通知之翌日起十日內補正。

投保申請書或加保、轉保申報表經投保單位如期補正者，自申報之日生效；逾期補正者，自補正之翌日生效。

投保薪資調整表經投保單位如期補正者，自申報日之次月一日生效；逾期補正者，自補正之次月一日生效。

前四項補正之提出，以送交保險人之日為準；郵寄者，以原寄郵局郵戳為準。

投保單位逾期補正或逾期不為補正，勞工因此所受之損失，應由投保單位負賠償之責。

第1項及第2項所定負責人印章，得以負責人簽名代之。

第16條　投保單位有歇業、解散、撤銷、廢止、受破產宣告等情事或經認定已無營業事實，且未僱用勞工者，保險人得逕予註銷或廢止該投保單位。投保單位經依前項規定註銷或廢止者，其原僱用勞工未由投保單位依規定辦理退保者，由保險人逕予退保；其保險效力之停止、應繳保險費及應加徵滯納金之計算，以事實確定日為準，未能確定者，以保險人查定之日為準。

第17條　投保單位有下列各款情形之一者，應於三十日內填具投保單位變更事項申請書，連同有關證件送交保險人：
一、投保單位之名稱、地址或其通訊地址之變更。
二、投保單位負責人之變更。
三、投保單位主要營業項目之變更。
投保單位未依前項規定辦理變更手續者，保險人得依相關機關登記之資料逕予變更。

第18條　投保單位負責人有變更者，原負責人未清繳保險費或滯納金時，新負責人應負連帶清償責任。

投保單位因合併而消滅者,其未清繳之保險費或滯納金,應由合併後存續或另立之投保單位承受。

第三節　被保險人

第19條　本條例第6條第3項所稱之**外國籍員工**,指下列情形之一:
一、**依就業服務法或其他法規**,經中央主管機關或相關目的事業主管機關**核准從事工作者**。
二、**依法規准予從事工作者**。
　　投保單位為前項第1款之勞工加保時,應檢附相關機關核准從事工作之證明文件影本。

第20條　本細則關於國民身分證之規定,於外國籍被保險人,以在我國居留證明文件或外國護照替代之。

第21條　本條例第9條及性別平等工作法第16條第2項規定之被保險人願繼續加保時,投保單位不得拒絕。
　　本條例第9條規定之被保險人繼續加保時,其所屬投保單位應繼續為其繳納保險費,除同條第2款及第4款外,並將其姓名、出生年月日、國民身分證統一編號,及服兵役、留職停薪、因案停職或被羈押日期,以書面通知保險人;被保險人退伍、復職或撤銷羈押、停止羈押時,亦同。
　　本條例第9條第3款規定之被保險人繼續加保時,除依前項規定辦理外,並應檢附醫院或診所診斷書。
　　性別平等工作法第16條第2項規定之被保險人繼續加保時,其所屬投保單位應填具勞工保險被保險人育嬰留職停薪繼續投保申請書,通知保險人;保險人為審核案件之必要,得另行要求投保單位檢附被保險人子女出生證明或戶籍資料影本;被保險人復職時,投保單位應另填具復職通知書通知保險人。

第22條　被保險人死亡、離職、退會、結(退)訓者,投保單位應於死亡、離職、退會、結(退)訓之當日填具退保申報表送交保險人。
　　被保險人因遭遇傷害或罹患疾病在請假期間者,不得退保。

第23條　被保險人在有同一隸屬關係之投保單位調動時,應由轉出單位填具轉保申報表轉出聯,逕送轉入單位,由轉入單位填具該表轉入聯一併送交保險人,其轉保效力自轉保申報表送交保險人之當日起算,郵寄者以原寄郵局郵戳為準。

第24條　被保險人之姓名、出生年月日、國民身分證統一編號等有變更或錯誤時,投保單位應即填具被保險人變更事項申請書,檢附國民身分證正背面影本或有關證件送交保險人憑辦。

前項被保險人之相關個人資料有變更或錯誤之情形，被保險人應即通知其所屬投保單位。

被保險人未依前項規定通知其所屬投保單位，或投保單位未依第1項規定檢附相關文件送交保險人者，保險人得依相關機關登記之資料逕予變更。

第25條　同時具備參加勞工保險及公教人員保險條件者，僅得擇一參加之。

第26條　符合本條例第6條第1項第7款規定之被保險人，有下列情形之一者，保險人於知悉後應通知原投保單位轉知被保險人限期轉保：

一、所屬投保單位非本業隸屬之職業工會。

二、本業改變而未轉投本業隸屬之職業工會。

第26-1條　保險人應**至少每三年精算一次**本條例第13條所定之**普通事故保險費率，每次精算五十年**。

第三章　保險費

第27條　本條例第14條第1項所稱月薪資總額，以勞動基準法第2條第3款規定之工資為準；其**每月收入不固定者，以最近三個月收入之平均為準**；實物給與按政府公布之價格折為現金計算。

投保單位申報新進員工加保，其月薪資總額尚未確定者，以該投保單位同一工作等級員工之月薪資總額，依投保薪資分級表之規定申報。

第28條　因傷病住院之被保險人及依本條例第9條第1款、第3款、第5款、第9條之1或性別平等工作法第16條第2項規定繼續加保者，於加保期間不得調整投保薪資。

前項被保險人之投保薪資不得低於投保薪資分級表第一級之規定；投保薪資分級表第一級有修正時，由保險人逕予調整。

第28-1條　本條例第13條第1項所定保險費，每月以三十日計算。

被保險人依第23條規定辦理轉保者，轉出單位之保險費計收至轉出前1日止，轉入單位之保險費自轉入當日起計收。

第29條　保險人每月按投保單位申報之被保險人投保薪資金額，分別計算應繳之保險費，按期繕具載有計算說明之保險費繳款單，於次月二十五日前寄發或以電子資料傳輸方式遞送投保單位繳納。

第30條　投保單位接到保險人所寄載有計算說明之保險費繳款單後，應於繳納期限內向保險人指定之代收機構繳納，並領回收據聯作為繳納保險費之憑證。

前項繳款單於保險人寄送之當月底仍未收到者，投保單位應於五日內通知保險人補發或上網下載繳款單，並於寬限期間十五日內繳納；其怠為通知者，視為已於次月二十五日前寄達。

第31條　投保單位對於載有計算說明之保險費繳款單所載金額有異議,應先照額繳納後,再向保險人提出異議理由,經保險人查明錯誤後,於計算次月份保險費時一併結算。

第32條　投保單位或被保險人因欠繳保險費及滯納金,經保險人依本條例第17條第3項或第4項規定暫行拒絕給付者,暫行拒絕給付期間內之保險費仍應照計,被保險人應領之保險給付,俟欠費繳清後再補辦請領手續。

第33條　保險人計算投保單位應繳納之保險費、滯納金總額以新臺幣元為單位,角以下四捨五入。

第34條　本條例第6條第1項第1款至第6款及第8條第1項第1款至第3款規定之被保險人所屬之投保單位,因故不及於本條例第16條規定期限扣、收繳保險費時,應先行墊繳。

第35條　應徵召服兵役、留職停薪、因案停職或被羈押之被保險人繼續參加勞工保險期間,其保險費由投保單位負擔部分仍由投保單位負擔外,由本人負擔部分,有給與者於給與中扣繳;無給與者,由投保單位墊繳後向被保險人收回。

第36條　中央政府依本條例第15條規定,應補助之保險費,由保險人按月開具保險費繳款單,於次月底前送請中央政府依規定撥付。

前項政府應補助之保險費,經保險人查明有差額時,應於核計下次保險費時一併結算。

第37條　各投保單位之雇主或負責人,依本條例第16條第1項第1款規定扣繳被保險人負擔之保險費時,應註明於被保險人薪資單(袋)上或掣發收據。

第38條　投保單位應適用之職業災害保險行業別及費率,由保險人依據職業災害保險適用行業別及費率表之規定,依下列原則認定或調整後以書面通知投保單位:

一、同一行業別適用同一職業災害保險費率。

二、同一投保單位適用同一職業災害保險費率,其營業項目包括多種行業時,適用其最主要或最具代表性事業之職業災害保險費率。

投保單位對前項行業別及費率有異議時,得於接獲通知之翌日起十五日內檢附必要證件或資料,向保險人申請複核。

各投保單位應適用之職業災害保險行業別及費率,經確定後不得調整。但有因改業或主要營業項目變更者,不在此限。

第39條　投保單位依本條例第17條第1項應繳滯納金者，由保險人核計應加徵之金額，通知其向指定金融機構繳納。

第40條　本條例第6條第1項第7款、第8款及第9條第1項第4款規定之被保險人所屬之投保單位，得於金融機構設立勞工保險專戶，並轉知被保險人，以便被保險人繳納保險費。

前項被保險人之投保單位，於徵得被保險人或會員代表大會同意後，得一次預收三個月或六個月保險費，並掣發收據，按月彙繳保險人；其預收之保險費於未彙繳保險人以前，應於金融機構設立專戶儲存保管，所生孳息並以運用於本保險業務為限。

前項採行預收保險費之投保單位，得為主管及承辦業務人員辦理員工誠實信用保證保險。

第2項預收保險費之管理，應依據投保單位之財務處理相關規定辦理。

第41條　依本條例第18條第1項規定得免繳被保險人負擔部分之保險費者，由保險人根據核發給付文件核計後，發給免繳保險費清單，在投保單位保險費總數內扣除之。

第四章　保險給付

第一節　通則

第42條　投保單位應為所屬被保險人、受益人或支出殯葬費之人辦理請領保險給付手續，不得收取任何費用。

第43條　投保單位有歇業、解散、撤銷、廢止、受破產宣告或其他情事，未能為被保險人、受益人或支出殯葬費之人提出請領者，被保險人、受益人或支出殯葬費之人得自行請領。

依本條例第20條、第31條第1項第1款、第2款或第62條規定請領保險給付者，得由被保險人、受益人或支出殯葬費之人自行請領。

第44條　本條例第19條第2項所稱同時受僱於二個以上投保單位者，指同時依第6條第1項第1款至第5款、第9條第1項第1款及第2款規定於二個以上投保單位加保之被保險人。

本條例第19條第3項所稱**平均月投保薪資，依下列方式計算：**

一、**年金給付及老年一次金給付：按被保險人加保期間最高六十個月之月投保薪資合計額除以六十計算。**

二、依本條例第58條第2項規定選擇**一次請領老年給付：按被保險人退保之當月起最近三十六個月之月投保薪資合計額除以三十六計算。**

三、**其他現金給付：按被保險人發生保險事故之當月起最近六個月**
之月投保薪資合計額除以六計算；參加保險未滿六個月者，按
其實際投保年資之平均月投保薪資計算。

被保險人在**同一月份有二個以上月投保薪資時**，於計算保險給付時，
除依本條例第19條第2項規定合併計算者外，**應以最高者為準**，與其
他各月份之月投保薪資平均計算。

第45條　本條例第19條第4項所定保險年資未滿一年，依其實際加保月數按比
例計算，計算至小數第二位，第三位四捨五入。

第46條　依本條例第19條第5項規定請領失蹤津貼者，應備下列書件：
一、失蹤津貼申請書及給付收據。
二、被保險人全戶戶籍謄本；受益人與被保險人非同一戶籍者，應
同時提出各該戶籍謄本。
三、災難報告書或其他相關事故證明。
失蹤津貼之受益人及順序，準用本條例第63條第1項及第65條第1
項、第2項規定。
失蹤津貼之受益人為未成年者，其所具之失蹤津貼申請書及給付收
據，應由法定代理人簽名或蓋章。
失蹤津貼之受益人為被保險人之孫子女或兄弟、姊妹者，於請領時應
檢附受被保險人扶養之相關證明文件。

第47條　受益人或支出殯葬費之人依本條例第19條第6項規定領取死亡給付
後，於被保險人死亡宣告被撤銷，並繳還所領死亡給付再參加勞工保
險時，被保險人原有保險年資應予併計。

第48條　本條例以現金發給之保險給付，保險人算定後，逕匯入被保險人、受
益人或支出殯葬費之人指定之本人金融機構帳戶，並通知其投保單
位。但有第43條自行請領保險給付之情事者，保險人得不通知其投
保單位。
前項之金融機構帳戶在國外者，手續費用由請領保險給付之被保險
人、受益人或支出殯葬費之人負擔。

第49條　被保險人、受益人或支出殯葬費之人申請**現金給付**手續完備經審查應
予發給者，保險人應**於收到申請書之日起十日內發給**。但年金給付至
遲應於次月底前發給。

第49-1條　本條例第29條之1所定逾期部分應加給之利息，以各該年一月一日之
郵政儲金一年期定期存款固定利率為準，按日計算，並以新臺幣元為
單位，角以下四捨五入。
前項所需費用，由保險人編列公務預算支應。

第50條　被保險人、受益人或支出殯葬費之人以郵寄方式向保險人提出請領保險給付者，以原寄郵局郵戳之日期為準。

第51條　本條例第26條所稱故意犯罪行為，以司法機關或軍事審判機關之確定判決為準。

第52條　各項給付申請書、收據、診斷書及證明書，被保險人、投保單位、醫院、診所或領有執業執照之醫師、助產人員應依式填送。

第53條　請領各項保險給付之診斷書及出生證明書，除第68條、第69條另有規定外，應由醫院、診所或領有執業執照之醫師出具者，方為有效。出生證明書由領有執業執照之助產人員出具者，效力亦同。

第54條　依本條例規定請領各項保險給付，所檢附之文件為我國政府機關以外製作者，應經下列單位驗證：
一、於國外製作者，應經我國駐外使領館、代表處或辦事處驗證；其在國內由外國駐臺使領館或授權機構製作者，應經外交部複驗。
二、於大陸地區製作者，應經行政院設立或指定機構或委託之民間團體驗證。
三、於香港或澳門製作者，應經行政院於香港或澳門設立或指定機構或委託之民間團體驗證。
前項文件為外文者，應檢附經前項各款所列單位驗證或國內公證人認證之中文譯本。但為英文者，除保險人認有需要外，得予免附。

第55條　保險給付金額以新臺幣元為單位，角以下四捨五入。

第二節　生育給付

第56條　依本條例第31條規定請領生育給付者，應備下列書件：
一、生育給付申請書及給付收據。
二、醫院、診所或領有執業執照之醫師、助產人員所出具之嬰兒出生證明書或死產證明書。
已辦理出生登記者，得免附前項第2款所定文件。

第三節　傷病給付

第57條　依本條例第33條或第34條規定請領傷病給付者，應備下列書件：
一、傷病給付申請書及給付收據。
二、傷病診斷書。
前項第2款所定傷病診斷書，得以就診醫院、診所開具載有傷病名稱、醫療期間及經過之證明文件代之。

罹患塵肺症，初次請領職業病補償費時，並應附送塵肺症診斷書、粉塵作業職歷報告書及相關影像圖片。但經保險人核定以塵肺症住院有案者，得免再附送。

第58條　被保險人**請領傷病給付，以每滿十五日為一期，於期末之翌日起請領**；未滿十五日者，以普通傷病出院或職業傷病治療終止之翌日起請領。

第四節　職業災害保險醫療給付

第59條　保險人辦理職業災害保險醫療給付，得經中央主管機關核准，委託衛生福利部中央健康保險署（以下簡稱健保署）辦理。其委託契約書由保險人會同健保署擬訂，報請中央主管機關會同中央衛生福利主管機關核定。

保險人依前項規定委託健保署辦理職業災害保險醫療給付時，被保險人遭遇職業傷害或罹患職業病應向全民健康保險特約醫院或診所申請診療。除本條例及本細則另有規定外，保險人支付之醫療費用，準用全民健康保險有關規定辦理。

第60條　被保險人申請職業傷病門診診療或住院診療時，應繳交投保單位出具之職業傷病門診就診單或住院申請書，並繳驗全民健康保險卡及國民身分證或其他足資證明身分之證件。未提具或不符者，全民健康保險特約醫院或診所應拒絕其以被保險人身分掛號診療。

第61條　被保險人因尚未領得職業傷病門診就診單或住院申請書或全民健康保險卡或因緊急傷病就醫，致未能繳交或繳驗該等證件時，應檢具身分證明文件，聲明具有勞保身分，辦理掛號就診，全民健康保險特約醫院或診所應先行提供醫療服務，收取保險醫療費用並掣給單據，被保險人於就醫之日起十日內（不含例假日）或出院前補送證件者，全民健康保險特約醫院或診所應退還所收取之保險醫療費用。

第62條　因不可歸責於被保險人之事由，未能依前條規定於就醫之日起十日內或出院前補送證件者，被保險人得於門診治療當日或出院之日起六個月內，檢附職業傷病門診就診單或住院申請書及全民健康保險特約醫院或診所開具之醫療費用單據，向保險人申請核退醫療費用。

第63條　全民健康保險特約醫院或診所接獲職業傷病門診就診單後，應附於被保險人病歷備查。其接獲職業傷病住院申請書者，應就申請書證明欄詳細填明於三日內逕送保險人審核。

保險人對前項住院申請經審定不符職業傷病者，應通知健保署、全民健康保險特約醫院或診所、投保單位及被保險人。

第64條　被保險人以同一傷病分次住院者，依本條例第43條第1項第4款給付之膳食費日數，應自其第一次住院之日起，每六個月合併計算。
　　　　　前項膳食費支付數額，由中央主管機關會同中央衛生福利主管機關另定之。

第65條　投保單位出具之職業傷病住院申請書，因填報資料不全或錯誤或手續不全，經保險人通知限期補正二次而不補正，致保險人無法核付醫療給付者，保險人不予給付。

第66條　本條例第43條第1項第5款所稱之公保病房，於全民健康保險實施後，指全民健康保險之保險病房。

第67條　被保險人有下列情形之一者，得由其所屬投保單位向保險人申請核退醫療費用：
　　　　　一、於本條例施行區域外遭遇職業傷害或罹患職業病，必須於當地醫院或診所診療。
　　　　　二、於本條例施行區域遭遇職業傷害或罹患職業病，因緊急傷病至非全民健康保險特約醫院或診所診療。
　　　　　前項申請核退醫療費用應檢具之證明文件、核退期限、核退基準、依循程序及緊急傷病範圍，準用全民健康保險自墊醫療費用核退辦法之規定。

第五節　失能給付

第68條　依本條例第53條或第54條規定請領失能給付者，應備下列書件：
　　　　　一、失能給付申請書及給付收據。
　　　　　二、失能診斷書。
　　　　　三、經醫學檢查者，附檢查報告及相關影像圖片。
　　　　　保險人審核失能給付，除得依本條例第56條規定指定全民健康保險特約醫院或醫師複檢外，並得通知出具失能診斷書之醫院或診所檢送相關檢查紀錄或診療病歷。

第69條　依本條例第53條或第54條規定請領失能給付者，以全民健康保險特約醫院或診所診斷為實際永久失能之當日為本條例第30條所定得請領之日。但被保險人於保險有效期間發生傷病事故，於保險效力停止後，符合勞工保險失能給付標準第3條附表規定之治療期限，經專科醫師診斷證明為永久失能，且其失能程度與保險效力停止後屆滿一年時之失能程度相當者，為症狀固定，得依本條例第20條第1項請領失能給付，並以保險效力停止後屆滿一年之當日為得請領之日。
　　　　　前項診斷永久失能之日期不明或顯有疑義時，保險人得就病歷或相關資料查明認定。

被保險人請求發給失能診斷書者，全民健康保險特約醫院或診所應於出具失能診斷書後五日內逕寄保險人。

第70條　依本條例第53條第3項規定分別核計國民年金保險身心障礙年金給付及本保險失能年金給付後，其合併數額為新臺幣四千元以上者，依合併數額發給；其合併數額不足新臺幣四千元者，發給新臺幣四千元。

第71條　本條例第54條之2第1項第1款及第2款所定婚姻關係存續一年以上，由申請之當日，往前連續推算之。

第72條　本條例第54條之2第1項第3款所稱在學者，指具有正式學籍，並就讀於公立學校、各級主管教育行政機關核准立案之私立學校或符合教育部採認規定之國外學校。

第73條　依本條例第54條之2規定請領加發眷屬補助者，應備下列書件：
一、失能年金加發眷屬補助申請書及給付收據。
二、被保險人全戶戶籍謄本；眷屬與被保險人非同一戶籍者，應同時提出各該戶籍謄本，並載明下列事項：
　(一) 眷屬為配偶時，戶籍謄本應載有結婚日期。
　(二) 眷屬為養子女時，戶籍謄本應載有收養及登記日期。
三、在學者，應檢附學費收據影本或在學證明，並應於每年九月底前，重新檢具相關證明送保險人查核，經查核符合條件者，應繼續發給至次年八月底止。
四、無謀生能力者，應檢附身心障礙手冊或證明，或受禁治產（監護）宣告之證明文件。

第74條　本條例第55條第1項所稱同一部位，指與失能種類部位同一者。

第75條　依本條例第55條第2項規定按月發給失能年金給付金額之百分之八十時，該金額不足新臺幣四千元者，按新臺幣四千元發給；其有國民年金保險年資者，並準用第70條規定。

第76條　被保險人經保險人依本條例第57條規定逕予退保者，其退保日期以全民健康保險特約醫院或診所診斷為實際永久失能之當日為準。

第六節　老年給付

第77條　本條例第58條第2項第3款所稱在同一投保單位參加保險，指下列情形之一者：
一、被保險人在有隸屬關係之雇主、機構或團體內加保。
二、被保險人在依法令規定合併、分割、轉讓或改組前後之雇主、機構或團體加保。

三、 被保險人在依公營事業移轉民營條例規定移轉民營前後之雇主、機構或團體加保。

第78條　依本條例第58條規定請領老年給付者,應備下列書件:
一、 老年給付申請書及給付收據。
二、 符合本條例第58條第2項第5款或第7項者,檢附工作證明文件。
未於國內設有戶籍者,除前項規定之書件外,並應檢附經第54條第1項所列單位驗證之身分或居住相關證明文件。

第79條　依本條例第58條之2第1項規定請領展延老年年金給付者,其延後請領之期間自符合請領老年年金給付之次月起,核計至其提出申請之當月止。
依本條例第58條之2第2項規定請領減給老年年金給付者,其提前請領之期間自提前申請之當月起,核計至其符合老年年金給付所定請領年齡之前一月止。
前二項期間未滿一年者,依其實際月數按比例計算,並準用第45條規定。

第七節　死亡給付

第80條　被保險人之父母、配偶或子女受死亡宣告者,以法院判決所確定死亡之時,為本條例第62條之死亡時;其喪葬津貼給付金額之計算,依下列規定計算之:
一、 死亡時與判決時均在被保險人投保期間內者,以判決之當月起前六個月之平均月投保薪資為準。
二、 死亡時在被保險人投保期間內,而判決時已退保者,以退保之當月起前六個月之平均月投保薪資為準。

第81條　受益人或支出殯葬費之人請領死亡給付時,被保險人所屬投保單位未辦理退保手續者,由保險人逕予退保。

第82條　被保險人依本條例第62條規定請領喪葬津貼者,應備下列書件:
一、 喪葬津貼申請書及給付收據。
二、 死亡證明書、檢察官相驗屍體證明書或死亡宣告判決書。
三、 載有死亡登記之戶口名簿影本,及被保險人身分證或戶口名簿影本。
已辦理完成死亡登記者,得僅附前項第1款所定文件。

第83條　依本條例第63條第2項第1款規定請領遺屬年金給付者,其婚姻關係存續一年以上之計算,由被保險人死亡之當日,往前連續推算之。
依本條例第63條第2項第2款及第4款規定請領遺屬年金給付者,其在學之認定,準用第72條規定。

第84條　依本條例第63條或第64條規定請領喪葬津貼者，應備下列書件：
　　一、死亡給付申請書及給付收據。
　　二、死亡證明書、檢察官相驗屍體證明書或死亡宣告判決書。
　　三、載有死亡日期之全戶戶籍謄本。
　　四、支出殯葬費之證明文件。但支出殯葬費之人為當序受領遺屬年金或遺屬津貼者，得以切結書代替。

第85條　依本條例第63條、第63條之1或第64條規定請領遺屬年金給付者，應備下列書件：
　　一、死亡給付申請書及給付收據。
　　二、死亡證明書、檢察官相驗屍體證明書或死亡宣告判決書。
　　三、載有死亡日期之全戶戶籍謄本。受益人為配偶時，應載有結婚日期；受益人為養子女時，應載有收養及登記日期。受益人與死者非同一戶籍者，應同時提出各該戶籍謄本。
　　四、在學者，應檢附學費收據影本或在學證明，並應於每年九月底前，重新檢具相關證明送保險人查核，經查核符合條件者，應繼續發給至次年八月底止。
　　五、無謀生能力者，應檢附身心障礙手冊或證明，或受禁治產（監護）宣告之證明文件。
　　六、受益人為孫子女或兄弟、姊妹者，應檢附受被保險人扶養之相關證明文件。

第86條　依本條例第63條或第64條規定請領遺屬津貼者，應備下列書件：
　　一、死亡給付申請書及給付收據。
　　二、死亡證明書、檢察官相驗屍體證明書或死亡宣告判決書。
　　三、載有死亡日期之全戶戶籍謄本，受益人為養子女時，應載有收養及登記日期；受益人與死者非同一戶籍者，應同時提出各該戶籍謄本。
　　四、受益人為孫子女或兄弟、姊妹者，應檢附受被保險人扶養之相關證明文件。

第87條　依本條例第63條之1第2項規定，選擇一次請領失能給付扣除已領年金給付總額之差額者，應備下列書件：
　　一、失能給付差額申請書及給付收據。
　　二、前條第2款至第4款所定之文件。
　　受領前項差額給付之對象及順序，準用本條例第63條第1項及第65條第1項、第2項規定。

前項同一順序遺屬有二人以上時，準用本條例第63條之3第2項規定。

第88條　依本條例第63條之1第2項規定，選擇一次請領老年給付扣除已領年金給付總額之差額者，應備下列書件：

一、老年給付差額申請書及給付收據。

二、第86條第2款至第4款所定之文件。

前條第2項及第3項規定，於前項請領差額給付者，準用之。

第89條　依前四條規定請領給付之受益人為未成年者，其申請書及給付收據，應由法定代理人簽名或蓋章。

第90條　本條例第63條之3第2項所稱未能協議，指各申請人未依保險人書面通知所載三十日內完成協議，並提出協議證明書者。

前項規定，於依第87條及第88條規定一次請領差額給付者，準用之。

第91條　同一順序遺屬有二人以上，並依本條例第63條之3第3項但書規定協議時，保險人得以書面通知請領人於三十日內完成協議，並由代表請領人提出協議證明書。屆期未能提出者，保險人得逕按遺屬年金發給，遺屬不得要求變更。

第92條　被保險人死亡，其受益人為未成年且無法依第89條規定請領保險給付者，其所屬投保單位應即通知保險人，除喪葬津貼得依第84條規定辦理外，應由保險人計息存儲遺屬年金給付或遺屬津貼，俟其能請領時發給之。

第八節　年金給付之申請及核發

第93條　本條例第65條之1第2項所定申請之當月，以原寄郵局郵戳或送交保險人之日期為準。

被保險人於保險人依規定放假之日離職，其所屬投保單位至遲於次一上班日為其辦理退保及申請老年年金給付，並檢附被保險人同意追溯請領之文件者，被保險人老年年金給付申請之當月，以其離職之翌日為準。

被保險人於所屬投保單位所在地方政府依規定發布停止上班日離職，投保單位至遲於次一上班日為其辦理退保及申請老年年金給付，並檢附被保險人同意追溯請領之文件者，被保險人老年年金給付申請之當月，以其離職之翌日為準。

第94條　依本條例規定請領年金給付，未於國內設有戶籍者，應檢附經第54條第1項所列單位驗證之身分或居住相關證明文件，並應每年重新檢送保險人查核。

第95條　依本條例第54條之2第3項第1款、第2款及第63條之4第1款、第2款規定停止發給年金給付者,除配偶再婚外,於停止發給原因消滅後,請領人得重新向保險人提出申請,並由保險人依本條例第65條之1第2項規定發給;遺屬年金依本條例第65條之1第3項規定發給。

　　依本條例第54條之2第3項第3款、第4款及第63條之4第3款規定停止發給年金給付者,自政府機關媒體異動資料送保險人之當月起停止發給。

　　前項所定停止發給原因消滅後,請領人得檢具證明其停止發給原因消滅之文件向保險人申請,並由保險人依本條例第65條之1第2項規定發給;遺屬年金依本條例第65條之1第3項規定發給。

　　未依前項規定檢附證明文件向保險人申請者,自政府機關媒體異動資料送保險人之當月起恢復發給。

第95-1條　本條例第65條之2第3項所定應檢附之戶籍謄本,得以載有領取年金給付者死亡日期之戶口名簿影本及其法定繼承人戶口名簿影本代之。

第96條　本條例第65條之4所定消費者物價指數累計成長率,以中央主計機關發布之年度消費者物價指數累計平均計算,計算至小數第二位,第三位四捨五入。

　　本條例中華民國九十七年七月十七日修正之條文施行第二年起,前項**消費者物價指數累計成長率達正負百分之五時,保險人應於當年五月底前報請中央主管機關核定公告,並自當年五月開始調整年金給付金額**。

　　前項年金給付金額調整之對象,指正在領取年金給付,且自其請領年度開始計算之消費者物價指數累計成長率達正負百分之五者。不同年度請領年金給付,同時符合應調整年金給付金額者,分別依其累計之消費者物價指數成長率調整之。

　　第2項所定之消費者物價指數累計成長率達百分之五後,保險人應自翌年開始重新起算。

第97條　依本條例第53條第3項及第84條之2第2項規定併計國民年金保險年資時,被保險人於其未繳清國民年金法規定之保險費及利息,並依該法規定暫行拒絕給付之年資不得併計。

第五章　經費

第98條　本條例第68條所稱之經費,包括辦理保險業務所需人事、事務等一切費用。

第98-1條 勞工因雇主違反本條例所定應辦理加保或投保薪資以多報少等規定，致影響其保險給付所提起之訴訟，得向中央主管機關申請扶助。
前項扶助業務，中央主管機關得委託民間團體辦理。

第六章　附則

第99條 本細則自中華民國九十八年一月一日施行。
本細則修正條文，除中華民國一百零二年七月二十六日修正發布之第61條、第62條及第67條自一百零二年一月一日施行外，自發布日施行。

勞工保險職業災害保險實績費率實施辦法

民國111年3月9日修正發布

第1條 本辦法依勞工職業災害保險及保護法（以下簡稱本法）第16條第5項規定訂定之。

第2條 本法第16條第4項所稱僱用員工達一定人數以上之投保單位，指僱用被保險人數達50人以上者。
前項人數，以投保單位於每年實績費率生效日前1年之7月1日起，往前推算1年之平均人數計算。

第3條 適用本辦法之投保單位，其僱用員工人數減少致未達前條所定人數者，該年內仍應繼續適用相同費率。
未適用本辦法之投保單位，其僱用員工人數增加，達前條所定人數，且投保期間符合第8條規定者，自翌年起適用本辦法之規定。

第4條 本法第16條第4項所定行業別災害費率之實績費率，除依中央主管機關公告之適用行業別及費率表規定辦理外，並按第5條及第7條所定方式，每年分別計算加總後調整之。

第5條 依本法第16條第4項所定投保單位最近3年保險給付總額占應繳保險費總額之情形，保險人每年計算調整其行業別災害費率之方式如下：
一、**所占比率低於百分之六十者：每減少百分之十，減收其行業別災害費率百分之五。**
二、**所占比率超過百分之八十者：每增加百分之十，加收其行業別災害費率百分之五，並以加收至百分之三十為限。**
前項所定保險給付總額及保險費總額，不包括上、下班災害保險給付及保險費。

第6條 前條所定保險給付總額，包括下列給付：
　　一、職業災害現金給付：指傷病給付、失能給付、死亡給付及失蹤給付。
　　二、職業災害醫療給付：指門診及住院診療給付。
　　前項第1款所定職業災害現金給付，以計算期間內保險人現金給付核付金額為基準。但於被保險人或受益人領取失能或遺屬年金給付時，應按其一次得請領失能給付或死亡給付之給付基準計算之。
　　第1項第2款所定職業災害醫療給付，以計算期間內實際發生之醫療給付金額為基準。

第7條 本法第16條第4項所定最近3年職業安全衛生之辦理情形，係投保單位最近3年職業災害發生情形及職業安全衛生管理績效。
　　為評估前項職業安全衛生辦理情形，其分級認定基準如附表。
　　保險人每年依投保單位職業安全衛生辦理情形之等級，計算調整其行業別災害費率之方式如下：
　　一、第一級：減收其行業別災害費率百分之二十。
　　二、第二級：減收其行業別災害費率百分之十。
　　三、第三級：不予調整。
　　四、第四級：加收其行業別災害費率百分之十。
　　五、第五級：加收其行業別災害費率百分之二十。

第8條 第5條及前條所稱最近3年，指自每年計算調整實績費率生效日前1年之1月1日往前推算3年。
　　投保單位之投保期間未達前項規定者，適用本法第16條第3項所定行業別災害費率。

第9條 投保單位行業別變更時，應自報准變更之當月起，適用新行業別之費率，並依原計算調整之行業別災害費率之比率，核計其實績費率。

第10條 保險人應於每年9月底前，計算各投保單位翌年之實績費率，並於次月底前通知投保單位。

第11條 被保險人發生職業災害時，以申請保險給付之投保單位為計算實績費率之投保單位，發生疑義時，由保險人依事實認定之。

第12條 本辦法所定保險給付與保險費，包括本保險與勞工保險職業災害保險之保險給付及保險費。

第13條 自中華民國111年5月1日起至111年12月31日止，投保單位之實績費率，以勞工保險保險人通知之111年度勞工保險職業災害保險實績費率為準。

第14條 本辦法自中華民國111年5月1日施行。

勞工保險失能給付標準

民國111年3月30日修正發布

第1條　本標準依勞工保險條例（以下簡稱本條例）第54條之1第1項規定訂定之。

第2條　失能種類如下：
一、精神。　　　　　二、神經。　　　　　三、眼。
四、耳。　　　　　　五、鼻。　　　　　　六、口。
七、胸腹部臟器。　　八、軀幹。　　　　　九、頭、臉、頸。
十、皮膚。　　　　　十一、上肢。　　　　十二、下肢。

第3條　前條所定失能種類之狀態、等級、審核基準及開具診斷書醫療機構層級如附表。

第4條　本條例所定經評估為終身無工作能力者，指符合下列情形之一：
一、失能狀態經審定符合本標準附表所定失能狀態列有「終身無工作能力」者。
二、被保險人為**請領失能年金給付**，依本條例第54條之1第2項規定，經個別化之專業評估，其**工作能力減損達百分之七十以上，且無法返回職場者**。
前項第2款所定**個別化之專業評估，依被保險人之全人損傷百分比、未來工作收入能力、職業及年齡，綜合評估其工作能力**。

第4-1條　保險人辦理前條個別化之專業評估，得委託置有完成個別化專業評估訓練醫師之全民健康保險特約醫院辦理。
受委託醫院應指派醫師會同專科醫師、物理治療師、職能治療師、臨床心理師或語言治療師等專業人員組成團隊，依中央主管機關所定之評估方法、工具、計算方式，評估被保險人之工作能力。
前項受委託醫院指派之醫師，必須為已參加保險人自行辦理或委託相關醫學團體，依中央主管機關所定個別化專業評估訓練課程完成訓練者。

第5條　**失能等級共分為十五等級**，各等級之給付標準，按平均日投保薪資，依下列規定日數計算之：
一、**第一等級為一千二百日**。
二、第二等級為一千日。
三、第三等級為八百四十日。
四、第四等級為七百四十日。
五、第五等級為六百四十日。

六、第六等級為五百四十日。

七、第七等級為四百四十日。

八、第八等級為三百六十日。

九、第九等級為二百八十日。

十、第十等級為二百二十日。

十一、第十一等級為一百六十日。

十二、第十二等級為一百日。

十三、第十三等級為六十日。

十四、第十四等級為四十日。

十五、**第十五等級為三十日。**

前項所定平均日投保薪資,依本條例第19條第3項第2款規定之平均月投保薪資除以三十計算之。

前二項所定失能等級及給付標準,於請領失能年金給付者不適用之。

第6條 被保險人失能狀態符合本標準附表之項目,請領失能給付者,除依本條例第53條第2項規定請領失能年金者外,按失能等級之給付日數一次發給。

前項失能等級依下列規定審核辦理:

一、符合本標準附表之任何一項目者,按該項目之失能等級核定之。

二、符合本標準附表之任何兩項目以上者,除依第3款至第6款規定辦理外,按其最高失能等級核定之。

三、符合本標準附表之第十四等級至第一等級間任何兩項目以上者,按其最高失能等級再升一等級核定之。但最高等級為第一等級時,按第一等級核定之。

四、符合本標準附表之第八等級至第一等級間任何兩項目以上者,按其最高失能等級再升二等級核定之。但最高等級為第二等級以上時,按第一等級核定之。

五、符合本標準附表之第五等級至第一等級間任何兩項目以上者,按其最高失能等級再升三等級核定之。但最高等級為第三等級以上時,按第一等級核定之。

六、不符合本標準附表所定之各項目時,得衡量其失能程度,比照同表所定之失能狀態,定其失能等級。

七、依第3款至第6款規定所核定失能等級之日數,超過各該失能等級分別計算日數之合計額時,應按其合計額核定之。

第7條 被保險人之遺屬依本條例第63條之1第2項規定選擇一次請領失能給付扣除已領年金給付者,其給付標準適用前二條規定。

第8條　本條例施行細則第68條第1項第2款所定失能診斷書，應由全民健康保險特約醫院或診所出具。但於本條例施行區域外失能者，得由原應診之醫院或診所診斷出具。

失能項目基於認定技術及設備之需要，其開具失能診斷書之全民健康保險特約醫院，應符合下列資格之一：

一、經衛生福利部醫院評鑑為優等以上之醫院。

二、經衛生福利部醫院評鑑為合格之醫學中心或區域醫院。

三、經衛生福利部醫院評鑑及教學醫院評鑑合格之醫院。

澎湖縣、金門縣、連江縣等離島之被保險人，得由原應診之全民健康保險特約醫院或診所診斷出具，不受前項之限制。

第9條　本標準自中華民國98年1月1日施行。

本標準修正條文自發布日施行。

本標準中華民國102年5月22日修正條文，自中華民國102年8月13日施行。

勞工職業災害保險及保護法
民國110年4月30日公布，111年5月1日施行

第一章　總則

第1條　為保障遭遇職業災害勞工及其家屬之生活，加強職業災害預防及職業災害勞工重建，以促進社會安全，特制定本法。

第2條　本法所稱主管機關：在中央為勞動部；在直轄市為直轄市政府；在縣（市）為縣（市）政府。

第二章　職業災害保險

第一節　保險人、基金管理、保險監理及爭議處理

第3條　勞工職業災害保險（以下簡稱本保險）以勞動部勞工保險局為保險人，辦理保險業務。

勞工職業災害保險基金（以下簡稱本保險基金）之投資運用管理業務，由勞動部勞動基金運用局辦理。

第4條　本保險之保險業務及基金投資運用管理業務，由中央主管機關監理，並適用勞工保險條例之監理規定。

第5條　投保單位、被保險人、受益人、支出殯葬費之人及全民健康保險特約醫院或診所，對保險人依本章核定之案件有爭議時，應自行政處分達

到之翌日起60日內，向中央主管機關申請審議，對於爭議審議結果不服時，得提起訴願及行政訴訟。

前項爭議之審議，適用勞工保險爭議事項審議辦法；其**勞工保險爭議審議會委員，應有職業醫學科專科醫師及勞工團體代表，且比例合計不得低於五分之一。**

第二節　投保單位、被保險人及保險效力

第6條 **年滿15歲以上之下列勞工**，應以其雇主為投保單位，參加本保險為被保險人：

一、**受僱於領有執業證照、依法已辦理登記、設有稅籍或經中央主管機關依法核發聘僱許可之雇主。**

二、**依法不得參加公教人員保險之政府機關（構）、行政法人及公、私立學校之受僱員工。**

前項規定，於依勞動基準法規定未滿15歲之受僱從事工作者，亦適用之。

下列人員準用第1項規定參加本保險：

一、勞動基準法規定之技術生、事業單位之養成工、見習生及其他與技術生性質相類之人。

二、高級中等學校建教合作實施及建教生權益保障法規定之建教生。

三、其他有提供勞務事實並受有報酬，經中央主管機關公告者。

第7條 **年滿15歲以上之下列勞工，應以其所屬團體為投保單位，參加本保險為被保險人：**

一、**無一定雇主或自營作業而參加職業工會之會員。**

二、**無一定雇主或自營作業而參加漁會之甲類會員。**

第8條 **年滿15歲以上**，於政府登記有案之**職業訓練機構或受政府委託辦理職業訓練之單位接受訓練者**，應以其所屬機構或單位為投保單位，參加本保險為被保險人。

第9條 下列人員**得準用本法規定參加本保險：**

一、受僱於經中央主管機關公告之第6條第1項規定以外雇主之員工。

二、實際從事勞動之雇主。

三、參加海員總工會或船長公會為會員之外僱船員。

前項人員參加本保險後，非依本法規定，不得中途退保。

第1項第2款規定之雇主，應與其受僱員工，以同一投保單位參加本保險。

僱用勞工合力從事海洋漁撈工作之漁會甲類會員，其僱用人數十人以下，且仍實際從事海洋漁撈工作者，得依第7條第2款規定參加本保險，不受前項規定之限制。

第10條　第6條至第9條規定以外之受僱員工或實際從事勞動之人員，得由雇主或本人辦理參加本保險。

勞動基準法第45條第4項所定之人，得由受領勞務者辦理參加本保險。

依前二項規定參加本保險之加保資格、手續、月投保薪資等級、保險費率、保險費繳納方式及其他應遵行事項之辦法，由中央主管機關定之。

第11條　第6條至第10條所定**參加本保險之人員，包括外國籍人員**。

第12條　符合第6條至第8條規定之勞工，投保單位應於本法施行之當日或勞工到職、入會、到訓之當日，列表通知保險人辦理投保手續。但依第6條第3項第3款公告之人員，投保單位應於該公告指定日期為其辦理投保手續。

勞工於其雇主領有執業證照、依法辦理登記或設有稅籍前到職者，雇主應於領有執業證照、依法辦理登記或設有稅籍之當日，辦理前項投保手續。

前2項勞工離職、退會、結（退）訓者，投保單位應於離職、退會、結（退）訓之當日，列表通知保險人辦理退保手續。

第13條　符合第6條規定之勞工，其保險效力之開始自到職當日起算，至離職當日停止。但有下列情形者，其保險效力之開始，自各款所定期日起算：

一、勞工於其雇主符合第6條第1項第1款規定前到職者，自雇主領有執業證照、依法已辦理登記或設有稅籍之當日起算。

二、第6條第3項第3款公告之人員，自該公告指定日期起算。

符合第7條及第8條規定之勞工，其保險效力之開始，依下列規定辦理：

一、投保單位於其所屬勞工入會、到訓之當日通知保險人者，自通知當日起算。

二、投保單位非於其所屬勞工入會、到訓之當日通知保險人者，自通知翌日起算。

下列勞工，其保險效力之開始，自本法施行之日起算：

一、本法施行前，仍參加勞工保險職業災害保險或就業保險之被保險人。

二、受僱於符合第6條規定投保單位之勞工,於本法施行前到職,未
　　參加勞工保險職業災害保險者。但依第6條第3項第3款公告之人
　　員,不適用之。

第2項勞工之保險效力之停止,依下列規定辦理:

一、投保單位於其所屬勞工退會、結(退)訓之當日通知保險人
　　者,於通知當日停止。

二、投保單位非於其所屬勞工退會、結(退)訓之當日通知保險人
　　者,於退會、結(退)訓當日停止。

三、勞工未退會、結(退)訓,投保單位辦理退保者,於通知當日
　　停止。

依第九條規定參加本保險者,其保險效力之開始或停止,準用第2
項、第3項第1款及前項規定。

第14條　依第10條規定參加本保險者,其保險效力之開始,依下列規定辦理:

一、自僱主、受領勞務者或實際從事勞動之人員保險費繳納完成之
　　實際時間起算。

二、前款保險費繳納完成時,另有向後指定日期者,自該日起算。

前項人員保險效力之停止,至僱主、受領勞務者或實際從事勞動之人
員指定之保險迄日停止。

前二項保險效力之起迄時點,於保險費繳納完成後,不得更改。

第15條　投保單位應為其所屬勞工,辦理投保、退保手續及其他有關保險
事務。

前項投保、退保手續及其他有關保險事務,第6條、第8條及第9條第
1項第1款之投保單位得委託勞工團體辦理,其保險費之負擔及繳納
方式,分別依第19條第1款及第20條第1項第1款規定辦理。

投保單位應備置所屬勞工名冊、出勤工作紀錄及薪資帳冊,並自被保
險人離職、退會或結(退)訓之日起保存5年。

保險人為查核投保單位勞工人數、工作情況及薪資,必要時,得查對
前項相關表冊,投保單位不得規避、妨礙或拒絕。

第三節　保險費

第16條　本保險之保險費,依被保險人當月月投保薪資及保險費率計算。

本保險費率,分為行業別災害費率及上、下班災害單一費率二種。

前項保險費率,於本法施行時,依中央主管機關公告之最近一次勞工
保險職業災害保險適用行業別及費率表辦理;其後自施行之日起,
每3年調整一次,由中央主管機關視保險實際收支情形及精算結果擬
訂,報請行政院核定後公告。

僱用員工達一定人數以上之投保單位，第2項行業別災害費率採實績費率，按其最近3年保險給付總額占應繳保險費總額及職業安全衛生之辦理情形，由保險人每年計算調整之。

前項實績費率計算、調整及相關事項之辦法，由中央主管機關定之。

第17條　前條第1項月投保薪資，投保單位應按被保險人之月薪資總額，依投保薪資分級表之規定，向保險人申報。

被保險人之薪資，在當年2月至7月調整時，投保單位應於當年8月底前將調整後之月投保薪資通知保險人；在當年8月至次年1月調整時，應於次年2月底前通知保險人。前開調整，均自通知之次月1日生效。

依第9條第1項第2款規定加保，其所得未達投保薪資分級表最高一級者，得自行舉證申報其投保薪資。

第1項投保薪資分級表，由中央主管機關擬訂，報請行政院核定後發布。

前項投保薪資分級表之下限與中央主管機關公告之基本工資相同；基本工資調整時，該下限亦調整之。

第18條　被保險人投保薪資申報不實者，保險人得按查核資料逕行調整投保薪資至適當等級，並通知投保單位；調整後之投保薪資與實際薪資不符時，應以實際薪資為準。

依前項規定逕行調整之投保薪資，自調整之次月1日生效。

第19條　本保險之**保險費負擔**，依下列規定辦理之：

一、**第6條、第8條、第9條第1項第1款、第2款及第10條規定之被保險人，除第10條第1項所定實際從事勞動之人員，保險費應自行負擔外，全部由投保單位負擔。**

二、**第7條第1款規定之被保險人，由被保險人負擔百分之六十，其餘百分之四十，由中央政府補助。**

三、**第7條第2款規定之被保險人，由被保險人負擔百分之二十，其餘百分之八十，由中央政府補助。**

四、**第9條第1項第3款規定之被保險人，由被保險人負擔百分之八十，其餘百分之二十，由中央政府補助。**

第20條　本保險之保險費，依下列規定按月繳納：

一、第6條、第8條、第9條第1項第1款及第2款規定之被保險人，投保單位應於次月底前向保險人繳納。

二、第7條及第9條第1項第3款規定之被保險人，其自行負擔之保險費，應按月向其所屬投保單位繳納，於次月底前繳清，所屬投保單位應於再次月底前，負責彙繳保險人。

　　　　　　本保險之保險費一經繳納，概不退還。但因不可歸責於投保單位或被
　　　　　　保險人之事由致溢繳或誤繳者，不在此限。

第21條　投保單位對應繳納之保險費，未依前條第1項規定限期繳納者，得
　　　　　　寬限15日；在寬限期間仍未向保險人繳納者，保險人自寬限期滿之
　　　　　　翌日起至完納前1日止，每逾1日加徵其應納費額百分之零點二滯納
　　　　　　金；加徵之滯納金額，以至應納費額百分之二十為限。

　　　　　　加徵前項滯納金15日後仍未繳納者，保險人就其應繳之保險費及滯
　　　　　　納金，得依法移送行政執行。投保單位無財產可供執行或其財產不足
　　　　　　清償時，由其代表人或負責人負連帶清償責任。

　　　　　　投保單位代表人或負責人有變更者，原代表人或負責人未繳清保險費
　　　　　　或滯納金時，新代表人或負責人應負連帶清償責任。

第22條　第7條及第9條第1項第3款規定之被保險人，其所負擔之保險費未依
　　　　　　第20條第1項第2款規定期限繳納者，得寬限15日；在寬限期間仍未
　　　　　　向其所屬投保單位繳納者，其所屬投保單位應準用前條第1項規定，
　　　　　　代為加收滯納金彙繳保險人。

　　　　　　第7條規定之被保險人欠繳保險費者，所屬投保單位應於彙繳當月份
　　　　　　保險費時，列報被保險人欠費名冊。

　　　　　　投保單位依第1項規定代為加收滯納金15日後，被保險人仍未繳納
　　　　　　者，保險人就其應繳之保險費及滯納金，得依法移送行政執行。

第23條　有下列情形之一者，保險人應暫行拒絕給付：

　　　　　一、第7條及第9條第1項第3款規定之被保險人，經投保單位依前條
　　　　　　　　規定代為加收滯納金15日後，仍未繳納保險費或滯納金。

　　　　　二、前款被保險人，其所屬投保單位經保險人依第21條第1項規定加
　　　　　　　　徵滯納金15日後，仍未繳清保險費或滯納金。但被保險人應繳
　　　　　　　　部分之保險費已繳納於投保單位者，不在此限。

　　　　　三、被保險人，其因投保單位欠費，本身負有繳納義務而未繳清保
　　　　　　　　險費或滯納金。

　　　　　四、被保險人，其擔任代表人或負責人之任一投保單位，未繳清保
　　　　　　　　險費或滯納金。

　　　　　　前項被保險人或投保單位未繳清保險費或滯納金期間，已領取之保險
　　　　　　給付，保險人應以書面行政處分令其限期返還。

　　　　　　被保險人在本法施行前，有未繳清勞工保險職業災害保險之保險費或
　　　　　　滯納金者，準用前二項規定。

第24條　本保險之保險費及滯納金，優先於普通債權受清償。

第**25**條　本保險之保險費及滯納金不適用下列規定：
一、公司法有關公司重整之債務免責規定。
二、消費者債務清理條例有關清算之債務免責規定。
三、破產法有關破產之債務免責規定。
四、其他法律有關消滅時效規定。

第四節　保險給付
第一款　總則

第**26**條　**本保險之給付種類**如下：
一、**醫療給付**。　　　　　　二、**傷病給付**。
三、**失能給付**。　　　　　　四、**死亡給付**。
五、**失蹤給付**。

第**27**條　被保險人於保險效力開始後停止前，遭遇職業傷害或罹患職業病（以下簡稱職業傷病），而發生醫療、傷病、失能、死亡或失蹤保險事故者，被保險人、受益人或支出殯葬費之人得依本法規定，請領保險給付。
被保險人在保險有效期間遭遇職業傷病，於保險效力停止之翌日起算1年內，得請領同一傷病及其引起疾病之醫療給付、傷病給付、失能給付或死亡給付。
第1項職業傷病之職業傷害類型、職業病種類、審查認定基準、類型化調查審查程序及其他相關事項之準則，由中央主管機關定之。

第**28**條　以現金發給之保險給付，其金額按被保險人平均月投保薪資及給付基準計算。
前項**平均月投保薪資，應按被保險人發生保險事故之當月起前6個月之實際月投保薪資，平均計算**；未滿6個月者，按其實際投保期間之平均月投保薪資計算。
保險給付以日為給付單位者，按前項平均月投保薪資除以30計算。
第6條規定之勞工，其投保單位未依第12條規定辦理投保、退保手續，且發生保險事故者，該未依規定辦理期間之月投保薪資，由保險人按其月薪資總額對應之投保薪資分級表等級予以認定。但以不高於事故發生時保險人公告之最近年度全體被保險人平均月投保薪資對應之等級為限。
前項未依規定辦理期間之月投保薪資，投保單位或被保險人未提具相關薪資資料供保險人審核時，按投保薪資分級表第一等級計算。

第29條　同一種保險給付，不得因同一事故而重複請領。

被保險人發生同一保險事故，被保險人、受益人或支出殯葬費之人同時符合請領本保險、勞工保險、農民健康保險、農民職業災害保險、公教人員保險、軍人保險或國民年金保險（以下簡稱其他社會保險）之給付條件時，僅得擇一請領。

第30條　不符合本法所定加保資格而參加本保險者，保險人應撤銷該被保險人之資格；其有領取保險給付者，保險人應以書面行政處分令其限期返還。

不符合本法所定請領條件而溢領或誤領保險給付者，其溢領或誤領之保險給付，保險人應以書面行政處分令其限期返還。

前二項給付返還規定，於受益人、請領人及法定繼承人準用之。

第31條　無正當理由不補具應繳之證明文件，或未依第47條規定接受保險人指定之醫院或醫師複檢者，保險人不發給保險給付。

第32條　保險人為辦理本保險業務或中央主管機關為審議保險爭議事項所需之必要資料，得洽請被保險人、受益人、投保單位、醫事服務機構、醫師或其他相關機關（構）、團體、法人或個人提供之；各該受洽請者不得規避、妨礙、拒絕或為虛偽之證明、報告及陳述。

前項所定資料如下：

一、被保險人之出勤工作紀錄、病歷、處方箋、檢查化驗紀錄、放射線診斷攝影片報告及醫療利用情形之相關資料。

二、被保險人作業情形及健康危害職業暴露相關資料。

三、投保單位辦理本保險事務之相關帳冊、簿據、名冊及書表。

四、其他與本保險業務或保險爭議事項相關之文件及電子檔案。

第1項所定提供機關（構）已建置前項資料電腦化作業者，保險人得逕洽連結提供，各該機關（構）不得拒絕。

保險人及中央主管機關依前三項規定所取得之資料，應盡善良管理人之注意義務；相關資料之保有、處理及利用等事項，應依個人資料保護法之規定為之。

第33條　被保險人、受益人或支出殯葬費之人領取各種保險給付之權利，不得讓與、抵銷、扣押或供擔保。

被保險人或受益人依本法規定請領現金給付者，得檢附保險人出具之證明文件，於金融機構開立專戶，專供存入現金給付之用。

前項專戶內之存款，不得作為抵銷、扣押、供擔保或強制執行之標的。

第**34**條　已領取之保險給付，經保險人撤銷或廢止，應繳還而未繳還者，保險人得自其本人或受益人所領取之本保險給付扣減之。

前項有關扣減保險給付之種類、方式、金額及其他相關事項之辦法，由中央主管機關定之。

第1項應繳還而未繳還之保險給付，優先於普通債權受清償，且不適用下列規定：

一、公司法有關公司重整之債務免責規定。

二、消費者債務清理條例有關清算之債務免責規定。

三、破產法有關破產之債務免責規定。

第**35**條　依本法以現金發給之保險給付，經保險人核定後，應在15日內給付之；年金給付應於次月底前給付。逾期給付可歸責於保險人者，其逾期部分應加給利息。

前項利息，以各該年1月1日之郵政儲金一年期定期存款固定利率為準，按日計算，並以新臺幣元為單位，角以下四捨五入。

第**36**條　投保單位未依第12條規定，為符合第6條規定之勞工辦理投保、退保手續，且勞工遭遇職業傷病請領保險給付者，保險人發給保險給付後，應於該保險給付之範圍內，確認投保單位應繳納金額，並以書面行政處分令其限期繳納。

投保單位已依前項規定繳納者，其所屬勞工請領之保險給付得抵充其依勞動基準法第59條規定應負擔之職業災害補償。

第1項繳納金額之範圍、計算方式、繳納方式、繳納期限及其他應遵行事項之辦法，由中央主管機關定之。

第**37**條　**領取保險給付之請求權，自得請領之日起，因5年間不行使而消滅。**

第二款　醫療給付

第**38**條　醫療給付分門診及住院診療。

前項醫療給付，得由保險人委託全民健康保險保險人辦理。

被保險人遭遇職業傷病時，應至全民健康保險特約醫院或診所診療；其所發生之醫療費用，由保險人支付予全民健康保險保險人，被保險人不得請領現金。

前項診療範圍、醫療費用之給付項目及支付標準，除準用全民健康保險法及其相關規定辦理外，由保險人擬訂，並會商全民健康保險保險人後，報請中央主管機關核定發布。

第**39**條　被保險人遭遇職業傷病時，應由投保單位填發職業傷病門診單或住院申請書（以下簡稱醫療書單）申請診療；投保單位未依規定填發或被

保險人依第10條規定自行投保者，被保險人得向保險人請領，經查明屬實後發給。

被保險人未檢具前項醫療書單，經醫師診斷罹患職業病者，得由醫師開具職業病門診單。

前項醫師開具資格、門診單之申領、使用及其他應遵行事項之辦法，由保險人擬訂，報請中央主管機關核定發布。

第40條　被保險人有下列情形之一者，得向保險人申請核退醫療費用：

一、遭遇職業傷病，未持醫療書單至全民健康保險特約醫院或診所診療，於事後補具。

二、於我國境內遭遇職業傷病，因緊急傷病至非全民健康保險特約醫院或診所診療。

三、於我國境外遭遇職業傷病，須於當地醫院或診所診療。

前項申請核退醫療費用，應檢附之證明文件、核退期限、核退基準、程序及緊急傷病範圍，準用全民健康保險法及其相關規定辦理。

第41條　投保單位填具醫療書單，不符合保險給付規定、虛偽不實或交非被保險人使用者，其全部醫療費用除依全民健康保險相關法令屬全民健康保險保險人負擔者外，應由投保單位負責償付。

全民健康保險特約醫院或診所提供被保險人之醫療不屬於本保險給付範圍時，其醫療費用應由醫院、診所或被保險人自行負責。

第1項情形，保險人應以書面行政處分命投保單位限期返還保險人支付全民健康保險保險人醫療費用之相同金額。

第三款　傷病給付

第42條　被保險人遭遇**職業傷病不能工作，致未能取得原有薪資，正在治療中者，自不能工作之日起算第4日起，得請領傷病給付。**

前項**傷病給付，前2個月按被保險人平均月投保薪資發給，第3個月起按被保險人平均月投保薪資百分之七十發給，每半個月給付一次，最長以2年為限。**

第四款　失能給付

第43條　被保險人遭遇職業傷病，經治療後，症狀固定，再行治療仍不能改善其治療效果，經全民健康保險特約醫院或診所診斷為永久失能，符合本保險失能給付標準規定者，得按其平均月投保薪資，依規定之給付基準，請領失能一次金給付。

前項被保險人之失能程度，經評估符合下列情形之一者，得**請領失能年金：**

一、**完全失能：按平均月投保薪資百分之七十發給。**

二、**嚴重失能：按平均月投保薪資百分之五十發給。**

三、**部分失能：按平均月投保薪資百分之二十發給。**

被保險人於中華民國98年1月1日勞工保險年金制度施行前有勞工保險年資，經評估符合失能年金給付條件，除已領取失能年金者外，亦得選擇請領失能一次金，經保險人核付後，不得變更。

被保險人請領部分失能年金期間，不得同時領取同一傷病之傷病給付。

第1項及第2項所定失能種類、狀態、等級、給付額度、開具診斷書醫療機構層級、審核基準、失能程度之評估基準及其他應遵行事項之標準，由中央主管機關定之。

第44條　請領失能年金者，同時有符合下列各款條件之一所定眷屬，每1人加發依前條第2項規定計算後金額百分之十之眷屬補助，最多加發百分之二十：

一、配偶應年滿55歲且婚姻關係存續1年以上。但有下列情形之一者，不在此限：

(一) 無謀生能力。

(二) 扶養第3款規定之子女。

二、配偶應年滿45歲且婚姻關係存續1年以上，且每月工作收入未超過投保薪資分級表第1級。

三、子女應符合下列條件之一，其為養子女者，並須有收養關係6個月以上：

(一) 未成年。

(二) 無謀生能力。

(三) 25歲以下，在學，且每月工作收入未超過投保薪資分級表第1級。

前項各款眷屬有下列情形之一者，其加發眷屬補助應停止發給：

一、配偶離婚或不符合前項第1款及第2款所定請領條件。

二、子女不符合前項第3款所定請領條件。

三、入獄服刑、因案羈押或拘禁。

四、失蹤。

前項第3款所稱拘禁，指受拘留、留置、觀察勒戒、強制戒治或保安處分裁判之宣告，在特定處所執行中，其人身自由受剝奪或限制者。但執行保護管束、保外就醫或假釋中者，不包括在內。

第45條　被保險人**領取失能年金後，保險人應至少每5年審核其失能程度**。但經保險人認為無須審核者，不在此限。

前項被保險人依前項規定審核領取失能年金者，認為其失能程度減輕，仍符合失能年金給付條件時，應改按減輕後之失能程度發給失能年金；其失能程度減輕至不符合失能年金給付條件時，應停止發給失能年金，另發給失能一次金。

第1項之審核，保險人應結合職能復健措施辦理。

第46條　被保險人之身體原已局部失能，再因職業傷病致身體之同一部位失能程度加重或不同部位發生失能者，保險人應按其加重部分之失能程度，依失能給付標準計算發給失能給付。但失能一次金合計不得超過第1等級之給付基準。

前項被保險人符合失能年金給付條件，並請領失能年金給付者，保險人應按月發給失能年金給付金額之百分之八十，至原已局部失能程度依失能給付標準所計算之失能一次金給付金額之半數扣減完畢為止。

前2項被保險人在保險有效期間遭遇職業傷病，原已局部失能，而未請領失能給付者，保險人應按其加重後之失能程度，依第43條規定發給失能給付。但失能一次金合計不得超過第1等級之給付基準。

請領失能年金之被保險人，因同一職業傷病或再遭遇職業傷病，致同一部位失能程度加重或不同部位發生失能者，保險人應按其評估後之失能程度，依43條第2項規定發給失能年金。但失能程度仍符合原領年金給付條件者，應繼續發給原領年金給付。

前四項給付發給之方法及其他應遵行事項之標準，由中央主管機關定之。

第47條　保險人於審核失能給付，認為被保險人有複檢必要時，得另行指定醫院或醫師複檢。

第48條　被保險人經評估為終身無工作能力，領取本保險或勞工保險失能給付者，由保險人逕予退保。

第五款　死亡給付

第49條　被保險人於保險有效期間，遭遇職業傷病致死亡時，支出殯葬費之人，得請領喪葬津貼。

前項被保險人，遺有配偶、子女、父母、祖父母、受其扶養之孫子女或受其扶養之兄弟姊妹者，得依第52條所定順序，請領遺屬年金，其條件如下：

一、配偶符合第44條第1項第1款或第2款規定者。

二、　子女符合第44條第1項第3款規定者。

三、　父母、祖父母年滿55歲，且每月工作收入未超過投保薪資分級表第1級者。

四、　孫子女符合第44條第1項第3款第1目至第3目規定情形之一者。

五、　兄弟姊妹符合下列條件之一：

　　(一) 有第44條第1項第3款第1目或第2目規定情形。

　　(二) 年滿55歲，且每月工作收入未超過投保薪資分級表第1級。

前項當序遺屬於被保險人死亡時，全部不符合遺屬年金給付條件者，得請領遺屬一次金，經保險人核付後，不得再請領遺屬年金。

保險人依前項規定核付遺屬一次金後，尚有未具名之其他當序遺屬時，不得再請領遺屬年金，應由具領之遺屬負責分與之。

被保險人於中華民國98年1月1日勞工保險年金制度實施前有保險年資者，其遺屬除得依第2項規定請領遺屬年金外，亦得選擇請領遺屬津貼，不受第2項各款所定條件之限制，經保險人核付後，不得變更。

第50條　依第43條第2項第1款或第2款規定請領失能年金者，於領取期間死亡時，其遺屬符合前條第2項規定者，得請領遺屬年金。

被保險人於中華民國98年1月1日勞工保險年金制度施行前有保險年資者，其遺屬除得依前項規定請領年金給付外，亦得選擇一次請領失能給付扣除已領年金給付總額之差額，不受前條第2項各款所定條件之限制，經保險人核付後，不得變更。

前項差額之請領順序及發給方法，準用第52條及第53條規定。

第51條　前二條所定喪葬津貼、遺屬年金、遺屬一次金及遺屬津貼給付之基準如下：

一、　**喪葬津貼：按被保險人平均月投保薪資一次發給5個月**。但被保險人無遺屬者，按其平均月投保薪資一次發給10個月。

二、　**遺屬年金：**

　　(一) 依第49條第2項規定請領遺屬年金者，**按被保險人之平均月投保薪資百分之五十發給。**

　　(二) 依前條第1項規定請領遺屬年金者，依失能年金給付基準計算後金額之半數發給。

三、　**遺屬一次金及遺屬津貼：按被保險人平均月投保薪資發給40個月**。

遺屬年金於同一順序之遺屬有2人以上時，每多1人加發依前項第2款計算後金額之百分之十，最多加計百分之二十。

第52條　請領遺屬年金、遺屬一次金及遺屬津貼之順序如下：
一、配偶及子女。
二、父母。
三、祖父母。
四、受扶養之孫子女。
五、受扶養之兄弟姊妹。
前項當序受領遺屬年金、遺屬一次金或遺屬津貼者存在時，後順序之遺屬不得請領。
第1項第1順序之遺屬全部不符合請領條件，或有下列情形之一且無同順序遺屬符合請領條件時，第2順序之遺屬得請領遺屬年金：
一、死亡。
二、提出放棄請領書。
三、於符合請領條件之日起算1年內未提出請領。
前項遺屬年金於第1順序之遺屬主張請領或再符合請領條件時，即停止發給，並由第1順序之遺屬請領。但已發放予第2順序遺屬之年金，不予補發。

第53條　本保險之喪葬津貼、遺屬年金、遺屬一次金及遺屬津貼，以1人請領為限。符合請領條件者有2人以上時，應共同具領，未共同具領或保險人核定前另有他人提出請領，保險人應通知各申請人協議其中一人代表請領，未能協議者，按總給付金額平均發給各申請人。
同一順序遺屬有2人以上，有其中一人請領遺屬年金時，應發給遺屬年金。但經共同協議依第49條第5項或第50條第2項規定請領遺屬津貼或失能給付扣除已領年金給付總額之差額者，依其協議辦理。
保險人依前二項規定發給遺屬給付後，尚有未具名之其他當序遺屬時，應由具領之遺屬負責分與之。

第54條　領取遺屬年金者，有下列情形之一時，其年金給付應停止發給：
一、配偶再婚或不符合第49條第2項第1款所定請領條件。
二、子女、父母、祖父母、孫子女、兄弟姊妹，不符合第49條第2項第2款至第5款所定請領條件。
三、有第44條第2項第3款或第4款規定之情形。

第六款　失蹤給付

第55條　被保險人於作業中遭遇意外事故致失蹤時，<u>自失蹤之日起，發給失蹤給付</u>。

前項**失蹤給付，按被保險人平均月投保薪資百分之七十**，於每滿3個月之期末給付一次，至生還之前1日、失蹤滿1年之前1日或受死亡宣告裁判確定死亡時之前1日止。

第1項被保險人失蹤滿1年或受死亡宣告裁判確定死亡時，其遺屬得依第49條規定，請領死亡給付。

第七款　年金給付之申請及核發

第56條　被保險人或其受益人符合請領年金給付條件者，應填具申請書及檢附相關文件向保險人提出申請。

前項被保險人或其受益人，經保險人審核符合請領規定者，其年金給付自申請之當月起，按月發給，至應停止發給之當月止。

遺屬年金之受益人未於符合請領條件之當月提出申請者，其提出請領之日起前5年得領取之給付，由保險人追溯補給之。但已經其他受益人請領之部分，不適用之。

第57條　被保險人或其受益人請領年金給付時，保險人得予以查證，並得於查證期間停止發給，經查證符合給付條件者，應補發查證期間之給付，並依規定繼續發給。

領取年金給付者不符合給付條件或死亡時，本人或其繼承人應自事實發生之日起30日內，檢附相關文件資料通知保險人，保險人應自事實發生之次月起停止發給年金給付。

領取年金給付者死亡，應發給之年金給付未及撥入其帳戶時，得由繼承人檢附載有申請人死亡日期及繼承人之證明文件請領之；繼承人有2人以上時，得檢附共同委任書及切結書，由其中一人請領。

領取年金給付者或其繼承人未依第2項規定通知保險人，致溢領年金給付者，保險人應以書面通知溢領人，自得發給之年金給付扣減之，無給付金額或給付金額不足扣減時，保險人應以書面通知其於30日內繳還。

第58條　被保險人或其受益人因不同保險事故，同時請領本保險或其他社會保險年金給付時，本保險年金給付金額應考量被保險人或其受益人得請領之年金給付數目、金額、種類及其他生活保障因素，予以減額調整。

前項本保險年金給付減額調整之比率，以百分之五十為上限。

第1項有關本保險年金給付應受減額調整情形、比率、方式及其他應遵行事項之辦法，由中央主管機關定之。

第五節　保險基金及經費

第59條　本保險基金之來源如下：
一、設立時由勞工保險職業災害保險基金一次撥入之款項。
二、設立時由職業災害勞工保護專款一次撥入之款項。
三、保險費與其孳息之收入及保險給付支出之結餘。
四、保險費滯納金、依第36條第1項規定繳納之金額。
五、基金運用之收益。
六、第101條之罰鍰收入。

第60條　本保險基金得為下列之運用：
一、投資國內債務證券。
二、存放國內之金融機構及投資短期票券。
三、其他經中央主管機關核准有利於本保險基金收益之投資。
勞動部勞動基金運用局應每年將本保險基金之運用情形及其積存數額，按年送保險人彙報中央主管機關公告之。

第61條　本保險基金除作為第二章保險給付支出、第62條編列之經費、第四章與第六章保險給付及津貼、補助支出、審核保險給付必要費用及前條之運用外，不得移作他用或轉移處分。

第三章　職業災害預防及重建

第一節　經費及相關協助措施

第62條　中央主管機關得於職業災害保險**年度應收保險費百分之二十及歷年經費執行賸餘額度之範圍內編列經費**，辦理下列事項：
一、職業災害預防。
二、預防職業病健康檢查。
三、職業傷病通報、職業災害勞工轉介及個案服務。
四、職業災害勞工重建。
五、捐（補）助依第70條規定成立之財團法人。
六、其他有關職業災害預防、職業病防治、職業災害勞工重建與協助職業災害勞工及其家屬之相關事項。
前項第1款至第4款及第6款業務，中央主管機關得委任所屬機關（構）、委託、委辦或補助其他相關機關（構）、法人或團體辦理之。
第1項第5款與前項之補助條件、基準、程序及其他應遵行事項之辦法，由中央主管機關定之。

第63條　被保險人從事中央主管機關指定有害作業者，投保單位得向保險人申請預防職業病健康檢查。

前二項預防職業病健康檢查費用及健康追蹤檢查費用之支付，由保險人委託全民健康保險保險人辦理。

勞工曾從事經中央主管機關另行指定有害作業者，得向保險人申請健康追蹤檢查。

第1項及第2項有害作業之指定、檢查之申請方式、對象、項目、頻率、費用、程序、認可之醫療機構、檢查結果之通報內容、方式、期限及其他應遵行事項之辦法，由中央主管機關定之。

第64條　主管機關應規劃整合相關資源，並得運用保險人核定本保險相關資料，**依職業災害勞工之需求，提供下列適切之重建服務事項：**

一、**醫療復健**：協助職業災害勞工恢復其生理心理功能所提供之診治及療養，回復正常生活。

二、**社會復健**：促進職業災害勞工與其家屬心理支持、社會適應、福利諮詢、權益維護及保障。

三、**職能復健**：透過職能評估、強化訓練及復工協助等，協助職業災害勞工提升工作能力恢復原工作。

四、**職業重建**：提供職業輔導評量、職業訓練、就業服務、職務再設計、創業輔導、促進就業措施及其他職業重建服務，協助職業災害勞工重返職場。

職業災害勞工之重建涉及社會福利或醫療保健者，主管機關應協調衛生福利主管機關，以提供整體性及持續性服務。

第65條　中央主管機關應規劃職業災害勞工個案管理服務機制，整合全國性相關職業傷病通報資訊，**建立職業災害勞工個案服務資料庫。**

直轄市、縣（市）主管機關應建立轄區內通報及轉介機制，以掌握職業災害勞工相關資訊，並**應置專業服務人員，依職業災害勞工之需求，適時提供下列服務：**

一、**職業災害勞工個案管理服務。**

二、**職業災害勞工家庭支持。**

三、**勞動權益維護。**

四、**復工協助。**

五、**轉介就業服務、職業輔導評量等職業重建資源。**

六、**連結相關社福資源。**

七、其他有關職業災害勞工及其家庭之協助。

主管機關依前二項規定所取得之資料，應盡善良管理人之注意義務；相關資料之保有、處理及利用等事項，應依個人資料保護法之規定為之。

第66條　為使職業災害勞工恢復並強化其工作能力，雇主或職業災害勞工得向中央主管機關認可之職能復健專業機構提出申請，協助其擬訂復工計畫，進行職業災害勞工工作分析、功能性能力評估及增進其生理心理功能之強化訓練等職能復健服務。

經認可之職能復健專業機構辦理前項所定職能復健服務事項，得向中央主管機關申請補助。

前二項專業機構之認可條件、管理、人員資格、服務方式、申請補助程序、補助基準、廢止及其他應遵行事項之辦法，由中央主管機關會商中央衛生福利主管機關定之。

第67條　職業災害勞工經醫療終止後，雇主應依前條第1項所定復工計畫，並協助其恢復原工作；無法恢復原工作者，經勞雇雙方協議，應按其健康狀況及能力安置適當之工作。

為使職業災害勞工恢復原工作或安置於適當之工作，雇主應提供其從事工作必要之輔助設施，包括恢復、維持或強化就業能力之器具、工作環境、設備及機具之改善等。

前項輔助設施，雇主得向直轄市、縣（市）主管機關申請補助。

第68條　被保險人因職業傷病，於下列機構進行職能復健期間，得向直轄市、縣（市）主管機關**請領職能復健津貼**：

一、依第73條認可開設職業傷病門診之醫療機構。

二、依第66條認可之職能復健專業機構。

前項津貼之**請領日數，合計最長發給**180日。

第69條　僱用職業災害勞工之事業單位，於符合下列情形之一者，得向直轄市、縣（市）主管機關申請補助：

一、協助職業災害勞工恢復原工作、調整職務或安排其他工作。

二、僱用其他事業單位之職業災害勞工。

前二條及前項補助或津貼之條件、基準、申請與核發程序及其他應遵行事項之辦法，由中央主管機關定之。

第二節　職業災害預防及重建財團法人

第70條　為統籌辦理本法職業災害預防及職業災害勞工重建業務，中央主管機關應捐助成立**財團法人職業災害預防及重建中心**（以下簡稱職災預防及重建中心）；其捐助章程，由中央主管機關定之。

第71條　職災預防及重建中心經費來源如下：
一、依第62條規定編列經費之捐（補）助。
二、政府機關（構）之捐（補）助。
三、受託業務及提供服務之收入。
四、設立基金之孳息。
五、捐贈收入。
六、其他與執行業務有關之收入。

第72條　職災預防及重建中心應建立人事、會計、內部控制及稽核制度，報中央主管機關核定。
為監督並確保職災預防及重建中心之正常運作及健全發展，中央主管機關應就其董事或監察人之遴聘及比例、資格、基金與經費之運用、財產管理、年度重大措施等事項，訂定監督及管理辦法。
中央主管機關對於職災預防及重建中心之業務與財務運作狀況，應定期實施查核，查核結果應於網站公開之。
中央主管機關得邀集勞工團體代表、雇主團體代表、有關機關代表及學者專家，辦理職災預防及重建中心之績效評鑑，評鑑結果應送立法院備查。

第三節　職業傷病通報及職業病鑑定

第73條　為提供職業災害勞工職業傷病診治整合性服務及辦理職業傷病通報，中央主管機關得補助經其認可之醫療機構辦理下列事項：
一、開設職業傷病門診，設置服務窗口。
二、整合醫療機構內資源，跨專科、部門通報職業傷病，提供診斷、治療、醫療復健、職能復健等整合性服務。
三、建立區域職業傷病診治及職能復健服務網絡，適時轉介。
四、提供個案管理服務，進行必要之追蹤及轉介。
五、區域服務網絡之職業傷病通報。
六、疑似職業病之實地訪視。
七、其他職業災害勞工之醫療保健相關事項。
前項認可之醫療機構得整合第66條之職能復健專業機構，辦理整合性服務措施。
勞工疑有職業病就診，醫師對職業病因果關係診斷有困難時，得轉介勞工至第1項經認可之醫療機構。
雇主、醫療機構或其他人員知悉勞工遭遇職業傷病者，及遭遇職業傷病勞工本人，得向主管機關通報；主管機關於接獲通報後，應依第

65條規定，整合職業傷病通報資訊，並適時提供該勞工必要之服務及協助措施。

第1項醫療機構之認可條件、管理、人員資格、服務方式、職業傷病通報、疑似職業病實地訪視之辦理方式、補助基準、廢止與前項通報之人員、方式、內容及其他應遵行事項之辦法，由中央主管機關會商中央衛生福利主管機關定之。

第74條　中央主管機關為辦理職業病防治及職業災害勞工重建服務工作，得洽請下列對象提供各款所定資料，不得拒絕：

一、中央衛生福利主管機關及所屬機關（構）依法所蒐集、處理罹患特定疾病者之必要資料。

二、醫療機構所保有之病歷、醫療及健康檢查等資料。

中央主管機關依前項規定取得之資料，應盡善良管理人之注意義務；相關資料之保有、處理及利用等事項，應依個人資料保護法之規定為之。

第75條　**保險人於審核職業病給付案件認有必要時，得向中央主管機關申請職業病鑑定。**

被保險人對職業病給付案件有爭議，且曾經第73條第1項認可醫療機構之職業醫學科專科醫師診斷罹患職業病者，於依第5條規定申請審議時，得請保險人逕向中央主管機關申請職業病鑑定。

為辦理前二項職業病鑑定，中央主管機關應建置職業病鑑定專家名冊（以下簡稱專家名冊），並依疾病類型由專家名冊中遴聘委員組成職業病鑑定會。

前三項職業病鑑定之案件受理範圍、職業病鑑定會之組成、專家之資格、推薦、遴聘、選定、職業病鑑定程序、鑑定結果分析與揭露及其他相關事項之辦法，由中央主管機關定之。

第76條　職業病鑑定會認有必要時，得由中央主管機關會同職業病鑑定委員實施調查。

對前項之調查，雇主、雇主代理人、勞工及其他有關人員不得規避、妨礙或拒絕。

第1項之調查，必要時得通知當事人或相關人員參與。

第四章　其他勞動保障

第77條　**參加勞工保險之職業災害勞工，於職業災害醫療期間終止勞動契約並退保者，得以勞工團體或保險人委託之有關團體為投保單位，繼續參加勞工保險，至符合請領老年給付之日止，不受勞工保險條例第6條規定之限制。**

前項勞工自願繼續參加勞工保險，其加保資格、投保手續、保險效力、投保薪資、保險費負擔及其補助、保險給付及其他應遵行事項之辦法，由中央主管機關定之。

第78條　被保險人從事第63條第2項所定有害作業，於退保後，經第73條第1項認可醫療機構之職業醫學科專科醫師診斷係因保險有效期間執行職務致罹患職業病者，得向保險人申請醫療補助、失能或死亡津貼。

前項補助與津貼發給之對象、認定程序、發給基準及其他應遵行事項之辦法，由中央主管機關定之。

第1項所定罹患職業病者，得依第79條及第80條規定申請補助。

第79條　被保險人遭遇職業傷病，經醫師診斷或其他專業人員評估必須使用輔助器具，且未依其他法令規定領取相同輔助器具項目之補助者，得向勞動部職業安全衛生署（以下簡稱職安署）申請器具補助。

第80條　被保險人<u>因職業傷病</u>，有下列情形之一者，得向保險人<u>申請照護補助</u>：

一、　<u>符合第42條第1項規定，且住院治療中</u>。

二、　經<u>評估為終身無工作能力</u>，喪失全部或部分生活自理能力，經常需醫療護理及專人周密照護，或為維持生命必要之日常生活活動需他人扶助。

第81條　未加入本保險之勞工，於本法施行後，遭遇職業傷病致失能或死亡，得向保險人申請照護補助、失能補助或死亡補助。

前2條及前項補助之條件、基準、申請與核發程序及其他應遵行事項之辦法，由中央主管機關定之。

第82條　職業災害勞工請領第78條至第81條所定津貼或補助之<u>請求權</u>，自得請領之日起，因<u>5年間不行使而消滅</u>。

第83條　職業災害勞工經醫療終止後，主管機關發現其疑似有身心障礙情形者，應通知當地社政主管機關主動協助。

第84條　非有下列情形之一者，雇主不得預告終止與職業災害勞工之勞動契約：

一、　歇業或重大虧損，報經主管機關核定。

二、　職業災害勞工經醫療終止後，經中央衛生福利主管機關醫院評鑑合格醫院認定身心障礙不堪勝任工作。

三、　因天災、事變或其他不可抗力因素，致事業不能繼續經營，報經主管機關核定。

雇主依前項規定預告終止勞動契約時，準用勞動基準法規定預告勞工。

第85條　有下列情形之一者，職業災害勞工得終止勞動契約：
一、 經中央衛生福利主管機關醫院評鑑合格醫院認定身心障礙不堪
　　 勝任工作。
二、 事業單位改組或轉讓，致事業單位消滅。
三、 雇主未依第67條第1項規定協助勞工恢復原工作或安置適當之
　　 工作。
四、 對雇主依第67條第1項規定安置之工作未能達成協議。
職業災害勞工依前項第1款規定終止勞動契約時，準用勞動基準法規
定預告雇主。

第86條　雇主依第84條第1項第1款、第3款，或勞工依前條第1項第2款至第4
款規定終止勞動契約者，雇主應按勞工工作年資，適用勞動基準法或
勞工退休金條例規定，發給勞工資遣費。但勞工同時符合勞動基準法
第53條規定時，雇主應依勞動基準法第55條及第84-2條規定發給勞
工退休金。
雇主依第84條第1項第2款，或勞工依前條第1項第1款規定終止勞動
契約者，雇主應按勞工工作年資，適用勞動基準法規定發給勞工退休
金及適用勞工退休金條例規定發給勞工資遣費。
不適用勞動基準法之勞工依前條，或其雇主依第84條規定終止勞動
契約者，雇主應以不低於勞工退休金條例規定之資遣費計算標準發給
離職金，並應於終止勞動契約後30日內發給。但已依其他法令發給
資遣費、退休金或其他類似性質之給與者，不在此限。

第87條　事業單位改組或轉讓後所留用之勞工，因職業災害致身心障礙、喪失
部分或全部工作能力者，其依法令或勞動契約原有之權益，對新雇主
繼續存在。

第88條　**職業災害未認定前，勞工得先請普通傷病假；普通傷病假期滿，申請
留職停薪者，雇主應予留職停薪。經認定結果為職業災害者，再以公
傷病假處理。**

第89條　事業單位以其事業招人承攬，就承攬人於承攬部分所使用之勞工，應
與承攬人連帶負職業災害補償之責任。再承攬者，亦同。
前項事業單位或承攬人，就其所補償之部分，對於職業災害勞工之雇
主，有求償權。
前二項職業災害補償之標準，依勞動基準法之規定。同一事故，依本
法或其他法令規定，已由僱用勞工之雇主支付費用者，得予抵充。

第90條　遭遇職業傷病之被保險人於請領本法保險給付前，雇主已依勞動基準
法第59條規定給與職業災害補償者，於被保險人請領保險給付後，
得就同條規定之抵充金額請求其返還。

遭遇職業傷病而不適用勞動基準法之被保險人於請領給付前，雇主已給與賠償或補償金額者，於被保險人請領保險給付後，得主張抵充之，並請求其返還。

被保險人遭遇職業傷病致死亡或失能時，雇主已依本法規定投保及繳納保險費，並經保險人核定為本保險事故者，雇主依勞動基準法第59條規定應給予之補償，以勞工之平均工資與平均投保薪資之差額，依勞動基準法第59條第3款及第4款規定標準計算之。

第91條　勞工因職業災害所致之損害，雇主應負賠償責任。但雇主能證明無過失者，不在此限。

第五章　罰則

第92條　以詐欺或其他不正當行為領取保險給付、津貼、補助或為虛偽之證明、報告、陳述及申報醫療費用者，按其領取之保險給付、津貼、補助或醫療費用處以2倍罰鍰。

前項行為人，及共同實施前項行為者，保險人或職安署得依民法規定向其請求損害賠償；其涉及刑責者，移送司法機關辦理。

第1項情形，全民健康保險特約醫院、診所因此領取之醫療費用，保險人應委由全民健康保險保險人在其申報之應領費用內扣除。

第93條　雇主有下列情形之一者，處新臺幣30萬元以上150萬元以下罰鍰，並令其限期給付；屆期未給付者，應按次處罰：

一、違反第86條第1項或第2項規定，未依勞動基準法或勞工退休金條例所定退休金、資遣費之標準或期限給付。

二、違反第86條第3項規定離職金低於勞工退休金條例規定之資遣費計算標準，或未於期限內給付離職金。

第94條　投保單位規避、妨礙或拒絕保險人依第15條第4項規定之查對者，處新臺幣5萬元以上30萬元以下罰鍰。

第95條　有下列情形之一者，處新臺幣5萬元以上30萬元以下罰鍰，並令其限期改善；屆期未改善者，應按次處罰：

一、違反第67條第1項規定，未協助職業災害勞工恢復原工作或安置適當之工作。

二、違反第76條第2項規定，規避、妨礙或拒絕調查。

三、違反第84條第2項規定，未準用勞動基準法規定預告勞工終止勞動契約。

四、違反第88條規定，未予勞工普通傷病假、留職停薪或公傷病假。

第96條　投保單位或雇主未依第12條規定，為所屬勞工辦理投保、退保手續者，處新臺幣2萬元以上10萬元以下罰鍰，並令其限期改善；屆期未改善者，應按次處罰。

第97條　投保單位有下列情形之一者，處新臺幣2萬元以上10萬元以下罰鍰，並令其限期改善；屆期未改善者，應按次處罰：
一、違反第15條第3項規定，未備置相關文件或保存未達規定期限。
二、違反第19條第1款規定，未依規定負擔保險費，而由被保險人負擔。

第98條　投保單位有下列情形之一者，處新臺幣2萬元以上10萬元以下罰鍰：
一、違反第17條第1項至第3項規定，將投保薪資金額以多報少或以少報多，或未於期限內通知月投保薪資之調整。
二、經保險人依第21條第1項規定加徵滯納金至應納費額百分之二十，其應繳之保險費仍未向保險人繳納，且情節重大。

第99條　依第6條第3項規定準用參加本保險之人員，其所屬投保單位或雇主有下列情形之一者，分別依各該款規定處罰：
一、違反第12條規定，依第96條規定處罰。
二、違反第15條第3項或第19條第1款規定，依第97條規定處罰。
三、違反第15條第4項規定，依第94條規定處罰。
四、違反第17條第1項至第3項規定，或有前條第2款行為，依前條規定處罰。

第100條　投保單位、雇主或全民健康保險特約醫院、診所違反本法經處以罰鍰者，主管機關應公布其名稱、負責人姓名、公告期日、處分期日、處分字號、違反條文、違反事實及處分金額。
主管機關裁處罰鍰，應審酌與違反行為有關之勞工人數、違反情節、累計違法次數或未依法給付之金額，為量罰輕重之標準。

第101條　本法施行前依法應為所屬勞工辦理參加勞工保險而未辦理之雇主，其勞工發生職業災害事故致死亡或失能，經依本法施行前職業災害勞工保護法第6條規定發給補助者，處以補助金額相同額度之罰鍰。

第六章　附則

第102條　本法之免課稅捐、保險費免繳、故意造成事故不給付、故意犯罪行為不給付、養子女請領保險給付之條件、無謀生能力之範圍、年金給付金額隨消費者物價指數調整事項、基金之管理及運用等規定，除本法另有規定外，準用勞工保險條例及其相關規定辦理。

第**103**條　勞工保險被保險人於本法施行前發生職業災害傷病、失能或死亡保險事故，其本人或受益人已依勞工保險條例規定申請保險給付者，同一保險事故之保險給付仍適用勞工保險條例規定；尚未提出申請，且該給付請求權時效依勞工保險條例規定尚未完成者，得選擇適用本法或勞工保險條例規定請領保險給付。

依前項後段規定選擇適用本法請領保險給付情形，勞工保險條例已進行之消滅時效期間尚未完成者，其已經過之期間與本法施行後之消滅時效期間，合併計算。

被保險人或其受益人依第1項規定選擇後，經保險人核付，不得變更。

第**104**條　勞工保險被保險人於本法施行前發生職業災害傷病、失能或死亡保險事故，符合下列情形之一申請補助者，應依本法施行前職業災害勞工保護法規定辦理：

一、本法施行前，已依勞工保險條例規定請領職業災害給付。

二、依前條第1項規定選擇依勞工保險條例規定請領職業災害給付。

勞工保險被保險人或受益人依前條第1項規定選擇依本法請領保險給付者，不得依本法施行前職業災害勞工保護法申請補助。

第**105**條　未加入勞工保險之勞工於本法施行前遭遇職業傷病，應依本法施行前職業災害勞工保護法規定申請補助。

第**106**條　本法施行前，有下列情形之一者，主管機關於本法施行後，仍依職業災害勞工保護法及其相關規定辦理：

一、已依職業災害勞工保護法第11條或第13條等規定受理職業疾病認定或鑑定，其處理程序未終結。

二、已依職業災害勞工保護法第10條或第20條受理事業單位、職業訓練機構或相關團體之補助申請，其處理程序未終結。

除本法另有規定外，自本法施行之日起，職業災害勞工保護法不再適用。

第**107**條　勞工保險條例第2條第2款、第13條第3項至第6項、第15條第1款至第4款、第19條第5項、第6項、第20條第1項、第20-1條、第34條、第36條、第39條至第52條、第54條及第64條有關職業災害保險規定，除本法另有規定外，自本法施行之日起，不再適用。

第**108**條　本法施行細則，由中央主管機關定之。

第**109**條　本法施行日期，由行政院定之。

勞工職業災害保險及保護法施行細則
民國112年12月15日修正發布

第一章　總則

第1條　本細則依勞工職業災害保險及保護法（以下簡稱本法）第108條規定訂定之。

第二章　職業災害保險

第一節　通則

第2條　本法有關保險期間之計算，除本法另有規定外，依行政程序法之規定，行政程序法未規定者，依民法之規定。

本法被保險人及其眷屬或遺屬之姓名、年齡及親屬關係，以戶籍登記為依據。

本法有關保險費、滯納金、利息、月薪資總額或保險給付金額之計算，以新臺幣元為單位，角以下四捨五入。

第3條　依本法第4條規定勞工職業災害保險（以下簡稱本保險）之基金投資運用管理業務，由勞動基金監理會負責監理，其監理事項如下：

一、本保險基金年度運用計畫之審議。

二、本保險基金運用部分年度預算及決算之審議。

三、本保險基金運用整體績效之審議。

四、本保險基金運用業務查核之審議。

五、其他關於本保險基金運用之監理事項。

第二節　保險人、投保單位、被保險人及保險效力
第一款　保險人

第4條　保險人及勞動部勞動基金運用局，應依其業務職掌按月分別依下列事項製作書表，報請中央主管機關備查：

一、投保單位、投保人數及投保薪資統計。

二、保險給付統計。

三、保險收支會計報表。

四、保險基金運用概況。

保險人應每年編製前項事項總報告，並於翌年三月底前報請中央主管機關備查。

第5條　保險人或中央主管機關依本法第32條規定派員調查有關本保險事項時，應出示其執行職務之證明文件。

保險人為審核保險給付、津貼及補助，得視業務需要委請醫事服務機構、相關科別之醫師或專業機構、團體、專家協助之。

第二款　投保單位、被保險人及保險效力

第6條　本法第6條第1項第1款所定領有執業證照、依法已辦理登記、設有稅籍或經中央主管機關依法核發聘僱許可之雇主如下：

一、經專門職業及技術人員考試及格，且依法取得執業資格或開業執照，為執行業務僱用勞工者。

二、依法成立之法人。

三、依法已向目的事業主管機關辦理商業、工廠、礦場、鹽場、農場、畜牧場、林場、茶場、漁業、公用事業、交通事業、新聞事業、文化事業、公益事業、合作事業登記，或其他已向目的事業主管機關辦理登記之廠場或事業單位。

四、依法立案、核准或報備之人民團體、短期補習班、訓練機構、宗教團體或公寓大廈管理委員會。

五、依法許可或核准營業之攤販或公有市場攤商。

六、外國公司在中華民國境內設立之分公司或辦事處。

七、中央或地方公職人員選舉之擬參選人、候選人及當選人，為選務或公職人員職務僱用勞工者。

八、依中央或地方政府社會福利服務計畫，辦理社會福利服務事務之村（里）辦公處。

九、依加值型及非加值型營業稅法規定辦理稅籍登記，或經稅捐稽徵機關編配扣繳單位稅籍編號者。

十、經中央主管機關依就業服務法規，核發聘僱外國人從事家庭看護工作或家庭幫傭工作聘僱許可之雇主。

第7條　本法第7條所稱無一定雇主之勞工，指經常於三個月內受僱於非屬本法第6條第1項各款規定之二個以上不同之雇主，其工作機會、工作時間、工作量、工作場所或工作報酬不固定者。

本法第7條所稱自營作業者，指獨立從事勞動或技藝工作，獲致報酬，且未僱用有酬人員幫同工作者。

第8條　本法第11條所稱外國籍人員，指下列情形之一：

一、依就業服務法或其他法規，經中央主管機關或相關目的事業主管機關核准從事工作者。

二、依法規准予從事工作者。

投保單位為前項第1款之勞工加保時，應檢附相關機關核准從事工作之證明文件影本。

第9條　本細則關於國民身分證之規定，於外國籍被保險人，得以在我國居留證明文件或外國護照替代之。

第10條　申請投保之單位辦理投保手續時，應填具投保申請書及加保申報表各一份送交保險人。

前項加保申報表，應依戶籍資料或相關資料詳為記載。

本法施行前已參加勞工保險、就業保險或提繳勞工退休金者，得免依第1項規定填具投保申請書，其投保單位編號，由保險人逕行編列。

前項投保單位之所屬勞工，符合本法第6條至第9條所定加保資格，且在本法施行前一日，已參加勞工保險職業災害保險、就業保險或提繳勞工退休金，並於本法施行之日仍在職加保生效中者，投保單位得免填具第1項加保申報表，由保險人逕行加保。

第11條　符合本法第6條至第9條規定之勞工，其所屬投保單位辦理投保手續時，除政府機關（構）、公立學校及使用政府機關（構）提供之線上申請系統者外，應檢附負責人國民身分證正背面影本及各目的事業主管機關核發之下列相關證明文件影本：

一、工廠：工廠有關登記證明文件。

二、礦場：礦場登記證、採礦、探礦執照或有關認定證明文件。

三、鹽場、農場、畜牧場、林場、茶場：登記證書或有關認定證明文件。

四、交通事業：運輸業許可證或有關認定證明文件。

五、公用事業：事業執照或有關認定證明文件。

六、公司、行號：公司登記證明文件或商業登記證明文件。

七、私立學校、新聞事業、文化事業、公益事業、合作事業、漁業、職業訓練機構及各業人民團體：立案或登記證明書。

八、中央或地方公職人員選舉之擬參選人及候選人：監察院政治獻金開戶許可函、選舉委員會受理登記為候選人之公文或相當證明文件。

九、中央或地方公職人員選舉之當選人：當選證書。

十、本法第9條第1項第1款所定雇主：僱用契約書或證明文件。

十一、其他各業：執業證照、資格證書、聘僱許可函或有關登記、核定或備查證明文件。

投保單位依規定無法取得前項各款證明文件者，應檢附稅捐稽徵機關核發之扣繳單位設立（變更）登記申請書或使用統一發票購票證，辦理投保手續。

第12條　符合本法第6條至第8條規定之勞工，其所屬投保單位依本法第12條規定辦理投保或退保手續時，應分別填具加保申報表或退保申報表送交或郵寄保險人。

被保險人在有同一隸屬關係之投保單位調動時，應由轉出單位填具轉保申報表轉出聯，逕送轉入單位，由轉入單位填具該表轉入聯一併送交或郵寄保險人。

依前二項規定郵寄保險人之當日，以原寄郵局郵戳為準。

前三項規定，於本法第9條第1項之被保險人，準用之。

第13條　被保險人未離職，有下列情形之一，且無法繼續提供勞務者，投保單位得辦理退保：

一、應徵召服兵役。

二、留職停薪。

三、因案停職或被羈押，未經法院判決確定前。

第14條　符合本法第6條規定之勞工，其保險效力之開始，自到職之當日零時起算。但有下列情形之一者，依各該規定辦理：

一、本法施行後，於其雇主符合本法第6條第1項第1款規定前到職者：自雇主領有執業證照、依法已辦理登記或設有稅籍之當日零時起算。

二、本法施行後，依本法第6條第3項第3款公告之人員，於公告指定之日前到職或提供勞務者：自該公告指定日期之當日零時起算。

三、本法施行前到職，且於施行前一日已參加勞工保險職業災害保險或就業保險之被保險人：自本法施行之當日零時起算。

四、本法施行前到職，未參加勞工保險職業災害保險者：自本法施行之當日零時起算。但依本法第6條第3項第3款公告之人員，於本法施行前到職或提供勞務者，自該公告指定日期之當日零時起算。

前項勞工，其保險效力至離職當日二十四時停止。

第15條　符合本法第7條或第8條規定之勞工，其保險效力之開始，依下列規定辦理：

一、投保單位於其所屬勞工入會、到訓之當日列表通知保險人者：自投保單位將加保申報表送交保險人或郵寄之當日零時起算。

二、投保單位非於其所屬勞工入會、到訓之當日列表通知保險人者：自投保單位將加保申報表送交保險人或郵寄之翌日零時起算。

三、本法施行前入會、到訓，且於施行前一日已參加勞工保險職業災害保險之被保險人：自本法施行之當日零時起算。

前項勞工，其保險效力之停止，依下列規定辦理：

一、投保單位於其所屬勞工退會、結（退）訓之當日列表通知保險人者：於投保單位將退保申報表送交保險人或郵寄之當日二十四時停止。

二、投保單位非於其所屬勞工退會、結（退）訓之當日列表通知保險人者：於退會、結（退）訓當日二十四時停止。

三、勞工未退會、結（退）訓，投保單位辦理退保者：於投保單位將退保申報表送交保險人或郵寄之當日二十四時停止。

第16條　勞工於下列時間到職、到訓，其所屬投保單位至遲於次一上班日將加保申報表及到職、到訓之證明文件送交或郵寄保險人者，視為依本法第12條規定辦理投保手續：

一、保險人依規定放假之日。

二、到職、到訓當日十七時後至二十四時前。

三、所屬投保單位所在地方政府依規定發布停止上班日。

前條及前項郵寄之當日，以原寄郵局郵戳為準。

第17條　本法第9條第1項之被保險人，其保險效力之開始及停止，準用前二條規定。

第18條　投保單位有下列情形之一者，保險人應以書面通知補正，投保單位應於接到通知之翌日起十日內補正：

一、辦理投保手續未填具投保申請書或投保申請書漏蓋投保單位印章、負責人印章。

二、所送之加保、轉保申報表或投保薪資調整表，除姓名及國民身分證統一編號均未填者不予受理外，漏蓋投保單位印章及負責人印章，或被保險人姓名、出生年月日、國民身分證統一編號、投保薪資疏誤。

三、申報本法第11條之外國籍員工加保，未檢附核准從事工作之證明文件影本。

前項補正之提出日期，以送交保險人之日為準；郵寄者，以原寄郵局郵戳為準。

第1項所定負責人印章，得以負責人簽名代之。

第19條　投保單位依前條規定如期補正投保申請書或加保、轉保申報表者，以原通知保險人之日為申報日；逾期補正者，以補正之日為申報日。

本法第7條至第9條之投保單位，依前條規定如期補正投保申請書或加保、轉保申報表者，其所屬勞工之保險效力依第15條第1項之規定；逾期補正者，自補正之翌日生效。

投保薪資調整表經投保單位依前條規定如期補正者，自申報日之次月一日生效；逾期補正者，自補正之次月一日生效。

投保單位未如期補正，勞工因此所受之損失，應由投保單位負賠償之責。

第20條　投保單位有歇業、解散、撤銷、廢止、受破產宣告等情事或經認定已無營業事實，且未僱用勞工者，保險人得逕予註銷該投保單位。

投保單位經依前項規定註銷者，其原僱用勞工未由投保單位依規定辦理退保者，由保險人逕予退保；其保險效力之停止、應繳保險費及應加徵滯納金之計算，以事實確定日為準，未能確定者，以保險人查定之日為準。

第21條　投保單位有下列情形之一者，應於三十日內填具投保單位變更事項申請書，並檢附有關證明文件送交保險人：

一、名稱、地址或通訊地址之變更。

二、負責人之變更。

三、主要營業項目之變更。

投保單位未依前項規定辦理變更手續者，保險人得依相關機關登記之資料逕予變更。

投保單位辦理勞工保險、就業保險投保單位或勞工退休金提繳單位資料變更手續時，視為一併辦理本保險投保單位資料變更手續。

第22條　投保單位因合併、分割或轉讓而消滅時，其未清繳之保險費或滯納金，應由存續、新設或受讓之投保單位承受。

第23條　被保險人之姓名、出生年月日、國民身分證統一編號等有變更或錯誤時，被保險人應即通知其所屬投保單位。

前項被保險人之相關個人資料有變更或錯誤之情形，投保單位應即填具被保險人變更事項申請書，檢附國民身分證正背面影本或有關證明文件送交保險人憑辦。

被保險人未依第1項規定通知其所屬投保單位，或投保單位未依前項規定檢附相關文件送交保險人者，保險人得依相關機關登記之資料逕予變更。

第24條　符合本法第7條第1款規定之被保險人，有下列情形之一者，保險人於知悉後通知原投保單位轉知被保險人限期轉保：

一、所屬投保單位非本業隸屬之職業工會。

二、本業改變而未轉投本業隸屬之職業工會。

第25條　本法第15條第3項所定勞工名冊，應分別記載下列事項：

一、姓名、出生年月日、住址及國民身分證統一編號。

二、　到職、入會或到訓之年月日。

三、　工作類別。

四、　工作時間及薪資、津貼或報酬。

五、　留職停薪事由及期間。

前項第4款及第5款規定,於職業工會、漁會、船長公會、海員總工會,不適用之。

本法第15條第3項所定出勤工作紀錄及薪資帳冊,於下列投保單位,依各款規定辦理:

一、　職業工會、漁會、船長公會、海員總工會:以入會、退會及投保薪資調整申請書件代之。

二、　經中央主管機關依就業服務法規,核發聘僱外國人從事家庭看護工作或家庭幫傭工作聘僱許可之雇主:以聘僱許可函、勞動契約書及薪資明細表代之。

第三節　保險費

第26條　本法第17條第1項所定月薪資總額,依下列各款認定:

一、　受僱勞工:勞動基準法第2條第3款規定之工資;不適用勞動基準法者,為從事勞動所獲致之報酬。

二、　技術生、養成工、見習生、其他與技術生性質相類之人及建教生:生活津貼。

三、　職業訓練機構受訓者:訓練所得之津貼或給與。

四、　實際從事勞動之雇主:從事勞動所獲致之報酬或經營事業所得。

五、　自營作業者:從事勞動或技藝工作所獲致之報酬。

六、　參加海員總工會或船長公會為會員之外僱船員、中央主管機關公告其他有提供勞務事實並受有報酬者:從事勞動所獲致之報酬。

本法第6條、第9條第1項第1款、第2款及第3款參加海員總工會為會員之被保險人,其月投保薪資,不得低於其適用勞工退休金月提繳工資或月提繳執行業務所得、勞工保險投保薪資及就業保險投保薪資。但超過本保險投保薪資最高一級者,應以本保險最高一級為投保薪資。

本法第7條及第8條被保險人,其月投保薪資,不得低於其適用勞工保險投保薪資。

本法第9條第1項第3款參加船長公會為會員之被保險人,應以本保險最高一級為投保薪資。

每月收入不固定者,以最近三個月收入之平均為準;實物給與按政府公告之價格折為現金計算。

第27條　被保險人因傷病住院或因傷病請假之期間，或其有第13條無法繼續提供勞務情形之期間，不得調整投保薪資。

前項被保險人之投保薪資，於投保薪資分級表第一等級有修正時，由保險人逕予調整。

第28條　本法第16條第1項所定保險費之計算，每月以三十日計。

投保單位依12條第2項規定為其所屬被保險人辦理轉保者，轉出單位之保險費計收至轉出前一日止，轉入單位之保險費自轉入當日起計收。

第29條　保險人每月按本法第6條至第9條投保單位申報之被保險人投保薪資金額，分別計算應繳之保險費，並按月繕具載有計算說明之保險費繳款單，於次月二十五日前寄發或以電子資料傳輸方式遞送投保單位繳納。

前項寄發或遞送保險費繳款單之期限，於經中央主管機關依就業服務法規，核發聘僱外國人從事家庭看護工作或家庭幫傭工作聘僱許可之雇主，得由保險人於每年二月、五月、八月及十一月之二十五日前寄發或遞送之。

前項雇主之保險費繳納期限，為每年二月、五月、八月及十一月之末日。

第30條　本法第6條至第9條之投保單位接到保險人所寄載有計算說明之保險費繳款單後，應於繳納期限內向保險人指定之代收機構繳納，並領回收據聯作為繳納保險費之憑證。

前項繳款單，於保險人寄送之當月底仍未收到者，投保單位應於五日內通知保險人補發或上網下載繳款單，並於寬限期間十五日內繳納；其怠為通知者，視為已於寄送之當月二十五日前寄達。

第31條　投保單位對於載有計算說明之保險費繳款單所載金額有異議時，應先照額繳納後，於三十日內再向保險人提出異議理由，經保險人查明錯誤後，於計算次月份保險費時一併更正結算。

第32條　投保單位或被保險人因欠繳保險費及滯納金，經保險人依本法第23條規定暫行拒絕給付者，暫行拒絕給付期間內之保險費仍應照計，被保險人應領之保險給付，俟欠費繳清後再補辦請領手續。

第33條　中央政府依本法第19條規定，應補助之保險費，由保險人按月開具保險費繳款單，於次月底前送請中央政府依規定撥付。

前項中央政府應補助之保險費，經保險人查明有差額時，應於核計下次保險費時一併結算。

第34條　投保單位應適用之職業災害保險行業別及費率，由保險人依據勞工職業災害保險適用行業別及費率表，並依下列規定認定或調整後，以書面通知投保單位：

一、同一行業別適用同一職業災害保險費率。

二、同一投保單位適用同一職業災害保險費率；其營業項目包括多種行業時，適用其最主要或最具代表性事業之職業災害保險費率。

投保單位對前項行業別及費率有異議時，得於接獲通知之翌日起十五日內，檢附必要證明文件或資料，向保險人申請複核。

投保單位應適用之職業災害保險行業別及費率，經確定後不得調整。但有因改業或主要營業項目變更者，不在此限。

第35條　投保單位依本法第21條第1項規定應繳納滯納金者，由保險人核計應加徵之金額，通知其向指定代收機構繳納。

第36條　本法第7條及第9條第1項第3款之投保單位，得於金融機構設立專戶，並轉知被保險人，以便被保險人繳納保險費。

前項投保單位，於徵得被保險人或會員代表大會同意後，得一次預收三個月或六個月保險費，並掣發收據，按月彙繳保險人；其預收之保險費於未彙繳保險人以前，應於金融機構設立專戶儲存保管，所生孳息並以運用於本保險業務為限。

前二項專戶，得與勞工保險專戶為同一帳戶。

採行預收保險費之投保單位，得為主管及承辦業務人員辦理員工誠實信用保證保險。

預收保險費之管理，應依據投保單位之財務處理相關規定辦理。

第37條　本法第7條及第9條第1項第3款之被保險人，其負擔部分保險費之免繳，準用勞工保險條例第18條第1項規定。

前項保險費之免繳，由保險人依核發給付文件核計後，發給免繳保險費清單，於投保單位保險費總數內扣除之。

第四節　保險給付

第一款　通則

第38條　投保單位應為所屬被保險人、受益人或支出殯葬費之人辦理請領保險給付，不得收取任何費用。

第39條　有下列情形之一者，被保險人、受益人或支出殯葬費之人，得自行向保險人申請保險給付：

一、投保單位有歇業、解散、撤銷、廢止、受破產宣告或其他情事，未能為被保險人、受益人或支出殯葬費之人提出申請。

二、符合本法第6條規定之勞工，其雇主未依本法第12條規定辦理投保手續。

三、依本法第27條第2項規定提出申請。

第40條　本法第28條第2項所定平均月投保薪資，按被保險人發生保險事故之當月起最近六個月之月投保薪資合計額除以六計算；參加保險未滿六個月者，按其實際投保期間之平均月投保薪資計算。

被保險人在同一月份有二個以上月投保薪資時，應以最高者為準，再與其他各月份之月投保薪資平均計算。

第41條　本法第28條第4項所定最近年度全體被保險人平均月投保薪資，以保險事故發生時，保險人公告之最近一次本保險統計年報之平均月投保薪資為準。但本保險統計年報首次公告前，應以最近一次勞工保險統計年報公告之平均月投保薪資為準。

第42條　本法第29條第2項所定被保險人發生死亡保險事故時，其受益人或支出殯葬費之人同時符合請領本法第49條或第50條所定死亡給付條件及下列各款其他社會保險給付條件之一者，僅得擇一請領：

一、勞工保險條例第62條、第63條或第63條之1所定死亡給付。

二、農民健康保險條例第40條所定喪葬津貼。

三、農民職業災害保險試辦辦法第19條所定喪葬津貼。

四、公教人員保險法第27條所定一次死亡給付或遺屬年金給付。

五、軍人保險條例第13條所定死亡給付。

六、國民年金法第39條所定喪葬給付或第40條所定遺屬年金給付。

第43條　被保險人、受益人或支出殯葬費之人申請保險給付，經保險人審查保險事故非屬職業傷病所致者，申請人得以書面同意，就同一事故依勞工保險條例規定提出申請。

第44條　本法以現金發給之保險給付，經保險人核定後，逕匯入被保險人、受益人或支出殯葬費之人指定之本人金融機構帳戶，並通知其投保單位。但有第39條第1款或第3款所定自行請領保險給付之情事者，保險人得不通知其投保單位。

前項之金融機構帳戶在國外者，手續費用由請領保險給付之被保險人、受益人或支出殯葬費之人負擔。

第45條　本法第35條第1項所定逾期部分應加給之利息，所需費用由保險人編列公務預算支應。

第46條　被保險人、受益人或支出殯葬費之人，以郵寄方式向保險人提出請領保險給付者，以原寄郵局郵戳之日期為準。

第47條　依本法規定請領各項保險給付，所檢附之文件、資料為我國政府機關（構）以外製作者，應經下列單位驗證：

一、於國外製作：經我國駐外館處驗證；其在國內由外國駐臺使領館或授權機構製作者，應經外交部複驗。

二、於大陸地區製作：經行政院設立或指定機構或委託之民間團體驗證。

三、於香港或澳門製作：經行政院於香港或澳門設立或指定機構或委託之民間團體驗證。

前項文件、資料為外文者，應檢附經前項各款所列單位驗證或國內公證人認證之中文譯本。但為英文者，除保險人認有需要外，得予免附。

第二款　醫療給付

第48條　保險人依本法第38條第2項規定委託全民健康保險保險人（以下簡稱健保保險人）辦理醫療給付時，其委託契約書由保險人會同健保保險人擬訂，報請中央主管機關會同中央衛生福利主管機關核定。

被保險人至全民健康保險特約醫院或診所接受診療時，其就醫程序、就醫輔導、診療提供方式及其他診療必要事項，除本法及本細則另有規定外，準用全民健康保險有關規定辦理。

第49條　被保險人申請職業傷病門診診療或住院診療時，應繳交投保單位或保險人出具之職業傷病門診單或住院申請書，並繳驗下列文件：

一、全民健康保險憑證（以下簡稱健保卡）。

二、國民身分證或其他足以證明身分之文件。但健保卡已足以辨識身分時，得免繳驗。

未提具符合前項規定文件者，全民健康保險特約醫院或診所，應拒絕其以本保險被保險人身分掛號診療。

第50條　被保險人因故未能及時繳交職業傷病門診單、住院申請書或繳驗健保卡者，應檢具身分證明文件，聲明具有本保險被保險人身分，辦理掛號就診；全民健康保險特約醫院或診所，應先行提供診療，收取保險醫療費用，並掣給符合醫療法施行細則所定之收據。

被保險人依前項規定接受診療，於該次就醫之日起十日內（不含例假日）或出院前補送文件者，全民健康保險特約醫院或診所，應退還所收取之保險醫療費用。

第51條　因不可歸責於被保險人之事由，未能依前條規定於就醫之日起十日內或出院前補送文件者，被保險人得於門診治療當日或出院之日起六個月內，向保險人申請核退醫療費用。

依本法第40條第1項規定申請核退醫療費用者，應備具下列書件：
一、職業災害自墊醫療費用核退申請書及給付收據。
二、診斷書或證明文件。
三、醫療費用收據及收費明細。

第52條　全民健康保險特約醫院或診所接獲職業傷病門診單或住院申請書後，應詳細填明被保險人就診資料，並將職業傷病門診單或住院申請書上聯附於被保險人病歷，至少保存七年，以備查核。

前項職業傷病門診單下聯，應於診療後交還被保險人收執；職業傷病住院申請書下聯，應於十日內遞送保險人審核。

保險人對前項住院或門診申請，經核定不符職業傷病者，應通知健保保險人、全民健康保險特約醫院或診所、投保單位及被保險人。

第三款　傷病給付

第53條　本法第42條所定不能工作，應由保險人依下列事項綜合判斷：
一、經醫師診斷被保險人所患傷病需要之合理治療與復健期間及工作能力。
二、合理治療及復健期間內，被保險人有無工作事實。

前項第1款事項，保險人於必要時，得委請相關專科醫師提供醫理意見，據以判斷。

第1項第1款工作能力之判斷，不以被保險人從事原有工作為限。

第54條　依本法第42條規定請領傷病給付者，應備具下列書件：
一、傷病給付申請書及給付收據。
二、傷病診斷書。

前項第2款所定傷病診斷書，得以就診醫院、診所開具載有傷病名稱、醫療期間及經過之證明文件代之。

第55條　被保險人請領傷病給付，得以每滿十五日為一期，於期末之翌日起請領；未滿十五日者，以傷病治療終止之翌日起請領。

第四款　失能給付

第56條　依本法第43條規定請領失能給付者，應備具下列書件：
一、失能給付申請書及給付收據。
二、失能診斷書。
三、經醫學檢查者，附檢查報告及相關影像圖片。

保險人審核失能給付，除得依本法第47條規定指定全民健康保險特約醫院或醫師複檢外，並得通知出具失能診斷書之醫院或診所檢送相關檢查紀錄或診療病歷。

第57條　依本法第43條規定請領失能給付者，以全民健康保險特約醫院或診所診斷為實際永久失能之當日，並為發生保險事故之日及本法第37條所定得請領之日。

被保險人於保險有效期間發生傷病事故，於保險效力停止後，仍符合勞工職業災害保險失能給付標準規定之治療期限，經專科醫師診斷證明為永久失能，且其失能程度與保險效力停止後屆滿一年時之失能程度相當者，為症狀固定，得依本法第27條第2項規定請領失能給付，並以保險效力停止後屆滿一年之當日為得請領之日。

前二項診斷永久失能之日期不明或顯有疑義時，保險人得就病歷或相關資料查明認定。

被保險人請求發給失能診斷書者，全民健康保險特約醫院或診所，應於出具失能診斷書後五日內逕寄保險人。

第58條　本法第44條第1項第1款及第2款所定婚姻關係存續一年以上，由申請之當日，往前連續推算之。

第59條　本法第44條第1項第3款所稱在學，指具有正式學籍，並就讀於公立學校、各級主管教育行政機關核准立案之私立學校或符合教育部採認規定之國外學校。

第60條　依本法第44條第1項規定請領加發眷屬補助者，應備具下列書件：
一、失能年金加發眷屬補助申請書及給付收據。
二、被保險人全戶戶籍謄本；眷屬與被保險人非同一戶籍者，應同時提出各該戶籍謄本，並載明下列事項：
　　(一) 眷屬為配偶時，應載有結婚日期。
　　(二) 眷屬為養子女時，應載有收養及登記日期。
三、子女在學，另應檢附學費收據影本或在學證明，並應於每年九月底前，重新檢具相關證明送保險人查核，經查核符合條件者，應繼續發給至次年八月底止。
四、配偶、子女為無謀生能力，另應檢附身心障礙手冊或證明，或受監護宣告之證明文件。

第61條　保險人於核定被保險人之失能年金給付後，應將核定文件、資料提供主管機關運用，協助職業災害勞工適切之醫療復健、社會復健、職能復健及職業重建等重建服務事項。

保險人依本法第45條第1項規定審核被保險人失能程度，應將前項職能復健納入評估。

第62條　本法第46條第1項及第4項所稱同一部位，指與勞工保險失能給付標準所定失能種類部位同一者。

第63條 被保險人經保險人依本法第48條規定逕予退保者,其退保日期,以全民健康保險特約醫院或診所診斷為實際永久失能之當日為準。

第五款　死亡給付

第64條 依本法第49條第2項第1款規定請領遺屬年金者,其婚姻關係存續一年以上之計算,由被保險人死亡之當日,往前連續推算之。

依本法第49條第2項第2款及第4款規定請領遺屬年金者,其在學之認定,準用第59條規定。

第65條 依本法第49條第1項規定請領喪葬津貼者,應備具下列書件:
一、死亡給付申請書及給付收據。
二、死亡證明書、檢察官相驗屍體證明書或死亡宣告裁定書。
三、載有死亡日期之全戶戶籍謄本。
四、支出殯葬費之證明文件。但支出殯葬費之人為當序受領遺屬年金、遺屬一次金或遺屬津貼者,得以切結書代替。

第66條 依本法第49條第2項或第50條第1項規定請領遺屬年金者,應備具下列書件:
一、死亡給付申請書及給付收據。
二、死亡證明書、檢察官相驗屍體證明書或死亡宣告裁定書。
三、載有死亡日期之全戶戶籍謄本。受益人為配偶時,應載有結婚日期;受益人為養子女時,應載有收養及登記日期。受益人與死者非同一戶籍者,應同時提出各該戶籍謄本。
四、子女、孫子女在學,另應檢附學費收據影本或在學證明,並應於每年九月底前,重新檢具相關證明送保險人查核,經查核符合條件者,應繼續發給至次年八月底止。
五、配偶、子女、孫子女、兄弟姊妹為無謀生能力,另應檢附身心障礙手冊或證明,或受監護宣告之證明文件。
六、受益人為孫子女或兄弟姊妹,另應檢附受被保險人扶養之相關證明文件。

第67條 依本法第49條第3項規定請領遺屬一次金者,應備具下列書件:
一、死亡給付申請書及給付收據。
二、死亡證明書、檢察官相驗屍體證明書或死亡宣告裁定書。
三、載有死亡日期之全戶戶籍謄本,受益人為養子女時,應載有收養及登記日期;受益人與死者非同一戶籍者,應同時提出各該戶籍謄本。
四、受益人為孫子女或兄弟姊妹者,應檢附受被保險人扶養之相關證明文件。

五、當序遺屬於被保險人死亡時，全部不符合遺屬年金給付條件之相關證明文件。

第68條 依本法第49條第5項規定請領遺屬津貼者，應備具下列書件：

一、死亡給付申請書及給付收據。

二、死亡證明書、檢察官相驗屍體證明書或死亡宣告裁定書。

三、載有死亡日期之全戶戶籍謄本，受益人為養子女時，應載有收養及登記日期；受益人與死者非同一戶籍者，應同時提出各該戶籍謄本。

四、受益人為孫子女或兄弟姊妹者，應檢附受被保險人扶養之相關證明文件。

第69條 被保險人死亡前，依本法第43條第1項或第3項規定請領失能一次金給付，經保險人核定應給付而未發給者，其遺屬得承領之。

前項承領失能一次金給付之對象、請領順序及發給方法，準用本法第49條第2項、第52條第1項、第2項及第53條規定。

第70條 被保險人退保，於領取完全失能或嚴重失能年金期間死亡，其遺屬依本法第50條第1項規定選擇請領遺屬年金給付者，自被保險人死亡之次月起發給遺屬年金。

前項遺屬依本法第50條第2項規定選擇一次請領失能給付扣除已領年金給付者，應按被保險人診斷失能時，其符合失能一次金給付基準，扣除已領年金給付總額後之差額發給。

第71條 依本法第50條第2項規定，選擇一次請領失能給付扣除已領年金給付總額之差額者，應備具下列書件：

一、失能給付差額申請書及給付收據。

二、第68條第2款至第4款所定之文件。

第72條 本法第53條第1項所定未能協議，為各申請人未依保險人書面通知所載三十日內完成協議，並提出協議證明書者。

第73條 同一順序遺屬有二人以上，並依本法第53條第2項但書規定協議時，保險人得以書面通知請領人於三十日內完成協議，並由代表請領人提出協議證明書；請領人屆期未能提出者，保險人得逕依本法第53條第2項規定發給遺屬年金，遺屬不得要求變更。

第74條 同一順序遺屬有二人以上，依本法第49條第3項規定請領遺屬一次金，且無法共同具領時，保險人得以戶籍地址書面通知未具名之其他當序遺屬，應於三十日內協議共同具領；屆期未能提出者，除年齡條件外，視為其不符合遺屬年金給付條件，保險人得逕按遺屬一次金發給請領人，遺屬不得要求變更。

第75條　被保險人死亡，其未成年之受益人無法請領遺屬年金、遺屬一次金或遺屬津貼者，其所屬投保單位應即通知保險人予以計息存儲，俟其能請領時發給之。

第76條　受益人或支出殯葬費之人請領死亡給付時，被保險人所屬投保單位未辦理退保手續者，由保險人逕予退保。

第六款　失蹤給付

第77條　依本法第55條第1項規定請領失蹤給付者，應備具下列書件：
一、失蹤給付申請書及給付收據。
二、被保險人全戶戶籍謄本；受益人與被保險人非同一戶籍者，應同時提出各該戶籍謄本。
三、災難報告書或失蹤人口緊急報案紀錄等相關事故證明。
四、執行職務發生意外事故證明。
失蹤給付之受益人、請領順序及發給方法，準用本法第49條第2項、第52條第1項、第2項及第53條第1項、第3項規定。
失蹤給付之受益人為被保險人之孫子女或兄弟姊妹者，於請領時應檢附受被保險人扶養之相關證明文件。

第七款　年金給付之申請及核發

第78條　本法第56條第2項所定申請之當月，以原寄郵局郵戳或送交保險人之日期為準。

第79條　依本法規定請領年金給付，未於國內設有戶籍者，應檢附經第47條第1項所列單位驗證之身分或居住相關證明文件，並每年再檢送保險人查核。

第80條　依本法第44條第2項第1款、第2款及第54條第1款、第2款規定停止發給年金給付者，於停止發給原因消滅後，請領人得重新向保險人提出申請，並由保險人依本法第56條第2項規定發給；遺屬年金依本法第56條第3項規定發給。但有本法第54條第1款所定配偶再婚之情形者，不適用之。
依本法第44條第2項第3款、第4款及第54條第3款規定停止發給年金給付者，自政府機關媒體異動資料送保險人之當月起停止發給。
前項所定停止發給原因消滅後，請領人得檢具證明其停止發給原因消滅之文件向保險人申請，並由保險人依本法第56條第2項規定發給；遺屬年金依本法第56條第3項規定發給。
未依前項規定檢附證明文件向保險人申請者，自政府機關媒體異動資料送保險人之當月起恢復發給。

第81條　依本法第57條第3項規定應檢附之證明文件如下：
一、載有領取年金給付者死亡日期之戶籍謄本。
二、法定繼承人戶籍謄本。
前項戶籍謄本，得以戶口名簿影本代之。

第三章　職業災害預防及重建
第一節　經費及相關協助措施

第82條　本法第62條第1項第1款所定職業災害預防事項，其內容如下：
一、職業安全衛生之教育訓練、宣導及輔導。
二、職業安全衛生管理制度之推動。
三、職業災害預防技術之研發及推動。
四、職業安全衛生設施之改善及推動。
五、機械本質安全化制度之推動。
六、其他與職業災害預防相關之事項。

第83條　本法第63條第1項所稱預防職業病健康檢查，指被保險人於從事經中央主管機關指定之有害作業期間，為發現其健康有無異常，以促使投保單位採取危害控制及相關健康管理措施所實施之健康檢查。
本法第63條第2項所稱健康追蹤檢查，指勞工曾從事經中央主管機關另行指定之有害作業，其於變更工作、離職或退保後，為及早發現其與職業相關之異常或疾病徵兆，以提供其相關健康保護及權益保障措施所實施之健康檢查。

第84條　本法第66條第1項所定復工計畫，其內容如下：
一、職業災害勞工醫療之相關資訊。
二、職業災害勞工工作能力評估。
三、職業災害勞工重返職場之職務內容、所需各項能力、職場合理調整事項及相關輔助措施。
四、職業災害勞工重返職場之執行期程。
五、其他與復工相關之事項。
前項計畫，經雇主、職業災害勞工、職業醫學科專科醫師及其他職能復健專業機構人員共同協商後，由職能復健專業機構協助雇主或職業災害勞工擬訂之。
前項勞資雙方未共同參與協商或未達成共識者，得由職業醫學科專科醫師及其他職能復健專業機構人員依參與之勞資一方意見及專業評估結果擬訂，並據以執行。

第二節　職業災害預防及重建財團法人

第85條　本法第71條第3款所定受託業務及提供服務之收入如下：
一、接受各級政府機關（構）工作委託之經費。
二、接受民間單位業務委託及提供服務之收入。

第三節　職業傷病通報及職業病鑑定

第86條　中央主管機關依本法第76條第1項規定會同職業病鑑定委員實施調查時，得將調查目的告知勞工、雇主及相關人員。

第87條　職業病鑑定委員依本法第76條規定實施調查時，對於調查結果、受調查事業單位與人員有關生產技術、設備、經營財務及個人隱私等事項，應保守秘密；其聘期屆滿後，亦同。

第四章　附則

第88條　已領取本法各項補助或津貼，經保險人撤銷或廢止，應繳還而未繳還者，得由保險人自其本人或受益人所領取之本保險給付或其他補助、津貼扣減之。
前項保險給付或其他補助、津貼之扣減方式及金額，準用勞工職業災害保險未繳還之保險給付扣減辦法第四條規定。

第89條　本細則所定本保險相關書表格式，由保險人定之；投保單位、醫院、診所、領有執業執照之醫師、被保險人、受益人或支出殯葬費之人，應依式填送。
請領各項保險給付之診斷書及證明書，除第56條及第57條另有規定者外，應由醫院、診所或領有執業執照之醫師出具。

第90條　本細則自中華民國一百十一年五月一日施行。
本細則修正條文自發布日施行。

 ## 職工福利金條例
民國104年7月1日修正公布

第1條　凡公營、私營之工廠、礦場或其他企業組織，均應提撥職工福利金，辦理職工福利事業。
前項規定所稱其他企業組織之範圍，由主管官署衡酌企業之種類及規模另定之。

第2條　**工廠、礦場或其他企業組織提撥職工福利金**，依下列之規定：
一、創立時就其資本總額提撥百分之一至百分之五。

二、 **每月營業收入總額內提撥百分之〇．〇五至百分之〇．一五。**

三、 **每月於每個職員工人薪津內各扣百分之〇．五。**

四、 **下腳變價時提撥百分之二十至四十。**

依第2款之規定，對於無營業收入之機關，得按其規費或其他收入，比例提撥。

公營事業已列入預算之職工福利金，如不低於第2款之規定者，得不再提撥。

第3條　無一定雇主之工人，應由所屬工會就其會費收入總額，提撥**百分之三十**為福利金；必要時得呈請主管官署酌予補助。

第4條　辦理職工福利事業成績優異者，得由主管官署酌予獎助金。

第5條　職工福利金之保管動用，應由依法組織之工會及各工廠、礦場或其他企業組織共同設置職工福利委員會負責辦理；其組織規程由勞動部訂定之。

前項職工福利委員會之工會代表，不得少於**三分之二**。

依第3條規定辦理之福利事業，準用前二項之規定。

第6條　工廠、礦場或其他企業組織及工會，應於每年年終分別造具職工福利金收支表冊公告之，並呈報主管官署備查；必要時主管官署得查核其賬簿。

第7條　職工福利金不得移作別用，其動支範圍、項目及比率，由主管官署訂定並公告之。

職工福利金用於全國性或全省（市）、縣（市）性工會舉辦福利事業，經主管官署備案，得提撥**百分之十**以內之補助金。

第8條　職工福利金不得沒收。

第9條　職工福利金有優先受清償之權。

第9-1條　工廠、礦場或其他企業組織因解散或受破產宣告而結束經營者，所提撥之職工福利金，應由職工福利委員會妥議處理方式，陳報主管官署備查後發給職工。

工廠、礦場或其他企業組織變更組織而仍繼續經營，或為合併而其原有職工留任於存續組織者，所提撥之職工福利金，應視變動後留任職工比率，留備續辦職工福利事業之用，其餘職工福利金，應由職工福利委員會妥議處理方式，陳報主管官署備查後發給離職職工。

前二項規定，於職工福利委員會登記為財團法人者，適用之。

第10條　因保管人之過失，致職工福利金受損失時，保管人應負賠償責任。

第11條　違反第2條、第3條之規定，不為提撥或提撥不足額者，除由主管官署責令提撥外，處負責人以**一千元**以下罰鍰。

第12條　違反第6條之規定，處負責人以**五百元**以下罰鍰。

第13條　對於職工福利金有侵佔或其他舞弊情事者，依刑法各該條之規定，從重處斷。

第13-1條　本條例施行細則，由主管官署定之。

第14條　本條例自公布日施行。

NOTE

04 勞資關係類

本章依據出題頻率區分，屬：**A** 頻率高

焦點透視

有關勞資關係類的法令以勞動三權對應的勞動三法為主再加上大量解僱勞工保護法，分別是：落實團結權的工會法、保障協商權的團體協約法以及爭議權的勞資爭議處理法為主要，外加依據勞基法規定應召開的勞資會議實施辦法，雖然法令較少，但對於不熟悉勞動權益的人來說，容易產生理解上的障礙，請多從勞工角度思考，有助於瞭解及記憶。

主題一　工會法

民國111年11月30日修正公布

一、公布時間

18年10月21日公布全文53條；最近修正於111年11月30日。

二、立法宗旨

促進勞工團結，提升勞工地位及改善勞工生活。

三、主管機關

在中央為勞動部；在直轄市為直轄市政府；在縣（市）為縣（市）政府。

四、組織權及排他性

(一)勞工均有組織及加入工會之權利。
(二)現役軍人與國防部所屬及依法監督之軍火工業員工，不得組織工會。

(三)教師得依本法組織及加入工會。

(四)各級政府機關及公立學校公務人員之結社組織依其他法律規定（不得組織或加入工會）。

五、工會任務

(一)團體協約之締結、修改或廢止。

(二)勞資爭議之處理。

(三)勞動條件、勞工安全衛生及會員福利事項之促進。

(四)勞工政策與法令之制（訂）定及修正之推動。

(五)勞工教育之舉辦。

(六)會員就業之協助。

(七)會員康樂事項之舉辦。

(八)工會或會員糾紛事件之調處。

(九)依法令從事事業之舉辦。

(十)勞工家庭生計之調查及勞工統計之編製。

(十一) 其他合於宗旨及法律規定事項。

六、工會組織類型

(一)**企業工會**：結合同一廠場、同一事業單位、依公司法所定具有控制與從屬關係之企業，或依金融控股公司法所定金融控股公司與子公司內之勞工組織之工會。

(二)**產業工會**：結合相關產業內之勞工組織之工會。

(三)**職業工會**：結合相關職業技能之勞工組織之工會（應以同一直轄市或縣（市）為組織區域）。

但教師僅得組織及加入產業工會及職業工會。

七、強制入會

(一)企業工會勞工應加入工會（強制入會）。

(二)職業工會及產業工會屬自由入會。

八、工會聯合組織

以全國為組織區域籌組之工會聯合組織，其發起籌組之工會數應達發起工會種類數額三分之一以上，且所含行政區域應達全國直轄市、縣（市）總數二分之一以上。

九、單一或多元工會

(一)企業工會以組織一個為限，屬單一工會。
(二)同一直轄市或縣（市）的同種類職業工會以組織一個為限，屬單一工會。
(三)產業工會名稱不得與其他工會名稱相同，屬多元工會。

十、發起及組織完成的登記制

組織工會應有勞工30人以上連署發起，組成籌備會辦理公開徵求會員、擬定章程及召開成立大會。於召開工會成立大會後30日內，檢具章程、會員名冊及理事、監事名冊，向其會址所在地之直轄市或縣（市）主管機關請領登記證書。

十一、工會章程記載事項及訂定與修改

章程記載下列事項：
(一)名稱。　(二) 宗旨。　(三) 區域。　(四) 會址。　(五) 任務。
(六)組織。　(七) 會員入會、出會、停權及除名。
(八)會員之權利及義務。
(九)會員代表、理事、監事之名額、權限及其選任、解任、停權；置有常務理事、常務監事及副理事長者，亦同。
(十)置有秘書長或總幹事者，其聘任及解任。
(十一) 理事長與監事會召集人之權限及選任、解任、停權。
(十二) 會議。　　　　　　　　(十三) 經費及會計。
(十四) 基金之設立及管理。　　(十五) 財產之處分。
(十六) 章程之修改。　　　　　(十七) 其他依法令規定應載明之事項。

章程訂定應經成立大會會員或會員代表過半數之出席，並經出席會員或會員代表三分之二以上之同意。

十二、會員（代表）

(一)資格排他性：代表雇主行使管理權之主管人員，不得加入該企業之工會。章程另有規定者例外。
(二)會員人數100人以上得依章程選出會員代表。
(三)會員代表任期每一任不超過4年。
(四)會員（代表）大會為工會最高權力機關。

十三、理事（監）事

(一)理事及監事名額如下：
　1. 會員人數500人以下者置理事5-9人；會員人數超過500人者，每超過500人得增理事2人，理事名額最多不超過27人。
　2. 聯合組織理事不得超過51人。
　3. 監事不得超過理事名額三分之一。
(二)會員（代表）大會休會期間，理事會處理工會一切事務。
(三)監事審核工會簿記帳目，稽查各種事業進行狀況及章程所定事項。
(四)會員已成年者得被選舉為工會理、監事。
(五)理事、監事、常務理事、常務監事、副理事長、理事長及監事會召集人之任期，每一任不得超過4年。理事長連選得連任一次。

十四、會議

(一)會員（代表）大會分定期會議及臨時會議兩種，理事長召集。定期大會每年至少召開一次。
(二)臨時會議經理事會決議，或會員五分之一或會員代表三分之一以上請求，或監事之請求，由理事長召集之。
(三)定期理監事會議每3個月至少開會一次，臨時理事會議經理事三分之一以上請求，由理事長召集之。

十五、會員（代表大會）

(一)**議決事項如下：**
　1. 工會章程之修改。
　2. 財產之處分。

 3. 工會之聯合、合併、分立或解散。

 4. 會員代表、理事、監事、常務理事、常務監事、副理事長、理事長、監事會召集人之選任、解任及停權之規定。

 5. 會員之停權及除名之規定。

 6. 工會各項經費收繳數額、經費之收支預算、支配基準與支付及稽核方法。

 7. 事業報告及收支決算之承認。

 8. 基金之運用及處分。

 9. 會內公共事業之創辦。

10. 集體勞動條件之維持或變更。

11. 其他與會員權利義務有關之重大事項。

(二)**開會人數及決議**：會員（代表）過半數出席，始得開會；非有出席會員（代表）過半數同意，不得議決。但1.工會章程之修改。2.財產之處分。3.工會之聯合、合併、分立或解散。4.會員代表、理事、監事、常務理事、常務監事、副理事長、理事長、監事會召集人之選任、解任及停權之規定。及5.會員之停權及除名之規定等事項，非有出席會員（代表）三分之二以上同意，不得議決。

十六、財務

(一)**工會經費來源如下**：

1. 入會費。	2. 經常會費。	3. 基金及其孳息。
4. 舉辦事業之利益。	5. 委託收入。	6. 捐款。
7. 政府補助。	8. 其他收入。	

(二)**入會費**：每人不得低於入會時一日工資所得。

(三)經常會費不得低於該會員當月工資0.5%。

(四)工會聯合組織會費繳納標準，最高不得超過會員工會會員所繳會費總額30%，最低不得少於5%。

(五)**查核財產**

 1. 每年將財產狀況向會員（代表）大會提出書面報告。

 2. 會員經十分之一以上連署或會員代表經三分之一以上連署，得選派代表會同監事查核工會之財產狀況。

十七、保護

(一)不當勞動行為的禁止：雇主或代表雇主行使管理權之人，不得有下列行為：

1. 對於勞工組織工會、加入工會、參加工會活動或擔任工會職務，而拒絕僱傭、解僱、降調、減薪或為其他不利之待遇。
2. 對於勞工或求職者以不加入工會或擔任工會職務為僱用條件。
3. 對於勞工提出團體協商之要求或參與團體協商相關事務，而拒絕僱用、解僱、降調、減薪或為其他不利之待遇。
4. 對於勞工參與或支持爭議行為，而解僱、降調、減薪或為其他不利之待遇。
5. 不當影響、妨礙或限制工會之成立、組織或活動。

雇主不當勞動行為裁決決定相關處分一覽表

違反條文	違反內容	行政處分
第35條第1項	雇主或代表雇主行使管理權之人，不得有下列行為： 1.對於勞工組織工會、加入工會、參加工會活動或擔任工會職務，而拒絕僱用、解僱、降調、減薪或為其他不利之難待遇。 2.對於勞工或求職者以不加入工會或擔任工會職務為僱用條件。 3.對於勞工提出團體協商之要求或參與團體協商相關事務，而拒絕僱用、解僱、降調、減薪或為其他不利之待遇。 4.對於勞工參與或支持爭議行為，而解僱、降調、減薪或為其他不利之待遇。 5.不當影響、妨礙或限制工會之成立、組織或活動。	處雇主新臺幣10萬元以上50萬元以下罰鍰，並公布其名稱、代表人姓名、處分期日、違反條文及罰鍰金額

違反條文	違反內容	行政處分
第35條第1項第1、3、4款	雇主或代表雇主行使管理權之人，不得有下列行為： 1.對於勞工組織工會、加入工會、參加工會活動或擔任工會職務，而拒絕僱用、解僱、降調、減薪或為其他不利之待遇。 3.對於勞工提出團體協商之要求或參與團體協商相關事務，而拒絕僱用、解僱、降調、減薪或為其他不利之待遇。 4.對於勞工參與或支持爭議行為，而解僱、降調、減薪或為其他不利之待遇。	未依裁決決定書所定期限為一定之行為或不行為者，由中央主管機關處雇主新臺幣20萬元以上100萬元以下罰鍰
第35條第1項第2、5款	雇主或代表雇主行使管理權之人，不得有下列行為： 2.對於勞工或求職者以不加入工會或擔任工會職務為僱用條件。 5.不當影響、妨礙或限制工會之成立、組織或活動。	未依裁決決定書所定期限為一定之行為或不行為者，由中央主管機關處雇主新臺幣20萬元以上100萬元以下罰鍰；並得令其限期改正；屆期未改正者，得按次連續處罰

(二)理事、監事請公假
1. 工作時間內辦理會務，得與雇主約定，由雇主給予一定時數公假。
2. 企業工會理事長得以半日或全日，其他理事或監事得於每月五十小時之範圍內，請公假辦理會務。

十八、解散及組織變更

(一)自行解散：工會有下列情形之一者，得經會員（代表）大會議決自行宣告解散：

1. 破產。
2. 會員人數不足。
3. 合併或分立。
4. 其他經會員大會或會員代表大會認有必要時。

(二)限期改善或停止業務

1. 工會有違反法令或章程者，主管機關得予以警告或令其限期改善。必要時，並得於限期改善前，令其停止業務之一部或全部。
2. 工會違反法令或章程情節重大，或經限期改善屆期仍未改善者，得撤免其理事、監事、理事長或監事會召集人。

主題二　團體協約法
民國104年7月1日修正公布

一、團體協約的定義

團體協約，指雇主或有法人資格之雇主團體，與依工會法成立之工會，以約定勞動關係及相關事項為目的所簽訂之書面契約。

二、團體協約之協商及簽訂

(一)勞資雙方應本誠實信用原則，進行團體協約之協商；對於他方所提團體協約之協商，無正當理由者，不得拒絕。

(二)勞資之一方於有協商資格之他方提出協商時，有下列情形之一，為無正當理由：

1. 對於他方提出合理適當之協商內容、時間、地點及進行方式，拒絕進行協商。
2. 未於六十日內針對協商書面通知提出對應方案，並進行協商。
3. 拒絕提供進行協商所必要之資料。

(三)有協商資格之勞方，指下列工會：

1. 企業工會。
2. 會員受僱於協商他方之人數，逾其所僱用勞工人數二分之一之產業工會。
3. 會員受僱於協商他方之人數，逾其所僱用具同類職業技能勞工人數二分之一之職業工會或綜合性工會。

4. 不符合前三款規定之數工會，所屬會員受僱於協商他方之人數合計逾
其所僱用勞工人數二分之一。

5. 經依勞資爭議處理法規定裁決認定之工會。

6. 勞方有二個以上之工會，或資方有二個以上之雇主或雇主團體提出團體
協約之協商時，他方得要求推選協商代表；無法產生協商代表時，依會
員人數比例分配產生。

7. 因進行團體協約之協商而提供資料之勞資一方，得要求他方保守秘密，
並給付必要費用。

三、協商代表產生方式

工會或雇主團體以其團體名義進行團體協約之協商時，其協商代表應依下列
方式之一產生：

(一)依其團體章程之規定。

(二)依其會員大會或會員代表大會之決議。

(三)經通知其全體會員，並由過半數會員以書面委任。

四、團體協約之效力

(一)團體協約簽訂後，勞方當事人應將團體協約送其主管機關備查；其變更
或終止時，亦同。

下列團體協約，應於簽訂前取得核可，未經核可者，無效：

1. 一方當事人為公營事業機構者，應經其主管機關核可。

2. 一方當事人為國防部所屬機關（構）、學校者，應經國防部核可。

3. 一方當事人為前二款以外之政府機關（構）、公立學校而有上級主管機
關者，應經其上級主管機關核可。但關係人為工友（含技工、駕駛）
者，應經行政院人事行政局核可。

(二)團體協約所約定勞動條件，當然為該團體協約所屬雇主及勞工間勞動契
約之內容。勞動契約異於該團體協約所約定之勞動條件者，其相異部分
無效；無效之部分以團體協約之約定代之。但異於團體協約之約定，為
該團體協約所容許或為勞工之利益變更勞動條件，而該團體協約並未禁
止者，仍為有效。

(三)團體協約期間屆滿，新團體協約尚未簽訂時，於勞動契約另為約定前，
原團體協約關於勞動條件之約定，仍繼續為該團體協約關係人間勞動契
約之內容。

五、團體協約之約定事項

團體協約得約定下列事項：

(一)工資、工時、津貼、獎金、調動、資遣、退休、職業災害補償、撫卹等勞動條件。

(二)企業內勞動組織之設立與利用、就業服務機構之利用、勞資爭議調解、仲裁機構之設立及利用。

(三)團體協約之協商程序、協商資料之提供、團體協約之適用範圍、有效期間及和諧履行協約義務。

(四)工會之組織、運作、活動及企業設施之利用。

(五)參與企業經營與勞資合作組織之設置及利用。

(六)申訴制度、促進勞資合作、升遷、獎懲、教育訓練、安全衛生、企業福利及其他關於勞資共同遵守之事項。

(七)其他當事人間合意之事項。

六、團體協約之存續

(一)團體協約得以定期、不定期或完成一定工作為期限，簽訂之。

(二)團體協約為不定期者，當事人之一方於團體協約簽訂1年後，得隨時終止團體協約。但應於3個月前，以書面通知他方當事人。

(三)團體協約為定期者，其期限不得超過3年；超過3年者，縮短為3年。

(四)團體協約以完成一定工作為期限者，其工作於3年內尚未完成時，視為以3年為期限簽訂之團體協約。

主題三　勞資爭議處理法

民國110年4月28日修正公布

一、勞資爭議的定義及處理方式

(一)**定義**：所稱勞資爭議，為勞資權利事項與調整事項之爭議。

　1.**權利事項之勞資爭議**：係指勞資雙方當事人基於法令、團體協約、勞動契約之規定所為權利義務之爭議。

NOTE

勞資爭議是指雇主與勞工之間所發生的糾紛，必須依法尋求處置或救濟。

2. **調整事項之勞資爭議：**係指勞資雙方當事人對於勞動條件主張繼續維持或變更之爭議。

(二)處理方式

1. 權利事項之勞資爭議，得依法申請調解、仲裁或裁決程序處理（法院為審理權利事項之勞資爭議，必要時應設勞工法庭）。又、權利事項之勞資爭議，勞方當事人有下列情形之一者，中央主管機關得給予適當扶助：

   (1)提起訴訟。

   (2)依仲裁法提起仲裁。

   (3)因工會法第35條第1項第1款至第4款所定事由，依本法申請裁決。

2. 調整事項之勞資爭議，得依法申請調解及仲裁程序處理之。

二、兩種調解方式及其程序

(一)指派調解人

1. 主管機關應於收到調解申請書3日內指派調解人。

2. 調解人應調查事實，並於指派之日起7日內開始進行調解。

3. 調解人應於開始進行調解10日內作出調解方案。

> **NOTE**
> 基本工資係指勞工在正常工作時間內所得之報酬。

獨任調解人之調解步驟與時程

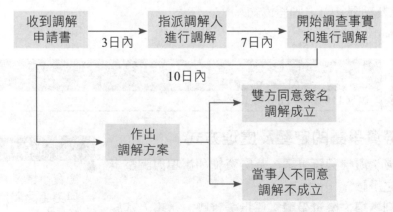

說明：指派調解人之調解時程大約共需20天

(二)成立調解委員會進行調解

1. 組成調解委員會，委員3～5人，由下列代表組成之，並以直轄市或縣（市）主管機關代表1人為主席：

    (1)直轄市、縣（市）主管機關指派1或3人。

    (2)勞資爭議雙方當事人各自選定1人。

2. 主管機關應於收到調解申請書或職權交付調解後通知勞資爭議雙方當事人於收到通知之日起3日內各自選定調解委員，並將調解委員之姓名、性別、年齡、職業及住居所具報；屆期未選定者，由直轄市、縣（市）主管機關代為指定。

3. 調解委員完成選定或指定之日起14日內，組成調解委員會並召開調解會議。

4. 應於收到前項調查結果及解決方案後15日內開會。必要時或經勞資爭議雙方當事人同意者，得延長7日。

(三)勞資爭議調解流程

組成調解委員會之調解步驟與時程

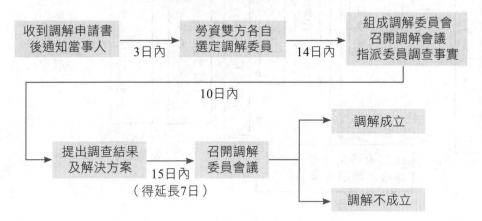

說明：調解委員會之調解時程大約共需42～49天

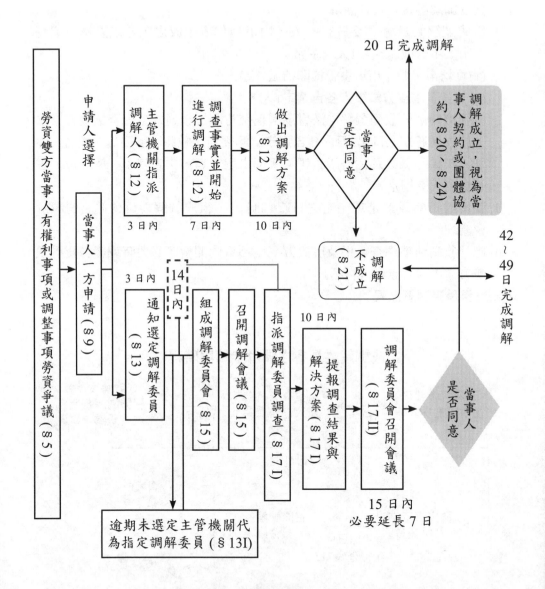

勞資爭議調解程序圖

三、兩種仲裁方式及其程序

(一)選定獨任仲裁人

1. 主管機關應於收到仲裁申請書後，通知勞資爭議雙方當事人於收到通知之日起5日內，於主管機關遴聘之仲裁人名冊中選定獨任仲裁人一人具報；屆期未選定者，由主管機關代為指定。

2. 勞資雙方仲裁委員經選定或指定後，主管機關應於3日內通知雙方仲裁委員，於7日內依規定推選主任仲裁委員及其餘仲裁委員具報；屆期未推選者，由主管機關指定。

獨任仲裁人之仲裁步驟與時程

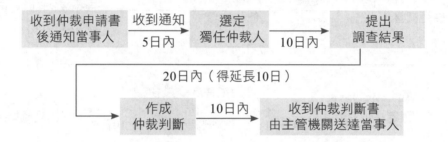

說明：獨任仲裁人之仲裁時程大約45～55天

(二)組成勞資爭議仲裁委員會進行仲裁（僅限於一方申請交付仲裁或依職權交付仲裁者）。

1. 組成仲裁委員會，委員3或5人，由下列人員組成：

(1)勞資爭議雙方當事人各選定1人。

(2)由雙方當事人所選定之仲裁委員於仲裁委員名冊中，共同選定1或3人。

2. 主管機關應於主任仲裁委員完成選定或指定之日起14日內，組成仲裁委員會，並召開仲裁會議。

3. 仲裁委員會應指派委員調查事實，除有特殊情形外，調查委員應於指派後10日內，提出調查結果。

4. 仲裁委員會應於收到前項調查結果後20日內，作成仲裁判斷。但經勞資爭議雙方當事人同意，得延長10日。

仲裁委員會之仲裁步驟與時程

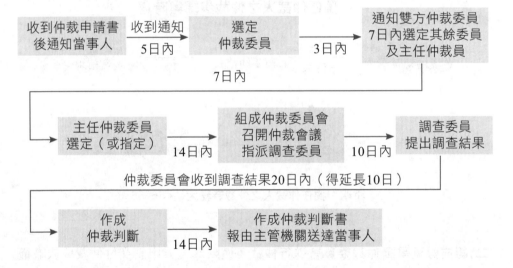

說明：仲裁委員會之仲裁時程大約69～79天

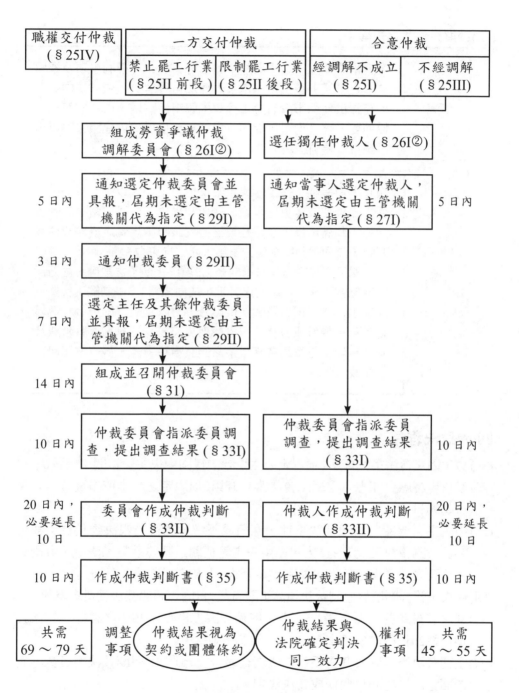

勞資爭議仲裁程序圖

(三)調解與仲裁之差異：

調解	勞資爭議處理法之「調解」係指勞資爭議（權利事項及調解事項之爭議）發生後，當事人無法自行解決，依該法向勞工勞務提供地縣市政府勞工行政機關申請調解，由中立第三方協助雙方達成均可接受的方案，甚至積極提供建議方案以求爭議可以順利解決。
仲裁	調整事項爭議（指工會或事業單位勞工10人以上對於勞動條件主張維持或變更之爭議）或權利事項，由雙方當事人合意向縣市政府申請，並選任第三者就該爭議調查之後作成仲裁判斷，該仲裁判斷對雙方當事人產生拘束力。 另依據勞資爭議處理法第54條第2項禁止罷工之教師、國防部所屬機關（構）、學校之勞工，或同條第3項限制罷工行業，自來水事業、電力及燃氣供應業、醫院、銀行間資金移轉帳務清算金融資訊服務業與證券期貨交易、結算、保管事業及其他辦理支付系統業務事業之調整事項爭議，得一方提起交付仲裁。

四、裁決程序

(一)勞工因工會法第35條第2項規定所生爭議，得向中央主管機關申請裁決。

(二)裁決申請應自知悉有違反工會法第35條第2項規定之事由或事實發生之次日起90日內為之。

(三)中央主管機關為辦理裁決事件，應組成不當勞動行為裁決委員會：裁決委員會置裁決委員7～15人，由中央主管機關遴聘熟悉勞工法令、勞資關係事務之專業人士任之，並由委員互推1人為主任裁決委員。

(四)中央主管機關應於收到裁決申請書之日起7日內，召開裁決委員會處理。

(五)裁決委員會應指派委員1～3人，依職權調查事實及必要之證據，並應於指派後20日內作成調查報告，必要時得延長20日。

(六)主任裁決委員應於裁決委員作成調查報告後7日內，召開裁決委員會，並於開會之日起30日內作成裁決決定。

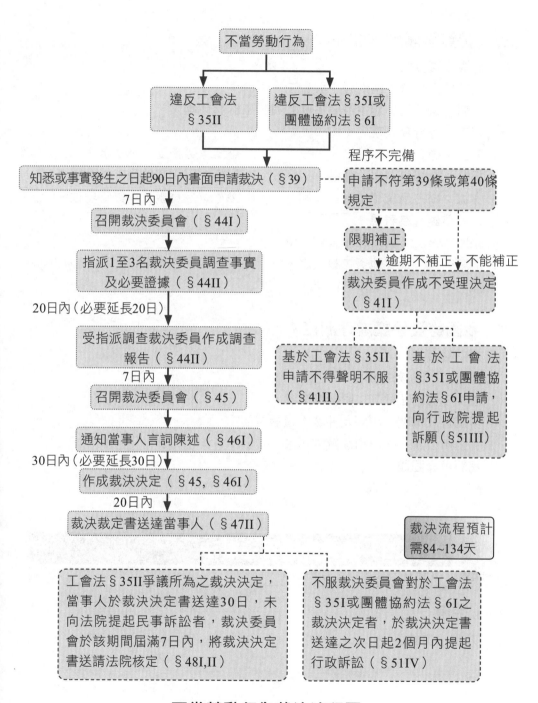

不當勞動行為

違反工會法§35II

違反工會法§35I或團體協約法§6I

程序不完備

知悉或事實發生之日起90日內書面申請裁決（§39）

申請不符第39條或第40條規定

7日內

召開裁決委員會（§44I）

限期補正

指派1至3名裁決委員調查事實及必要證據（§44II）

逾期不補正　不能補正

裁決委員作成不受理決定（§41I）

20日內（必要延長20日）

受指派調查裁決委員作成調查報告（§44II）

基於工會法§35II申請不得聲明不服（§41II）

基於工會法§35I或團體協約法§6I申請，向行政院提起訴願（§51III）

7日內

召開裁決委員會（§45）

通知當事人言詞陳述（§46I）

30日內（必要延長30日）

作成裁決決定（§45, §46I）

20日內

裁決裁定書送達當事人（§47II）

裁決流程預計需84~134天

工會法§35II爭議所為之裁決決定，當事人於裁決決定書送達30日，未向法院提起民事訴訟者，裁決委員會於該期間屆滿7日內，將裁決決定書送請法院核定（§48I,II）

不服裁決委員會對於工會法§35I或團體協約法§6I之裁決決定者，於裁決決定書送達之次日起2個月內提起行政訴訟（§51IV）

不當勞動行為裁決流程圖

五、勞資爭議處理實務

(一)勞資爭議分類

1. 個別勞資爭議：個別雇主與勞工。
2. 集體勞資爭議：雇主或雇主團體與勞工群體或團體。

(二)勞工爭議行為表現

1. 罷工：勞務完全不提供。　　2. 怠工：勞務提供不完全。
3. 杯葛：影響事業單位產品。　　4. 糾察：阻止其他勞工提供勞務。
5. 占據：霸占事業單位機具設備。　　6. 接管：接替事業單位管理權。

(三)資方爭議行為表現

1. 鎖廠或停工：暫時或永久停止營運。
2. 繼續營運：找其他勞工替代之。
3. 黑名單：將勞工名單送同業。

六 我國勞資爭議處理制度

(一)政府機關

1. 勞動部：限裁決事項。
2. 法院（勞動法庭）：限權利事項。
3. 勞工行政機關（調解及仲裁委員會）。
4. 鄉鎮市公所－鄉鎮市調解委員會。

(二)民間中介團體

1. 調解。　　2. 仲裁。

主題四　勞資會議實施辦法
民國103年4月14日修正發布

一、法源

勞動基準法第83條。

二、召開對象

(一)依據勞動基準法第83條及勞資會議實施辦法之規定，應舉辦勞資會議之事業單位包括：

　1.適用勞動基準法之事業單位。

　2.事業單位之事業場所，勞工人數在30人以上者。

(二)事業單位舉辦勞資會議時，勞資雙方皆應秉持下列基本態度：

　1.雇主要有面對問題、解決疑惑之氣度。

　2.勞資會議代表應具有扮演溝通橋樑，善盡協調義務之認知。

　3.全體員工皆應有主動關心、積極參與工作場所相關事務之態度。

三、勞資會議的功能

(一)知的功能。　　　　(二) 提昇勞工參與感。　　(三) 增進和諧基礎。

(四)勞工期望達成。　　(五) 資方期望達成。　　　(六) 共同解決問題。

勞資會議與一般會議之區別

會議別	出席數	決議	備註
勞資會議	勞資雙方代表各過半數	有出席代表3/4以上同意	採共識決
一般會議	全體應出席人數過半數即可	出席代表1/2以上同意	採多數決

四、參與人員及產生方法

(一)勞資雙方同數代表組成 。

(二)各2～15人。

(三)員工人數100人以上者，各不得少於5人。

(四)資方代表由事業單位指派。

(五)勞方代表由企業工會直接選舉；無工會者，由全體員工選舉。

勞資會議代表的人數

代表別	人數	事業單位勞工人數在100人以上者	事業單位勞工人數在3人以下者
勞方代表	同數代表2~15人	不得少於5人	當然委員（不受同法第3條、第5條至第11條及第19條規定之限制）
資方代表	同數代表2~15人	不得少於5人	當然委員（不受同法第3條、第5條至第11條及第19條規定之限制）

五、代表身分之限制

(一)**性別代表**：單一性別勞工人數佔勞工人數二分之一以上者，其當選勞方代表名額不得少於勞方應選出代表總額之三分之一。

(二)**代表行使管理權者**：代表雇方行使管理權之一級業務行政主管人員不得為勞方代表。

六、勞方代表選舉權與被選舉權

勞工年滿15歲，有選舉與被選舉勞方代表之權。

七、代表任期與主席人選

(一)代表任期4年，得連任。

(二)會議主席：由代表輪流擔任，必要時，勞資雙方代表各推派1人共同擔任。

(三)至少每3個月舉行一次。

八、議事範圍

(一)**報告事項**

　1. 上次會議決議事項辦理情形。

　2. 勞工人數、勞工異動情形，離職率等勞工動態。

　3. 事業之生產計畫、業務概況及市場狀況等生產資訊。

　4. 關於勞工活動、福利項目及工作環境改善等事項。

　5. 其他報告事項。

(二)**討論事項**

1. 協調勞資關係、促進勞資合作事項 。　2.勞動條件事項。
3. 勞工福利籌劃事項。　　　　　　　4.關於提高工作效率事項。
5. 勞資會議代表選派及解任方式等事項。　6.勞資會議運作事項。
7. 其他討論事項。

(三)**建議事項**

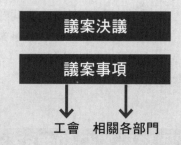

※勞資會議通過之決議事項，應由事業單位分送工會及有關部門辦理。

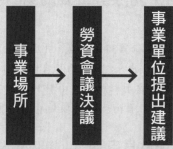

※事業場所議事範圍涉及全體事業單位時，得經由勞資會議之決議，向
　事業單位提出建議。

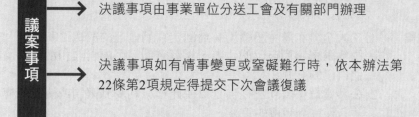

九、會議人數與限制

(一)代表各過半數（大多數）出席，方得開會。

(二)出席代表四分之三（絕大多數）以上同意方得決議。

十、其他事項

(一)召開會議時，與議案有關人員得經勞資會議議決列席說明解答有關問題。

(二)勞資會議得設專案小組處理有關議案或重要問題。

(三)議事事務由事業單位指定人員辦理，費用由事業單位負擔。

(四)決議由事業單位分送工會及有關部門辦理。

(五)會議依會議規範相關規定進行。

主題五　國際勞工公約第87、98號

一、結社自由與保護組織權公約：國際勞工公約第87號

（國際勞工組織1948年7月9日第87號公約通過）

國際勞工組織大會於1948年6月17日在舊金山舉行第31屆會議，決定對結社自由和保護組織權問題通過建議，並以一個公約的形式作出，「確認結社自由原則」是改善勞工狀況和建立和平的一個方法，重申「發表意見自由和結社自由對於持續不斷的進步誠屬必需」，此公約在引用時可稱為《1948年結社自由和保護組織權公約》：

第一部分　結社自由

第1條　　本公約對其生效的每一國際勞工組織成員國承擔執行下列各項規定。

第2條　　工人和雇主，不論高低優劣，均不須經過事先批准，有權建立經自己選舉的組織，並且只要不與有關組織的規章相牴觸，有權加入自己願意加入的組織。

第3條　　1. 工人組織和雇主組織均有權制定它們自己的組織法和規章、充分自由地選舉它們自己的代表、規劃它們自己的管理和活動以及制定它們自己的計劃。

　　　　　2. 公共當局不得作出任何足以使此項權利受到限制或使此項權利之合法行使受到阻礙的干涉。

第4條　　行政當局不得解散工人組織和雇主組織或停止它們的活動。

第5條　　工人組織和雇主組織均應有權成立或加入各種協會和聯合會；任何這類組織、協會或聯合會應有權加入國際性的工人組織和雇主組織。

第6條　　本公約第2、3、4條的規定對工人組織或雇主組織的協會和聯合會適用。

第7條　　工人組織和雇主組織取得法人資格的條件，不得具有限制執行本公約第2、3、4條規定的性質。

第8條　　1.工人、雇主以及他們各自的組織在行使本公約所規定的各項權利時，應同其他人及其他組織的團體一樣遵守當地法律。
　　　　　　2.當地法律的規定不得損害本公約所規定的各項保證，其執行方式也不得有這樣的情況。

第9條　　1.本公約所規定的各項保證對軍隊和警察適用的程度，應由國家的法律或法規加以規定。
　　　　　　2.按照國際勞工組織組織法第19條第8款規定的原則，任何成員國之批准本公約，不應被視為影響軍隊或警察藉以享有由本公約所保證的任何權利的現行法律、裁定、習慣或協定。

第10條　　本公約所用「組織」一詞是指任何促進和保護工人或雇主利益的工人組織或雇主組織。

第二部分　保護組織權

第11條　　本公約對其生效的每一國際勞工組織成員國均承擔採取一切必要的適當措施去保證工人和雇主都可自由地行使組織權。

第三部分　雜項規定

第12條　　1.國際勞工組織每一成員國應在批准本公約時（或在批准後盡速）就經1946年國際勞工組織組織法修正書修正後的國際勞工組織組織法第35條所述領土（該條修正後第4款和第5款所述領土除外），向國際勞工局局長提出一份聲明，說明
　　　　　　　(1)該國承擔不經修改的適用本公約規定的領土；
　　　　　　　(2)該國承擔在加以修改的情況下適用本公約規定的領土，以及這些修改的細節；
　　　　　　　(3)不適用本公約的領土，以及不適用的原因；
　　　　　　　(4)該國保留決定的領土。
　　　　　　2.本條第1款(1)、(2)兩項所述的承擔，應視為批准書的組成部分，具有批准效力。

3. 任何成員國隨時可以另具聲明，全部或局部撤銷它在原來聲明裏按本條第1款(2)、(3)、(4)項所作的任何保留。

4. 任何成員國可以在按照第16條規定得退出本公約的時候，以聲明送交局長，對任何以前聲明裏的條件，加以任何修改，並說明它現在對某些它可能指定的領土所持的立場。

第13條　1. 倘若本公約的主題屬於任何非本部領土的自治權限範圍，負責該領土國際關係的成員國可以在得到該領土政府的同意後，向國際勞工局局長提出一份代表該領土接受本約義務的聲明。

2. 可以向國際勞工局局長提出接受本公約義務的聲明的，還有下列情況：

(1)由國際勞工組織兩個或兩個以上成員國就它們共同管轄下的任何領土提出；

(2)由按照聯合國憲章或其他規定負責管理任何領土的任何國際當局就任何這類領土提出。

3. 在按照本條上述各款向國際勞工局局長提出的聲明裏，應說明本公約規定是否將不經修改的，或在加以修改的情況下，對有關領土適用；倘若聲明裏說明本公約規定將在加以修改的情況下適用，則應說明這些修改的細節。

4. 有關成員國或國際當局可以隨時另具聲明，全部或局部放棄用任何以前聲明裏所述的任何修改的權利。

5. 有關成員國或國際當局可以在按照第16條規定得退出本約的時候，以聲明送交局長，對任何以前聲明裏的條件，加以任何修改，並說明它現在對本公約的適用所持的立場。

第四部分　最後條款

第14條　本公約的正式批准書應送交國際勞工局局長登記。

第15條　1. 本公約應只對曾經將批准書送交局長登記的那些國際勞工組織成員有約束力。

2. 本公約應於兩個成員國將批准書送交局長登記之日起12個月後生效。

3. 此後，本公約應於任何成員國將批准書送交登記之日起12個月後對該成員國生效。

第16條　1. 批准本公約的各成員國，可以在本公約首次生效之日起滿10年後，退出公約；退約時應以退約書送交國際勞工局局長登記。此項退約應於退約書送交登記之日起1年後才生效。

2. 批准了本公約的每一成員國，如果在上款所述的10年時間滿期後一年內不行使本條所規定的退約權，即須再受10年的約束，其後，可按本條規定的條件，在每10年時間滿期時，退出本公約。

第17條　1. 國際勞工局局長應將國際勞工組織各成員國送交他登記的所有批准書、聲明和退約書通知國際勞工組織的全體成員國。

2. 國際勞工局局長在把送交他登記的第2份批准書通知國際勞工組織各成員國時，應提請各成員國注意本公約生效的日期。

第18條　國際勞工局局長應按照聯合國憲章第102條的規定，將按上述各條規定送交登記的所有批准書、聲明和退約書的全部細節，送交聯合國秘書長登記。

第19條　國際勞工局理事會在本公約生效後，應於每10年期間滿期時，向大會提交一份關於本公約實施情況的報告，並研究是否宜於在大會議程上列入全部或局部修正本公約的問題。

第20條　1. 大會若通過一個新的公約去全部或局部修正本公約，那麼，除非該新公約另有規定，否則：

(1) 任何成員國如批准新的修正公約，則在該條正公約生效時，即係依法退出本公約，不管上述第16條規定；

(2) 從新修正公約生效之日起，本公約應即停止向各成員國開放批准。

2. 對於已批准本公約但未批准修正公約的那些成員國，本公約無論如何應按照其原有的形式和內容繼續生效。

第21條　本公約的英文本和法文本具有同等效力。

二、組職權利與集體談判公約：國際勞工公約第98號

（國際勞工組織1949年7月1日第98號公約通過）

國際勞工組織大會於1949年6月8日在日內瓦舉行第32屆會議，決定對適用組織權和集體交涉權原則的問題－通過提議，此公約在引用時可稱為《1949年組織權和集體交涉權公約》：

第1條　1. 舉凡一切工人均應享有充分保護，使其在就業方面不會受到禁止工會的歧視行為。

2. 此項保護特別應針對下列行為：

(1) 規定工人就業的條件為不得參加工會或放棄工會會籍；

(2) 以持有工會會籍或在工作時間以外（或得到雇主同意，在工作時間以內）參加工會活動為理由，而將工人解僱或在別的方面損害其權益。

第2條 　1.凡是工人組織和雇主組織均應享有充分的保護，使其在設立、工作
或管理上不會受到彼此職員或會員的任何干擾行為。

　2.尤其是，凡是旨在促進設立受雇主或雇主組織控制的工人組織或以
財務或其方式支持工人組織使其受雇主或雇主組織控制的行為，均
應視為構成本條含義內的干擾行為。

第3條 　必要時，應設立適合國家條件的機構，以保證上述各條所述的組織權
受到尊重。

第4條 　必要時，應採取適合國家條件的措施，去鼓勵和促進充分發展和利用
雇主或雇主組織同工人組織之間自動進行談判的機構，以通過集體協
定規定就業條件。

第5條 　1.本公約所規定的各項保證對軍隊和警察的適用程度，應由國家的法
律或法規加以規定。

　2.按照國際勞工組織組織法第19條第8款規定的原則，任何成員國之
批准本公約不應被視為影響軍隊或警察成員藉以享有受本公約保障
的任何權利的現行法律、裁定、習慣和協定。

第6條 　本公約不涉及從事國家行政的公務員的地位，亦絕不應被解釋為有損
於他們的權利或地位。

第7條 　本公約的正式批准書應送交國際勞工局局長登記。

第8條 　1.本公約應只對曾經將批准書送交局長登記的那些國際勞工組織成員
有約束力。

　2.本公約應於兩個成員國將批准書送交局長登記之日起12個月後生效。

　3.此後，本公約應於任何成員國將批准書送交登記之日起12個月後對
該成員國生效。

第9條 　1.在按照國際勞工組織第35條第2款規定送交國際勞工局局長的聲明
裏，應說明下列各點：

(1)有關成員國承擔不加修改的適用本公約規定的領土；

(2)有關成員國承擔在加以修改的情況下適用本公約規定的領土，以
及這些修改的細節；

(3)不適用本公約的領土，以及不適用的原因；

(4)有關成員國保留決定以待進一步考慮立場的領土。

　2.本條第1款第(1)、(2)項所述的承擔，應視為批准書的組成部份，具
有批准效力。

　3.任何成員國可以隨時另具聲明，全部或局部撤銷其原來聲明中依本
條第1款第(2)、(3)、(4)項所作的任何保留。

4. 任何成員國均可以在按照第11條規定退出本公約的時候，以聲明送交局長，對任何以前聲明裏的條件，加以任何修改，並說明其現在對某些它可能指定的領土所持的立場。

第10條 1. 在按照國際勞工組織法第35條第4款或第5款送交國際勞工局局長的聲明裏，應說明本公約規定是否將不加修改的，或在加以修改的情況下，對有關領土適用；倘若聲明裏說明本公約規定將在加以修改的情況下，對有關領土適用；倘若聲明裏說明本公約規定將在加以修改的情況下適用，則應說明這些修改的細節。

2. 有關成員國或國際當局可以隨時另具聲明，全部或局部放棄援用任何以前聲明裏所述的任何修改的權利。

3. 有關成員國或國際當局可以在按照第11條規定可以退出本公約的時候，將聲明送交局長，對任何以前聲明裏的條件，加以任何修改，並說明它現在對本公約的適用所持的立場。

第11條 1. 批准本公約的各成員國可以在本公約首次生效之日起滿10年後退出本公約；退約時應以退約書送國際勞工局局長登記。此項退約應於退約書送交登記之日起1年後方能生效。

2. 批准本公約的每一成員國，如果在上款所述的10年時間滿期後1年內不行使本條所規定的退約權，即須再受10年的約束，其後，可按本條規定的條件，在每10年時間滿期時，退出本公約。

第12條 1. 國際勞工局局長應將國際勞工組織各成員國送交他登記的所有批准書、聲明和退約書通知國際勞工組織的全體成員國。

2. 國際勞工局局長在將送交他登記的第2份批准書通知國際勞工組織各成員國時，應提請各成員國注意本公約生效的日期。

第13條 國際勞工局局長應按照聯合國憲章第102條規定，將按上述各條規定送交他登記的所有批准書、聲明和退約書的全部細節，送交聯合國秘書長登記。

第14條 國際勞工局理事會在本公約生效後，應於每10年期間滿期時，向大會提交一份關於本公司實施情況的報告，並研究是否宜於在大會議程上列入全部或局部修正本公約的問題。

第15條 1. 大會若通過一個新的公約，全部或局部修正本公約，則除非該新公約另有規定，否則：

(1)任何成員國如批准新修正公約，則在該修正公約生效時，即係依法退出本公約，不管上述第11條的規定；

(2)從新修正公約生效之日起，本公約應立即停止向各成員國開放批准。

2.對於已批准本公約但未批准修正公約的那些成員國，本公約無論如何應按照其原有的形式和內容繼續生效。

第16條　本公約的英文本和法文本具有同等效力。

主題六　勞動事件法
112年12月15日公布，113年1月8日施行

本法性質為民事訴訟法的特別法，因應勞資爭議之特性，在既有的民事訴訟程序架構下，適度調整勞動事件爭訟程序規定，一方面使勞雇雙方當事人於程序上實質平等，另一方面也使法院更加重視勞動事件之處理，以達成勞資爭議的實質公平審理，有效的權利救濟之目標。本法全文共53條，以「專業的審理」、「強化當事人自主及迅速解決爭議」、「減少勞工訴訟障礙，便利勞工尋求法院救濟」、「促進審判程序與實效」及「即時有效的權利保全」五大方向的制度調整，來因應處理勞動事件之程序上需求。

一、專業的審理

擴大勞動事件範圍，各級法院並應設立勞動專業法庭，遴選具勞動法相關學識、經驗之法官處理勞動事件，以提高紛爭解決效能。

二、強化當事人自主及迅速解決爭議

(一)**建立勞動調解程序**：由1位法官與2位分別熟悉勞資事務的勞動調解委員共同組成勞動調解委員會，進行調解。勞動調解委員會先經由快速的程序（包括聽取雙方陳述，整理爭點，必要時並可調查證據），對於事實與兩造法律關係予以初步解明，並使當事人瞭解紛爭之所在，及可能的法律效果，再於此基礎上促成兩造自主合意解決，或由勞動調解委員會作成解決爭議之適當決定，以供兩造考量作為解決之方案。

(二)**勞動調解前置原則**：除部分法定例外情形外，原則上勞動事件起訴前，需先經法院行勞動調解程序，如當事人未先聲請調解逕為起訴，仍視為調解之聲請。

(三)**勞動調解程序與後續訴訟之緊密銜接**：勞動調解不成立時，除調解聲請人於法定期間內向法院為反對續行訴訟程序之意思外，法院即應由參與

勞動調解委員會的同一法官續行訴訟程序，並視為自調解聲請時已經起訴，且原則上以勞動調解程序進行中已獲得事證資料之基礎進行。

三、減少勞工訴訟障礙，便利勞工尋求法院救濟

(一)**便利勞工的管轄原則**：為使勞工易於起訴及應訴，勞動事件之管轄法院除依民事訴訟法規定外，本法明定可由勞工的勞務提供地法院管轄；如勞工為被告，亦得聲請移送至其他有管轄權之法院。如勞工與雇主間第一審管轄法院之合意有顯失公平的情形，勞工可以逕向其他有管轄權之法院起訴，如為被告，亦得聲請移送至其他有管轄權之法院。又只要勞務提供地或被告之住所、居所、事務所、營業所所在地在我國境內，勞工就可以向我國法院提起勞動事件之訴，縱使勞雇間原先有相反於此的審判管轄約定，勞工也不受拘束。

(二)**調整程序費用負擔**：為降低因程序費用負擔造成勞工尋求法院救濟之門檻，本法明定因定期給付涉訟之勞動事件，其訴訟標的價額最多以5年之收入總額計算。勞工或工會提起確認僱傭關係或請求給付工資、退休金、資遣費之訴或上訴時，暫免徵收裁判費2/3；其強制執行標的金額超過新臺幣（下同）20萬元部分，暫免徵收執行費。工會提起團體訴訟，其請求金額超過100萬元之部分暫免徵收裁判費；依本法規定提起不作為訴訟，免徵裁判費。

(三)**強化訴訟救助**：為避免勞工因支出訴訟費用致生活陷於困窘，本法明定勞工符合社會救助法規定之低收入戶、中低收入戶，或符合特殊境遇家庭扶助條例第4條第1項之特殊境遇家庭，聲請訴訟救助時，即視為無資力支出訴訟費用救助，法院得准予訴訟救助。又勞工或其遺屬因職業災害提起勞動訴訟，而聲請訴訟救助的話，除所提起之訴有顯無勝訴之望的情形外，法院應以裁定准予訴訟救助。

(四)**勞工進行訴訟的第三人協助**：勞工欲於訴訟期日偕同由工會、財團法人指派之人為輔佐人，本法明定不需先經法院或審判長的事前許可，而改為事後再審查。外籍勞工委任外籍勞工仲介單位之非律師人員為訴訟代理人時，如有害於委任人之權益時，法院得撤銷其許可。

四、促進審判程序與實效

(一)為期使法院處理程序迅速進行，明定法院與當事人都負有程序促進義務，並應限期終結程序。

(二)適度調整辯論主義，法院為維護當事人間實質公平，應闡明當事人提出必要的事實，並得依職權調查必要的證據；法院審理勞動事件時，亦得審酌就處理同一事件而由主管機關指派調解人、組成委員會或法院勞動調解委員會所調查的事實、證據資料、處分或解決事件的適當方案。此外亦合理調整證據法則，明定雇主之文書提出義務，加重當事人、第三人違反證物提出命令的效果，以強化取得所需之證據；並以事實推定之方式，促進對於勞資雙方關於工資、工作時間爭執之事實認定；另為避免雇主濫用優勢之經濟地位，與勞工以定型化契約之方式，訂立對勞工不利而顯失公平之證據契約，明定於此情形勞工不受其拘束。

(三)為強化判決對勞工權益保護之實效性，本法擴大法院依職權宣告假執行的範圍，明定就勞工之給付請求，法院為雇主敗訴之判決時，應依職權宣告假執行。又法院就勞工請求之勞動事件，判命雇主為一定行為或不行為時，得依勞工之請求，同時命雇主如在判決確定後一定期限內未履行時，給付法院所酌定之補償金。

(四)**強化紛爭統一解決**：為利於大規模勞資紛爭事件的統一解決，本法規定工會受勞工選定而起訴時，得對共通爭點提起中間確認之訴，法院並應先予裁判，以建立分階段審理模式，並使其他有共同利益而未選定工會起訴之勞工，亦得併案請求，以擴大紛爭之統一處理。另工會於章程所定目的範圍內，亦得對侵害其多數會員利益之雇主，提起不作為之訴。對於因離職而喪失原屬工會之會員身分，或在職期間依工會法沒有可以參加之工會的勞工，本法亦明定得選定原屬工會或工會聯合組織為之起訴，並同樣適用本法關於由工會為會員勞工進行訴訟、保全程序等相關規定。

五、即時有效的權利保全

(一)關於勞工聲請保全處分，本法藉由強化與不當勞動行為裁決程序之銜接、擔保金之上限與減免及明定法院之闡明義務，以減輕勞工聲請保全處分的釋明義務與提供擔保的責任，並保障其及時行使保全權利。

(二)斟酌勞動關係特性，就勞工因確認僱傭關係存在與否的爭執或調動違法的爭執中，聲請定暫時狀態處分之情形，本法將民事訴訟法所定爭執法律關係及必要性等要件予以具體化，使勞工較易於聲請及釋明，由法院依個案具體狀況裁量是否為繼續僱用及給付薪資，或依原工作或兩造所同意工作內容繼續僱用的定暫時狀態處分。

六、勞動調解流程

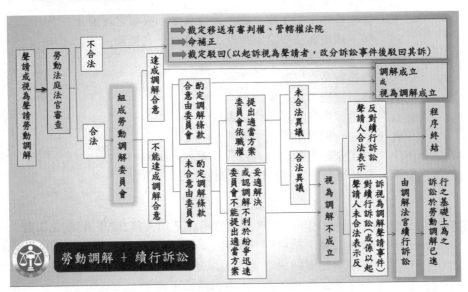

資料來源：司法院

| 相關法規 |

工會法

民國111年11月30日修正公布

第一章　總則

第1條　為促進勞工團結，提升勞工地位及改善勞工生活，特制定本法。

第2條　工會為**法人**。

第3條　本法所稱主管機關：在中央為勞動部；在直轄市為直轄市政府；在縣（市）為縣（市）政府。

工會之目的事業，應受各該事業之主管機關輔導、監督。

第**4**條　　勞工均有組織及加入工會之權利。

現役軍人與國防部所屬及依法監督之軍火工業員工，不得組織工會；軍火工業之範圍，由中央主管機關會同國防部定之。

教師得依本法組織及加入工會。

各級政府機關及公立學校公務人員之結社組織，依其他法律之規定。

第**5**條　　工會之任務如下：

一、團體協約之締結、修改或廢止。

二、勞資爭議之處理。

三、勞動條件、勞工安全衛生及會員福利事項之促進。

四、勞工政策與法令之制（訂）定及修正之推動。

五、勞工教育之舉辦。

六、會員就業之協助。

七、會員康樂事項之舉辦。

八、工會或會員糾紛事件之調處。

九、依法令從事事業之舉辦。

十、勞工家庭生計之調查及勞工統計之編製。

十一、其他合於第1條宗旨及法律規定之事項。

第二章　組織

第**6**條　　工會組織類型如下，但**教師僅得組織及加入第2款及第3款之工會：**

一、**企業工會**：結合同一廠場、同一事業單位、依公司法所定具有控制與從屬關係之企業，或依金融控股公司法所定金融控股公司與子公司內之勞工，所組織之工會。

二、**產業工會**：結合相關產業內之勞工，所組織之工會。

三、職業工會：結合相關職業技能之勞工，所組織之工會。

前項第3款組織之職業工會，應以同一直轄市或縣（市）為組織區域。

第**7**條　　依前條第1項第1款組織之企業工會，其勞工應加入工會。

第**8**條　　工會得依需要籌組聯合組織；其名稱、層級、區域及屬性，應於聯合組織章程中定之。

工會聯合組織應置專任會務人員辦理會務。

以全國為組織區域籌組之工會聯合組織，其發起籌組之工會數應達發起工會種類數額**三分之一**以上，且所含行政區域應達全國直轄市、縣（市）總數**二分之一**以上。

第**9**條　　依本法第6條第1項所組織之各企業工會，以組織一個為限。

同一直轄市或縣（市）內之同種類職業工會，以組織一個為限。

第10條　工會名稱，不得與其他工會名稱相同。

第11條　組織工會應有勞工**三十人**以上之連署發起，組成籌備會辦理公開徵求會員、擬定章程及召開成立大會。

前項籌備會應於召開工會成立大會後**三十日**內，檢具章程、會員名冊及理事、監事名冊，向其會址所在地之直轄市或縣（市）主管機關請領登記證書。但依第8條規定以全國為組織區域籌組之工會聯合組織，應向中央主管機關登記，並請領登記證書。

第12條　工會章程之記載事項如下：

一、名稱。　　　　二、宗旨。　　　　三、區域。

四、會址。　　　　五、任務。　　　　六、組織。

七、會員入會、出會、停權及除名。

八、會員之權利及義務。

九、會員代表、理事、監事之名額、權限及其選任、解任、停權；置有常務理事、常務監事及副理事長者，亦同。

十、置有秘書長或總幹事者，其聘任及解任。

十一、理事長與監事會召集人之權限及選任、解任、停權。

十二、會議。

十三、經費及會計。

十四、基金之設立及管理。

十五、財產之處分。

十六、章程之修改。

十七、其他依法令規定應載明之事項。

第13條　工會章程之訂定，應經成立大會會員或會員代表過半數之出席，並經出席會員或會員代表**三分之二**以上之同意。

第三章　會員

第14條　代表雇主行使管理權之主管人員，不得加入該企業之工會。但工會章程另有規定者，不在此限。

第15條　工會會員人數在**一百人**以上者，得依章程選出會員代表。

工會會員代表之任期，每一任不得超過**四年**，自當選後召開第一次會員代表大會之日起算。

第16條　工會會員大會為工會之最高權力機關。但工會設有會員代表大會者，由會員代表大會行使會員大會之職權。

第四章　理事及監事

第17條　工會應置理事及監事，其名額如下：
一、工會會員人數**五百人**以下者，置理事**五人**至**九人**；其會員人數**超過五百人**者，每逾五百人得增置理事二人，理事名額最多不得**超過二十七人**。
二、工會聯合組織之理事不得**超過五十一人**。
三、工會之監事不得超過該工會理事名額**三分之一**。
前項各款理事、監事名額在**三人**以上時，得按其章程規定推選常務理事、常務監事；其名額不得超過理事、監事名額**三分之一**。工會得置候補理事、候補監事至少一人；其名額不得超過該工會理事、監事名額**二分之一**。
工會應置理事長**一人**，對外代表工會，並得視業務需要置副理事長。理事長、副理事長應具理事身分。
工會監事名額在**三人**以上者，應設監事會，置監事會召集人**一人**。監事會召集人執行監事會決議，並列席理事會。

第18條　會員大會或會員代表大會休會期間，由理事會處理工會一切事務。
工會監事審核工會簿記帳目，稽查各種事業進行狀況及章程所定之事項，並得會同相關專業人士為之。
監事之職權於設有監事會之工會，由監事會行使之。

第19條　工會會員已成年者，得被選舉為工會之理事、監事。
工會會員參加工業團體或商業團體者，不得為理事或監事、常務理事、常務監事、副理事長、理事長或監事會召集人。

第20條　工會理事、監事、常務理事、常務監事、副理事長、理事長及監事會召集人之任期，每一任不得超過**四年**。
理事長連選得**連任一次**。

第21條　工會理事、監事、常務理事、常務監事、副理事長、理事長、監事會召集人及其代理人，因執行職務所致他人之損害，工會應負連帶責任。

第五章　會議

第22條　工會召開會議時，其會議通知之記載事項如下：
一、事由。　二、時間。　三、地點。　四、其他事項。

第23條　工會會員大會或會員代表大會，分定期會議及臨時會議二種，由理事長召集之。

定期會議，每年至少召開一次，至遲應於會議召開當日之**十五日**前，將會議通知送達會員或會員代表。

臨時會議，經理事會決議，或會員**五分之一**或會員代表**三分之一**以上請求，或監事之請求，由理事長召集之，至遲應於會議召開當日之**三日**前，將會議通知送達會員或會員代表。但因緊急事故召集臨時會議，得於會議召開當日之**一日**前送達。

第24條　工會理事會分為定期會議及臨時會議二種，由理事長召集之。

定期會議，每**三個月**至少開會一次，至遲應於會議召開當日之**七日**前，將會議通知送達理事。

臨時會議，經理事**三分之一**以上之請求，由理事長召集之，至遲應於會議召開當日之**一日**前，將會議通知送達理事。理事長認有必要時，亦得召集之。

理事應親自出席會議。

工會設監事會者，其定期會議或臨時會議準用前四項規定；會議應由監事會召集人召集之。

監事得列席理事會陳述意見。

第25條　前二條之定期會議，不能依法或依章程規定召開時，得由主管機關指定理事或監事一人召集之。

前二條之臨時會議，理事長或監事會召集人不於請求之日起**十日**內召集時，原請求人之一人或數人得申請主管機關指定召集之。

第26條　下列事項應經會員大會或會員代表大會之議決：

一、工會章程之修改。

二、財產之處分。

三、工會之聯合、合併、分立或解散。

四、會員代表、理事、監事、常務理事、常務監事、副理事長、理事長、監事會召集人之選任、解任及停權之規定。

五、會員之停權及除名之規定。

六、工會各項經費收繳數額、經費之收支預算、支配基準與支付及稽核方法。

七、事業報告及收支決算之承認。

八、基金之運用及處分。

九、會內公共事業之創辦。

十、集體勞動條件之維持或變更。

十一、其他與會員權利義務有關之重大事項。

前項第4款之規定經議決訂定者，不受人民團體法及其相關法令之限制。

會員之停權或除名，於會員大會或會員代表大會議決前，應給予其陳述意見之機會。

第27條　工會會員大會或會員代表大會，應有會員或會員代表過半數出席，始得開會；非有出席會員或會員代表過半數同意，不得議決。但前條第1項第1款至第5款之事項，非有出席會員或會員代表**三分之二**以上同意，不得議決。

會員或會員代表因故無法出席會議時，得以書面委託其他會員或會員代表出席，每一代表以委託一人為限，委託人數不得超過親自出席人數之**三分之一**；其委託方式、條件、委託數額計算及其他應遵循事項之辦法，由中央主管機關定之。

工會聯合組織之會員代表委託代表出席時，其委託除應依前項規定辦理外，並僅得委託所屬工會或各該本業之其他會員代表。

第六章　財務

第28條　工會經費來源如下：

一、入會費。　　　　　二、經常會費。
三、基金及其孳息。　　四、舉辦事業之利益。
五、委託收入。　　　　六、捐款。
七、政府補助。　　　　八、其他收入。

前項入會費，每人不得低於其入會時之**一日**工資所得。經常會費不得低於該會員當月工資之**百分之零點五**。

企業工會經會員同意，雇主應自該勞工加入工會為會員之日起，自其工資中代扣工會會費，轉交該工會。

會員工會對工會聯合組織之會費繳納，應按申報參加工會聯合組織之人數繳納之。但工會聯合組織之章程另有規定者，從其規定。

前項繳納會費之標準，最高不得超過會員工會會員所繳會費總額之**百分之三十**，最低不得少於**百分之五**。但工會聯合組織之章程另有規定者，從其規定。

第29條　工會每年應將財產狀況向會員大會或會員代表大會提出書面報告。會員經**十分之一**以上連署或會員代表經**三分之一**以上連署，得選派代表會同監事查核工會之財產狀況。

第30條　工會應建立財務收支運用及稽核機制。

工會財務事務處理之項目、會計報告、預算及決算編製、財產管理、財務查核及其他應遵行事項之準則，由中央主管機關定之。

第七章　監督

第31條　工會應於每年年度決算後<u>三十日</u>內，將下列事項，報請主管機關備查：
一、 理事、監事、常務理事、常務監事、副理事長、理事長及監事會召集人之名冊。
二、 會員入會、出會名冊。
三、 聯合組織之會員工會名冊。
四、 財務報表。
五、 會務及事業經營之狀況。
工會未依前項規定辦理或主管機關認有必要時，得限期令其檢送或派員查核。

第32條　工會章程之修改或理事、監事、常務理事、常務監事、副理事長、理事長、監事會召集人之變更，應報請主管機關備查。

第33條　工會會員大會或會員代表大會之召集程序或決議方法，違反法令或章程時，會員或會員代表得於決議後<u>三十日</u>內，訴請法院撤銷其決議。但出席會議之會員或會員代表未當場表示異議者，不得為之。
法院對於前項撤銷決議之訴，認為其違反之事實非屬重大且於決議無影響者，得駁回其請求。

第34條　工會會員大會或會員代表大會之決議內容違反法令或章程者，無效。

第八章　保護

第35條　**雇主或代表雇主行使管理權之人，不得有下列行為：**
一、 **對於勞工組織工會、加入工會、參加工會活動或擔任工會職務，而拒絕僱用、解僱、降調、減薪或為其他不利之待遇。**
二、 **對於勞工或求職者以不加入工會或擔任工會職務為僱用條件。**
三、 **對於勞工提出團體協商之要求或參與團體協商相關事務，而拒絕僱用、解僱、降調、減薪或為其他不利之待遇。**
四、 **對於勞工參與或支持爭議行為，而解僱、降調、減薪或為其他不利之待遇。**
五、 **不當影響、妨礙或限制工會之成立、組織或活動。**
雇主或代表雇主行使管理權之人，為前項規定所為之解僱、降調或減薪者，無效。

第36條　工會之理事、監事於工作時間內有辦理會務之必要者，工會得與雇主約定，由雇主給予一定時數之公假。
企業工會與雇主間無前項之約定者，其理事長得以半日或全日，其他理事或監事得於每月<u>五十小時</u>之範圍內，請公假辦理會務。

企業工會理事、監事擔任全國性工會聯合組織理事長，其與雇主無第
1項之約定者，得以**半日**或**全日**請公假辦理會務。

第九章　解散及組織變更

第37條　工會有下列情形之一者，得經會員大會或會員代表大會議決，自行宣
　　　　　告解散：

一、破產。

二、會員人數不足。

三、合併或分立。

四、其他經會員大會或會員代表大會認有必要時。

工會無法依前項第1款至第3款規定自行宣告解散或無從依章程運作
時，法院得因主管機關、檢察官或利害關係人之聲請解散之。

第38條　工會經議決為合併或分立時，應於議決之日起**一年**內完成合併或
　　　　　分立。

企業工會因廠場或事業單位合併時，應於合併基準日起**一年**內完成工
會合併。屆期未合併者，主管機關得令其限期改善，未改善者，令其
重新組織。

工會依前二項規定為合併或分立時，應於完成合併或分立後**三十日**
內，將其過程、工會章程、理事、監事名冊等，報請主管機關備查。

行政組織區域變更時，工會經會員大會或會員代表大會議決，得維持
工會原名稱。但工會名稱變更者，應於行政組織區域變更後**九十日**
內，將會議紀錄函請主管機關備查。工會名稱變更者，不得與登記有
案之工會相同。

依前項規定議決之工會，其屆次之起算，應經會員大會或會員代表大
會議決。

第39條　工會合併後存續或新成立之工會，應概括承受因合併而消滅工會之權
　　　　　利義務。

因分立而成立之工會，其承繼權利義務之部分，應於議決分立時由會
員大會或會員代表大會一併議決之。

第40條　工會自行宣告解散者，應於解散後十五日內，將其解散事由及時間，
　　　　　報請主管機關備查。

第41條　工會之解散，除因破產、合併或組織變更外，其財產應辦理清算。

第42條　工會解散時，除清償債務外，其賸餘財產之歸屬，應依其章程之規定、會員大會或會員代表大會之決議。但不得歸屬於個人或以營利為目的之團體。

工會無法依前項規定處理時，其賸餘財產歸屬於會址所在地之地方自治團體。

第十章　罰則

第43條　工會有違反法令或章程者，主管機關得予以警告或令其限期改善。必要時，並得於限期改善前，令其停止業務之一部或全部。

工會違反法令或章程情節重大，或經限期改善屆期仍未改善者，得撤免其理事、監事、理事長或監事會召集人。

第44條　主管機關依第31條第2項規定派員查核或限期檢送同條第1項資料時，工會無正當理由規避、妨礙、拒絕或未於限期內檢送資料者，處行為人新臺幣三萬元以上十五萬元以下罰鍰。

第45條　雇主或代表雇主行使管理權之人違反第35條第1項規定，經依勞資爭議處理法裁決決定者，由中央主管機關處雇主新臺幣十萬元以上五十萬元以下罰鍰，並公布其名稱、代表人姓名、處分期日、違反條文及罰鍰金額。

雇主或代表雇主行使管理權之人違反第35條第1項第1款、第3款或第4款規定，未依前項裁決決定書所定期限為一定之行為或不行為者，由中央主管機關處雇主新臺幣二十萬元以上一百萬元以下罰鍰。

雇主或代表雇主行使管理權之人違反第35條第1項第2款或第5款規定，未依第一項裁決決定書所定期限為一定之行為或不行為者，由中央主管機關處雇主新臺幣二十萬元以上一百萬元以下罰鍰，並得令其限期改正；屆期未改正者，得按次連續處罰。

第46條　雇主未依第36條第2項規定給予公假者，處新臺幣二萬元以上十萬元以下罰鍰。

第十一章　附則

第47條　本法施行前已組織之工會，其名稱、章程、理事及監事名額或任期與本法規定不符者，應於最近一次召開會員大會或會員代表大會時改正之。

第48條　本法施行細則，由中央主管機關定之。

第49條　本法施行日期，由行政院定之。

工會法施行細則
民國103年10月6日修正發布

第一章　總則

第1條　本細則依工會法（以下簡稱本法）第48條規定訂定之。

第二章　組織

第2條　本法第6條第1項第1款所稱廠場，指有獨立人事、預算會計，並得依法辦理工廠登記、公司登記、營業登記或商業登記之工作場所。

前項所定有獨立人事、預算及會計，應符合下列要件：

一、對於工作場所勞工具有人事進用或解職決定權。

二、編列及執行預算。

三、單獨設立會計單位，並有設帳計算盈虧損。

本法第6條第1項第1款所稱事業單位，指僱用勞工從事工作之機構、法人或團體。

第3條　工會聯合組織依其組織區域，分為全國性工會聯合組織及區域性工會聯合組織。

前項區域性工會聯合組織所稱區域，指直轄市及縣（市）之行政區域。

區域性工會聯合組織會址應設於組織區域範圍內，並向會址所在地之直轄市、縣（市）政府登記及請領登記證書。

本法中華民國100年5月1日施行前已設立之下列組織，應以中央主管機關為主管機關：

一、原臺灣省轄之工會聯合組織。

二、原經中央主管機關依法劃定之交通、運輸、公用等事業跨越行政區域組織之工會。

第4條　本法第8條第3項所稱工會種類數額，指在全國範圍內，與成立全國性工會聯合組織之種類相同之工會數額。

依本法第8條第3項發起之全國性工會聯合組織，其發起數額未達同種類數額<u>三分之一</u>，或所含行政區域未達全國直轄市、縣（市）總數<u>二分之一</u>者，中央主管機關不予登記。

第5條　本法第9條第2項所稱同種類職業工會，指該職業工會會員所具有之職業技能、工作性質，未能與其他職業工會相區隔者。

第6條　工會名稱應以我國文字登記，並以教育部編訂之國語辭典或辭源、辭海、康熙或其他通用字典中所列有之文字為限。

企業工會名稱，應標明廠場、事業單位、關係企業或金融控股公司名稱。

產業工會、職業工會與工會聯合組織名稱，除本法另有規定外，應標明組織區域及屬性。

第7條　本法第11條第1項所稱公開徵求會員，指採用公告、網路、新聞紙或其他使具加入工會資格者可得知之方式徵求會員。

第8條　本法第11條第2項所定會員名冊及理事、監事名冊，應記載姓名及聯絡方式，並載明工會理事長住居所。

企業工會會址，應設於廠場、事業單位、關係企業、金融控股公司或其子公司所在地之行政區域內。

產業工會及職業工會之會址，應設於組織區域範圍內。

工會聯合組織，應於會員名冊中記載會員工會名稱、會址及聯絡方式。

工會於領取登記證書時，應檢附工會圖記印模一式三份，送主管機關備查。

第9條　主管機關受理工會登記時，有下列情事之一者，不予登記：

一、連署發起人數未滿三十人。

二、未組成籌備會。

三、未辦理公開徵求會員。

四、未擬定章程。

五、未召開成立大會。

六、未於召開成立大會後三十日內，依規定請領登記證書。

前項第1款規定，於工會聯合組織籌組程序不適用之。

第9-1條　工會籌備會辦理登記時，應檢具發起人連署名冊及本法第11條第2項所定應備文件。

前項發起人連署名冊，應記載連署人姓名、聯絡方式、本業或足以證明勞工身分之資料及簽名。

工會聯合組織籌備會辦理登記時，應檢具發起工會連署名冊及其議決工會聯合之紀錄。

工會籌備會辦理登記，其情形得予補正者，主管機關應限期令其補正；屆期不補正者，不予受理。

主管機關於受理工會籌備會辦理登記時，基於調查事實及證據之必要，得通知相關之人陳述意見，並得要求當事人或第三人提供必要之文書、資料或物品。

第10條　主管機關受理工會籌備會辦理登記時，應依收件時間之先後次序編號。收件時間應記載至分鐘。

同一企業工會或同種類職業工會有二個以上之工會籌備會，依第1項及本法第11條第2項規定向主管機關請領工會登記證書時，主管機關應以收件時間在先者受理登記，並發給登記證書。收件時間相同且符合登記要件者，以抽籤方式決定之，並由請領登記證書之工會籌備會代表抽籤決定之。

同一請領事件，數主管機關依前二項規定受理收件且符合登記要件者，由收件在先之主管機關受理登記，不能分別先後者，由中央主管機關指定其中之一主管機關辦理抽籤。

前項受指定之主管機關，應通知申請之工會籌備會及其他受理主管機關辦理抽籤之時間及地點，並由請領登記證書之工會籌備會代表抽籤決定之。

第11條　本法第12條第7款、第9款與第11款有關**入會**、**出會**、**停權**、**除名**、**選任**及**解任**之章程記載事項，應包括其**資格**、**條件**及**處理程序**。

前項之選任及解任，應以無記名投票方式辦理。但工會聯合組織章程另有規定者，依其規定。

第12條　本法第14條所定代表雇主行使管理權之主管人員，不得為企業工會之發起人。

第13條　工會聯合組織之組織程序，準用本法第二章及本章之規定。

第三章　會員

第14條　工會依本法第15條第1項規定選出會員代表之數額，至少為應選理事名額之**三倍**。

工會聯合組織之會員代表數額，至少為應選理事名額之**二倍**。

第四章　理事及監事

第15條　工會理事長、副理事長，依工會章程規定直接由會員或會員代表選任者，當選後即具該工會理事身分。

前項理事名額，應計入工會章程所定理事名額。

本法第17條第1項第1款所稱會員人數超過五百人者，每逾五百人得增置理事二人，指工會會員人數超過五百人時，可增置理事二人；超過一千人時，可增置理事四人，以此類增。

第16條　工會之理事、監事，應於任期屆滿前辦理改選。

理事、監事之任期，自召開第一次理事會議、監事會議之日起算。第一次理事會議、監事會議，應於前屆任期屆滿日起**十日**內召開。

第17條　工會應於理事、監事選出之日起**十日**內通知其當選。

當選之理事、監事放棄當選，應於第一次理事會議、監事會議召開前，以書面向工會聲明之，並由候補理事、監事依序遞補。

第18條 工會理事、監事資格經法院判決撤銷確定或經工會依法解任時，其於撤銷判決確定前或解任前依權責所為之行為，仍屬有效。

工會理事、監事、會員代表或會員於其勞動契約經雇主終止時，工會於章程中規定有下列情形之一者，得保留其資格：

一、 向主管機關申請調解、仲裁或裁決期間。

二、 向法院聲請定暫時狀態假處分，並經法院裁定准許。

三、 向法院提起確認僱傭關係存在之訴訟，或請求繼續給付原勞動契約所約定工資之訴訟，於訴訟判決確定前。

工會章程未有前項規定者，經會員大會或會員代表大會之議決，於有前項情形之一時，得保留前項人員之資格。

第19條 工會之候補理事、監事遞補時，以補足原任者未滿之任期為限。

工會依前項規定遞補理事、監事後，仍不足工會章程所定理事、監事會議召開之法定人數時，應就缺額部分進行補選，以補足原任者未滿之任期為限。

第20條 工會補選理事長、監事會召集人或推選其職務代理人時，應依工會章程規定辦理。

工會章程未記載前項補選事項者，理事長或監事會召集人所遺任期在工會章程所定任期<u>四分之一</u>以上者，應於出缺之日起<u>九十日</u>內進行補選，以補足原任理事長或監事會召集人未滿之任期；所遺任期未達工會章程所定任期<u>四分之一</u>者，應自理事或監事中推選職務代理人。但工會章程未訂定推選職務代理人規定者，應於出缺之日起<u>九十日</u>內進行補選。

第21條 本法第19條第2項所稱工業團體、商業團體，指依工業團體法、商業團體法設立之團體。

第五章　會議

第22條 工會理事會議、監事會議，應分別召開。

第23條 本法所定會議通知之送達，準用民事訴訟法相關規定。

第24條 依本法第23條第3項規定，由監事請求召開臨時會議時，於設有監事會之工會，應由<u>監事會</u>決議行使之。

第六章　財務

第25條 本法第28條第3項所稱經會員同意，指下列情形之一：

一、會員個別同意。

二、工會會員大會或會員代表大會議決。

三、工會章程規定。

四、團體協約之約定。

五、工會與雇主有代扣會費之約定或慣例者。

本法中華民國100年5月1日施行前，工會與雇主間已具有前項各款情形之一者，不須重新取得同意。

產業工會及職業工會經會員個別同意，並與雇主約定或締結團體協約之代扣工會會費條款者，雇主應自勞工工資中代扣工會會費，並轉交該工會。

第26條　工會會員經常會費之繳納，得由雇主按同意代扣之全體會員當月工資總額統一扣繳轉交工會，或由會員自行申報當月工資，並按月計算繳納。

工會依本法第28條規定，得於章程中自行訂定入會費或經常會費收費分級表。

第27條　本法第28條第3項及前條第1項所稱之轉交，指直接交付工會或匯款至以工會名義開設之帳戶。

第28條　會員或會員代表依本法第29條規定查核工會之財產狀況，其連署應以書面為之。

依前項規定，會同監事查核工會之財產狀況，於設有監事會者，依本法第18條第3項規定，應由監事會指派監事會同查核。

第七章　監督

第29條　工會會員或會員代表依本法第33條第1項規定，對會員大會或會員代表大會之召集程序或決議方法提出異議者，工會應將異議者姓名、所代表之工會名稱及異議內容列入紀錄。

第八章　保護

第30條　本法第35條第1項第1款及第3款所稱其他不利之待遇，包括意圖阻礙勞工參與工會活動、減損工會實力或影響工會發展，而對勞工為直接或間接不利之對待。

本法第35條第1項第4款所稱其他不利之待遇，除前項規定情形外，並包括雇主對於勞工參與或支持依工會決議所為之行為，威脅提起或提起顯不相當之民事損害賠償訴訟之不利待遇。

第31條　本法第35條第1項第2款所稱不加入工會，包括要求勞工退出已加入之工會。

第32條　本法第36條所定辦理會務，其範圍如下：
　　　　一、辦理該工會之事務，包括召開會議、辦理選舉或會員教育訓練
　　　　　　活動、處理會員勞資爭議或辦理日常業務。
　　　　二、從事或參與由主管機關或目的事業主管機關指定、舉辦與勞動
　　　　　　事務或會務有關之活動或集會。
　　　　三、參加所屬工會聯合組織，舉辦與勞動事務或會務有關之活動或
　　　　　　集會。
　　　　四、其他經與雇主約定事項。

第九章　解散及組織變更

第33條　工會因合併或分立，而成立新工會者，應依本法第11條規定辦理。但
　　　　不須連署發起及辦理公開徵求會員。

第34條　依本法第38條第2項規定由主管機關令其重新組織之工會，應依本法
　　　　第11條規定辦理。
　　　　未依前項規定重新組織者，主管機關得註銷其工會登記。

第35條　行政組織區域變更時，工會經會員大會或會員代表大會議決合併、變
　　　　更名稱或維持原名稱者，應依本法第26條及第27條規定辦理。
　　　　行政組織區域變更時，工會未於**九十日**內議決變更工會名稱者，視為
　　　　維持原工會名稱，並由主管機關依原名稱發給登記證書。但工會仍得
　　　　依本法第26條規定修正章程變更名稱。
　　　　職業工會於行政組織**區域變更前**已成立，致同種類職業工會有一個以
　　　　上者，不受本法第9條第2項之限制。

第36條　行政組織區域變更時，工會依本法第38條第5項規定議決其屆次之起
　　　　算，應於行政組織區域變更時之當屆會員大會或會員代表大會為之。
　　　　經議決屆次重新起算之工會，其理事長任期重新起算者，應依本法第
　　　　26條規定修正章程。

第十章　附則

第37條　主管機關依本法第43條第1項規定，令工會停止業務之一部或全部
　　　　前，應會商該等業務之目的事業主管機關。

第38條　主管機關為本法第43條第2項所定之處分時，應衡量違反之情節有無
　　　　妨害公共利益或影響工會運作及發展，其處分並應符合比例原則。

第39條　工會依本法第47條改正理事、監事名額或任期者，應於召開會員大
　　　　會或會員代表大會修正章程時，一併議決其改正實施之屆次及期日。
　　　　但工會理事、監事任期於本法施行日前屆滿者，不得改正任期。

第40條　本法中華民國100年5月1日施行前，工會未置理事長及監事會召集人者，於本屆理事、監事任期屆滿後，應依本法第17條第3項、第四項規定置理事長及監事會召集人。理事長任期自第一任起算。

第41條　本細則自中華民國100年5月1日施行。
　　　　本細則修正條文自發布日施行。

團體協約法
民國104年7月1日修正公布

第一章　總則

第1條　為規範團體協約之協商程序及其效力，穩定勞動關係，促進勞資和諧，保障勞資權益，特制定本法。

第2條　本法所稱團體協約，指雇主或有法人資格之雇主團體，與依工會法成立之工會，以約定勞動關係及相關事項為目的所簽訂之書面契約。

第3條　團體協約違反法律強制或禁止之規定者，無效。但其規定並不以之為無效者，不在此限。

第4條　有二個以上之團體協約可適用時，除效力發生在前之團體協約有特別約定者外，優先適用職業範圍較為狹小或職務種類較為特殊之團體協約；團體協約非以職業或職務為規範者，優先適用地域或人數適用範圍較大之團體協約。

第5條　本法所稱主管機關：在中央為勞動部；在直轄市為直轄市政府；在縣（市）為縣（市）政府。

第二章　團體協約之協商及簽訂

第6條　勞資雙方應本誠實信用原則，進行團體協約之協商；對於他方所提團體協約之協商，無正當理由者，不得拒絕。
　　　　勞資之一方於有協商資格之他方提出協商時，有下列情形之一，為無正當理由：
　　　　一、**對於他方提出合理適當之協商內容、時間、地點及進行方式，拒絕進行協商。**
　　　　二、**未於六十日內針對協商書面通知提出對應方案，並進行協商。**
　　　　三、**拒絕提供進行協商所必要之資料。**
　　　　依前項所定有協商資格之勞方，指下列工會：
　　　　一、企業工會。

二、 會員受僱於協商他方之人數，逾其所僱用勞工人數**二分之一**之產業工會。

三、 會員受僱於協商他方之人數，逾其所僱用具同類職業技能勞工人數**二分之一**之職業工會或綜合性工會。

四、 不符合前三款規定之數工會，所屬會員受僱於協商他方之人數合計逾其所僱用勞工人數**二分之一**。

五、 經依勞資爭議處理法規定裁決認定之工會。

勞方有二個以上之工會，或資方有二個以上之雇主或雇主團體提出團體協約之協商時，他方得要求推選協商代表；無法產生協商代表時，依會員**人數比例**分配產生。

勞資雙方進行團體協約之協商期間逾六個月，並經勞資爭議處理法之裁決認定有違反第1項、第2項第1款或第2款規定之無正當理由拒絕協商者，直轄市或縣（市）主管機關於考量勞資雙方當事人利益及簽訂團體協約之可能性後，得依職權交付仲裁。但勞資雙方另有約定者，不在此限。

第7條 因進行團體協約之協商而提供資料之勞資一方，得要求他方保守秘密，並給付必要費用。

第8條 工會或雇主團體以其團體名義進行團體協約之協商時，其協商代表應依下列方式之一產生：

一、 依其團體章程之規定。

二、 依其會員大會或會員代表大會之決議。

三、 經通知其全體會員，並由過半數會員以書面委任。

前項協商代表，以工會或雇主團體之會員為限。但經他方書面同意者，不在此限。

第1項協商代表之人數，以該團體協約之協商所必要者為限。

第9條 工會或雇主團體以其團體名義簽訂團體協約，除依其團體章程之規定為之者外，應先經其會員大會或會員代表大會之會員或會員代表過半數出席，出席會員或會員代表**三分之二**以上之決議，或通知其全體會員，經**四分之三**以上會員以書面同意。

未依前項規定所簽訂之團體協約，於補行前項程序追認前，不生效力。

第10條 團體協約簽訂後，勞方當事人應將團體協約送其主管機關備查；其變更或終止時，亦同。

下列團體協約，應於**簽訂前**取得核可，未經核可者，無效：

一、 一方當事人為公營事業機構者，應經其主管機關核可。

二、一方當事人為國防部所屬機關（構）、學校者，應經國防部
　　核可。

三、一方當事人為前二款以外之政府機關（構）、公立學校而有上
　　級主管機關者，應經其上級主管機關核可。但關係人為工友
　　（含技工、駕駛）者，應經行政院人事行政局核可。

第11條　團體協約雙方當事人應將團體協約公開揭示之，並備置一份供團體協
　　　　約關係人隨時查閱。

第三章　團體協約之內容及限制

第12條　團體協約得約定下列事項：

一、工資、工時、津貼、獎金、調動、資遣、退休、職業災害補
　　償、撫卹等勞動條件。

二、企業內勞動組織之設立與利用、就業服務機構之利用、勞資爭
　　議調解、仲裁機構之設立及利用。

三、團體協約之協商程序、協商資料之提供、團體協約之適用範
　　圍、有效期間及和諧履行協約義務。

四、工會之組織、運作、活動及企業設施之利用。

五、參與企業經營與勞資合作組織之設置及利用。

六、申訴制度、促進勞資合作、升遷、獎懲、教育訓練、安全衛
　　生、企業福利及其他關於勞資共同遵守之事項。

七、其他當事人間合意之事項。

學徒關係與技術生、養成工、見習生、建教合作班之學生及其他與技
術生性質相類之人，其前項各款事項，亦得於團體協約中約定。

第13條　團體協約得約定，受該團體協約拘束之雇主，非有正當理由，不得對
　　　　所屬非該團體協約關係人之勞工，就該團體協約所約定之勞動條件，
　　　　進行調整。但團體協約另有約定，非該團體協約關係人之勞工，支付
　　　　一定之費用予工會者，不在此限。

第14條　團體協約得約定雇主僱用勞工，以一定工會之會員為限。但有下列情
　　　　形之一者，不在此限：

一、該工會解散。

二、該工會無雇主所需之專門技術勞工。

三、該工會之會員不願受僱，或其人數不足供給僱主所需僱用量。

四、雇主招收學徒或技術生、養成工、見習生、建教合作班之學生
　　及其他與技術生性質相類之人。

五、雇主僱用為其管理財務、印信或機要事務之人。

六、雇主僱用工會會員以外之勞工，扣除前二款人數，尚未超過其僱用勞工人數**十分之二**。

第15條　團體協約不得有限制雇主採用新式機器、改良生產、買入製成品或加工品之約定。

第16條　團體協約當事人之一方或雙方為多數時，當事人不得再各自為異於團體協約之約定。但團體協約另有約定者，從其約定。

第四章　團體協約之效力

第17條　團體協約除另有約定者外，下列各款之雇主及勞工均為團體協約關係人，應遵守團體協約所約定之勞動條件：
一、為團體協約當事人之雇主。
二、屬於團體協約當事團體之雇主及勞工。
三、團體協約簽訂後，加入團體協約當事團體之雇主及勞工。
前項第3款之團體協約關係人，其關於勞動條件之規定，除該團體協約另有約定外，自取得團體協約關係人資格之日起適用之。

第18條　前條第1項所列團體協約關係人因團體協約所生之權利義務關係，除第21條規定者外，於該團體協約終止時消滅。
團體協約簽訂後，自團體協約當事團體退出之雇主或勞工，於該團體協約有效期間內，仍應繼續享有及履行其因團體協約所生之權利義務關係。

第19條　團體協約所約定勞動條件，當然為該團體協約所屬雇主及勞工間勞動契約之內容。勞動契約異於該團體協約所約定之勞動條件者，其相異部分無效；無效之部分以團體協約之約定代之。但異於團體協約之約定，為該團體協約所容許，或為勞工之利益變更勞動條件，而該團體協約並未禁止者，仍為有效。

第20條　團體協約有約定第12條第1項第1款及第2款以外之事項者，對於其事項不生前三條之效力。
團體協約關係人違反團體協約中不屬於第12條第1項第1款之約定時，除團體協約另有約定者外，適用民法之規定。

第21條　團體協約期間屆滿，新團體協約尚未簽訂時，於勞動契約另為約定前，原團體協約關於勞動條件之約定，仍繼續為該團體協約關係人間勞動契約之內容。

第22條　團體協約關係人，如於其勞動契約存續期間拋棄其由團體協約所得勞動契約上之權利，其拋棄無效。但於勞動契約終止後三個月內仍不行使其權利者，不得再行使。

受團體協約拘束之雇主，因勞工主張其於團體協約所享有之權利或勞動契約中基於團體協約所生之權利，而終止勞動契約者，其終止為無效。

第23條 團體協約當事人及其權利繼受人，不得以妨害團體協約之存在，或其各個約定之存在為目的，而為爭議行為。

團體協約當事團體，對於所屬會員，有使其不為前項爭議行為及不違反團體協約約定之義務。

團體協約得約定當事人之一方不履行團體協約所約定義務或違反前二項規定時，對於他方應給付違約金。

關於團體協約之履行，除本法另有規定外，適用民法之規定。

第24條 團體協約當事團體，對於違反團體協約之約定者，無論其為團體或個人為本團體之會員或他方團體之會員，均得以**團體**名義，請求損害賠償。

第25條 團體協約當事團體，得以團體名義，為其會員提出有關協約之一切訴訟，但應**先通知會員**，並**不得違反其明示之意思**。

關於團體協約之訴訟，團體協約當事團體於其會員為被告時，得為參加。

第五章　團體協約之存續期間

第26條 **團體協約得以定期、不定期或完成一定工作為期限，簽訂之。**

第27條 團體協約為不定期者，當事人之一方於團體協約簽訂**一年**後，得隨時終止團體協約。但應於**三個月前**以書面通知他方當事人。

團體協約約定之通知期間較前項但書規定之期間為長者，從其約定。

第28條 **團體協約為定期者，其期限不得超過三年；超過三年者，縮短為三年。**

第29條 **團體協約以完成一定工作為期限者，其工作於三年內尚未完成時，視為以三年為期限簽訂之團體協約。**

第30條 團體協約當事人及當事團體之權利義務，除團體協約另有約定外，因團體之合併或分立，移轉於因合併或分立而成立之團體。

團體協約當事團體解散時，其團體所屬會員之權利義務，不因其團體之解散而變更。但不定期之團體協約於該團體解散後，除團體協約另有約定外，經過**三個月**消滅。

第31條 團體協約簽訂後經濟情形有重大變化，如維持該團體協約有與雇主事業之進行或勞工生活水準之維持不相容，或因團體協約當事人之行為，致有無法達到協約目的之虞時，當事人之一方得向他方請求協商變更團體協約內容或終止團體協約。

第六章　罰則

第32條　勞資之一方，違反第6條第1項規定，經依勞資爭議處理法之裁決認定者，處新臺幣**十萬元**以上**五十萬元**以下罰鍰。

勞資之一方，未依前項裁決決定書所定期限為一定行為或不行為者，再處新臺幣**十萬元**以上**五十萬元**以下罰鍰，並得令其限期改正，屆期仍未改正者，得按次連續處罰。

第七章　附則

第33條　本法施行前已簽訂之團體協約，自本法修正施行之日起，除第10條第2項規定外，適用修正後之規定。

第34條　本法施行日期，由行政院定之。

勞資爭議處理法
民國110年4月28日修正公布

第一章　總則

第1條　為處理勞資爭議，保障勞工權益，穩定勞動關係，特制定本法。

第2條　勞資雙方當事人應本誠實信用及自治原則，解決勞資爭議。

第3條　本法於雇主或有法人資格之雇主團體（以下簡稱雇主團體）與勞工或工會發生勞資爭議時，適用之。但教師之勞資爭議屬依法提起行政救濟之事項者，不適用之。

第4條　本法所稱主管機關：在中央為勞動部；在直轄市為直轄市政府；在縣（市）為縣（市）政府。

第5條　本法用詞，定義如下：
一、勞資爭議：指權利事項及調整事項之勞資爭議。
二、權利事項之勞資爭議：指勞資雙方當事人基於法令、團體協約、勞動契約之規定所為權利義務之爭議。
三、調整事項之勞資爭議：指勞資雙方當事人對於勞動條件主張繼續維持或變更之爭議。
四、爭議行為：指勞資爭議當事人為達成其主張，所為之罷工或其他阻礙事業正常運作及與之對抗之行為。
五、罷工：指勞工所為暫時拒絕提供勞務之行為。

第6條　權利事項之勞資爭議，得依本法所定之調解、仲裁或裁決程序處理之。

法院為審理權利事項之勞資爭議，必要時應設勞工法庭。

權利事項之勞資爭議，勞方當事人有下列情形之一者，**中央主管機關得給予適當扶助：**

一、**提起訴訟。**

二、**依仲裁法提起仲裁。**

三、**因工會法第35條第1項第1款至第4款所定事由，依本法申請裁決。**

前項扶助業務，中央主管機關得委託民間團體辦理。

前二項扶助之申請資格、扶助範圍、審核方式及委託辦理等事項之辦法，由中央主管機關定之。

第7條　　**調整事項之勞資爭議**，依本法所定之**調解、仲裁程序處理之。**

前項勞資爭議之勞方當事人，應為工會。但有下列情形者，亦得為勞方當事人：

一、未加入工會，而具有相同主張之勞工達**十人**以上。

二、受僱於僱用勞工未滿**十人**之事業單位，其未加入工會之勞工具有相同主張者達**三分之二**以上。

第8條　　勞資爭議在調解、仲裁或裁決期間，資方不得因該勞資爭議事件而歇業、停工、終止勞動契約或為其他不利於勞工之行為；勞方不得因該勞資爭議事件而罷工或為其他爭議行為。

第二章　調解

第9條　　勞資爭議當事人一方申請調解時，應向勞方當事人勞務提供地之直轄市或縣（市）主管機關提出調解申請書。

前項爭議當事人一方為團體協約法第10條第2項規定之機關（構）、學校者，其出席調解時之代理人應檢附同條項所定有核可權機關之同意書。

第1項直轄市、縣（市）主管機關對於勞資爭議認為必要時，得依職權交付調解，並通知勞資爭議雙方當事人。

第1項及前項調解，其勞方當事人有二人以上者，各勞方當事人勞務提供地之主管機關，就該調解案件均有管轄權。

第10條　　調解之申請，應提出調解申請書，並載明下列事項：

一、當事人姓名、性別、年齡、職業及住所或居所；如為法人、雇主團體或工會時，其名稱、代表人及事務所或營業所；有代理人者，其姓名、名稱及住居所或事務所。

二、請求調解事項。

三、依第11條第1項選定之調解方式。

第11條　直轄市或縣（市）主管機關受理調解之申請，應依申請人之請求，以下列方式之一進行調解：

一、指派調解人。

二、組成勞資爭議調解委員會（以下簡稱調解委員會）。

直轄市或縣（市）主管機關依職權交付調解者，得依前項方式之一進行調解。

第1項第1款之調解，直轄市、縣（市）主管機關得委託民間團體指派調解人進行調解。

第1項調解之相關處理程序、充任調解人或調解委員之遴聘條件與前項受託民間團體之資格及其他應遵行事項之辦法，由中央主管機關定之。

主管機關對第3項之民間團體，除委託費用外，並得予補助。

第12條　直轄市或縣（市）主管機關指派調解人進行調解者，應於收到調解申請書**三日**內為之。

調解人應調查事實，並於指派之日起**七日**內開始進行調解。

直轄市或縣（市）主管機關於調解人調查時，得通知當事人、相關人員或事業單位，以言詞或書面提出說明；調解人為調查之必要，得經主管機關同意，進入相關事業單位訪查。

前項受通知或受訪查人員，不得為虛偽說明、提供不實資料或無正當理由拒絕說明。

調解人應於開始進行調解**十日**內作出調解方案，並準用第19條、第20條及第22條之規定。

第13條　調解委員會置委員**三人**或**五人**，由下列代表組成之，並以直轄市或縣（市）主管機關代表**一人**為主席：

一、直轄市、縣（市）主管機關指派**一人**或**三人**。

二、勞資爭議雙方當事人各自選定**一人**。

第14條　直轄市、縣（市）主管機關以調解委員會方式進行調解者，應於收到調解申請書或職權交付調解後通知勞資爭議雙方當事人於收到通知之日起**三日**內各自選定調解委員，並將調解委員之姓名、性別、年齡、職業及住居所具報；屆期未選定者，由直轄市、縣（市）主管機關代為指定。

前項主管機關得備置調解委員名冊，以供參考。

第15條　直轄市、縣（市）主管機關以調解委員會方式進行調解者，應於調解委員完成選定或指定之日起**十四日**內，組成調解委員會並召開調解會議。

第16條　調解委員會應指派委員調查事實，除有特殊情形外，該委員應於受指派後**十日**內，將調查結果及解決方案提報調解委員會。

調解委員會應於收到前項調查結果及解決方案後**十五日**內開會。必要時或經勞資爭議雙方當事人同意者，得延長**七日**。

第17條　調解委員會開會時，調解委員應親自出席，不得委任他人代理；受指派調查時，亦同。

直轄市、縣（市）主管機關於調解委員調查或調解委員會開會時，得通知當事人、相關人員或事業單位以言詞或書面提出說明；調解委員為調查之必要，得經主管機關同意，進入相關事業單位訪查。

前項受通知或受訪查人員，不得為虛偽說明、提供不實資料或無正當理由拒絕說明。

第18條　調解委員會應有調解委員過半數出席，始得開會；經出席委員過半數同意，始得決議，作成調解方案。

第19條　依前條規定作成之調解方案，經勞資爭議雙方當事人同意在調解紀錄簽名者，為調解成立。但當事人之一方為團體協約法第10條第2項規定之機關（構）、學校者，其代理人簽名前，應檢附同條項所定有核可權機關之同意書。

第20條　勞資爭議當事人對調解委員會之調解方案不同意者，為調解不成立。

第21條　有下列情形之一者，視為調解不成立：
一、 經調解委員會主席召集會議，**連續二次**調解委員出席人數**未過半數**。
二、 未能作成調解方案。

第22條　勞資爭議調解成立或不成立，調解紀錄均應由調解委員會報由直轄市、縣（市）主管機關送達勞資爭議雙方當事人。

第23條　勞資爭議經調解成立者，視為爭議雙方當事人間之契約；當事人一方為**工會**時，視為當事人間之**團體協約**。

第24條　勞資爭議調解人、調解委員、參加調解及經辦調解事務之人員，對於調解事件，除已公開之事項外，應保守秘密。

第三章　仲裁

第25條　勞資爭議調解不成立者，雙方當事人得共同向直轄市或縣（市）主管機關申請交付仲裁。但調整事項之勞資爭議，當事人一方為團體協約法第10條第2項規定之機關（構）、學校時，非經同條項所定機關之核可，不得申請仲裁。

勞資爭議當事人之一方為第54條第2項之勞工者，其調整事項之勞資爭議，任一方得向直轄市或縣（市）申請交付仲裁；其屬同條第3項事業調整事項之勞資爭議，而雙方未能約定必要服務條款者，任一方得向中央主管機關申請交付仲裁。

勞資爭議經雙方當事人書面同意，得不經調解，逕向直轄市或縣（市）主管機關申請交付仲裁。

調整事項之勞資爭議經調解不成立者，直轄市或縣（市）主管機關認有影響公眾生活及利益情節重大，或應目的事業主管機關之請求，得依職權交付仲裁，並通知雙方當事人。

第26條　主管機關受理**仲裁**之申請，應依申請人之請求，以下列方式之一進行仲裁，其為一方申請交付仲裁或依職權交付仲裁者，僅得以第2款之方式為之：

一、 選定**獨任仲裁人**。

二、 組成勞資爭議**仲裁委員會**（以下簡稱仲裁委員會）。

前項仲裁人與仲裁委員之資格條件、遴聘方式、選定及仲裁程序及其他應遵行事項之辦法，由中央主管機關定之。

第27條　雙方當事人合意以選定獨任仲裁人方式進行仲裁者，直轄市或縣（市）主管機關應於收到仲裁申請書後，通知勞資爭議雙方當事人於收到通知之日起**五日**內，於直轄市、縣（市）主管機關遴聘之仲裁人名冊中選定獨任仲裁人**一人**具報；屆期未選定者，由直轄市、縣（市）主管機關代為指定。

前項仲裁人名冊，由直轄市、縣（市）主管機關遴聘具一定資格之公正並富學識經驗者充任、彙整之，並應報請中央主管機關備查。

第32條、第33條及第35條至第37條之規定，於獨任仲裁人仲裁程序準用之。

第28條　申請交付仲裁者，應提出仲裁申請書，並檢附調解紀錄或不經調解之同意書；其為一方申請交付仲裁者，並應檢附符合第25條第2項規定之證明文件。

第29條　以組成仲裁委員會方式進行仲裁者，主管機關應於收到仲裁申請書或依職權交付仲裁後，通知勞資爭議雙方當事人於收到通知之日起五日內，於主管機關遴聘之仲裁委員名冊中各自選定仲裁委員具報；屆期未選定者，由主管機關代為指定。

勞資雙方仲裁委員經選定或指定後，主管機關應於**三日內**通知雙方仲裁委員，於**七日內**依第30條第1項及第2項或第4項規定推選主任仲裁委員及其餘仲裁委員具報；屆期未推選者，由主管機關指定。

第30條 仲裁委員會置委員**三人**或**五人**，由下列人員組成之：

一、勞資爭議雙方當事人各選定**一人**。

二、由雙方當事人所選定之仲裁委員於仲裁委員名冊中，共同選定**一人**或**三人**。

前項仲裁委員會置主任仲裁委員**一人**，由前項第2款委員互推**一人**擔任，並為會議主席。

仲裁委員由直轄市、縣（市）主管機關遴聘具一定資格之公正並富學識經驗者任之。直轄市、縣（市）主管機關遴聘後，應報請中央主管機關備查。

依第25條第2項規定由中央主管機關交付仲裁者，其仲裁委員會置委員**五人**或**七人**，由勞資爭議雙方當事人各選定**二人**之外，再共同另選定**一人**或**三人**，並由共同選定者互推**一人**為主任仲裁委員，並為會議主席。

前項仲裁委員名冊，由中央主管機關會商相關目的事業主管機關後遴聘之。

第31條 主管機關應於主任仲裁委員完成選定或指定之日起**十四日**內，組成仲裁委員會，並召開仲裁會議。

第32條 有下列情形之一者，不得擔任同一勞資爭議事件之仲裁委員：

一、曾為該爭議事件之調解委員。

二、本人或其配偶、前配偶或與其訂有婚約之人為爭議事件當事人，或與當事人有共同權利人、共同義務人或償還義務人之關係。

三、為爭議事件當事人八親等內之血親或五親等內之姻親，或曾有此親屬關係。

四、現為或曾為該爭議事件當事人之代理人或家長、家屬。

五、工會為爭議事件之當事人者，其會員、理事、監事或會務人員。

六、雇主團體或雇主為爭議事件之當事人者，其會員、理事、監事、會務人員或其受僱人。

仲裁委員有前項各款所列情形之一而不自行迴避，或有具體事實足認其執行職務有偏頗之虞者，爭議事件當事人得向主管機關申請迴避，其程序準用行政程序法第33條規定。

第33條 仲裁委員會應指派委員調查事實，除有特殊情形外，調查委員應於指派後十日內，提出調查結果。

仲裁委員會應於收到前項調查結果後**二十日**內，作成仲裁判斷。但經勞資爭議雙方當事人同意，得延長**十日**。

主管機關於仲裁委員調查或仲裁委員會開會時，應通知當事人、相關人員或事業單位以言詞或書面提出說明；仲裁委員為調查之必要，得經主管機關同意後，進入相關事業單位訪查。

前項受通知或受訪查人員，不得為虛偽說明、提供不實資料或無正當理由拒絕說明。

第34條　仲裁委員會由主任仲裁委員召集，其由委員**三人**組成者，應有全體委員出席，經出席委員過半數同意，始得作成仲裁判斷；其由委員**五人**或**七人**組成者，應有**三分之二**以上委員出席，經出席委員**四分之三**以上同意，始得作成仲裁判斷。

仲裁委員**連續二次**不參加會議，當然解除其仲裁職務，由主管機關另行指定仲裁委員代替之。

第35條　仲裁委員會作成仲裁判斷後，應於**十日內**作成仲裁判斷書，報由主管機關送達勞資爭議雙方當事人。

第36條　勞資爭議當事人於仲裁程序進行中和解者，應將和解書報仲裁委員會及主管機關備查，仲裁程序即告終結；其和解與依本法成立之調解有同一效力。

第37條　仲裁委員會就**權利事項之勞資爭議所作成之仲裁判斷，於當事人間，與法院之確定判決有同一效力**。

仲裁委員會就調整事項之勞資爭議所作成之仲裁判斷，視為爭議當事人間之契約；當事人一方為工會時，視為當事人間之團體協約。

對於前二項之仲裁判斷，勞資爭議當事人得準用仲裁法第五章之規定，對於他方提起撤銷仲裁判斷之訴。

調整事項經作成仲裁判斷者，勞資雙方當事人就同一爭議事件不得再為爭議行為；其依前項規定向法院提起撤銷仲裁判斷之訴者，亦同。

第38條　第9條第4項、第10條、第17條第1項及第24條之規定，於仲裁程序準用之。

第四章　裁決

第39條　**勞工因工會法第35條第2項規定所生爭議，得向中央主管機關申請裁決。**

前項裁決之申請，應自知悉有違反工會法第35條第2項規定之事由或事實發生之次日起**九十日內為之**。

第40條　裁決之申請，應以書面為之，並載明下列事項：

一、當事人之姓名、性別、年齡、職業及住所或居所；如為法人、

雇主團體或工會，其名稱、代表人及事務所或營業所；有代理人者，其姓名、名稱及住居所或事務所。

二、請求裁決之事項及其原因事實。

第41條　基於工會法第35條第2項規定所為之裁決申請，違反第39條第2項及前條規定者，裁決委員應作成不受理之決定。但其情形可補正者，應先限期令其補正。

前項不受理決定，不得聲明不服。

第42條　當事人就工會法第35條第2項所生民事爭議事件申請裁決，於裁決程序終結前，法院應依職權停止民事訴訟程序。

當事人於第39條第2項所定期間提起之訴訟，依民事訴訟法之規定視為調解之聲請者，法院仍得進行調解程序。

裁決之申請，除經撤回者外，與起訴有同一效力，消滅時效因而中斷。

第43條　**中央主管機關為辦理裁決事件，應組成不當勞動行為裁決委員會**（以下簡稱裁決委員會）。

裁決委員會應秉持公正立場，獨立行使職權。

裁決委員會置裁決委員**七人**至**十五人**，均為兼職，其中一人至三人為常務裁決委員，由中央主管機關遴聘熟悉勞工法令、勞資關係事務之專業人士任之，任期二年，並由委員互推一人為主任裁決委員。

中央主管機關應調派專任人員或聘用專業人員，承主任裁決委員之命，協助辦理裁決案件之程序審查、爭點整理及資料蒐集等事務。具專業證照執業資格者，經聘用之期間，計入其專業執業年資。

裁決委員會之組成、裁決委員之資格條件、遴聘方式、裁決委員會相關處理程序、前項人員之調派或遴聘及其他應遵行事項之辦法，由中央主管機關定之。

第44條　中央主管機關應於收到裁決申請書之日起**七日**內，召開裁決委員會處理之。

裁決委員會應指派委員**一人**至**三人**，依職權調查事實及必要之證據，並應於指派後**二十日**內作成調查報告，必要時得延長**二十日**。

裁決委員調查或裁決委員會開會時，應通知當事人、相關人員或事業單位以言詞或書面提出說明；裁決委員為調查之必要，得經主管機關同意，進入相關事業單位訪查。

前項受通知或受訪查人員，不得為虛偽說明、提供不實資料或無正當理由拒絕說明。

申請人經依第3項規定通知，無正當理由**二次**不到場者，視為**撤回申請**；相對人二次不到場者，裁決委員會得經到場一造陳述為裁決。

裁決當事人就同一爭議事件達成和解或經法定調解機關調解成立者，裁決委員會應作成不受理之決定。

第45條　主任裁決委員應於裁決委員作成調查報告後**七日**內，召開裁決委員會，並於開會之日起**三十日**內作成裁決決定。但經裁決委員會應出席委員**二分之一**以上同意者得延長之，最長以**三十日**為限。

第46條　裁決委員會應有**三分之二**以上委員出席，並經出席委員**二分之一**以上同意，始得作成裁決決定；作成裁決決定前，應由當事人以言詞陳述意見。

裁決委員應親自出席，不得委任他人代理。

裁決委員審理案件相關給付報酬標準，由中央主管機關定之。

第47條　裁決決定書應載明下列事項：

一、　當事人姓名、住所或居所；如為法人、雇主團體或工會，其名稱、代表人及主事務所或主營業所。

二、　有代理人者，其姓名、名稱及住居所或事務所。

三、　主文。

四、　事實。

五、　理由。

六、　主任裁決委員及出席裁決委員之姓名。

七、　年、月、日。

裁決委員會作成裁決決定後，中央主管機關應於**二十日**內將裁決決定書送達當事人。

第47-1條　中央主管機關應以定期出版、登載於網站或其他適當方式公開裁決決定書。但裁決決定書含有依政府資訊公開法應限制公開或不予提供之事項者，應僅就其他部分公開之。

前項公開，得不含自然人之名字、身分證統一編號及其他足資識別該個人之資料。但應公開自然人之姓氏及足以區辨人別之代稱。

第48條　對工會法第35條第2項規定所生民事爭議事件所為之裁決決定，當事人於裁決決定書正本送達**三十日**內，未就作為裁決決定之同一事件，以他方當事人為被告，向法院提起民事訴訟者，或經撤回其訴者，視為雙方當事人依裁決決定書達成合意。

裁決經依前項規定視為當事人達成合意者，裁決委員會應於前項期間屆滿後**七日**內，將裁決決定書送請裁決委員會所在地之法院審核。

前項裁決決定書，法院認其與法令無牴觸者，應予核定，發還裁決委員會送達當事人。

法院因裁決程序或內容與法令牴觸，未予核定之事件，應將其理由通知裁決委員會。但其情形可以補正者，應定期間先命補正。

經法院核定之裁決有無效或得撤銷之原因者，當事人得向原核定法院提起宣告裁決無效或撤銷裁決之訴。

前項訴訟，當事人應於法院核定之裁決決定書送達後**三十日**內提起之。

第49條　前條第2項之**裁決經法院核定後，與民事確定判決有同一效力。**

第50條　當事人本於第48條第1項裁決決定之請求，欲保全強制執行或避免損害之擴大者，得於裁決決定書經法院核定前，向法院聲請假扣押或假處分。

前項聲請，債權人得以裁決決定代替請求及假扣押或假處分原因之釋明，法院不得再命債權人供擔保後始為假扣押或假處分。

民事訴訟法有關假扣押或假處分之規定，除第529條規定外，於前二項情形準用之。

裁決決定書未經法院核定者，當事人得聲請法院撤銷假扣押或假處分之裁定。

第51條　基於工會法第35條第1項及團體協約法第6條第1項規定所為之裁決申請，其程序準用第39條、第40條、第41條第1項、第43條至第47條規定。

前項處分並得令當事人為一定之行為或不行為。

不服第1項不受理決定者，得於決定書送達之次日起**三十日**內繕具訴願書，經由中央主管機關向行政院提起訴願。

對於第1項及第2項之處分不服者，得於決定書送達之次日起**二個月**內提起行政訴訟。

第52條　本法第32條規定，於裁決程序準用之。

第五章　爭議行為

第53條　**勞資爭議，非經調解不成立，不得為爭議行為；權利事項之勞資爭議，不得罷工。**

雇主、雇主團體經中央主管機關裁決認定違反工會法第35條、團體協約法第6條第1項規定者，工會得依本法為爭議行為。

第**54**條　工會非經會員以直接、無記名投票且經全體過半數同意，不得宣告罷工及設置糾察線。

下列勞工，不得罷工：

一、教師。

二、國防部及其所屬機關（構）、學校之勞工。

下列影響大眾生命安全、國家安全或重大公共利益之事業，勞資雙方應約定必要服務條款，工會始得宣告罷工：

一、自來水事業。

二、電力及燃氣供應業。

三、醫院。

四、經營銀行間資金移轉帳務清算之金融資訊服務業與證券期貨交易、結算、保管事業及其他辦理支付系統業務事業。

前項必要服務條款，事業單位應於約定後，即送目的事業主管機關備查。

提供固定通信業務或行動通信業務之第一類電信事業，於能維持基本語音通信服務不中斷之情形下，工會得宣告罷工。

第2項及第3項所列之機關（構）及事業之範圍，由中央主管機關會同其主管機關或目的事業主管機關定之；前項基本語音通信服務之範圍，由目的事業主管機關定之。

重大災害發生或有發生之虞時，各級政府為執行災害防治法所定災害預防工作或有應變處置之必要，得於災害防救期間禁止、限制或停止罷工。

第**55**條　爭議行為應依誠實信用及權利不得濫用原則為之。

雇主不得以工會及其會員依本法所為之爭議行為所生損害為由，向其請求賠償。

工會及其會員所為之爭議行為，該當刑法及其他特別刑法之構成要件，而具有正當性者，不罰。但以強暴脅迫致他人生命、身體受侵害或有受侵害之虞時，不適用之。

第**56**條　爭議行為期間，爭議當事人雙方應維持工作場所安全及衛生設備之正常運轉。

第六章　訴訟費用之暫減及強制執行之裁定

第**57**條　勞工或工會提起確認僱傭關係或給付工資之訴，暫免徵收依民事訴訟法所定裁判費之二分之一。

第58條　除第50條第2項所規定之情形外，勞工就工資、職業災害補償或賠償、退休金或資遣費等給付，為保全強制執行而對雇主或雇主團體聲請假扣押或假處分者，法院依民事訴訟法所命供擔保之金額，不得高於請求標的金額或價額之**十分之一**。

第59條　勞資爭議經調解成立或仲裁者，依其內容當事人一方負私法上給付之義務，而不履行其義務時，他方當事人得向該管法院聲請裁定強制執行並暫免繳裁判費；於聲請強制執行時，並暫免繳執行費。

前項聲請事件，法院應於**七日**內裁定之。

對於前項裁定，當事人得為抗告，抗告之程序適用非訟事件法之規定，非訟事件法未規定者，準用民事訴訟法之規定。

第60條　有下列各款情形之一者，法院應駁回其強制執行裁定之聲請：

一、調解內容或仲裁判斷，係使勞資爭議當事人為法律上所禁止之行為。

二、調解內容或仲裁判斷，與爭議標的顯屬無關或性質不適於強制執行。

三、依其他法律不得為強制執行。

第61條　依本法成立之調解，經法院裁定駁回強制執行聲請者，視為調解不成立。但依前條第2款規定駁回，或除去經駁回強制執行之部分亦得成立者，不適用之。

第七章　罰則

第62條　雇主或雇主團體違反第8條規定者，處新臺幣**二十萬元**以上**六十萬元**以下罰鍰。

工會違反第8條規定者，處新臺幣**十萬元**以上**三十萬元**以下罰鍰。

勞工違反第8條規定者，處新臺幣**一萬元**以上**三萬元**以下罰鍰。

第63條　違反第12條第4項、第17條第3項、第33條第4項或第44條第4項規定，為虛偽之說明或提供不實資料者，處新臺幣**三萬元**以上**十五萬元**以下罰鍰。

違反第12條第3項、第17條第3項、第33條第4項或第44條第4項規定，無正當理由拒絕說明或拒絕調解人或調解委員進入事業單位者，處新臺幣**一萬元**以上**五萬元**以下罰鍰。

勞資雙方當事人無正當理由未依通知出席調解會議者，處新臺幣**二千元**以上**一萬元**以下罰鍰。

第八章　附則

第64條　權利事項之勞資爭議，經依鄉鎮市調解條例調解成立者，其效力依該條例之規定。

權利事項勞資爭議經當事人雙方合意，依仲裁法所為之仲裁，其效力依該法之規定。

第8條之規定於前二項之調解及仲裁適用之。

第65條　為處理勞資爭議，保障勞工權益，中央主管機關應捐助設置勞工權益基金。

前項基金來源如下：

一、勞工權益基金（專戶）賸餘專款。

二、由政府逐年循預算程序之撥款。

三、本基金之孳息收入。

四、捐贈收入。

五、其他有關收入。

第66條　本法施行日期，由行政院定之。

勞資爭議調解辦法

民國108年7月31日修正發布

第一章　總則

第1條　本辦法依勞資爭議處理法（以下簡稱本法）第11條第4項規定訂定之。

第二章　調解之受理

第2條　勞資爭議當事人應檢具調解申請書向直轄市、縣（市）主管機關（以下簡稱地方主管機關）申請調解。

地方主管機關受理前項調解申請時，應向申請人說明下列事項：

一、得選擇透過地方主管機關指派調解人，或組成勞資爭議調解委員會之方式進行調解。

二、選擇透過地方主管機關指派調解人之方式進行調解時，地方主管機關得委託民間團體指派調解人進行調解。

三、得請求地方主管機關提出調解委員名冊及受託民間團體名冊，供其閱覽。

四、得要求調解人說明其身分及資格。

地方主管機關所提供之調解申請書，應附記前項說明內容。

第3條　前條申請書應載明本法第10條所定事項，未依規定載明者，地方主管機關得限期補正，屆期未補正，不予受理。

第三章　調解委員之遴聘及義務

第4條　**地方主管機關遴聘之調解委員，應具備下列資格之一：**
一、有勞資爭議調解或協調實務經驗**二年**以上者。
二、曾任或現任各級勞工行政工作**二年**以上者。
三、曾任或現任各級行政主管機關擔任法制工作**二年**以上者。
四、曾任或現任工會或雇主團體理事、監事或專任會務工作**五年**以上者。
五、曾任或現任事業單位管理職**五年**以上者。
六、符合第13條所定調解人資格者。
七、符合勞資爭議仲裁委員資格者。

第5條　有下列情形之一者，不得擔任調解委員：
一、經褫奪公權宣告尚未復權。
二、受破產宣告尚未復權。
三、依消費者債務清理條例開始清算程序尚未復權。
四、受監護或輔助宣告尚未撤銷。
五、未成年人。

第6條　地方主管機關備置之調解委員名冊，應記載下列事項：
一、姓名、年齡及性別。
二、學歷及經歷。
三、現任職務。
四、專長。
五、勞資關係之處理經驗。
六、遴聘日期。
地方主管機關應於每年**五月**底前，將調解委員名冊公告之。

第7條　地方主管機關遴聘之**調解委員，每屆任期為三年**。
調解委員任期中，有增聘調解委員之必要，地方主管機關得增聘之，其任期至前項該屆調解委員任期屆滿為止。

第8條　地方主管機關依本法第13條指派或本法第14條指定之調解委員，須由第6條所備置之調解委員名冊中指派或指定。
勞資爭議當事人依本法第14條選定之調解委員，不得為現任各級勞工行政主管機關之人員。

第9條 調解委員有行政程序法第32條所定情形，地方主管機關不得指派之。
受指派之調解委員有前項所定情形時，應即主動陳報，由地方主管機關另行指派之。
勞資爭議當事人認為受指派之調解委員，有行政程序法第33條第1項所定情形之一者，得請求其迴避。
前項之請求，應於調解方案作成前，以書面敘明理由向地方主管機關提出，地方主管機關須於**五日**內作成決定。

第10條 調解委員應於調解程序開始前，主動說明其與勞資爭議當事人之關係。
調解委員就當事人請求調解之事項，有財產上利害關係者，亦同。

第11條 調解委員有下列情形之一者，地方主管機關於查證屬實後，應即解聘之：
一、不具第4條所定資格之一。
二、有第5條所定情形之一。
三、違反第9條第2項規定。
四、違反第24條第1項或第2項規定。
調解委員有前項第3款或第4款所定情形者，地方主管機關不得遴聘之；亦不得再擔任調解委員或調解人。

第12條 地方主管機關得支給調解委員出席費、交通費及調查事實費等相關費用。

第四章　調解人之資格、認證及義務

第13條 **調解人應具備下列資格之一：**
一、執行律師業務，並於最近**三年**內曾辦理勞資爭議案件者。
二、曾任或現任教育部認可之大專校院講師以上，並教授勞資關係或法律相關課程**三年**以上，且有實務經驗者。
三、曾任各級勞工行政主管機關，處理勞資爭議或擔任法制工作具**三年**以上經驗者。
四、具備第4條第1款資格，並依第14條規定取得中央主管機關核發之勞資爭議調解人認證證書。
地方主管機關應就前項符合調解人資格者，建立名冊。
地方主管機關為辦理勞資爭議調解業務，得聘請符合第1項所定資格之一者，專職擔任調解人。

第14條 主管機關推薦符合第4條第1款資格者，於完成中央主管機關指定之訓練，經測驗合格後，由中央主管機關發給勞資爭議調解人認證證書。
前項所定訓練時數，不得低於**三十小時**之課堂講習及不得低於**十小時**之實例演練。

第1項訓練之課程、測驗及受訓之名額,由中央主管機關擬定訓練計畫實施。

前項訓練,中央主管機關得委託民間團體或教育部認可之國內大專校院辦理。

第15條　具備第13條第1項資格之調解人,每**二年**應參加主管機關認可與調解業務相關之研習,時數至少**十小時**。

第16條　地方主管機關應每年度辦理調解人評量,其項目如下:

一、　參與第15條研習,並取得證明。

二、　符合第18條之說明義務。

三、　符合第19條調解人適用規定。

四、　符合第23條應遵循調查程序。

五、　符合第25條第1項規定,製作調解紀錄內容。

第17條　具備第13條第1項資格之調解人,應參加第15條之研習,並依前條規定評量合格,經地方主管機關簽證後,始得續任調解人。

第18條　調解人應於調解程序開始前,主動向勞資爭議雙方當事人說明其身分及資格。

第19條　第5條、第9條至第11條之規定,於調解人適用之。

第五章　民間團體受委託調解

第20條　地方主管機關依本法第11條第3項規定委託之民間團體,應符合下列要件:

一、　須依法設立之社團法人或財團法人,其章程以促進勞資關係為宗旨,且協助勞資爭議之調處為目的。

二、　聘任一位以上之專職會務人員。

三、　聘任具第13條所定資格,並依第17條評量合格之調解人四人以上。

前項受委託之民間團體,不得為勞工團體或雇主團體。

第21條　地方主管機關應備置受託民間團體名冊,並記載下列事項:

一、　名稱、會所地址及電話。

二、　代表人。

三、　設立時間。

四、　聘任調解人之姓名、學經歷職業、現任職務及符合調解人資格之事項。

前項受託民間團體名冊,應供公眾閱覽。

第22條　地方主管機關應於每年度辦理受託民間團體之考核，其項目如下：

一、 本法第11條第5項補助經費支用情形。

二、 第20條民間團體之資格要件。

三、 第25條第2項調解紀錄之處理。

地方主管機關對受託民間團體之考核結果，應予公告。

考核不合格之受託民間團體，地方主管機關於**二年內**不得再委託辦理調解業務。

第六章　其他應遵行事項

第23條　調解人、調解委員為調查事實而有使當事人、相關人員或事業單位提出說明之必要時，應由地方主管機關事先以**書面**通知之。

調解人、受指派之調解委員為調查事實而有進入相關事業單位訪查之必要時，應事先取得地方主管機關之**書面**同意，並於進行訪查時，主動出示證明。

依本法第14條第1項規定由勞資爭議當事人選定之調解委員或由地方主管機關代為指定之調解委員，有第9條第1項所定迴避事由者，不得受指派進行事實調查。

第24條　調解委員及調解人就調解事務之處理，應遵守本法第二章調解之相關規定。

調解委員及調解人，不得有下列行為：

一、 處理調解事務收受不當利益。

二、 處理調解事務使用暴力脅迫。

三、 未經地方主管機關依前條第1項規定通知，命當事人、相關人員或事業單位提出說明。

四、 未經地方主管機關依前條第2項事先同意，進入相關事業單位訪查。

五、 其他違反調解倫理之行為。

調解委員及調解人，有前項所定行為之一，且經地方主管機關查證屬實者，不得再擔任調解委員或調解人；其經地方主管機關遴聘為調解委員者，應即解聘，已取得勞資爭議調解人認證證書而其情節重大者，應通報中央主管機關註銷其證書。

第24-1條　中央主管機關為審查前條第3項調解人註銷證書案件，應成立勞資爭議調解人註銷證書審查小組（以下簡稱審查小組）。

前項審查小組置委員五人或七人，由中央主管機關指派一人兼任並擔任召集人，其餘遴聘專家學者擔任之，任期二年。

審查小組開會時，應有二分之一以上委員出席，其決議事項應有出席委員三分之二以上同意行之。

審查小組開會時，因案情需要，得邀請與議決事項有關之其他行政機關、相關單位或人員列席，陳述事實或提供意見。

審查小組開會時，委員應親自出席，並應就審查之案件，依行政程序法第32條及第33條規定迴避。

審查小組委員為無給職。但專家學者得依規定支領出席費。

第25條 勞資爭議調解委員會及調解人，應作成調解紀錄，記載下列事項：
一、本法第10條所定事項。
二、勞資爭議調解之申請日期。
三、舉行調解會議之日期及起訖時間；有數次者應分別記載。
四、舉行調解會議之地點。
五、雙方當事人之主張。
六、調查事實之結果。
七、調解方案之內容。
八、調解之結果。
九、雙方當事人出席之情形。
十、調解委員或調解人之姓名及簽名。

調解不成立時，調解人應向雙方當事人說明本法第25條第1項所定事項，並記載於調解紀錄。

調解委員會、調解人及受託辦理調解事務之民間團體，應於調解程序終結後**三日內**，將調解紀錄及相關案卷送地方主管機關。

地方主管機關於收到前項紀錄後**七日內**，將該紀錄送達勞資爭議雙方當事人。

前項紀錄之送達事項，地方主管機關得委託第3項所定之民間團體辦理。

調解紀錄及相關案卷，應由地方主管機關保存**十五年**。

第26條 地方主管機關對依本法第11條第1項規定指派之調解人者，得支給調解案件費及調解所衍生之費用。

地方主管機關對依本法第11條第3項規定委託之民間團體，得支給委託費用。

第27條 本辦法之書表格式，由中央主管機關定之。

第28條 本辦法自中華民國100年5月1日施行。

本辦法修正條文，除第16條及第17條自中華民國105年5月1日施行外，自發布日施行。

勞資爭議仲裁辦法

民國103年5月9日修正發布

第一章　總則

第1條　本辦法依勞資爭議處理法（以下簡稱本法）第26條第2項規定訂定之。

第二章　仲裁之受理

第2條　勞資爭議當事人應檢具**仲裁申請書**，向主管機關申請仲裁。

主管機關受理前項仲裁申請時，應向申請人說明仲裁程序及下列事項：

一、得選擇獨任仲裁人或勞資爭議仲裁委員會之方式進行仲裁；但一方申請交付仲裁者，僅得以勞資爭議仲裁委員會之方式進行仲裁。

二、得請求仲裁委員或仲裁人說明其身分及資格。

三、得請求主管機關提出仲裁人或仲裁委員名冊，供其閱覽。

四、依第一款選定仲裁方式後，屆期未選定仲裁人或仲裁委員者，主管機關得代為指定。

五、合意申請仲裁者，如有必要委託第三人或機構提供專家意見所需之費用。

主管機關所提供之仲裁申請書，應附記前項說明內容。

第3條　仲裁之申請，有下列情形之一，主管機關應限期命其補正，屆期未補正者，不予受理：

一、當事人一方不符下列要件者：

　　(一)自然人。

　　(二)法人。

　　(三)非法人之團體設有代表人或管理人者。

　　(四)行政機關。

　　(五)其他依法律規定得為權利義務之主體者。

二、由代理人申請，而其代理權有欠缺。

三、申請不合程式或不備其他要件。

四、就已經申請仲裁之案件，於仲裁繫屬中，更行申請仲裁。

五、依本法第25條第3項申請交付仲裁，而書面同意不成立。

仲裁人或仲裁委員會審理案件發現有前項所定情形之一者，應即報由主管機關依前項規定處理。

申請仲裁事項為確定仲裁判斷之效力所及者，主管機關應不予受理。

第4條　勞資爭議經雙方當事人以書面同意申請交付仲裁者,一方對書面同意之有無爭執時,直轄市、縣(市)主管機關(以下簡稱地方主管機關)應以利於有效性原則解釋之。

當事人間之文書、信函、電傳、電報或其他類似方式之通訊,足認有仲裁合意者,以有同意仲裁認定之。

第5條　主管機關依據本法第34條第2項另行指定仲裁委員代替前,經解除職務之仲裁委員由勞資爭議當事人一方所選任者,應聽取該當事人之意見。

第6條　勞資爭議當事人之勞方,依本法第25條第2項規定申請仲裁者,以工會為限。

第7條　依本法第25條第2項及第4項交付仲裁時,主管機關應即以書面通知雙方當事人依本法第29條第1項選定仲裁委員,組成仲裁委員會並說明仲裁程序。

第三章　仲裁委員之遴聘及義務

第8條　具備下列資格之一且熟悉勞資關係事務者,主管機關得遴聘為仲裁委員:

一、曾任或現任國內、外仲裁機構仲裁事件之仲裁人。

二、曾任或現任法官、檢察官三年以上。

三、律師及其他依法具有專門執業及技術執業資格人員三年以上。

四、曾任或現任教育部認可之大專校院助理教授以上之教師三年以上。

五、曾任政府機關九職等以上之行政職務三年以上。

六、曾任或現任下列職務之一,五年以上:

(一)僱用勞工五十人以上之事業單位,代表雇主處理勞工事務之經理級以上相當職務。

(二)直轄市、縣(市)以上勞、雇團體或民間中介團體之理事、監事或相當職務者。

第9條　主任仲裁委員應具備下列資格之一:

一、曾任或現任國內、外仲裁機構仲裁事件之勞資爭議仲裁人三年以上。

二、曾任或現任法官、檢察官十年以上。

三、律師及其他依法具有專門執業及技術執業資格人員十年以上。

四、曾任或現任教育部認可之大專校院助理教授以上之教師十年以上。

五、曾任政府機關九職等以上之行政職務十年以上。

六、曾任或現任下列職務之一，**十年**以上：
　　(一)僱用勞工五十人以上之事業單位，代表雇主處理勞工事務
　　　　之經理級以上相當職務。
　　(二)直轄市、縣（市）以上勞、雇團體或民間中介團體之理
　　　　事、監事或相當職務者。

第10條　有下列情形之一者，不得擔任仲裁委員：
一、經褫奪公權宣告尚未復權。
二、受破產宣告尚未復權。
三、依消費者債務清理條例開始清算程序尚未復權。
四、受監護或輔助宣告尚未撤銷。
五、未成年人。

第11條　主管機關備置之仲裁委員名冊，應記載下列事項：
一、姓名、年齡及性別。　　　二、學歷及經歷。
三、現任職務。　　　　　　　四、專長。
五、勞資關係之處理經驗。　　六、遴聘日期。
主管機關應於每年五月底前，將仲裁委員名冊公告之。

第12條　主管機關遴聘之**仲裁委員，每屆任期為三年**。
地方主管機關於任期中增聘仲裁委員者，其任期至該屆仲裁委員任期
屆滿時為止。

第13條　地方主管機關依本法第29條第2項指定之仲裁委員或主任仲裁委員，
應自仲裁委員名冊中指定之。
依本法第25條第2項交付仲裁時，勞資爭議當事人未能依本法第30條
第4項共同選定一人或三人之仲裁委員或互推主任仲裁委員時，由中
央主管機關自仲裁委員名冊中指定之。

第14條　勞資爭議當事人認為仲裁委員有本法第32條第1項、第2項所定迴避
事由時，得申請仲裁委員迴避。
前項申請應舉其原因及事實，向各該主管機關為之，並為適當之釋
明；被申請迴避之仲裁委員對於該申請得提出意見書。
第1項之申請，除有正當理由外，主管機關應於十日內為適當之
處置。
被申請迴避之仲裁委員於主管機關就該申請事件為准許或駁回之決定
前，應停止仲裁程序。但有急迫情形，仍應為必要處置。
仲裁委員有本法第32條第1項、第2項所定迴避事由不自行迴避，而
未經當事人申請迴避者，應由主管機關依職權命其迴避。

第**15**條　仲裁委員應於仲裁程序開始前，主動向勞資爭議雙方當事人說明其身分及資格。

第**16**條　遴聘之仲裁委員有下列情形之一者，主管機關於查證屬實後，應即解聘：
一、 違反本法第38條準用第24條規定。
二、 不具第8條、第9條、第18條所定資格之一。
三、 有第10條所定情形之一。
四、 拒絕依第14條第5項規定迴避。
仲裁委員有前項第1款、第3款至第4款所定情形之一，不得再擔任仲裁委員，主管機關亦不得遴聘之。

第**17**條　主管機關應支給仲裁委員出席費、交通費、調查事實費、仲裁判斷書撰寫費及繕打費等相關費用。

第四章　仲裁人之選定

第**18**條　具備下列資格之一且熟悉勞資關係事務者，主管機關得遴聘為仲裁人：
一、 曾任或現任國內、外仲裁機構仲裁事件之仲裁人。
二、 曾任或現任法官、檢察官五年以上。
三、 律師及其他依法具有專門執業及技術執業資格人員五年以上。
四、 曾任或現任教育部認可之大專校院助理教授以上之教師五年以上。
五、 曾任政府機關九職等以上之行政職務五年以上。

第**19**條　第10條至第17條之規定，於仲裁人準用之。

第五章　仲裁程序

第**20**條　仲裁程序違反本法、本辦法或仲裁合意者，爭議當事人得聲明異議。但當事人知悉或可得而知仍進行仲裁程序者，不得異議。
前項異議由仲裁人或仲裁委員會決定之。

第**21**條　勞資爭議當事人有下列主張之一，仲裁人或仲裁委員會認其無理由時，仍得進行仲裁程序，並為判斷：
一、 仲裁合意不成立。
二、 仲裁程序不合法。
三、 違反仲裁合意。
四、 仲裁合意與應判斷之爭議無關。
五、 仲裁人或仲裁委員欠缺仲裁權限。
六、 其他依本法第37條第3項規定得提起撤銷仲裁判斷之訴之理由。

第22條　本法第33條第1項所定特殊情形，指有下列情形之一：

一、受通知或受訪查之人員，拒絕說明或妨礙調查者。

二、仲裁事件之事實複雜，顯然不能於十日內完成調查者。

三、其他有不能於十日內提出調查結果之特殊情形者。

受指派調查委員，應就前項事由提報仲裁委員會決議後，延長調查期間。

第23條　勞資爭議仲裁人或仲裁委員會應作成仲裁紀錄，記載下列事項：

一、準用本法第10條所列之事項。

二、勞資爭議申請交付仲裁之日期。

三、舉行仲裁會議之日期及起訖時間；如有數次，應逐次分別記載。

四、舉行仲裁會議之地點。

五、雙方當事人之主張及陳述。

六、調查事實之結果。

七、仲裁委員所提之意見。

八、仲裁會議之要旨。

九、雙方當事人之簽名。

十、仲裁人或仲裁委員之姓名及簽名。

前項紀錄，應於每次仲裁會議結束之日起**十日**內，送達勞資爭議雙方當事人。

仲裁紀錄及相關案卷應保存**十五年**。

第24條　仲裁人或仲裁委員會於仲裁判斷前，如有必要，得委託第三人或機構提供專家意見。

第25條　前條所需之費用，依下列規定處理：

一、於一方申請交付仲裁或依職權交付仲裁者，由主管機關編列經費支應。

二、應目的事業主管機關之請求依職權交付仲裁者，由目的事業主管機關負擔。

三、合意申請仲裁者，由雙方共同負擔。

第26條　仲裁委員會之仲裁判斷不能依本法第34條規定**逾半數**或**逾四分之三**者，仲裁程序依下列規定處理：

一、依本法第25條第1項規定或第3項規定申請交付仲裁者，程序視為終結。但當事人雙方得合意選擇下列方式之一另行仲裁：

(一) 選定獨任仲裁人。　　　(二)組成仲裁委員會。

二、依本法第25條第2項規定由一方申請交付仲裁者，主管機關應依本法第29條重組仲裁委員會後，繼續進行仲裁程序。

三、依本法第25條第4項規定依職權交付仲裁者,主管機關應依本法
　　第29條重組仲裁委員會後,繼續進行仲裁程序。

依前項規定繼續進行仲裁程序者,仲裁委員會得援用爭議當事人先前
提出之主張、證據及調查事實之結果。

第27條　仲裁人或仲裁委員會作成仲裁判斷後,應於<u>十日</u>內作成仲裁判斷書,
載明下列事項:

一、當事人姓名、住所或居所;如為法人、雇主團體或工會,其名
　　稱、代表人及主事務所或主營業所。

二、有代理人者,其姓名、名稱及住居所或事務所。

三、有通譯者,其姓名、國籍及住所或居所。

四、主文。

五、事實。

六、理由。

七、仲裁人或主任仲裁委員及仲裁委員之姓名。

八、年、月、日。

第六章　附則

第28條　爭議當事人之一方不諳國語者,仲裁程序得用通譯。

第29條　勞資爭議當事人就仲裁程序未約定者,適用本法規定;本法未規定
者,準用仲裁法之規定。

第30條　本辦法相關書表格式,由中央主管機關定之。

第31條　本辦法自中華民國一百年五月一日施行。

本辦法修正條文自發布日施行。

不當勞動行為裁決辦法

民國110年9月29日修正發布,10月1日施行

第一章　總則

第1條　本辦法依勞資爭議處理法(以下簡稱本法)第43條第5項規定訂定之。

第二章　裁決委員會之組成及遴聘

第2條　不當勞動行為裁決委員會(以下簡稱裁決委員會),**置裁決委員七人
至十五人**,由中央主管機關遴聘之,**任期二年**,並由裁決委員互推一
人為主任裁決委員。

裁決委員會置常務裁決委員一人至三人，由中央主管機關於裁決委員
中遴聘之。

裁決委員會之委員，任一性別比例不得少於三分之一。

裁決委員出缺時，由中央主管機關另行遴聘之，其任期至同屆裁決委
員任期屆滿之日止。

第2-1條　主任裁決委員主持裁決委員會，綜理裁決案件審理相關事務。

常務裁決委員為促進裁決案件之妥善審理，其職責如下：

一、追蹤裁決案件之進度。

二、檢視裁決案件之調查程序。

三、提出對裁決案件調查報告及裁決決定書之意見。

四、提供不當勞動行為裁決制度等之諮詢。

五、其他為促進裁決案件妥善審理有關事務。

第3條　具備下列資格之一且熟悉勞工法令、勞資關係事務者，中央主管機關
得遴聘為裁決委員：

一、曾任或現任法官、檢察官、律師及其他依法具有專門執業及技
術執業資格人員五年以上。

二、曾任或現任教育部認可之大專校院法律、勞工、社會科學助理
教授以上之教師五年以上。

三、有其他經歷足資證明熟悉勞工法令、勞資關係事務。

第4條　有下列情形之一者，不得遴聘為裁決委員：

一、經褫奪公權宣告尚未復權。

二、受破產宣告尚未復權。

三、依消費者債務清理條例開始清算程序尚未復權。

四、受監護或輔助宣告尚未撤銷。

五、受一年以上有期徒之宣告確定。但過失犯或諭知緩刑宣告者，
不在此限。

第5條　遴聘之裁決委員有下列情形之一者，中央主管機關於查證屬實後，應
即解聘：

一、不具第3條各款所定資格之一。

二、有前條各款情形之一。

第6條　裁決委員有下列各款情形之一者，應自行迴避：

一、曾為該爭議事件之調解委員或調解人。

二、裁決委員或其配偶、前配偶，就該爭議事件與當事人有共同權
利人或共同義務人之關係者。

三、 裁決委員或其配偶、前配偶、四親等內之血親或三親等內之姻
　　 親或曾有此關係者為爭議事件之當事人。
四、 現為或曾為該爭議事件當事人之代理人或家長、家屬。
五、 工會為爭議事件之當事人者，其會員、理事、監事或會務人員。
六、 雇主團體或雇主為爭議事件之當事人者，其會員、理事、監
　　 事、會務人員或其受僱人。
七、 有具體事實足認其執行業務有偏頗之虞。

第7條　　遇有下列各款情形之一者，當事人得向中央主管機關申請裁決委員迴避：
一、 裁決委員有前條所定之情形而不自行迴避。
二、 有具體事實足認裁決委員執行職務有偏頗之虞。
　　 當事人已就該裁決案件有所陳述後，不得依前項第2款申請裁決委員
　　 迴避。但迴避之原因發生在後或知悉在後者，不在此限。

第8條　　申請裁決委員迴避，應舉其原因及事實，向中央主管機關申請之。
　　　　　前項原因事實及前條第2項但書之事實，應自申請之日起，於三日內
　　　　　為適當之釋明。
　　　　　被申請迴避之裁決委員，對於該申請得提出意見書。

第9條　　被申請迴避之裁決委員，得考量申請人申請迴避之理由後，主動
　　　　　迴避。

第10條　中央主管機關應於收到迴避申請後三日內，送交裁決委員會處理之。
　　　　　裁決委員會受理後，應於七日內作成決議；其因不足法定人數不能召
　　　　　開者，由主任裁決委員決定之。
　　　　　前項裁決委員會議之決議，由中央主管機關通知申請迴避之當事人。

第11條　裁決委員被申請迴避者，在該申請事件為准許或駁回之決定前，應停
　　　　　止參與裁決程序。但有急迫情形，主任裁決委員得為必要處置。

第三章　裁決之受理

第12條　申請裁決者，為申請人，他造為相對人。
　　　　　申請人及相對人，均為裁決事件之當事人。

第13條　申請人依本法第40條規定提出裁決申請時，除申請書外，應向裁決
　　　　　委員會提出相關書面說明或其附屬文件五份正本，並應按相對人人
　　　　　數，提出繕本或影本。
　　　　　有委任代理人者，應提出委任書狀。

第14條　裁決委員會得以裁決委員二人至四人組成審查小組。
　　　　　裁決委員會收到裁決申請書後，應將案件輪流分案予審查小組進行初
　　　　　步審查；審查小組應於審查後七日內，提交常務裁決委員。
　　　　　前項初步審查，審查小組於必要時，得通知當事人到會說明。

第15條　裁決之申請，有下列情形之一者，裁決委員會應作成不受理之決定：

一、有違反本法第39條第2項規定。

二、有本法第44條第6項所規定之情事。

三、以工會為申請人時，該申請人非工會法所定之工會。

四、基於團體協約法第6條第1項規定所為之裁決申請，該工會並非同法第6條第3項規定有協商資格之勞方。

裁決之申請不符本法第40條規定時，應先限期令其補正，屆期未補正者，不受理其申請。

裁決委員會不受理決定，應作成決定書，其應載明事項，準用本法第47條規定。

第16條　裁決委員會除依前條規定作出不受理決定者外，應將申請書之繕本或影本送達於相對人，並得命相對人以書面提出說明。

相對人於申請書之繕本或影本送達之日起，應於七日內提出前項所規定之書面說明。

第17條　裁決程序進行中，當事人提出之書面說明或其附屬文件，除應提供五份正本予裁決委員會外，應按他方人數，逕行以繕本或影本直接通知他方。

他方就曾否收受前項書面說明之繕本或影本有爭執時，應由提出之當事人證明之；無法證明者，應即補行通知。

第18條　裁決申請人，得於本法第46條規定裁決委員會作成裁決決定之最後詢問程序終結前，撤回裁決申請之全部或一部。但相對人已於詢問程序為言詞陳述者，應得其同意。

裁決申請之撤回，應以書面為之。但於裁決委員會作成裁決決定之最後詢問程序終結前，得以言詞向裁決委員會聲明理由撤回。

以言詞所為之撤回，應記載於紀錄，相對人不在場者，應將紀錄送達。

裁決委員會於裁決申請撤回後，應於七日內，將撤回之意旨通知相對人。

第四章　裁決委員會之召開

第19條　裁決委員會應公正進行裁決事件之調查、詢問及裁決決定等事項。

第20條　裁決委員會會議以主任裁決委員為主席，主任裁決委員因故不能出席時，應指定委員一人代理之。

第21條　裁決案件有必要時，裁決委員會得邀請學者、專家及與議決事項有關之其他行政機關、相關單位或人員列席會議，陳述事實或提供意見。

第五章　裁決之調查及詢問程序

第22條　裁決委員依本法第44條第2項、第3項規定進行調查時,得作成調查計畫書,並為下列之處置:
一、通知當事人、相關人員或事業單位以言詞或書面提出說明。
二、聽取當事人之意見或詢問證人。
三、命鑑定人提出鑑定書或詢問鑑定人。
四、通知有關機關協助提供相關文書、表冊及物件。
五、進入相關事業單位訪查。
裁決委員進行調查時,應作成調查紀錄。
常務裁決委員應檢視前項調查紀錄,如有意見應以書面提出,供審查小組參考。

第23條　裁決委員於調查會議中,得詢問當事人、證人、鑑定人、相關人員或事業單位。
當事人或代理人得經裁決委員之許可,陳述意見、詢問他方當事人、證人、鑑定人、相關人員或事業單位。
裁決委員認前項之陳述或詢問重複,或與爭點無關、或有其他不適當之情形時,得限制或禁止之。

第24條　裁決委員依前條詢問前,應告知受詢問人不得為虛偽說明、提供不實資料或無正當理由拒絕說明。
受詢問人違反前項規定者,依本法第63條處以罰鍰。
裁決委員得以記載第1項事項之結文,命受詢問人簽名。

第25條　裁決委員依本法第44條第2項規定,命當事人提出相關文書,當事人無正當理由拒絕提出文書時,裁決委員得審酌情形,認他造關於該文書之主張或依該文書應證事實為真實。
前項情形,裁決委員於調查終結前,應給予當事人陳述意見之機會。

第26條　當事人對於他方所提之書面說明或其附屬文件之正本與繕本或影本認有不符時,應以提出於裁決委員會之正本為準。

第27條　裁決委員作成之調查報告,應包含下列事項:
一、調查之處所及年、月、日。
二、裁決委員及記錄職員姓名。
三、裁決事件。
四、到場當事人、代理人、及其他經同意到場相關人員之姓名。
五、當事人及相關人員所為聲明或陳述之要點。
六、證人之陳述或鑑定人之鑑定結果。
七、調查紀錄。

八、調查意見。

前項調查報告，應送交裁決委員會。

常務裁決委員應檢視下列資料，並提出書面意見，供審查小組或裁決委員會參考：

一、第1項之調查報告。

二、裁決委員撰寫之裁決決定建議書。

三、裁決委員依裁決委員會作成之裁決決定撰寫之裁決決定書。

第28條　主任裁決委員應於裁決委員作成調查報告後七日內，召開裁決委員會。

裁決委員會應依本法第46條第1項後段規定，通知當事人以言詞陳述意見進行詢問程序。必要時得通知相關人員陳述意見。

裁決委員會進行前項詢問程序前，應訂定詢問期日，並製作詢問通知書，記載到場之日、時及處所，送達於當事人及相關人員。

第29條　裁決委員會依前條規定進行詢問程序時，得公開進行之。

詢問程序之進行，由主任裁決委員主持之。

詢問應作成詢問紀錄，並記載下列事項：

一、言詞陳述之處所及年、月、日。

二、裁決委員及記錄職員姓名。

三、裁決事件。

四、到場當事人、代理人及其他經通知到場相關人員之姓名。

五、當事人及相關人員為聲明或陳述之要點。

第30條　主任裁決委員於詢問程序終結前，應給予當事人雙方最後陳述意見之機會。

詢問程序終結後，主任裁決委員認有必要者，得聽取出席之裁決委員意見，再召開詢問程序或調查程序。

第31條　裁決委員或裁決委員會，對於妨礙調查程序或詢問程序進行者，得命其退場，必要時得請求警察機關協助排除。

第31-1條　裁決委員會認申請人之申請有理由者，應為全部或一部有理由之裁決決定；無理由者，應為全部或一部駁回申請之裁決決定。

全部或一部有理由之裁決決定，其主文得具體記載當事人履行之方法、內容。

裁決決定有誤寫、誤算或其他類此之顯然錯誤者，裁決委員會得依申請或職權更正；其正本與原本不符者，亦同。

第32條　當事人雙方對請求事項具有處分權，且其和解無礙公益之維護者，裁決委員於裁決委員會作成裁決決定之最後詢問程序終結前，得隨時試行和解。

因試行和解，裁決委員得命當事人、代表人或代理人到場。

和解成立者，裁決程序當然終結，並應作成和解書。

和解書應於和解成立之日起二十日內，以正本送達於當事人。

第33條　對工會法第35第2項規定所生民事爭議事件所為之裁決決定，當事人於裁決決定書正本送達三十日內，就作為裁決決定之同一事件，以他方當事人為被告，向法院提起民事訴訟者，應即以書面方式通知裁決委員會，撤回民事訴訟者，亦同。

第34條　本法第48條第1項所定視為雙方當事人依裁決決定書達成合意，包含起訴不合法被裁定駁回之情事。

第35條　裁決決定書經法院核定後，中央主管機關應將核定之裁決決定書送達當事人。

第36條　裁決委員會依本法第48條第2項規定將裁決決定書送請法院審核，法院不予核定時，中央主管機關應送請裁決委員會處理之。

裁決委員會於處理時，認有必要者，得徵詢當事人之意見。

第六章　附　則

第37條　證人或鑑定人到場之交通費、滯留期間之住宿費，依國內出差旅費報支要點所定薦任級以下人員交通費、住宿費給與標準給與。有關鑑定所需之費用，由中央主管機關視裁決案件之繁簡酌定之。

前項費用，由中央主管機關編列預算支應之。

第38條　本辦法發布前，已受理之裁決案件，其以後之裁決程序，依本辦法規定審理之。

第39條　本辦法自發布日施行。

本辦法中華民國一百十年九月二十九日修正發布之條文，自一百十年十月一日施行。

勞資爭議法律及生活費用扶助辦法
民國113年3月13日修正發布

第一章　總則

第1條　本辦法依勞資爭議處理法（以下簡稱本法）第6條第5項規定訂定之。

第2條　**勞資爭議扶助範圍**如下：

一、**勞動事件之勞動調解（以下簡稱勞動調解）程序、訴訟程序、**

　　保全程序、督促程序、強制執行程序及文件撰擬之律師代理酬
　　金（以下簡稱代理酬金）。
二、　刑事審判程序開始前之告訴代理酬金。
三、　勞動調解程序、訴訟程序、保全程序、督促程序及強制執行程
　　序之必要費用。
四、　勞動調解及訴訟期間必要生活費用。
五、　依仲裁法仲裁之代理酬金。
六、　勞工、求職者或工會因工會法第35條規定事由所生爭議，申請
　　不當勞動行為裁決案件之代理酬金。

第二章　勞動事件處理及刑事告訴代理之扶助

第3條　勞工因下列情形之一，經主管機關調解不成立而向法院聲請勞動調解
或起訴，且非屬有資力者，得申請前條第1款之扶助：
一、　與雇主發生勞動基準法終止勞動契約、積欠工資、資遣費或退
　　休金之爭議。
二、　遭遇職業災害，雇主未給與補償或賠償。
三、　雇主未依勞工保險條例、勞工職業災害保險及保護法或就業保
　　險法辦理加保或投保薪資以多報少，致勞工受有損失。
工會認雇主侵害其多數會員利益，經主管機關調解不成立，依勞動事
件法第40條第1項規定向法院起訴，且非屬有資力者，得申請前條第
1款之扶助。
勞工符合第1項情形，依民事訴訟法第44條之1第1項規定，選定工
會向法院起訴，且勞工非屬有資力者，該工會得申請前條第1款之
扶助。
前三項之申請於訴訟程序進入第2審、第3審或再審者，得不經主管
機關調解程序，申請前條第1款之扶助。
第1項第2款之扶助，於勞工死亡或因其他事由喪失行為能力時，得
由其遺屬或法定代理人提出申請。
勞工或工會申請前條第1款之扶助，應於各該程序開始之日起180日
內提出。

第4條　不當勞動行為裁決委員會裁決認定雇主有不當勞動行為，雇主仍依本
法第48條第1項規定，以裁決決定之同一事件，並以勞工為被告提起
民事訴訟，且勞工非屬有資力者，勞工得不經主管機關調解程序，申
請第2條第1款之扶助。

第5條　因雇主違反職業安全衛生法致勞工發生職業災害，經提起刑事告訴且
非屬有資力者，勞工或得為告訴之人得申請第2條第2款之扶助。

第6條　第3條第1項、第3項、第4條、前條、第15條第1項第1款、第3款及第
35條第1項第1款所定有資力者，為申請人或當事人申請時每月收入
總計逾新臺幣（以下同）3萬5千元或其資產總額逾300萬元者。但申
請人或當事人名下之自住不動產，不合計在內。

第3條第2項、第15條第1項第2款及第35條第1項第2款所定有資力
者，為工會前一年度流動資產逾500萬元者。

第7條　**勞動調解、訴訟代理酬金扶助標準**如下：

一、**個別申請者**，勞動調解、**每一審級訴訟最高4萬元**。但因案件複
雜經審核認有必要者，得增至6萬元。

二、**共同申請者**，勞動調解、**每一審級訴訟最高10萬元**。但因案件
複雜經審核認有必要者，得增至20萬元。

三、申請**保全程序者，每次最高3萬元**。

四、申請**督促程序者，每次最高1萬元**。

五、申請**強制執行程序者，每次最高4萬元**。

六、申請**法律文件撰擬者，每件最高1萬元**。

依第3條第2項或第3項申請扶助者，代理酬金扶助標準依前項第2款
規定辦理。

第8條　同一原因事實之勞資爭議，多數勞工個別申請勞動調解、訴訟代理酬
金扶助，中央主管機關得合併為單一案件，依前條第1項規定辦理。

第9條　勞工或第3條第5項所定遺屬或法定代理人，申請勞動調解、訴訟代
理酬金扶助，應檢具下列文件：

一、申請書。

二、勞資爭議事件之陳述及相關證據。

三、勞工之資力狀況及相關釋明文件；其有第6條第3項所定得扣除
收入或資產之情形者，應另檢具相關釋明文件。

四、直轄市、縣（市）勞工行政主管機關調解不成立之紀錄影本。

五、未獲政府機關或政府機關委託之民間團體同性質扶助之切結書。

工會申請勞動調解、訴訟代理酬金扶助，應檢具下列文件：

一、申請書。

二、勞資爭議事件之陳述及相關證據。

三、直轄市、縣（市）勞工行政主管機關調解不成立之紀錄影本。

四、未獲政府機關或政府機關委託之民間團體同性質扶助之切結書。

五、工會登記證書影本。

六、依工會法第31條規定所送事項，並經主管機關同意備查之最近1
年證明文件。

依第3條第3項申請扶助者,並應檢附第1項第3款之文件。

依第4條申請扶助者,並應檢附不當勞動行為裁決決定書。

第10條 申請勞動調解、訴訟代理酬金扶助,有下列情形之一者,不予扶助:

一、 勞動調解、訴訟顯無實益或顯無勝訴之望。

二、 同一案件之同一扶助項目,曾獲政府機關或政府機關委託之民間團體同性質扶助。

三、 不符合第3條及第4條規定。

四、 不符合第5條規定。

五、 申請文件或證明有偽造、變造、虛偽不實或失效等情事。

六、 未依第3條第6項規定期限提出申請或申請文件欠缺,經通知限期補正,屆期未補正。

七、 勞工或工會勝訴所可能獲得之利益,小於律師酬金。但對社會及公益有重大影響或意義者,不在此限。

八、 案件相對人為行政院或中央主管機關及其所屬機關(構)。

九、 申請之事項不符本法扶助之目的。

第11條 申請案件經審核准予扶助者,申請人應自中央主管機關所提供扶助律師名冊中,委任適當之律師。

申請人未能依前項規定委任時,由中央主管機關自扶助律師名冊中指派之。

受申請人委任律師應按核定之律師酬金收取費用,不得額外收費。

違反前項規定者,中央主管機關得將該律師自扶助律師名冊中除名。

第12條 經核准扶助之案件,受委任律師應於核准日起90日內,檢具起訴狀、聲請狀、委任律師帳戶、開庭通知書等文件及領據,向中央主管機關申請撥款。

經核定扶助之案件,由委任律師促成勞動事件法上之勞動調解或和解成立者,按核定之律師酬金給付。

第13條 經核准扶助之案件,申請人無正當理由不配合執行扶助、死亡、行蹤不明或有其他原因致無繼續扶助之必要者,中央主管機關得終止其扶助。

經核准扶助之案件,申請人有第10條第2款或第5款之情形,中央主管機關得撤銷其扶助。

符合前項情形者,中央主管機關應限期申請人返還已撥付受委任律師酬金之全部。屆期未返還者,應依法追繳。

申請人未依前項規定返還費用者,自依第2項規定撤銷之日起5年內,不得再申請扶助。

第14條　代理酬金非由申請人負擔者,應於獲償後30日內返還,其返還金額以補助金額為限。

申請人未依前項規定返還者,中央主管機關應廢止原核准之扶助,並限期返還,屆期未返還者,應依法追繳,並自廢止之日起5年內,不得再申請第2條之扶助。

第三章　勞動事件必要費用之扶助

第15條　有下列情形之一,得申請第2條第3款之必要費用扶助:
一、勞工或第3條第5項所定遺屬或法定代理人,經核准依第3條第1項規定扶助代理酬金者。
二、工會依勞動事件法第40條規定向法院起訴,且非屬有資力者。
三、工會依民事訴訟法第44條之1規定受勞工選定而起訴,且該勞工符合第3條第1項規定情形者。

前項所定必要費用如下:
一、裁判費、聲請費、執行費、證人日費旅費、鑑定費、政府規費及借提費。
二、經法院裁定須支出之費用。
三、其他必需費用。

第1項申請,至遲應於法院判決確定後60日內提出。但判決確定後,始以裁定確定訴訟費用額者,至遲應於該裁定確定後60日內提出。

第16條　每一勞工或工會**申請勞動事件必要費用扶助**,中央主管機關或受其委託辦理扶助業務之民間團體,應依扶助案件之類型、勞動調解進行情況、訴訟標的及複雜程度,酌定扶助金額,**同一案件最高5萬元**。

第17條　同一原因事實之勞資爭議,多數勞工個別申請勞動事件必要費用扶助,中央主管機關得合併為單一案件,依前條規定辦理。

第18條　勞工申請勞動事件必要費用扶助,應檢具下列文件:
一、申請書。
二、勞資爭議事件之陳述及相關證據。
三、勞工之資力狀況及相關釋明文件;其有第6條第3項所定得扣除收入或資產之情形者,應另檢具相關釋明文件。
四、直轄市、縣(市)勞工行政主管機關調解不成立之紀錄影本。
五、繳納必要費用之證明文件。但情況急迫或情形特殊者,得以法院命繳納必要費用之裁定影本為之。
六、未獲政府機關或政府機關委託之民間團體同性質扶助之切結書。

工會申請勞動事件必要費用扶助，應檢具下列文件：

一、申請書。

二、勞資爭議事件之陳述及相關證據。

三、直轄市、縣（市）勞工行政主管機關調解不成立之紀錄影本。

四、工會登記證書影本。

五、依工會法第31條規定所送事項，並經主管機關同意備查之最近1年證明文件。

六、繳納必要費用之證明文件。但情況急迫或情形特殊者，得以法院命繳納必要費用之裁定影本為之。

七、未獲政府機關或政府機關委託之民間團體同性質扶助之切結書。

依第15條第1項第1款申請扶助者，免附第1項第2款至第4款規定之文件。

依第15條第1項第2款或第3款申請扶助者，已依第3條第2項或第3項申請訴訟代理酬金扶助，免附第2項第2款至第5款規定之文件。

依第15條第1項第3款申請扶助者，並應檢附第1項第3款之文件。

第19條　申請勞動事件必要費用扶助經核准者，應於核准通知送達之日起30日內，檢送領據及撥款帳戶向中央主管機關申請撥款。

前項經核准且為共同申請扶助者，應委託其中一人代表受領。

依前條第1項第5款但書及第2項第六款但書申請勞動事件必要費用扶助經核准者，應於繳納必要費用之日起30日內，檢附繳納之證明文件向中央主管機關辦理核銷事宜。

第20條　申請勞動事件必要費用扶助，有下列情形之一者，不予扶助：

一、第10條第1款、第2款、第5款、第6款、第8款或第9款規定。

二、不符合第15條規定。

三、勞工勝訴所可能獲得之利益，小於勞動事件必要費用。但對社會及公益有重大影響或意義者，不在此限。

第21條　經核准扶助之案件，申請人無正當理由不配合執行扶助之要求，致該扶助案件無法進行，中央主管機關得終止其扶助。

經核准扶助之案件，申請人有第10條第2款或第五款之情形，中央主管機關得撤銷其扶助。

符合第1項或前項情形者，中央主管機關應限期申請人返還已撥付必要費用之全部。屆期未返還者，應依法追繳。

申請人未依前項規定返還費用者，自本次終止或撤銷之日起5年內，不得再申請第2條之扶助。

第22條　必要費用非由申請人負擔者，應於獲償或法院發還後30日內返還，其返還金額以補助金額為限。

申請人未依前項規定返還者，中央主管機關應廢止原核准之扶助，並限期返還，屆期未返還者，應依法追繳，並自廢止之日起5年內，不得再申請第2條之扶助。

第四章　勞動事件處理期間必要生活費用之扶助

第23條　勞工因終止勞動契約所生爭議向法院聲請勞動調解或起訴，於該期間未就業，有下列情形之一者，得向中央主管機關申請勞動調解及訴訟期間必要生活費用扶助（以下簡稱生活費用扶助）：
一、依法律扶助法准予全部扶助。
二、經審查符合無資力標準。
三、性別平等工作爭議之訴訟，依性別平等工作訴訟法律扶助辦法准予扶助，且無資力。
前項第2款及第3款所定無資力，由中央主管機關參照法律扶助法無資力認定標準認定之。
第1項所定因終止勞動契約所生爭議聲請勞動調解或起訴，包含下列情形之一者：
一、請求給付資遣費或退休金。
二、請求確認僱傭關係存在。
三、請求雇主依法給與職業災害補償。

第24條　初次申請生活費用扶助者，應先向公立就業服務機構辦理推介就業。繼續請領者，應按次親自向公立就業服務機構辦理推介就業，並需檢附2次求職紀錄。
前項求職紀錄，指經求才單位或公立就業服務機構確認求職情形之介紹結果回覆卡或其他證明文件。
每次扶助期間，自該次推介就業日起算，且2次求職紀錄須在推介就業日起30日內為之。
領取下列給付之期間，不得同時申請生活費用扶助：
一、就業保險法之失業給付、職業訓練生活津貼或臨時工作津貼。
二、勞工保險條例或勞工職業災害保險及保護法之傷病給付。
三、職業災害勞工保護法之生活津貼或補助。
四、就業服務法之臨時工作津貼或職業訓練生活津貼。
五、其他政府機關相同性質之扶助。前條之申請，至遲應於辦理第1項或第2項推介就業日起90日內提出。

第25條　申請生活費用扶助，應檢具下列文件：
一、申請書。

二、 載明法院收件日期之調解聲請狀、起訴狀、答辯狀或上訴狀之影本。

三、 勞工與其共同生活親屬之資力狀況及相關釋明文件，或依法律扶助法准予扶助之審查決定通知書之影本。

四、 載明推介就業情形之求職紀錄證明。

五、 前條第2項及第3項規定之求職紀錄。

六、 扶助勞工勞動調解及訴訟期間必要生活費用切結書。

依第23條第1項第3款提出申請扶助者，另應檢附依性別平等工作訴訟法律扶助辦法准予扶助之相關文件影本。

第26條 請領生活費用扶助期間，為聲請勞動調解或起訴後第1次辦理推介就業之日至勞動調解成立、法院判決確定或和解之日。

再次申請生活費用扶助者，該次推介就業日期與前次給付期間重疊者，應扣除重疊日數。

生活費用扶助標準依核定扶助時勞工保險投保薪資分級表第1級投保薪資百分之六十計算，最高扶助180日，每次以30日計算，未滿30日者，按比例計算之。

第27條 申請生活費用扶助有下列情形之一者，不予扶助：

一、 不符合第23條第1項或第3項各款情形之一。

二、 有第24條第5項所定之情形或逾第6項所定之期限。

三、 申請或證明文件有偽造、變造、虛偽不實或失效等情事。

四、 勞動調解、訴訟顯無實益或顯無勝訴之望。

五、 同一案件曾經本部准予扶助達前條第3項之上限。

前項不予扶助原因消滅後，勞工得重新提出申請。

申請生活費用扶助之案件經核准後，有下列情形之一者，停止扶助：

一、 不符合無資力標準。

二、 有第24條第5項所定之情形。

第28條 申請生活費用扶助文件有欠缺，經通知限期補正，屆期未補正者，不予受理。

第29條 申請生活費用扶助經核准者，應於通知送達之日起30日內，檢送領據申請撥款。

第30條 依前條撥款後，經查明勞工有第27條第1項第1款至第3款所定情形之一者，應撤銷其扶助，並限期返還扶助金額，屆期未返還者，應依法追繳。

勞工有第27條第1項第1款至第3款所定情形之一者，自撤銷扶助之日起5年內，不得再申請第2條之扶助。

第31條　申請生活費用扶助之案件，經法院判決確定事業單位（雇主）應給付工資之期間與核准扶助期間重疊者，勞工應於受領給付後30日內，將原領扶助金額返還。

勞工未依前項規定返還者，中央主管機關應廢止原核准之扶助，並限期返還，屆期未返還者，應依法追繳，並自廢止之日起5年內，不得再申請第2條之扶助。

第五章　仲裁法仲裁代理之扶助

第32條　勞工、勞工遺屬或法定代理人依本法第6條第3項提起**仲裁者**，得向中央主管機關申請仲裁**代理酬金扶助**，其**標準**如下：

一、**個別申請者，最高4萬元**。

二、**集體申請者，最高10萬元**。

第33條　前條仲裁代理酬金扶助之申請，至遲應於仲裁程序終結後30日內為之，並應檢具下列文件：

一、申請書。

二、書面仲裁協議。

三、仲裁聲請書狀。

四、繳交仲裁費用之證明文件。

五、仲裁人選定同意書。

六、律師酬金之收據。

七、未獲其他政府機關扶助之切結書。

前項所應檢附之文件有欠缺時，經通知限期補正，屆期未補正者，不予受理。

經核定扶助之案件，申請人應於同意扶助公文書送達之日起7日內出具領據及撥款帳戶送中央主管機關撥款。

第34條　依前條第3項撥款後，經查明申請文件或證明文件有偽造、變造、虛偽不實或失效等情事者，中央主管機關得撤銷核定之扶助，並限期返還已扶助金額之全部。屆期未返還者，應依法追繳。

未依前項規定返還費用者，自撤銷之日起5年內，不得再申請第2條之扶助。

第六章　不當勞動行為裁決代理之扶助

第35條　有下列情形之一，得不經主管機關調解程序，申請第2條第6款之扶助：

一、勞工或求職者因工會法第35條規定事由所生爭議，申請不當勞動行為裁決，且非屬有資力者。

二、 工會因工會法第35條規定事由所生爭議，申請不當勞動行為裁決，且非屬有資力者。

前項扶助之申請，有下列情形之一者，不予扶助：

一、 依勞資爭議處理法第41條第1項規定，經不當勞動行為裁決委員會作成不受理之決定。

二、 經審查顯無扶助之必要或申請事項不符本法之扶助目的。

第36條 **不當勞動行為裁決代理酬金扶助標準**如下：

一、 **個別申請者，每案最高4萬元**。但因案件複雜經審核認有必要者，得增至6萬元。

二、 **共同申請者，每案最高10萬元**。但因案件複雜經審核認有必要者，得增至20萬元。

同一不當勞動行為裁決案件，多數申請人個別申請代理酬金扶助，中央主管機關得合併為單一案件，依前項第2款規定辦理。

第37條 不當勞動行為裁決代理酬金扶助之申請，應於提起裁決之日起30日內為之，並應檢具下列文件：

一、申請書。

二、不當勞動行為裁決申請書影本。

三、申請人之資力狀況及相關釋明文件。

四、未獲其他政府機關扶助之切結書。

前項所應檢附之文件有欠缺時，經通知限期補正，屆期未補正者，不予受理。

第38條 受申請人委任之律師應按核定之代理酬金收取費用，不得額外收費。

經核准扶助之案件，受委任之律師應於核准日起30日內，檢具律師委任書、委任律師帳戶及領據，向中央主管機關申請撥款。

第39條 依前條第2項撥款後，經查明申請文件或證明文件有偽造、變造、虛偽不實或失效等情事者，中央主管機關得撤銷核定之扶助，並限期返還已扶助金額之全部。屆期未返還者，應依法追繳。

未依前項規定返還費用者，自撤銷之日起5年內，不得再申請第2條之扶助。

第七章　附則

第40條 准予扶助者，於扶助之相關法律程序終結後30日內，受委任律師或勞工應將扶助結果、判決書、調（和）解筆錄、勞資雙方和解書或仲裁判斷書之影本送達中央主管機關查核。

勞工未依前項規定送達者，必要時中央主管機關得逕行查核。

第41條　基於惡意、不當目的或其他不正當行為領取本辦法各項扶助者，中央主管機關除應撤銷核定之扶助，並限期返還全部已扶助金額外，其涉及刑責者，移送司法機關處理。

　　　　未依前項規定返還費用者，應繼續要求返還，並自撤銷之日起五年內，不得再申請本辦法各項扶助。

第42條　中央主管機關為審核本辦法各項扶助案件，得成立勞資爭議法律及生活費用審核小組（以下簡稱審核小組）。

　　　　前項審核小組置委員3人或5人，由中央主管機關指派1人兼任並擔任召集人，其餘遴聘專家學者擔任之，任期2年。

　　　　審核小組應有委員過半數以上出席始得開會，並依扶助案件之類型、勞動調解進行情況、訴訟標的與複雜程度，決定扶助方式及金額。

　　　　前項委員應親自出席，並應就審核之案件，依行政程序法第32條及第33條規定迴避。

　　　　委員為無給職。但專家學者得依規定支領出席費。

第43條　受中央主管機關委託辦理扶助業務之民間團體，應依扶助案件之類型、勞動調解進行情況、訴訟標的與複雜程度，審核其應扶助之方式及金額。

　　　　依前項規定核准代理酬金扶助者，其委任律師應自受委託團體提供之律師名冊中選任。

第44條　因大量解僱爭議提起訴訟者，依大量解僱勞工訴訟及必要生活費用補助辦法辦理，不適用本辦法。

第45條　本辦法之相關書表格式，由中央主管機關定之。

第46條　本辦法自中華民國109年1月1日施行。

　　　　本辦法修正條文，除中華民國109年11月10日修正發布之第2條、第6條及第3章規定，自110年7月1日施行；110年12月30日修正發布之條文，自111年1月1日施行；111年4月29日修正發布之條文，自111年5月1日施行；112年10月2日修正發布之第3條自113年9月1日施行外，自發布日施行。

勞資會議實施辦法

民國103年4月14日修正發布

第1條　本辦法依勞動基準法第83條規定訂定之。

第2條　**事業單位應依本辦法規定舉辦勞資會議；其事業場所勞工人數在三十**

人以上者，**亦應分別舉辦之**，其運作及勞資會議代表之選舉，準用本辦法所定事業單位之相關規定。

事業單位勞工人數在三人以下者，勞雇雙方為勞資會議當然代表，不受第3條、第5條至第11條及第19條規定之限制。

第3條　勞資會議由勞資雙方同數代表組成，其**代表人數視事業單位人數多寡各為二人至十五人**。但事業單位人數在**一百人以上者，各不得少於五人**。

勞資會議勞方代表得按事業場所、部門或勞工工作性質之人數多寡分配，並分別選舉之。

第4條　勞資會議之資方代表，由事業單位於資方代表任期屆滿前三十日就熟悉業務、勞工情形之人指派之。

第5條　勞資會議之勞方代表，事業單位有結合同一事業單位勞工組織之企業工會者，於該工會會員或會員代表大會選舉之；事業場所有結合同一廠場勞工組織之企業工會者，由該工會會員或會員代表大會選舉之。

事業單位無前項工會者，得依下列方式之一辦理勞方代表選舉：

一、 事業單位自行辦理者，由全體勞工直接選舉之。

二、 事業單位自行辦理，其事業場所有勞資會議者，由事業場所勞工依分配名額就其勞方代表選舉之；其事業場所無勞資會議者，由該事業場所全體勞工依分配名額分別選舉之。

三、 勞工有組織、加入事業單位或事業場所範圍外之企業工會者，由該企業工會辦理，並由全體勞工直接選舉之。

第1項勞方代表選舉，事業單位或其事業場所應於勞方代表任期屆滿前九十日通知工會辦理選舉，工會受其通知辦理選舉之日起逾三十日內未完成選舉者，事業單位應自行辦理及完成勞方代表之選舉。

依前二項規定，由事業單位辦理勞工代表選舉者，應於勞方代表任期屆滿前三十日完成新任代表之選舉。

第6條　事業單位單一性別勞工人數逾勞工人數二分之一者，其當選勞方代表名額不得少於勞方應選出代表總額三分之一。

勞資會議勞方代表之候補代表名額不得超過應選出代表總額。

勞資會議勞方代表出缺時，由候補代表遞補之；其遞補順序不受第一項規定之限制。

第7條　**勞工年滿十五歲，有選舉及被選舉為勞資會議勞方代表之權。**

第8條　**代表雇主行使管理權之一級業務行政主管人員，不得為勞方代表。**

第9條　依第5條辦理選舉者，應於**選舉前十日公告**投票日期、時間、地點及方式等選舉相關事項。

第10條　勞資會議**代表之任期為四年**，勞方代表連選得連任，資方代表連派得連任。

勞資會議代表之任期，自上屆代表任期屆滿之翌日起算。但首屆代表或未於上屆代表任期屆滿前選出之次屆代表，自選出之翌日起算。

資方代表得因職務變動或出缺隨時改派之。勞方代表出缺或因故無法行使職權時，由勞方候補代表依序遞補之。

前項勞方候補代表不足遞補時，應補選之。但資方代表人數調減至與勞方代表人數同額者，不在此限。

勞方候補代表之遞補順序，應依下列規定辦理：

一、事業單位依第3條第2項辦理勞資會議勞方代表分別選舉者，以該分別選舉所產生遞補名單之遞補代表遞補之。

二、未辦理分別選舉者，遞補名單應依選舉所得票數排定之遞補順序遞補之。

第11條　勞資會議代表選派完成後，事業單位應將勞資會議代表及勞方代表候補名單於十五日內報請當地主管機關備查；遞補、補選、改派或調減時，亦同。

第12條　勞資會議代表在會議中應克盡協調合作之精神，以加強勞雇關係，並保障勞工權益。

勞資會議代表應本誠實信用原則，共同促進勞資會議之順利進行，對於會議所必要之資料，應予提供。

勞資會議代表依本辦法出席勞資會議，雇主應給予公假。

雇主或代表雇主行使管理權之人，不得對於勞資會議代表因行使職權而有解僱、調職、減薪或其他不利之待遇。

第13條　勞資會議之議事範圍如下：

一、報告事項

(一)關於上次會議決議事項辦理情形。

(二)關於勞工人數、勞工異動情形、離職率等勞工動態。

(三)關於事業之生產計畫、業務概況及市場狀況等生產資訊。

(四)關於勞工活動、福利項目及工作環境改善等事項。

(五)其他報告事項。

二、討論事項

(一)關於協調勞資關係、促進勞資合作事項。

(二)關於勞動條件事項。

(三)關於勞工福利籌劃事項。

(四) 關於提高工作效率事項。

(五) 勞資會議代表選派及解任方式等相關事項。

(六) 勞資會議運作事項。

(七) 其他討論事項。

三、建議事項

工作規則之訂定及修正等事項，得列為前項議事範圍。

第14條 勞資會議得議決邀請與議案有關人員列席說明或解答有關問題。

第15條 勞資會議得設專案小組處理有關議案、重要問題及辦理選舉工作。

第16條 勞資會議之主席，由勞資雙方代表各推派一人輪流擔任之。但必要時，得共同擔任之。

第17條 勞資會議議事事務，由事業單位指定人員辦理之。

第18條 勞資會議至少每三個月舉辦一次，必要時得召開臨時會議。

第19條 勞資會議應有勞資雙方代表各過半數之出席，協商達成共識後應做成決議；無法達成共識者，其決議應有出席代表四分之三以上之同意。勞資會議代表因故無法出席時，得提出書面意見。

前項勞資會議未出席代表，不列入第1項出席及決議代表人數之計算。

第20條 勞資會議開會通知，事業單位應於會議七日前發出，會議之提案應於會議三日前分送各代表。

第21條 勞資會議紀錄應記載下列事項，並由主席及記錄人員分別簽署：

一、會議屆、次數。　　　二、會議時間。

三、會議地點。　　　　　四、出席、列席人員姓名。

五、報告事項。　　　　　六、討論事項及決議。

七、臨時動議及決議。

前項會議紀錄，應發給出席及列席人員。

第22條 勞資會議之決議，應由事業單位分送工會及有關部門辦理。

勞資雙方應本於誠實信用原則履行前項決議，有情事變更或窒礙難行時，得提交下次會議復議。

第23條 勞資會議之運作及代表選舉費用，應由事業單位負擔。

第24條 本辦法未規定者，依會議規範之規定。

第25條 本辦法自發布日施行。

勞動事件法
112年12月15日修正公布，113年1月8日施行

第一章　總則

第1條　為迅速、妥適、專業、有效、平等處理勞動事件，保障勞資雙方權益及促進勞資關係和諧，進而謀求健全社會共同生活，特制定本法。

第2條　本法所稱勞動事件，係指下列事件：
一、**基於勞工法令、團體協約、工作規則、勞資會議決議、勞動契約、勞動習慣及其他勞動關係所生民事上權利義務之爭議。**
二、**建教生與建教合作機構基於高級中等學校建教合作實施及建教生權益保障法、建教訓練契約及其他建教合作關係所生民事上權利義務之爭議。**
三、**因性別工作平等之違反、就業歧視、職業災害、工會活動與爭議行為、競業禁止及其他因勞動關係所生之侵權行為爭議。**
與前項事件相牽連之民事事件，得與其合併起訴，或於其訴訟繫屬中為追加或提起反訴。

第3條　本法所稱**勞工**，**係指**下列之人：
一、**受僱人及其他基於從屬關係提供其勞動力而獲致報酬之人。**
二、**技術生、養成工、見習生、建教生、學徒及其他與技術生性質相類之人。**
三、**求職者。**
本法所稱雇主，係指下列之人：
一、僱用人、代表雇主行使管理權之人，或依據要派契約，實際指揮監督管理派遣勞工從事工作之人。
二、招收技術生、養成工、見習生、建教生、學徒及其他與技術生性質相類之人者或建教合作機構。
三、招募求職者之人。

第4條　為處理勞動事件，**各級法院應設立勞動專業法庭**（以下簡稱勞動法庭）。但法官員額較少之法院，得僅設專股以勞動法庭名義辦理之。
前項勞動法庭法官，應遴選具有勞動法相關學識、經驗者任之。
勞動法庭或專股之設置方式，與各該法院民事庭之事務分配，其法官之遴選資格、方式、任期，以及其他有關事項，由司法院定之。

第5條　以勞工為原告之勞動事件，勞務提供地或被告之住所、居所、事務所、營業所所在地在中華民國境內者，由中華民國法院審判管轄。
勞動事件之審判管轄合意，違反前項規定者，勞工得不受拘束。

第6條　勞動事件以勞工為原告者，由被告住所、居所、主營業所、主事務所所在地或原告之勞務提供地法院管轄；以雇主為原告者，由被告住所、居所、現在或最後之勞務提供地法院管轄。

前項雇主為原告者，勞工得於為本案言詞辯論前，聲請將該訴訟事件移送於其所選定有管轄權之法院。但經勞動調解不成立而續行訴訟者，不得為之。

關於前項聲請之裁定，得為抗告。

第7條　勞動事件之第一審管轄合意，如當事人之一造為勞工，按其情形顯失公平者，勞工得逕向其他有管轄權之法院起訴；勞工為被告者，得於本案言詞辯論前，聲請移送於其所選定有管轄權之法院，但經勞動調解不成立而續行訴訟者，不得為之。

關於前項聲請之裁定，得為抗告。

第8條　法院處理勞動事件，應迅速進行，依事件性質，擬定調解或審理計畫，並於適當時期行調解或言詞辯論。

當事人應以誠信方式協力於前項程序之進行，並適時提出事實及證據。

第9條　勞工得於期日偕同由工會或財團法人於章程所定目的範圍內選派之人到場為輔佐人，不適用民事訴訟法第76條第1項經審判長許可之規定。

前項之工會、財團法人及輔佐人，不得向勞工請求報酬。

第1項之輔佐人不適為訴訟行為，或其行為違反勞工利益者，審判長得於程序進行中以裁定禁止其為輔佐人。

前項規定，於受命法官行準備程序時準用之。

第10條　受聘僱從事就業服務法第46條第1項第8款至第10款所定工作之外國人，經審判長許可，委任私立就業服務機構之負責人、職員、受僱人或從業人員為其勞動事件之訴訟代理人者，有害於委任人之權益時，審判長得以裁定撤銷其許可。

第11條　因定期給付涉訟，其訴訟標的之價額，以權利存續期間之收入總數為準；期間未確定時，應推定其存續期間。但超過5年者，以5年計算。

第12條　因確認僱傭關係或給付工資、退休金或資遣費涉訟，勞工或工會起訴或上訴，暫免徵收裁判費三分之二。

因前項給付聲請強制執行時，其執行標的金額超過新臺幣20萬元者，該超過部分暫免徵收執行費，由執行所得扣還之。

第13條　工會依民事訴訟法第44條之1及本法第42條提起之訴訟，其訴訟標的金額或價額超過新臺幣100萬元者，超過部分暫免徵收裁判費。

工會依第40條規定提起之訴訟，免徵裁判費。

第14條 勞工符合社會救助法規定之低收入戶、中低收入戶,或符合特殊境遇家庭扶助條例第4條第1項之特殊境遇家庭,其聲請訴訟救助者,視為無資力支出訴訟費用。

勞工或其遺屬因職業災害提起勞動訴訟,法院應依其聲請,以裁定准予訴訟救助。但顯無勝訴之望者,不在此限。

第15條 有關勞動事件之處理,依本法之規定;本法未規定者,適用民事訴訟法及強制執行法之規定。

第二章 勞動調解程序

第16條 勞動事件,除有下列情形之一者外,於起訴前,應經法院行勞動調解程序:

一、 有民事訴訟法第406條第1項第2款、第4款、第5款所定情形之一。

二、 因性別平等工作法第12條所生爭議。

前項事件當事人逕向法院起訴者,視為調解之聲請。

不合於第1項規定之勞動事件,當事人亦得於起訴前,聲請勞動調解。

第17條 **勞動調解事件**,除別有規定外,由**管轄勞動事件之法院管轄**。

第6條第2項、第3項及第7條規定,於勞動調解程序準用之。但勞工聲請移送,應於第一次調解期日前為之。

第18條 **聲請勞動調解及其他期日外之聲明或陳述,應以書狀為之。但調解標的之金額或價額在新臺幣50萬元以下者,得以言詞為之。**

以言詞為前項之聲請、聲明或陳述,應於法院書記官前以言詞為之;書記官應作成筆錄,並於筆錄內簽名。

聲請書狀或筆錄,應載明下列各款事項:

一、 聲請人之姓名、住所或居所;聲請人為法人、機關或其他團體者,其名稱及公務所、事務所或營業所。

二、 相對人之姓名、住所或居所;相對人為法人、機關或其他團體者,其名稱及公務所、事務所或營業所。

三、 有法定代理人者,其姓名、住所或居所,及法定代理人與關係人之關係。

四、 聲請之意旨及其原因事實。

五、 供證明或釋明用之證據。

六、 附屬文件及其件數。

七、 法院。

八、 年、月、日。

聲請書狀或筆錄內宜記載下列各款事項：

一、聲請人、相對人、其他利害關係人、法定代理人之性別、出生年月日、職業、身分證件號碼、營利事業統一編號、電話號碼及其他足資辨別之特徵。

二、有利害關係人者，其姓名、住所或居所。

三、定法院管轄及其適用程序所必要之事項。

四、有其他相關事件繫屬於法院者，其事件。

五、預期可能之爭點及其相關之重要事實、證據。

六、當事人間曾為之交涉或其他至調解聲請時之經過概要。

第19條　相牽連之數宗勞動事件，法院得依聲請或依職權合併調解。

兩造得合意聲請將相牽連之民事事件合併於勞動事件調解，並視為就該民事事件已有民事調解之聲請。

合併調解之民事事件，如已繫屬於法院者，原民事程序停止進行。調解成立時，程序終結；調解不成立時，程序繼續進行。

合併調解之民事事件，如原未繫屬於法院者，調解不成立時，依當事人之意願，移付民事裁判程序或其他程序；其不願移付者，程序終結。

第20條　法院應遴聘就勞動關係或勞資事務具有專門學識、經驗者為勞動調解委員。

法院遴聘前項勞動調解委員時，委員之任一性別比例不得少於遴聘總人數三分之一。

關於勞動調解委員之資格、遴聘、考核、訓練、解任及報酬等事項，由司法院定之。

民事訴訟法有關法院職員迴避之規定，於勞動調解委員準用之。

第21條　**勞動調解，由勞動法庭之法官1人及勞動調解委員2人組成勞動調解委員會行之**。

前項勞動調解委員，由法院斟酌調解委員之學識經驗、勞動調解委員會之妥適組成及其他情事指定之。

勞動調解委員應基於中立、公正之立場，處理勞動調解事件。

關於調解委員之指定事項，由司法院定之。

第22條　調解之聲請不合法者，勞動法庭之法官應以裁定駁回之。但其情形可以補正者，應定期間先命補正。

下列事項，亦由勞動法庭之法官為之：

一、關於審判權之裁定。

二、關於管轄權之裁定。

　　　　　　勞動法庭之法官不得逕以不能調解或顯無調解必要或調解顯無成立之望，或已經其他法定調解機關調解未成立為理由，裁定駁回調解之聲請。

第23條　勞動調解委員會行調解時，由該委員會之法官指揮其程序。

　　　　　　調解期日，由勞動調解委員會之法官，依職權儘速定之；除有前條第1項、第2項情形或其他特別事由外，並應於勞動調解聲請之日起30日內，指定第1次調解期日。

第24條　**勞動調解程序**，除有特別情事外，**應於3個月內以3次期日內終結之**。

　　　　　　當事人應儘早提出事實及證據，除有不可歸責於己之事由外，應於第2次期日終結前為之。

　　　　　　勞動調解委員會應儘速聽取當事人之陳述、整理相關之爭點與證據，適時曉諭當事人訴訟之可能結果，並得依聲請或依職權調查事實及必要之證據。

　　　　　　前項調查證據之結果，應使當事人及知悉之利害關係人有到場陳述意見之機會。

第25條　勞動調解程序不公開。但勞動調解委員會認為適當時，得許就事件無妨礙之人旁聽。

　　　　　　因性別平等工作法第12條所生勞動事件，勞動調解委員會審酌事件情節、勞工身心狀況與意願，認為適當者，得以利用遮蔽或視訊設備為適當隔離之方式行勞動調解。

第26條　勞動調解，經當事人合意，並記載於調解筆錄時成立。

　　　　　　前項調解成立，與確定判決有同一之效力。

第27條　勞動調解經兩造合意，得由勞動調解委員會酌定解決事件之調解條款。

　　　　　　前項調解條款之酌定，除兩造另有約定外，以調解委員會過半數之意見定之；關於數額之評議，意見各不達過半數時，以次多額之意見定之。

　　　　　　調解條款，應作成書面，記明年月日，或由書記官記明於調解程序筆錄。其經勞動調解委員會之法官及勞動調解委員全體簽名者，視為調解成立。

　　　　　　前項經法官及勞動調解委員簽名之書面，視為調解筆錄。

　　　　　　前二項之簽名，勞動調解委員中有因故不能簽名者，由法官附記其事由；法官因故不能簽名者，由勞動調解委員附記之。

第28條　當事人不能合意成立調解時，勞動調解委員會應依職權斟酌一切情形，並求兩造利益之平衡，於不違反兩造之主要意思範圍內，提出解決事件之適當方案。

前項方案，得確認當事人間權利義務關係、命給付金錢、交付特定標
的物或為其他財產上給付，或定解決個別勞動紛爭之適當事項，並應
記載方案之理由要旨，由法官及勞動調解委員全體簽名。

勞動調解委員會認為適當時，得於全體當事人均到場之調解期日，以
言詞告知適當方案之內容及理由，並由書記官記載於調解筆錄。

第1項之適當方案，準用前條第2項、第5項之規定。

第29條　除依前條第3項規定告知者外，適當方案應送達於當事人及參加調解
之利害關係人。

當事人或參加調解之利害關係人，對於前項方案，得於送達或受告知
日後10日之不變期間內，提出異議。

於前項期間內合法提出異議者，視為調解不成立，法院並應告知或通
知當事人及參加調解之利害關係人；未於前項期間內合法提出異議
者，視為已依該方案成立調解。

依前項規定調解不成立者，除調解聲請人於受告知或通知後10日之
不變期間內，向法院為反對續行訴訟程序之意思外，應續行訴訟程
序，並視為自調解聲請時，已經起訴；其於第1項適當方案送達前起
訴者，亦同。以起訴視為調解者，仍自起訴時發生訴訟繫屬之效力。

依前項情形續行訴訟程序者，由參與勞動調解委員會之法官為之。

第30條　調解程序中，勞動調解委員或法官所為之勸導，及當事人所為不利
於己之陳述或讓步，於調解不成立後之本案訴訟，不得採為裁判之
基礎。

前項陳述或讓步，係就訴訟標的、事實、證據或其他得處分之事項成
立書面協議者，當事人應受其拘束。但經兩造同意變更，或因不可歸
責於當事人之事由或依其他情形，協議顯失公平者，不在此限。

第31條　勞動調解委員會參酌事件之性質，認為進行勞動調解不利於紛爭之迅
速與妥適解決，或不能依職權提出適當方案者，視為調解不成立，並
告知或通知當事人。

有前項及其他調解不成立之情形者，準用第29條第4項、第5項之
規定。

第三章　訴訟程序

第32條　**勞動事件，法院應以1次期日辯論終結為原則，第1審並應於6個月內
審結**。但因案情繁雜或審理上之必要者，不在此限。

為言詞辯論期日之準備，法院應盡速釐清相關爭點，並得為下列
處置：

一、命當事人就準備書狀為補充陳述、提出書證與相關物證,必要時並得諭知期限及失權效果。

二、請求機關或公法人提供有關文件或公務資訊。

三、命當事人本人到場。

四、通知當事人一造所稱之證人及鑑定人於言詞辯論期日到場。

五、聘請勞動調解委員參與諮詢。

法院為前項之處置時,應告知兩造。

因性別平等工作法第12條所生勞動事件,法院審酌事件情節、勞工身心狀況與意願,認為適當者,得不公開審判,或利用遮蔽、視訊等設備為適當隔離。

第33條 法院審理勞動事件,為維護當事人間實質公平,應闡明當事人提出必要之事實,並得依職權調查必要之證據。

勞工與雇主間以定型化契約訂立證據契約,依其情形顯失公平者,勞工不受拘束。

第34條 法院審理勞動事件時,得審酌就處理同一事件而由主管機關指派調解人、組成委員會或法院勞動調解委員會所調查之事實、證據資料、處分或解決事件之適當方案。

前項情形,應使當事人有辯論之機會。

第35條 勞工請求之事件,雇主就其依法令應備置之文書,有提出之義務。

第36條 文書、勘驗物或鑑定所需資料之持有人,無正當理由不從法院之命提出者,法院得以裁定處新臺幣3萬元以下罰鍰;於必要時並得以裁定命為強制處分。

前項強制處分之執行,準用強制執行法關於物之交付請求權執行之規定。

第1項裁定,得為抗告;處罰鍰之裁定,抗告中應停止執行。

法院為判斷第1項文書、勘驗物或鑑定所需資料之持有人有無不提出之正當理由,於必要時仍得命其提出,並以不公開方式行之。

當事人無正當理由不從第1項之命者,法院得認依該證物應證之事實為真實。

第37條 勞工與雇主間關於工資之爭執,經證明勞工本於勞動關係自雇主所受領之給付,推定為勞工因工作而獲得之報酬。

第38條 出勤紀錄內記載之勞工出勤時間,推定勞工於該時間內經雇主同意而執行職務。

第**39**條　法院就勞工請求之勞動事件，判命雇主為一定行為或不行為者，得依勞工之請求，同時命雇主如在判決確定後一定期限內未履行時，給付法院所酌定之補償金。

民事訴訟法第222條第2項規定，於前項法院酌定補償金時準用之。

第1項情形，逾法院所定期限後，勞工不得就行為或不行為請求，聲請強制執行。

第**40**條　**工會於章程所定目的範圍內，得對侵害其多數會員利益之雇主，提起不作為之訴。**

前項訴訟，應委任律師代理訴訟。

工會違反會員之利益而起訴者，法院應以裁定駁回其訴。

第1項訴訟之撤回、捨棄或和解，應經法院之許可。

第2項律師之酬金，為訴訟費用之一部，並應限定其最高額，其支給標準，由司法院參酌法務部及中華民國律師公會全國聯合會意見定之。

前4項規定，於第1項事件之調解程序準用之。

第**41**條　工會依民事訴訟法第44條之1第1項為選定之會員起訴，被選定人得於第1審言詞辯論終結前為訴之追加，並求對於被告確定選定人與被告間關於請求或法律關係之共通基礎前提要件是否存在之判決。

關於前項追加之訴，法院應先為辯論及裁判；原訴訟程序於前項追加之訴裁判確定以前，得裁定停止。

第1項追加之訴，不另徵收裁判費。

被選定人於同一事件提起第1項追加之訴，以1次為限。

第**42**條　被選定人依前條第1項為訴之追加者，法院得徵求被選定人之同意，或由被選定人聲請經法院認為適當時，公告曉示其他本於同一原因事實有共同利益之勞工，得於一定期間內以書狀表明下列事項，併案請求：

一、併案請求人、被告及法定代理人。

二、請求併入之事件案號。

三、訴訟標的及其原因事實、證據。

四、應受判決事項之聲明。

其他有共同利益之勞工，亦得聲請法院依前項規定為公告曉示。

依第1項規定為併案請求之人，視為已選定。

被選定人於前條第1項追加之訴判決確定後30日內，應以書狀表明為全體選定人請求之應受判決事項之聲明，並依法繳納裁判費。

前項情形，視為併案請求之人自併案請求時，已經起訴。

關於併案請求之程序，除本法別有規定外，準用民事訴訟法第44條之2規定。

第1項原被選定人不同意者，法院得依職權公告曉示其他共同利益勞工起訴，由法院併案審理。

第43條　工會應將民事訴訟法第44條之1及前條之訴訟所得，扣除訴訟必要費用後，分別交付為選定或視為選定之勞工，並不得請求報酬。

第44條　法院就勞工之給付請求，為雇主敗訴之判決時，應依職權宣告假執行。

前項情形，法院應同時宣告雇主得供擔保或將請求標的物提存而免為假執行。

工會依民事訴訟法第44條之1及本法第42條所提訴訟，準用前二項之規定。

第45條　勞工對於民事訴訟法第44條之1及本法第42條訴訟之判決不服，於工會上訴期間屆滿前撤回選定者，得依法自行提起上訴。

工會於收受判決後，應即將其結果通知勞工，並應於7日內將是否提起上訴之意旨以書面通知勞工。

多數有共同利益之勞工，於在職期間依工會法無得加入之工會者，得選定同一工會聯合組織為選定人起訴。但所選定之工會聯合組織，以於其章程所定目的範圍內，且勞務提供地、雇主之住所、居所、主營業所或主事務所所在地在其組織區域內者為限。

多數有共同利益之勞工，於離職或退休時為同一工會之會員者，於章程所定目的範圍內，得選定該工會為選定人起訴。

民事訴訟法第44條之1第2項、第3項，及本法關於工會依民事訴訟法第44條之1第1項為選定之會員起訴之規定，於第3項、第4項之訴訟準用之。

第四章　保全程序

第46條　勞工依勞資爭議處理法就民事爭議事件申請裁決者，於裁決決定前，得向法院聲請假扣押、假處分或定暫時狀態處分。

勞工於裁決決定書送達後，就裁決決定之請求，欲保全強制執行或避免損害之擴大，向法院聲請假扣押、假處分或定暫時狀態處分時，有下列情形之一者，得以裁決決定代替請求及假扣押、假處分或定暫時狀態處分原因之釋明，法院不得再命勞工供擔保後始為保全處分：

一、裁決決定經法院核定前。

二、雇主就裁決決定之同一事件向法院提起民事訴訟。

前2項情形，於裁決事件終結前，不適用民事訴訟法第529條第1項之規定。裁決決定未經法院核定，如勞工於受通知後30日內就裁決決定之請求起訴者，不適用勞資爭議處理法第50條第4項之規定。

第47條　勞工就請求給付工資、職業災害補償或賠償、退休金或資遣費、勞工保險條例第72條第1項及第3項之賠償與確認僱傭關係存在事件，聲請假扣押、假處分或定暫時狀態之處分者，法院依民事訴訟法第526條第2項、第2項所命供擔保之金額，不得高於請求標的金額或價額之十分之一。

前項情形，勞工釋明提供擔保於其生計有重大困難者，法院不得命提供擔保。

依民事訴訟法第44條之1或本法第42條規定選定之工會，聲請假扣押、假處分或定暫時狀態之處分者，準用前2項之規定。

第48條　勞工所提請求給付工資、職業災害補償或賠償、退休金或資遣費事件，法院發現進行訴訟造成其生計上之重大困難者，應闡明其得聲請命先為一定給付之定暫時狀態處分。

第49條　勞工提起確認僱傭關係存在之訴，法院認勞工有勝訴之望，且雇主繼續僱用非顯有重大困難者，得依勞工之聲請，為繼續僱用及給付工資之定暫時狀態處分。

第1審法院就前項訴訟判決僱傭關係存在者，第2審法院應依勞工之聲請為前項之處分。

前二項聲請，法院得為免供擔保之處分。

法院因勞工受本案敗訴判決確定而撤銷第1項、第2項處分之裁定時，得依雇主之聲請，在撤銷範圍內，同時命勞工返還其所受領之工資，並依聲請附加自受領時起之利息。但勞工已依第1項、第2項處分提供勞務者，不在此限。

前項命返還工資之裁定，得抗告，抗告中應停止執行。

第50條　勞工提起確認調動無效或回復原職之訴，法院認雇主調動勞工之工作，有違反勞工法令、團體協約、工作規則、勞資會議決議、勞動契約或勞動習慣之虞，且雇主依調動前原工作繼續僱用非顯有重大困難者，得經勞工之聲請，為依原工作或兩造所同意工作內容繼續僱用之定暫時狀態處分。

第五章　附則

第51條　除別有規定外，本法於施行前發生之勞動事件亦適用之。

本法施行前已繫屬尚未終結之勞動事件，依其進行程度，由繫屬之法

院依本法所定程序終結之，不適用第16條第2項規定；其已依法定程序進行之行為，效力不受影響。

本法施行前已繫屬尚未終結之勞動事件，依繫屬時之法律或第6條第1項規定，定法院之管轄。

本法施行前已繫屬尚未終結之保全事件，由繫屬之法院依本法所定程序終結之。

第52條　本法施行細則及勞動事件審理細則，由司法院定之。

第53條　本法施行日期，由司法院定之。

勞動事件法施行細則

民國112年8月23日修正發布

第1條　本細則依勞動事件法（以下簡稱本法）第52條規定訂定之。

第2條　本法施行前已繫屬於法院之勞動事件尚未終結者，除第3條情形外，於本法施行後，依下列方式辦理：

一、按其進行程度，依本法所定之程序終結之，不適用本法第16條第2項規定。

二、依繫屬時之法律或本法第6條第1項，定法院之管轄。勞工依本法第6條第2項、第7條聲請移送者，應於本案言詞辯論前為之。

三、裁判費之徵收，依起訴、聲請、上訴或抗告時之法律定之。

前項事件，於本法施行後終結，經上訴或抗告者，適用本法之規定。

第3條　（刪除）

第4條　本法施行前已繫屬於上級審法院之勞動事件尚未終結，於本法施行後經發回或發交者，由勞動專業法庭或專股（以下簡稱勞動法庭）辦理。但應發回或發交智慧財產及商業法院者，不在此限。

第5條　本法施行前，已聲請或視為聲請調解之勞動事件，其調解程序尚未終結者，於施行後仍依民事訴訟法所定調解程序行之。

前項調解不成立，而經當事人依民事訴訟法第419條第1項聲請即為訴訟之辯論者，應即送分案，由勞動法庭依個案情狀妥適處理；其依同條第2項、第3項視為自聲請調解時已經起訴，或依同條第4項規定自原起訴或支付命令聲請時發生訴訟繫屬之效力者，不適用本法第16條第1項規定。

第6條　本法施行前已繫屬之勞動事件，經依民事訴訟法規定移付調解，其調解程序尚未終結者，依民事訴訟法所定調解程序行之；於施行後移付調解者，亦同。

第7條　　　本細則自中華民國109年1月1日施行。
　　　　　本細則修正條文，自發布日施行。

勞動事件審理細則
民國112年8月23日修正發布

第一章　總則

第1條　　　本細則依勞動事件法（以下簡稱本法）第21條第4項、第52條規定訂
　　　　　定之。

第2條　　　本細則所稱勞動事件，依本法第2條第1項規定定之。
　　　　　本法及本細則所稱民事事件，係指前項事件以外之其他民事事件。

第3條　　　**下列事件，由勞動專業法庭（以下簡稱勞動法庭）處理：**
　　　　　一、關於勞動事件之調解、訴訟、保全程序等事件，及其相關裁定
　　　　　**　　事件。**
　　　　　二、勞資爭議處理法之裁決核定事件，及關於同法第59條第1項聲請
　　　　　**　　強制執行之裁定事件。**
　　　　　三、大量解僱勞工保護法之協議核定事件。
　　　　　四、其他法律規定或經司法院指定由勞動法庭辦理之事件。

第4條　　　中華民國一百十二年二月十五日修正公布之智慧財產案件審理法施行
　　　　　前已繫屬於勞動法庭之勞動事件，涉及智慧財產及商業法院組織法第
　　　　　3條第1款、第4款所定之第一審民事事件者，其審理與強制執行，依
　　　　　本法及本細則之規定；本法及本細則未規定者，適用智慧財產案件審
　　　　　理法、智慧財產案件審理細則之規定。

第5條　　　民事事件，其訴訟標的與勞動事件之訴訟標的或攻擊、防禦方法相牽
　　　　　連，而事實證據資料得互為利用，且非專屬其他法院管轄者，得與勞
　　　　　動事件合併起訴，或於勞動事件訴訟繫屬中為追加或提起反訴，由勞
　　　　　動法庭審理。

第6條　　　民事事件訴訟繫屬中，當事人不得追加勞動事件之訴或提起勞動事件
　　　　　之反訴。

第7條　　　勞工起訴或聲請勞動調解之事件，經雇主為合意管轄之抗辯，且法院
　　　　　認當事人間關於管轄之合意，按其情形未顯失公平者，得以裁定移送
　　　　　於當事人以合意所定第一審管轄法院。但雇主不抗辯法院無管轄權而
　　　　　為本案之言詞辯論者，不在此限。

　　　　　　　勞工依本法第6條第2項、第7條第1項後段及第17條第2項規定為移送
　　　　　　　之聲請,應表明所選定之管轄法院。未表明或所選定之法院依法無管
　　　　　　　轄權者,審判長應速定期間命其補正;逾期未補正者,法院應以裁定
　　　　　　　駁回之。

第8條　　勞工依本法第9條第1項規定,於期日偕同輔佐人到場者,應釋明輔
　　　　　　　佐人符合該項所定之資格;未經釋明者,應經審判長或受命法官之
　　　　　　　許可。
　　　　　　　本法第9條第1項規定之工會,不以勞工所屬工會為限。

第9條　　本法第9條第1項之輔佐人,有下列情形之一者,審判長或受命法官
　　　　　　　得於程序進行中以裁定禁止其為輔佐人:
　　　　　　　一、工會、財團法人或輔佐人,有挑唆或包攬訴訟之行為。
　　　　　　　二、工會、財團法人或輔佐人,有向勞工請求報酬、對價、移轉權
　　　　　　　　　利或其他利益之行為。
　　　　　　　三、輔佐人不遵從審判長或受命法官之訴訟指揮,或有其他妨礙程
　　　　　　　　　序進行之行為。
　　　　　　　四、輔佐人不適為訴訟行為或有其他違反勞工利益之行為。
　　　　　　　前項禁止擔任輔佐人之裁定,不得抗告。

第10條　有下列情形之一者,審判長或受命法官得依本法第10條規定,以裁
　　　　　　　定撤銷當事人委任同條所定訴訟代理人之許可:
　　　　　　　一、私立就業服務機構或訴訟代理人,與委任人間有利益衝突。
　　　　　　　二、訴訟代理人不遵從審判長或受命法官之訴訟指揮,或有其他妨
　　　　　　　　　礙程序進行之行為。
　　　　　　　三、私立就業服務機構或訴訟代理人有其他不適訴訟行為或有害於
　　　　　　　　　委任人權益之行為。
　　　　　　　前項撤銷許可之裁定,應送達於委任人,並得告知其得申請法律扶
　　　　　　　助。第1項撤銷許可之裁定,不得抗告。

第11條　工會依民事訴訟法第44條之1及本法第42條規定提起之訴訟,其暫免
　　　　　　　徵收之裁判費依本法第13條第1項定之,不適用本法第12條第1項之
　　　　　　　規定。
　　　　　　　以一訴主張數項標的者,其非屬本法第11條至第13條所列之訴部
　　　　　　　分,應依民事訴訟法相關規定計徵裁判費。

第12條　勞工主張有本法第14條第1項所定符合社會救助法規定之低收入戶、
　　　　　　　中低收入戶,或符合特殊境遇家庭扶助條例第4條第1項之特殊境遇
　　　　　　　家庭之事由,而聲請訴訟救助者,應釋明之。

勞工或工會敗訴，而有民事訴訟法第81條、第82條所定情形者，法院得命勝訴之雇主負擔該訴訟費用之全部或一部。

第二章　勞動調解程序

第13條　勞動事件當事人聲請調解者，應行勞動調解程序；其逕行起訴依法視為調解之聲請者，亦同。

勞動事件訴訟繫屬中依法移付調解者，由原法院、受命法官或受託法官依民事訴訟法所定調解程序處理。

第14條　以一訴主張數項訴訟標的之勞動事件，其一部合於本法第16條第1項規定者，合併起訴事件之全部均應經法院行勞動調解程序。

本法第2條第2項所定合併起訴之事件，其勞動事件部分合於本法第16條第1項之規定者，合併起訴事件之全部均應經法院行勞動調解程序。

第15條　**聲請勞動調解，應向管轄法院提出聲請書狀，或依本法第18條規定以言詞為之，並依民事訴訟法第77條之20所定額數繳納聲請費。**

前項聲請書狀，應記載本法第18條第3項所定事項，並宜記載同條第4項所定事項。

關於本法第18條第3項第4款所定聲請之意旨及其原因事實項下，應記載聲請人之請求、具體之原因事實、為調解標的之法律關係及爭議之情形。

聲請人於聲請書狀內引用所執之文書者，應添具該文書繕本或影本；其僅引用一部分者，得祇具節本，摘錄該部分及其所載年、月、日並作成該文書之人之姓名、名稱及其簽名或蓋章；如文書係相對人所知或浩繁難以備錄者，得祇表明該文書。

聲請人於聲請書狀內引用非其所執之文書或其他證物者，應表明執有人姓名及住居所或保管之機關；引用證人者，應表明該證人姓名、住居所及待證事實。

聲請書狀及其附屬文件，除提出於法院者外，應按勞動調解委員二人及應送達相對人人數提出繕本或影本。

第16條　當事人就數宗勞動事件聲請合併調解，或就勞動事件聲請分別調解者，由法官裁定之。法院依職權為合併調解或分別調解者，亦同。

依前項規定命為合併、分別調解前，應使當事人有陳述意見之機會。

當事人依本法第19條第2項規定，合意聲請將相牽連之民事事件合併於勞動事件調解者，應為合併調解。

勞動調解委員會如認因前項之合併調解，而有本法第31條第1項所定之情形者，得依其規定視為調解不成立。

第17條　依刑事訴訟法第九編規定移送民事庭之附帶民事訴訟,如為勞動事件者,應由勞動法庭處理。

前項情形,其係移送地方法院之第一審事件,且屬依法於起訴前應經法院行勞動調解程序之事件者,應先行勞動調解程序。

第18條　法官應先依勞動調解聲請書狀調查聲請是否合法,並依下列方式處理:

一、無審判權或管轄權者,得依聲請或依職權以裁定移送於有審判權之法院或管轄法院。但無法移送者,應以裁定駁回之。

二、聲請有其他不合法之情形者,應以裁定駁回之。但其情形可以補正者,應定期間先命補正。

三、有民事訴訟法第406條第1項第4款、第5款情形之一者,得逕以裁定駁回其聲請。

以起訴視為調解之聲請而有前項第2款應以裁定駁回之情形者,應改分為勞動訴訟事件後,依民事訴訟法第249條第1項規定,駁回原告之訴。

第19條　勞工依本法第17條第2項準用第6條第2項及第7條第1項規定,聲請移送,而應命補正、移送及駁回,或有其他事項依法應由法官裁定者,由法官以勞動法庭之名義為之。法院組成勞動調解委員會後,亦同。

第20條　**當事人聲請或視為聲請勞動調解**,除有前二條所定情形者外,**勞動法庭法官應儘速指定勞動調解委員二人,共同組成勞動調解委員會。**

前項情形,法官應依個案事件之類型、特徵等具體情形之處理所需,自法院聘任列冊之勞動組、事業組勞動調解委員中,斟酌其智識、經驗之領域、背景等,各指定適當之一人。

依前項規定指定之勞動調解委員,因迴避、解任、死亡或其他情事致不能執行職務者,法官應自該勞動調解委員所屬組別之其他勞動調解委員中,斟酌前項所列事項,指定一人接任。

兩造合意選任組成勞動調解委員會之勞動調解委員者,法官得依其合意指定或更換之。

第21條　就勞動調解事件有利害關係之第三人,經法官許可,得參加勞動調解程序;法官並得將事件通知之,命其參加。

第22條　當事人應於第一次調解期日前儘早提出事實、證據,並為調查證據之必要準備。

當事人對於他造主張或攻擊防禦方法之意見,應儘速或依法官指定之期間提出。

第23條　除有下列情形者外，**法官應於聲請勞動調解或視為聲請勞動調解之日起三十日內，指定第一次調解期日：**
一、有本法第22條第1項、第2項所定情形。
二、為確保於第一次調解期日得為整理相關爭點與證據所需準備之事由。
三、其他特別事由。
第一次調解期日之指定，除應斟酌前項第2款、第3款之情事外，並應斟酌下列情事：
一、當事人於第一次調解期日前需有相當準備期間之必要。
二、為使當事人、勞動調解委員到場之必要。
法官為確認勞動調解委員、當事人到場或為調解必要準備之需要，得命書記官或其他適當之法院所屬人員以便宜方法行之。

第24條　法官應定相當期間命相對人提出答辯狀，及命聲請人就答辯狀提出書面意見或於調解期日以言詞為之。
前項指定之期間，應斟酌聲請人得於第一次調解期日前，對於答辯狀記載內容為合理準備之必要期間，至少應有五日。

第25條　答辯狀宜記載下列事項，提出於法院：
一、對聲請意旨之答辯及其事實理由。
二、對聲請書狀所載原因事實及證據為承認與否之陳述；如有爭執，其理由。
三、供證明用之證據。
四、對聲請書狀所載有利害關係人之意見。
五、對聲請書狀所載定法院管轄及其適用程序所必要事項之意見。
六、對聲請書狀所載有繫屬於法院之其他相關事件之意見。
七、預期可能爭點及其相關之重要事實、證據。
八、當事人間曾為之交涉或其他至提出答辯狀時之經過概要。
第15條第4項、第5項關於聲請人提出聲請書狀之規定，於相對人提出答辯狀時準用之。
相對人提出答辯狀及其附屬文件，應併同提出繕本或影本兩份，並另以繕本或影本直接通知聲請人。

第26條　當事人因補充聲請或答辯，或對於他造之聲請及答辯之陳述，得提出補充書狀，或於調解期日以言詞為之；法官認為必要時，亦得定相當期限命當事人提出補充書狀或於調解期日陳述之。
第15條第4項、第5項關於聲請人提出聲請書狀之規定，於當事人提出補充書狀準用之。

當事人提出補充書狀及其附屬文件，應併同提出繕本或影本兩份，並另以繕本或影本直接通知他造。

第27條 勞動調解聲請書狀、答辯狀及補充書狀，應以簡明文字，逐項分段記載。

第28條 第一次調解期日通知書，應記載第22條第1項、第24條第1項所定之事項，並載明當事人不到場時之法定效果，及應於期日攜帶所用證物。

勞動調解聲請書狀或筆錄及其附屬文件之繕本或影本，應與前項第一次調解期日通知書一併送達於相對人。但已於送達第一次調解期日通知書前先行送達者，不在此限。

第29條 除別有規定外，勞動調解委員會於調解期日，依個案之需求進行下列程序：

一、聽取雙方當事人陳述。

二、整理爭點及證據，並宜使當事人就調解標的、事實、證據或其他得處分之事項與爭點達成協議。

三、第30條、第31條所定事項。

四、適時曉諭當事人訴訟之可能結果。

五、勸導當事人達成調解合意。

六、酌定調解條款。

七、提出適當方案。

前項第4款之曉諭由法官為之，曉諭前應先徵詢勞動調解委員之意見。

第30條 法官應隨時注意行使闡明權，向當事人發問或曉諭，令其為事實上及法律上陳述、聲明證據或為其他確定爭執法律關係所必要之聲明或陳述；其所聲明或陳述有不明瞭或不完足者，令其敘明或補充之。

勞動調解委員告明法官後，得向當事人發問或曉諭。

第31條 勞動調解委員會為審究事件關係及兩造爭議之所在、促成當事人合意解決、酌定調解條款、提出適當方案或其他進行調解之需要，得聽取當事人、具有專門知識經驗或知悉事件始末之人或第三人之陳述，察看現場或調解標的物之狀況，請求第三人提供有關文件或資訊，並得以便宜方法行之。

勞動調解委員會依個案情形認有必要時，得依該事件起訴時所應適用之通常、簡易或小額訴訟程序調查證據。

依前二項規定聽取陳述或訊問證人時，勞動調解委員告明法官後，得向為陳述之人或證人發問。

第1項、第2項處置及調查證據之結果，應使當事人及知悉之利害關係人有到場陳述意見之機會。

第32條 勞動調解委員會為促成調解成立，應視進行情況，本和平懇切之態度，適時對當事人兩造為適當之勸導，就調解事件酌擬平允方案，力謀雙方之和諧。但於進行第29條第1項第1款之程序前，除經當事人同意外，不得為之。

前項勸導向當事人兩造共同為之，必要時得分別為之。

第33條 勞動調解委員會依本法第25條第1項但書規定，或以同條第2項所定方式行勞動調解程序前，應使當事人有陳述意見之機會。

第34條 勞動調解程序不能於調解期日終結者，除有特別情形外，法官應當場指定續行之期日，並向到場當事人、參加調解之利害關係人告知預定於續行期日進行之程序，及於續行之期日前應準備之事項。

書記官應作成續行調解期日之通知書及前項之告知事項書面，送達於未到場之當事人及參加調解之利害關係人。

第35條 當事人就未聲請之事項或第三人參加勞動調解成立者，得為執行名義。

第36條 本法第27條第1項之合意，當事人經他造同意者，得撤回之。但依本法第27條第3項視為調解成立者，不得撤回。

第37條 依本法第28條第1項提出之適當方案，應記載下列事項：
一、 當事人、參加調解之利害關係人之姓名及住所或居所；為法人、其他團體或機關者，其名稱及公務所、事務所或營業所。
二、 有法定代理人、代理人者，其姓名、住所或居所。
三、 勞動調解事件。
四、 適當方案。
五、 理由。
六、 年、月、日。
七、 法院。
理由項下，應記載作成適當方案理由之要領；如有必要，得合併記載爭執之事實。
依本法第28條第3項以言詞告知適當方案之理由，準用前項規定。

第38條 逾本法第29條第2項所定不變期間，始對於適當方案提出異議者，法院應將其情形通知提出異議之當事人或參加調解之利害關係人。但已有其他當事人或參加調解之利害關係人合法提出異議者，不在此限。

第39條　勞動調解聲請人依本法第29條第4項為反對續行訴訟之意思者,法院應將其情形通知其他當事人及參加調解之利害關係人。但於調解期日當場為之者,法院無庸通知到場之人。

逾本法第29條第4項所定不變期間,始為反對續行訴訟之意思者,法院應將其情形通知勞動調解聲請人,無庸為前項之通知。

以起訴視為調解之聲請者,如因本法第29條第3項規定視為調解不成立,應續行訴訟程序。

前項情形,如原告向法院為反對續行訴訟程序之意思者,無庸為第1項之通知;對於是否為訴之撤回有疑義時,審判長或受命法官應闡明之。

第40條　依本法第31條第1項視為調解不成立者,應作成書面,記明事由及年月日,或由書記官記明於調解程序筆錄,並由勞動調解委員會法官及勞動調解委員簽名。

前項情形,應告知或通知當事人及參加調解之利害關係人。

第41條　本法第31條第1項之視為調解不成立,及同條第2項之其他調解不成立之情形,準用第39條規定。

第42條　當事人及參加調解之利害關係人,因天災或其他不應歸責於己之事由,遲誤本法第29條第2項所定提出異議之不變期間者,得依民事訴訟法第164條、第165條規定,聲請回復原狀。

第43條　以起訴視為勞動調解之聲請者,如已繳納裁判費,於調解成立後,法院應依當事人之聲請,將原繳納之裁判費扣除應繳勞動調解聲請費之三分之一後退還當事人。

第44條　民事訴訟法第419條第1項至第3項規定,於勞動調解程序不適用之。但調解聲請人於調解不成立之期日,當場拋棄本法第29條第4項、第31條第2項所定反對續行訴訟權者,仍適用民事訴訟法第419條第1項規定。

民事訴訟法第436條之12規定,於勞動調解程序不適用之。但有下列情形之一者,不在此限:

一、 調解聲請人於調解不成立之期日,當場拋棄本法第29條第4項、第31條第2項所定反對續行訴訟權。

二、 以起訴視為勞動調解之聲請。

第45條　書記官應作勞動調解程序筆錄,記載下列事項:

一、 勞動調解之處所及年、月、日。

二、 法官、勞動調解委員及書記官姓名。

三、勞動調解事件。

四、到場當事人、法定代理人、代理人、輔佐人、利害關係人及其他經通知到場之人姓名。

五、依本法第25條第1項規定許為旁聽之人姓名，及依同條第2項規定以隔離方式行勞動調解。

第46條　前條筆錄內，應記載勞動調解進行之要領，並將下列各款事項，記載明確：

一、攻擊防禦方法之撤回。

二、證據之聲明或捨棄。

三、爭點及證據整理之結果。

四、當事人就調解標的、事實、證據或其他得處分之事項成立之協議。

五、依法應記載筆錄之其他聲明或陳述。

六、證人或鑑定人之陳述及勘驗所得之結果。

七、當事人成立調解之合意。

八、依本法第27條第3項規定記明之調解條款。

九、勞動調解委員會以言詞告知之適當方案與理由要旨。

十、勞動調解委員會依本法第31條第1項視為調解不成立及其事由。

十一、聲請人於調解期日撤回勞動調解聲請。

十二、於期日拋棄反對續行訴訟權。

除前項所列外，當事人所為重要聲明或陳述，及經曉諭而不為聲明或陳述之情形，法官得命記載於勞動調解程序筆錄。

第47條　勞動調解程序筆錄或所引用附卷之文書及作為附件之文書內所記載前條第1項事項，應依聲請於行勞動調解程序處所向關係人朗讀或令其閱覽，並於筆錄內附記其事由。

第48條　除別有規定外，法官及書記官應於勞動調解程序筆錄內簽名；法官因故不能簽名者，由勞動調解委員共同簽名；法官及勞動調解委員均不能簽名者，僅由書記官簽名；書記官不能簽名者，由法官或勞動調解委員簽名，並均應附記其事由。

勞動調解程序筆錄記載下列事項之一者，勞動調解委員應於筆錄內簽名：

一、本法第27條第3項所定由書記官記明於筆錄之調解條款。

二、本法第28條第3項所定之適當方案。

三、本法第31條第1項所定視為調解不成立。

前項簽名，勞動調解委員中有因故不能簽名者，由法官附記其事由。

第49條　記載第46條第1項第4款所定事項之勞動調解筆錄，經當事人兩造簽名者，亦屬本法第30條第2項所定之書面協議。

前項情形，法官應於兩造簽名前，先向兩造曉諭本法第30條第2項之效力。

第50條　有合併調解、經當事人及參加調解利害關係人同意續行調解、案情繁雜或有其他特別情事者，不受本法第24條第1項所定終結期限與期日次數之限制。

第51條　聲請人撤回勞動調解聲請者，書記官應通知相對人及參加調解之利害關係人。但於調解期日到場並受告知者，不在此限。

勞動調解經撤回後，其合併調解之民事事件，依本法第19條第3項、第4項關於調解不成立規定處理。

第三章　訴訟程序

第52條　勞動事件調解不成立續行訴訟程序者，依該事件應適用之通常、簡易或小額訴訟程序繼續審理。

前項訴訟事件應徵收之裁判費如未繳足，或以所繳勞動調解聲請費扣抵仍有不足者，由審判長限期命原告補正。

代理人於勞動調解程序中已提出委任書者，於續行之第一審訴訟程序中無庸再行提出。

第53條　法院審理勞動事件，應依職權調查有無勞資爭議處理法第42條第1項所定應停止訴訟程序之情形。

第54條　勞動事件逕向法院起訴者，宜於訴狀內表明其具有本法第16條第1項第1款、第2款所定事由，並添具釋明其事由之證據。

第55條　法院為本法第32條第2項第1款所定處置者，就當事人應提出之攻擊防禦方法，及提出之期限與逾期提出所生之失權效果，應為特定、具體內容之曉諭。

第56條　依本法第32條第2項第5款規定，聘請參與諮詢之勞動調解委員，不以參與同事件勞動調解程序者為限。

最高法院、高等法院及其分院得聘請轄區內地方法院聘任之勞動調解委員參與前項諮詢。

第57條　法院審理勞動事件，依職權調查必要之證據時，應令當事人有陳述意見之機會。

第58條　本法第34條第1項得審酌之事實、證據資料、處分或解決事件之適當方案，不包括當事人於勞動調解程序中所為不利於己之陳述或讓步。但本法第30條第2項之書面協議，不在此限。

第**59**條　勞工聲明書證,係使用雇主依法令應備置之文書者,得聲請法院命雇主提出。

前項情形,法院認應證之事實重要,且勞工之聲請正當者,應以裁定命雇主提出。

法院依本法第33條第1項規定,得依職權命雇主提出依法令應備置之文書。

第**60**條　第4條事件涉及智慧財產權部分,有智慧財產案件審理法第34條第4項情形,法院不得開示該文書、勘驗物或鑑定所需資料。但為聽取訴訟關係人之意見而有向其開示之必要者,不在此限。

前項但書情形,法院於開示前,應通知文書、勘驗物或資料之持有人,持有人於受通知之日起十四日內聲請對受開示者發秘密保持命令者,於聲請裁定確定前,不得開示。

第**61**條　法院依本法第36條第5項規定,認依該證物應證之事實為真實者,於裁判前應令當事人有辯論之機會。

第**62**條　雇主否認本法第37條及第38條之推定者,應提出反對證據證明之。

第**63**條　勞工依本法第39條第1項為補償金之請求者,應表明請求之具體金額及其事由,並宜表明雇主履行一定行為或不行為之具體期限。

前項請求之訴,其訴訟標的價額,依民事訴訟法第77條之2第1項但書規定計算之。

法院准許第1項之請求,應斟酌所命雇主為一定行為或不行為延滯履行對勞工即無實益之一切情形,定其履行期限。

第**64**條　法院就本法第39條第1項補償金之請求,應與命雇主為一定行為或不行為之請求同時裁判。

第**65**條　法院依本法第39條第1項判命雇主給付補償金確定後,於判決所定之履行期限內,勞工僅得就行為或不行為請求聲請強制執行。

雇主逾前項期限未履行或未經執行完畢者,勞工僅得就補償金請求聲請強制執行,不得就行為或不行為請求聲請強制執行或繼續執行。

第**66**條　雇主逾法院所定期限後,經勞工同意履行行為或不行為請求者,勞工不得就補償金請求聲請強制執行或繼續執行。

第**67**條　本法第40條第1項所稱之會員,以自然人會員為限。

工會就本法第40條第1項訴訟成立調解,應經法院之許可。於勞動調解程序中成立調解者,應經勞動調解委員會之許可。

本法第40條第1項訴訟,法院應公告之,並將訴訟事件及進行程度以書面通知已知悉之其他具相同起訴資格之其他工會。

前項情形，應於法院之公告處或網站公告。

其他具本法第40條第1項所定起訴資格之工會，得依法追加為原告或參加訴訟。

第68條 本法第40條第5項之律師酬金，其數額由法院於每審級終局裁判時，另以裁定酌定之；訴訟不經裁判而終結者，法院應於為訴訟費用之裁判時，併予酌定之。

第69條 法院依本法第41條第2項規定裁定停止原訴訟程序者，不妨礙依民事訴訟法為證據保全之裁定。

本法第41條第1項追加之訴確定後，法院就停止原訴訟程序之裁定，得依聲請或依職權撤銷之。

第70條 依本法第42條第1項規定併案請求之勞工，不以被選定人之會員為限。

第71條 本法第43條所定工會，不得向選定或視為選定之勞工請求報酬、對價、移轉權利或其他任何利益。

第72條 法院應依本法第44條第2項規定職權宣告免為假執行而未為宣告者，依民事訴訟法第394條規定以判決補充之。

第73條 勞工就民事訴訟法第44條之1或本法第42條之訴訟撤回選定者，其撤回應以文書證之。

勞工不服前項訴訟之裁判，撤回選定而自行上訴或抗告，其未提出前項證明者，法院應定期間命其補正。逾期未補正，駁回其上訴或抗告。

第74條 應行勞動調解程序之勞動事件，第二審法院不得以第一審法院未行勞動調解程序而廢棄原判決。

第75條 暫免徵收部分裁判費之勞動事件，經撤回起訴、上訴、成立和解或調解者，當事人所得聲請退還之裁判費，以所繳裁判費超過原應徵收裁判費之三分之一部分為限。

第76條 勞動事件於訴訟繫屬中，法官宜隨時依訴訟進行程度鼓勵兩造合意移付調解。

前項情形，得自法院聘任之勞動調解委員中，依個案需求酌選適當之人為調解委員先行調解，俟至相當程度，再報請法官共同行之。

高等法院及其分院得自轄區內地方法院聘任之勞動調解委員中，酌選適當之人為前項調解委員。

第四章　保全程序

第77條　本法第46條所定之勞工向法院聲請假扣押、假處分或定暫時狀態處分，其保全之請求，以勞工依勞資爭議處理法規定向主管機關申請裁決之民事爭議事件之請求為限。

本法第46條第2項所定代替釋明之裁決，以聲請保全之請求經裁決決定之部分為限。

勞工所為本法第46條第1項之聲請，於法院作成裁定前，提出裁決決定書者，適用本法第46條第2項規定；其提起抗告後始提出者，亦同。

第78條　裁決決定書未經法院核定者，雇主得聲請法院撤銷假扣押、假處分或定暫時狀態處分之裁定。但勞工於受未經法院核定之通知後三十日內，已就裁決決定之請求起訴者，不在此限。

法院為前項撤銷裁定前，應使勞工有陳述意見之機會。

第79條　勞工為本法第47條第1項之聲請，就請求或爭執法律關係及保全之原因未為釋明者，雖經釋明提供擔保於其生計有重大困難，法院仍應裁定駁回之。

第80條　本法第49條規定，於雇主提起確認僱傭關係不存在之訴者，亦有適用。

勞工為本法第49條之聲請，就其本案訴訟有勝訴之望，且雇主繼續僱用非顯有重大困難，應釋明之。

法院為本法第49條第4項之裁定前，應使當事人有陳述意見之機會。

第81條　勞工為本法第50條之聲請者，就雇主調動勞工之工作，有違反勞工法令、團體協約、工作規則、勞資會議決議、勞動契約或勞動習慣之虞，且雇主依調動前原工作繼續僱用非顯有重大困難，應釋明之。

法院依本法第50條規定所為之定暫時狀態處分，以依原工作或兩造所同意工作內容繼續僱用為限。

勞工與雇主依本法第50條規定所同意之工作內容，應以書狀提出於法院。但於期日，得以言詞向法院或受命法官為之。

第五章　附則

第82條　勞動事件，依法律移由司法事務官處理者，應以勞動法庭名義辦理之。

第83條　本細則自中華民國109年1月1日施行。

本細則修正條文，除中華民國112年8月23日修正發布之條文自112年8月30日施行外，自發布日施行。

05 就業安全類

本章依據出題頻率區分，屬：**A** 頻率高

焦點透視

就業安全是以保障國民從年滿15歲可以從事勞動的那一刻開始，到退出勞動市場的退休那一刻為止，保障其在工作生命週期中，能獲得就業的安全保障，主要法令有就業服務法、職業訓練法及就業保險法等三項，準備上比較容易。其中，中高齡者及高齡者就業促進法及相關子法，亦請多加留意。另，111年4月開始推動藍領移工的留任久用方案，亦請多加留意。

主題一　就業服務法

民國112年5月10日修正公布

一、公布日期

最近修正於112年5月10日。

二、就業服務主管機關之職掌

(一)**中央主管機關掌理事項如下：**
　1.全國性國民就業政策、法令、計畫及方案之訂定。
　2.全國性就業市場資訊之提供。
　3.就業服務作業基準之訂定。
　4.全國就業服務業務之督導、協調及考核。
　5.雇主申請聘僱外國人之許可及管理。
　6.辦理下列仲介業務之私立就業服務機構之許可、停業及廢止許可：
　　(1)仲介外國人至中華民國境內工作。
　　(2)仲介香港或澳門居民、大陸地區人民至臺灣地區工作。
　　(3)仲介本國人至臺灣地區以外之地區工作。
　7.其他有關全國性之國民就業服務及促進就業事項。

(二)直轄市、縣（市）主管機關掌理事項如下：
 1. 就業歧視之認定。
 2. 外國人在中華民國境內工作之管理及檢查。
 3. 仲介本國人在國內工作之私立就業服務機構之許可、停業及廢止許可。
 4. 前項第6款及前款以外私立就業服務機構之管理。
 5. 其他有關國民就業服務之配合事項。

三、公立就業服務機構之服務項目

(一)為求職人及雇主申請求職、求才登記。
(二)推介之求職人為生活扶助戶者，其為應徵所需旅費，得酌予補助。
(三)蒐集、整理、分析其義務區域內之薪資變動、人力供需及未來展望等資料，提供就業市場資訊。
(四)為協助國民選擇職業或職業適應，應提供就業諮詢。
(五)協助學校辦理學生職業輔導工作，並協同推介畢業學生就業或參加職業訓練及就業後輔導工作。
(六)輔導缺乏工作知能之求職人就業，得推介其參加職業訓練；對職業訓練結訓者，應協助推介其就業。
(七)對申請失業給付者，應推介其就業或參加職業訓練。

四、促進就業的對象

主管機關對下列自願就業人員，應訂定計畫，致力促進其就業：
(一)獨力負擔家計者。　　(二)中高齡者（45～65歲）。
(三)身心障礙者。　　　　(四) 原住民。
(五)低收入戶或中低收入戶中有工作能力者。
(六)長期失業者。　　　　(七)二度就業婦女。
(八)家庭暴力被害人。　　(九)更生受保護人。
(十)其他經中央主管機關認為有必要者。

五、輔導身心障礙者就業的措施

為輔導身心障礙者就業，給予必要的協助措施如：
(一)實施適應訓練，以協助其適應工作環境。

(二)協助工作適應，在推介就業後，辦理追蹤訪問工作。

(三)被雇主資遣時，應由事業單位迅即通報，並依其能力與意願，協助其再就業。

六、私立就業服務機構之服務項目

私立就業服務機構得經營下列就業服務業務：

(一)職業介紹或人才仲介業務。

(二)接受委託招募員工。

(三)協助國民釐定生涯發展計畫之就業諮詢或職業心理測驗。

(四)其他經中央主管機關指定之就業服務事項。

七、私立就業服務機構或從業人員不得之行為

(一)辦理仲介業務，未依規定與雇主或求職人簽訂書面契約。

(二)為不實之廣告或揭示。

(三)違反求職人意思，留置其國民身分證、工作憑證或其他證明文件。

(四)扣留求職人財物或收取推介就業保證金。

(五)要求、期約或收受規定標準以外之費用，或其他不正利益。

(六)行求、期約或交付不正利益。

(七)仲介求職人從事違背公共秩序或善良風俗工作。

(八)接受委任辦理聘僱外國人之申請許可、招募、引進或管理事項，提供不實資料或健康檢查檢體。

(九)辦理就業服務業務有恐嚇、詐欺、侵占或背信情事。

(十)違反雇主之意思，留置許可文件或其他相關文件。

(十一)對主管機關規定之報表，未依規定填寫或填寫不實。

(十二)未依規定辦理變更登記、停業申報或換發、補發證照。

(十三)未依規定揭示私立就業服務機構許可證、收費項目及金額明細表、就業服務專業人員證書。

(十四)經主管機關處分停止營業，其期限尚未屆滿即自行繼續營業。

(十五)辦理就業服務業務，未善盡受任事務，致雇主違反本法或依本法所發布之命令。

(十六)租借或轉租私立就業服務機構許可證或就業服務專業人員證書。

(十七)接受委任引進之外國人入國三個月內發生行蹤不明之情事，並於一年內達一定之人數及比率者。

(十八)對求職人或受聘僱外國人有性侵害、人口販運、妨害自由、重傷害或殺人行為。

(十九)知悉受聘僱外國人疑似遭受雇主、被看護者或其他共同生活之家屬、雇主之代表人、負責人或代表雇主處理有關勞工事務之人為性侵害、人口販運、妨害自由、重傷害或殺人行為，而未於二十四小時內向主管機關、入出國管理機關、警察機關或其他司法機關通報。

(二十)其他違反本法或依本法所發布之命令。

八、得聘僱外國人在臺工作之對象

雇主聘僱外國人在中華民國境內從事之工作，除本法另有規定外，以下列各款為限：

(一)專門性或技術性之工作。

(二)華僑或外國人經政府核准投資或設立事業之主管。

(三)下列學校教師：

　1. 公立或經立案之私立大專以上校院或外國僑民學校之教師。

　2. 經立案之私立國民中學之合格外國語文課程教師。

　3. 公立或已立案私立實驗高級中等學校雙語部或雙語學校之學科教師。

(四)依補習及教育進修法立案之短期補習班之專任外國語文教師。

(五)運動教練及運動員。

(六)宗教、藝術及演藝工作。

(七)商船、工作船及其他經交通部特許船舶之船員。

(八)海洋漁撈工作。

(九)家庭幫傭及看護工作。

(十)為因應國家重要建設工程或經濟社會發展需要，經中央主管機關指定之工作。

(十一)其他因工作性質特殊，國內缺乏該項人才，在業務上確有聘僱外國人從事工作之必要，經中央主管機關專案核定者。

> **NOTE**
>
> 外國勞工來台工作，無論在期間及工作內容上，均有詳細規範。

九、外國人在臺工作的期限

藍領外國人在臺工作許可之期間,累計不超過12年,但從事家庭看護工作之外國人,經專業訓練或自力學習有特殊表現,符合中央主管機關所定之資格、條件者,其在中華民國境內工作期間累計不得逾14年。

> **NOTE**
>
> 外國人來台工作,必須由雇主提出申請。

十、就業安定費之繳納規定

雇主聘僱外國人從事第43條第1項第8款至第10款規定之工作應向中央主管機關設置之特種基金專戶繳納就業安定費,作為加強辦理促進國民就業、提升勞工福祉及處理有關外國人聘僱管理事務之用。

安定費之數額及該基金收支、保管及運用辦法,由中央主管機關會同相關機關定之。

> **NOTE**
>
> 就業安定費係由聘僱外勞的雇主按月繳納,做為促進本國國民就業所需的費用。

雇主聘僱外國人從事就業服務法第 46 條第 1 項第 8 款至第 10 款規定之工作應繳納就業安定費數額表修正規定

工作類別及分類		雇主聘僱外國人每人每月（日）繳納數額
海洋漁撈工作	屬漁船船員工作	1,900元（每日63元）
	屬海洋箱網養殖漁撈工作	2,500元（每日83元）
家庭幫傭工作	由本國人申請	5,000元（每日167元）但所聘僱外國人依外國人從事就業服務法第四十六條第一項第八款至第十一款工作資格及審查標準（以下簡稱審查標準）第8條第1項第2款規定接受入國講習者,自入國第4日起繳納。

工作類別及分類			雇主聘僱外國人每人每月（日）繳納數額
家庭幫傭工作	由外國人申請		10,000元 （每日333元） 但所聘僱外國人依審查標準第8條第1項第2款規定接受入國講習者，自入國第4日起繳納。
製造工作	屬一般製造業、製造業重大投資傳統產業（非高科技）、特定製程及特殊時程產業		2,000元 （每日67元）
	屬製造業特定製程產業（其他產業）	提高外國人核配比率5%以下	5,000元 （每日167元）
		提高外國人核配比率超過5%至10%以下	7,000元 （每日233元）
		提高聘僱外國人之比率符合下列規定之一者： 一、外國人核配比率超過10%至15%以下 二、屬審查標準第28條或第30條規定，且外國人核配比率超過15%	9,000元 （每日300元）
		提高外國人核配比率超過15%	11,000元 （每日367元）
	屬製造業重大投資非傳統產業（高科技）		2,400元 （每日80元）
	屬製造業特定製程產業及新增投資案（高科技）	提高外國人核配比率5%以下	5,400元 （每日180元）
		提高外國人核配比率超過5%至10%以下	7,400元 （每日247元）
		提高外國人核配比率超過10%	9,400元 （每日313元）
	屬審查標準第25條之1接續聘僱外國人之雇主	提高外國人核配比率5%以下	2,000元 （每日67元）

工作類別及分類			雇主聘僱外國人每人每月（日）繳納數額
外展製造工作	雇主尚未指派外國人至服務契約履行地		2,000元（每日67元）
	外展製造服務契約履行地屬製造業特定製程或特殊時程產業	服務契約履行地使用外國人名額，未提高外國人核配比率	2,000元（每日67元）
		服務契約履行地使用外國人名額，屬提高外國人核配比率5%以下	5,000元（每日167元）
		服務契約履行地使用外國人名額，屬提高外國人核配比率超過5%至10%以下	7,000元（每日233元）
		服務契約履行地使用外國人名額，屬提高外國人核配比率超過10%至15%以下	9,000元（每日300元）
		服務契約履行地使用外國人名額，屬提高外國人核配比率超過15%	11,000元（每日367元）
屠宰工作	領有屠宰場登記證書之屠宰場		2,000元（每日67元）
	領有屠宰場登記證書之屠宰場	提高外國人核配比率5%以下	5,000元（每日167元）
		提高外國人核配比率超過5%至10%以下	7,000元（每日233元）
		提高外國人核配比率超過10%	9,000元（每日300元）
營造工作	屬一般營造工作		1,900元（每日63元）

工作類別及分類			雇主聘僱外國人每人每月（日）繳納數額
營造工作	屬公共工程或民間重大經建工程工作		3,000元（每日100元）
	屬符合營造業法規定，經中央目的事業主管機關認定已承攬在建工程，且符合審查標準第47條之1附表9之1規定之雇主		3,500元（每日117元）
	屬符合營造業法規定，經中央目的事業主管機關認定已承攬在建工程，且符合審查標準第47條之1附表9之1規定之雇主	提高外國人核配比率5%以下	6,500元（每日217元）
		提高外國人核配比率超過5%至10%以下	8,500元（每日283元）
機構看護工作	長期照顧機構、養護機構、安養機構、財團法人社會福利機構、護理之家機構、慢性醫院或設有慢性病床、呼吸照護病床之綜合醫院、醫院、專科醫院		2,000元（每日67元）
家庭看護工作	被看護者或雇主為依社會救助法所核定之低收入戶或中低收入戶		免繳
	被看護者或雇主為依老人福利法授權訂定之中低收入老人生活津貼發給辦法，領有老人生活津貼者		免繳
	被看護者或雇主為依身心障礙者權益保障法授權訂定之身心障礙者生活補助費發給辦法，屬低收入戶、中低收入戶或符合家庭總收入及財產標準領有生活補助者		免繳
	被看護者或雇主非具以上身分		2,000元（每日67元）但所聘僱外國人依審查標準第8條第1項第2款規定接受入國講習者，自入國第4日起繳納。

工作類別及分類			雇主聘僱外國人每人每月（日）繳納數額
外展看護工作	屬依法設立或登記之財團法人、非營利社團法人或其他以公益為目的之團體，且最近一年內曾受地方主管機關委託辦理居家照顧服務者		2,000元（每日67元）
農糧工作、林業工作、養殖漁業工作、畜牧工作、禽畜糞堆肥工作及其他經中央主管機關會商中央目的事業主管機關指定之農、林、牧或養殖漁業產業工作	農糧工作、林業工作、養殖漁業工作、畜牧工作、禽畜糞堆肥工作		2,000元（每日67元）
	一、農糧工作：雇主為具備農民身分之自然人或農民團體或具備經營事實之事業單位 二、林業工作：雇主為具備農民身分之自然人或農民團體或具備經營事實之事業單位 三、養殖漁業工作：雇主為法人者 四、畜牧工作：雇主為法人者 五、禽畜糞堆肥工作：雇主為法人者	提高外國人核配比率百分之五以下	5,000元（每日167元）
外展農務工作	屬農會、漁會、農林漁牧有關之合作社或非營利組織		2,000元（每日67元）
適用於所有工作類別	一、本表依就業服務法第55條第2項規定訂定之。 二、繳納數額以新臺幣元為單位；繳納數額有小數點者，以小數點後第一位四捨五入計算。 三、雇主所聘僱外國人於聘僱許可期間，至我國大專校院在職進修製造、營造、農業、長期照顧等副學士以上相關課程或就讀相關課程推廣教育學分班，每學期達9學分以上，且雇主未依審查標準第33條之1規定，申請核准再提高聘僱外國人比率5%者，其於外國人進修期間之就業安定費，按本表每人每月繳納數額減半計收。 四、依前點減半計收期間，外國人因休退學、轉換雇主或工作等事由而廢止聘僱許可，致外國人進修期間或聘僱許可有效期間未滿1個月者，該月就業安定費繳納數額，依外國人進修日數，按本表每日繳納數額減半計收。		

十一、雇主聘僱外國人應有的限制及作為

(一)**書面通報**：雇主對聘僱之外國人，有下列情事之一，應於3日內以書面通知當地主管機關及警察機關：

1. 連續曠職三日失去聯繫者。
2. 僱傭關係消滅者。

(二)**雇主不得有下列行為**：

1. 聘僱未經許可、許可失效或他人所申請聘僱之外國人。
2. 以本人名義聘僱外國人為他人工作。
3. 指派所聘僱之外國人從事許可以外之工作。
4. 未經許可，指派所聘僱從事第46條第1項第8款至第10款規定工作之外國人變更工作場所。
5. 未依規定安排所聘僱之外國人接受健康檢查或未依規定將健康檢查結果函報衛生主管機關。
6. 因聘僱外國人致生解僱或資遣本國勞工之結果。
7. 對所聘僱之外國人以強暴脅迫或其他非法之方法，強制其從事勞動。
8. 非法扣留或侵占所聘僱外國人之護照、居留證件或財物。
9. 其他違反本法或依本法所發之命令。

(三)**核發之許可**：雇主聘僱外國人從事第46條第1項第8款至第11款規定之工作，有下列情事之一者，中央主管機關應不予核發招募許可、聘僱許可或展延聘僱許可之一部或全部；其已核發招募許可者，得中止引進：

1. 於外國人預定工作之場所有第10條規定之罷工或勞資爭議情事。
2. 於國內招募時，無正當理由拒絕聘僱公立就業服務機構所推介之人員或自行前往求職者。
3. 聘僱之外國人行蹤不明或藏匿外國人達一定人數或比率。
4. 曾非法僱用外國人工作。
5. 曾非法解僱本國勞工。
6. 因聘僱外國人而降低本國勞工勞動條件，經當地主管機關查證屬實。
7. 聘僱之外國人妨害社區安寧秩序，經依社會秩序維護法裁處。
8. 曾非法扣留或侵占所聘僱外國人之護照、居留證件或財物。
9. 所聘僱外國人遣送出國所需旅費及收容期間之必要費用，經限期繳納屆期不繳納。

10. 於委任招募外國人時,向私立就業服務機構要求、期約或收受不正利益。
11. 於辦理聘僱外國人之申請許可、招募、引進或管理事項,提供不實或失效資料。
12. 刊登不實之求才廣告。
13. 不符申請規定經限期補正,屆期未補正。
14. 違反本法或依第48條第2項、第3項、第49條所發布之命令。
15. 違反職業安全衛生法規定,致所聘僱外國人發生死亡、喪失部分或全部工作能力,且未依法補償或賠償。
16. 其他違反保護勞工之法令情節重大者。

前項第3款至第16款規定情事,以申請之日前2年內發生者為限。

第3款之人數、比率,由中央主管機關公告之。

十二、外國人可轉換雇主之情事

外國人受聘僱從事第46條第1項第8款至第11款規定之工作,有下列情事之一者,經中央主管機關核准,得轉換雇主或工作:
(一)雇主或被看護者死亡或移民者。
(二)船舶被扣押、沉沒或修繕而無法繼續作業者。
(三)雇主關廠、歇業或不依勞動契約給付工作報酬經終止勞動契約者。
(四)其他不可歸責於受聘僱外國人之事由者。

十三、私立就業服務機構的種類

私立就業服務機構,依其設立目的分為營利就業服務機構及非營利就業服務機構,其定義如下:
(一)**營利就業服務機構**:謂依公司法所設立之公司或依商業登記法所設立之商業組織,從事就業服務業者。
(二)**非營利就業服務機構**:謂依法設立之財團或公益社團,從事就業服務業務者。

十四、私立就業服務機構收取介紹費之規定

私立就業服務機構向求職、求才者收取介紹費，應於聘僱契約生效後始得為之。

(一)聘僱契約生效後40日內，因可歸責於求職人之事由，致聘僱契約終止者，雇主得請求私立就業服務機構免費重行推介一次，或退還50%之介紹費。

(二)聘僱契約生效後40日內，因可歸責於雇主之事由，致聘僱契約終止者，求職人得請求私立就業服務機構免費重行推介1次，或退還50%之介紹費。

(三)求職人或雇主已繳付登記費者，得請求原私立就業服務機構於6個月內推介3次，但經推介於聘僱契約生效或求才期限屆滿者，不在此限。

十五、私立就業服務機構專業人員設置規定

私立就業服務機構就業服務專業人員之數額如下：

(一)從業人員人數在5人以上者，應置就業服務專業人員至少1人。

(二)從業人員人數在6人以上10人以下者，應置就業服務專業人員至少2人。

(三)從業人員人數逾10人者，應置就業服務專業人員至少3人，並自第11人起，每逾10人應另增置就業服務專業人員1人。

十六、私立就業服務機構推介就業不得之行為

私立就業服務機構，受理求職登記或推介就業，不得有下列情形：

(一)推介15歲以上未滿16歲之童工，及16歲以上未滿18之人從事危險性或有害性之工作。

(二)受理未滿15歲者之求職登記或為其推介就業。但國民中學畢業或經主管機關認定其工作性質及環境無礙其身心健康者，不在此限。

(三)推介未滿18歲且未具備法定代理人同意書及其年齡證明文件者就業。

十七、私立就業服務機構就業服務專業人員不得有之行為

就業服務專業人員不得有下列行為：

(一)就業服務專業人員證書租借他人使用，或同時為二家以上私立就業服務機構之專業人員。

(二)從事就業服務工作，有違反本法或依本法所發布之命令情事。

(三)從事就業服務，有恐嚇、詐欺、背信、侵占等違法情事。

(四)參加測驗所繳文件有虛偽不實情事。

主題二　中高齡者及高齡者就業促進法

民國113年7月31日修正公布，113年12月4日施行

一、重點內容

(一)**禁止年齡歧視**：中高齡者及高齡者就業主要面臨年齡歧視、社會刻板印象等問題，因此訂定「禁止年齡歧視」專章，禁止雇主因年齡因素歧視求職或受僱之中高齡者及高齡者。

(二)**放寬高齡者適用相關獎補助**：如職訓生活津貼、僱用獎助、跨域就業補助、臨工津貼及創業貸款利息補貼等。

(三)**新增繼續僱用、僱用退休高齡者傳承經驗補助，及補助提供退休準備及再就業協助措施**：鼓勵雇主持續僱用或聘用退休高齡者傳承經驗，及協助退休人員適應退休生活。

(四)**強化現行就業促進措施**：另為協助中高齡者及高齡者續留職場，透過推動職務再設計、職業訓練、創業輔導等措施協助在職、失業及退休之中高齡者及高齡者就（創）業，促進世代交流與合作。

(五)**放寬雇主以定期契約僱用高齡者**：因應65歲以上勞工需求，放寬雇主以定期契約僱用65歲以上高齡者，增加勞僱雙方彈性，並運用獎補助提高雇主僱用誘因。

(六)**推動銀髮人才服務**：整合中央與地方政府資源共同推動銀髮人才服務，設立銀髮人才服務中心或據點，宣導倡議中高齡及高齡人力運用及延緩退休，開發短期性、臨時性、部分工時等工作機會，並建置退休人才資料庫促進退休人力再運用。

二、在職中高齡者及高齡者穩定就業措施

(一)**職業訓練之補助**：雇主指派所僱用之中高齡者或高齡者參加外部職業訓練，得申請訓練費用最高70%之補助。

(二)**職務再設計與就業輔具之補助**：雇主為協助中高齡及高齡者排除工作障礙，得申請職務再設計或提供就業輔具之補助，每人每年以新臺幣10萬元為限。

(三)**世代合作之輔導及獎勵**：獎勵雇主得透過同一工作分工合作及調整內容等方法，使所僱用之中高齡者與高齡者與差距年齡達15歲以上之受僱者共同工作。

(四)**繼續僱用之補助**

　1.**補助條件**：雇主繼續僱用符合勞動基準法第54條第1項第1款規定之受僱者，達其所僱用符合該規定總人數之30%。僱用達6個月以上，且不低於原有薪資者。

　2.**補助期間及額度**：前6個月每月1萬3千元，第7-18個月每月1萬5千元；或前6個月每小時70元，第7-18個月每小時80元。

　3.由中央主管機關每年公告受理次一年度之申請案件。

三、失業中高齡者及高齡者就業促進措施

(一)**職業訓練補助**

　1.中高齡及高齡失業者參加本部主辦、委託或補助辦理之職業訓練課程，全額補助訓練費用，並準用就業促進津貼實施辦法發給職業訓練生活津貼。

　2.因應高齡者之身心特性及未來就業型態開設「高齡者職業訓練專班」。

　3.放寬雇主辦理符合本法適用對象資格之失業者職業訓練最低開班人數為5人，惟訓練時數不得低於80小時。

(二)**創業貸款利息補貼**

　1.中高齡及高齡失業者得辦理創業貸款，前2年利息全額補貼，利息補貼最高貸款額度200萬元。

　2.中高齡及高齡失業者與29歲以下青年共同創業，提供最長7年之利息補貼。前3年利息全額補貼；第4年起自行負擔年息1.5%利息，差額由中央主管機關補貼。

(三)**跨域就業補助**

1. 求職交通補助金：500元，1年4次。
2. 搬遷補助金：3萬元。
3. 租屋補助：租金之6成，不超過5千元，最高補助12個月。
4. 異地就業交通補助金：依距離每月1至3千元，補助12個月。

(四)**臨時工作津貼**：失業之中高齡者及高齡者，親自向公立就業服務機構辦理求職登記，經就業諮詢及推介就業，得指派其至用人單位從事臨時性工作，並按每小時基本工資核給臨時工作津貼，每月最高核給不得超過每月之基本工資，最長以6個月為限。

(五)**職場學習及再適應津貼**

1. 失業之中高齡者及高齡者，親自向公立就業服務機構辦理求職登記，經評估後，推介至用人單位進行職場學習及再適應，發給職場學習及再適應津貼。
2. 津貼按每小時基本工資核給，且每月最高核給津貼不超過每月基本工資，最長3個月，經評估同意後得延長至6個月。

(六)**僱用獎助**：雇主僱用由公立就業服務機構或受託單位推介失業之中高齡者及高齡者連續滿30日，發給僱用獎助，最長發給12個月：

1. 中高齡者：每月1萬3千元（或每小時70元）。
2. 高齡者：每月1萬5千元（或每小時80元）。

四、退休中高齡者及高齡者再就業措施

(一)補助雇主對達勞動基準法第54條第1項第1款強制退休前1年之中高齡者提供協助措施：

1. 辦理勞工退休準備及調適之課程、團體活動、個別諮詢、資訊、文宣。同一雇主每年最高補助50萬元。
2. 辦理勞工退休後再就業之職涯發展、就業諮詢、創業諮詢、職業訓練。同一雇主每年最高補助50萬元。

(二)補助雇主僱用依法退休之高齡者傳承專業技術及經驗

1. 補助講師鐘點費、非自有場地費、其他必要費用。
2. 每位受僱用之高齡者每年最高補助雇主新臺幣10萬元，每位雇主每年最高補助50萬元。

主題三　職業訓練法

民國104年7月1日修正公布

一、職業訓練的界定及其目的

「職業訓練」依「職業訓練法」第3條規定，是指對未就業國民所實施之職前訓練及對已就業國民所實施之在職訓練；實施方式，分養成訓練、技術生訓練、轉業訓練及進修訓練。

至於目的則在於培養國家建設技術人力，提高工作技能，促進國民就業。

二、職業訓練機構的種類

職業訓練機構包括下列三類：

(一)政府機關設立者。

(二)事業機構、學校或社團法人等團體附設者。

(三)以財團法人設立者。

NOTE

技術生有如早期所稱的學徒，為避免被欺壓，而在職業訓練法中予以規範。

三、職業訓練的實施方式

職業訓練的實施計分別採養成訓練、技術生訓練、進修訓練及轉業訓練等方式行之：

(一)**養成訓練**：養成訓練，係對15歲以上或國民中學畢業之國民，所實施有系統之職業訓練。

養成訓練，由職業訓練機構辦理。

(二)**技術生訓練**：技術生訓練，係事業機構為培養其基層技術人力，招收15歲以上或國民中學畢業之國民，所實施之訓練。

(三)**進修訓練**：進修訓練，係為增進在職技術員工專業技能與知識，以提高勞動生產力所實施之訓練。

進修訓練，由事業機構自行辦理，委託辦理或指派其參加國內外相關之專業訓練。

(四)**轉業訓練**：轉業訓練，係為職業轉換者獲得轉業所需之工作技能與知識，所實施之訓練。

轉業訓練，由職業訓練機構辦理。

主題四　就業保險法

民國111年1月12日修正公布

一、立法與實施日期

91年5月15日公布,最近修正於111年1月12日。

二、宗旨

提昇勞工就業技能,促進就業,保障勞工職業訓練及失業一定期間之基本生活。

將88年1月1日起實施的失業保險給付由現行勞工保險體系脫離並單獨立法,並將消極的救助失業,改為積極的促進就業。

三、保險人

勞工保險局。

基於精減原則,本保險業務利用勞工保險局現有資源辦理,可免除人力、物力、組織與設備重複設置之浪費情形。

四、被保險人

年滿15歲以上,65歲以下,受僱之本國籍勞工,應以其雇主或所屬機構為投保單位,參加本保險為被保險人。

但下列人員不得參加本保險:
(一)依法應參加公教人員保險或軍人保險者。
(二)已領取勞工保險老年給付或公教人員保險養老給付者。
(三)受僱於依法免辦登記且無核定課稅或依法免辦登記且無統一發票購票證之雇主或機構者。
(四)受僱於二個以上雇主者,得擇一參加本保險。

五、保險費率

被保險人當月月投保薪資1~2%。

保險費率採彈性費率制，施行初期之保險費率，基於不增加勞資雙方保費及政府財政負擔之原則，定為1%，同時將被保險人之勞工保險普通事故保險費率扣除1%，意指原勞保被保險人保費不增加。

六、保險給付

(一)失業給付。　　　　　　　　　(二) 提早就業獎助津貼。
(三)職業訓練生活津貼。　　　　　(四) 留職停薪育嬰津貼。
(五)失業之被保險人及隨同被保險人辦理加保眷屬全民健康保險保險費補助。

七、保險給付之請領條件

(一)**失業給付**：被保險人於非自願離職辦理退保當日前3年內，保險年資合計滿1年以上，具有工作能力及繼續工作意願，向公立就業服務機構辦理求職登記，自求職登記之日起14日內仍無法推介就業或安排職業訓練。
(二)**提早就業獎助津貼**：符合失業給付請領條件，於失業給付請領期限屆滿前受僱工作，並參加本保險3個月以上。
(三)**職業訓練生活津貼**：被保險人非自願離職，向公立就業服務機構辦理求職登記，經公立就業服務機構安排參加全日制職業訓練。
(四)**育嬰留職停薪津貼**：被保險人之保險年資合計滿1年以上，子女滿3歲前，依性別平等工作法之規定，辦理育嬰留職停薪。
　　被保險人因定期契約屆滿離職，逾1個月未能就業，且離職前1年內，契約期間合計滿6個月以上者，視為非自願離職，並準用前項之規定。
　　本法所稱非自願離職，指被保險人因投保單位關廠、遷廠、休業、解散、破產宣告離職；或因勞動基準法第11條、第13條但書、第14條及第20條規定各款情事之一離職。
　　申請人對公立就業服務機構推介之工作，有下列各款情事之一而不接受者，仍得請領失業給付：
　1. 工資低於其每月得請領之失業給付數額。
　2. 工作地點距離申請人日常居住處所30公里以上。

八、保險給付之內容

(一)**失業給付**：按申請人離職辦理本保險退保之當月起前六個月平均月投保

薪資60%按月發給,最長發給6個月。但申請人離職辦理本保險退保時已年滿45歲或領有社政主管機關核發之身心障礙證明者,最長發給9個月。又中央主管機關於經濟不景氣致大量失業或其他緊急情事時,於審酌失業率及其他情形後,得延長前項之給付期間最長至9個月,必要時得再延長之,但最長不得超過12個月。但延長給付期間不適用第13條及第18條之規定。

依規定領滿給付期間者,自領滿之日起2年內再次請領失業給付,其失業給付以發給原給付期間之二分之一為限。且領滿失業給付之給付期間者,本保險年資應重行起算。

被保險人非自願離職退保後,於請領失業給付或職業訓練生活津貼期間,有受其扶養之眷屬者,每一人按申請人離職辦理本保險退保之當月起前6個月平均月投保薪資10%加給給付或津貼,最多計至20%。

(二)**提早就業獎助津貼**:符合失業給付請領條件,於失業給付請領期限屆滿前受僱工作,並依規定參加本保險為被保險人滿3個月以上者,得申請按其尚未請領之失業給付金額之50%,一次發給。

(三)**職業訓練生活津貼**:參加全日制職業訓練,於受訓期間,每月依退保之當月起前6個月平均月投保薪資60%發給,最長發給6個月。

又被保險人於失業期間另有工作,其每月工作收入超過基本工資者,不得請領失業給付;其每月工作收入未超過基本工資者,其該月工作收入加上失業給付之總額,超過其平均月投保薪資80%部分,應自失業給付中扣除。但總額低於基本工資者,不予扣除。

(四)**育嬰留職停薪津貼**:以被保險人育嬰留職停薪之當月起前6個月平均月投保薪資60%計算,於被保險人育嬰留職停薪期間,按月發給津貼,每一子女合計最長發給6個月。於同時撫育子女2人以上之情形,以發給1人為限。(110年7月1日起政府加發20%補助,合併發給,無須另行申請)

九、申請流程

檢附離職(或定期契約)證明文件及國民身分證(或其他足資證明身分之證件)親自向公立就業服務機構辦理求職登記、申請失業認定及接受就業諮詢,並填寫失業認定、失業給付申請書及給付收據。

十、基金運用

基金經勞保監理委員會通過，可以對公債、庫券、公司債進行投資，並可買賣短期票券。

十一、保險人之行政經費

以保險費收入預算總額的55%上限編列（屬純保險費）。

十二、罰則

條文	內容	內容
第36條	以詐欺或其他不正當行為領取保險給付或為虛偽之證明、報告、陳述者	按其領取之保險給付處以2倍罰鍰外，並應依民法請求損害賠償；其涉及刑責者，移送司法機關辦理。
第37條	勞工違反本法規定不參加就業保險及辦理就業保險手續	處新臺幣1千5百元以上7千5百元以下罰鍰。
第38條	投保單位不依本法之規定辦理加保手續	自應加保之日起，至參加保險之日止應負保險費金額10倍罰鍰。
第38條	投保單位違反第7條規定者	處新臺幣1萬元以上5萬元以下罰鍰。
第38條	投保單位將投保薪資金額以多報少或以少報多者	自事實發生之日起，按其短報或多報之保險費金額，處以4倍罰鍰，其溢領之給付金額，經保險人通知限期返還，屆期未返還者，依法移送強制執行，並追繳其溢領之給付金額。勞工因此所受損失，應由投保單位賠償之。
第38條	投保單位經依規定加徵滯納金至應納費額1倍後	民國98年3月31日修正之條文施行前，其應繳之保險費仍未向保險人繳納，且未經保險人處以罰鍰或處以罰鍰而未執行者，不再裁處或執行。

主題五 就業保險促進就業實施辦法
民國112年6月29日修正發布

一、發布日期

99年5月3日發布施行，最近修正於112年6月29日。

二、法源

就業保險法第12條第4項。

三、促進就業措施

(一)僱用安定措施。

(二)僱用獎助措施。

(三)其他促進就業措施：

　1.補助求職交通、異地就業之交通、搬遷及租屋費用。

　2.推介從事臨時工作。

　3.辦理適性就業輔導。

　4.協助雇主改善工作環境及勞動條件。

　5.促進職場勞工身心健康、工作與生活平衡。

　6.促進職業災害勞工穩定就業。

　7.提升工會保障勞工就業權益之能力。

　8.促進中高齡者及高齡者就業。

　9.協助受天災、事變或其他重大情事影響之勞工就業。

四、僱用安定措施

(一)啟動諮詢會議討論

　1.中央主管機關因景氣因素影響，致勞雇雙方協商減少工時，經評估有必
　　要時，得召開僱用安定措施諮詢會議，辦理僱用安定措施。

　2.諮詢會議置委員15人至21人，任期3年，任一性別比例，不得低於全體委
　　員人數之三分之一。

　3.諮詢會議得參採下列資料，就僱用安定措施啟動時機、辦理期間、被保
　　險人薪資補貼期間、適用對象及其他相關事項提出諮詢意見：

(1)事業單位受景氣因素影響情形。

(2)各行業發展情形及就業狀況。

(3)實施減班休息事業單位家數及人數。

(4)失業率。

(5)資遣通報人數。

(6)其他辦理僱用安定措施之資料。

4. 辦理期間，最長12個月。但中央主管機關於評估無辦理必要時，得於前項辦理期間屆滿前，公告終止。

5. 薪資補貼

(1)資格條件

被保險人領取薪資補貼，應符合下列規定：

A.於辦理僱用安定措施期間內，經被保險人與雇主協商同意實施減班休息期間達30日以上，並依因應事業單位實施勞雇雙方協商減少工時相關規定辦理。

B.實施減班休息前，以現職雇主為投保單位參加就業保險達3個月以上。

C.屬全時勞工，或有固定工作日（時）數或時間之部分時間工作勞工。

D.未具請領薪資補貼之事業單位代表人、負責人、合夥人、董事或監察人身分。

(2)發給內容

公立就業服務機構應依下列規定，發給被保險人薪資補貼：

A.按被保險人於實施減班休息日前1個月至前3個月之平均月投保薪資，與實施減班休息後實際協議薪資差額之50%發給。但被保險人於現職單位受僱未滿3個月者，依其於現職單位實際參加就業保險期間之平均月投保薪資計算。

B.前款實施減班休息後實際協議薪資，最低以中央主管機關公告之每月基本工資數額核算。但庇護性就業之身心障礙者及部分工時勞工，不在此限。

C.每月不得超過勞工保險投保薪資分級表所定最高月投保薪資，與中央主管機關公告每月基本工資差額之50%。

D.薪資補貼金額採無條件進位方式計算至百位數。

五、僱用獎助措施

(一) **發給僱用獎助推介卡**：公立就業服務機構或受託單位受理下列失業勞工求職登記，經就業諮詢無法推介就業者，得發給僱用獎助推介卡：
1. 失業期間連續達30日以上之特定對象（年滿45歲至65歲失業者、身心障礙者、長期失業者、獨力負擔家計者、原住民、生活扶助戶中有工作能力者、更生受保護人、家庭暴力及性侵害被害人、其他經中央主管機關認為有必要者）。
2. 失業期間連續達3個月以上。

(二) **發給僱用獎助**：雇主僱用公立就業服務機構或受託單位發給僱用獎助推介卡之失業勞工，連續滿30日，由公立就業服務機構發給僱用獎助。發給標準如下表所示：

薪酬核計方式	對象	每月發給金額
按月計酬	失業期間連續達30日以上的年滿45歲至65歲失業者、身心障礙者、長期失業者	13,000元
	失業期間連續達30日以上的獨力負擔家計者、原住民、低收入戶或中低收入戶中有工作能力者、更生受保護人、家庭暴力及性侵害被害人、二度就業婦女、其他經中央主管機關認為有必要者	11,000元
	失業期間連續達3個月以上的失業者	9,000元
按月計酬以外的方式	失業期間連續達30日以上的年滿45歲至65歲失業者、身心障礙者、長期失業者	每人每小時70元，每月最高13,000元
	失業期間連續達30日以上的獨力負擔家計者、原住民、低收入戶或中低收入戶中有工作能力者、更生受保護人、家庭暴力及性侵害被害人、二度就業婦女、其他經中央主管機關認為有必要者	每人每小時60元，每月最高11,000元
	失業期間連續達3個月以上的失業者	每人每小時50元，每月最高9,000元

六、促進就業措施

(一)補助交通與搬遷及租屋費用

1. 求職交通補助金

(1)**資格條件**：失業被保險人親自向公立就業服務機構辦理求職登記，經公立就業服務機構諮詢及開立介紹卡推介就業，有下列情形之一者，得發給求職交通補助金：

A.其推介地點與日常居住處所距離30公里以上。

B.為低收入戶或中低收入戶。

(2)**發給標準**：每人每次發給新臺幣500元。但情形特殊者，得於新臺幣1,250元內核實發給。每人每年度求職交通補助金以4次為限。

2. 異地就業交通補助金

(1)**資格條件**：失業被保險人親自向公立就業服務機構辦理求職登記，經諮詢及開立介紹卡推介就業，並符合下列情形者，得向就業當地轄區之公立就業服務機構申請核發異地就業交通補助金：

A.失業期間連續達3個月以上或非自願性離職。

B.就業地點與原日常居住處所距離30公里以上。

C.因就業有交通往返之事實。

D.連續30日受僱於同一雇主。

(2)**發給標準**：異地就業交通補助金依下列規定核發：

A.勞工就業地點與原日常居住處所距離30公里以上未滿50公里者，每月發給新臺幣1千元。

B.勞工就業地點與原日常居住處所距離50公里以上未滿70公里者，每月發給新臺幣2千元。

C.勞工就業地點與原日常居住處所距離70公里以上者，每月發給新臺幣3千元。

最長發給12個月。

3. 搬遷補助金

(1)**資格條件**：失業被保險人親自向公立就業服務機構辦理求職登記，經諮詢及開立介紹卡推介就業，並符合下列情形者，得向就業當地轄區之公立就業服務機構申請核發搬遷補助金：

A.失業期間連續達3個月以上或非自願性離職。

B.就業地點與原日常居住處所距離30公里以上。

C.因就業而需搬離原日常居住處所，搬遷後有居住事實。

D.就業地點與搬遷後居住處所距離30公里以內。

E.連續30日受僱於同一雇主。

(2)**發給標準**：搬遷補助金以搬遷費用收據所列總額核實發給，最高發給新臺幣3萬元。

4. **租屋補助金**

(1)**資格條件**：失業被保險人親自向公立就業服務機構辦理求職登記，經諮詢及開立介紹卡推介就業，並符合下列情形者，得向就業當地轄區之公立就業服務機構申請核發租屋補助金：

A.失業期間連續達3個月以上或非自願性離職。

B.就業地點與原日常居住處所距離30公里以上。

C.因就業而需租屋，並有居住事實。

D.就業地點與租屋處所距離30公里以內。

E.連續30日受僱於同一雇主。

(2)**發給標準**：租屋補助金自就業且租賃契約所記載之租賃日起，以房屋租賃契約所列租金總額之60%核實發給，每月最高發給新臺幣5000元，最長12個月。

(二)**推介從事臨時工作並領取臨時工作津貼**

1. **資格條件**：公立就業服務機構受理失業被保險人之求職登記，經就業諮詢及推介就業，有下列情形之一，公立就業服務機構得指派其至政府機關（構）或合法立案之非營利團體（以下合稱用人單位）從事臨時工作：

(1)於求職登記日14日內未能推介就業。

(2)有正當理由無法接受推介工作。

2. **發給標準**：按中央主管機關公告之每小時基本工資核給，且1個月合計不超過月基本工資，最長6個月。失業被保險人2年內合併領取前項津貼、依就業促進津貼實施辦法領取之臨時工作津貼或政府機關其他同性質津貼，最長6個月。

(三)**辦理適性就業輔導**：公立就業服務機構受理失業被保險人之求職登記，辦理下列適性就業輔導事項：

1.職涯規劃。　　　　　　　　　　2.職業心理測驗。

3.團體諮商。　　　　　　　　　　4.就業觀摩。

(四)**協助雇主改善工作環境及勞動條件**：中央主管機關為協助雇主改善工作環境，促進勞工就業，得辦理下列事項：

1. 工作環境、製程及設施之改善。
2. 人因工程之改善及工作適性安排。
3. 工作環境改善之專業人才培訓。
4. 強化勞動關係與提升勞動品質之研究及發展。
5. 其他工作環境改善事項。

(五)**職場勞工身心健康及生活平衡**：中央主管機關為促進職場勞工身心健康，得協助並促進雇主辦理下列事項：

1. 工作相關疾病預防。
2. 健康管理及促進。
3. 勞工健康服務專業人才培訓。
4. 其他促進職場勞工身心健康事項。

(六)**促進職業災害勞工穩定就業**：中央主管機關為促進職業災害勞工穩定就業，得辦理下列事項：

1. 職業災害勞工重返職場之補助。
2. 雇主僱用或協助職業災害勞工復工之獎助。
3. 其他促進職業災害勞工穩定就業措施。

(七)**提升工會保障勞工就業權益能力**：中央主管機關為提升工會保障勞工就業權益之能力，得辦理下列事項：

1. 工會簽訂團體協約及進行勞雇對話之獎補助。
2. 工會參與事業單位經營管理之補助。
3. 工會協助勞工組織結社之補助。
4. 工會辦理就業權益教育訓練之補助。
5. 其他提升工會保障勞工就業權益能力之措施。

(八)**促進中高齡者及高齡者就業**：中央主管機關為協助中高齡者及高齡者就業，得辦理下列事項：

1. 職務再設計。
2. 繼續僱用補助。
3. 其他有關就業協助事項。

(九)**協助受影響勞工就業**：中央主管機關對受天災、事變或其他重大情事影響之勞工，得辦理下列事項：

1. 穩定就業協助。
2. 重返職場協助。
3. 其他有關就業協助事項。

｜相關法規｜

就業服務法
民國112年5月10日修正公布

第一章　總則

第1條　為促進國民就業，以增進社會及經濟發展，特制定本法；本法未規定者，適用其他法律之規定。

第2條　本法用詞定義如下：
一、就業服務：指協助國民就業及雇主徵求員工所提供之服務。
二、就業服務機構：指提供就業服務之機構；其由政府機關設置者，為公立就業服務機構；其由政府以外之私人或團體所設置者，為私立就業服務機構。
三、雇主：指聘、僱用員工從事工作者。
四、中高齡者：指年滿**四十五歲**至**六十五歲**之國民。
五、長期失業者：指連續失業期間達**一年**以上，且辦理勞工保險退保當日前**三年**內，保險年資合計滿**六個月**以上，並於最新**一個月**內有向公立就業服務機構辦理求職登記者。

第3條　國民有選擇職業之自由。但為法律所禁止或限制者，不在此限。

第4條　國民具有工作能力者，接受就業服務一律平等。

第5條　為保障國民就業機會平等，雇主對求職人或所僱用員工，不得以種族、階級、語言、思想、宗教、黨派、籍貫、出生地、性別、性傾向、年齡、婚姻、容貌、五官、身心障礙或以往工會會員身分為由，予以歧視；其他法律有明文規定者，從其規定。

雇主招募或僱用員工，不得有下列情事：
一、為不實之廣告或揭示。
二、違反求職人或員工之意思，留置其國民身分證、工作憑證或其他證明文件，或要求提供非屬就業所需之隱私資料。

三、 扣留求職人或員工財物或收取保證金。

四、 指派求職人或員工從事違背公共秩序或善良風俗之工作。

五、 辦理聘僱外國人之申請許可、招募、引進或管理事項，提供不實資料或健康檢查檢體。

六、 提供職缺之經常性薪資未達新臺幣四萬元而未公開揭示或告知其薪資範圍。

第6條 本法所稱主管機關：在中央為勞動部；在直轄市為直轄市政府；在縣（市）為縣（市）政府。

中央主管機關應會同行政院原住民委員會辦理相關原住民就業服務事項。

中央主管機關掌理事項如下：

一、 全國性國民就業政策、法令、計畫及方案之訂定。

二、 全國性就業市場資訊之提供。

三、 就業服務作業基準之訂定。

四、 全國就業服務業務之督導、協調及考核。

五、 **雇主申請聘僱外國人之許可及管理**。

六、 辦理下列仲介業務之私立就業服務機構之許可、停業及廢止許可：

(一) 仲介外國人至中華民國境內工作。

(二) 仲介香港或澳門居民、大陸地區人民至臺灣地區工作。

(三) 仲介本國人至臺灣地區以外之地區工作。

七、 其他有關全國性之國民就業服務及促進就業事項。

直轄市、縣（市）主管機關掌理事項如下：

(一) **就業歧視之認定**。

(二) 外國人在中華民國境內工作之管理及檢查。

(三) 仲介本國人在國內工作之私立就業服務機構之許可、停業及廢止許可。

(四) 前項第6款及前款以外私立就業服務機構之管理。

(五) 其他有關國民就業服務之配合事項。

第7條 主管機關得遴聘勞工、雇主、政府機關之代表及學者專家，研議、諮詢有關就業服務及促進就業等事項；其中勞工、雇主及學者專家代表，不得少於二分之一。

前項代表單一性別，不得少於三分之一。

第8條 主管機關為增進就業服務工作人員之專業知識及工作效能，應定期舉辦在職訓練。

第9條　　　就業服務機構及其人員，對雇主與求職人之資料，除推介就業之必要外，不得對外公開。

第10條　　在依法罷工期間，或因終止勞動契約涉及勞方多數人權利之勞資爭議在調解期間，就業服務機構不得推介求職人至該罷工或有勞資爭議之場所工作。

前項所稱勞方多數人，係指事業單位勞工涉及勞資爭議達**十人**以上，或雖未達十人而占該勞資爭議場所員工人數**三分之一**以上者。

第11條　　主管機關對推動國民就業有卓越貢獻者，應予獎勵及表揚。

前項獎勵及表揚之資格條件、項目、方式及其他應遵行事項之辦法，由中央主管機關定之。

第二章　政府就業服務

第12條　　主管機關得視業務需要，在各地設置公立就業服務機構。

直轄市、縣（市）轄區內原住民人口達**二萬人**以上者，得設立因應原住民族特殊文化之原住民公立就業服務機構。

前兩項公立就業服務機構設置準則，由中央主管機關定之。

第13條　　公立就業服務機構辦理就業服務，以**免費**為原則。但接受雇主委託招考人才所需之費用，得向雇主收取之。

第14條　　公立就業服務機構對於求職人及雇主申請求職、求才登記，不得拒絕。但其申請有違反法令或拒絕提供為推介就業所需之資料者，不在此限。

第15條　　（刪除）

第16條　　公立就業服務機構應蒐集、整理、分析其業務區域內之薪資變動、人力供需及未來展望等資料，提供就業市場資訊。

第17條　　公立就業服務機構對求職人應先提供就業諮詢，再依就業諮詢結果或職業輔導評量，推介就業、職業訓練、技能檢定、創業輔導、進行轉介或失業認定及轉請核發失業給付。

前項服務項目及內容，應作成紀錄。

第1項就業諮詢、職業輔導及其他相關事項之辦法，由中央主管機關定之。

第18條　　公立就業服務機構與其業務區域內之學校應密切聯繫，協助學校辦理學生職業輔導工作，並協同推介畢業學生就業或參加職業訓練及就業後輔導工作。

第19條　公立就業服務機構為輔導缺乏工作知能之求職人就業，得推介其參加職業訓練；對職業訓練結訓者，應協助推介其就業。

第20條　公立就業服務機構對申請就業保險失業給付者，應推介其就業或參加職業訓練。

第三章　促進就業

第21條　政府應依就業與失業狀況相關調查資料，策訂人力供需調節措施，促進人力資源有效運用及國民就業。

第22條　中央主管機關為促進地區間人力供需平衡並配合就業保險失業給付之實施，應建立全國性之就業資訊網。

第23條　中央主管機關於經濟不景氣致大量失業時，得鼓勵雇主協商工會或勞工，**循縮減工作時間、調整薪資、辦理教育訓練**等方式，以避免裁減員工；並得視實際需要，加強實施職業訓練或採取創造臨時就業機會、辦理創業貸款利息補貼等輔導措施；必要時，應發給**相關津貼**或**補助金**，促進其就業。

前項利息補貼、津貼與補助金之申請資格條件、項目、方式、期間、經費來源及其他應遵行事項之辦法，由中央主管機關定之。

第24條　主管機關對下列自願就業人員，應訂定計畫，致力**促進其就業**；必要時，得發給相關津貼或補助金：

一、**獨力負擔家計者**。

二、**中高齡者**。

三、**身心障礙者**。

四、**原住民**。

五、**低收入戶或中低收入戶中有工作能力者**。

六、**長期失業者**。

七、**二度就業婦女**。

八、**家庭暴力被害人**。

九、**更生受保護人**。

十、其他經中央主管機關認為有必要者。

前項計畫應定期檢討，落實其成效。

主管機關對具照顧服務員資格且自願就業者，應提供相關協助措施。

第1項津貼或補助金之申請資格、金額、期間、經費來源及其他相關事項之辦法，由主管機關定之。

第25條　公立就業服務機構應主動爭取適合身心障礙者及中高齡者之就業機會，並定期公告。

第26條　主管機關為輔導獨力負擔家計者就業，或因妊娠、分娩或育兒而離職之婦女再就業，應視實際需要，辦理職業訓練。

第27條　主管機關為協助身心障礙者及原住民適應工作環境，應視實際需要，實施適應訓練。

第28條　公立就業服務機構推介身心障礙者及原住民就業後，應辦理追蹤訪問，協助其工作適應。

第29條　直轄市及縣（市）主管機關應將轄區內低收入戶及中低收入戶中有工作能力者，列冊送當地公立就業服務機構，推介就業或參加職業訓練。
　　　　公立就業服務機構推介之求職人為低收入戶、中低收入戶或家庭暴力被害人中有工作能力者，其應徵工作所需旅費，得酌予補助。

第30條　公立就業服務機構應與當地役政機關密切聯繫，協助推介退伍者就業或參加職業訓練。

第31條　公立就業服務機構應與更生保護會密切聯繫，協助推介受保護人就業或參加職業訓練。

第32條　主管機關為促進國民就業，應按年編列預算，依權責執行本法規定措施。
　　　　中央主管機關得視直轄市、縣（市）主管機關實際財務狀況，予以補助。

第33條　雇主**資遣員工時，應於員工離職之十日前**，將被資遣員工之姓名、性別、年齡、住址、電話、擔任工作、資遣事由及需否就業輔導等事項，**列冊通報當地主管機關及公立就業服務機構**。但其資遣係因天災、事變或其他不可抗力之情事所致者，應自被資遣員工離職之日起三日內為之。
　　　　公立就業服務機構接獲前項通報資料後，應依被資遣人員之志願、工作能力，協助其再就業。

第33-1條　中央主管機關得將其於本法所定之就業服務及促進就業掌理事項，委任所屬就業服務機構或職業訓練機構、委辦直轄市、縣（市）主管機關或委託相關機關（構）、團體辦理之。

第四章　民間就業服務

第34條　**私立就業服務機構及其分支機構，應向主管機關申請設立許可**，經發給許可證後，始得從事就業服務業務；其許可證並應定期更新之。

未經許可，不得從事就業服務業務。但依法設立之學校、職業訓練機構或接受政府機關委託辦理訓練、就業服務之機關（構），為其畢業生、結訓學員或求職人免費辦理就業服務者，不在此限。

第1項私立就業服務機構及其分支機構之設立許可條件、期間、廢止許可、許可證更新及其他管理事項之辦法，由中央主管機關定之。

第35條　**私立就業服務機構得經營下列就業服務業務：**
一、**職業介紹或人力仲介業務。**
二、**接受委任招募員工。**
三、**協助國民釐定生涯發展計畫之就業諮詢或職業心理測驗。**
四、其他經中央主管機關指定之就業服務事項。

私立就業服務機構經營前項就業服務業務得收取費用；其收費項目及金額，由中央主管機關定之。

第36條　私立就業服務機構應置符合規定資格及數額之就業服務專業人員。
前項就業服務專業人員之資格及數額，於私立就業服務機構許可及管理辦法中規定之。

第37條　**就業服務專業人員不得有下列情事：**
一、**允許他人假藉本人名義從事就業服務業務。**
二、**違反法令執行業務。**

第38條　辦理下列**仲介業務之私立就業服務機構，應以公司型態組織之**。但由中央主管機關設立，或經中央主管機關許可設立、指定或委任之非營利性機構或團體，不在此限：
一、仲介外國人至中華民國境內工作。
二、仲介香港或澳門居民、大陸地區人民至臺灣地區工作。
三、仲介本國人至臺灣地區以外之地區工作。

第39條　私立就業服務機構應依規定備置及保存各項文件資料，於主管機關檢查時，不得規避、妨礙或拒絕。

第40條　私立就業服務機構及其從業人員從事就業服務業務，不得有下列情事：
一、辦理仲介業務，未依規定與雇主或求職人簽訂書面契約。
二、為不實或違反第5條第1項規定之廣告或揭示。

三、違反求職人意思，留置其國民身分證、工作憑證或其他證明文件。

四、扣留求職人財物或收取推介就業保證金。

五、要求、期約或收受規定標準以外之費用，或其他不正利益。

六、行求、期約或交付不正利益。

七、仲介求職人從事違背公共秩序或善良風俗之工作。

八、接受委任辦理聘僱外國人之申請許可、招募、引進或管理事項，提供不實資料或健康檢查檢體。

九、辦理就業服務業務有恐嚇、詐欺、侵占或背信情事。

十、違反雇主或勞工之意思，留置許可文件、身分證件或其他相關文件。

十一、對主管機關規定之報表，未依規定填寫或填寫不實。

十二、未依規定辦理變更登記、停業申報或換發、補發證照。

十三、未依規定揭示私立就業服務機構許可證、收費項目及金額明細表、就業服務專業人員證書。

十四、經主管機關處分停止營業，其期限尚未屆滿即自行繼續營業。

十五、辦理就業服務業務，未善盡受任事務，致雇主違反本法或依本法所發布之命令，或致勞工權益受損。

十六、租借或轉租私立就業服務機構許可證或就業服務專業人員證書。

十七、接受委任引進之外國人入國三個月內發生行蹤不明之情事，並於一年內達一定之人數及比率者。

十八、對求職人或受聘僱外國人有性侵害、人口販運、妨害自由、重傷害或殺人行為。

十九、知悉受聘僱外國人疑似遭受雇主、被看護者或其他共同生活之家屬、雇主之代表人、負責人或代表雇主處理有關勞工事務之人為性侵害、人口販運、妨害自由、重傷害或殺人行為，而未於二十四小時內向主管機關、入出國管理機關、警察機關或其他司法機關通報。

二十、其他違反本法或依本法所發布之命令。

前項第17款之人數、比率及查核方式等事項，由中央主管機關定之。

第41條　接受委託登載或傳播求才廣告者，應自廣告之日起，保存委託者之姓名或名稱、住所、電話、國民身分證統一編號或事業登記字號等資料**二個月**，於主管機關檢查時，不得規避、妨礙或拒絕。

第五章　外國人之聘僱與管理

第42條　為保障國民工作權，聘僱外國人工作，**不得妨礙本國人之就業機會、勞動條件、國民經濟發展及社會安定**。

第43條　除本法另有規定外，**外國人未經雇主申請許可，不得在中華民國境內工作**。

第44條　任何人不得非法容留外國人從事工作。

第45條　任何人不得媒介外國人非法為他人工作。

第46條　雇主聘僱外國人在中華民國境內從事之工作，除本法另有規定外，以下列各款為限：
一、專門性或技術性之工作。
二、華僑或外國人經政府核准投資或設立事業之主管。
三、下列學校教師：
　　(一)公立或經立案之私立大專以上校院或外國僑民學校之教師。
　　(二)公立或已立案之私立高級中等以下學校之合格外國語文課程教師。
　　(三)公立或已立案私立實驗高級中等學校雙語部或雙語學校之學科教師。
四、依補習及進修教育法立案之短期補習班之專任教師。
五、運動教練及運動員。
六、宗教、藝術及演藝工作。
七、商船、工作船及其他經交通部特許船舶之船員。
八、**海洋漁撈工作**。
九、**家庭幫傭及看護工作**。
十、**為因應國家重要建設工程或經濟社會發展需要，經中央主管機關指定之工作**。
十一、其他因工作性質特殊，國內缺乏該項人才，在業務上確有聘僱外國人從事工作之必要，經中央主管機關專案核定者。
從事前項工作之外國人，其工作資格及審查標準，除其他法律另有規定外，由中央主管機關會商中央目的事業主管機關定之。
雇主依第1項第8款至第10款規定聘僱外國人，須訂立書面勞動契約，並以定期契約為限；其未定期限者，以聘僱許可之期限為勞動契約之期限。
續約時，亦同。

第47條　雇主聘僱外國人從事前條第1項**第8款至第11款規定之工作，應先以合理勞動條件在國內辦理招募**，經招募無法滿足其需要時，始得就該不足人數提出申請，並應於招募時，將招募全部內容通知其事業單位之工會或勞工，並於外國人預定工作之場所公告之。

雇主依前項規定在國內辦理招募時，對於公立就業服務機構所推介之求職人，非有正當理由，不得拒絕。

第48條　雇主聘僱外國人工作，應檢具有關文件，向中央主管機關申請許可。但有下列情形之一，不須申請許可：

一、各級政府及其所屬學術研究機構聘請外國人擔任顧問或研究工作者。

二、外國人與在中華民國境內設有戶籍之國民結婚，且獲准居留者。

三、受聘僱於公立或經立案之私立大學進行講座、學術研究經教育部認可者。

前項申請許可、廢止許可及其他有關聘僱管理之辦法，由中央主管機關會商中央目的事業主管機關定之。

第1項受聘僱外國人入境前後之健康檢查管理辦法，由中央衛生主管機關會商中央主管機關定之。

前項受聘僱外國人入境後之健康檢查，由中央衛生主管機關指定醫院辦理之；其受指定之資格條件、指定、廢止指定及其他管理事項之辦法，由中央衛生主管機關定之。

受聘僱之外國人健康檢查不合格經限令出國者，雇主應即督促其出國。

中央主管機關對從事第46條第1項第8款至第11款規定工作之外國人，得規定其國別及數額。

第48-1條　本國雇主於**第一次聘僱外國人從事家庭看護工作或家庭幫傭前，應參加主管機關或其委託非營利組織辦理之聘前講習，並於申請許可時檢附已參加講習之證明文件。**

前項講習之對象、內容、實施方式、受委託辦理之資格、條件及其他應遵行事項之辦法，由中央主管機關定之。

第49條　各國駐華使領館、駐華外國機構、駐華各國際組織及其人員聘僱外國人工作，應向外交部申請許可；其申請許可、廢止許可及其他有關聘僱管理之辦法，由外交部會商中央主管機關定之。

第50條　雇主**聘僱下列學生從事工作**，得不受第46條第1項規定之限制；其**工作時間除寒暑假外，每星期最長為二十小時：**

一、就讀於公立或已立案私立大專校院之外國留學生。

二、就讀於公立或已立案私立高級中等以上學校之僑生及其他華裔
　　學生。

第51條　雇主聘僱下列外國人從事工作，得不受第46條第1項、第3項、第47
條、第52條、第53條第3項、第4項、第57條第5款、第72條第4款及
第74條規定之限制，並免依第55條規定繳納就業安定費：
一、獲准居留之難民。
二、獲准在中華民國境內連續受聘僱從事工作，連續居留滿五年，
　　品行端正，且有住所者。
三、經獲准與其在中華民國境內設有戶籍之直系血親共同生活者。
四、經取得永久居留者。
前項第1款、第3款及第4款之外國人得不經雇主申請，逕向中央主管
機關申請許可。
外國法人為履行承攬、買賣、技術合作等契約之需要，須指派外國人
在中華民國境內從事第46條第1項第1款或第2款契約範圍內之工作，
於中華民國境內未設立分公司或代表人辦事處者，應由訂約之事業機
構或授權之代理人，依第48條第2項及第3項所發布之命令規定申請
許可。

第52條　聘僱外國人從事第46條第1項**第1款至第7款及第11款規定之工作，許
可期間最長為三年，期滿有繼續聘僱之需要者，雇主得申請展延。**
聘僱外國人從事第46條第1項**第8款至第10款規定之工作，許可期間
最長為三年**。有重大特殊情形者，雇主得申請展延，其情形及期間
由行政院以命令定之。但屬重大工程者，其展延期間，最長以六個
月為限。
前項每年得引進總人數，依外籍勞工聘僱警戒指標，由中央主管機關
邀集相關機關、勞工、雇主、學者代表協商之。
受聘僱之外國人於聘僱許可期間無違反法令規定情事而因聘僱關係終
止、聘僱許可期間屆滿出國或因健康檢查不合格經返國治療再檢查合
格者，得再入國工作。但從事第46條第1項**第8款至第10款規定工作
之外國人，其在中華民國境內工作期間，累計不得逾十二年，**且不適
用前條第1項第2款之規定。
前項但書所定之外國人於聘僱許可期間，得請假返國，雇主應予同
意；其請假方式、日數、程序及其他相關事項之辦法，由中央主管機
關定之。

從事第46條第1項**第9款規定家庭看護工作之外國人**，且經專業訓練
或自力學習，而有特殊表現，符合中央主管機關所定之資格、條件
者，其**在中華民國境內工作期間累計不得逾十四年**。

前項資格、條件、認定方式及其他相關事項之標準，由中央主管機關
會商中央目的事業主管機關定之。

第53條　雇主聘僱之外國人於聘僱許可有效期間內，如需轉換雇主或受聘僱於
二以上之雇主者，應由新雇主申請許可。申請轉換雇主時，新雇主應
檢附受聘僱外國人之離職證明文件。

第51條第1項第1款、第3款及第4款規定之外國人已取得中央主管機
關許可者，不適用前項之規定。

受聘僱從事第46條第1項第1款至第7款規定工作之外國人轉換雇主或
工作者，不得從事同條項第8款至第11款規定之工作。

受聘僱從事第46條第1項第8款至第11款規定工作之外國人，不得轉
換雇主或工作。但有第59條第1項各款規定之情事，經中央主管機關
核准者，不在此限。

前項受聘僱之外國人經許可轉換雇主或工作者，其受聘僱期間應合併
計算之，並受第52條規定之限制。

第54條　雇主聘僱外國人從事第46條第1項第8款至第11款規定之工作，有下
列情事之一者，中央主管機關應不予核發招募許可、聘僱許可或展延
聘僱許可之一部或全部；其已核發招募許可者，得中止引進：

一、於外國人預定工作之場所有第10條規定之罷工或勞資爭議情事。

二、於國內招募時，無正當理由拒絕聘僱公立就業服務機構所推介
　　之人員或自行前往求職者。

三、聘僱之外國人行蹤不明或藏匿外國人達一定人數或比率。

四、曾非法僱用外國人工作。

五、曾非法解僱本國勞工。

六、因聘僱外國人而降低本國勞工勞動條件，經當地主管機關查證
　　屬實。

七、聘僱之外國人妨害社區安寧秩序，經依社會秩序維護法裁處。

八、曾非法扣留或侵占所聘僱外國人之護照、居留證件或財物。

九、所聘僱外國人遣送出國所需旅費及收容期間之必要費用，經限
　　期繳納屆期不繳納。

十、於委任招募外國人時，向私立就業服務機構要求、期約或收受
　　不正利益。

十一、於辦理聘僱外國人之申請許可、招募、引進或管理事項，提供
　　　不實或失效資料。

十二、刊登不實之求才廣告。

十三、不符申請規定經限期補正，屆期未補正。

十四、違反本法或依第48條第2項、第3項、第49條所發布之命令。

十五、違反職業安全衛生法規定，致所聘僱外國人發生死亡、喪失部
　　　分或全部工作能力，且未依法補償或賠償。

十六、其他違反保護勞工之法令情節重大者。

前項第3款至第16款規定情事，以申請之日前**二年內**發生者為限。

第1項第3款之人數、比率，由中央主管機關公告之。

第55條　雇主聘僱外國人從事第46條第1項**第8款至第10款規定之工作，應向
中央主管機關設置之就業安定基金專戶繳納就業安定費，作為加強辦
理有關促進國民就業、提升勞工福祉及處理有關外國人聘僱管理事務
之用**。

前項就業安定費之數額，由中央主管機關考量國家經濟發展、勞動供
需及相關勞動條件，並依其行業別及工作性質會商相關機關定之。

雇主或被看護者符合社會救助法規定之低收入戶或中低收入戶、依身
心障礙者權益保障法領取生活補助費，或依老人福利法領取中低收入
生活津貼者，其聘僱外國人從事第46條第1項第9款規定之家庭看護
工作，免繳納第1項之就業安定費。

第1項受聘僱之外國人有連續曠職三日失去聯繫或聘僱關係終止之
情事，經雇主依規定通知而廢止聘僱許可者，雇主無須再繳納就業
安定費。

雇主未依規定期限繳納就業安定費者，得寬限三十日；於寬限期滿仍
未繳納者，自寬限期滿之翌日起至完納前一日止，每逾一日加徵其未
繳就業安定費百分之零點三滯納金。但以其未繳之就業安定費百分之
三十為限。

加徵前項滯納金三十日後，雇主仍未繳納者，由中央主管機關就其未
繳納之就業安定費及滯納金移送強制執行，並得廢止其聘僱許可之一
部或全部。

主管機關並應定期上網公告基金運用之情形及相關會議紀錄。

第56條　受聘僱之**外國人有連續曠職三日失去聯繫或聘僱關係終止之情事，雇
主應於三日內以書面載明相關事項通知當地主管機關、入出國管理機
關及警察機關**。但受聘僱之外國人有曠職失去聯繫之情事，雇主得以
書面通知入出國管理機關及警察機關執行查察。

受聘僱外國人有遭受雇主不實之連續曠職三日失去聯繫通知情事者，
得向當地主管機關申訴。經查證確有不實者，中央主管機關應撤銷原
廢止聘僱許可及限令出國之行政處分。

第57條　雇主聘僱外國人不得有下列情事：
一、聘僱未經許可、許可失效或他人所申請聘僱之外國人。
二、以本人名義聘僱外國人為他人工作。
三、指派所聘僱之外國人從事許可以外之工作。
四、未經許可，指派所聘僱從事第46條第1項第8款至第10款規定工作之外國人變更工作場所。
五、未依規定安排所聘僱之外國人接受健康檢查或未依規定將健康檢查結果函報衛生主管機關。
六、因聘僱外國人致生解僱或資遣本國勞工之結果。
七、對所聘僱之外國人以強暴脅迫或其他非法之方法，強制其從事勞動。
八、非法扣留或侵占所聘僱外國人之護照、居留證件或財物。
九、其他違反本法或依本法所發布之命令。

第58條　外國人於聘僱許可有效期間內，因不可歸責於雇主之原因出國、死亡或發生行蹤不明之情事經依規定通知入出國管理機關及警察機關滿六個月仍未查獲者，雇主得向中央主管機關申請遞補。
外國人聘僱外國人從事第46條第1項第9款規定之家庭看護工作，因不可歸責之原因，並有下列情事之一者，亦得向中央主管機關申請遞補：
一、外國人於入出國機場或收容單位發生行蹤不明之情事，依規定通知入出國管理機關及警察機關。
二、外國人於雇主處所發生行蹤不明之情事，依規定通知入出國管理機關及警察機關滿一個月仍未查獲。
三、外國人於聘僱許可有效期間內經雇主同意轉換雇主或工作，由新雇主接續聘僱，或經中央主管機構廢止聘僱許可逾一個月未由新僱主接續聘僱。
前二項遞補之聘僱許可期間，以補足原聘僱許可期間為限；原聘僱許可所餘期間不足六個月者，不予遞補。

第59條　外國人受聘僱從事第46條第1項第8款至第11款規定之工作，有下列情事之一者，經中央主管機關核准，得轉換雇主或工作：
一、雇主或被看護者死亡或移民者。
二、船舶被扣押、沉沒或修繕而無法繼續作業者。
三、雇主關廠、歇業或不依勞動契約給付工作報酬經終止勞動契約者。
四、其他不可歸責於受聘僱外國人之事由者。
前項轉換雇主或工作之程序，由中央主管機關另定之。

第**60**條　雇主所聘僱之外國人，經入出國管理機關依規定遣送出國者，其遣送所需之旅費及收容期間之必要費用，應由下列順序之人負擔：

一、非法容留、聘僱或媒介外國人從事工作者。

二、遣送事由可歸責之雇主。

三、被遣送之外國人。

前項第1款有數人者，應負連帶責任。

第1項費用，由就業安定基金先行墊付，並於墊付後，由該基金主管機關通知應負擔者限期繳納；屆期不繳納者，移送強制執行。

雇主所繳納之保證金，得檢具繳納保證金款項等相關證明文件，向中央主管機關申請返還。

第**61**條　外國人在受聘僱期間死亡，應由雇主代為處理其有關喪葬事務。

第**62**條　主管機關、入出國管理機關、警察機關、海岸巡防機關或其他司法警察機關得指派人員攜帶證明文件，至外國人工作之場所或可疑有外國人違法工作之場所，實施檢查。

對前項之檢查，雇主、雇主代理人、外國人及其他有關人員不得規避、妨礙或拒絕。

第六章　罰則

第**63**條　違反第44條或第57條第1款、第2款規定者，處新臺幣**十五萬元**以上**七十五萬元**以下罰鍰。**五年內**再違反者，處**三年以下**有期徒刑、拘役或科或併科新臺幣**一百二十萬元**以下罰金。

法人之代表人、法人或自然人之代理人、受僱人或其他從業人員，因執行業務違反第44條或第57條第1款、第2款規定者，除依前項規定處罰其行為人外，對該法人或自然人亦科處前項之罰鍰或罰金。

第**64**條　違反第45條規定者，處新臺幣**十萬元**以上**五十萬元**以下罰鍰。**五年內**再違反者，處**一年以下**有期徒刑、拘役或科或併科新臺幣**六十萬元**以下罰金。

意圖營利而違反第45條規定者，處**三年以下**有期徒刑、拘役或科或併科新臺幣**一百二十萬元**以下罰金。

法人之代表人、法人或自然人之代理人、受僱人或其他從業人員，因執行業務違反第45條規定者，除依前二項規定處罰其行為人外，對該法人或自然人亦科處各該項之罰鍰或罰金。

第**65**條　違反第5條第1項、第2項第1款、第4款、第5款、第34條第2項、第40條第1項第2款、第7款至第9款、第18款規定者，處新臺幣**三十萬元**以上**一百五十萬元**以下罰鍰。

　　　　　　未經許可從事就業服務業務違反第40條第1項第2款、第7款至第9
　　　　　　款、第18款規定者，依前項規定處罰之。
　　　　　　違反第5條第1項規定經處以罰鍰者，直轄市、縣（市）主管機關應
　　　　　　公布其姓名或名稱、負責人姓名，並限期令其改善；屆期未改善者，
　　　　　　應按次處罰。

第66條　違反第40條第1項第5款規定者，按其要求、期約或收受超過規定標
　　　　　　準之費用或其他不正利益相當之金額，處**十倍**至**二十倍**罰鍰。
　　　　　　未經許可從事就業服務業務違反第40條第1項第5款規定者，依前項
　　　　　　規定處罰之。

第67條　違反第5條第2項第2款、第3款、第6款、第10條、第36條第1項、第
　　　　　　37條、第39條、第40條第1項第1款、第3款、第4款、第6款、第10款
　　　　　　至第17款、第19款、第20款、第57條第5款、第8款、第9款或第62條
　　　　　　第2項規定，處新臺幣**六萬元**以上**三十萬元**以下罰鍰。
　　　　　　未經許可從事就業服務業務違反第40條第1項第1款、第3款、第4
　　　　　　款、第6款或第10款規定者，依前項規定處罰之。

第68條　違反第9條、第33條第1項、第41條、第43條、第56條第1項、第57條
　　　　　　第3款、第4款或第61條規定者，處新臺幣三萬元以上十五萬元以下
　　　　　　罰鍰。
　　　　　　違反第57條第6款規定者，按被解僱或資遣之人數，每人處新臺幣**二**
　　　　　　萬元以上**十萬元**以下罰鍰。
　　　　　　違反第43條規定之外國人，應即令其出國，不得再於中華民國境內
　　　　　　工作。
　　　　　　違反第43條規定或有第74條第1項、第2項規定情事之外國人，經限
　　　　　　期令其出國，屆期不出國者，入出國管理機關得強制出國，於未出國
　　　　　　前，入出國管理機關得收容之。

第69條　私立就業服務機構有下列情事之一者，由主管機關處一年以下停業
　　　　　　處分：
　　　　　　一、違反第40條第1項第4款至第6款、第8款或第45條規定。
　　　　　　二、同一事由，受罰鍰處分三次，仍未改善。
　　　　　　三、一年內受罰鍰處分四次以上。

第70條　私立就業服務機構有下列情事之一者，主管機關得廢止其設立許可：
　　　　　　一、違反第38條、第40條第1項第2款、第7款、第9款或第14款、第
　　　　　　　　18款規定。
　　　　　　二、一年內受停業處分二次以上。

私立就業服務機構經廢止設立許可者，其負責人或代表人於五年內再行申請設立私立就業服務機構，主管機關應不予受理。

第71條　就業服務專業人員違反第37條規定者，中央主管機關得廢止其就業服務專業人員證書。

第72條　雇主有下列情事之一者，應廢止其招募許可及聘僱許可之一部或全部：

一、有第54條第1項各款所定情事之一。

二、有第57條第1款、第2款、第6款至第9款規定情事之一。

三、有第57條第3款、第4款規定情事之一，經限期改善，屆期未改善。

四、有第57條第5款規定情事，經衛生主管機關通知辦理仍未辦理。

五、違反第60條規定。

第73條　雇主聘僱之外國人，有下列情事之一者，廢止其聘僱許可：

一、為申請許可以外之雇主工作。

二、非依雇主指派即自行從事許可以外之工作。

三、連續曠職三日失去聯繫或聘僱關係終止。

四、拒絕接受健康檢查、提供不實檢體、檢查不合格、身心狀況無法勝任所指派之工作或罹患經中央衛生主管機關指定之傳染病。

五、違反依第48條第2項、第3項、第49條所發布之命令，情節重大。

六、違反其他中華民國法令，情節重大。

七、依規定應提供資料，拒絕提供或提供不實。

第74條　聘僱許可期間屆滿或經依前條規定廢止聘僱許可之外國人，除本法另有規定者外，應即令其出國，不得再於中華民國境內工作。受聘僱之外國人有連續曠職三日失去聯繫情事者，於廢止聘僱許可前，入出國業務之主管機關得即令其出國。

有下列情事之一者，不適用第1項關於即令出國之規定：

一、依本法規定受聘僱從事工作之外國留學生、僑生或華裔學生，聘僱許可期間屆滿或有前條第1款至第5款規定情事之一。

二、受聘僱之外國人於受聘僱期間，未依規定接受定期健康檢查或健康檢查不合格，經衛生主管機關同意其再檢查，而再檢查合格。

第75條　本法所定罰鍰，由直轄市及縣（市）主管機關處罰之。

第76條　依本法所處之罰鍰，經限期繳納，屆期未繳納者，移送強制執行。

第七章 附則

第77條　本法修正施行前，已依有關法令申請核准受聘僱在中華民國境內從事工作之外國人，本法修正施行後，其原核准工作期間尚未屆滿者，在屆滿前，得免依本法之規定申請許可。

第78條　各國駐華使領館、駐華外國機構及駐華各國際組織人員之眷屬或其他經外交部專案彙報中央主管機關之外國人，其在中華民國境內有從事工作之必要者，由該外國人向外交部申請許可。

前項外國人在中華民國境內從事工作，不適用第46條至第48條、第50條、第52條至第56條、第58條至第61條及第74條規定。

第1項之申請許可、廢止許可及其他應遵行事項之辦法，由外交部會同中央主管機關定之。

第79條　無國籍人、中華民國國民兼具外國國籍而未在國內設籍者，其受聘僱從事工作，依本法有關外國人之規定辦理。

第80條　大陸地區人民受聘僱於臺灣地區從事工作，其聘僱及管理，除法律另有規定外，準用第五章相關之規定。

第81條　主管機關依本法規定受理申請許可及核發證照，應收取**審查費**及**證照費**；其費額，由中央主管機關定之。

第82條　本法施行細則，由中央主管機關定之。

第83條　本法施行日期，除中華民國91年1月21日修正公布之第48條第1項至第3項規定由行政院以命令定之，及中華民國95年5月5日修正之條文自中華民國95年7月1日施行外，自公布日施行。

就業服務法施行細則

民國113年6月18日修正發布

第1條　本細則依就業服務法（以下簡稱本法）第82條規定訂定之。

第1-1條　本法第5條第2項第2款所定**隱私資料**，**包括**下列類別：

一、**生理資訊**：基因檢測、藥物測試、醫療測試、HIV檢測、智力測驗或指紋等。

二、**心理資訊**：心理測驗、誠實測試或測謊等。

三、**個人生活資訊**：信用紀錄、犯罪紀錄、懷孕計畫或背景調查等。

雇主要求求職人或員工提供隱私資料，應尊重當事人之權益，不得逾越基於經濟上需求或維護公共利益等特定目的之必要範圍，並應與目的間具有正當合理之關聯。

第2條	直轄市、縣（市）主管機關依本法第6條第4項第1款規定辦理就業歧視認定時，得邀請相關政府機關、單位、勞工團體、雇主團體代表及學者專家組成就業歧視評議委員會。
第3條	（刪除）
第4條	本法第13條所定接受雇主委託招考人才所需之費用如下： 一、廣告費。 二、命題費。 三、閱卷或評審費。 四、場地費。 五、行政事務費。 六、印刷、文具及紙張費。 七、郵寄費。
第5條	公立就業服務機構對於雇主或求職人依本法第14條規定提出之求才或求職申請表件，經發現有記載不實、記載不全或違反法令時，應**通知其補正**。申請人不為前項之補正者，公立就業服務機構得拒絕受理其申請。
第6條	本法第24條第1項第5款及第29條所稱低收入戶或中低收入戶，指依社會救助法規定認定者。
第7條	公立就業服務機構應定期蒐集其業務區域內之薪資變動、人力供需之狀況及分析未來展望等資料，並每三個月陳報其所屬之中央、直轄市或縣（市）主管機關。 直轄市、縣（市）主管機關應彙整前項資料，陳報中央主管機關，作為訂定人力供需調節措施之參據。
第8條	公立就業服務機構依本法第17條規定提供**就業諮詢時，應視接受諮詢者之生理、心理狀況及學歷、經歷等條件，提供就業建議；對於身心障礙者，並應協助其參加職業重建，或就其職業能力及意願，給予適當之就業建議與協助。**
第9條	本法第24條第1項第3款、第25條、第27條及第28條所稱身心障礙者，指依身心障礙者權益保障法規定領有身心障礙證明者。
第9-1條	本法第48條第1項第2款所定獲准居留，包括經入出國管理機關依入出國及移民法之下列規定辦理者： 一、第23條第1項第1款、第9款或第10款規定許可居留。 二、第25條規定許可永久居留。 三、第31條第4項第1款至第4款規定情形之一，准予繼續居留。

第10條　本法第49條所稱駐華外國機構,指依駐華外國機構及其人員特權暨豁免條例第2條所稱經外交部核准設立之駐華外國機構。

第11條　本法第51條第1項第3款所稱經獲准與其在中華民國境內設有戶籍之直系血親共同生活者,指經入出國管理機關以依親為由許可居留者。但獲准與在中華民國境內設有戶籍之直系血親共同生活前,已為中華民國國民之配偶而有第9條之1所定入出國及移民法相關規定情形者,其在中華民國境內從事工作,仍依本法第48條第1項第2款規定辦理。

第12條　本法第62條第1項所稱證明文件,指主管機關、入出國管理機關、警察機關、海岸巡防機關或其他司法警察機關所製發之服務證件、勞動檢查證或其他足以表明其身分之文件及實施檢查之公文函件。
　　　　主管機關、入出國管理機關、警察機關、海岸巡防機關或其他司法警察機關得視實際情形,會同當地里、鄰長,並持前項規定之證明文件,至外國人工作之場所或可疑有外國人違法工作之場所,實施檢查。

第13條　本法第69條第2款所稱同一事由,指私立就業服務機構違反本法同一條項款所規定之行為。

第14條　本法第69條第3款及第70條第1項第2款所稱一年內,指以最後案件處分日往前計算一年之期間。

第15條　本細則自發布日施行。
　　　　本細則中華民國113年6月18日修正發布之條文,自113年1月1日施行。

中高齡者及高齡者就業促進法

民國113年7月31日修正公布,113年12月4日施行

第一章　總則

第1條　為落實尊嚴勞動,提升中高齡者勞動參與,促進高齡者再就業,保障經濟安全,鼓勵世代合作與經驗傳承,維護中高齡者及高齡者就業權益,建構友善就業環境,並促進其人力資源之運用,特制定本法。
　　　　中高齡者及高齡者就業事項,依本法之規定;本法未規定者,適用勞動基準法、性別平等工作法、就業服務法、職業安全衛生法、就業保險法、職業訓練法及其他相關法律之規定。

第2條　本法所稱主管機關:在中央為勞動部;在直轄市為直轄市政府;在縣(市)為縣(市)政府。

第3條　本法用詞，定義如下：

一、 **中高齡者：指年滿四十五歲至六十五歲之人。**

二、 **高齡者：指逾六十五歲之人。**

三、 受僱者：指受雇主僱用從事工作獲致薪資之人。

四、 求職者：指向雇主應徵工作之人。

五、 雇主：指僱用受僱者之人、公私立機構或機關。代表雇主行使管理權或代表雇主處理有關受僱者事務之人，視同雇主。

第4條　本法適用對象為**年滿四十五歲之下列人員：**

一、 **本國國民。**

二、 **與在中華民國境內設有戶籍之國民結婚，且獲准在臺灣地區居留之外國人、大陸地區人民、香港或澳門居民。**

三、 前款之外國人、大陸地區人民、香港或澳門居民，**與其配偶離婚或其配偶死亡，而依法規規定得在臺灣地區繼續居留工作者。**

第5條　雇主應依所僱用之中高齡者及高齡者需要，協助提升專業知能、調整職務或改善工作設施，提供友善就業環境。

第6條　中央主管機關為推動中高齡者及高齡者就業，應蒐集中高齡者及高齡者勞動狀況，辦理供需服務評估、職場健康、職業災害等相關調查或研究，並進行性別分析，其調查及研究結果應定期公布。

第7條　中央主管機關應會商中央目的事業主管機關及地方主管機關，**至少每三年訂定中高齡者及高齡者就業計畫。**

前項就業計畫，應包括下列事項：

一、 推動中高齡者及高齡者之職務再設計。

二、 促進中高齡者及高齡者之職場友善。

三、 提升中高齡者及高齡者之職業安全措施與輔具使用。

四、 辦理提升中高齡者及高齡者專業知能之職業訓練。

五、 獎勵雇主僱用失業中高齡者及高齡者。

六、 推動中高齡者及高齡者之延緩退休及退休後再就業。

七、 推動銀髮人才服務。

八、 宣導雇主責任、受僱者就業及退休權益。

九、 推動中高齡者及高齡者之部分時間工作模式。

十、 其他促進中高齡者及高齡者就業之相關事項。

地方主管機關應依前二項就業計畫，結合轄區產業特性，推動中高齡者及高齡者就業。

第8條　主管機關得遴聘受僱者、雇主、學者專家及政府機關之代表，研議、諮詢有關中高齡者及高齡者就業權益事項；其中受僱者、雇主及學者專家代表，不得少於二分之一。

前項代表中之單一性別、中高齡者及高齡者，不得少於三分之一。

第9條　為協助中高齡者及高齡者就業，主管機關應提供職場指引手冊，並至少每二年更新一次。

第10條　為傳承中高齡者與高齡者智慧經驗及營造世代和諧，主管機關應推廣世代交流，支持雇主推動世代合作。

第11條　主管機關應推動中高齡者與高齡者就業之國際交流及合作。

第二章　禁止年齡歧視

第12條　雇主對求職或受僱之中高齡者及高齡者，不得以年齡為由予以差別待遇。

前項所稱差別待遇，指雇主因年齡因素對求職者或受僱者為下列事項之直接或間接不利對待：

一、招募、甄試、進用、分發、配置、考績或陞遷等。

二、教育、訓練或其他類似活動。

三、薪資之給付或各項福利措施。

四、退休、資遣、離職及解僱。

第13條　前條所定差別待遇，屬下列情形之一者，不受前條第1項規定之限制：

一、基於職務需求或特性，而對年齡為特定之限制或規定。

二、薪資之給付，係基於年資、獎懲、績效或其他非因年齡因素之正當理由。

三、依其他法規規定任用或退休年齡所為之限制。

四、依本法或其他法令規定，為促進特定年齡者就業之相關僱用或協助措施。

第14條　求職或受僱之中高齡者及高齡者於釋明差別待遇之事實後，雇主應就差別待遇之非年齡因素，或其符合前條所定之差別待遇因素，負舉證責任。

第15條　求職或受僱之中高齡者及高齡者發現雇主違反第12條第1項規定時，得向地方主管機關申訴。

地方主管機關受理前項之申訴，由依就業服務法相關規定組成之就業歧視評議委員會辦理年齡歧視認定。

第16條　雇主不得因受僱之中高齡者及高齡者提出本法之申訴或協助他人申訴，而予以解僱、調職或其他不利之處分。

第17條　求職或受僱之中高齡者及高齡者，因第12條第1項之情事致受有損害，雇主應負賠償責任。

前項之損害賠償請求權，自請求權人知有損害及賠償義務人時起，二年間不行使而消滅。自有違反行為時起，逾十年者，亦同。

第三章　穩定就業措施

第18條　雇主依經營發展及穩定留任之需要，得自行或委託辦理所僱用之中高齡者及高齡者在職訓練，或指派其參加相關職業訓練。

雇主依前項規定辦理在職訓練，中央主管機關得予訓練費用補助，並提供訓練輔導協助。

第19條　雇主對於所僱用之中高齡者及高齡者有工作障礙或家屬需長期照顧時，得依其需要為職務再設計或提供就業輔具，或轉介適當之長期照顧服務資源。

雇主依前項規定提供職務再設計及就業輔具，主管機關得予輔導或補助。

第20條　雇主為使所僱用之中高齡者與高齡者**傳承技術及經驗，促進世代合作，得採同一工作分工合作等方式為之**。

雇主依前項規定辦理時，不得損及受僱者原有勞動條件，以穩定其就業。

雇主依第1項規定辦理者，主管機關得予輔導或獎勵。

第21條　雇主繼續僱用符合勞動基準法第54條第1項第1款所定得強制退休之受僱者達一定比率及期間，中央主管機關得予補助。

第22條　前四條所定補助、獎勵之申請資格條件、項目、方式、期間、廢止、經費來源及其他相關事項之辦法，由中央主管機關定之。

第四章　促進失業者就業

第23條　公立就業服務機構為**協助中高齡者及高齡者就業，應依其能力及需求，提供職涯輔導、就業諮詢與推介就業等個別化就業服務及相關就業資訊**。

第24條　中央主管機關為提升中高齡者及高齡者工作技能，促進就業，應辦理職業訓練。

雇主依僱用人力需求，得自行或委託辦理失業之中高齡者及高齡者職業訓練。

雇主依前項規定辦理職業訓練，中央主管機關得予訓練費用補助。

第**25**條　主管機關為協助中高齡者及高齡者創業或與青年共同創業,得提供創業諮詢輔導、創業研習課程及創業貸款利息補貼等措施。

第**26**條　主管機關對於**失業之中高齡者及高齡者,應協助其就業,提供相關就業協助措施,並得發給相關津貼、補助或獎助**。

第**27**條　前三條所定補助、利息補貼、津貼或獎助之申請資格條件、項目、方式、期間、廢止、經費來源及其他相關事項之辦法,由中央主管機關定之。

第五章　支持退休後再就業

第**28**條　**六十五歲以上勞工,雇主得以定期勞動契約僱用之。**

第**29**條　雇主對於所僱用之中高齡者,得於其達勞動基準法第53條規定時,或第54條第1項第1款前二年內,**提供退休準備、調適及再就業之相關協助措施**。
　　　　雇主依前項規定辦理時,中央主管機關得予補助。

第**30**條　雇主僱用依法退休之高齡者,傳承其專業技術及經驗,中央主管機關得予補助。

第**31**條　前二條所定補助之申請資格條件、項目、方式、期間、廢止、經費來源及其他相關事項之辦法,由中央主管機關定之。

第**32**條　中央主管機關為提供退休之中高齡者及高齡者相關資料供查詢,以強化退休人力再運用,應建置退休人才資料庫,並定期更新。
　　　　退休人才資料庫之使用依個人資料保護法相關規定辦理。

第六章　推動銀髮人才服務

第**33**條　**中央主管機關**為促進依法退休或年滿五十五歲之中高齡者及高齡者就業,應辦理下列事項,必要時得指定或委託相關機關(構)、團體推動之:
　　　　一、**區域銀髮就業市場供需之調查**。
　　　　二、**銀髮人力資源運用創新服務模式之試辦及推廣**。
　　　　三、**延緩退休、友善職場與世代合作之倡議及輔導**。
　　　　四、**就業促進之服務人員專業知能培訓**。
　　　　五、**銀髮人才服務據點工作事項之輔導及協助**。

第**34**條　地方主管機關得成立銀髮人才服務據點,辦理下列事項:
　　　　一、**開發臨時性、季節性、短期性、部分工時、社區服務等就業機會及就業媒合**。

二、提供勞動法令及職涯發展諮詢服務。

三、辦理就業促進活動及訓練研習課程。

四、促進雇主聘僱專業銀髮人才傳承技術及經驗。

五、推廣世代交流及合作。

地方主管機關辦理前項服務，中央主管機關得予補助，其申請資格條件、項目、方式、期間、廢止、經費來源及其他相關事項之辦法，由中央主管機關定之。

第35條 地方主管機關應定期向中央主管機關提送銀髮人才服務據點執行成果報告。

中央主管機關對地方主管機關推動銀髮人才服務據點應予監督及考核。

第七章　開發就業機會

第36條 中央主管機關為配合國家產業發展需要，應會商中央目的事業主管機關，共同開發中高齡者及高齡者就業機會。

第37條 公立就業服務機構應定期蒐集、整理與分析其業務區域內中高齡者及高齡者從事之行業與職業分布、薪資變動、人力供需及未來展望等資料。

公立就業服務機構應依據前項調查結果，訂定中高齡者及高齡者工作機會之開發計畫。

第38條 公立就業服務機構為協助中高齡者及高齡者就業或再就業，應開發適合之就業機會，並定期於勞動部相關網站公告。

第39條 主管機關為協助雇主僱用中高齡者及高齡者，得提供相關人力運用指引、職務再設計及其他必要之措施。

第40條 主管機關對於促進中高齡者及高齡者就業有卓越貢獻者，得予獎勵。

前項所定獎勵之申請資格條件、項目、方式、期間、廢止、經費來源及其他相關事項之辦法，由中央主管機關定之。

第八章　罰則

第41條 違反第12條第1項規定者，處新臺幣三十萬元以上一百五十萬元以下罰鍰。

違反第16條規定者，處新臺幣二萬元以上三十萬元以下罰鍰。

第42條 有前條規定行為之一者，應公布其姓名或名稱、負責人姓名，並限期令其改善；屆期未改善者，應按次處罰。

第43條　本法所定之處罰,由地方主管機關為之。

第九章　附則

第44條　本法施行細則,由中央主管機關定之。

第45條　本法施行日期,由行政院定之。

在職中高齡者及高齡者穩定就業辦法
民國112年9月4日修正發布

第一章　總則

第1條　本辦法依中高齡者及高齡者就業促進法(以下簡稱本法)第22條規定訂定之。

第2條　本辦法所定雇主,為就業保險投保單位之民營事業單位、團體或私立學校。

前項所稱團體,指依人民團體法或其他法令設立者。但不包括政治團體及政黨。

第3條　本法第三章**穩定就業措施**,其項目如下:

一、**職業訓練之補助**。

二、**職務再設計與就業輔具之輔導及補助**。

三、**世代合作之輔導及獎勵**。

四、**繼續僱用之補助**。

第二章　職業訓練之補助

第4條　中央主管機關補助雇主依本法第18條第1項規定,指派所僱用之中高齡者及高齡者參加職業訓練,以國內訓練單位公開招訓之訓練課程為限。

第5條　雇主依前條指派所僱用之中高齡者或高齡者參加職業訓練,應檢附下列文件、資料,送中央主管機關審核:

一、申請書。

二、全年度訓練計畫書,其內容包括對象及經費概算總表。

三、依法設立登記之證明文件影本。

四、最近一期勞工保險費用繳款單及明細表影本。

五、最近一期繳納之營業稅證明或無欠稅證明。

六、其他經中央主管機關規定之文件、資料。

雇主應就各層級中高齡及高齡勞工參訓權益予以考量，以保障基層中高齡及高齡勞工之受訓權益。

第1項第2款所定訓練計畫書經核定後，雇主應於預定施訓日3日前至補助企業辦理訓練資訊系統登錄，並於每月10日前回報前1月已施訓之訓練課程。

雇主變更訓練課程內容，應於訓練計畫原定施訓日3日前向中央主管機關申請變更。

第1項文件、資料未備齊，應於中央主管機關通知期間內補正；屆期未補正者，不予受理。

第6條　雇主依第4條指派所僱用之中高齡者或高齡者參加職業訓練，得向中央主管機關申請訓練費用最高百分之七十之補助。但補助總額上限不得超過中央主管機關另行公告之金額。

第7條　雇主依第5條所送之訓練計畫書，經審核通過且實施完畢者，應於當年度檢附下列文件、資料向中央主管機關申請補助：
一、請款之領據或收據及存摺封面影本。
二、實際參訓人員總名冊。
三、訓練計畫實施與經費支出明細表及成果報告。
四、經費支用單據及明細表。
五、訓練紀錄表。
六、其他經中央主管機關規定之文件、資料。

第8條　雇主應依第5條核定訓練計畫書實施訓練，無正當理由連續2年單1班次參訓率低於原預定參訓人數之百分之六十，且逾核定班次三分之一者，次1年度不予受理申請。

第9條　雇主於計畫執行期間有下列情形之一者，該課程不予補助，並廢止原核定處分之全部或一部：
一、未經同意，自行變更部分訓練計畫書內容，或未依核定之訓練計畫書及課程進度實施訓練。
二、未於預定施訓日3日前登錄，或施訓日之次月10日前辦理訓練課程回報。
三、同一訓練課程，已接受其他政府機關補助。

第10條　雇主有下列情形之一者，中央主管機關應不予補助其訓練費用；已發給者，經撤銷或廢止原核定處分後，應限期命其返還：
一、未依據核定之訓練計畫書及課程進度實施訓練，且未於期限內申請辦理變更達2次以上。
二、未依核銷作業期程辦理申領補助訓練費。

第三章　職務再設計與就業輔具之輔導及補助

第11條　雇主依本法第19條第1項所定為**職務再設計或提供就業輔具**，得向主管機關**申請輔導或補助**。

前項補助金額，按所申請人數，**每人每年以新臺幣10萬元為限**。但經評估有特殊需求，經主管機關事前核准者，不在此限。

第12條　前條所定職務再設計或提供就業輔具之輔導或補助項目如下：

一、**提供就業輔具**：為排除中高齡者及高齡者工作障礙，維持、改善、增加其就業能力之輔助器具。

二、**改善工作設備或機具**：為提高中高齡者及高齡者工作效能，增進其生產力，所進行工作設備或機具之改善。

三、**改善職場工作環境**：為穩定中高齡者及高齡者就業，所進行與工作場所環境有關之改善。

四、**改善工作條件**：為改善中高齡者及高齡者工作狀況，提供必要之工作協助。

五、**調整工作方法**：透過分析與訓練，按中高齡者及高齡者特性，安排適當工作。

前項情形，屬職業安全衛生法所定之雇主義務或責任者，不予補助。

第13條　雇主依第11條規定申請職務再設計或提供就業輔具，應檢附下列文件、資料，送主管機關審核：

一、申請書。

二、依法設立登記之證明文件影本。

三、勞工保險、勞工職業災害保險投保證明文件或僱用證明文件影本。

四、其他經主管機關規定之文件、資料。

前項文件、資料未備齊，應於主管機關通知期間內補正；屆期未補正者，不予受理。

第14條　主管機關受理職務再設計或就業輔具補助申請，為評估申請案件之需要性、必要性、可行性、預算合理性及能否解決工作障礙等，得視需要邀請專家學者至現場訪視及提供諮詢輔導，並得召開審查會議審查。

第15條　依第13條規定申請補助費用，應於核定補助項目執行完畢30日內檢附下列文件、資料，向主管機關申請撥款及經費核銷：

一、核准函影本。

二、領據。

三、成果報告。

四、　會計報告或收支清單。

五、　發票或收據等支用單據。

前項文件、資料未備齊，應於主管機關通知期間內補正；屆期未補正者，不予受理。

第16條　雇主申請補助購置之就業輔具，符合下列各款情形，且於受補助後2年內遇該補助項目之職位出缺，而未能僱用使用相同輔具之中高齡者或高齡者，應報請主管機關回收輔具：

一、　全額補助，且具重複使用性質。

二、　未逾使用期限。

三、　經第14條評估、審查應予回收。

前項第2款所定使用期限，依下列順序定之：

一、　屬衛生福利部身心障礙者輔具費用補助基準表所定輔具者，其使用年限從其規定。

二、　依行政院主計總處財物標準分類規定之使用年限。

三、　非屬前二款者，使用年限為2年。

第四章　世代合作之輔導及獎勵

第17條　本法第20條第1項所稱**促進世代合作，指雇主透過同一工作分工合作、調整內容及其他方法，使所僱用之中高齡者及高齡者與差距年齡達15歲以上之受僱者共同工作之方式。**

第18條　雇主依前條推動世代合作之方式如下：

一、　**人才培育型**：由中高齡者或高齡者教導跨世代員工，傳承知識、技術及實務經驗。

二、　**工作分享型**：由不同世代共同合作，發展職務互補或時間分工，且雙方應有共同工作時段。

三、　**互為導師型**：結合不同世代專長，雙方互為導師，共同提升營運效率。

四、　**能力互補型**：依不同世代職務能力進行工作重組、工作規劃或績效調整。

五、　其他世代合作之推動方式。

主管機關為促進雇主辦理世代合作，推動世代交流及經驗傳承，得聘請專家學者或具實務經驗工作者，視雇主需求提供諮詢及輔導。

第19條　中央主管機關對推動前條世代合作項目著有績效之雇主，得公開表揚，頒發獎座（牌）及獎金。

前項獎勵活動以每2年辦理一次為原則，獎勵相關事項，由中央主管機關公告之。

第五章　　繼續僱用之補助

第**20**條　　雇主依本法第21條申請補助者，應符合下列資格條件：

一、**繼續僱用符合勞動基準法第54條第1項第1款規定之受僱者，達其所僱用符合該規定總人數之百分之三十**。但情況特殊，經中央主管機關另行公告行業及繼續僱用比率者，不在此限。

二、**繼續僱用期間達6個月以上。**

三、**繼續僱用期間之薪資不低於原有薪資。**

前項第1款所定受僱者，不得為雇主之配偶或三親等內之親屬。

第**21**條　　符合前條所定雇主，應於每年中央主管機關公告之期間及補助總額範圍內，檢附下列文件、資料，向公立就業服務機構提出申請次一年度繼續僱用補助，並送中央主管機關審核：

一、申請書。

二、繼續僱用計畫書。

三、依法設立登記之證明文件影本。

四、繼續僱用者投保勞工保險或勞工職業災害保險之證明文件。

五、繼續僱用者最近3個月之薪資證明文件。

六、其他經中央主管機關規定之文件、資料。

雇主應於繼續僱用期滿6個月之日起90日內，檢附繼續僱用期間之僱用與薪資證明文件及中央主管機關核准函影本，向公立就業服務機構請領繼續僱用補助。

雇主申請第1項補助時，不得同時請領與本辦法相同性質之津貼或補助。

第**22**條　　繼續僱用之補助，僱用日數未達30日者不予列計，並按雇主繼續僱用期間核發，其規定如下：

一、勞雇雙方約定按月計酬方式給付薪資者，依下列標準核發：

(一)**雇主繼續僱用期間滿6個月，自雇主僱用第1個月起，依受僱人數每人每月補助新臺幣1萬3千元，一次發給6個月僱用補助。**

(二)**雇主繼續僱用期間逾6個月，自第7個月起依受僱人數每人每月補助新臺幣1萬5千元，按季核發，最高補助12個月。**

二、勞雇雙方約定按前款以外方式給付薪資者，依下列標準核發：

(一)雇主繼續僱用期間滿6個月，自雇主僱用第1個月起，依受僱人數每人每小時補助新臺幣70元，每月最高發給新臺幣1萬3千元，一次發給6個月僱用補助。

(二)雇主繼續僱用期間逾6個月,自第7個月起依受僱人數每人每小時補助新臺幣80元,每月最高發給新臺幣1萬5千元,按季核發,最高補助12個月。

雇主於申請前條補助期間,遇有勞雇雙方計酬方式變更情事,應報請公立就業服務機構備查。

第六章　附則

第23條 主管機關及公立就業服務機構為查核本辦法執行情形,得查對相關文件、資料,雇主不得規避、妨礙或拒絕。

第24條 除本辦法另有規定者外,雇主有下列情形之一者,主管機關應不予核發獎勵或補助;已發給者,經撤銷或廢止後,應限期命其返還:
一、不實請領或溢領。
二、執行內容與原核定計畫不符。
三、未實質僱用中高齡者及高齡者。
四、規避、妨礙或拒絕主管機關或公立就業服務機構查核。
五、以同一事由已領取政府機關相同性質之補助。
六、違反本辦法規定。
七、其他違反相關勞動法令,情節重大。
有前項第1款所定情事,主管機關得停止補助2年。

第25條 本辦法所規定之書表及文件,由中央主管機關定之。

第26條 本辦法所需經費,由主管機關編列預算支應。

第27條 本辦法自中華民國109年12月4日施行。
本辦法修正條文自發布日施行。

失業中高齡者及高齡者就業促進辦法
民國113年7月31日修正發布

第一章　總則

第1條 本辦法依中高齡者及高齡者就業促進法(以下簡稱本法)第27條規定訂定之。

第2條 本辦法所稱雇主,為就業保險投保單位之民營事業單位、團體或私立學校。
前項所稱定團體,指依人民團體法或其他法令設立者。但不包括政治團體及政黨。

第3條　本法第27條所定**補助、利息補貼、津貼或獎助**如下：
一、 **職業訓練補助**。
二、 **創業貸款利息補貼**。
三、 **跨域就業補助**。
四、 **臨時工作津貼**。
五、 **職場學習及再適應津貼**。
六、 **僱用獎助**。

第二章　職業訓練之補助

第4條　失業之中高齡者及高齡者，參加中央主管機關自辦、委託或補助辦理之職業訓練課程，全額補助其訓練費用。
申請前項補助者，應檢附下列文件、資料，向辦理職業訓練單位提出，送中央主管機關審核：
一、 身分證明文件影本。
二、 其他經中央主管機關規定之文件、資料。

第5條　中央主管機關為提升失業之高齡者工作技能，促進就業，得自辦、委託或補助辦理高齡者職業訓練專班。
前項高齡者職業訓練專班，應符合下列規定：
一、 訓練對象為經公立就業服務機構或受託單位就業諮詢並推介參訓，且由職業訓練單位甄選錄訓之高齡者。
二、 訓練專班之規劃應切合高齡者就業市場，且其課程、教材、教法及評量方式，應適合失業之高齡者身心特性及需求。

第6條　雇主依本法第24條第2項規定辦理訓練，並申請訓練費用補助者，**最低開班人數應達5人，且訓練時數不得低於80小時**。

第7條　雇主依前條規定申請訓練費用補助者，應檢附下列文件、資料，送中央主管機關審核：
一、 申請書。
二、 招募計畫書，其內容應包括僱用結訓中高齡者及高齡者之勞動條件。
三、 訓練計畫書。
四、 依法設立登記之證明文件影本。
五、 其他經中央主管機關規定之文件、資料。
經核定補助者，補助標準分為下列2類，其餘未補助部分，由雇主自行負擔，不得向受訓學員收取任何費用：
一、 由雇主自行辦理訓練：補助訓練費用百分之七十。
二、 雇主委託辦理訓練：補助訓練費用百分之八十五。

第**8**條　依第6條辦理職業訓練結訓後，雇主應依招募計畫書之勞動條件全部僱用；未僱用者，其全部或一部之訓練費用不予補助。但中途離退訓、成績考核不合格或因個人因素放棄致未僱用者，不在此限。

前項僱用人數於結訓1個月內離職率達百分之三十以上，不予補助已離職者之訓練費用。

第**9**條　失業之中高齡者及高齡者參加職業訓練，中央主管機關得發給職業訓練生活津貼；其申請資格條件、方式、期間及不予核發、撤銷或廢止等事項，準用就業促進津貼實施辦法第3條、第18條至第21條及第26條規定。

第三章　創業貸款利息補貼

第**10**條　失業之中高齡者及高齡者，符合下列規定，並檢具相關文件、資料，經中央主管機關同意核貸，得向金融機構辦理創業貸款：

一、登記為所營事業之負責人，並有實際經營該事業之事實。

二、未同時經營其他事業。

三、3年內曾參與政府創業研習課程至少18小時。

四、所營事業設立登記未超過5年。

五、所營事業員工數未滿5人。

六、貸款用途以購置或租用廠房、營業場所、機器、設備或營運週轉金為限。

前項失業者與29歲以下之青年共同創業，向金融機構辦理貸款時，應檢具共同實際經營該事業之創業計畫書。

前項共同創業者不得為配偶、3親等內血親、2親等內血親之配偶、配偶之2親等內血親或其配偶。

第**11**條　**創業貸款之利率，按中華郵政股份有限公司2年期定期儲金機動利率加百分之零點575機動計息。**

第**12**條　第10條所定創業貸款，其利息補貼之最高貸款額度為新臺幣2百萬元；所營事業為商業登記法第5條規定得免辦理登記之小規模商業，並辦有稅籍登記者，利息補貼之最高貸款額度為新臺幣50萬元。

貸款人貸款期間前2年之利息，由中央主管機關全額補貼。

貸款人符合第10條第2項規定者，貸款期間前3年之利息，由中央主管機關全額補貼；第4年起負擔年息超過百分之1點5時，利息差額由中央主管機關補貼，但年息為百分之1點5以下時，由貸款人負擔實際全額利息。

前項利息補貼期間最長7年。

第13條　貸款人有下列情形之一者，自事實發生之日起停止或不予補貼利息；
　　　　已撥付者，由承貸金融機構通知貸款人繳回，並返還中央主管機關：
　　　　一、 所營事業停業、歇業或變更負責人。
　　　　二、 貸款人積欠貸款本息達6個月。
　　　　貸款人所營事業於利息補貼期間停業，已依規定繳付貸款本息，其後
　　　　辦理復業登記者，得由承貸金融機構向中央主管機關申請自復業日起
　　　　繼續補貼利息至原核定補貼期間屆滿。
　　　　第1項第2款情形於貸款人清償積欠貸款本息且恢復正常繳款後，得
　　　　繼續補貼利息。

第14條　同一創業貸款案件，曾領取政府機關其他相同性質創業貸款利息補貼
　　　　或補助者，不得領取本辦法之創業貸款利息補貼。

第四章　跨域就業補助

第15條　本辦法所定**跨域就業補助項目**如下：
　　　　一、 **求職交通補助金**。
　　　　二、 **異地就業交通補助金**。
　　　　三、 **搬遷補助金**。
　　　　四、 **租屋補助金**。

第16條　失業之中高齡者及高齡者，親自向公立就業服務機構辦理求職登記，
　　　　經諮詢及開立介紹卡推介就業，有下列情形之一者，得發給求職交通
　　　　補助金：
　　　　一、 推介地點與日常居住處所距離30公里以上。
　　　　二、 為低收入戶、中低收入戶或家庭暴力被害人。
　　　　除前項規定外，其他補助資格條件、核發金額及相關事項，準用就業
　　　　促進津貼實施辦法第3條、第8條及第9條規定。

第17條　申請前條補助，應檢附下列文件、資料：
　　　　一、 身分證明文件影本。
　　　　二、 同意代為查詢勞工保險、就業保險、勞工職業災害保險資料委
　　　　　　 託書。
　　　　三、 補助金領取收據。
　　　　四、 其他經中央主管機關規定之文件、資料。

第18條　失業之中高齡者及高齡者依本辦法、就業促進津貼實施辦法及就業保
　　　　險促進就業實施辦法申領之求職交通補助金應合併計算，每人每年度
　　　　以4次為限。

第**19**條　符合下列各款情形之失業者，親自向公立就業服務機構辦理求職登記，經諮詢及開立介紹卡推介就業，得向就業當地轄區之公立就業服務機構申請核發**異地就業交通補助金**：

一、**高齡者、失業期間連續達3個月以上中高齡者或非自願性離職中高齡者。**

二、**就業地點與原日常居住處所距離30公里以上。**

三、**因就業有交通往返之事實。**

四、**連續30日受僱於同一雇主。**

第**20**條　中高齡者及高齡者申請前條異地就業交通補助金，其申請程序、應備文件、資料、核發標準、補助期間及不予核發或撤銷等事項，準用就業保險促進就業實施辦法第27條、第28條及第36條規定。

第**21**條　符合下列各款情形之失業者，親自向公立就業服務機構辦理求職登記，經諮詢及開立介紹卡推介就業，得向就業當地轄區之公立就業服務機構申請核發**搬遷補助金**：

一、**高齡者、失業期間連續達3個月以上中高齡者或非自願性離職中高齡者。**

二、**就業地點與原日常居住處所距離30公里以上。**

三、**因就業而需搬離原日常居住處所，搬遷後有居住事實。**

四、**就業地點與搬遷後居住處所距離30公里以內。**

五、**連續30日受僱於同一雇主。**

第**22**條　中高齡者及高齡者申請前條搬遷補助金，其申請程序、應備文件、資料、核發標準及不予核發或撤銷等事項，準用就業保險促進就業實施辦法第30條、第31條及第36條規定。

第**23**條　符合下列各款情形之失業者，親自向公立就業服務機構辦理求職登記，經諮詢及開立介紹卡推介就業，得向就業當地轄區之公立就業服務機構申請核發**租屋補助金**：

一、**高齡者、失業期間連續達3個月以上中高齡者或非自願性離職中高齡者。**

二、**就業地點與原日常居住處所距離30公里以上。**

三、**因就業而需租屋，並在租屋處所有居住事實。**

四、**就業地點與租屋處所距離30公里以內。**

五、**連續30日受僱於同一雇主。**

第**24**條　中高齡者及高齡者申請前條租屋補助金，其申請程序、應備文件、資料、核發標準、補助期間及不予核發或撤銷等事項，準用就業保險促進就業實施辦法第33條、第34條及第36條規定。

第25條 中高齡者及高齡者申領租屋補助金或異地就業交通補助金，僅得按月擇一申領。

第26條 中高齡者及高齡者依本辦法及就業保險促進就業實施辦法申領之租屋補助金、異地就業交通補助金及搬遷補助金應合併計算，租屋補助金及異地就業交通補助金申領期間最長12個月；搬遷補助金最高新臺幣3萬元。

第五章　臨時工作津貼

第27條 失業之中高齡者及高齡者，親自向公立就業服務機構辦理求職登記，經就業諮詢並推介就業，有下列情形之一者，得指派其至用人單位從事臨時性工作，並發給**臨時工作津貼**：

一、**於求職登記日起14日內未能推介就業**。

二、**有正當理由無法接受推介工作**。

公立就業服務機構發給前項津貼之適用對象，準用就業促進津貼實施辦法第3條規定。

第1項正當理由、用人單位及津貼發給方式，準用就業促進津貼實施辦法第10條第2項至第4項規定。

第28條 前條**津貼發給標準**，按中央主管機關公告之每小時基本工資核給，且**不超過每月基本工資，最長6個月**。

第29條 用人單位申請津貼應備文件、資料，準用就業促進津貼實施辦法第11條規定。

失業之中高齡者及高齡者申領第27條津貼，其請假及給假事宜，準用就業促進津貼實施辦法第13條規定。

公立就業服務機構查核及終止用人單位計畫，準用就業促進津貼實施辦法第14條及第15條規定。

失業之中高齡者及高齡者申領第27條津貼，其撤銷、廢止、停止或不予給付臨時工作津貼情形，準用就業促進津貼實施辦法第16條規定。

用人單位辦理保險事項，準用就業促進津貼實施辦法第17條規定。

第30條 依本辦法、就業促進津貼實施辦法及就業保險促進就業實施辦法申領之臨時工作津貼應合併計算，2年內申領期間最長6個月。

第六章　職場學習及再適應津貼

第31條 失業之中高齡者及高齡者，親自向公立就業服務機構辦理求職登記，經公立就業服務機構評估後，得推介至用人單位進行職場學習及再適應。

第32條　前條所稱用人單位，指依法登記或取得設立許可之民間團體、民營事業單位、公營事業機構、非營利組織或學術研究機構。但不包括政治團體及政黨。

用人單位應向當地轄區公立就業服務機構提出職場學習及再適應工作計畫書，經公立就業服務機構審核通過後，進用其推介之中高齡者及高齡者。

前項計畫執行完畢後，用人單位得向公立就業服務機構申請職場學習及再適應津貼、用人單位行政管理及輔導費。

第33條　用人單位請領職場學習及再適應津貼期間，應以不低於中央主管機關公告之基本工資進用。

職場學習及再適應津貼，按每小時基本工資核給，且不超過每月基本工資。

前項**津貼補助期間最長3個月，高齡者經當地轄區公立就業服務機構評估後，得延長至6個月**。

中高齡者及高齡者轉換職場學習及再適應單位，其期間應合併計算，2年內合併之期間最長6個月。

第34條　用人單位向公立就業服務機構申請第32條所定行政管理及輔導費，其發給金額，以實際核發職場學習及再適應津貼之百分之三十核給。

第35條　用人單位於計畫執行完畢或經公立就業服務機構終止60日內，應檢附下列文件、資料，向當地轄區公立就業服務機構申請第32條津貼及補助：

一、計畫核准函影本。

二、領據。

三、津貼與行政管理及輔導費之印領清冊及工作輔導紀錄。

四、參加計畫人員之簽到表，或足以證明參與計畫之出勤文件影本。

五、參加計畫人員之勞工保險、勞工職業災害保險加保申報表或其他足資證明投保之文件。

六、延長補助之核准函影本。

七、已依身心障礙者權益保障法及原住民族工作權保障法規定，足額進用身心障礙者及原住民或繳納差額補助費、代金之文件影本。

八、其他經中央主管機關規定之文件、資料。

第36條　公立就業服務機構補助用人單位職場學習及再適應津貼之人數限制如下：

一、以用人單位申請日前1個月之勞工保險、就業保險、勞工職業災害保險投保人數之百分之三十為限，不足1人者以1人計。但員工數為10人以下者，最多得補助3人。

二、同一用人單位各年度最高補助之人數不得超過10人。

第37條　用人單位申領職場學習及再適應津貼、行政管理費及輔導費,有下列情形之一者,公立就業服務機構得視其違反情形,撤銷或廢止全部或一部之補助;已領取者,應限期命其返還:

一、進用負責人之配偶或3親等內之親屬。

二、同一用人單位再進用離職未滿1年者。

三、進用之人員,於同一時期已領取政府機關其他相同性質之就業促進相關補助或津貼。

四、自行進用未經公立就業服務機構推介之失業者。

第七章　僱用獎助

第38條　失業期間連續達30日以上之中高齡者及高齡者,向公立就業服務機構辦理求職登記,經就業諮詢無法推介就業者,公立就業服務機構得發給僱用獎助推介卡。

前項失業期間之計算,以中高齡者及高齡者未有參加就業保險、勞工保險或勞工職業災害保險紀錄之日起算。

第39條　雇主僱用前條之中高齡者及高齡者連續滿30日,由公立就業服務機構發給僱用獎助。

前項所定僱用,為雇主以不定期契約或1年以上之定期契約僱用勞工。

第40條　雇主連續僱用同一領有僱用獎助推介卡之中高齡者及高齡者,應於滿30日之日起90日內,檢附下列文件、資料,向原推介轄區之公立就業服務機構申請僱用獎助:

一、僱用獎助申請書。

二、僱用名冊、載明受僱者工作時數之薪資清冊、出勤紀錄。

三、受僱勞工之身分證明文件或有效期間居留證明文件影本。

四、請領僱用獎助之勞工保險、就業保險、勞工職業災害保險投保資料表或其他足資證明投保之文件。

五、其他經中央主管機關規定之文件、資料。

前項雇主,得於每滿3個月之日起90日內,向原推介轄區之公立就業服務機構提出僱用獎助之申請。

第1項僱用期間,1個月以30日計算,其末月僱用時間超過20日而未滿30日者,以1個月計算。

第41條　雇主依前2條規定**申請僱用獎助,依下列規定核發:**

一、**高齡者與雇主約定以按月計酬全時工作受僱者:依受僱人數每人每月發給新臺幣1萬5千元。**

二、 **高齡者與雇主約定按前款以外方式工作受僱者：依受僱人數每人每小時發給新臺幣80元，每月最高發給新臺幣1萬5千元。**

三、 **中高齡者與雇主約定以按月計酬全時工作受僱者：依受僱人數每人每月發給新臺幣1萬3千元。**

四、 **中高齡者與雇主約定按前款以外方式工作受僱者：依受僱人數每人每小時發給新臺幣70元，每月最高發給新臺幣1萬3千元。**

勞工依勞動基準法及性別平等工作法等相關法令規定請假，致雇主給付薪資低於前項各款核發標準之情形，依勞工實際獲致薪資數額發給僱用獎助。

同一雇主僱用同一勞工，雇主依本辦法、就業保險促進就業實施辦法申領之僱用獎助及政府機關其他相同性質之補助或津貼應合併計算；其申領期間最長12個月。

同一勞工於同一時期受僱於2個以上雇主，並符合第1項第2款或第4款規定者，各雇主均得依規定申請獎助；公立就業服務機構應按雇主申請送達。受理之時間，依序核發。但獎助金額每月合計不得超過第1項第2款或第4款規定之最高金額。

第42條　雇主僱用第38條之失業者，公立就業服務機構不予核發或撤銷僱用獎助之情形，準用就業保險促進就業實施辦法第19條第2項規定。

第八章　附則

第43條　第19條、第21條、第23條及第40條所定受僱或僱用期間之認定，自勞工到職投保就業保險生效之日起算。但依法不得辦理參加就業保險者，自其勞工職業災害保險生效之日起算。

第44條　雇主、用人單位或勞工申請本辦法補助、補貼、津貼或獎助之文件、資料未備齊者，應於主管機關或公立就業服務機構通知期間內補正；屆期未補正者，不予受理。

第45條　主管機關及公立就業服務機構為查核本辦法執行情形，得查對相關文件、資料。雇主、用人單位、依本辦法領取補助、補貼、津貼或獎助者，不得規避、妨礙或拒絕。

第46條　除本辦法另有規定者外，依本辦法領取補助、補貼、津貼及獎助者，有下列情形之一，主管機關或公立就業服務機構應不予核發；已發給者，經撤銷或廢止後，應限期命其返還：

一、 不實請領或溢領。

二、 規避、妨礙或拒絕主管機關或公立就業服務機構查核。

三、 違反本辦法規定。

四、 其他違反相關勞動法令，情節重大。

有前項第1款所定情事，主管機關或公立就業服務機構得停止補助2年。

第47條 本辦法所規定之書表及文件，由中央主管機關定之。

第48條 本辦法所需經費，由主管機關編列預算支應。

第49條 本辦法自中華民國109年12月4日施行。

本辦法修正條文自發布日施行。

退休中高齡者及高齡者再就業補助辦法
民國109年12月3日發布，12月4日施行

第一章　總則

第1條 本辦法依中高齡者及高齡者就業促進法（以下簡稱本法）第31條規定訂定之。

第2條 本辦法所定雇主，為就業保險投保單位之民營事業單位、團體或私立學校。

前項所稱團體，指依人民團體法或其他法令設立者。但不包括政治團體及政黨。

第3條 雇主依本法第29條提供**下列協助措施者，得向中央主管機關申請補助**：

一、 **辦理勞工退休準備與調適之課程、團體活動、個別諮詢、資訊及文宣。**

二、 **辦理勞工退休後再就業之職涯發展、就業諮詢、創業諮詢及職業訓練。**

雇主應於中央主管機關公告之受理期間提出申請。

第1項各款補助額度，同一雇主每年最高新臺幣50萬元。

第1項與第2項所定受理期間、審查及核銷作業等事項，由中央主管機關公告之。

第4條 雇主依前條規定申請補助，應檢附下列文件、資料，送中央主管機關審核：

一、 申請書。

二、 計畫書。

三、 經費概算表。

四、 依法設立登記之證明文件影本。

五、 其他經中央主管機關規定之文件、資料。

前項文件、資料未備齊者,應於中央主管機關通知期間內補正;屆期未補正者,不予受理。

第5條　雇主依本法第30條僱用高齡者傳承專業技術及經驗,得向中央主管機關申請下列補助:

一、 傳承專業技術及經驗之實作或講師鐘點費。

二、 非自有場地費。

三、 其他必要之費用。

雇主應於中央主管機關公告之受理期間提出申請。

第1項補助額度,每位受僱用之高齡者每年最高補助雇主新臺幣10萬元,每位雇主每年最高補助新臺幣50萬元;受僱用之高齡者,不得為雇主配偶或3親等以內親屬。

第1項與第2項所定受理期間、審查及核銷作業等事項,由中央主管機關公告之。

第6條　雇主依前條規定申請補助,應檢附下列文件、資料,送中央主管機關審核:

一、 申請書。

二、 計畫書。

三、 經費概算表。

四、 依法設立登記之證明文件影本。

五、 講師為退休高齡者證明文件影本。

六、 講師具專業技術及經驗證明文件影本。

七、 僱用證明文件影本。

八、 其他經中央主管機關規定之文件、資料。

前項文件、資料未備齊者,應於中央主管機關通知期間內補正;屆期未補正者,不予受理。

第7條　中央主管機關為查核本辦法執行情形,得查對相關文件、資料,雇主不得規避、妨礙或拒絕。

第8條　雇主有下列情形之一者,應不予核發補助;已發給者,經撤銷或廢止後,應限期命其返還:

一、 不實請領或溢領。

二、 執行內容與原核定計畫不符。

三、 未實質僱用中高齡者及高齡者。

四、 規避、妨礙或拒絕中央主管機關查核。

五、 同一事由已領取政府機關相同性質之補助。

六、　違反本辦法規定。

七、　其他違反相關勞動法令，情節重大。

有前項第1款所定情事，中央主管機關得停止補助2年。

第9條　　本辦法所規定之書表及文件，由中央主管機關定之。

第10條　　本辦法所需經費，由中央主管機關編列預算支應。

第11條　　本辦法自中華民國109年12月4日施行。

私立就業服務機構許可及管理辦法
民國113年1月30日修正發布

第一章　　總則

第1條　　本辦法依就業服務法（以下簡稱本法）第34條第3項及第40條第2項規定訂定之。

第2條　　本法所稱私立就業服務機構，依其設立目的分為營利就業服務機構及非營利就業服務機構，其定義如下：

一、**營利就業服務機構：謂依公司法所設立之公司或依商業登記法所設立之商業組織，從事就業服務業務者。**

二、**非營利就業服務機構：謂依法設立之財團、以公益為目的之社團或其他非以營利為目的之組織，從事就業服務業務者。**

第3條　　本法第35條第1項第4款所定其他經中央主管機關指定之就業服務事項如下：

一、　接受雇主委任辦理聘僱外國人之招募、引進、接續聘僱及申請求才證明、招募許可、聘僱許可、展延聘僱許可、遞補、轉換雇主、轉換工作、變更聘僱許可事項、通知外國人連續曠職3日失去聯繫之核備。

二、　接受雇主或外國人委任辦理在中華民國境內工作外國人之生活照顧服務、安排入出國、安排接受健康檢查、健康檢查結果函報衛生主管機關、諮詢、輔導及翻譯。

三、　接受從事本法第46條第1項第8款至第11款規定工作之外國人委任，代其辦理居留業務。

第4條　　私立就業服務機構收取費用時，應掣給收據，並保存收據存根。介紹費之收取，應於聘僱契約生效後，始得為之。

聘僱契約生效後40日內，因可歸責於求職人之事由，致聘僱契約終止者，雇主得請求私立就業服務機構免費重行推介1次，或退還**百分之五十**之介紹費。

聘僱契約生效後40日內，因可歸責於雇主之事由，致聘僱契約終止者，求職人得請求私立就業服務機構免費重行推介1次，或退還**百分之五十**之介紹費。

求職人或雇主已繳付登記費者，得請求原私立就業服務機構於6個月內推介3次。但經推介於聘僱契約生效或求才期限屆滿者，不在此限。

第5條　本法第36條所稱就業服務專業人員，應具備下列資格之一者：

一、 經中央主管機關發給測驗合格證明，並取得就業服務專業人員證書。

二、 就業服務職類技能檢定合格，經中央主管機關發給技術士證，並取得就業服務專業人員證書。

參加就業服務職類技術士技能檢定者，應具備經教育部立案或認可之國內外高中職以上學校畢業或同等學力資格。

第5-1條　就業服務專業人員以取得1張就業服務專業人員證書為限。

就業服務專業人員經依本法第71條規定廢止證書者，自廢止之日起2年內不得再行申請核發證書。

本辦法中華民國93年1月13日修正發布後，取得就業服務專業人員效期證書者，由中央主管機關換發就業服務專業人員證書。

第6條　本法第36條所稱就業服務專業人員之數額如下：

一、 從業人員人數在5人以下者，應置就業服務專業人員至少1人。

二、 從業人員人數在6人以上10人以下者，應置就業服務專業人員至少2人。

三、 從業人員人數逾10人者，應置就業服務專業人員至少3人，並自第11人起，每逾10人應另增置就業服務專業人員1人。

私立就業服務機構或其分支機構依前項規定所置之就業服務專業人員，已為其他私立就業服務機構或分支機構之就業服務專業人員者，不計入前項所定之數額，且不得從事第7條第1項第4款所定之職責。

第7條　**就業服務專業人員之職責**如下：

一、 **辦理暨分析職業性向。**

二、 **協助釐定生涯發展計畫之就業諮詢。**

三、 **查對所屬私立就業服務機構辦理就業服務業務之各項申請文件。**

四、 **依規定於雇主相關申請書簽證。**

就業服務專業人員執行前項業務，應遵守誠實信用原則。

第8條　本法第39條所稱各項文件資料包括：

一、 職員名冊應記載職員姓名、國民身分證統一編號、性別、地址、電話及到職、離職日期等事項。

二、 各項收費之收據存根，含第4條第1項規定之收據存根。

三、 會計帳冊。

四、 求職登記及求才登記表應記載求職人或雇主名稱、地址、電話、登記日期及求職、求才條件等事項。

五、 求職、求才狀況表。

六、 與雇主、求職人簽訂之書面契約。

七、 仲介外國人從事本法第46條第1項第8款至第11款工作之外國人報到紀錄表及外國人入國工作費用及工資切結書。

八、 主管機關規定之其他文件資料。

前項文件資料應保存<u>5年</u>。

第9條　私立就業服務機構，受理求職登記或推介就業，不得有下列情形：

一、 推介15歲以上未滿16歲之童工，及16歲以上未滿18歲之人，從事危險性或有害性之工作。

二、 受理未滿15歲者之求職登記或為其推介就業。但國民中學畢業或經主管機關認定其工作性質及環境無礙其身心健康而許可者，不在此限。

三、 推介未滿18歲且未具備法定代理人同意書及其年齡證明文件者就業。

第10條　私立就業服務機構除經許可外，不得以其他形式設立分支機構，從事就業服務業務。

第10-1條　私立就業服務機構及其分支機構申請許可，及就業服務專業人員申請證書，主管機關得公告採網路傳輸方式申請項目。

依前項規定公告之項目，私立就業服務機構及其分支機構申請許可，及就業服務專業人員申請證書，應採網路傳輸方式為之。但有正當理由，經主管機關同意者，不在此限。

第二章　私立就業服務機構之許可及變更

第11條　<u>辦理仲介本國人在國內工作之營利就業服務機構最低實收資本總額為新臺幣50萬元，每增設一分支機構，應增資新臺幣20萬元</u>。但原實收資本總額已達增設分支機構所須之實收資本總額者，不在此限。

仲介外國人至中華民國工作、或依規定仲介香港或澳門居民、大陸地區人民至臺灣地區工作、或仲介本國人至臺灣地區以外工作之營利

就業服務機構，最低實收**資本總額為新臺幣500萬元，每增設一分公司**，應**增資新臺幣200萬元**。但原實收資本總額已達增設分支機構所須之實收資本總額者，不在此限。

仲介外國人至中華民國工作、或依規定仲介香港或澳門居民、大陸地區人民至臺灣地區工作、或仲介本國人至臺灣地區以外工作之非營利就業服務機構，應符合下列規定：

一、 依法向主管機關登記設立2年以上之財團法人或公益社團法人；其為公益社團法人者，應為職業團體或社會團體。

二、 申請之日前2年內，因促進社會公益、勞雇和諧或安定社會秩序等情事，受主管機關或目的事業主管機關獎勵或有具體事蹟者。

第12條 **私立就業服務機構及其分支機構之設立，應向所在地之主管機關申請許可**。但**從事仲介外國人至中華民國工作**、或依規定仲介香港或澳門居民、大陸地區人民至臺灣地區工作、或仲介本國人至臺灣地區以外工作者，應**向中央主管機關申請許可**。

申請設立私立就業服務機構及其分支機構者，應備下列文件申請籌設許可：

一、 申請書。

二、 法人組織章程或合夥契約書。

三、 營業計畫書或執行業務計畫書。

四、 收費項目及金額明細表。

五、 實收資本額證明文件。但非營利就業服務機構免附。

六、 主管機關規定之其他文件。

主管機關於必要時，得要求申請人繳驗前項文件之正本。

經中央主管機關許可籌設之從事仲介外國人至中華民國工作、或依規定仲介香港或澳門居民、大陸地區人民至臺灣地區工作、或仲介本國人至臺灣地區以外工作者，應於申請設立許可前，通知當地主管機關檢查。

前項檢查項目由中央主管機關公告之。

第13條 前條經許可籌設者，應自核發籌設許可之日起3個月內，依法登記並應備下列文件向主管機關申請設立許可及核發許可證：

一、 申請書。

二、 從業人員名冊。

三、 就業服務專業人員證書及其國民身分證正反面影本。

四、 公司登記、商業登記證明文件或團體立案證書影本。

五、 銀行保證金之保證書正本。但分支機構、非營利就業服務機構及辦理仲介本國人在國內工作之營利就業服務機構免附。

六、經當地主管機關依前條第4項規定檢查確有籌設事實之證明書。

七、主管機關規定之其他文件。

主管機關於必要時，得要求申請人繳驗前項文件之正本。

未能於第1項規定期限內檢具文件申請者，應附其理由向主管機關申請展延，申請展延期限最長不得逾2個月，並以1次為限。

經審核合格發給許可證者，本法第34條第1項及第2項之許可始為完成。

經中央主管機關許可之私立就業服務機構，並得從事仲介本國人在國內工作之就業服務業務。

第13-1條　主管機關得自行或委託相關機關（構）、團體辦理**私立就業服務機構評鑑，評鑑成績分為A、B及C三級**。

前項評鑑辦理方式、等級、基準及評鑑成績優良者之表揚方式，由主管機關公告之。

第14條　辦理仲介外國人至中華民國工作、或依規定仲介香港或澳門居民、大陸地區人民至臺灣地區工作、或仲介本國人至臺灣地區以外工作之營利就業服務機構，依第13條第1項第5款規定應繳交由銀行出具金額新臺幣300萬元保證金之保證書，作為民事責任之擔保。

前項營利就業服務機構於許可證有效期間未發生擔保責任及最近一次經評鑑為A級者，每次許可證效期屆滿換發新證時，保證金依次遞減新臺幣100萬元之額度。但保證金數額最低遞減至新臺幣100萬元。

前二項營利就業服務機構發生擔保責任，經以保證金支付後，其餘額不足法定數額者，應由該機構於不足之日起1個月內補足，並於其許可證效期屆滿換發新證時，保證金數額調為新臺幣300萬元。未補足者，由中央主管機關廢止其設立許可。

營利就業服務機構所繳交銀行保證金之保證書，於該機構終止營業繳銷許可證或註銷許可證或經主管機關廢止設立許可之日起1年後，解除保證責任。

第15條　私立就業服務機構及其分支機構申請籌設許可、設立許可或重新申請設立許可有下列情形之一，主管機關應不予許可：

一、不符本法或本辦法之申請規定者。

二、機構或機構負責人、經理人、董（理）事或代表人曾違反本法第34條第2項或第45條規定，受罰鍰處分、經檢察機關起訴或法院判決有罪者。

三、機構負責人、經理人、董（理）事或代表人曾任職私立就業服務機構，因其行為致使該機構有下列情事之一者：

(一) 違反本法第40條第1項第4款至第9款或第45條規定。

(二) 違反本法第40條第1項第2款或第14款規定，經限期改善，屆期未改善。

(三) 同一事由，受罰鍰處分3次，仍未改善。

(四) 1年內受罰鍰處分4次以上。

(五) 1年內受停業處分2次以上。

四、 機構負責人、經理人、董（理）事或代表人從事就業服務業務或假借業務上之權力、機會或方法對求職人、雇主或外國人曾犯刑法第221條至第229條、第231條至第233條、第296條至第297條、第302條、第304條、第305條、第335條、第336條、第339條、第341條、第342條或第346條規定之罪，經檢察機關起訴或法院判決有罪者。

五、 機構負責人、經理人、董（理）事或代表人曾犯人口販運防制法所定人口販運罪，經檢察機關起訴或法院判決有罪者。

六、 非營利就業服務機構曾因妨害公益，受主管機關或目的事業主管機關處罰鍰、停業或限期整理處分。

七、 營利就業服務機構申請為營業處所之公司登記地址或商業登記地址，已設有私立就業服務機構者。

八、 非營利就業服務機構申請之機構地址，已設有私立就業服務機構者。

九、 評鑑為C級，經限期令其改善，屆期不改善或改善後仍未達B級者。

十、 申請設立分支機構，未曾接受評鑑而無評鑑成績或最近一次評鑑成績為C級者。

十一、 規避、妨礙或拒絕接受評鑑者。

十二、 接受委任辦理聘僱許可，外國人於下列期間發生行蹤不明情事達附表一規定之人數及比率者：

(一) 入國第31日至第90日。

(二) 入國30日內，因私立就業服務機構及其分支機構未善盡受任事務所致。

前項第2款至第6款及第12款規定情事，以申請之日前2年內發生者為限。

直轄市或縣（市）主管機關核發許可證者，不適用第1項第9款及第12款規定。

第15-1條 本法第40條第1項第17款所稱接受委任引進之外國人入國3個月內發生行蹤不明之情事，並於1年內達一定之人數及比率者，指接受委任

引進之外國人於下列期間發生行蹤不明情事達第15條附表一規定之
人數及比率者：
一、入國第31日至第90日。
二、入國30日內，因私立就業服務機構及其分支機構未善盡受任事
　　務所致。
中央主管機關應定期於每年3月、6月、9月及12月，依第15條附表1
規定查核私立就業服務機構。
中央主管機關經依前項規定查核，發現私立就業服務機構達第15條
附表1規定之人數及比率者，應移送直轄市或縣（市）主管機關裁處
罰鍰。

第16條　外國人力仲介公司辦理仲介其本國人或其他國家人民至中華民國、
或依規定仲介香港或澳門居民、大陸地區人民至臺灣地區，從事本
法第46條第1項第8款至第10款規定之工作者，應向中央主管機關申
請認可。
外國人力仲介公司取得前項認可後，非依第17條規定經主管機關許
可，不得在中華民國境內從事任何就業服務業務。
第1項認可**有效期間為2年**；其申請應備文件如下：
一、申請書。
二、當地國政府許可從事就業服務業務之許可證或其他相關證明文
　　件影本及其中譯本。
三、最近2年無違反當地國勞工法令證明文件及其中譯本。
四、中央主管機關規定之其他文件。
前項應備文件應於申請之日前3個月內，經當地國政府公證及中華民
國駐當地國使館驗證。
外國人力仲介公司申請續予認可者，應於有效認可期限屆滿前30日
內提出申請。
中央主管機關為認可第1項規定之外國人力仲介公司，得規定其國家
或地區別、家數及業務種類。

第17條　主管機關依國內經濟、就業市場狀況，得許可外國人或外國人力仲介
公司在中華民國境內設立私立就業服務機構。
外國人或外國人力仲介公司在中華民國境內設立私立就業服務機構，
應依本法及本辦法規定申請許可。

第18條　私立就業服務機構及其分支機構變更機構名稱、地址、資本額、負責
人、經理人、董（理）事或代表人等許可證登記事項前，應備下列文
件向原許可機關申請變更許可：

一、申請書。

二、股東同意書或會議決議紀錄；屬外國公司在臺分公司申請變更負責人時，應檢附改派在中華民國境內指定之負責人授權書。

三、許可證影本。

四、主管機關規定之其他文件。

前項經許可變更者，應自核發變更許可之日起3個月內依法辦理變更登記，並應備下列文件向主管機關申請換發許可證：

一、申請書。

二、公司登記、商業登記證明文件或團體立案證書影本。

三、許可證正本。

四、主管機關規定之其他文件。

未能於前項規定期限內檢具文件申請者，應附其理由向主管機關申請展延，申請展延期限最長不得逾2個月，並以1次為限。

第19條　私立就業服務機構及其分支機構申請變更許可，有下列情形之一，主管機關應不予許可：

一、申請變更後之機構負責人、經理人、董（理）事或代表人，曾違反本法第34條第2項或第45條規定，受罰鍰處分、經檢察機關起訴或法院判決有罪者。

二、申請變更後之機構負責人、經理人、董（理）事或代表人，曾任職私立就業服務機構，因執行業務致使該機構有下列情事之一者：

(一) 違反本法第40條第1項第4款至第9款或第45條規定。

(二) 違反本法第40條第1項第2款或第14款規定，經限期改善，屆期未改善。

(三) 同一事由，受罰鍰處分3次，仍未改善。

(四) 1年內受罰鍰處分4次以上。

(五) 1年內受停業處分2次以上。

三、申請變更後之機構負責人、經理人、董（理）事或代表人從事就業服務業務或假借業務上之權力、機會或方法對求職人、雇主或外國人曾犯刑法第221條至第229條、第231條至第233條、第296條至第297條、第302條、第304條、第305條、第335條、第336條、第339條、第341條、第342條或第346條規定之罪，經檢察機關起訴或法院判決有罪者。

四、申請變更後之機構負責人、經理人、董（理）事或代表人曾犯人口販運防制法所定人口販運罪，經檢察機關起訴或法院判決有罪者。

五、 營利就業服務機構申請變更後之營業處所之公司登記地址或商
　　業登記地址,已設有私立就業服務機構者。

六、 非營利就業服務機構申請變更後之機構地址,已設有私立就業
　　服務機構者。

七、 未依前條規定申請變更許可者。

前項第1款至第4款規定情事,以申請之日前2年內發生者為限。

第三章　私立就業服務機構之管理

第20條　私立就業服務機構為雇主辦理聘僱外國人或香港或澳門居民、大陸地
區人民在臺灣地區工作之申請許可、招募、引進、接續聘僱或管理事
項前,應與雇主簽訂書面契約。辦理重新招募或聘僱時亦同。

前項書面契約應載明下列事項:

一、 費用項目及金額。

二、 收費及退費方式。

三、 外國人或香港或澳門居民、大陸地區人民未能向雇主報到之損
　　害賠償事宜。

四、 外國人或香港或澳門居民、大陸地區人民入國後之交接、安排
　　接受健康檢查及健康檢查結果函報衛生主管機關事宜。

五、 外國人或香港或澳門居民、大陸地區人民之遣返、遞補、展延
　　及管理事宜。

六、 違約之損害賠償事宜。

七、 中央主管機關規定之其他事項。

雇主聘僱外國人從事本法第46條第1項第9款規定之家庭幫傭或看護
工作,第1項之書面契約,應由雇主親自簽名。

第21條　私立就業服務機構為從事本法第46條第1項第8款至第11款規定工作
之外國人,辦理其在中華民國境內工作之就業服務事項,應**與外國人
簽訂書面契約,並載明下列事項:**

一、 **服務項目**。

二、 **費用項目及金額**。

三、 **收費及退費方式**。

四、 中央主管機關規定之其他事項。

外國人從事本法第46條第1項第9款規定之家庭幫傭或看護工作,前
項之書面契約,應由外國人親自簽名。

第1項契約應作成外國人所瞭解之譯本。

第**22**條　主管機關依第17條規定許可外國人或外國人力仲介公司在中華民國境內設立之私立就業服務機構，其負責人離境前，應另指定代理人，並將其姓名、國籍、住所或居所及代理人之同意書，向原許可機關辦理登記。

第**23**條　私立就業服務機構之就業服務專業人員異動時，應自異動之日起30日內，檢附下列文件報請原許可機關備查：
一、 就業服務專業人員異動申請表。
二、 異動後之從業人員名冊。
三、 新聘就業服務專業人員證書及其國民身分證正反面影本。
四、 主管機關規定之其他文件。

第**24**條　私立就業服務機構之許可證，不得租借或轉讓。
前項許可證或就業服務專業人員證書污損者，應繳還原證，申請換發新證；遺失者，應備具結書及申請書，並載明原證字號，申請補發遺失證明書。

第**25**條　**私立就業服務機構許可證有效期限為2年，有效期限屆滿前30日內，應備下列文件重新申請設立許可及換發許可證：**
一、 申請書。
二、 從業人員名冊。
三、 公司登記、商業登記證明文件或團體立案證書影本。
四、 銀行保證金之保證書正本。但分支機構、非營利就業服務機構及辦理仲介本國人在國內工作之營利就業服務機構免附。
五、 申請之日前2年內，曾違反本法規定受罰鍰處分者，檢附當地主管機關所開具已繳納罰鍰之證明文件。
六、 許可證正本。
七、 主管機關規定之其他文件。
未依前項規定申請許可者，應依第27條之規定辦理終止營業，並繳銷許可證。未辦理或經不予許可者，由主管機關註銷其許可證。

第**26**條　私立就業服務機構暫停營業1個月以上者，應於停止營業之日起15日內，向原許可機關申報備查。
前項停業期間最長不得超過1年；復業時應於15日內申報備查。

第**27**條　私立就業服務機構終止營業時，應於辦妥解散、變更營業項目或歇業登記之日起30日內，向原許可機關繳銷許可證。未辦理者，由主管機關廢止其設立許可。

第**28**條　私立就業服務機構應將許可證、收費項目及金額明細表、就業服務專業人員證書，揭示於營業場所內之明顯位置。

第29條　私立就業服務機構於從事職業介紹、人才仲介及甄選服務時，應告知所推介工作之內容、薪資、工時、福利及其他有關勞動條件。

私立就業服務機構接受委任仲介從事本法第46條第1項第8款至第10款規定工作之外國人，應向雇主及外國人告知本法或依本法發布之命令所規定之事項。

第30條　私立就業服務機構應於每季終了10日內，填報求職、求才狀況表送直轄市或縣（市）主管機關。

直轄市及縣（市）主管機關應於每季終了20日內彙整前項資料，層報中央主管機關備查。

第31條　第16條之外國人力仲介公司或其從業人員從事就業服務業務有下列情形之一，中央主管機關得不予認可、廢止或撤銷其認可：

一、不符申請規定經限期補正，屆期未補正者。

二、逾期申請續予認可者。

三、經其本國廢止或撤銷營業執照或從事就業服務之許可者。

四、違反第16條第2項規定者。

五、申請認可所載事項或所繳文件有虛偽情事者。

六、接受委任辦理就業服務業務，違反本法第45條規定，或有提供不實資料或外國人健康檢查檢體者。

七、辦理就業服務業務，未善盡受任事務，致雇主違反本法第44條或第57條規定者。

八、接受委任仲介其本國人或其他國家人民至中華民國工作、或依規定仲介香港或澳門居民、大陸地區人民至臺灣地區工作，未善盡受任事務，致外國人發生行蹤不明失去聯繫之情事者。

九、辦理就業服務業務，違反雇主之意思，留置許可文件或其他相關文件者。

十、辦理就業服務業務，有恐嚇、詐欺、侵占或背信情事，經第1審判決有罪者。

十一、辦理就業服務業務，要求、期約或收受外國人入國工作費用及工資切結書或規定標準以外之費用，或不正利益者。

十二、辦理就業服務業務，行求、期約或交付不正利益者。

十三、委任未經許可者或接受其委任辦理仲介外國人至中華民國境內工作事宜者。

十四、在其本國曾受與就業服務業務有關之處分者。

十五、於申請之日前2年內，曾接受委任仲介其本國人或其他國家人民至中華民國境內工作，其仲介之外國人入國後30日內發生行蹤不明情事達附表二規定之人數及比率者。

十六、其他違法或妨礙公共利益之行為，情節重大者。

中央主管機關依前項規定不予認可、廢止或撤銷其認可者，應公告之。

第31-1條 中央主管機關應定期於每年6月、6月、9月及12月，依第31條附表二規定查核外國人力仲介公司接受委任仲介其本國人或其他國家人民至中華民國境內工作，其所仲介之外國人入國30日內發生行蹤不明情事之人數及比率。

中央主管機關經依前項規定查核後發現，外國人力仲介公司達第31條附表二規定人數及比率之次數，應通知外交部及駐外館處，依下列規定日數，暫停其接受外國人委任辦理申請簽證：

一、第1次：暫停7日。

二、第2次以上：暫停日數按次增加7日，最長為28日。

第32條 （刪除）

第33條 本法第40條第1項第11款所定報表如下：

一、求職、求才狀況表。

二、從業人員名冊。

三、就業服務專業人員異動申請表。

四、外國人招募許可之申請表。

五、外國人聘僱許可之申請表。

六、外國人展延聘僱許可之申請表。

七、外國人轉換雇主或工作之申請表。

八、外國人行蹤不明失去聯繫之申報表。

九、主管機關規定之其他報表。

第34條 私立就業服務機構接受委任辦理就業服務業務，應依規定於雇主或求職人申請書（表）加蓋機構圖章，並經負責人簽章及所置就業服務專業人員簽名。

第35條 **私立就業服務機構刊播或散發就業服務業務廣告，應載明機構名稱、許可證字號、機構地址及電話。**

第36條 從業人員或就業服務專業人員離職，私立就業服務機構應妥善處理其負責之業務及通知其負責之委任人。

第37條 私立就業服務機構經委任人終止委任時，應將保管之許可文件及其他相關文件，歸還委任人。

私立就業服務機構終止營業或經註銷許可證、廢止設立許可者，應通知委任人，並將保管之許可文件及其他相關文件歸還委任人，或經委任人書面同意，轉由其他私立就業服務機構續辦。

第38條 第16條規定之外國人力仲介公司經廢止或撤銷認可者，於2年內重行申請認可，中央主管機關應不予認可。

第39條 主管機關對私立就業服務機構所為評鑑成績、罰鍰、停止全部或一部營業、撤銷或廢止其設立許可者，應公告之。

第40條 主管機關得隨時派員檢查私立就業服務機構業務狀況及有關文件資料；經檢查後，對應改善事項，應通知其限期改善。
主管機關依前項所取得之資料，應保守秘密，如令業者提出證明文件、表冊、單據及有關資料為正本者，應於收受後15日內發還。

第41條 直轄市及縣（市）主管機關應於每季終了20日內，統計所許可私立就業服務機構之設立、變更、停業、復業、終止營業及違規受罰等情形，層報中央主管機關備查。

第42條 依身心障礙者權益保障法規定向主管機關申請結合設立之身心障礙者就業服務機構，不得有下列行為：
一、未依主管機關核定設立計畫執行者。
二、規避、妨礙或拒絕會計帳目查察者。

第四章　附則

第43條 本辦法有關書表格式由中央主管機關定之。

第44條 本辦法自發布日施行。
本辦法中華民國112年9月4日修正發布之第31條之1及第31條附表二，自112年12月16日施行。

雇主聘僱外國人許可及管理辦法
民國113年8月26日修正發布

第一章　總則

第1條 本辦法依就業服務法（以下簡稱本法）第四十八條第二項規定訂定之。

第2條 本辦法用詞，定義如下：
一、第一類外國人：指受聘僱從事本法第四十六條第一項第一款至第六款規定工作之外國人。
二、第二類外國人：指受聘僱從事本法第四十六條第一項第八款至第十款規定工作之外國人。
三、第三類外國人：指下列受聘僱從事本法第四十六條第一項第十一款規定工作之外國人：

(一)外國人從事就業服務法第四十六條第一項第八款至第十一款工作資格及審查標準（以下簡稱審查標準）規定之雙語翻譯工作、廚師及其相關工作。

(二)審查標準規定中階技術工作之海洋漁撈工作、機構看護工作、家庭看護工作、製造工作、營造工作、屠宰工作、外展農務工作、農業工作或其他經中央主管機關會商中央目的事業主管機關指定之工作（以下併稱中階技術工作）。

(三)審查標準規定取得我國大專校院副學士以上學位之外國學生、僑生或其他華裔學生（以下簡稱畢業僑外生）從事旅宿服務工作。

(四)其他經中央主管機關專案核定之工作。

四、第四類外國人：指依本法第五十條第一款或第二款規定從事工作之外國人。

五、第五類外國人：指依本法第五十一條第一項第一款至第四款規定從事工作之外國人。

第3條　中央主管機關就國內經濟發展及就業市場情勢，評估勞動供需狀況，得公告僱主聘僱前條第一類外國人之數額、比例及辦理國內招募之工作類別。

第4條　非以入國工作為主要目的之國際書面協定，其內容載有同意外國人工作、人數、居（停）留期限等者，外國人據以辦理之入國簽證，視為工作許可。

前項視為工作許可之期限，最長為一年。

第5條　外國人有下列情形之一者，其停留期間在三十日以下之入國簽證或入國許可視為工作許可：

一、從事本法第五十一條第三項規定之工作。

二、為公益目的協助解決因緊急事故引發問題之需要，從事本法第四十六條第一項第一款規定之工作。

三、經各中央目的事業主管機關認定或受大專以上校院、各級政府機關及其所屬機構邀請之知名優秀專業人士，並從事本法第四十六條第一項第一款規定之演講或技術指導工作。

四、受各級政府機關、各國駐華使領館或駐華外國機構邀請，並從事非營利性質之表演或活動。

經入出國管理機關核發學術及商務旅行卡，並從事本法第四十六條第一項第一款規定之演講或技術指導工作之外國人，其停留期間在九十日以下之入國簽證或入國許可視為工作許可。

第6條　外國人受聘僱在我國境內從事工作，除本法或本辦法另有規定外，雇主應向中央主管機關申請許可。

中央主管機關為前項許可前，得會商中央目的事業主管機關研提審查意見。

雇主聘僱本法第四十八條第一項第二款規定之外國人從事工作前，應核對外國人之外僑居留證及依親戶籍資料正本。

第7條　雇主申請聘僱外國人或外國人申請工作許可，中央主管機關得公告採網路傳輸方式申請項目。

依前項規定公告之項目，雇主申請聘僱第一類外國人至第四類外國人申請工作許可，應採網路傳輸方式為之。但有正當理由，經中央主管機關同意者，不在此限。

雇主依前二項規定之方式申請者，申請文件書面原本，應自行保存至少五年。

第8條　雇主申請聘僱外國人之應備文件中，有經政府機關（構）或國營事業機構開具之證明文件，且得由中央主管機關自網路查知者，雇主得予免附。

前項免附之文件，由中央主管機關公告之。

第8-1條　中央主管機關得應中央目的事業主管機關之請求，於其執行法定職務必要範圍內，提供外國人名冊等相關資料。

第二章　第一類外國人聘僱許可之申請

第9條　雇主申請聘僱第一類外國人，應備下列文件：

一、申請書。

二、申請人或公司負責人之身分證明文件；其公司登記證明、有限合夥登記證明、商業登記證明、工廠登記證明或特許事業許可證等影本。但依相關法令規定，免辦工廠登記證明或特許事業許可證者，免附。

三、聘僱契約書影本。

四、受聘僱外國人之名冊、護照影本或外僑居留證影本及畢業證書影本。但外國人入國從事本法第四十六條第一項第二款、第五款及第六款工作者，免附畢業證書影本。

五、審查費收據正本。

六、其他經中央主管機關規定之文件。

申請外國人入國從事本法第五十一條第三項規定之工作，除應備前項第一款、第五款及第六款規定之文件外，另應備下列文件：

一、承攬、買賣或技術合作等契約書影本。

二、訂約國內、國外法人登記證明文件。

三、外國法人出具指派履約工作之證明文件。

四、申請單位之登記或立案證明。特許事業應附特許證明文件影本及負責人身分證明文件影本。

五、履約外國人之名冊、護照或外僑居留證影本及畢業證書影本。但自申請日起前一年內履約工作期間與當次申請工作期間累計未逾九十日者，免附畢業證書影本。

前二項檢附之文件係於國外作成者，中央主管機關得要求經我國駐外館處之驗證。

雇主為人民團體者，除檢附第一項第一款、第三款至第六款規定之文件外，另應檢附該團體立案證書及團體負責人之身分證明文件影本。

第10條　依國際書面協定開放之行業項目，外國人依契約在我國境內從事本法第四十六條第一項第一款或第二款規定之工作，除本法或本辦法另有規定外，應由訂約之事業機構，依第一類外國人規定申請許可。

前項外國人之訂約事業機構屬自由經濟示範區內事業單位，且於區內從事本法第四十六條第一項第一款或第二款規定之工作者，得不受國際書面協定開放行業項目之限制。

前二項外國人入國後之管理適用第一類外國人規定。

申請第一項或第二項許可，除應檢附前條第一項第一款、第五款、第六款及第二項第四款規定文件外，另應備下列文件：

一、契約書影本。

二、外國人名冊、護照影本、畢業證書或相關證明文件影本。但外國人入國從事本法第四十六條第一項第二款工作者，免附畢業證書或相關證明文件。

外國人從事第一項或第二項之工作，應取得執業資格、符合一定執業方式及條件者，另應符合中央目的事業主管機關所定之法令規定。

第11條　聘僱許可有效期限屆滿日前四個月期間內，雇主如有繼續聘僱該第一類外國人之必要者，於該期限內應備第九條第一項第一款、第三款至第六款規定之文件，向中央主管機關申請展延聘僱許可。但聘僱許可期間不足六個月者，應於聘僱許可期間逾三分之二後，始得申請。

第12條　第五條之外國人，其停留期間在三十一日以上九十日以下者，得於該外國人入國後三十日內依第九條規定申請許可。

第13條　中央主管機關於核發第一類外國人之聘僱許可或展延聘僱許可時，應副知外交部。

第14條　雇主申請聘僱第一類外國人而有下列情形之一者，中央主管機關應不予聘僱許可或展延聘僱許可之全部或一部：
一、 提供不實或失效資料。
二、 依中央衛生福利主管機關訂定相關之受聘僱外國人健康檢查管理辦法規定，健康檢查不合格。
三、 不符申請規定，經限期補正，屆期未補正。
四、 不符本法第四十六條第二項所定之標準。

第15條　雇主聘僱第一類外國人，依法有留職停薪之情事，應於三日內以書面通知中央主管機關。

第16條　依本法第五十一條第三項規定入國工作之外國人，除本法另有規定者外，其申請及入國後之管理適用第二條第一款第一類外國人之規定。

第三章　第二類外國人招募及聘僱許可之申請

第17條　雇主申請聘僱第二類外國人應以合理勞動條件向工作場所所在地之公立就業服務機構辦理求才登記後次日起，在中央主管機關依本法第二十二條所建立全國性之就業資訊網登載求才廣告，並自登載之次日起至少七日辦理招募本國勞工。但同時於中央主管機關指定之國內新聞紙中選定一家連續刊登二日者，自刊登期滿之次日起至少三日辦理招募本國勞工。
前項求才廣告內容，應包括求才工作類別、人數、專長或資格、雇主名稱、工資、工時、工作地點、聘僱期間、供膳狀況與受理求才登記之公立就業服務機構名稱、地址及電話。
雇主為第一項之招募時，應通知其事業單位之工會或勞工，並於事業單位員工顯明易見之場所公告之。
雇主申請聘僱外國人從事家庭看護工作者，應依第十八條規定辦理國內招募。

第18條　雇主有聘僱外國籍家庭看護工意願者，應向中央主管機關公告之醫療機構申請被看護者之專業評估。
被看護者經專業評估認定具備中央主管機關規定聘僱外國人從事家庭看護工作之條件，由直轄市及縣（市）政府之長期照護管理中心推介本國籍照顧服務員，有正當理由無法滿足照顧需求而未能推介成功者，雇主得向中央主管機關申請聘僱外國籍家庭看護工。
被看護者具下列資格之一者，雇主得不經前二項評估手續，直接向直轄市及縣（市）政府之長期照護管理中心申請推介本國籍照顧服務員：
一、 持特定身心障礙證明。
二、 符合中央主管機關規定，免經醫療機構專業評估。

第**19**條　雇主依第十七條規定辦理國內招募所要求之專長或資格,其所聘僱之第二類外國人亦應具備之。中央主管機關必要時,得複驗該第二類外國人之專長或資格。經複驗不合格者,應不予許可。

雇主於國內招募舉辦甄選測驗,應於辦理求才登記時,將甄試項目及錄用條件送受理求才登記之公立就業服務機構備查。公立就業服務機構對該專長測驗,得指定日期辦理測驗,並得邀請具該專長之專業人士到場見證。

前項甄試項目及錄用條件,得由中央主管機關依工作類別公告之。

第**20**條　雇主依第十七條第一項規定辦理招募本國勞工,有招募不足者,得於同條第一項所定招募期滿次日起十五日內,檢附刊登求才廣告資料、聘僱國內勞工名冊及中央主管機關規定之文件,向原受理求才登記之公立就業服務機構申請求才證明書。

原受理求才登記之公立就業服務機構,經審核雇主已依第十七條及第十九條規定辦理者,就招募本國勞工不足額之情形,應開具求才證明書。

第**21**條　雇主依規定辦理國內招募時,對於公立就業服務機構所推介之人員或自行應徵之求職者,不得有下列情事之一:

一、不實陳述工作困難性或危險性等情事。

二、求才登記之職類別屬非技術性工或體力工,以技術不合為理由拒絕僱用求職者。

三、其他無正當理由拒絕僱用本國勞工者。

第**21-1**條　雇主曾以下列方式之一招募本國勞工,於無法滿足其需要時,得自招募期滿次日起六十日內,向工作場所所在地之公立就業服務機構申請求才證明書,據以申請聘僱第二類外國人:

一、向工作場所所在地之公立就業服務機構辦理求才登記之次日起至少七日。

二、自行於本法第二十二條所建立全國性之就業資訊網登載求才廣告之次日起至少七日。

雇主依前項規定申請求才證明書,應檢附下列文件:

一、符合第十七條第一項至第三項有關合理勞動條件、求才廣告內容、通知工會或勞工及公告之資料。

二、聘僱國內勞工名冊。

三、其他經中央主管機關規定之文件。

公立就業服務機構審核雇主已依前二項規定辦理,且未違反前條規定,應就其招募本國勞工不足額之情形,開具求才證明書。

第22條　雇主申請第二類外國人之招募許可，應備下列文件：

一、申請書。

二、申請人或公司負責人之身分證明文件；其公司登記證明、有限合夥登記證明、商業登記證明、工廠登記證明或特許事業許可證等影本。但有下列情形之一，免附特許事業許可證：

(一) 聘僱外國人從事營造工作者。

(二) 其他依相關法令規定，免辦特許事業許可證者。

三、求才證明書。但聘僱外國人從事家庭看護工作者，免附。

四、雇主於國內招募時，其聘僱國內勞工之名冊。但聘僱外國人從事家庭看護工作者，免附。

五、直轄市或縣（市）政府就下列事項開具之證明文件：

(一) 已依規定提撥勞工退休準備金及提繳勞工退休金。

(二) 已依規定繳納積欠工資墊償基金。

(三) 已依規定繳納勞工保險費及勞工職業災害保險費。

(四) 已依規定繳納違反勞工法令所受之罰鍰。

(五) 已依規定舉辦勞資會議。

(六) 第二類外國人預定工作之場所，無具體事實足以認定有本法第十條規定之罷工或勞資爭議情事。

(七) 無具體事實可推斷有業務緊縮、停業、關廠或歇業之情形。

(八) 無因聘僱第二類外國人而降低本國勞工勞動條件之情事。

六、審查費收據正本。

七、其他經中央主管機關規定之文件。

前項第五款第六目至第八目規定情事，以申請之日前二年內發生者為限。

雇主申請聘僱外國人有下列情形之一者，免附第一項第五款規定之證明文件：

一、聘僱外國人從事家庭幫傭及家庭看護工作。

二、未聘僱本國勞工之自然人雇主與合夥人約定採比例分配盈餘，聘僱外國人從事海洋漁撈工作。

三、未聘僱本國勞工之自然人雇主，聘僱外國人從事農、林、牧或養殖漁業工作。

雇主為人民團體者，除檢附第一項第一款、第三款至第七款規定之文件外，另應檢附該團體立案證書及團體負責人之身分證明文件影本。

第23條　雇主聘僱之第二類外國人因不可歸責於雇主之原因出國，而依本法第五十八條第一項規定申請遞補者，應備下列文件：

一、申請書。

二、外國人出國證明文件。

三、直轄市、縣（市）政府驗證雇主與第二類外國人終止聘僱關係證明書。但雇主與外國人聘僱關係終止而依第六十八條規定公告無須驗證或外國人無新雇主接續聘僱而出國者，免附。

四、其他經中央主管機關規定之文件。

前項雇主因外國人死亡而申請遞補者，應備下列文件：

一、申請書。

二、外國人死亡證明書。

三、其他經中央主管機關規定之文件。

雇主因聘僱之第二類外國人行蹤不明，而依本法第五十八條第一項、第二項第一款或第二款規定申請遞補者，應備下列文件：

一、申請書。

二、其他經中央主管機關規定之文件。

雇主同意聘僱之家庭看護工轉換雇主或工作，而依本法第五十八條第二項第三款規定申請遞補者，應備下列文件：

一、申請書。

二、外國人由新雇主接續聘僱許可函影本。但經廢止聘僱許可逾一個月未由新雇主接續聘僱者，免附。

三、其他經中央主管機關規定之文件。

第24條 雇主依本法第五十八條第一項規定申請遞補第二類外國人者，應於外國人出國、死亡或行蹤不明依規定通知入出國管理機關及警察機關屆滿三個月之日起，六個月內申請遞補。

雇主依本法第五十八條第二項規定申請遞補家庭看護工者，應依下列規定期間申請：

一、依本法第五十八條第二項第一款規定申請者，於發生行蹤不明情事之日起六個月內。

二、依本法第五十八條第二項第二款規定申請者，於發生行蹤不明情事屆滿一個月之日起六個月內。

三、依本法第五十八條第二項第三款規定申請者：

(一)於新雇主接續聘僱之日起六個月內。

(二)於經廢止聘僱許可屆滿一個月未由新雇主接續聘僱之翌日起六個月內。

雇主逾前二項申請遞補期間，中央主管機關應不予許可。

第24-1條 本辦法中華民國一百十二年五月二十日修正生效前，雇主聘僱之外國人有下列情形之一者，其申請遞補應於本辦法修正生效之日起六個月內為之：

一、發生行蹤不明之情事，依規定通知入出國管理機關及警察機關
滿三個月且未逾六個月。

二、從事家庭看護工作之外國人，於雇主處所發生行蹤不明之情
事，依規定通知入出國管理機關及警察機關滿一個月且未逾三
個月。

三、從事家庭看護工作之外國人，經雇主同意轉換雇主或工作，並
經廢止聘僱許可逾一個月未由新雇主接續聘僱。

雇主逾前項申請遞補期間，中央主管機關應不予許可。

第25條　雇主申請聘僱第二類外國人，不得於辦理國內招募前六個月內撤回求
才登記。但有正當理由者，不在此限。

第26條　雇主經中央主管機關核准重新申請第二類外國人，於原聘僱第二類外
國人出國前，不得引進或聘僱第二類外國人。但有下列情形之一者，
不在此限：

一、外國人於聘僱許可有效期間內經雇主同意轉換雇主或工作，並
由新雇主接續聘僱。

二、外國人從事家庭看護工作，於聘僱許可有效期間內，經雇主同
意轉換雇主或工作，並經廢止聘僱許可逾一個月尚未由新雇主
接續聘僱。

三、外國人於聘僱許可有效期間屆滿，原雇主經許可繼續聘僱（以
下簡稱期滿續聘）。

四、外國人於聘僱許可有效期間屆滿，由新雇主依外國人受聘僱從
事就業服務法第四十六條第一項第八款至第十一款規定工作之
轉換雇主或工作程序準則（以下簡稱轉換雇主準則）規定，許
可接續聘僱（以下簡稱期滿轉換）。

五、外國人因受羈押、刑之執行、重大傷病或其他不可歸責於雇主
之事由，致須延後出國，並經中央主管機關專案核定。

第27條　雇主申請聘僱第二類外國人時，於申請日前二年內，有資遣或解僱本
國勞工達中央主管機關所定比例者，中央主管機關得不予許可。

第28條　雇主申請聘僱第二類外國人時，有下列情形之一，中央主管機關應不
予許可：

一、雇主、被看護者或其他共同生活之親屬，對曾聘僱之第二類外國
人，有刑法第二百二十一條至第二百二十九條規定情事之一者。

二、雇主之代表人、負責人或代表雇主處理有關勞工事務之人，
對曾聘僱之第二類外國人，有刑法第二百二十一條至第
二百二十九條規定情事之一者。

第29條　雇主申請聘僱第二類外國人時，有違反依本法第四十六條第二項所定之標準或依本法第五十九條第二項所定之準則者，中央主管機關應不予許可。

第30條　雇主申請招募第二類外國人，中央主管機關得規定各項申請文件之效期及申請程序。

雇主依前項規定申請招募第二類外國人經許可者，應於許可通知所定之日起六個月內，自許可引進之國家，完成外國人入國手續。但未能於規定期限內完成外國人入國手續者，得於期限屆滿翌日起三個月內引進。

雇主未依前項規定期限完成外國人入國手續者，招募許可失其效力。

第31條　雇主不得聘僱已進入我國境內之第二類外國人。但有下列情形之一者，不在此限：

一、經中央主管機關許可期滿續聘或期滿轉換。

二、其他經中央主管機關專案核准。

第32條　第二類外國人依規定申請入國簽證，應備下列文件：

一、招募許可。

二、經我國中央衛生福利主管機關認可醫院或指定醫院核發之三個月內健康檢查合格報告。

三、專長證明。

四、行為良好之證明文件。但外國人出國後三十日內再入國者，免附。

五、經其本國主管部門驗證之外國人入國工作費用及工資切結書。

六、已簽妥之勞動契約。

七、外國人知悉本法相關工作規定之切結書。

八、其他經中央目的事業主管機關規定之簽證申請應備文件。

雇主原聘僱之第二類外國人，由雇主自行辦理重新招募，未委任私立就業服務機構，並經中央主管機關代轉申請文件者，免附前項第三款至第五款及第七款規定之文件。

第33條　雇主申請聘僱第二類外國人，應依外國人生活照顧服務計畫書確實執行。

前項外國人生活照顧服務計畫書，應規劃下列事項：

一、飲食及住宿之安全衛生。

二、人身安全及健康之保護。

三、文康設施及宗教活動資訊。

四、生活諮詢服務。

五、 住宿地點及生活照顧服務人員。

六、 其他經中央主管機關規定之事項。

雇主聘僱外國人從事家庭幫傭或家庭看護工之工作者，免規劃前項第三款及第四款規定事項。

雇主違反第一項規定，經當地主管機關認定情節輕微者，得先以書面通知限期改善。

雇主於第二項第五款規定事項有變更時，應於變更後七日內，通知外國人工作所在地或住宿地點之當地主管機關。

第34條　雇主申請聘僱第二類外國人者，應於外國人入國後三日內，檢附下列文件通知當地主管機關實施檢查：

一、 外國人入國通報單。

二、 外國人生活照顧服務計畫書。

三、 外國人名冊。

四、 經外國人本國主管部門驗證之外國人入國工作費用及工資切結書。但符合第三十二條第二項規定者，免附。

當地主管機關受理雇主檢附之文件符合前項規定者，應核發受理雇主聘僱外國人入國通報證明書，並辦理前條規定事項之檢查。但核發證明書之日前六個月內已檢查合格者，得免實施前項檢查。

期滿續聘之雇主，免依第一項規定辦理。

期滿轉換之雇主，應依轉換雇主準則之規定，檢附文件通知當地主管機關實施檢查。

外國人之住宿地點非雇主依前條第二項第五款規劃者，當地主管機關於接獲雇主依第一項或前條第五項之通報後，應訪視外國人探求其真意。

第34-1條　雇主申請聘僱外國人從事家庭幫傭或家庭看護之工作者，應於外國人入國日五日前，向中央主管機關申請並同意辦理下列事項：

一、 安排外國人於入國日起接受中央主管機關辦理之入國講習。

二、 代轉文件通知當地主管機關實施第三十三條規定事項之檢查。

三、 申請聘僱許可。

第34-2條　雇主同意代轉前條第二款所定文件如下：

一、 外國人生活照顧服務通報單。

二、 外國人生活照顧服務計畫書。

三、 經外國人本國主管部門驗證之外國人入國工作費用及工資切結書。但符合第三十二條第二項規定者，免附。

中央主管機關應將前項文件轉送當地主管機關；經當地主管機關審查文件符合前項規定者，應辦理第三十三條規定事項之檢查。但外國人入國日前六個月內已檢查合格者，得免實施檢查。

第34-3條 雇主辦理第三十四條之一第三款所定申請聘僱許可事項，應備下列文件：
一、申請書。
二、審查費收據正本。
三、其他經中央主管機關規定之文件。
雇主已依第三十四條之一、第三十四條之二及前項規定辦理完成者，免依第三十四條第一項及第三十六條規定辦理。

第34-4條 外國人完成第三十四條之一第一款之入國講習後，由中央主管機關發給五年效期之完訓證明。
前項外國人因故未完成入國講習者，雇主應安排其於入國日起九十日內，至中央主管機關所建立之入國講習網站參加入國講習，以取得五年效期之完訓證明。

第35條 當地主管機關實施第二類外國人之入國工作費用或工資檢查時，應以第三十四條第一項第四款或第三十四條之二第一項第三款規定之外國人入國工作費用工資切結書記載內容為準。
當地主管機關對期滿續聘之雇主實施前項規定檢查時，應以外國人最近一次經其本國主管部門驗證之外國人入國工作費用及工資切結書記載內容為準。
當地主管機關對期滿轉換之雇主實施第一項規定檢查時，應以雇主依轉換雇主準則規定通知時所檢附之外國人入國工作費用及工資切結書記載內容為準。
前三項所定外國人入國工作費用及工資切結書之內容，不得為不利益於外國人之變更。

第36條 雇主於所招募之第二類外國人入國後十五日內，應備下列文件申請聘僱許可：
一、申請書。
二、審查費收據正本。
三、依前條規定，經當地主管機關核發受理通報之證明文件。
四、其他經中央主管機關規定之文件。

第37條 雇主應自引進第二類外國人入國日或期滿續聘之日起，依本法之規定負雇主責任。

雇主未依第三十四條之一第三款、第三十四條之三、前條或第三十九條規定申請、逾期申請或申請不符規定者，中央主管機關得核發下列期間之聘僱許可：

一、自外國人入國日起至不予核發聘僱許可之日。

二、自期滿續聘日起至不予核發聘僱許可之日。

第38條　雇主申請聘僱在我國境內工作期間屆滿十二年或將於一年內屆滿十二年之外國人，從事本法第四十六條第一項第九款規定家庭看護工作，應備下列文件申請外國人之工作期間得累計至十四年之許可：

一、申請書。

二、外國人具專業訓練或自力學習而有特殊表現之評點表及其證明文件。

前項第二款所定之特殊表現證明文件，依審查標準第二十條附表四規定。

第39條　第二類外國人之聘僱許可有效期間屆滿日前二個月至四個月內，雇主有繼續聘僱該外國人之必要者，於該期限內應備下列文件，向中央主管機關申請期滿續聘許可：

一、申請書。

二、勞雇雙方已合意期滿續聘之證明。

三、其他經中央主管機關規定之文件。

第40條　第二類外國人之聘僱許可有效期間屆滿日前二個月至四個月內，雇主無繼續聘僱該外國人之必要者，於該期限內應備申請書及其他經中央主管機關規定之文件，為該外國人向中央主管機關申請期滿轉換。

原雇主申請期滿轉換時，該外國人已與新雇主合意期滿接續聘僱者，新雇主得依轉換雇主準則規定，直接向中央主管機關申請接續聘僱外國人。

第41條　有本法第五十二條第二項重大特殊情形、重大工程之工作，其聘僱許可有效期限屆滿日前六十日期間內，雇主如有繼續聘僱該等外國人之必要者，於該期限內應備展延聘僱許可申請書及其他經中央主管機關規定之文件，向中央主管機關申請展延聘僱許可。

第四章　第三類外國人聘僱許可之申請

第42條　雇主申請聘僱第三類外國人，應先以合理勞動條件向工作場所所在地之公立就業服務機構辦理國內招募，有正當理由無法滿足需求者，得向中央主管機關申請聘僱外國人。但申請聘僱外國人從事中階技術家庭看護工作，應由直轄市及縣（市）政府之長期照護管理中心推介本國籍照顧服務員，無須辦理國內招募。

前項辦理國內招募及撤回求才登記，適用第十七條至第二十一條之一、第二十五條規定。

第43條　第二類外國人在我國境內受聘僱從事工作，符合下列情形之一，得受聘僱從事中階技術工作：

一、現受聘僱從事工作，且連續工作期間達六年以上，或受聘僱於同一雇主，累計工作期間達六年以上者。

二、曾受聘僱從事工作期間累計達六年以上出國後，再次入國工作，其工作期間累計達十一年六個月以上者。

三、曾受聘僱從事工作，累計工作期間達十一年六個月以上，並已出國者。

雇主應依下列規定期間，申請聘僱前項第一款規定之外國人從事中階技術工作：

一、原雇主：於聘僱許可有效期間屆滿日前二個月申請。

二、新雇主：於前款聘僱許可有效期間屆滿日前二個月至四個月內申請，並自其聘僱許可期間屆滿之翌日起聘僱。

雇主應於聘僱許可有效期間屆滿日前二個月至四個月內，申請聘僱第一項第二款規定之外國人從事中階技術工作，並自其聘僱許可期間屆滿之翌日起聘僱。

第一項第三款規定之外國人，除從事中階技術家庭看護工作者外，應由曾受聘僱之雇主，申請聘僱從事中階技術工作。

第一項第三款規定之外國人從事中階技術家庭看護工作，雇主應符合下列情形之一：

一、曾聘僱該外國人從事家庭看護工作。

二、與曾聘僱該外國人之雇主，有審查標準第二十一條第一項親屬關係。

三、與曾受該外國人照顧之被看護者，有審查標準第二十一條第一項親屬關係。

四、為曾受該外國人照顧之被看護者本人，有審查標準第二十一條第三項規定情形。

五、與曾受該外國人照顧之被看護者無親屬關係，有審查標準第二十一條第三項規定情形。

第44條　雇主申請聘僱第三類外國人，應備下列文件：

一、申請書。

二、申請人或公司負責人之身分證明文件；其公司登記證明、有限合夥登記證明、商業登記證明、工廠登記證明、旅館業登記

　　　證、民宿登記證或特許事業許可證等影本。但依相關法令規
　　　定,免辦工廠登記證明或特許事業許可證者,免附。
三、求才證明書。但聘僱外國人從事中階技術家庭看護工作者,
　　免附。
四、雇主依第四十二條規定辦理國內求才,所聘僱國內勞工之名
　　冊。但聘僱外國人從事中階技術家庭看護工作者,免附。
五、直轄市或縣(市)政府就下列事項開具之證明文件:
　　(一)已依規定提撥勞工退休準備金及提繳勞工退休金。
　　(二)已依規定繳納積欠工資墊償基金。
　　(三)已依規定繳納勞工保險費及勞工職業災害保險費。
　　(四)已依規定繳納違反勞工法令所受之罰鍰。
　　(五)已依規定舉辦勞資會議。
　　(六)第三類外國人預定工作之場所,無具體事實足以認定有本
　　　　法第十條規定之罷工或勞資爭議情事。
　　(七)無具體事實可推斷有業務緊縮、停業、關廠或歇業之情形。
　　(八)無因聘僱第三類外國人而降低本國勞工勞動條件之情事。
六、受聘僱外國人之名冊、護照影本或外僑居留證影本。
七、審查費收據正本。
八、其他經中央主管機關規定之文件。
前項第五款第六目至第八目規定情事,以申請之日前二年內發生者
為限。
雇主申請聘僱外國人從事中階技術工作,有下列情形之一者,免附第
一項第五款規定之證明文件:
一、從事中階技術家庭看護工作。
二、未聘僱本國勞工之自然人雇主與合夥人約定採比例分配盈餘,
　　聘僱外國人從事中階技術海洋漁撈工作。
三、未聘僱本國勞工之自然人雇主,聘僱外國人從事中階技術外展
　　農務工作或中階技術農業工作。
雇主為人民團體者,除檢附第一項第一款、第三款至第八款規定之文
件外,另應檢附該團體立案證書及團體負責人之身分證明文件影本。
雇主申請聘僱第三類外國人,中央主管機關得規定各項申請文件之效
期及申請程序。

第45條　雇主向中央主管機關申請自國外引進聘僱下列第三類外國人,外國人
應依規定申請入國簽證:
一、從事雙語翻譯或廚師相關工作者。

二、曾在我國境內受其聘僱從事第二類外國人工作，且累計工作期間達本法第五十二條規定之上限者。

三、在我國大專校院畢業，取得副學士以上學位之外國留學生、僑生或其他華裔學生。

前項外國人依規定申請入國簽證，應檢附下列文件：

一、聘僱許可。

二、經我國中央衛生福利主管機關認可醫院或指定醫院核發之三個月內健康檢查合格報告。但外國人居住國家，未有經中央衛生福利主管機關認可醫院或指定醫院者，得以該國合格設立之醫療機構最近三個月內核發健康檢查合格報告代之。

三、外國人知悉本法相關工作規定之切結書。

四、其他經中央目的事業主管機關規定之簽證申請應備文件。

第46條　雇主應自引進第三類外國人入國日或聘僱許可生效日起，依本法之規定負雇主責任。

第47條　雇主申請聘僱外國人從事中階技術工作，應規劃並執行第三十三條規定之外國人生活照顧服務計畫書，並依下列規定期間，通知當地主管機關實施檢查：

一、由國外引進外國人從事中階技術工作，於外國人入國後三日內。

二、於國內聘僱中階技術外國人，自申請聘僱許可日起三日內。

前項通知，除免附經外國人本國主管部門驗證之外國人入國工作費用及工資切結書外，其餘應檢附之文件、當地主管機關受理、核發證明書及實施檢查，適用第三十三條及第三十四條規定。

已在我國境內工作之第二類外國人，由同一雇主申請聘僱從事中階技術工作者，免依第一項規定通知當地主管機關實施檢查。

第48條　雇主有繼續聘僱第三類外國人之必要者，應備第四十四條規定之文件，於聘僱許可有效期限屆滿日前四個月內，向中央主管機關申請展延聘僱許可。

雇主無申請展延聘僱從事中階技術工作外國人，或從事旅宿服務工作畢業僑外生之必要者，應備申請書及其他經中央主管機關規定之文件，於聘僱許可有效期間屆滿日前二個月至四個月內，為該外國人依轉換雇主準則規定，向中央主管機關申請期滿轉換，或得由新雇主依轉換雇主準則規定，申請接續聘僱為第二類或第三類外國人。

從事中階技術工作之外國人，經雇主依轉換雇主準則規定，接續聘僱為第二類外國人，除從事中階技術工作期間外，其工作期間合計不得逾本法第五十二條規定之工作年限。

第49條　雇主申請聘僱第三類外國人,申請及入國後管理,除第二十三條至第二十四條之一及本章另有規定外,適用第二類外國人之規定。

第五章　第四類外國人聘僱許可之申請

第50條　本法第五十條第一款之外國留學生,應符合外國學生來臺就學辦法規定之外國學生身分。

第51條　前條外國留學生從事工作,應符合下列規定:
一、正式入學修習科、系、所課程,或學習語言課程六個月以上。
二、經就讀學校認定具下列事實之一者:
　　(一)其財力無法繼續維持其學業及生活,並能提出具體證明。
　　(二)就讀學校之教學研究單位須外國留學生協助參與工作。
外國留學生符合下列資格之一者,不受前項規定之限制:
一、具語文專長,且有下列情形之一,並經教育部專案核准:
　　(一)入學後於各大專校院附設語文中心或外國在華文教機構附設之語文中心兼任外國語文教師。
　　(二)入學後協助各級學校語文專長相關教學活動。
二、就讀研究所,並經就讀學校同意從事與修習課業有關之研究工作。

第52條　本法第五十條第二款之僑生,應符合僑生回國就學及輔導辦法規定之學生。
本法第五十條第二款之華裔學生,應具下列身分之一:
一、香港澳門居民來臺就學辦法規定之學生。
二、就讀僑務主管機關舉辦之技術訓練班學生。

第53條　第四類外國人申請工作許可,應備下列文件:
一、申請書。
二、審查費收據正本。
三、其他經中央主管機關規定之文件。

第54條　第四類外國人之工作許可有效期間,最長為一年。
前項許可工作之外國人,其工作時間除寒暑假外,每星期最長為二十小時。

第55條　第四類外國人申請工作許可有下列情形之一者,中央主管機關應不予許可:
一、提供不實資料。
二、不符申請規定,經限期補正,屆期未補正。

第六章　第五類外國人聘僱許可之申請

第56條　雇主申請聘僱第五類外國人，應備下列文件：
一、申請書。
二、申請人或公司負責人之身分證明文件；其公司登記證明、有限合夥登記證明、商業登記證明、工廠登記證明或特許事業許可證等影本。但依相關法令規定，免辦工廠登記證明或特許事業許可證者，免附。
三、聘僱契約書或勞動契約書影本。
四、受聘僱外國人之護照影本。
五、受聘僱外國人之外僑居留證或永久居留證影本。
六、審查費收據正本。
七、其他經中央主管機關規定之文件。
雇主為人民團體者，除檢附前項第一款、第三款至第七款規定之文件外，另應檢附該團體立案證書及團體負責人之身分證明文件影本。

第57條　聘僱許可有效期限屆滿日前六十日期間內，雇主如有繼續聘僱該第五類外國人之必要者，於該期限內應備前條第一項第一款、第三款至第七款規定之文件，向中央主管機關申請展延聘僱許可。

第58條　第五類外國人依本法第五十一條第二項規定，逕向中央主管機關申請者，應檢附第五十六條第一項第一款、第四款至第七款規定之文件申請許可。

第59條　雇主申請聘僱第五類外國人或外國人依本法第五十一條第二項規定逕向中央主管機關申請許可，其有下列情形之一者，中央主管機關應不予聘僱許可或展延聘僱許可：
一、提供不實資料。
二、不符申請規定，經限期補正，屆期未補正。

第七章　入國後之管理

第60條　雇主聘僱外國人，從事本法第四十六條第一項第九款之機構看護工作、第十款所定工作及第十一款所定中階技術工作達十人以上者，應依下列規定設置生活照顧服務人員：
一、聘僱人數達十人以上未滿五十人者，至少設置一人。
二、聘僱人數達五十人以上未滿一百人者，至少設置二人。
三、聘僱人數達一百人以上者，至少設置三人；每增加聘僱一百人者，至少增置一人。

前項生活照顧服務人員應具備下列條件之一：

一、 取得就業服務專業人員證書者。

二、 從事外國人生活照顧服務工作二年以上經驗者。

三、 大專校院畢業，並具一年以上工作經驗者。

雇主違反前二項規定者，當地主管機關得通知限期改善。

第61條 私立就業服務機構接受前條雇主委任辦理外國人之生活照顧服務者，應依下列規定設置生活照顧服務人員：

一、 外國人人數達十人以上未滿五十人者，至少設置一人。

二、 外國人人數達五十人以上未滿一百人者，至少設置二人。

三、 外國人人數達一百人以上者，至少設置三人；每增加一百人者，至少增置一人。

前項生活照顧服務人員應具備之條件，適用前條第二項規定。

私立就業服務機構違反前二項規定者，當地主管機關得通知委任之雇主及受任之私立就業服務機構限期改善。

第62條 雇主委任私立就業服務機構辦理外國人生活照顧服務計畫書所定事項者，應善盡選任監督之責。

第63條 外國人從事本法第四十六條第一項第八款至第十一款規定之工作，經地方主管機關認定有安置必要者，得依中央主管機關所定之安置對象、期間及程序予以安置。

第64條 雇主聘僱第六十條之外國人達三十人以上者；其所聘僱外國人中，應依下列規定配置具有雙語能力者：

一、 聘僱人數達三十人以上未滿一百人者，至少配置一人。

二、 聘僱人數達一百人以上未滿二百人者，至少配置二人。

三、 聘僱人數達二百人以上者，至少配置三人；每增加聘僱一百人者，至少增置一人。

雇主違反前項規定者，當地主管機關得通知限期改善。

第65條 雇主依本法第四十六條第三項規定與外國人簽訂之定期書面勞動契約，應以中文為之，並應作成該外國人母國文字之譯本。

第66條 雇主依勞動契約給付第二類外國人或第三類外國人之工資，應檢附印有中文及該外國人本國文字之薪資明細表，並記載下列事項，交予該外國人收存，且自行保存五年：

一、 實領工資、工資計算項目、工資總額及工資給付方式。

二、 應負擔之全民健康保險費、勞工保險費、所得稅、膳宿費及職工福利金。

三、 依法院或行政執行機關之扣押命令所扣押之金額。

四、 依其他法律規定得自工資逕予扣除之項目及金額。

前項所定工資，包括雇主法定及約定應給付之工資。

雇主應備置及保存下列文件，供主管機關檢查：

一、 勞動契約書。

二、 經驗證之第二類外國人入國工作費用及工資切結書。

雇主依第三十二條第二項規定引進第二類外國人者，免備置及保存前項所定之切結書。

第一項工資，除外國人應負擔之項目及金額外，雇主應全額以現金直接給付第二類外國人或第三類外國人。但以其他方式給付者，應提供相關證明文件，交予外國人收存，並自行保存一份。

第一項工資，雇主未全額給付者，主管機關得限期令其給付。

第67條 第二類外國人，不得攜眷居留。但受聘僱期間在我國生產子女並有能力扶養者，不在此限。

第68條 雇主對聘僱之外國人有本法第五十六條規定之情事者，除依規定通知當地主管機關、入出國管理機關及警察機關外，並副知中央主管機關。

雇主對聘僱之第二類外國人或第三類外國人，於聘僱許可有效期間因聘僱關係終止出國，應於該外國人出國前通知當地主管機關，由當地主管機關探求外國人之真意，並驗證之；其驗證程序，由中央主管機關公告之。

第一項通知內容，應包括外國人之姓名、性別、年齡、國籍、入國日期、工作期限、招募許可或聘僱許可文號及外僑居留證影本等資料。外國人未出國者，警察機關應彙報內政部警政署，並加強查緝。

第69條 雇主應於所聘僱之外國人聘僱許可期限屆滿前，為其辦理手續並使其出國。

聘僱外國人有下列情事之一經令其出國者，雇主應於限令出國期限前，為該外國人辦理手續並使其出國；其經入出國管理機關依法限令其出國者，不得逾該出國期限：

一、 聘僱許可經廢止者。

二、 健康檢查結果表有不合格項目者。

三、 未依規定辦理聘僱許可或經不予許可者。

雇主應於前二項外國人出國後三十日內，檢具外國人名冊及出國證明文件，通知中央主管機關。但外國人聘僱許可期限屆滿出國，或聘僱關係終止並經當地主管機關驗證出國者，不在此限。

第70條　雇主因故不能於本辦法規定期限內通知或申請者，經中央主管機關認可後，得於核准所定期限內，補行通知或申請。

前項補行通知或申請，就同一通知或申請案別，以一次為限。

第71條　雇主依本法第五十五條第一項規定繳納就業安定費者，應自聘僱之外國人入國翌日或接續聘僱日起至聘僱許可屆滿日或廢止聘僱許可前一日止，按聘僱外國人從事之行業別、人數及本法第五十五條第二項所定就業安定費之數額，計算當季應繳之就業安定費。

雇主繳納就業安定費，應於次季第二個月二十五日前，向中央主管機關設置之就業安定基金專戶繳納；雇主得不計息提前繳納。

雇主聘僱外國人之當月日數未滿一個月者，其就業安定費依實際聘僱日數計算。

雇主繳納之就業安定費，超過應繳納之數額者，得檢具申請書及證明文件申請退還。

第八章　附則

第72條　本辦法所規定之書表格式，由中央主管機關定之。

第73條　本辦法自中華民國一百十一年四月三十日施行。

本辦法修正條文，除中華民國一百十一年十月十二日修正發布之條文，自一百十一年四月三十日施行；一百十一年十二月二十六日修正發布之條文，自一百十二年一月一日施行外，自發布日施行。

職業訓練法
民國104年7月1日修正公布

第一章　總則

第1條　為實施職業訓練，以培養國家建設技術人力，提高工作技能，促進國民就業，特制定本法。

第2條　本法所稱主管機關：在中央為勞動部；在直轄市為直轄市政府；在縣（市）為縣（市）政府。

第3條　本法所稱職業訓練，指為培養及增進工作技能而依本法實施之訓練。

職業訓練之實施，分為養成訓練、技術生訓練、進修訓練及轉業訓練。

主管機關得將前項所定養成訓練及轉業訓練之職業訓練事項，委任所屬機關（構）或委託職業訓練機構、相關機關（構）、學校、團體或事業機構辦理。

接受前項委任或委託辦理職業訓練之資格條件、方式及其他應遵行事項之辦法，由中央主管機關定之。

第4條　職業訓練應與職業教育、補習教育及就業服務，配合實施。

第4-1條　中央主管機關應協調、整合各中央目的事業主管機關所定之職能基準、訓練課程、能力鑑定規範與辦理職業訓練等服務資訊，以推動國民就業所需之職業訓練及技能檢定。

第二章　職業訓練機構

第5條　**職業訓練機構包括下列三類：**
一、 政府機關設立者。
二、 事業機構、學校或社團法人等團體附設者。
三、 以財團法人設立者。

第6條　職業訓練機構之設立，應經中央主管機關登記或許可；停辦或解散時，應報中央主管機關核備。
職業訓練機構，依其設立目的，辦理訓練；並得接受委託，辦理訓練。
職業訓練機構之設立及管理辦法，由中央主管機關定之。

第三章　職業訓練之實施

第一節　養成訓練

第7條　**養成訓練，係對十五歲以上或國民中學畢業之國民，所實施有系統之職前訓練。**

第8條　養成訓練，除本法另有規定外，**由職業訓練機構辦理。**

第9條　經中央主管機關公告職類之養成訓練，應依中央主管機關規定之訓練課程、時數及應具設備辦理。

第10條　養成訓練期滿，經測驗成績及格者，由辦理職業訓練之機關（構）、學校、團體或事業機構發給結訓證書。

第二節　技術生訓練

第11條　**技術生訓練，係事業機構為培養其基層技術人力，招收十五歲以上或國民中學畢業之國民，所實施之訓練。**
技術生訓練之職類及標準，由中央主管機關訂定公告之。

第12條　**事業機構辦理技術生訓練**，應先擬訂訓練計畫，並依有關法令規定，與技術生簽訂書面訓練契約。

第13條　主管機關對事業機構辦理技術生訓練，應予輔導及提供技術協助。

第14條　技術生訓練期滿，經測驗成績及格者，由事業機構發給結訓證書。

第三節　進修訓練

第15條　**進修訓練，係為增進在職技術員工專業技能與知識，以提高勞動生產力所實施之訓練**。

第16條　進修訓練，**由事業機構自行辦理、委託辦理或指派其參加國內外相關之專業訓練**。

第17條　事業機構辦理進修訓練，應於年度終了後二個月內將辦理情形，報主管機關備查。

第四節　轉業訓練

第18條　**轉業訓練，係為職業轉換者獲得轉業所需之工作技能與知識，所實施之訓練**。

第19條　主管機關為因應社會經濟變遷，得辦理轉業訓練需要之調查及受理登記，配合社會福利措施，訂定訓練計畫。
　　　　主管機關擬定前項訓練計畫時，關於農民志願轉業訓練，應會商農業主管機關訂定。

第20條　轉業訓練，除本法另有規定外，由職業訓練機構辦理。

第五節　（刪除）

第21條　（刪除）

第22條　（刪除）

第23條　（刪除）

第四章　職業訓練師

第24條　職業訓練師，係指直接擔任職業技能與相關知識教學之人員。
　　　　職業訓練師之名稱、等級、資格、甄審及遴聘辦法，由中央主管機關定之。

第25條　職業訓練師經甄審合格者，其在職業訓練機構之教學年資，得與同等學校教師年資相互採計。其待遇並得比照同等學校教師。
　　　　前項採計及比照辦法，由中央主管機關會同教育主管機關定之。

第26條　中央主管機關，得指定職業訓練機構，辦理職業訓練師之養成訓練、補充訓練及進修訓練。
　　　　前項職業訓練師培訓辦法，由中央主管機關定之。

第五章　事業機構辦理訓練之費用

第27條　應辦職業訓練之事業機構，其每年實支之職業訓練費用，不得低於當年度營業額之規定比率。其低於規定比率者，應於規定期限內，將差額繳交中央主管機關設置之職業訓練基金，以供統籌辦理職業訓練之用。

前項事業機構之業別、規模、職業訓練費用比率、差額繳納期限及職業訓練基金之設置、管理、運用辦法，由行政院定之。

第28條　前條事業機構，支付職業訓練費用之項目如下：
一、自行辦理或聯合辦理訓練費用。
二、委託辦理訓練費用。
三、指派參加訓練費用。
前項費用之審核辦法，由中央主管機關定之。

第29條　依第27條規定，提列之職業訓練費用，應有獨立之會計科目，專款專用，並以業務費用列支。

第30條　應辦職業訓練之事業機構，須於年度終了後二個月內將職業訓練費用動支情形，報主管機關審核。

第六章　技能檢定、發證及認證

第31條　為提高技能水準，建立證照制度，應由中央主管機關辦理技能檢定。
前項技能檢定，必要時中央主管機關得委託或委辦有關機關（構）、團體辦理。

第31-1條　中央目的事業主管機關或依法設立非以營利為目的之全國性專業團體，得向中央主管機關申請技能職類測驗能力之認證。

前項認證業務，中央主管機關得委託非以營利為目的之專業認證機構辦理。

前二項機關、團體、機構之資格條件、審查程序、審查費數額、認證職類、等級與期間、終止委託及其他管理事項之辦法，由中央主管機關定之。

第31-2條　依前條規定經認證之機關、團體（以下簡稱經認證單位），得辦理技能職類測驗，並對測驗合格者，核發技能職類證書。

前項證書之效力比照技術士證，其等級比照第32條規定；發證及管理之辦法，由中央主管機關定之。

第32條　辦理**技能檢定之職類，依其技能範圍及專精程度，分甲、乙、丙三級**；不宜分三級者，由中央主管機關定之。

第33條	**技能檢定合格者稱技術士，由中央主管機關統一發給技術士證。**
	技能檢定題庫之設置與管理、監評人員之甄審訓練與考核、申請檢定資格、學、術科測試委託辦理、術科測試場地機具、設備評鑑與補助、技術士證發證、管理及對推動技術士證照制度獎勵等事項，由中央主管機關另以辦法定之。
	技能檢定之職類開發、規範製訂、試題命製與閱卷、測試作業程序、學科監場、術科監評及試場須知等事項，由中央主管機關另以規則定之。
第34條	進用技術性職位人員，取得乙級技術士證者，得比照專科學校畢業程度遴用；取得甲級技術士證者，得比照大學校院以上畢業程度遴用。
第35條	技術上與公共安全有關業別之事業機構，應僱用一定比率之技術士；其業別及比率由行政院定之。

第七章　輔導及獎勵

第36條	主管機關得隨時派員查察職業訓練機構及事業機構辦理職業訓練情形。
	職業訓練機構或事業機構，對前項之查察不得拒絕，並應提供相關資料。
第37條	主管機關對職業訓練機構或事業機構辦理職業訓練情形，得就考核結果依下列規定辦理：
	一、著有成效者，予以獎勵。
	二、技術不足者，予以指導。
	三、經費困難者，酌以補助。
第38條	私人、團體或事業機構，捐贈財產辦理職業訓練，或對職業訓練有其他特殊貢獻者，應予獎勵。
第38-1條	中央主管機關為鼓勵國民學習職業技能，提高國家職業技能水準，應舉辦技能競賽。
	前項技能競賽之實施、委任所屬機關（構）或委託有關機關（構）、團體辦理、裁判人員遴聘、選手資格與限制、競賽規則、爭議處理及獎勵等事項之辦法，由中央主管機關定之。

第八章　罰則

第39條	職業訓練機構辦理不善或有違反法令或設立許可條件者，主管機關得視其情節，分別為下列處理：
	一、警告。　　　　　　　二、限期改善。
	三、停訓整頓。　　　　　四、撤銷或廢止許可。

第39-1條 依第31條之1規定經認證單位，不得有下列情形：
一、 辦理技能職類測驗，為不實之廣告或揭示。
二、 收取技能職類測驗規定數額以外之費用。
三、 謀取不正利益、圖利自己或他人。
四、 會務或財務運作發生困難。
五、 依規定應提供資料，拒絕提供、提供不實或失效之資料。
六、 違反中央主管機關依第31條之1第3項所定辦法關於資格條件、審查程序或其他管理事項規定。
違反前項各款規定者，處新臺幣三萬元以上三十萬元以下罰鍰，中央主管機關並得視其情節，分別為下列處理：
一、 警告。
二、 限期改善。
三、 停止辦理測驗。
四、 撤銷或廢止認證。
經認證單位依前項第4款規定受撤銷或廢止認證者，自生效日起，不得再核發技能職類證書。
經認證單位違反前項規定或未經認證單位，核發第31條之2規定之技能職類證書者，處新臺幣十萬元以上一百萬元以下罰鍰。

第39-2條 取得技能職類證書者，有下列情形之一時，中央主管機關應撤銷或廢止其證書：
一、 以詐欺、脅迫、賄賂或其他不正方法取得證書。
二、 證書租借他人使用。
三、 違反第31條之2第2項所定辦法關於證書效力等級、發證或其他管理事項規定，情節重大。
經認證單位依前條規定受撤銷或廢止認證者，其參加技能職類測驗人員於生效日前合法取得之證書，除有前項行為外，效力不受影響。

第40條 依第27條規定，應繳交職業訓練費用差額而未依規定繳交者，自規定期限屆滿之次日起，至差額繳清日止，每逾一日加繳欠繳差額百分之零點二滯納金。但以不超過欠繳差額一倍為限。

第41條 本法所定應繳交之職業訓練費用差額及滯納金，經通知限期繳納而逾期仍未繳納者，得移送法院強制執行。

第九章 附則

第42條 （刪除）
第43條 本法施行細則，由中央主管機關定之。

第**44**條　本法自公布日施行。

本法修正條文，除中華民國一百年十月二十五日修正之第31-1、31-2、39-1及39-2條條文自公布後一年施行外，自公布日施行。

就業保險法

民國111年1月12日修正公布

第一章　總則

第**1**條　為提昇勞工就業技能，促進就業，保障勞工職業訓練及失業一定期間之基本生活，特制定本法；本法未規定者，適用其他法律之規定。

第**2**條　就業保險（以下簡稱本保險）之主管機關：在中央為勞動部；在直轄市為直轄市政府；在縣（市）為縣（市）政府。

第**3**條　**本保險業務，由勞工保險監理委員會監理**。

被保險人及投保單位對保險人核定之案件發生爭議時，應先向勞工保險監理委員會申請審議；對於爭議審議結果不服時，得依法提起訴願及行政訴訟。

第二章　保險人、投保對象及投保單位

第**4**條　本保險由中央主管機關委任勞工保險局辦理，並為保險人。

第**5**條　**年滿十五歲以上，六十五歲以下之下列受僱勞工**，應以其雇主或所屬機構為投保單位，參加本保險為被保險人：

一、具中華民國國籍者。

二、與在中華民國境內設有戶籍之國民結婚，且獲准居留依法在臺灣地區工作之外國人、大陸地區人民、香港居民或澳門居民。

前項所列人員有下列情形之一者，不得參加本保險：

一、依法應參加公教人員保險或軍人保險。

二、已領取勞工保險老年給付或公教人員保險養老給付。

三、受僱於依法免辦登記且無核定課稅或依法免辦登記且無統一發票購票證之雇主或機構。

受僱於二個以上雇主者，得擇一參加本保險。

第**6**條　本法施行後，依前條規定應參加本保險為被保險人之勞工，自投保單位申報參加勞工保險生效之日起，取得本保險被保險人身分；自投保單位申報勞工保險退保效力停止之日起，其保險效力即行終止。

本法施行前，已參加勞工保險之勞工，自本法施行之日起，取得被保

險人身分；其依勞工保險條例及勞工保險失業給付實施辦法之規定，
繳納失業給付保險費之有效年資，應合併計算本保險之保險年資。
依前條規定應參加本保險為被保險人之勞工，其雇主或所屬團體或所
屬機構未為其申報參加勞工保險者，各投保單位應於本法施行之當日
或勞工到職之當日，為所屬勞工申報參加本保險；於所屬勞工離職之
當日，列表通知保險人。其保險效力之開始或停止，均自應為申報或
通知之當日起算。但投保單位非於本法施行之當日或勞工到職之當日
為其申報參加本保險者，除依本法第38條規定處罰外，其保險效力
之開始，均自申報或通知之翌日起算。

第7條　主管機關、保險人及公立就業服務機構為查核投保單位勞工工作情
況、薪資或離職原因，必要時，得查對其員工名冊、出勤工作紀錄及
薪資帳冊等相關資料，投保單位不得規避、妨礙或拒絕。

第三章　保險財務

第8條　本保險之**保險費率，由中央主管機關按被保險人當月之月投保薪資百
分之一至百分之二擬訂**，報請行政院核定之。

第9條　本保險之**保險費率，保險人每三年應至少精算一次**，並由中央主管機
關聘請精算師、保險財務專家、相關學者及社會公正人士**九人至十五
人組成精算小組審查之。**
有下列情形之一者，中央主管機關應於前條規定之保險費率範圍內調
整保險費率：
一、**精算之保險費率，其前三年度之平均值與當年度保險費率相差
幅度超過正負百分之五。**
二、**本保險累存之基金餘額低於前一年度保險給付平均月給付金額
之六倍或高於前一年度保險給付平均月給付金額之九倍。**
三、**本保險增減給付項目、給付內容、給付標準或給付期限，致影
響保險財務。**

第四章　保險給付

第10條　本保險之給付，分下列五種：
一、**失業給付。**　　　　二、**提早就業獎助津貼。**
三、**職業訓練生活津貼。**　　四、**育嬰留職停薪津貼。**
五、**失業之被保險人及隨同被保險人辦理加保之眷屬全民健康保險保
險費補助。**
前項第5款之補助對象、補助條件、補助標準、補助期間之辦法，由
中央主管機關定之。

第11條　本保險各種保險給付之請領條件如下：
一、**失業給付**：被保險人於非自願離職辦理退保當日前**三年**內，保險年資合計滿**一年**以上，具有工作能力及繼續工作意願，向公立就業服務機構辦理求職登記，自求職登記之日起**十四日**內仍無法推介就業或安排職業訓練。
二、**提早就業獎助津貼**：符合失業給付請領條件，於失業給付請領期間屆滿前受僱工作，並參加本保險**三個月**以上。
三、**職業訓練生活津貼**：被保險人非自願離職，向公立就業服務機構辦理求職登記，經公立就業服務機構安排參加全日制職業訓練。
四、**育嬰留職停薪津貼**：被保險人之保險年資合計滿**一年**以上，子女滿**三歲**前，依性別平等工作法之規定，辦理育嬰留職停薪。
被保險人因定期契約屆滿離職，逾**一個月**未能就業，且離職前**一年**內，契約期間合計滿**六個月**以上者，視為非自願離職，並準用前項之規定。
本法所稱非自願離職，指被保險人因投保單位關廠、遷廠、休業、解散、破產宣告離職；或因勞動基準法第11條、第13條但書、第14條及第20條規定各款情事之一離職。

第12條　公立就業服務機構為促進失業之被保險人再就業，得提供就業諮詢、推介就業或參加職業訓練。
前項業務得由主管機關或公立就業服務機構委任或委託其他機關（構）、學校、團體或法人辦理。
中央主管機關得於就業保險年度應收保險費百分之十及歷年經費執行賸餘額度之範圍內提撥經費，辦理下列事項：
一、被保險人之在職訓練。
二、被保險人失業後之職業訓練、創業協助及其他促進就業措施。
三、被保險人之僱用安定措施。
四、雇主僱用失業勞工之獎助。
辦理前項各款所定事項之對象、職類、資格條件、項目、方式、期間、給付標準、給付限制、經費管理、運用及其他應遵行事項之辦法，由中央主管機關定之。
第1項所稱就業諮詢，指提供選擇職業、轉業或職業訓練之資訊與服務、就業促進研習活動或協助工作適應之專業服務。

第13條　**申請人對公立就業服務機構推介之工作，有下列各款情事之一而不接受者，仍得請領失業給付：**

一、 **工資低於其每月得請領之失業給付數額。**

二、 **工作地點距離申請人日常居住處所三十公里以上。**

第14條 申請人對公立就業服務機構安排之就業諮詢或職業訓練，有下列情事之一而不接受者，仍得請領失業給付：

一、 因傷病診療，持有證明而無法參加者。

二、 為參加職業訓練，需要變更現在住所，經公立就業服務機構認定顯有困難者。

申請人因前項各款規定情事之一，未參加公立就業服務機構安排之就業諮詢或職業訓練，公立就業服務機構在其請領失業給付期間仍得擇期安排。

第15條 被保險人有下列情形之一者，公立就業服務機構應拒絕受理失業給付之申請：

一、 無第13條規定情事之一不接受公立就業服務機構推介之工作。

二、 無前條規定情事之一不接受公立就業服務機構之安排，參加就業諮詢或職業訓練。

第16條 **失業給付**按申請人離職辦理本保險退保之當月起前**六個月**平均月投保薪資**百分之六十**按月發給，最長發給六個月。但申請人離職辦理本保險退保時已年滿**四十五歲**或領有社政主管機關核發之身心障礙證明者，最長發給**九個月**。

中央主管機關於經濟不景氣致大量失業或其他緊急情事時，於審酌失業率及其他情形後，得延長前項之給付期間最長至**九個月**，必要時得再延長之，但最長不得超過**十二個月**。但延長給付期間不適用第13條及第18條之規定。

前項延長失業給付期間之認定標準、請領對象、請領條件、實施期間、延長時間及其他相關事項之辦法，由中央主管機關擬訂，報請行政院核定之。

受領失業給付未滿前三項給付期間再參加本保險後非自願離職者，得依規定申領失業給付。但合併原已領取之失業給付月數及依第18條規定領取之提早就業獎助津貼，以發給前三項所定給付期間為限。

依前四項規定**領滿給付期間者，自領滿之日起二年內再次請領失業給付，其失業給付以發給原給付期間之二分之一為限。**

依前五項規定領滿失業給付之給付期間者，本保險年資應重行起算。

第17條 被保險人於失業期間另有工作，其每月工作收入超過基本工資者，不得請領失業給付；其每月工作收入未超過基本工資者，其該月工作收

入加上失業給付之總額，超過其平均月投保薪資百分之八十部分，應自失業給付中扣除。但總額低於基本工資者，不予扣除。

領取勞工保險傷病給付、職業訓練生活津貼、臨時工作津貼、創業貸款利息補貼或其他促進就業相關津貼者，領取相關津貼期間，不得同時請領失業給付。

第18條　符合失業給付請領條件，於**失業給付請領期限屆滿前受僱工作，並依規定參加本保險為被保險人滿三個月以上者，得向保險人申請，按其尚未請領之失業給付金額之百分之五十，一次發給提早就業獎助津貼**。

第19條　被保險人非自願離職，向公立就業服務機構辦理求職登記，經公立就業服務機構安排參加全日制職業訓練，於受訓期間，每月按申請人離職辦理本保險退保之**當月起前六個月平均月投保薪資百分之六十發給職業訓練生活津貼，最長發給六個月**。

職業訓練單位應於申請人受訓之日，通知保險人發放職業訓練生活津貼。中途離訓或經訓練單位退訓者，訓練單位應即通知保險人停止發放職業訓練生活津貼。

第19-1條　被保險人非自願離職退保後，於請領失業給付或職業訓練生活津貼期間，有**受其扶養之眷屬者，每一人按申請人離職辦理本保險退保之當月起前六個月平均月投保薪資百分之十加給給付或津貼，最多計至百分之二十**。

前項所稱受扶養眷屬，指受被保險人扶養之無工作收入之配偶、未成年子女或身心障礙子女。

第19-2條　**育嬰留職停薪津貼**，以被保險人育嬰留職停薪之當月起**前六個月平均月投保薪資百分之六十計算**，於被保險人育嬰留職停薪期間，按月發給津貼，**每一子女合計最長發給六個月**。

前項津貼，於**同時撫育子女二人以上之情形，以發給一人為限**。

依家事事件法、兒童及少年福利與權益保障法相關規定與收養兒童先行共同生活之被保險人，其共同生活期間得依第11條第1項第4款及前三項規定請領育嬰留職停薪津貼。但因可歸責於被保險人之事由，致未經法院裁定認可收養者，保險人應通知限期返還其所受領之津貼，屆期未返還者，依法移送強制執行。

第20條　**失業給付自向公立就業服務機構辦理求職登記之第十五日起算。**

職業訓練生活津貼自受訓之日起算。

第21條　投保單位故意為不合本法規定之人員辦理參加保險手續，領取保險給付者，保險人應通知限期返還，屆期未返還者，依法移送強制執行。

第22條 被保險人領取各種保險給付之權利，不得讓與、抵銷、扣押或供擔保。
被保險人依本法規定請領保險給付者，得檢具保險人出具之證明文件，於金融機構開立專戶，專供存入保險給付之用。
前項專戶內之存款，不得作為抵押、扣押、供擔保或強制執行之標的。

第22-1條 依本法發給之**保險給付，經保險人核定後，應在十五日內給付之**。如逾期給付可歸責於保險人者，其逾期部分應加給利息。

第23條 申請人與原雇主間因離職事由發生勞資爭議者，仍得請領失業給付。
前項爭議結果，確定申請人不符失業給付請領規定時，應於確定之日起十五日內，將已領之失業給付返還。屆期未返還者，依法移送強制執行。

第24條 領取保險給付之**請求權，自得請領之日起，因二年間不行使而消滅**。

第五章 申請及審核

第25條 被保險人於離職退保後**二年**內，應檢附離職或定期契約證明文件及國民身分證或其他足資證明身分之證件，親自向公立就業服務機構辦理求職登記、申請失業認定及接受就業諮詢，並填寫失業認定、失業給付申請書及給付收據。
公立就業服務機構受理求職登記後，應辦理就業諮詢，並自求職登記之日起**十四日**內推介就業或安排職業訓練。未能於該**十四日**內推介就業或安排職業訓練時，公立就業服務機構應於翌日完成失業認定，並轉請保險人核發失業給付。
第1項離職證明文件，指由投保單位或直轄市、縣（市）主管機關發給之證明；其取得有困難者，得經公立就業服務機構之同意，以書面釋明理由代替之。
前項文件或書面，應載明申請人姓名、投保單位名稱及離職原因。
申請人未檢齊第1項規定文件者，應於七日內補正；屆期未補正者，視為未申請。

第26條 公立就業服務機構為辦理推介就業及安排職業訓練所需，得要求申請人提供下列文件：
一、最高學歷及經歷證書影本。
二、專門職業及技術人員證照或執業執照影本。
三、曾接受職業訓練之結訓證書影本。

第27條 申請人應於公立就業服務機構推介就業之日起七日內，將就業與否回覆卡檢送公立就業服務機構。

　　　　申請人未依前項規定辦理者，公立就業服務機構應停止辦理當次失業
　　　　認定或再認定。已辦理認定者，應撤銷其認定。

第28條　職業訓練期滿未能推介就業者，職業訓練單位應轉請公立就業服務機
　　　　構完成失業認定。其未領取或尚未領滿失業給付者，並應轉請保險人
　　　　核發失業給付，合併原已領取之失業給付，仍以第16條規定之給付
　　　　期間為限。

第29條　繼續請領失業給付者，應於前次領取失業給付期間末日之翌日起**二年**
　　　　內，每個月親自前往公立就業服務機構申請失業再認定。但因傷病診
　　　　療期間無法親自辦理者，得提出醫療機構出具之相關證明文件，以書
　　　　面陳述理由委託他人辦理之。
　　　　未經公立就業服務機構為失業再認定者，應停止發給失業給付。

第30條　領取失業給付者，應於辦理失業再認定時，至少提供**二次**以上之求職
　　　　紀錄，始得繼續請領。未檢附求職紀錄者，應於七日內補正；屆期未
　　　　補正者，停止發給失業給付。

第31條　失業期間或受領失業給付期間另有其他工作收入者，應於申請失業認
　　　　定或辦理失業再認定時，告知公立就業服務機構。

第32條　領取失業給付者，應自再就業之日起三日內，通知公立就業服務機構。

第六章　基金及行政經費

第33條　就業保險基金之來源如下：
　　　　一、本保險開辦時，中央主管機關自勞工保險基金提撥之專款。
　　　　二、保險費與其孳息收入及保險給付支出之結餘。
　　　　三、保險費滯納金。
　　　　四、基金運用之收益。
　　　　五、其他有關收入。
　　　　前項第1款所提撥之專款，應一次全數撥還勞工保險基金。

第34條　就業保險基金，經勞工保險監理委員會之通過，得為下列之運用：
　　　　一、對於公債、庫券及公司債之投資。
　　　　二、存放於公營銀行或中央主管機關指定之金融機構及買賣短期票券。
　　　　三、其他經中央主管機關核准有利於本基金收益之投資。
　　　　前項第3款所稱其他有利於本基金收益之投資，不得為權益證券及衍
　　　　生性金融商品之投資。
　　　　就業保險基金除作為第1項運用、保險給付支出、第12條第3項規定
　　　　之提撥外，不得移作他用或轉移處分。基金之收支、運用情形及其積
　　　　存數額，應由保險人報請中央主管機關按年公告之。

第35條　辦理本保險所需之經費，由保險人以當年度保險費收入預算總額百分之三點五為上限編列，由中央主管機關編列預算撥付之。

第七章　罰則

第36條　以詐欺或其他不正當行為領取保險給付或為虛偽之證明、報告、陳述者，除按其領取之保險給付處以**二倍**罰鍰外，並應依民法請求損害賠償；其涉及刑責者，移送司法機關辦理。

第37條　**勞工違反本法規定不參加就業保險及辦理就業保險手續者，處新臺幣一千五百元以上七千五百元以下罰鍰。**

第38條　投保單位違反本法規定，未為其所屬勞工辦理投保手續者，按自僱用之日起，至參加保險之前一日或勞工離職日止應負擔之保險費金額，處**十倍**罰鍰。勞工因此所受之損失，並應由投保單位依本法規定之給付標準賠償之。

　　　　投保單位未依本法之規定負擔被保險人之保險費，而由被保險人負擔者，按應負擔之保險費金額，處二倍罰鍰。投保單位並應退還該保險費與被保險人。

　　　　投保單位違反本法規定，將投保薪資金額以多報少或以少報多者，自事實發生之日起，按其短報或多報之保險費金額，處四倍罰鍰，其溢領之給付金額，經保險人通知限期返還，屆期未返還者，依法移送強制執行，並追繳其溢領之給付金額。勞工因此所受損失，應由投保單位賠償之。

　　　　投保單位違反第7條規定者，處新臺幣一萬元以上五萬元以下罰鍰。

　　　　本法中華民國98年3月31日修正之條文施行前，投保單位經依規定加徵滯納金至應納費額上限，其應繳之保險費仍未向保險人繳納，且未經保險人處以罰鍰或處以罰鍰而未執行者，不再裁處或執行。

第39條　依本法所處之罰鍰，經保險人通知限期繳納，屆期未繳納者，依法移送強制執行。

第八章　附則

第40條　本保險保險效力之開始及停止、月投保薪資、投保薪資調整、保險費負擔、保險費繳納、保險費寬限期與滯納金之徵收及處理、基金之運用與管理，除本法另有規定外，準用勞工保險條例及其相關規定辦理。

第41條　勞工保險條例第2條第1款有關普通事故保險失業給付部分及第74條規定，自本法施行之日起，不再適用。

自本法施行之日起，本法被保險人之勞工保險普通事故保險費率應按被保險人當月之月投保金額薪資百分之一調降之，不受勞工保險條例第13條第1項規定之限制。

第42條 本保險之一切帳冊、單據及業務收支，均免課稅捐。

第43條 本法施行細則，由中央主管機關定之。

第44條 本法之施行日期，由行政院定之。
本法中華民國98年4月21日修正之第35條條文，自中華民國99年1月1日施行。
本法中華民國101年12月4日修正之條文，自公布日施行。

就業保險法施行細則

民國111年4月19日修正發布

第1條 本細則依就業保險法（以下簡稱本法）第43條規定訂定之。

第2條 就業保險（以下簡稱本保險）業務，依本法第3條第1項規定，由中央主管機關監理，其監理事項如下：
一、本保險年度工作計畫及成果報告之審議事項。
二、本保險年度預算及決算之審議事項。
三、本保險基金管理及運用之審議事項。
四、其他有關本保險監理事項。
中央主管機關為前項監理事項之審議時，得視需要邀請學者專家及相關機關代表列席。

第3條 保險人及勞動部勞動基金運用局（以下簡稱基金運用局）應依其業務職掌，按月將下列書表報請中央主管機關備查：
一、投保單位、投保人數及投保薪資統計表。
二、保險給付統計表。
三、保險收支會計報表。
四、保險基金運用概況表。

第4條 （刪除）

第5條 被保險人及投保單位對保險人就下列事項所為之核定案件發生爭議時，依本法第3條第2項規定，應先向中央主管機關申請審議：
一、被保險人資格或投保事項。
二、被保險人投保薪資或年資事項。
三、保險費或滯納金事項。

四、 保險給付事項。

五、 其他有關保險權益事項。

依前項規定申請審議者，應於接到保險人核定通知文件之翌日起六十日內，填具就業保險爭議事項審議申請書，並檢附有關證件經由保險人向中央主管機關申請審議。

依第1項規定申請審議者，準用勞工保險爭議事項審議辦法之規定。

第6條 符合本法第5條第1項規定之被保險人，未參加勞工保險者，其保險費應由投保單位以保險人指定金融機構自動轉帳方式繳納之，自動轉帳之扣繳日期為次月底。

第7條 本法第6條第2項所稱本法施行前已參加勞工保險之勞工，指依本法第5條第1項規定應參加本保險並於本法施行前已參加勞工保險之勞工。

第8條 投保單位依本法第6條第3項規定為所屬勞工申報參加本保險時，除政府機關（構）、公立學校及使用政府機關（構）提供之線上申請系統辦理投保手續者外，應填具投保申請書及加保申報表各一份送交保險人，並檢附負責人國民身分證正背面影本及各目的事業主管機關核發之下列相關證件影本：

一、 工廠：工廠有關登記證明文件。

二、 礦場：礦場登記證、採礦、探礦執照或有關認定證明文件。

三、 鹽場、農場、畜牧場、林場、茶場：登記證書或有關認定證明文件。

四、 交通事業：運輸業許可證或有關認定證明文件。

五、 公用事業：事業執照或有關認定證明文件。

六、 公司、行號：公司登記證明文件或商業登記證明文件。

七、 私立學校、新聞事業、文化事業、公益事業、合作事業、職業訓練機構及各業人民團體：立案或登記證明書。

八、 中央或地方公職人員選舉之擬參選人及候選人：監察院政治獻金開戶許可函、選舉委員會受理登記為候選人之公文或相當證明文件。

九、 中央或地方公職人員選舉之當選人：當選證書。

十、 其他各業：執業證照或有關登記、核定或備查證明文件。

投保單位依規定無法取得前項各款證件者，應檢附稅捐稽徵機關核發之扣繳單位設立（變更）登記申請書或使用統一發票購票證，辦理投保手續。

第8-1條　投保單位為所屬本法第5條第1項第2款所定勞工申報加保時,除依前條規定辦理外,並應檢附該勞工在我國居留證明文件影本;其為依法應經中央主管機關或相關目的事業主管機關核准始得從事工作者,另應檢附核准從事工作之證明文件影本。

　　本細則關於國民身分證之規定,於前項被保險人,以在我國居留證明文件替代之。

第8-2條　本法第5條第1項第2款所定與在中華民國境內設有戶籍之國民結婚,且獲准居留依法在臺灣地區工作之外國人、大陸地區人民、香港居民或澳門居民,包括因離婚或其配偶死亡致婚姻關係消滅後,依法准予繼續居留者。

第9條　本法第6條第3項所定之投保單位有下列各款情事之一者,應於事實發生之日起三十日內,填具投保單位變更事項申請書,並檢附有關證件影本,送交保險人辦理變更:

一、投保單位之名稱、地址或通訊地址變更。

二、投保單位之負責人變更。

　　投保單位未依前項規定辦理變更手續者,保險人得依相關機關登記之資料逕予變更。

第10條　被保險人姓名、出生年月日、國民身分證統一編號等有變更或錯誤時,被保險人應即通知其所屬投保單位。

　　前項被保險人之相關個人資料有變更或錯誤之情形,投保單位應即填具被保險人變更事項申請書,檢附國民身分證正背面影本或有關證明文件送交保險人憑辦。

　　被保險人未依第1項規定通知其所屬投保單位,或投保單位未依前項規定檢附相關文件送交保險人者,保險人得依相關機關登記之資料逕予變更。

第11條　投保單位應置備員工名冊、出勤工作紀錄及薪資帳冊,供主管機關、保險人及公立就業服務機構依本法第7條規定為查對,並自被保險人離職之日起保存五年。

　　前項員工名冊,應分別記載下列事項:

一、姓名、出生年月日、住址及國民身分證統一編號。

二、到職之年月日。

三、工作類別。

四、工作時間及薪資。

五、留職停薪事由及期間。

第**12**條　被保險人請領本法第10條第1項第1款至第4款所定之失業給付、提早就業獎助津貼、職業訓練生活津貼或育嬰留職停薪津貼，經保險人審查應予發給者，由保險人匯入被保險人所指定國內金融機構之本人名義帳戶。

第**12-1**條　本法第22條之1所定逾期部分應加給之利息，以各該年一月一日之郵政儲金一年期定期存款固定利率為準，按日計算，並以新臺幣元為單位，角以下四捨五入。

前項所需費用，由保險人編列公務預算支應。

第**13**條　被保險人依本法第11條第1項第1款規定請領失業給付者，應備具下列書件：

一、失業（再）認定、失業給付申請書及給付收據。

二、離職證明書或定期契約證明文件。

三、國民身分證或其他身分證明文件影本。

四、被保險人本人名義之國內金融機構存摺影本。但匯款帳戶與其請領職業訓練生活津貼之帳戶相同者，免附。

五、身心障礙者，另檢附社政主管機關核發之身心障礙證明。

六、有扶養眷屬者，另檢附下列證明文件：

(一)受扶養眷屬之戶口名簿影本或其他身分證明文件影本。

(二)受扶養之子女為身心障礙者，另檢附社政主管機關核發之身心障礙證明。

第**14**條　被保險人依本法第11條第1項第2款規定請領提早就業獎助津貼者，應備具下列書件：

一、提早就業獎助津貼申請書及給付收據。

二、被保險人本人名義之國內金融機構存摺影本。但匯款帳戶與其請領失業給付之帳戶相同者，免附。

第**14-1**條　依本法第11條第2項規定，準用本法第11條第1項第2款得請領提早就業獎助津貼之被保險人，不包括於失業給付請領期間屆滿前，再受僱於原投保單位參加本保險者。

本法第11條第1項第2款所定參加本保險三個月以上，不計入領取失業給付期間參加本保險之年資。

第**14-2**條　本法第11條第1項第2款所定參加本保險三個月以上，不計入領取失業給付期間參加本保險之年資。

第**15**條　被保險人依本法第11條第1項第3款規定請領職業訓練生活津貼者，應備具下列書件：

一、職業訓練生活津貼申請書及給付收據。

二、離職證明書。

三、國民身分證或其他身分證明文件影本。

四、被保險人本人名義之國內金融機構存摺影本。但匯款帳戶與其請領失業給付之帳戶相同者，免附。

五、有扶養眷屬者，應檢附下列證明文件：
(一) 受扶養眷屬之戶口名簿影本或其他身分證明文件影本。
(二) 受扶養之子女為身心障礙者，應檢附社政主管機關核發之身心障礙證明。

第16條　本法第11條第1項第3款所定**全日制職業訓練，應符合下列條件：**

一、**訓練期間一個月以上。**

二、**每星期訓練四日以上。**

三、**每日訓練日間四小時以上。**

四、**每月總訓練時數達一百小時以上。**

第16-1條　被保險人依本法第11條第1項第4款規定請領育嬰留職停薪津貼者，應備具下列書件：

一、育嬰留職停薪津貼申請書及給付收據。

二、被保險人及子女之戶口名簿影本。

三、育嬰留職停薪證明。

四、被保險人本人名義之國內金融機構存摺影本。

第16-2條　依本法規定請領各項保險給付，其所檢附之身分證明文件為我國政府機關（構）以外製作者，以六個月內為限，並應經下列單位驗證：

一、於國外製作：經我國駐外館處驗證；其在國內由外國駐臺使領館或授權機構製作者，應經外交部複驗。

二、於大陸地區製作：經行政院設立或指定機構或委託之民間團體驗證。

三、於香港或澳門製作：經行政院於香港或澳門設立或指定機構或委託之民間團體驗證。

前項文件為外文者，應檢附經前項各款所列單位驗證或國內公證人認證之中文譯本。但為英文者，除保險人認有需要外，得予免附。

第17條　中央主管機關辦理本法第12條第3項規定事項之經費，指當年度應收保險費**百分之十**範圍及歷年應收保險費**百分之十**之執行賸餘額度；其額度以審定決算數為計算基礎。

前項經費由保險人按提撥經費預算數每**六個月**撥付之，執行結果若有賸餘，應於年度結算後辦理繳還。

第**18**條　（刪除）

第**18-1**條　本法第17條第2項所定勞工保險傷病給付，為勞工保險條例及勞工職業災害保險及保護法之傷病給付。

第**19**條　本法第19條第1項規定之**職業訓練生活津貼，應按申請人實際參訓起迄時間，以三十日為一個月核算發放；其訓練期間未滿三十日者，依下列方式核算發放：**
一、**十日以上且訓練時數達三十小時者，發放半個月。**
二、**二十日以上且訓練時數達六十小時者，發放一個月。**
前項津貼，按月於期末發給。

第**19-1**條　本法第19條之1規定之受扶養眷屬於同一期間已請領本法給付或津貼，或已由其他被保險人申請加給給付或津貼者，不予加計。

第**19-2**條　本法第19條之2第1項規定之**育嬰留職停薪津貼，給付期間自育嬰留職停薪之日起至期滿之日止**。但被保險人提前復職者，計至復職之前一日止。
前項津貼，按月於期初發給；未滿一個月者，以一個月計。

第**19-3**條　被保險人因離職事由發生勞資爭議，依本法第23條第1項規定請領失業給付者，應檢附下列文件之一：
一、勞資爭議調解經受理之證明文件影本。
二、勞資爭議仲裁經受理之證明文件影本。
三、因勞資爭議提起訴訟之相關資料影本。
被保險人應於收到前項勞資爭議之調解紀錄、仲裁判斷書或確定判決之日起十五日內，檢送該資料影本予公立就業服務機構或保險人審查。

第**20**條　被保險人依本法第25條第1項規定向公立就業服務機構辦理求職登記時，應申報其日常居住處所。

第**21**條　申請人依本法第27條第1項規定檢送就業與否回覆卡或領取失業給付之被保險人依本法第32條規定通知公立就業服務機構再就業時，得以自行送達或掛號郵寄方式辦理；其以掛號郵寄方式辦理者，以交郵當日之郵戳為準。

第**22**條　被保險人依本法規定申請失業給付或職業訓練生活津貼，其所屬投保單位未依規定為其辦理退保手續者，由保險人自被保險人離職之日逕予退保，並核發給付。

第**23**條　本法第30條所定之求職紀錄內容如下：
一、單位名稱、地址、電話及聯絡人。

二、　工作內容。

三、　日期。

四、　應徵情形。

前項求職紀錄應為被保險人辦理失業再認定申請日前**三十日**內之求職資料。

第24條　本保險依本法第42條規定免課之稅捐如下：

一、　保險人、基金運用局及投保單位辦理本保險所用之契據，免徵印花稅。

二、　保險人及基金運用局辦理本保險所收保險費、保險費滯納金與因此所承受強制執行標的物之收入、基金運用之收支及雜項收入，免納營業稅及所得稅。

三、　保險人及基金運用局辦理業務使用之房地、器材及被保險人領取之保險給付，依稅法有關規定免徵稅捐。

第24-1條　勞工因雇主違反本法所定應辦理加保及投保薪資以多報少等規定，致影響其保險給付所提起之訴訟，得向中央主管機關申請扶助。

前項扶助業務，中央主管機關得委託民間團體辦理。

第25條　本法及本細則所定之書表格式，由保險人定之。

第26條　本細則自中華民國九十二年一月一日施行。

本細則修正條文，除中華民國一百十一年四月十九日修正發布之條文，自一百十一年五月一日施行外，自發布日施行。

就業保險促進就業實施辦法

112年6月29日修正發布

第一章　總則

第1條　本辦法依就業保險法（以下簡稱本法）第十二條第四項規定訂定之。

第2條　本辦法所定雇主，為就業保險投保單位之民營事業單位、團體或私立學校。

前項所稱團體，指依人民團體法或其他法令設立者。但不包括政治團體及政黨。

第3條　本辦法促進就業措施之範圍如下：

一、　僱用安定措施。

二、　僱用獎助措施。

三、其他促進就業措施：

　　(一) 補助求職交通、異地就業之交通、搬遷及租屋費用。

　　(二) 推介從事臨時工作。

　　(三) 辦理適性就業輔導。

　　(四) 協助雇主改善工作環境及勞動條件。

　　(五) 促進職場勞工身心健康、工作與生活平衡。

　　(六) 促進職業災害勞工穩定就業。

　　(七) 提升工會保障勞工就業權益之能力。

　　(八) 促進中高齡者及高齡者就業。

　　(九) 協助受天災、事變或其他重大情事影響之勞工就業。

第4條　中央主管機關得將本辦法所定之促進就業事項，委任所屬機關（構）、委辦直轄市、縣（市）主管機關或委託相關機關（構）、團體辦理之。

第二章　僱用安定措施

第5條　中央主管機關因景氣因素影響，致勞雇雙方協商減少工時（以下簡稱減班休息），經評估有必要時，得召開僱用安定措施諮詢會議（以下簡稱諮詢會議），辦理僱用安定措施。

第5-1條　諮詢會議置委員十五人至二十一人，任期三年，其中一人為召集人，由中央主管機關指派人員兼任之；其餘委員，由中央主管機關就下列人員聘（派）兼之：

一、中央主管機關代表一人。

二、行業目的事業主管機關代表三人至五人。

三、行政院主計總處代表一人。

四、國家發展委員會代表一人。

五、勞方代表二人至三人。

六、資方代表二人至三人。

七、學者專家四人至六人。

諮詢會議委員任一性別比例，不得低於全體委員人數之三分之一。

諮詢會議由召集人召集，並為主席；召集人未能出席時，由其指定委員其中一人代理之。必要時，得邀請有關單位、勞工、雇主或學者專家參加，聽取其意見。

第5-2條　諮詢會議得參採下列資料，就僱用安定措施啟動時機、辦理期間、被保險人薪資補貼期間、適用對象及其他相關事項提出諮詢意見：

一、事業單位受景氣因素影響情形。

二、　各行業發展情形及就業狀況。

三、　實施減班休息事業單位家數及人數。

四、　失業率。

五、　資遣通報人數。

六、　其他辦理僱用安定措施之資料。

第6條　中央主管機關辦理僱用安定措施，應公告啟動時機、辦理期間、被保險人薪資補貼期間、適用對象及其他相關事項。

前項辦理期間，最長為十二個月。但中央主管機關於評估無辦理必要時，得於前項辦理期間屆滿前，公告終止。

第7條　（刪除）

第8條　（刪除）

第9條　被保險人領取薪資補貼，應符合下列規定：

一、　於辦理僱用安定措施期間內，經被保險人與雇主協商同意實施減班休息期間達三十日以上，並依因應事業單位實施勞雇雙方協商減少工時相關規定辦理。

二、　實施減班休息前，以現職雇主為投保單位參加就業保險達三個月以上。

三、　屬全時勞工，或有固定工作日（時）數或時間之部分時間工作勞工（以下簡稱部分工時勞工）。

四、　未具請領薪資補貼之事業單位代表人、負責人、合夥人、董事或監察人身分。

中央主管機關應依前項第一款規定報送之勞雇雙方協商減班休息案件認定之。

被保險人於僱用安定措施啟動前，已受僱現職雇主，且領取薪資補貼前受僱一個月以上者，不受第一項第二款參加就業保險期間限制。

第10條　（刪除）

第11條　（刪除）

第12條　公立就業服務機構應依下列規定，發給被保險人薪資補貼：

一、　按被保險人於實施減班休息日前一個月至前三個月之平均月投保薪資，與實施減班休息後實際協議薪資差額之百分之五十發給。但被保險人於現職單位受僱未滿三個月者，依其於現職單位實際參加就業保險期間之平均月投保薪資計算。

二、　前款實施減班休息後實際協議薪資，最低以中央主管機關公告之每月基本工資數額核算。但庇護性就業之身心障礙者及部分工時勞工，不在此限。

　　三、每月不得超過勞工保險投保薪資分級表所定最高月投保薪資，
　　　　與中央主管機關公告每月基本工資差額之百分之五十。

　　四、薪資補貼金額採無條件進位方式計算至百位數。

同一被保險人同時受僱於二個以上雇主，得依規定分別申請薪資補貼。

同一被保險人受僱於同一雇主，不得於同一減班休息期間，重複申請薪資補貼。

受僱於同一雇主之被保險人於領取第一項薪資補貼期間，不得重複領取政府機關其他相同性質之補助或津貼。

第13條　薪資補貼於減班休息實施日起算，公立就業服務機構依下列規定計算發給被保險人薪資補貼之期間：

一、一個月以三十日計算，發給一個月。

二、最末次申請之日數為二十日以上，未滿三十日者，發給一個月；十日以上，未滿二十日者，發給半個月。

薪資補貼發給期間，應於中央主管機關公告辦理僱用安定措施期間內。

中央主管機關公告辦理僱用安定措施之期間未中斷者，被保險人領取薪資補貼，其合併領取期間以二十四個月為限；該公告辦理期間中斷者，其領取補貼期間重新計算。

第14條　被保險人申請薪資補貼，應檢附下列文件，於實施減班休息每滿三十日之次日起九十日內，向工作所在地之公立就業服務機構提出：

一、薪資補貼申請書。

二、本人之身分證明或居留證明文件之影本。

三、被保險人當次申請補貼期間之薪資清冊或證明。

四、同意代為查詢勞工保險資料委託書。

五、本人名義之國內金融機構存摺封面影本。

六、其他中央主管機關規定之文件。

中央主管機關公告辦理僱用安定措施期間內，被保險人與雇主已於公告日前，實施減班休息期間達三十日以上者，應於公告日之次日起九十日內提出申請。

雇主得於前二項所定申請期間內，檢附第一項文件及委託書，代減班休息被保險人提出申請。

被保險人於第二次起之申請案，得免附第一項第二款及第四款規定文件；第一項第五款規定匯款帳戶未有變更者，亦得免附。

第15條　雇主與被保險人另為約定，致變更減班休息期間時，申請薪資補貼之雇主或被保險人，應於變更日之次日起七日內，通知工作所在地之公立就業服務機構。

第16條　雇主或被保險人有下列情形之一者，公立就業服務機構應不予發給薪資補貼；已發給者，經撤銷或廢止原核定之補貼後，應追還之：
一、未於規定期間內提出申請。
二、雇主與被保險人協商縮短減班休息期間，未依前條規定通知工作所在地之公立就業服務機構。
三、被保險人於請領薪資補貼之事業單位具有代表人、負責人、合夥人、董事或監察人身分。

第17條　（刪除）

第17-1條　逾六十五歲或屬本法第五條第二項第二款不得參加就業保險人員，經其雇主投保勞工職業災害保險者，得依第九條、第十二條至第十四條規定領取薪資補貼，並依第六條、第十五條、第十六條、第五十三條至第五十五條規定辦理。

第三章　僱用獎助措施

第18條　公立就業服務機構或第四條受託單位受理下列各款失業勞工之求職登記，經就業諮詢無法推介就業者，得發給僱用獎助推介卡：
一、失業期間連續達三十日以上之特定對象。
二、失業期間連續達三個月以上。
前項失業期間之計算，以勞工未有參加就業保險、勞工保險或勞工職業災害保險紀錄之日起算。
第一項第一款之特定對象如下：
一、年滿四十五歲至六十五歲失業者。
二、身心障礙者。
三、長期失業者。
四、獨力負擔家計者。
五、原住民。
六、低收入戶或中低收入戶中有工作能力者。
七、更生受保護人。
八、家庭暴力及性侵害被害人。
九、二度就業婦女。
十、其他中央主管機關認為有必要者。

第19條 雇主以不定期契約或一年以上之定期契約,僱用前條由公立就業服務機構或受託單位發給僱用獎助推介卡之失業勞工,連續滿三十日,由公立就業服務機構發給僱用獎助。

雇主有下列情形之一者,公立就業服務機構應不予發給僱用獎助;已發給者,經撤銷原核定之獎助後,應追還之:

一、 申請僱用獎助前,未依身心障礙者權益保障法及原住民族工作權保障法比例進用規定,足額進用身心障礙者及原住民或繳納差額補助費、代金;或申請僱用獎助期間,所僱用之身心障礙者或原住民經列計為雇主應依法定比率進用之對象。

二、 未為應參加就業保險、勞工職業災害保險之受僱勞工,申報參加就業保險或勞工職業災害保險。

三、 僱用雇主或事業單位負責人之配偶、直系血親或三親等內之旁系血親。

四、 同一雇主再僱用離職未滿一年之勞工。

五、 僱用同一勞工,於同一時期已領取政府機關其他就業促進相關補助或津貼。

六、 同一勞工之其他雇主於相同期間已領取政府機關其他就業促進相關補助或津貼。

七、 第四條受委託之單位僱用自行推介之勞工。

八、 庇護工場僱用庇護性就業之身心障礙者。

第20條 雇主於連續僱用同一受領僱用獎助推介卡之勞工滿三十日之日起九十日內,得向原推介轄區之公立就業服務機構申請僱用獎助,並應檢附下列證明文件:

一、 僱用獎助申請書。

二、 僱用名冊、載明受僱者工作時數之薪資清冊、出勤紀錄。

三、 受僱勞工之身分證影本或有效期間居留證明文件。

四、 請領僱用獎助之勞工保險、就業保險、勞工職業災害保險投保資料表或其他足資證明投保之文件。

五、 其他中央主管機關規定之必要文件。

前項雇主,得於每滿三個月之日起九十日內,向原推介轄區之公立就業服務機構提出僱用獎助之申請。

第一項僱用期間之認定,自勞工到職投保就業保險生效之日起算。但依法不得辦理參加就業保險者,自其勞工職業災害保險生效之日起算。

前項僱用期間，一個月以三十日計算，其末月僱用時間逾二十日而未滿三十日者，以一個月計算。

第21條　雇主依前二條規定申請僱用獎助，依下列規定核發：
一、勞雇雙方約定按月計酬方式給付工資者，依下列標準核發：
　　(一)用第十八條第三項第一款至第三款人員，依受僱人數每人每月發給新臺幣一萬三千元。
　　(二)僱用第十八條第三項第四款至第十款人員，依受僱人數每人每月發給新臺幣一萬一千元。
　　(三)僱用第十八條第一項第二款人員，依受僱人數每人每月發給新臺幣九千元。
二、勞雇雙方約定按前款以外方式給付工資者，依下列標準核發：
　　(一)僱用第十八條第三項第一款至第三款人員，依受僱人數每人每小時發給新臺幣七十元，每月最高發給新臺幣一萬三千元。
　　(二)僱用第十八條第三項第四款至第十款人員，依受僱人數每人每小時發給新臺幣六十元，每月最高發給新臺幣一萬一千元。
　　(三)僱用第十八條第一項第二款人員，依受僱人數每人每小時發給新臺幣五十元，每月最高發給新臺幣九千元。
同一雇主僱用同一勞工，合併領取本僱用獎助及政府機關其他之就業促進相關補助或津貼，最長以十二個月為限。
同一勞工於同一時期受僱於二以上雇主，並符合第一項第二款規定者，各雇主均得依規定申請獎助；公立就業服務機構應按雇主申請送達受理之時間，依序核發。但獎助金額每月合計不得超過第一項第二款各目規定之最高金額。

第四章　其他促進就業措施

第一節　補助交通與搬遷及租屋費用

第22條　失業被保險人親自向公立就業服務機構辦理求職登記，經公立就業服務機構諮詢及開立介紹卡推介就業，有下列情形之一者，得發給求職交通補助金：
一、其推介地點與日常居住處所距離三十公里以上。
二、為低收入戶或中低收入戶。

第23條　前條之勞工申請求職交通補助金，應檢附下列文件：
一、補助金領取收據。

二、 其他中央主管機關規定之文件。

以低收入戶或中低收入戶身分申請者，除檢附前項規定文件外，並應檢附低收入戶或中低收入戶證明文件影本。

第24條 第二十二條補助金，每人每次得發給新臺幣五百元。但情形特殊者，得於新臺幣一千二百五十元內核實發給。

每人每年度合併領取前項補助金及依就業促進津貼實施辦法領取之求職交通補助金，以四次為限。

第25條 領取第二十二條補助金者，應於推介就業之次日起七日內，填具推介就業情形回覆卡通知公立就業服務機構，逾期未通知者，當年度不再發給。

第26條 失業被保險人親自向公立就業服務機構辦理求職登記，經諮詢及開立介紹卡推介就業，並符合下列情形者，得向就業當地轄區之公立就業服務機構申請核發異地就業交通補助金：

一、 失業期間連續達三個月以上或非自願性離職。

二、 就業地點與原日常居住處所距離三十公里以上。

三、 因就業有交通往返之事實。

四、 連續三十日受僱於同一雇主。

第27條 前條之勞工於連續受僱滿三十日之日起九十日內，得向就業當地轄區公立就業服務機構申請異地就業交通補助金，並應檢附下列證明文件：

一、 異地就業交通補助金申請書。

二、 補助金領取收據。

三、 本人名義之國內金融機構存摺封面影本。

四、 本人之身分證影本或有效期間居留證明文件。

五、 同意代為查詢勞工保險資料委託書。

六、 居住處所查詢同意書。

七、 其他中央主管機關規定之文件。

前項之勞工，得於每滿三個月之日起九十日內，向當地轄區之公立就業服務機構申請補助金。

第一項受僱期間之認定，自勞工到職投保就業保險生效之日起算。但依法不得辦理參加就業保險者，自其勞工職業災害保險生效之日起算。

第28條 異地就業交通補助金，依下列規定核發：

一、 勞工就業地點與原日常居住處所距離三十公里以上未滿五十公里者，每月發給新臺幣一千元。

二、勞工就業地點與原日常居住處所距離五十公里以上未滿七十公
　　里者，每月發給新臺幣二千元。
三、勞工就業地點與原日常居住處所距離七十公里以上者，每月發
　　給新臺幣三千元。
前項補助金最長發給十二個月。
補助期間一個月以三十日計算，其末月期間逾二十日而未滿三十日
者，以一個月計算。

第29條　失業被保險人親自向公立就業服務機構辦理求職登記，經諮詢及開立
　　　　介紹卡推介就業，並符合下列情形者，得向就業當地轄區之公立就業
　　　　服務機構申請核發搬遷補助金：
　　　　一、失業期間連續達三個月以上或非自願性離職。
　　　　二、就業地點與原日常居住處所距離三十公里以上。
　　　　三、因就業而需搬離原日常居住處所，搬遷後有居住事實。
　　　　四、就業地點與搬遷後居住處所距離三十公里以內。
　　　　五、連續三十日受僱於同一雇主。

第30條　前條之勞工向就業當地轄區公立就業服務機構申請搬遷補助金者，應
　　　　檢附下列證明文件於搬遷之日起九十日內為之：
　　　　一、搬遷補助金申請書。
　　　　二、補助金領取收據。
　　　　三、本人名義之國內金融機構存摺封面影本。
　　　　四、搬遷費用收據。
　　　　五、搬遷後居住處所之居住證明文件。
　　　　六、本人之身分證影本或有效期間居留證明文件。
　　　　七、同意代為查詢勞工保險資料委託書。
　　　　八、居住處所查詢同意書。
　　　　九、其他中央主管機關規定之必要文件。
　　　　前項第四款所稱搬遷費用，指搬運、寄送傢俱或生活所需用品之合理
　　　　必要費用。但不含包裝人工費及包裝材料費用。

第31條　搬遷補助金，以搬遷費用收據所列總額核實發給，最高發給新臺幣三
　　　　萬元。

第32條　失業被保險人親自向公立就業服務機構辦理求職登記，經諮詢及開立
　　　　介紹卡推介就業，並符合下列情形者，得向就業當地轄區之公立就業
　　　　服務機構申請核發租屋補助金：
　　　　一、失業期間連續達三個月以上或非自願性離職。
　　　　二、就業地點與原日常居住處所距離三十公里以上。

三、 因就業而需租屋,並有居住事實。

四、 就業地點與租屋處所距離三十公里以內。

五、 連續三十日受僱於同一雇主。

第33條 前條之勞工於受僱且租屋之日起九十日內,得向就業當地轄區公立就業服務機構申請租屋補助金,並應檢附下列證明文件:

一、 租屋補助金申請書。

二、 補助金領取收據。

三、 本人名義之國內金融機構存摺封面影本。

四、 房租繳納證明文件。

五、 房屋租賃契約影本。

六、 租賃房屋之建物登記第二類謄本。

七、 本人之身分證影本或有效期間居留證明文件。

八、 同意代為查詢勞工保險資料委託書。

九、 居住處所及租賃事實查詢同意書。

十、 其他中央主管機關規定之必要文件。

前項之勞工,得於受僱且租屋每滿三個月之日起九十日內,向當地轄區之公立就業服務機構申請補助金。

第一項受僱之認定,自勞工到職投保就業保險生效之日起算。但依法不得辦理參加就業保險者,自其勞工職業災害保險生效之日起算。

第34條 租屋補助金,自就業且租賃契約所記載之租賃日起,以房屋租賃契約所列租金總額之百分之六十核實發給,每月最高發給新臺幣五千元,最長十二個月。

前項補助期間一個月以三十日計算,其末月期間逾二十日而未滿三十日者,以一個月計算。

第35條 勞工申領租屋補助金或異地就業交通補助金,於補助期間得互相變更申領,其合併領取期間以十二個月為限。

第36條 申領搬遷補助金、租屋補助金或異地就業交通補助金者,有下列情形之一,公立就業服務機構應不予發給;已發給者,經撤銷後,應追還之:

一、 未於公立就業服務機構推介就業之次日起七日內,填具推介就業情形回覆卡通知公立就業服務機構。

二、 為雇主、事業單位負責人或房屋出租人之配偶、直系血親或三親等內之旁系血親。

三、 於同一事業單位或同一負責人之事業單位離職未滿一年再受僱者。

四、不符申請規定，經勞工就業當地轄區公立就業服務機構撤銷資
　　格認定。

第二節　推介從事臨時工作

第37條　公立就業服務機構受理失業被保險人之求職登記，經就業諮詢及
推介就業，有下列情形之一，公立就業服務機構得指派其至政府
機關（構）或合法立案之非營利團體（以下合稱用人單位）從事
臨時工作：
一、於求職登記日起十四日內未能推介就業。
二、有正當理由無法接受推介工作。
前項所稱正當理由，指工作報酬未達原投保薪資百分之六十，或工作
地點距離日常居住處所三十公里以上者。

第38條　公立就業服務機構受理用人單位所提之臨時工作計畫申請，經審查核
定後，用人單位始得接受推介執行計畫。

第39條　失業被保險人依第三十七條規定從事臨時工作期間，用人單位應為失
業被保險人向公立就業服務機構申請臨時工作津貼。
用人單位申請前項津貼，應備下列文件：
一、執行臨時工作計畫之派工紀錄及領取津貼者之出勤紀錄表。
二、經費印領清冊。
三、臨時工作計畫執行報告。
四、領據。
五、其他中央主管機關規定之文件。
用人單位應代公立就業服務機構轉發臨時工作津貼，並為扣繳義務
人，於發給失業被保險人津貼時扣繳稅款。

第40條　前條津貼發給標準，按中央主管機關公告之每小時基本工資核給，且
一個月合計不超過月基本工資，最長六個月。
失業被保險人二年內合併領取前項津貼、依就業促進津貼實施辦法領
取之臨時工作津貼或政府機關其他同性質津貼，最長六個月。

第41條　領取臨時工作津貼者，經公立就業服務機構推介就業時，應於推介就
業之次日起七日內，填具推介就業情形回覆卡通知公立就業服務機
構。期限內通知者，應徵當日給予四小時或八小時之求職假。
前項求職假，每星期以八小時為限，請假期間，津貼照給。
第一項人員之請假事宜，依用人單位規定辦理；用人單位未規定者，
參照勞動基準法及勞工請假規則辦理。請假日數及第一項求職假，應
計入臨時工作期間。

第42條　公立就業服務機構應定期或不定期派員，實地查核臨時工作計畫執行情形。

用人單位有下列情形之一，公立就業服務機構得終止其計畫：

一、規避、妨礙或拒絕查核者。

二、未依第三十八條臨時工作計畫書及相關規定執行，經書面限期改善，屆期未改善者。

第43條　臨時工作計畫終止後，公立就業服務機構得指派該人員至其他用人單位從事臨時工作，並發給臨時工作津貼。

前項工作期間，應與原從事之臨時工作期間合併計算。

第44條　領取臨時工作津貼者，有下列情形之一，公立就業服務機構應不予發給臨時工作津貼；已發給者，經撤銷或廢止後，應追還之：

一、同時領取本法之失業給付。

二、於領取津貼期間已就業。

三、違反用人單位之指揮及規定，經用人單位通知公立就業服務機構停止其臨時工作。

四、原從事之臨時工作終止後，拒絕公立就業服務機構指派之其他臨時工作。

五、拒絕公立就業服務機構推介就業。

第45條　用人單位應為從事臨時工作之人員辦理參加勞工保險、勞工職業災害保險及全民健康保險。但臨時工作之人員依法不能參加勞工保險者，應為其辦理參加勞工職業災害保險。

第三節　辦理適性就業輔導

第46條　公立就業服務機構受理失業被保險人之求職登記，辦理下列適性就業輔導事項：

一、職涯規劃。

二、職業心理測驗。

三、團體諮商。

四、就業觀摩。

第四節　協助雇主改善工作環境及勞動條件

第47條　中央主管機關為協助雇主改善工作環境，促進勞工就業，得辦理下列事項：

一、工作環境、製程及設施之改善。

二、人因工程之改善及工作適性安排。

三、　工作環境改善之專業人才培訓。

四、　強化勞動關係與提升勞動品質之研究及發展。

五、　其他工作環境改善事項。

第48條　中央主管機關為協助雇主改善工作環境及勞動條件，促進勞工就業，得訂定計畫，補助直轄市、縣（市）主管機關或有關機關辦理之。

第49條　中央主管機關為協助雇主辦理工作環境改善，得訂定補助計畫。

前項補助之申請，雇主得擬定工作環境改善計畫書，於公告受理申請期間內，送中央主管機關審核。

第五節　職場勞工身心健康及生活平衡

第50條　中央主管機關為促進職場勞工身心健康，得協助並促進雇主辦理下列事項：

一、　工作相關疾病預防。

二、　健康管理及促進。

三、　勞工健康服務專業人才培訓。

四、　其他促進職場勞工身心健康事項。

第51條　中央主管機關為協助雇主促進職場勞工身心健康，得訂定補助計畫。

前項補助之申請，雇主得擬定促進職場勞工身心健康計畫書，於公告受理申請期間內，送中央主管機關審核。

第52條　中央主管機關為推動勞工之工作與生活平衡，得辦理下列事項：

一、　推動合理工作時間規範及促進縮減工作時間。

二、　促進職場工作平等及育嬰留職停薪權益之保護。

三、　補助與辦理教育訓練、活動、措施、設施及宣導。

中央主管機關為辦理前項事項，得訂定實施或補助計畫。

前項補助之申請，直轄市、縣（市）主管機關、有關機關或雇得擬定計畫書，於公告受理申請期間內，送中央主管機關審核。

第六節　促進職業災害勞工穩定就業

第52-1條　中央主管機關為促進職業災害勞工穩定就業，得辦理下列事項：

一、　職業災害勞工重返職場之補助。

二、　雇主僱用或協助職業災害勞工復工之獎助。

三、　其他促進職業災害勞工穩定就業措施。

中央主管機關為辦理前項事項，得訂定實施或補助計畫。

第七節　提升工會保障勞工就業權益能力

第52-2條　中央主管機關為提升工會保障勞工就業權益之能力，得辦理下列事項：
一、 工會簽訂團體協約及進行勞雇對話之獎補助。
二、 工會參與事業單位經營管理之補助。
三、 工會協助勞工組織結社之補助。
四、 工會辦理就業權益教育訓練之補助。
五、 其他提升工會保障勞工就業權益能力之措施。
中央主管機關為辦理前項事項，得訂定實施或補助計畫。

第八節　促進中高齡者及高齡者就業

第52-3條　中央主管機關為協助中高齡者及高齡者就業，得辦理下列事項：
一、 職務再設計。
二、 繼續僱用補助。
三、 其他有關就業協助事項。
中央主管機關為辦理前項事項，得訂定實施或補助計畫。

第九節　協助受影響勞工就業

第52-4條　中央主管機關對受天災、事變或其他重大情事影響之勞工，得辦理下列事項：
一、 穩定就業協助。
二、 重返職場協助。
三、 其他有關就業協助事項。
中央主管機關為辦理前項事項，得訂定實施或補助計畫。

第五章　附則

第53條　雇主或勞工申請本辦法之津貼或補助不符申請規定之文件，經中央主管機關或公立就業服務機構通知限期補正，屆期未補正者，不予受理。

第54條　中央主管機關及公立就業服務機構為查核本辦法執行情形，得查對相關資料，雇主、用人單位、領取津貼或接受補助者，不得規避、妨礙或拒絕。

第55條　中央主管機關或公立就業服務機構發現雇主、用人單位、領取津貼或接受補助者，有下列情形之一，應不予核發津貼或補助；已發給者，經撤銷或廢止後，應追還之：

一、不實申領。

二、規避、妨礙或拒絕中央主管機關或公立就業服務機構查核。

三、其他違反本辦法之規定。

四、違反保護勞工法令，情節重大。

前項領取津貼或接受補助者，經中央主管機關或公立就業服務機構書面通知限期繳回，屆期未繳回者，依法移送強制執行。

第56條　本辦法所規定之書表及文件，由中央主管機關定之。

第57條　本辦法所需經費，依本法第十二條第三項提撥之經費額度中支應。

中央主管機關得視預算額度之調整，發給或停止本辦法之津貼或補助，並公告之。

第58條　本辦法自發布日施行。

 ## 就業促進津貼實施辦法

民國111年4月29日修正發布

第一章　總則

第1條　本辦法依就業服務法（以下簡稱本法）第23條第2項及第24條第4項規定訂定之。

第2條　本辦法之適用對象如下：

一、非自願離職者。

二、本法第24條第1項各款所列之失業者。

前項所定人員須具有工作能力及工作意願。

第3條　前條第1項所定人員有下列情事之一者，不適用本辦法：

一、已領取公教人員保險養老給付或勞工保險老年給付。

二、已領取軍人退休俸或公營事業退休金。

前項人員符合社會救助法低收入戶或中低收入戶資格、領取中低收入老人生活津貼或身心障礙者生活補助費者，得適用本辦法。

第4條　中央主管機關得視國內經濟發展、國民失業及經費運用等情形，發給下列**就業促進津貼**：

一、**求職交通補助金**。

二、**臨時工作津貼**。

三、**職業訓練生活津貼**。

前項津貼發給業務，得委任、委託公立就業服務機構或職業訓練單位辦理。

第1項津貼之停止發給，應由中央主管機關公告之。

第5條 第2條第1項所定人員，領取前條第1項第1款至第3款津貼者，除檢具國民身分證正反面影本及同意代為查詢勞工保險資料委託書外，並應附下列文件：

一、獨力負擔家計者：本人及受扶養親屬戶口名簿等戶籍資料證明文件影本；其受撫養親屬為年滿十五歲至六十五歲者，另檢具該等親屬之在學或無工作能力證明文件影本。

二、身心障礙者：身心障礙手冊或證明影本。

三、原住民：註記原住民身分之戶口名簿等戶籍資料證明文件影本。

四、低收入戶或中低收入戶：低收入戶或中低收入戶證明文件影本。

五、二度就業婦女：因家庭因素退出勞動市場之證明文件影本。

六、家庭暴力被害人：直轄市、縣（市）政府開立之家庭暴力被害人身分證明文件、保護令影本或判決書影本。

七、更生受保護人：出監證明或其他身分證明文件影本。

八、非自願離職者：原投保單位或直轄市、縣（市）主管機關開具之非自願離職證明文件影本或其他足資證明文件。

九、其他經中央主管機關規定之文件。

第二章　津貼申請及領取

第一節　求職交通補助金

第6條 第2條第1項所定人員親自向公立就業服務機構辦理求職登記後，經公立就業服務機構諮詢並開立介紹卡推介就業，而有下列情形之一者，得發給**求職交通補助金**：

一、其**推介地點與日常居住處所距離三十公里以上。**

二、為**低收入戶、中低收入戶或家庭暴力被害人。**

第7條 申請前條補助金者，應備下列文件：

一、第5條規定之文件。

二、補助金領取收據。

三、其他經中央主管機關規定之文件。

第8條 第6條**補助金，每人每次得發給新臺幣五百元。**但情形特殊者，得核實發給，**每次不得超過新臺幣一千二百五十元。**

前項補助金每人每年度以發給四次為限。

第9條　領取第6條補助金者，應於推介就業之次日起七日內，填具推介就業情形回覆卡通知公立就業服務機構，逾期未通知者，當年度不再發給。

第二節　臨時工作津貼

第10條　公立就業服務機構受理第2條第1項所定人員之求職登記後，經就業諮詢並推介就業，有下列情形之一者，公立就業服務機構得指派其至用人單位從事臨時性工作，並發給**臨時工作津貼**：

一、 於求職登記日起十四日內未能推介就業。

二、 有正當理由無法接受推介工作。

前項所稱正當理由，指工作報酬未達原投保薪資百分之六十，或工作地點距離日常居住處所三十公里以上者。

第1項所稱用人單位，指政府機關（構）或合法立案之非營利團體，並提出臨時工作計畫書，經公立就業服務機構審核通過者。但不包括政治團體及政黨。

用人單位應代發臨時工作津貼，並為扣繳義務人，於發給津貼時扣繳稅款。

第11條　用人單位申請前條津貼，應備下列文件：

一、執行臨時工作計畫之派工紀錄及領取津貼者之出勤紀錄表。

二、經費印領清冊。

三、臨時工作計畫執行報告。

四、領據。

五、其他經中央主管機關規定之文件。

第12條　第10條**津貼發給標準**，按中央主管機關公告之每小時基本工資核給，**且一個月合計不超過月基本工資，最長六個月。**

第13條　領取第10條津貼者，經公立就業服務機構推介就業時，應於推介就業之次日起七日內，填具推介就業情形回覆卡通知公立就業服務機構。期限內通知者，應徵當日給予四小時或八小時之有給求職假。

前項求職假，每週以八小時為限。

第1項人員之請假事宜，依用人單位規定辦理；用人單位未規定者，參照勞動基準法及勞工請假規則辦理。請假天數及第1項求職假應計入臨時工作期間。

第14條　公立就業服務機構得不定期派員實地查核臨時工作計畫執行情形。

用人單位有下列情形之一，得終止其計畫：

一、規避、妨礙或拒絕查核。

二、未依第10條第3項之臨時工作計畫書及相關規定執行，經書面限期改正，屆期未改正者。

三、違反勞工相關法令。

臨時工作計畫經終止者，公立就業服務機構應以書面限期命用人單位繳回終止後之津貼；屆期未繳回，依法移送行政執行。

第15條　臨時工作計畫經終止，致停止臨時工作之人員，公立就業服務機構得指派其至其他用人單位從事臨時性工作，並發給臨時工作津貼。

前項工作期間應與原從事之臨時工作合併計算。

第16條　申領第10條津貼者，有下列情形之一，應予撤銷、廢止、停止或不予給付臨時工作津貼：

一、於領取津貼期間已就業。

二、違反用人單位之指揮及規定，經用人單位通知公立就業服務機構停止其臨時性工作。

三、原從事之臨時性工作終止後，拒絕公立就業服務機構指派之其他臨時性工作。

四、拒絕公立就業服務機構推介就業。

第17條　用人單位應為從事臨時工作之人員辦理參加勞工保險、勞工職業災害保險及全民健康保險。

第三節　職業訓練生活津貼

第18條　第2條第1項第2款人員經公立就業服務機構就業諮詢並推介參訓，或經政府機關主辦或委託辦理之職業訓練單位甄選錄訓，其所參訓性質為各類全日制職業訓練，得發給職業訓練生活津貼。

前項所稱**全日制職業訓練**，應符合下列條件：

一、訓練**期間一個月**以上。

二、**每星期訓練四日**以上。

三、**每日訓練日間四小時**以上。

四、**每月總訓練時數一百小時**以上。

第19條　申請前條津貼者，應備下列文件，於開訓後十五日內向訓練單位提出：

一、第5條規定之文件。

二、津貼申請書。

三、其他經中央主管機關規定之文件。

第**20**條 第18條**津貼每月按基本工資百分之六十發給,最長以六個月為限。**申請人為身心障礙者,最長發給一年。

第18條津貼依受訓學員參加訓練期間以三十日為一個月計算,一個月以上始發給;超過三十日之畸零日數,應達十日以上始發給,並依下列方式辦理:

一、十日以上且訓練時數達三十小時者,發給半個月。

二、二十日以上且訓練時數達六十小時者,發給一個月。

第**21**條 申領第18條津貼,有下列情形之一者,應予撤銷、廢止、停止或不予核發職業訓練生活津貼:

一、於領取津貼期間已就業、中途離訓或遭訓練單位退訓。

二、同時具有第2條第1項第1款及第2款身分者,未依第26條第2項優先請領就業保險法職業訓練生活津貼。

第四節　　(刪除)

第**22**條 (刪除)

第**23**條 (刪除)

第**24**條 (刪除)

第三章　津貼申請及領取之限制

第**25**條 第2條第1項所定人員,依本辦法、就業保險促進就業實施辦法領取之臨時工作津貼及政府機關其他同性質之津貼或補助,二年內合併領取期間以六個月為限。

第**26**條 第2條第1項第2款人員,依本辦法、就業保險法領取之職業訓練生活津貼及政府機關其他同性質之津貼或補助,二年內合併領取期間以六個月為限。但申請人為身心障礙者,以一年為限。

前項人員同時具有第2條第1項第1款身分者,應優先請領就業保險法所定之職業訓練生活津貼。

第1項人員領取就業保險法之失業給付或職業訓練生活津貼期間,不得同時請領第18條之津貼。

前項情形於扣除不得同時請領期間之津貼後,賸餘之職業訓練生活津貼依第20條第2項規定辦理。

第**27**條 同一創業案件曾領取政府機關其他同性質創業貸款利息補貼或補助者,不得領取本辦法之創業貸款利息補貼。

第28條　不符合請領資格而領取津貼或有溢領情事者，發給津貼單位得撤銷或廢止，並以書面限期命其繳回已領取之津貼；屆期未繳回者，依法移送行政執行。

　　　　因不實領取津貼經依前項規定撤銷者，自撤銷之日起二年內不得申領本辦法之津貼。

第29條　中央主管機關、公立就業服務機構或職業訓練單位為查核就業促進津貼執行情形，必要時得查對相關資料，領取津貼者不得規避、妨礙或拒絕。

　　　　領取津貼者違反前項規定時，發給津貼單位得予撤銷或廢止，並以書面限期命其繳回已領取之津貼；屆期未繳回者，依法移送行政執行。

<h3 style="text-align:center">第四章　附則</h3>

第30條　本辦法所規定之書表、文件，由中央主管機關另定之。

第31條　本辦法之經費，由就業安定基金支應。

第32條　本辦法自發布日施行。

　　　　本辦法中華民國111年4月29日修正發布之條文，自111年5月1日施行。

就業保險延長失業給付實施辦法
民國99年9月10日發布

第1條　本辦法依就業保險法（以下簡稱本法）第16條第3項規定訂定之。

第2條　中央主管機關於失業狀況符合下列情形時，得公告延長失業給付，最長發給<u>九個月</u>：

　　一、每月領取失業給付人數占每月領取失業給付人數加計每月底被保險人人數之比率，連續<u>四個月</u>達<u>百分之三點三</u>以上。

　　二、中央主計機關發布之失業率連續<u>四個月</u>未降低。

　　前項所定失業狀況加重達下列情形時，得再公告延長失業給付，合計最長發給<u>十二個月</u>：

　　一、每月領取失業給付人數占每月領取失業給付人數加計每月底被保險人人數之比率，連續八個月達<u>百分之三點三</u>以上。

　　二、中央主計機關發布之失業率連續八個月未降低。

第3條　中央主管機關依前條規定公告延長失業給付時，其實施期間為六個月。

前項實施期間屆滿當月，失業狀況仍達前條各該項規定情形時，中央主管機關得再公告延長實施期間，合計最長不得超過**十二個月**。

中央主管機關於符合下列情形時，得於前二項實施期間屆滿前，公告終止延長失業給付：

一、　每月領取失業給付人數占每月領取失業給付人數加計每月底被保險人人數之比率，連續四個月未達**百分之三點三**。

二、　中央主計機關發布之失業率連續四個月未提高。

第4條　延長失業給付實施期間屆滿後，申請人不得繼續請領延長失業給付。符合請領延長失業給付者，於延長失業給付實施期間屆滿前，經公立就業服務機構完成失業再認定，保險人應發給當月之失業給付。

第5條　申請人有下列情形之一者，不得申領延長失業給付：

一、　於第2條第1項之公告實施前，已依本法第16條第1項規定領滿失業給付。

二、　於第2條第2項之公告實施前，已依第2條第1項規定領滿失業給付。

申請人離職辦理就業保險退保時，已年滿**四十五歲**或領有社政主管機關核發之身心障礙證明者，保險人應先依本法第16條第1項規定發給失業給付最長九個月，不適用第2條第1項及第3條規定。但於公告實施第2條第2項延長失業給付時，合計最長發給**十二個月**。

第6條　申請人請領延長失業給付期間，不適用本法第13條及第18條之規定。

第7條　本辦法自發布日施行。

私立就業服務機構收費項目及金額標準

民國106年4月6日修正發布

第1條　本標準依就業服務法（以下簡稱本法）第35條第2項規定訂定之。

第2條　本標準收費項目定義如下：

一、　登記費：辦理求職或求才登錄所需之費用。

二、　介紹費：媒合求職人與雇主成立聘僱關係所需之費用。

三、　**職業心理測驗費**：評量求職人之職業能力等所需之費用。

四、　**就業諮詢費**：協助求職人了解其就業人格特質，釐定其就業方向所需之費用。

五、　**服務費**：辦理經中央主管機關依本法第35條第1項第4款指定之就業服務事項所需之費用，包含接送外國人所需之交通費用。

第3條　**營利就業服務機構**接受雇主委任辦理就業服務業務，得**向雇主收取費用之項目及金額**如下：
一、登記費及介紹費：
　　(一)招募之員工第一個月薪資在平均薪資以下者，合計每一員工不得超過其第一個月薪資。
　　(二)招募之員工第一個月薪資逾平均薪資者，合計每一員工不得超過其四個月薪資。
二、**服務費：每一員工每年不得超過新臺幣二千元。**
前項第1款規定之平均薪資，係指中央主管機關公告之行職業別薪資調查最新一期之工業及服務業人員每月平均薪資。

第4條　營利就業服務機構接受本國求職人委任辦理就業服務業務，得向本國**求職人收取費用之項目及金額**如下：
一、**登記費及介紹費**：合計不得超過求職人第一個月薪資百分之五。
二、**就業諮詢費**：每小時不得超過新臺幣一千元。
三、**職業心理測驗費**：每項測驗不得超過新臺幣七百元。

第5條　營利就業服務機構接受外國人委任辦理從事本法第46條第1項第1款至第7款或第11款規定工作之就業服務業務，得向外國人收取費用之項目及金額如下：
一、登記費及介紹費：合計不得超過外國人第一個月薪資。但求職條件特殊經外國人同意者，不在此限。
二、服務費：每年不得超過新臺幣二千元。

第6條　營利就業服務機構接受外國人委任辦理從事本法第46條第1項第8款至第10款規定工作之就業服務業務，得向外國人收取服務費。
前項**服務費之金額，依外國人當次入國後在臺工作累計期間，第一年每月不得超過新臺幣一千八百元，第二年每月不得超過新臺幣一千七百元，第三年起每月不得超過新臺幣一千五百元**。但曾受聘僱工作二年以上，因聘僱關係終止或聘僱許可期間屆滿出國後再入國工作，並受聘僱於同一雇主之外國人，每月不得超過新臺幣一千五百元。
前項費用不得預先收取。

第7條　非營利就業服務機構接受委任辦理就業服務業務，得向雇主、本國求職人或外國人收取費用之項目，適用第3條至第6條規定，收費金額以第3條至第6條規定金額百分之八十為上限。

第8條　本標準自發布日施行。

因應貿易自由化勞工就業調整支援措施實施辦法

民國105年12月20日修正發布

第一章　總則

第1條　本辦法依因應貿易自由化調整支援條例（以下簡稱本條例）第12條第3項規定訂定之。

第2條　本辦法主管機關為勞動部（以下簡稱本部）。

第3條　本辦法之適用對象為年滿十五歲或國民中學畢業之本國籍國民，及與我國境內設有戶籍之國民結婚且獲准居留在臺灣地區工作之外國人、大陸地區人民，並符合下列情形之一者：

一、經依本條例第7條指定為可能受市場開放影響，而須預為輔導產業之企業所屬勞工。

二、經依本條例第7條指定為已實際受市場開放影響，而須加強輔導產業之企業所屬勞工。

三、經依本條例第9條認定之受損企業所屬勞工。

四、經依第9條認定之受損勞工。

前項第1款至第3款所定之勞工，應為企業之在職勞工或離職二年內未再就業之勞工。

第二章　受損勞工之認定

第4條　勞工依本條例第12條第2項申請受損認定，應符合下列條件：

一、所屬企業登記設立滿二年。

二、所屬企業經營與市場開放項目相同或直接競爭產品或服務，且未經認定為受損企業者。

三、勞工於申請日前六個月內，有下列情事之一者：

(一) 其所屬企業有減少勞工薪資，致其月投保薪資連續縮減二個月以上，縮減後之月投保薪資較縮減前三個月之平均月投保薪資減少百分之二十以上。

(二) 其所屬企業有關廠、歇業、解散、破產宣告致勞工失業，或依勞動基準法第11條第1款至第4款規定終止勞動契約。

(三) 申請人依勞動基準法第14條第1項第5款或第6款規定終止勞動契約。

第5條 符合前條規定之勞工，得於本條例第9條第1項所定期間內，向公立就業服務機構或經濟部設置之單一服務窗口（以下簡稱受理單位）提出申請。

第6條 勞工申請受損認定，應備文件如下：
一、申請表。
二、身分證明文件。
三、勞工保險被保險人投保資料表，或同意受理單位代查之聲明文件。
四、在職或離職證明文件正本。

第7條 勞工提出受損認定申請後，受理單位應於收件後五日內將申請案件轉送本部勞動力發展署所屬各分署（以下簡稱各分署）。
各分署收受前項申請案後，應於申請人所送文件齊備後三十日內完成初審及資料蒐集，並陳報本部依第9條規定審議。

第8條 **受損勞工之認定基準**如下：
一、所屬企業於申請日前六個月之每月國內營業額與上一年度同期之營業額相較出現絕對衰退，且**申請日前六個月之平均營業額較過去十八個月之平均營業額相對衰退達百分之十以上。**
二、前款所屬企業營業額之衰退與市場開放間具有下列情形之一：
(一) 所屬企業為製造業者，因締約國進口產品增加或單價下降，造成其在國內營業額下降。
(二) 所屬企業為服務業者，因締約國企業在我國提供服務量增加或服務價格下降，造成其在國內營業額下降。
三、其他因市場開放致所屬企業營業額衰退，而使勞工受損之情事。

第9條 受損勞工之認定，由本部邀集經濟部、財政部及勞工所屬企業之中央目的事業主管機關、相關雇主團體及勞工團體、專家學者等代表組成審查會審議。
前項認定，應於二個月內作成決定，並核發勞工受損認定結果通知書。
勞工受損認定結果通知書之有效期間為二年；受損勞工離職後再就業時，即失其效力。

第10條 經前條認定為受損勞工者，由公立就業服務機構依個案需求協助申請各項調整支援措施。

第11條 第3條第1項第2款及第3款之勞工申請受損認定者，依第12條及第17條處理。

第三章　預為輔導調整支援措施

第12條　勞工得申請預為輔導調整支援措施如下：
一、補助參加職業訓練。
二、補助參加技術士技能檢定費用。
三、參加心理健康講座等勞工支持服務。
四、參加創業技能及經營管理培訓。
五、協助建立勞資自治協商機制。
六、其他經本部公告之調整支援措施。

第13條　企業得申請預為輔導調整支援措施如下：
一、第3條第1項第1款至第3款之勞工所屬企業，得申請協助辦理勞工進修訓練、職務再設計補助及協助建立勞資自治協商機制。
二、第3條第1項第4款之勞工所屬企業，得為勞工申請職務再設計補助。
三、其他經本部公告之調整支援措施。

第14條　本部為提升勞工技能，得辦理之事項如下：
一、補助在職勞工參加職業訓練，申請作業規定如附表一。
二、補助企業辦理勞工進修訓練，申請作業規定如附表二。
三、補助失業者參加職業訓練，申請作業規定如附表三。

第15條　勞工參加技術士技能檢定，得申請檢定費用補助，申請作業規定如附表四。

第16條　企業申請職務再設計補助，申請作業規定如附表五。

第四章　加強輔導及受損調整支援措施

第17條　第3條第1項第2款至第4款所定之勞工，得申請加強輔導及受損調整支援措施如下：
一、就業協助：
(一)職場學習及再適應津貼。
(二)臨時工作津貼。
(三)多元就業開發方案工作津貼。
(四)求職交通補助金、異地就業交通補助金、搬遷補助金及租屋補助金。
二、待業協助：
(一)待業生活津貼。
(二)就業獎助津貼。

　　　三、創業貸款利息補貼。

　　　四、職業訓練生活津貼。

　　　五、其他經本部公告之調整支援措施。

第18條　**企業得申請之加強輔導及受損調整支援措施**如下：

　　　一、第3條第1項第2款至第4款之在職勞工所屬企業，得為勞工申請在職勞工薪資補貼。

　　　二、僱用第3條第1項第2款至第4款失業勞工之企業，得申請僱用失業勞工獎助。

　　　三、其他經本部公告之調整支援措施。

第19條　公立就業服務機構得運用下列**促進就業工具，提供失業勞工就業協助：**

　　　一、推介勞工參加職場學習，並提供職場學習及再適應津貼，申請作業規定如附表六。

　　　二、推介勞工從事臨時工作，並提供臨時工作津貼，申請作業規定如附表七。

　　　三、推介勞工參加多元就業開發方案，並提供多元就業開發方案工作津貼，申請作業規定如附表八。

　　　四、推介勞工跨域求職及就業，並提供求職交通補助金、異地就業交通補助金、搬遷補助金及租屋補助金，申請作業規定如附表九。

　　　五、協助勞工申請待業生活津貼，申請作業規定如附表十。

　　　六、勞工於前款津貼請領期限屆滿前再就業者，協助勞工申請就業獎助津貼，申請作業規定如附表十一。

第20條　勞工申請創業貸款利息補貼，申請作業規定如附表十二。

第21條　勞工申請職業訓練生活津貼，申請作業規定如附表十三。

第22條　企業申請在職勞工薪資補貼，申請作業規定如附表十四。

第23條　企業申請僱用失業勞工獎助，申請作業規定如附表十五。

第五章　附則

第24條　本部辦理受損勞工之認定業務及提供各項調整支援措施，得委任所屬機關（構）、委辦直轄市、縣（市）政府或委託相關機關（構）、團體辦理。

第25條　申請本辦法之受損勞工認定、各項津貼或補助事項，不符申請規定，其情形得補正，經通知限期補正，屆期未補正者，視為未申請。

第26條　本部或所屬機關（構）發現申請人有下列情形之一者，應不予核發津貼或補助；已發給者，經撤銷或廢止後，應追還之：

一、不實申領經查證屬實。

二、無正當理由規避、妨礙或拒絕查核調整支援措施執行情形。

三、其他違反本辦法之情事。

本部或所屬機關（構）依前項規定追還時，應以書面行政處分確認返還範圍，並限期命申請人返還之。

第27條　本辦法所規定之書表格式，由本部定之。

第28條　本辦法所需經費，由本部及所屬機關（構）編列預算支應。

第29條　本辦法施行日期，由本部定之。

NOTE

108年 高考三級

一、今年（民國108年）勞動基準法關於勞動派遣新修正條文之主要內容為何？並請評析這些修正條文對於勞動派遣之影響。

答題索引：本題係針對勞動基準法新修正增加規範的勞動派遣修法重點加以說明，若在準備資料上多關心修法趨勢與重點內容，當可掌握本題答案。

解析：108年6月19日修正公布《勞動基準法》第17-1條及第63-1條，主要內容及影響分別是：

(一) 禁止要派單位為規避雇主責任，將已面試通過勞工，轉掛於派遣事業單位後，再行派遣到要派單位工作。

部分派遣業者打出「為企業提供轉掛服務」等違法招商廣告，例如某家想規避雇主法定責任的A企業自行面試甲勞工，面試合格後在A企業上班並聽從其指揮監督，但A企業卻將甲勞工「轉掛」在B派遣事業單位，B派遣事業單位當個只撥付薪資及投勞健保的「假雇主」，而甲勞工在發生請求資遣費等權益受損情事時，往往出現A及B企業都以非雇主為由，不願負擔雇主責任，造成勞工求助無門，立法後將可避免類此事件發生。亦即明確要求要派單位不得將人員轉掛，如要派單位有違法行為，依法最高處45萬元罰鍰，派遣勞工亦可要求要派單位直接僱用，要派單位不得拒絕，當派遣勞工成為要派單位正職員工後，違法接受轉掛的派遣事業單位仍應依法給付資遣費或退休金給派遣勞工，違反者，處以30萬元到150萬元罰鍰。若企業因而對派遣勞工有任何解僱、降職等不利對待，除該不利對待無效以外，最高可處45萬元罰鍰。準此，勞工權益保障不容企業運用脫法行為規避，企業如有使用派遣勞工需要，得於派遣事業單位所僱用的派遣勞工中選用，不應有偽裝派遣，禁止轉掛規定，可有效遏止轉掛派遣情形的發生。

(二) 增訂要派單位對於發生職業災害的派遣勞工，應與派遣事業單位連帶負職業災害補償及賠償責任，以使派遣勞工的勞動權益保障更加完整及周延。

過去派遣勞工權益保障不足，包括要派單位使用的派遣勞工發生職業災害時，雖有派遣事業單位負起雇主職業災害補償責任，但要派單位依法無須負擔責任，甚至多要求派遣事業單位依約更換該名職災派遣勞工，造成要派單位輕忽或不重視派遣勞工的安全衛生。本次，增訂第63條之1，對於使用派遣勞工的要派單位，連帶負起職災勞工補償及賠償責任，是對職災派遣勞工有效、快速及合宜的多重保障。

二、就業服務法第5條第2項第6款之規定及其立法理由為何？其所規定之「薪資範圍」所指為何？

答題索引：本題也屬於新修法令的重點內容，在修法期間的網站或新聞對此重點有諸多討論，可略加整理，即可掌握命題趨勢及得分關鍵。

解析：就業服務法第5條第2項第6款是指：雇主招募或僱用員工，不得有下列情事：六、提供職缺之經常性薪資未達新臺幣4萬元而未公開揭示或告知其薪資範圍。

新增薪資公開揭示之目的，是希望避免勞資雙方資訊不對等，藉由薪資透明化，保障勞工求職權益。因此，事業單位薪資未達4萬元的職缺，不可在招募廣告標示「面議詳談」，否則即涉違法。

至於，薪資範圍依前述第6款所指經常性薪資範圍，應回歸到勞動基準法勞動基準法施行細則第10條：本法第2條第3款所稱之其他任何名義之經常性給與係指左列各款以外之給與。

(一) 紅利。

(二) 獎金：指年終獎金、競賽獎金、研究發明獎金、特殊功績獎金、久任獎金、節約燃料物料獎金及其他非經常性獎金。

(三) 春節、端午節、中秋節給與之節金。

(四) 醫療補助費、勞工及其子女教育補助費。

(五) 勞工直接受自顧客之服務費。

(六) 婚喪喜慶由雇主致送之賀禮、慰問金或奠儀等。

(七) 職業災害補償費。

(八) 勞工保險及雇主以勞工為被保險人加入商業保險支付之保險費。

(九) 差旅費、差旅津貼及交際費。

(十) 工作服、作業用品及其代金。

(十一)其他經中央主管機關會同中央目的事業主管機關指定者。

三、工會與雇主進行團體協約之協商時，其可得協商事項為何？雇主之經營事項是否不得協商？

答題索引：團體協約的簽訂是近年來勞動部努力推動的重要施政計畫，期待透過勞資協商過程，簽訂團體協約，已約定勞資雙方的權利義務事項，可有效促進勞資關係和諧。

解析：查團體協約法第12條規定，團體協約得約定下列事項：

(一) 工資、工時、津貼、獎金、調動、資遣、退休、職業災害補償、撫卹等勞動條件。

(二) 企業內勞動組織之設立與利用、就業服務機構之利用、勞資爭議調解、仲裁機構之設立及利用。

(三) 團體協約之協商程序、協商資料之提供、團體協約之適用範圍、有效期間及和諧履行協約義務。

(四) 工會之組織、運作、活動及企業設施之利用。

(五) 參與企業經營與勞資合作組織之設置及利用。

(六) 申訴制度、促進勞資合作、升遷、獎懲、教育訓練、安全衛生、企業福利及其他關於勞資共同遵守之事項。

(七) 其他當事人間合意之事項。

至於，題意所指的雇主經營事項能否在協商範圍，可以前述同法第1項第7款所指，勞資雙方當事人合意即可，法未明定也未限制。

四、工會法所規定之工會有那幾種類？同一事業單位內，同時有數個工會併存情形為何？

答題索引：本題亦屬時事題，因應長榮航空公司空服員的罷工，凸顯工會在罷工運作上的重要，準備考試期間多關心時事題，可獲致理想分數。

解析：工會法第6條明確規範我國工會組織的類型如下：

(一) 企業工會：結合同一廠場、同一事業單位、依公司法所定具
有控制與從屬關係之企業，或依金融控股公司法所定金融控
股公司與子公司內之勞工，所組織之工會。

(二) 產業工會：結合相關產業內之勞工，所組織之工會。

(三) 職業工會：結合相關職業技能之勞工，所組織之工會。

前項第三款組織之職業工會，應以同一直轄市或縣（市）為組織
區域。

又同法第7條：依前條第1項第1款組織之企業工會，其勞工應加入
工會。

又同法第9條：依本法第6條第1項所組織之各企業工會，以組織一
個為限。

因此，同一事業單位內，不會有數個工會併存的情形發生，只有一
種可能，該企業工會的會員同時加入該縣市的職業工會為會員。

108年　普考

**一、就業服務法第5條第1項之就業歧視所指為何？民國107年年底時就業歧視禁
止規定有何新的修正？其立法理由為何？**

答題索引：保障本國國民的就業機會均等，是就業服務法第5條的立法宗旨，至於
哪些特徵屬於直接或間接歧視的內容，亦在逐年增加當中，應試者從修法過程及
重點可窺其全貌。

解析：查就業服務法第5條第1項之規定，係以保障國人就業機會平等，禁
止雇主對求職人或所僱用員工以與從事特定工作無關之特質來決定
其受僱機會或勞動條件，而為直接或間接不利之對待，造成「就業
歧視」。

就業服務法第5條：為保障國民就業機會平等，雇主對求職人或
所僱用員工，不得以種族、階級、語言、思想、宗教、黨派、籍
貫、出生地、性別、性傾向、年齡、婚姻、容貌、五官、身心障

礙、星座、血型或以往工會會員身分為由，予以歧視；其他法律
有明文規定者，從其規定。

107年底新增「星座」及「血型」2項，違法雇主將處30萬以上
150萬以下罰鍰，並公告事業單位名稱，限期令其改善。其目的在
於，部分雇主招募面試時，要求求職人或受僱人提供星座、血型
等資料，請命理師、星座、塔羅牌業者「神算」，但這與工作表
現完全無關。此次修正增列星座、血型等，禁止雇主考量與工作
能力及表現無關的星座、血型等因素，避免造成求職人或受僱人
因具有某類特質，失去工作上與其他人公平競爭的機會，致生就
業歧視與不公平競爭。

二、依勞資爭議處理法之規定，工會進行罷工前，是否應行宣告？有無預告期之規定？

答題索引：本題屬時事題，適巧發生長榮航空公司空服員的罷工，凸顯工會在罷工
運作上的重要，準備考試期間多關心時事題，可獲致理想分數。

解析：臺灣的工會欲發動罷工，有關法令規定及程序如下：

(一) 先有勞資爭議發生，經過調解不成立，才能啟動罷工機制爭
議爭議處理第53條第1項規定：勞資爭議，非經調解不成立，
不得為爭議行為；權利事項之勞資爭議，不得罷工。

(二) 同前法第2項規定：雇主、雇主團體經中央主管機關裁決認定
違反工會法第35條、團體協約法第6條第1項規定者（不當勞
動行為），工會得依本法為爭議行為。

(三) 同法第54條規範罷工程序：工會非經會員以直接、無記名投
票且經全體過半數同意，不得宣告罷工及設置糾察線。

準此，現行法令規定，工會經會員投票通過方得以宣告罷
工，但並未規範預告期間。

三、何謂團體協約法第6條第2項第3款所稱之「進行協商所必要之資料」？應如何認定？

答題索引：有關勞資雙方進行集體協商以利簽訂團體協約，是近年來勞動部努力推動的重要施政計畫，本題也屬於時事題，多關心相關報導或文章，或多參與討論，或有更多新的想法或提議。

解析：為落實團體協商權之保障，團體協約法第6條第1項明定：「勞資雙方應本於誠信原則，進行團體協約之協商；對於他方所提團體協約之協商，無正當理由者，不得拒絕」，且同條第2項第3款明白規定：「拒絕提供進行協商所必要之資料」等無正當理由之事由。立法目的在於：「維持勞資自治自律原則，避免任一方無正當理由拒絕團體協約之協商，例如假裝協商、拖延協商或刻意杯葛協商程序等，致使協商無法順利進行，爰於第2款明示無正當理由拒絕協商情事」。由於集體協商過程中，若未能獲得對等資訊，對於協商進行將產生不利影響，因此，才有同條第3款規定。惟，關於必要資料提供義務，在於便利他方在熟悉情況之條件下為有效之集體協商，避免一方因資訊落差，導致集體協商功能減損，藉以確立非對等契約當事人間之資訊提供義務。然團體協約法對『必要資料』並無加以明確定義，因此『必要資料』應以『該資料與協商事項相關，若無該資料提供，則該事項之團體協商將不可能或難以進行』，以做為個案判斷資料之必要性基準」，這樣的認定也是不當勞動行為裁決委員會在102年所做的裁決決定書內容，值得參考。

四、請問直轄市、縣市政府是否有勞動檢查員？其檢查之範圍是否包括勞動條件、勞工安全衛生事項？

答題索引：勞動檢查員屬中央職權，之後出現檢查權下放縣市政府的情形，因此，勞動條件及性別工作平等法等業務的勞動檢查屬地方政府職責，中央主管機關則著重在職業安全衛生法及其附屬法規之相關規定。

解析：我國安全衛生及勞動條件專業分工體制，扼要說明如下：

(一) 中央執行安全衛生檢查：依勞動檢查法規定，由中央設置（勞動部職業安全衛生署三區職業安全衛生中心）或授權經濟部加工出口區管理處、科技部各科學工業園區管理局及直轄市成立之勞動檢查機構，負責檢查轄內事業單位有關職業安全衛生法及其附屬法規之相關規定，並依轄內事業單位分布情形、產業特性及安全衛生現況，以「宣導、檢查、輔導」並進策略，強化督導管理成效，另針對高違規、高風險及高職災發生率之事業單位，列為優先檢查對象。

(二) 地方政府執行勞動條件檢查：由各地方主管機關執行勞動條件檢查，檢查範圍包含勞動基準法及性別工作平等法等勞動條件相關法令，檢查重點對象包含常態性違規企業、違反勞動條件法令比例較高之行業及僱用弱勢族群（如青少年、派遣工等）較多之相關事業單位。

直轄市（含直轄市勞檢處）及縣市政府檢查範圍屬勞動條件，與勞動部職業安全衛生署所屬三區中心的勞動檢查重點有所區分。

108年　地特三等

一、跨太平洋夥伴全面進步協定（Comprehensive and Progressive Agreement for Trans-Pacific Partnership, CPTPP）第十九章定義部分所指的國際勞工組織之宣言，是國際勞工組織何一宣言？而其定義部分所稱之勞動法（labor laws）為那一些勞動法？

答題索引：本題屬超級冷門困難題型，一般在準備上不易就此協定相關內容加以關注，只有在準備考試的同時，多加瀏覽勞動部或相關團體網站，才能有粗略的印象。

解析：跨太平洋夥伴全面進步協定（Comprehensive and Progressive Agreement for Trans-Pacific Partnership, CPTPP）會員包括澳洲、汶萊、加拿大、智利、日本、馬來西亞、墨西哥、紐西蘭、秘魯、新加坡及越南等11個國家，於2018年3月8日在智利簽署

及同年12月30日生效。其中墨西哥、日本、新加坡、紐西蘭、加拿大、澳洲及越南已完成國內程序,開始實施。協定內容除了貨品貿易,還包含服務貿易(含電信、金融)、環境、電子商務、政府採購、競爭政策、政府控制事業、中小企業、知識產權、勞工、透明度與反貪腐、投資等30個章節,其中第19章屬於勞工專章,19.1條定義本章目的為國際勞工組織宣言,係指國際勞工組織1998年關於工作之基本原則與權利宣言及其後續;而勞動法律係指締約一方與以下國際承認之勞工權益直接相關者之法令及規定,或法令及規定之條款如下:

1. 結社自由及有效認可之集體協商權。
2. 消除一切形式之強迫或強制勞動。
3. 有效廢除童工、禁止最惡劣形式之童工,及其他對兒童及未成年勞工之保障。
4. 消除關於就業及職業之歧視。
5. 與最低工資、工時及職業安全衛生相關之可接受之工作條件。

二、依據國際勞工組織自由結社委員會(Committee on Freedom of Association)之諸多決議政府認定基於必要服務(essential service)得限定(restricted)或甚至禁止(even prohibited)某行業及其勞工罷工,則未提供必要服務所危害者之認定標準(criterion),須達到何種程度之危害情事方符合之?若以其認定標準我國勞資爭議處理法禁止教師罷工是否符合其認定標準?

答題索引:本題析論勞工罷工權行使屬一般常態或必要限制,從事某些工作之勞動者的罷工權應否受限制,尤其是教師的罷工權行使,是經常探討的議題,容易獲得滿意分數。

解析:團結權係勞動者憑著組織團體捍衛會員權益的勞動基本權,為勞動者發揮集體結社的基本權基礎,唯有透過團結權,才得以行使團體交涉權與爭議權。國際勞工組織(International Labour Organization, ILO)為促進各國團結權之保障,特別在理事會下設置結社自由委員會(Committee on Freedom of Association, CFA),特別處理相關申訴案件,藉由案件累積,不斷擴充團結

權內涵,並對公約賦予完整之解釋,使得團結權之保障有更清晰指標。

勞資爭議處理法第54條第3~6項規定:「下列影響大眾生命安全、國家安全或重大公共利益之事業,勞資雙方應約定必要服務條款,工會始得宣告罷工:1.自來水事業。2.電力及燃氣供應業。3.醫院。4.經營銀行間資金移轉帳務清算之金融資訊服務業與證券期貨交易、結算、保管事業及其他辦理支付系統業務事業(第3項)。前項必要服務條款,事業單位應於約定後,即送目的事業主管機關備查(第4項)。提供固定通信業務或行動通信業務之第1類電信事業,於能維持基本語音通信服務不中斷之情形下,工會得宣告罷工(第5項)。第2項及第3項所列之機關(構)及事業範圍,由中央主管機關會同其主管機關或目的事業主管機關定之;前項基本語音通信服務之範圍,由目的事業主管機關定之(第6項)」。此規定之立法理由為:「為避免勞工行使罷工權對於大眾生命安全、國家安全或重大公共利益造成重大影響,爰於第3項規範一定事業之勞資雙方應約定必要服務條款,工會始得宣告罷工。如無法約定者,其調整事項之勞資爭議,依第25條規定適用一方向中央主管機關申請交付仲裁之規定,以為救濟。又第4項明定該必要服務條款,事業單位應送目的事業主管機關備查,使主管機關得有足夠時間因應準備避免造成社會大眾之嚴重不便」。依據上述規定,符合第3項規定之事業,勞資雙方應約定必要服務條款,工會始得宣告罷工。

必要服務(essential service)是指維持與大眾生命安全或公共利益之事業基本運作與服務,惟各行各業的必要服務程度與內容不一,目前尚無企業勞資之間有約定「必要服務條款」之案例可供參考。惟國際勞工組織的專家委員會在1983年定義必要服務為「一旦服務中斷,其結果將危及全部或部分人民的生命,人身安全或健康的服務」(國際勞工組織,1983b:第214段)。另,結社自由委員會曾指出,在嚴格定義下的必要服務的意思是「……取決於特定環境為主,國家其次」,並且「如果罷工持續超過一定時間,或超出一定的程度,從而危及全部或部分人民生命,人身安全或健康的話,非必要的服務則可能會成為必不可少的服務

（國際勞工組織，1996d：第540段）」。由此可見，危害之認定標準為：危及全部或部分人民的生命、人身安全或健康。顯然，我國勞資爭議處理法禁止教師罷工，並不符合未提供服務危害之認定標準。

三、當事團體雙方對於適當之協商時間、地點及進行方式已合意，而雙方在進行協商程序中，一方當事團體卻臨時單方中止協商，並進行罷工。請問該當事團體是否構成取消協商期程（Cancellation of bargaining sessions）？取消協商期程是否構成不誠信協商（Bad Faith Bargaining）？

答題索引：本題屬容易題型，準備上不費力，有關集體協商的進行及後續團體協約的簽訂，甚而在協商過程中，勞資任何一方未依合意進行，明顯已構成不當勞動行為，他方可申請裁定。

解析：團體協約依團體協約法第2條規定，係指雇主或有法人資格之雇主團體，與依工會法成立之工會，以約定勞動關係及相關事項為目的所簽訂之書面契約。團體協商之目的在透過勞資雙方集體協商之途徑，形成集體勞資秩序，以達成勞資自治之目的，為達到簽訂前述團體協約書面契約之目標，勞資雙方多需相互或共同進行相當程度之團體協商程序，而就此協商程序已規範於團體協約法第1條：「為規範團體協約之協商程序及其效力，穩定勞動關係，促進勞資和諧，保障勞資權益」，其中最重要者，莫過於同法第6條第1項：「勞資雙方應本誠實信用原則，進行團體協約之協商；對於他方所提團體協約之協商，無正當理由者，不得拒絕」所揭櫫之團體協商義務與誠信協商義務原則。

因此，依據上開規定後段，實際課予勞資雙方有團體協商之義務，係指當勞資一方請求他方針對勞動條件等進行協商時，他方無正當理由時，不得拒絕團體協商；前段則課予勞資雙方誠信協商之義務，亦即勞資雙方進入團體協商程序後，雙方需秉持誠信原則進行協商。若勞資任一方違反前述義務者，即有構成不當勞動行為之可能，可依據勞資爭議處理法第51條申請不當勞動行為之裁決。

四、依身心障礙者權益保障法定額僱用規定,有那些公部門義務機關(構)單位,依據其法施行細則,其另定人員不計入員工總人數?而進用身心障礙者義務機關(構),其人員有具體何種情事者,得不予計入員工總人數之計算?

答題索引:本題針對身心障礙者定額僱用之工作權保障屬相對容易題型,惟就其員工人數不計入的規定,屬相對冷門,不易拿到理想分數。

解析: 查依據身心障礙者權益保障法第38條規定:

各級政府機關、公立學校及公營事業機構員工總人數在34人以上者,進用具有就業能力之身心障礙者人數,不得低於員工總人數百分之三。

私立學校、團體及民營事業機構員工總人數在67人以上者,進用具有就業能力之身心障礙者人數,不得低於員工總人數百分之一,且不得少於1人。

前2項各級政府機關、公、私立學校、團體及公、民營事業機構為進用身心障礙者義務機關(構);其員工總人數及進用身心障礙者人數之計算方式,以各義務機關(構)每月1日參加勞保、公保人數為準;第1項義務機關(構)員工員額經核定為員額凍結或列為出缺不補者,不計入員工總人數。

前項身心障礙員工之月領薪資未達勞動基準法按月計酬之基本工資數額者,不計入進用身心障礙者人數及員工總人數。但從事部分工時工作,其月領薪資達勞動基準法按月計酬之基本工資數額二分之一以上者,進用1人得以1人計入身心障礙者人數及員工總人數。

依第1項、第2項規定進用重度以上身心障礙者,每進用1人以2人核計。

警政、消防、關務、國防、海巡、法務及航空站等單位定額進用總人數之計算範圍,得於本法施行細則另定之。

依前項規定不列入定額進用總人數計算範圍之單位,其職務應經職務分析,並於3年內完成。

復查身心障礙者權益保障法施行細則第13條規定:

本法第38條第7項所定下列單位人員,不予計入員工總人數:

1. 警政單位:依警察人員人事條例任官授階,擔任警勤區工作、犯罪偵防、交通執法、群眾抗爭活動處理、人犯押送、戒護、刑事案件處理、警衛安全之警察任務之人員。

2. 消防單位：實際從事救災救護之人員。
3. 關務單位：擔任機動巡查、理船、艦艇駕駛、輪機之人員。
4. 國防單位：從事軍情、國安情報及特勤工作之人員。
5. 海巡單位：從事海岸、海域巡防、犯罪查緝、安全檢查、海難救助、海洋災害救護及漁業巡護之人員。
6. 法務單位：擔任調查、法警事務、駐衛警察及矯正機關安全警戒勤務、收容人教化工作之人員。
7. 航空站：實際從事消防救災救護之人員。

108年　地特四等

一、國際勞工公約規範雇主強迫勞動行為與例外不屬強迫勞動行為各為何？我國勞動基準法有關禁止強迫勞動行為規定為何？

答題索引：本題屬容易題型，對個人勞動自由權的侵犯或剝奪，在本國的勞動基準法中都有明確規範，例外的狀況，動動腦即可想到。

解析：國際勞工組織（ILO）1957年6月25日第40屆會議通過《關於廢止強迫勞動公約》〈第105號公約〉中充分說明與呈現強迫勞動一詞的定義，是指人們在違背自己的意願下，以懲罰或威脅方式做任何工作服務，包括所有的奴隸制做法、童工、人口販運、抵押勞工、債奴、徵兵制、監獄勞動等，合法、非法或法律所訂之義務全數涵蓋其中。

意即，強迫勞動制度分為兩種：

(一) 用來做為鎮壓或懲罰持有或表示某些政見手段。

(二) 為了重大經濟目的。常見的行業有：農漁業、建築、礦業、伐木、食品加工及包裝、色情行業及賣淫、家政和其他護理清潔工作、餐飲業、製衣紡織工廠等。

這兩種都威脅基本人權，違反聯合國憲章的義務和規定，因而主張廢除此類強迫勞動制度。

但監獄勞動則不視為強迫勞動，倘若服刑人員勞動是非自願性、未經法院判決且非由公權力機構監督的，則被視為強迫勞動。

我國勞動基準法中的禁止強迫勞動行為見諸於第5條：雇主不得以強暴、脅迫、拘禁或其他非法之方法，強制勞工從事勞動；又同法第75條規定雇主違反第5條時的行政罰則：違反第5條規定者，處5年以下有期徒刑、拘役或科或併科新臺幣75萬元以下罰金。

二、依勞動基準法，雇主擬訂定實施之工時制度需先經工會同意，無工會者需經勞資會議同意之事項有那些？在後來工會成立後，雇主可否以先前無工會時勞資會議曾經同意為由而抗辯，不需經新成立工會之同意權行使？

答題索引：近期熱門的勞基法議題首推縮減工時及保障派遣勞工就業權益兩大部分，本題屬於縮減工時領域，賦予勞工集體權益的協商與保障優先順序，屬於相對拿到滿意分數的題型。

解析：勞動基準法令規定當中，需經工會或勞資會議同意的屬於變形工時、延長工時和女性夜間工作的放寬等三個部分，分述如下：

(一)變形工時：含2週、4週及8週的變形工時

勞動基準法第30條第2項：勞工正常工作時間，每日不得超過8小時，每週不得超過40小時。

前項正常工作時間，雇主經工會同意，如事業單位無工會者，經勞資會議同意後，得將其2週內2日之正常工作時數，分配於其他工作日。其分配於其他工作日之時數，每日不得超過2小時。但每週工作總時數不得超過48小時（2週變形工時）。

第1項正常工作時間，雇主經工會同意，如事業單位無工會者，經勞資會議同意後，得將8週內之正常工作時數加以分配。但每日正常工作時間不得超過8小時，每週工作總時數不得超過48小時（8週變形工時）。

第30-1條第1項第1款：中央主管機關指定之行業，雇主經工會同意，如事業單位無工會者，經勞資會議同意後，其工作時間得依下列原則變更：4週內正常工作時數分配於其他工作日之時數，每日不得超過2小時，不受前條第2項至第4項規定之限制（4週變形工時）。

(二)指定行業的延長工時

　　第30-1條第1項第2款：當日正常工作時間達10小時者，其延
　　長之工作時間不得超過2小時。

(三)女性夜間工作的放寬

　　第30-1條第1項第3款：女性勞工，除妊娠或哺乳期間者外，
　　於夜間工作，不受第49條第1項之限制。但雇主應提供必要之
　　安全衛生設施。

若工會成立後，依勞動基準法第30條立法精神，仍應經工會同
意，原勞資會議通過的基本前提是，企業並未成立工會。

三、醫療保健服務業私立醫療機構僱用的「住院醫師」是否適用勞動基準法？衛生福利部108年住院醫師勞動權益保障及工作時間指引中，所示之工作時間意義為何？

答題索引：本題屬相對冷門題型，私立醫療機構的住院醫師納入勞基法適用對
象，造成社會大眾不同的意見反映，最難界定與管理的是其工作時間的計算，本
題要取得高分有點困難喔。

解析：勞動部公告指定「醫療保健服務業僱用之住院醫師（不含公立醫
　　　　療院所依公務人員法制進用之人員）自108年9月1日起適用《勞動
　　　　基準法》」。因醫師工作性質特殊、養成時間長，與民眾就醫權
　　　　益相關，將醫師納入《勞動基準法》適用，必須同步考量工時及
　　　　相關醫療制度調整等配套措施。因此，衛生福利部於108年7月1日
　　　　修正公布「住院醫師勞動權益保障及工作時間指引」，其中的工
　　　　作時間意義如下：
　　　　本指引所稱工作時間，指住院醫師在醫療機構指揮監督之下，於
　　　　該機構設施內或指定之場所提供勞務或受令等待提供勞務之時
　　　　間；醫療機構要求住院醫師從事或參與之所有臨床、教學及會議
　　　　等活動，均應計入工作時間計算，但不包括不受醫療機構支配之
　　　　休息時間。

前項臨床、教學及會議活動包括：

(一) 臨床活動：指提供病人門診、住院照顧及相關之工作，包含輪班、值班、隨同轉診照護、臨時召回及指定備勤等。

(二) 教學活動：床邊教學、門診教學、病歷寫作指導等，但不包含自學閱讀之時數。

(三) 會議活動：晨會、臨床研討會、專題討論、併發症及死亡病例討論會、臨床病理討論會或外科組織病理討論會等會議，但不包含會議準備之時數。

四、團體協約工會安全條款（union security clause）約定之目的為何？我國對代理工廠條款（agency shop clause）是做如何的規定？

答題索引：本題多見於勞資關係制度科目中，準備上不困難，是簡易題型。

解析：工會安全條款（又稱禁止搭便車條款）源自美國，該條款係透過團體協約限制不加入工會勞工的權利，避免非會員既不付出成本，又可坐享工會爭取之權益，即成為名符其實的「搭便車者」（free rider）。該條款目的在於提高勞工加入、參與工會意願，達成保障工會持續活動目的；惟基於個別勞工自由選擇權（又稱消極團結權），仍應採間接方式辦理，避免以強制入會歷史又重演。

我國團體協約法第13條及第14條為工會安全條款，分別為工會廠場條款及代理工會廠場條款。

(一) 第13條

是指團體團體協約得約定雇主僱用勞工，以一定工會之會員為限。但有下列情形之一者，不在此限：

1. 該工會解散。

2. 該工會無雇主所需之專門技術勞工。

3. 該工會之會員不願受僱，或其人數不足供給雇主所需僱用量。

4. 雇主招收學徒或技術生、養成工、見習生、建教合作班之學生及其他與技術生性質相類之人。

5. 雇主僱用為其管理財務、印信或機要事務之人。

6. 雇主僱用工會會員以外之勞工，扣除前2款人數，尚未超過其僱用勞工人數十分之二。

(二)第14條

指團體協約得約定，受該團體協約拘束之雇主，非有正當理由，不得對所屬非該團體協約關係人之勞工，就該團體協約所約定之勞動條件，進行調整。但團體協約另有約定，非該團體協約關係人之勞工，支付一定之費用予工會者，不在此限。此一條款習稱避免搭便車條款。

109年　高考三級

一、勞工事務跨國合作是區域經濟整合的重要環節，特別是自由貿易協定中要求締約國具體落實協定中各項勞工和就業保護內容。請說明協定中常見的締約國間跨國合作模式。

答題索引：本題屬冷門困難題型，一般在準備上不易就自由貿易協定的相關內容加以關注，另自由貿易協定眾多，可舉自己熟悉的為例加以說明即可。

解析：我國自2002年加入WTO後，積極尋求與主要貿易對手國洽簽自由貿易協定（Free Trade Agreement；簡稱FTA），除與中美洲國家（如：巴拿馬、瓜地馬拉、尼加拉瓜、宏都拉斯及薩爾瓦多等國）簽署FTA之外，亦積極藉由與中國簽訂類似FTA的經濟協定來促進兩岸的經濟合作。稟持的基本推動原則是：

1. 不開放大陸勞工來臺工作。

2. 爭取敏感性產業不列入開放項目或列入敏感清單並訂定救濟措施。

3. 廣泛聽取勞工意見，凝聚共識。

4. 保障勞工因貿易自由化受影響的權益及所得保障。

5. 積極協助敏感性產業的勞工轉業、就業及提升就業能力。

就以北美自由貿易協定（North American Free Trade Agreement，NAFTA）為例，在勞動人權議題與勞工就業保護等內容的合作，包括以下各項：

1. 結社自由與組織權利的保障。
2. 團體協商的權利。
3. 罷工的權利。
4. 強迫勞動的禁止。
5. 兒童與青少年勞動人權的保障。
6. 最低僱用標準。
7. 就業歧視的消除。
8. 兩性工作平等。
9. 職業災害與疾病的預防。
10. 職業災害與疾病的補償。
11. 移動勞工的保障。

二、新型冠狀肺炎（COVID-19）疫情衝擊全球經濟和勞動市場。請問我國採取那些勞動市場政策緩解勞工就業和失業的衝擊？

答題索引：本題屬熱門時事題型，配合全球新冠疫情發展，經濟成長受到嚴重的負面衝擊，政府機關紛紛提出有效的因應與解決方案，其中有關勞工的工作權益與生活保障等亦有多項重要措施，勞動部網站首頁有完整資料，將其措施重點加以彙整，當可獲取高分。

解析：勞動部因應新冠疫情發展提出的紓困方案計有：

(一) 安穩僱用計畫：雇主僱用非自願失業30天以上的勞工，可獲得每月5,000元獎助，最長6個月，最高3萬元僱用獎助。

(二) 充電再出發訓練計畫：疫情影響減班休息勞工訓練計畫與經費補助。

(三) 安心就業計畫：疫情影響減班休息勞工薪資差額50%補助，每月最高11,000元，最長6個月。

(四) 失業勞工子女就學補助：108年第2學期失業勞工所得在一定水準以下，高中（職）以上子女就學補助。

(五)工作環境改善補助措施：購置機械安全裝置、改善製程及安全衛生或促進勞工身心健康等，分別有10至250萬元補助。

(六)員工工作生活平衡措施：員工關懷協助、舒壓課程、友善家庭措施、臨時托兒空間等多項補助，金額12至50萬元。

(七)勞工就保費及勞工退休金緩繳協助。

(八)擴大創業鳳凰貸款對象及提供還款緩衝之優惠措施。

(九)安心即時上工計畫：推介派工至離島或55個原住民地區之工資津貼。

(十)勞工紓困貸款及利息補貼：20歲以上最高新台幣10萬元，利率1.845%。

(十一)庇護工場及視障按摩工作補貼：房屋土地及車輛租金、人事費、防疫用品等，每月最高8萬元。

(十二)自營作業者或無一定雇主之勞工生活補貼：職業工會加保、投保薪資24,000元以下且107年免課所得稅者，每人3萬元。

(十三)應屆畢業青年就業措施：青年就業獎勵、產業新尖兵、特定行業就業補助、青年職前訓練學習獎勵金、青年就業旗艦計畫、僱用青年獎助計畫及就業博覽會多項措施。

三、我國對外籍勞工權益維護極為重視。請舉出五項外籍勞工權益保障在勞工行政上的具體作為。

答題索引：移工問題已很久未出現在勞工行政與立法一科目中，常見於就業安全制度科目，答案內容可在該書找到，屬於基本題型，謹記基本原則及其具體措施，當可獲得滿意分數。

解析：臺灣在對待移工方面，除了因本地特殊情境需要有特殊限制之外，均以等同國民待之，不因國籍不同而有所歧視，降低勞動條件，損及權益或對其生活未加妥善照顧及輔導，令其孤立無援而遭社會排斥。簡言之，我國對移工權益有以下三個基本原則：

(一)基本權益上的公平正義原則：以勞力換取較母國優渥待遇之應得利益，不容剝削。

(二)工作權益上的國民待遇原則：謹遵世界人權宣言第7條：「法律之前人人平等，並有權享受法律的平等保護，不受任何歧視」，移工在臺工作受我國勞工相關法令保障。

(三)生活權益上的一視同仁原則：移工人地生疏，有賴社會接納，並促進其對本地社會了解，建立輔導調適機制，使人人有賓至如歸，歡喜愉悅感受。

至於，移工權益保障的具體作為，依據「移工權益維護報告書」所指分別為：

(一)移工基本權益之保障：分別有：

    1.加強仲介公司管理

    2.遏止雇主無故遣返移工

    3.禁止各種形式的強迫及歧視

    4.人身安全之保障

    5.建立移工諮詢服務網絡

    6.防制移工遭受人口販運

    7.提供通譯陪同移工協助接受詢問

(二)移工工作權益之保障

    1.移工同受國內勞動法令之保障

    2.確保雇主依勞動契約給付薪資

    3.職業災害預防

    4.移工轉換雇主或工作

(三)移工生活權益之維護

    1.改善外籍漁工生活管理

    2.加強生活輔導

    3.避免遭不當代扣稅款

    4.納入國內勞工、健康保險體系

    5.辦理休閒娛樂活動

以上具體措施主要在落實世界人權宣言第1、7、12、13、14、17、18、19、22、23、24條等規定，強烈主張人人生而自由，法律之前人人平等，享有受法律保護之權，在各國境內有尋求和享受庇護之權，任何人的財產不得任意被剝奪，有思想、宗教之自

由，人格尊嚴不容忽視，享有合適工作條件，同工同酬，享有休息和閒暇之權利……等，以上種種人權規範，已是我國憲法內容及精神涵蓋，為加強落實其基本立場，藉由推動移工權益維護之相關措施，以彰顯政府維護移工權益之決心。

四、職業災害勞工保險的單獨立法是當前政府的政策。勞動部也曾將「勞工職業災害保險法」草案公告廣徵意見。請問為何勞工職業災害保險法要單獨立法？並請舉出四個立法規劃重點方向。

答題索引：本題屬時事題型，原列入勞工保險職業災害保險內容擬單獨立法，與普通事故的保險分離，並提高保險費繳納及給付內容，以確保罹災勞工權益保障。提醒多關注勞動部規劃的立（修）法案內容及重點，是獲取高分的關鍵之一。

解析：我國現行職業災害補償制度是以47年頒布的勞工保險條例為法源基礎，惟該條例屬綜合性社會保險，非以職業災害補償及預防為目的；73年頒布勞動基準法、90年頒布職業災害勞工保護法及民法相關規範，顯見，國內職業災害補償制度並未單獨立法，與其他先進國家有所不同。

行政院鑑於採取綜合保險方式辦理，包含普通事故及職業災害保險兩項顯有不足。為加強保障罹災勞工及其家屬生活，將職業災害保險相關規定自「勞工保險條例」抽離單獨立法，並將受僱勞工全面納入保障範圍，適度提高給付水準，參採日本、韓國經驗，按年於保險費中提撥一定比率，供加強辦理職業災害預防及職業災害勞工重建之用，以落實職業災害勞工完善保障，爰擬具「勞工職業災害保險法」草案，多次送行政院審議，經退回檢討，於108年12月24日送行政院審議。

「勞工職業災害保險法」草案共6章106條，規劃重點計有：

(一) 擴大納保範圍：將4人以下企業列入強制納保對象，臨時或短暫受僱於自然人雇主的勞工，納入特別加保對象，未來可到便利商店等繳費即可投保。預估可新增30多萬名勞工列入範圍內。

(二) 保險費率調整機制：依最新年精算的行業別費率表，以平均費率0.21%收取保費，不足部分由累存的保險基金攤提，以平均投保薪資計算，雇主負擔每人每月職災保費從66元調整至75元。

(三) 適度提高投保薪資：投保薪資上限為7萬2800元、下限為基本工資，與現行上限5萬5800元相較，提高很多，可涵蓋超過9成勞工薪資水準。

(四) 提升給付水準：給付種類計有醫療給付、傷病給付、失能給付、死亡給付及失蹤給付等5種，擴大醫療給付支付範圍、提高傷病給付額度，失能及遺屬年金給付刪除年資計算規定，改按投保薪資一定比例發給，以確保年資較短之職災勞工給付權益等等，以加強職災勞工持續性生活保障。

另外，整合職災預防與重建業務，於年度應收保費20%範圍內提撥經費支應辦理；強化職災重建業務，明定重建業務範疇、個案管理服務機制，提升勞資雙方參與職能復健之誘因，將發給勞工職能復健津貼，並提供雇主獎勵措施，以利職災勞工重返職場；完備職業傷病通報機制，調整職業病鑑定制度，以符合實際業務需求。職業災害預防與重建業務；強化罰則，雇主未依法申報，勞工一旦發生職災，並請領保險給付，最高可處以300萬元罰鍰等，也在草案的規劃重點之內。

109年 普考

一、請說明不當勞動行為裁決案件的類型，並請說明裁決委員會對案件的調查程序和職權。

答題索引：本題屬相對困難題型，必須針對裁決案件的法令規定及裁決流程有深入了解，才容易做答，平時可上勞動部網站瀏覽有關資訊，尤其是各勞動部司所主管業務之資訊公開可多加留意，可彌補無實務操作之弱勢，又可加深印象。

解析：不當勞動行為裁決案件類型依據法令（勞資爭議處理法第39條及工會法第35條）規定，並參酌勞動統計的分類基準，計可分為以下12類：

1.工會會務假爭議；2.代扣工會會費爭議；3.考績爭議；4.減薪爭議；5.調職爭議；6.解僱爭議；7.雇主阻撓工會會員大會爭議；8.團體協約誠信協商爭議；9.受懲戒處分不利待遇爭議；10.不當影響工會活動爭議；11.拒絕雇用爭議；12.阻撓勞工參加或支持爭議行為爭議等。

裁決委員會的調查程序及職權分別是：

(一) 中央主管機關於收到裁決申請書之日起7日內，召開裁決委員會處理。裁決委員會應指派委員1人至3人，依職權調查事實及必要之證據，並應於指派後20日內作成調查報告，必要時得延長20日。

(二) 裁決委員調查或裁決委員會開會時，應通知當事人、相關人員或事業單位以言詞或書面提出說明；裁決委員為調查之必要，得經主管機關同意，進入相關事業單位訪查。

(三) 裁決當事人就同一爭議事件達成和解或經法定調解機關調解成立者，裁決委員會應作成不受理之決定。

(四) 主任裁決委員應於裁決委員作成調查報告後7日內，召開裁決委員會，並於開會之日起30日內作成裁決決定。但經裁決委員會應出席委員二分之一以上同意者得延長之，最長以30日為限。

(五) 裁決委員會應有三分之二以上委員出席，並經出席委員二分之一以上同意，始得作成裁決決定；作成裁決決定前，應由當事人以言詞陳述意見。

二、勞動基金包含那些基金？並請說明其法源依據和提撥或繳交費率方式。

答題索引：本題屬綜合題型，若熟悉各項勞動法令就可了解相關法令有基金的規定，屬於綜合題型，冷靜檢視相關法令內容，就可找到標準答案。另，勞動部成立勞動基金運用局，亦於108年8月20日修訂勞動基金運用作業要點明確規範各項基金的運用規定，屬於冷門綜合的時事題目。

解析：當前五項勞動基金的種類及其法源、提撥或繳交費率分述如下：

(一) 勞工退休金條例退休基金（新制勞退基金）
　　法源：勞工退休金條例第32條

提撥或繳交費率：勞工退休基金之來源如下：1.勞工個人專戶之退休金。2.基金運用之收益。3.收繳之滯納金。4.其他收入。第14條：雇主應為第7條第1項規定之勞工負擔提繳之退休金，不得低於勞工每月工資6%。勞工得在其每月工資6%範圍內，自願提繳退休金。

(二) 勞工退休基金（舊制勞退基金）

法源：勞動基準法第56條

提撥或繳交費率：雇主應依勞工每月薪資總額2%至15%範圍內，按月提撥勞工退休準備金，專戶存儲，並不得作為讓與、扣押、抵銷或擔保之標的。

(三) 勞工保險基金

法源：勞工保險條例第66條

提撥或繳交費率：勞工保險基金之來源如下：1.創立時政府一次撥付之金額。2.當年度保險費及其孳息之收入與保險給付支出之結餘。3.保險費滯納金。4.基金運用之收益。

(四) 就業保險基金

法源：就業保險法第33條

提撥或繳交費率：就業保險基金之來源如下：1.本保險開辦時，中央主管機關自勞工保險基金提撥之專款。2.保險費與其孳息收入及保險給付支出之結餘。3.保險費滯納金。4.基金運用之收益。5.其他有關收入。

(五) 積欠工資墊償基金

法源：勞動基準法第28條

提撥或繳交費率：雇主應按其當月僱用勞工投保薪資總額及規定之費率，繳納一定數額之積欠工資墊償基金，作為墊償下列各款之用：1.前項第1款積欠之工資數額。2.前項第2款與第3款積欠之退休金及資遣費，其合計數額以6個月平均工資為限。費率由中央主管機關於萬分之15範圍內擬訂，報請行政院核定之。

三、請問勞動基準法中對要派單位和派遣事業單位有何規範？並請舉出勞動派遣實務界所訴求的那些問題仍待立法解決。

答題索引：本題屬時事題，勞基法最新修正，主要針對勞動派遣相關規範進行增列，原本規劃的勞動派遣專法為下一階段目標，本次針對要派單位、派遣勞工及派遣事業單位權責均有明確規範。

解析：108年6月19日修正公布勞基法，強化派遣勞工權益保障，包括勞動派遣定義、禁止登錄型派遣型態、職災補償及賠償連帶責任規範、工資補充給付責任規範及禁止人員轉掛規範等。針對要派單位及派遣事業單位的重要規範如下：

(一) 派遣事業單位的規範

1. 派遣事業單位與派遣勞工訂定不定期勞動契約派遣事業單位與派遣勞工訂定之勞動契約應為不定期契約，派遣勞工與派遣事業單位以長僱為目的，避免派遣事業單位以要派契約期間作為與派遣勞工訂定定期契約之理由，規避勞工法令相關終止契約及給付資遣費之責任，兼顧派遣勞工之僱用安定。

(二) 派遣事業單位的規範

1. 增列禁止轉掛派遣禁止轉掛規定，避免要派單位與派遣事業單位約定「人員轉掛」服務。要派單位違反規定者，課以行政處罰外，並賦予派遣勞工要求要派單位直接僱用之權利，遏止轉掛派遣情形發生。若違反，將有以下法律效果及影響：

(1) 派遣勞工可書面通知要派單位成立勞動契約：派遣勞工可於要派單位受領勞務之日起90天內，以書面形式向要派單位提出訂定勞動契約之意思表示。

(2) 要派單位逾期未與派遣勞工協商視為成立勞動契約：要派單位應於派遣勞工意思表示到達之日起10天內，與其協商勞動條件並訂定勞動契約。如逾期未與派遣勞工議定勞動條件訂定勞動契約者，視為雙方自期滿之次日成立勞動契

約，並應以派遣勞工於要派單位工作期間之勞動條件為勞動契約內容。

(3) 派遣事業單位與派遣勞工之勞動契約視為終止：派遣事業單位與派遣勞工之勞動契約視為終止，派遣勞工不需負擔違反最低服務年限約定或返還訓練費用之責任。

(4) 派遣事業單位應於法定時限內給付資遣費或退休金：派遣事業單位與派遣勞工之勞動契約終止後，按適用勞工退休新制或勞基法舊制之年資，於終止日後30天內給付資遣費或退休金；違反此規定，主管機關可處新台幣30萬元以上150萬元以下罰鍰。

2. 要派單位負工資補充規定，保障派遣勞工工資安全要派單位工資補充責任規定，保障派遣勞工之工資安全，避免派遣事業單位積欠工資，嚴重影響派遣勞工生計。

3. 要派單位連帶負派遣勞工遭遇職業災害之補（賠）償責任規定當要派單位所使用之派遣勞工發生職業災害時，應與派遣事業單位連帶負職災勞工之補償及賠償責任，以保障職災派遣勞工相關權益。

至於，勞動派遣實務界訴求的未決問題計有：

(一) 事先選（指）定特定員工人選之行為限制，影響招募實務運作當要派單位有緊急人力需求時，派遣事業單位要如何合法且有效率縮短招募與媒合時程，為要派單位即時提供適合及足額的派遣勞工？新法規定確有實務運作上的困難。

(二) 要派單位無人力需求終止要派契約，派遣事業單位短期無法預測其他派遣工作安排，適法性問題亦即，是否視為勞動基準法第11條第2款所稱「業務緊縮」資遣法定事由適用疑義，實質上無法解決實務運作上問題？

(三) 增加派遣事業單位招募及媒合派遣勞工之不確定性及作業成本，此部分成本可能轉嫁至要派單位，以至於要派單位將慎選派遣勞工，以免違反人員轉掛規定之法律風險。

四、當工作場所發生職業災害時，勞動檢查機構可執行何種權力？勞工可主張何種權利？

答題索引：勞動檢查屬於勞動事務中相對冷門業務，除非重大職業災害發生，才成為關注焦點，本題屬冷門題型，若平時能關心勞工行政各不同業務部門運作，深信不難拿到滿意的分數。

解析：職業災害發生時，勞動檢查機構的權力依勞動檢查法規定分別是：

(一) 對事業單位工作場所發生重大職業災害時，應立即指派勞動檢查員前往實施檢查，調查職業災害原因及責任；其發現非立即停工不足以避免職業災害擴大者，應就發生災害場所以書面通知事業單位部分或全部停工。

(二) 指派勞動檢查員對各事業單位工作場所實施安全衛生檢查時，發現勞工有立即發生危險之虞，得就該場所以書面通知事業單位逕予先行停工（勞動檢查法第28條）。

職業災害發生時，勞動檢查員的權力依勞動檢查法規定分別是：

(一) 對事業單位未依勞動檢查機構通知限期改善事項辦理，而有發生職業災害之虞時，應陳報所屬勞動檢查機構（勞動檢查法第29條）。

(二) 實施勞動檢查認有必要時，得報請所屬勞動檢查機構核准後，邀請相關主管機關、學術機構、相關團體或專家、醫師陪同前往鑑定（勞動檢查法第23條）。

(三) 進入事業單位進行檢查時，應主動出示勞動檢查證，並告知雇主及工會。事業單位對未持勞動檢查證者，得拒絕檢查。勞動檢查員於實施檢查後應作成紀錄，告知事業單位違反法規事項及提供雇主、勞工遵守勞動法令之意見（勞動檢查法第22條）。

110年 高考三級

一、每逢遭遇類似新冠肺炎（COVID-19）疫情等事件的影響，減班休息常常成為企業因應不景氣的作為，請問我國有關減班休息的法律依據為何？而勞政主管機關對於減班休息重要的規定事項為何？

答題索引：本題屬時事題，常為重要命題來源，由於COVID-19疫情對服務業或製造業都造成嚴重影響，關廠歇業成為不可避免的常態，為照顧受疫情影響就業之勞工，政府推出安心就業計畫，協助雇主渡過疫情難關，也穩定勞工的工作。若經常注意政府臨時推動的重要措施，應可拿到理想分數。

解析：勞動部因應嚴重特殊傳染性肺炎（COVID-19）對臺灣就業市場造成的衝擊，特頒訂「安心就業計畫」，由政府提供部分薪資差額補貼予減班休息勞工，以協助穩定就業。重要內容如下：

(一) 適用對象

參加就業保險之勞工，並符合下列各款情形：

1. 本計畫實施期間（109年1月15日起至嚴重特殊傳染性肺炎防治及紓困振興特別條例施行期間屆滿時止），始經勞雇雙方協商同意減班休息。

2. 計畫實施期間，勞雇雙方協商減班休息實施期間為30日以上，經地方勞工行政主管機關列冊通報之勞工。

3. 屬按月計酬全時勞工或與雇主約定正常工作日數及時間之部分工時勞工。逾65歲或屬就業保險法第5條第2項第2款不得參加就業保險人員，經其雇主投保職業災害保險，並符合上開各款規定者，亦適用之。

(二) 申請方式：實施減班休息每滿30日之次日起90日內，向工作所在地勞動力發展署分署申請。

(三) 補貼標準及期限

1. 核發標準：按實施減班休息日前6個月內，現職雇主投保就業保險或職業災害保險之6個月平均月投保薪資，與申請補貼當月之協議薪資（勞雇雙方協商同意減少工時之協議資料所載減班休息期間之每月薪資）計算差額後，依下列分級標準核發，最長發給24個月。

(1) 第1級：薪資差額7,000元以下（含），每人每月補貼3,500元

(2) 第2級：薪資差額7,001～14,000元（含），每人每月補貼7,000元

(3) 第3級：薪資差額14,001元以上（含），每人每月補貼11,000元

(四) 補貼額度及補貼期間：

1. 薪資差額補貼按月發給，每月最高不得超過11,000元，最長發給24個月。

2. 同一勞工於同一時期受僱於二個以上現職雇主者，得依規定分別申請薪資差額補貼，每月合計最高不得超過上開數額。

3. 最末月減班休息之日數不足30日時，若為10日至19日者，發給半個月；若為20日至29日者，發給1個月。

二、平台經濟（Platform economy）衍生出外送人員究竟係屬於「僱傭」或「承攬」關係的爭議，請說明「僱傭」關係與「承攬」關係的差異；若是「承攬」關係，根據我國現行法令，委外單位應負的責任有那些？

答題索引：台灣平台經濟崛起，外送員在工作過程中經常發生車禍意外，因此平台業者與外送員間究竟是僱傭或承攬契約，備受矚目。勞動部特頒定認定原則並多次透過媒體加強宣導，本題屬時事題，在本書亦有僱傭、承攬與委任契約的說明與差異性比較，可參考。

解析：由於嚴重特殊傳染性肺炎（COVID-19）影響，臺灣的平台經濟衍生外送人員與平台間的勞動關係疑義，兩者之間究竟是僱傭或承攬關係，端視平台業者（雇主）與外送人員兩者之間的契約簽訂而異，僱傭和承攬的差異如下：

(一) 僱傭關係

依據勞動部108年11月19日訂頒「勞動契約認定指導原則」所指，依個案事實及整體契約內容具有下列要素之全部或一部，經綜合判斷後，足以認定勞務提供者係在相當程度或一定程度之從屬關係下提供勞務者，其與事業單位間之法律關係應屬僱傭的勞動契約：

    1. 具人格從屬性之判斷：

      (1) 勞務提供者之工作時間受到事業單位之指揮或管制約束。

      (2) 勞務提供者給付勞務之方法須受事業單位之指揮或管制約束。但該方法係提供該勞務所必須者，不在此限。

      (3) 勞務提供者給付勞務之地點受到事業單位之指揮或管制約束。但該地點係提供該勞務所必須者，不在此限。

      (4) 勞務提供者不得拒絕事業單位指派之工作。

      (5) 勞務提供者須接受事業單位考核其給付勞務之品質，或就其給付勞務之表現予以評價。

      (6) 勞務提供者須遵守事業單位之服務紀律，並須接受事業單位之懲處。但遵守該服務紀律係提供勞務所必須者，不在此限。

      (7) 勞務提供者須親自提供勞務，且未經事業單位同意，不得使用代理人。

      (8) 勞務提供者不得以自己名義，提供勞務。

    2. 具經濟從屬性之判斷：

      (1) 勞務提供者依所提供之勞務，向事業單位領取報酬，而非依勞務成果計酬，無需自行負擔業務風險。

      (2) 提供勞務所需之設備、機器、材料或工具等業務成本，非由勞務提供者自行備置、管理或維護。

      (3) 勞務提供者並非為自己之營業目的，提供勞務。

      (4) 事業單位以事先預定之定型化契約，規範勞務提供者僅能按事業單位所訂立或片面變更之標準獲取報酬。

      (5) 事業單位規範勞務提供者，僅得透過事業單位提供勞務，不得與第三人私下交易。

  3. 具組織從屬性之判斷：勞務提供者納入事業單位之組織體系，而須透過同僚分工始得完成工作。

  準此，平台業者應依勞工保險條例規定為所僱用之外送員辦理參加勞保；依法加勞保者發生保險事故，得依規定請領普通事故保險或職業災害保險之相關給付。未依規定辦理將有相關罰則之適用。

(二) 承攬關係

　　若非以上的僱傭關係，平台業者與外送員簽訂的屬於承攬契約，則委外單位應負的責任要歸屬勞動基準法有關職業災害的承攬與再承攬責任以及職業安全衛生法規定的承攬業者間的特定組織成立與協調工作。

　　至於外送員可透過所在縣市之相關職業工會辦理加勞保。依法加勞保者發生保險事故，得依規定請領普通事故保險或職業災害保險之相關給付。

三、消除職場歧視一直是國際勞工組織和各國政府努力的目標，請說明我國勞動法規對於歧視禁止的有關規定為何？

　答題索引：職場的歧視在近幾年來屢屢發生，經勞工申訴後成立的案件亦較以往增加，主要的法令規定以就業服務法及性別平等工作法為主，本題屬相對容易的題型。

　解析：職場歧視是指基於種族、性別、年齡、宗教、膚色、失能、性傾向、國籍等因素，造成員工或求職者在招募面試、升遷、薪資福利、教育訓練、工作分配和解僱上的差別待遇，可分為直接歧視和間接歧視兩大類。至於，勞動法令則以就業服務法第5條及性別平等工作法專章的規範為主，分述如下：

(一) 就業服務法

　　第5條第1項：「為保障國民就業機會平等，雇主對求職人或所僱用員工，不得以種族、階級、語言、思想、宗教、黨派、籍貫、出生地、性別、性傾向、年齡、婚姻、容貌、五官、身心障礙、星座、血型或以往工會會員身分為由，予以歧視；其他法律有明文規定者，從其規定」。勞工或求職者可向當地就業歧視評議委員會或性別平等工作會提出申訴。

(二) 性別平等工作法

　　第二章性別歧視之禁止，計有第7至第11條：

　　第7條：雇主對求職者或受僱者之招募、甄試、進用、分發、配置、考績或陞遷等，不得因性別或性傾向而有差別待遇。但工作性質僅適合特定性別者，不在此限。

第8條：雇主為受僱者舉辦或提供教育、訓練或其他類似活動，不得因性別或性傾向而有差別待遇。

第9條：雇主為受僱者舉辦或提供各項福利措施，不得因性別或性傾向而有差別待遇。

第10條：雇主對受僱者薪資之給付，不得因性別或性傾向而有差別待遇；其工作或價值相同者，應給付同等薪資。但基於年資、獎懲、績效或其他非因性別或性傾向因素之正當理由者，不在此限。雇主不得以降低其他受僱者薪資之方式，規避前項之規定。

第11條：雇主對受僱者之退休、資遣、離職及解僱，不得因性別或性傾向而有差別待遇。

工作規則、勞動契約或團體協約，不得規定或事先約定受僱者有結婚、懷孕、分娩或育兒之情事時，應行離職或留職停薪；亦不得以其為解僱之理由。

違反前二項規定者，其規定或約定無效；勞動契約之終止不生效力。

四、請根據我國勞動基準法的規定，說明勞動派遣有關規定，並請評析這些規定對於派遣勞工權益保障。

答題索引：108年6月勞基法修正後將勞動派遣勞工納入保障範圍，而非採專門訂定勞動派遣法，惟保障內容及效果是不受影響的，在本書有專門針對新法規定之內容詳細說明，可參考。本題屬容易回答的題型。

解析：108年6月19日修正勞基法，強化派遣勞工權益保障，包括勞動派遣定義、禁止登錄型派遣型態、職災補償及賠償連帶責任規範、工資補充給付責任規範及禁止人員轉掛規範等。保障內容如下：

(一)勞動派遣之法定關係

派遣之法律關係為一種三方之勞動關係，主體有三：要派單位、派遣勞工及派遣事業單位。

(二)派遣事業單位與派遣勞工訂定不定期勞動契約

派遣事業單位與派遣勞工訂定之勞動契約應為不定期契約，派遣勞工與派遣事業單位以長僱為目的，避免派遣事業單位

以要派契約期間作為與派遣勞工訂定定期契約之理由，規避勞工法令相關終止契約及給付資遣費之責任，兼顧派遣勞工之僱用安定。

(三) 增列禁止轉掛派遣

禁止轉掛規定，避免要派單位與派遣事業單位約定「人員轉掛」服務。要派單位違反規定者，課以行政處罰外，並賦予派遣勞工要求要派單位直接僱用之權利，遏止轉掛派遣情形發生。

(四) 要派單位負工資補充規定，保障派遣勞工工資安全

要派單位工資補充責任規定，保障派遣勞工之工資安全，避免派遣事業單位積欠工資，嚴重影響派遣勞工生計。

(五) 要派單位連帶負派遣勞工遭遇職業災害之補（賠）償責任規定

當要派單位所使用之派遣勞工發生職業災害時，應與派遣事業單位連帶負職災勞工之補償及賠償責任，以保障職災派遣勞工相關權益。

另，勞動部為使派遣單位與要派單位確實符合勞動法令，保障派遣勞工權益，特訂定「勞動派遣權益指導原則」，亦同步訂定「派遣勞動契約應約定及不得約定事項」，整體而言，勞動派遣的相關規範，對派遣勞工的保障要好得多。

110年 普考

一、根據我國職業災害勞工保護法，在協助職災勞工促進就業方面，職業災害勞工保護法有那些重要的規定？

答題索引：近幾年來，勞工發生職業災害比率有增無減，勞工受傷或死亡案件不斷，除了勞工保險的職災給付之外，職業災害勞工保護法是重要的保障規範；提醒政府已在110年4月20日公布勞工職業災害保險與保護法，合併勞保與職災勞工保護法的規定，並自111年5月1日正式施行。

解析：職業災害勞工保護法第四章促進就業，針對職災勞工的就業促進有以下相關措施：

(一) 推介就業或參加職訓

第18條：職業災害勞工經醫療終止後，主管機關得依其意願及工作能力，協助其就業；對於缺乏技能者，得輔導其參加職業訓練，協助其迅速重返就業場所。

(二) 職業訓練機構加強辦理勞工安全衛生教育訓練

第19條：職業訓練機構辦理前條訓練時，應安排適當時數之勞工安全衛生教育訓練課程。

(三) 事業單位僱用職業災害勞工可申請輔助設施補助

第20條：事業單位僱用職業災害勞工，而提供其從事工作必要之輔助設施者，得向勞工保險局申請補助。但已依身心障礙者保護法有關規定領取補助者，不在此限。

(四) 事業單位僱用職業災害勞工績優者予以獎勵

第21條：主管機關對於事業單位僱用職業災害勞工績優者，得予以獎勵。

二、根據我國現行性別工作平等法，請重點說明性別歧視禁止的有關規定。

答題索引：本題同前述高考的第三題，由於職場的歧視在近幾年來屢屢發生，經勞工申訴後成立的案件亦較以往增加，主要的法令規定以就業服務法及性別工作平等法（現已更名為性別平等工作法）為主，本題屬相對容易的題型。

解析：性別工作平等法第二章專章「性別歧視之禁止」，計有第7至11條：

第7條：雇主對求職者或受僱者之招募、甄試、進用、分發、配置、考績或陞遷等，不得因性別或性傾向而有差別待遇。但工作性質僅適合特定性別者，不在此限。

第8條：雇主為受僱者舉辦或提供教育、訓練或其他類似活動，不得因性別或性傾向而有差別待遇。

第9條：雇主為受僱者舉辦或提供各項福利措施，不得因性別或性傾向而有差別待遇。

第10條：雇主對受僱者薪資之給付，不得因性別或性傾向而有差別待遇；其工作或價值相同者，應給付同等薪資。但基於年資、

獎懲、績效或其他非因性別或性傾向因素之正當理由者,不在此限。雇主不得以降低其他受僱者薪資之方式,規避前項之規定。

第11條:雇主對受僱者之退休、資遣、離職及解僱,不得因性別或性傾向而有差別待遇。

工作規則、勞動契約或團體協約,不得規定或事先約定受僱者有結婚、懷孕、分娩或育兒之情事時,應行離職或留職停薪;亦不得以其為解僱之理由。

違反前二項規定者,其規定或約定無效;勞動契約之終止不生效力。

三、根據我國勞工退休金條例的規定,雇主應為那些人員負擔提繳退休金?而又得為那些人員提繳退休金?

答題索引:勞工退休金條例108年5月15日修訂擴大適用對象,含強制與自願提撥對象均擴大範圍,以保障渠等未來的老年經濟安全保障,並提高勞工就業意願,屬相對容易應答的題型。

解析:(一)雇主強制負擔提繳退休金的對象

勞工退休金條例第7條第1項:本條例之適用對象為適用勞動基準法之下列人員,但依私立學校法之規定提撥退休準備金者,不適用之:

1. 本國籍勞工。

2. 與在中華民國境內設有戶籍之國民結婚,且獲准居留而在臺灣地區工作之外國人、大陸地區人民、香港或澳門居民。

3. 前款之外國人、大陸地區人民、香港或澳門居民,與其配偶離婚或其配偶死亡,而依法規規定得在臺灣地區繼續居留工作者。

4. 前二款以外之外國人,經依入出國及移民法相關規定許可永久居留,且在臺灣地區工作者。

(二)雇主得負擔提繳退休金的對象

勞工退休金條例第7條第2項:本國籍人員、前項第二款至第四款規定之人員具下列身分之一,得自願依本條例規定提繳及請領退休金:

1. 實際從事勞動之雇主。
2. 自營作業者。
3. 受委任工作者。
4. 不適用勞動基準法之勞工。

四、根據我國現行勞動基準法的規定,請說明競業禁止的有關規定為何?

答題索引:因應臺灣近幾年的企業重視研發及智慧生產,針對離職員工限制其離職後的就業類別及內容等屢屢出現勞資爭議,勞基法於108年修正時特將離職後競業禁止規定增列其中,本題亦屬相對容易應答的題型。

解析: 勞動基準法第9-1條:
未符合下列規定者,雇主不得與勞工為離職後競業禁止之約定:
1. 雇主有應受保護之正當營業利益。
2. 勞工擔任之職位或職務,能接觸或使用雇主之營業秘密。
3. 競業禁止之期間、區域、職業活動之範圍及就業對象,未逾合理範疇。
4. 雇主對勞工因不從事競業行為所受損失有合理補償。
前項第四款所定合理補償,不包括勞工於工作期間所受領之給付。
違反第一項各款規定之一者,其約定無效。
離職後競業禁止之期間,最長不得逾二年。逾二年者,縮短為二年。

110年 地特三等

一、司法院釋字第807號解釋,判定勞動基準法第49條第1項限制女性勞工夜間工作之規定,違反憲法平等權之意旨,應予修法。請說明國際勞工組織1990年第171號夜間工作公約對於夜間工作有何規定?此國際勞工公約之內容與現行勞動基準法之規定,在法政策上有何根本差異?請參酌公約或先進國家立法例提出我國未來修法建議?

答題索引:本題屬時事題,110年6月大法官釋字第807號針對勞基法限制女性夜間工作是違憲的,勞動部應盡速修法,相較國際勞工公約對於夜間工作的限制,是不分性別與業別的,屬相對簡易題型。

解析：國際勞工組織1990年公布夜間工作公約又稱第171號公約，是1990年6月1日在日內瓦舉行其第77屆會議，關注未成年人夜間工作的國際勞工公約和建議的各項規定，例如1946年未成年人夜間工作公約（非工業）和建議書、1948年未成年人夜間工作（工業）公約及1921年兒童和未成年人夜間工作（農業）建議書，並注意婦女夜間工作的國際勞工公約和建議書，特別是1948年夜間工作（婦女）公約及1990年議定書、1921年婦女夜間工作（農業）建議書及1952年保護生育建議書第5條的各項規定，1958年歧視（就業與職業）公約的各項規定，1952年保護生育公約的各項規定，並經決定採納本屆會議議程第四項關於夜間工作的某些提議，並經確定這些提議應採取國際公約的形式，於1990年6月26日通過，引用時得稱之為1990年夜間工作公約。

本公約所指的夜間工作是指須經主管當局與最有代表性的雇主和工會組織協商確定，或集體協定確定，在不少於7個連續小時，其中包括午夜至上午5時期間內從事的一切工作；而夜間工人指其工作需在超過規定限度的大量夜間工作小時內進行的工資勞動者，此種限度由主管當局經與最有代表性的雇主和工會組織協商確定或由集體協定確定。反觀，我國勞基法第49條第1項限制女性勞工夜間工作，雇主不得要求女性勞工在晚上10點到隔天凌晨6點間工作，但若經工會或勞資會議同意，且雇主在無大眾運輸工具時段提供交通工具或宿舍，女工就不受此限。由此可知，我國勞基法對於女性夜間工作的限制過於嚴苛，侵犯或剝奪女性夜間工作的權利，與國際勞工公約所保障的夜間工作不同，公約對於女性夜間工作的把關交給勞工所屬的工會和雇主協商確定或透過工會和雇主簽訂的團體協約確定。

修法上的具體建議是，不論男女勞工在夜間工作都應同受保障，不須規範大眾運輸工具、宿舍或交通費等協助，交由勞動契約、工會和雇主協商或工會和雇主簽訂的團體協約確定即可。

二、勞動基準法有關工作時間之規定中，有關變形工時、延長工時、輪班休息時間變更、例假日調整等，均要求應經工會或勞資會議同意。某連鎖企業於民國100年在臺北成立企業工會，工會於民國107年主張高雄分公司未經工會同意實施變形工時，公司則主張前開事項高雄分公司於民國95年業經勞資會議同意通過在案，並未違法；且高雄分公司並無員工加入公司之企業工會，工會不具代表性。請說明依現行實務見解，工會與勞資會議行使同意權之原則為何？前述案例公司是否違法？請從勞工參與之理論，評析現行法規與實務見解之合理性？

答題索引：勞資會議很少出現在本科目題型中，屬冷門題目，勞資會議召開的法源來自勞動基準法，企業未召開無罰則，僅在申請移工或公司申請上櫃或上市時，必須提出相關資料，另外，則在公司欲採行勞基法的彈性工時制度時，必須取得工會或勞資會議同意，讓勞資會議的重要性在此凸顯。

解析：勞資會議是為了協調勞資關係、促進勞資合作、防範各類勞工問題於未然所制定的一種勞資諮商制度。基本精神在於鼓勵勞資間自願諮商與合作，以增進企業內勞資雙方溝通，減少對立衝突，凝聚共識，匯集眾人智慧與潛能，共同為執行決議而努力。勞資會議制度的設計是藉由勞資雙方同數代表，舉行定期會議，利用提出報告與提案討論的方式，獲致多數代表的同意後做成決議，創造勞資互利雙贏的願景。

題目所指的變形工時制度依據勞動基準法第30條第1、2項規定：前項正常工作時間，雇主經工會同意，如事業單位無工會者，經勞資會議同意後，得將其二週內2日之正常工作時數，分配於其他工作日。其分配於其他工作日之時數，每日不得超過2小時。但每週工作總時數不得超過48小時。第1項正常工作時間，雇主經工會同意，如事業單位無工會者，經勞資會議同意後，得將8週內之正常工作時數加以分配。但每日正常工作時間不得超過8小時，每週工作總時數不得超過48小時。因此，有工會者，優先取得工會同意，無工會者，方經勞資會議同意。

又依據勞動基準法第83條及勞資會議實施辦法規定，應舉辦勞資會議之事業單位包括：

(一) 適用勞動基準法之事業單位。

(二) 事業單位之事業場所，勞工人數在30人以上者。

事業單位及事業場所勞工人數在30人以上者，應分別召開勞資會議，不得合併辦理之。前述勞工人數，包含事業單位僱用之全時勞工、部分工時勞工及外國籍勞工。

準此，連鎖企業100年在台北已成立企業工會，若各地分公司無員工加入工會，該企業工會仍具勞基法所指的優先取得企業工會同意的優先順序，雖然高雄分公司員工未加入前述企業工會，首先必須釐清高雄分公司是否屬於工會法的同一工作場所或事業單位的要件？台北企業工會的章程所指的會員資格是否涵蓋該公司全國各地的員工？高雄分公司的員工是否符合滿30人以上，必須單獨召開勞資會議等等？是否違反，必須釐清以上疑惑後，才能進行初步判定。

三、即將於民國111年5月施行之勞工職業災害保險及保護法，對於雇主未依法為其受僱勞工加保，而勞工不幸發生職災時，其保險效力為何？保險人與雇主各有何責任？其與勞工保險條例原有之規定有何差異？

答題索引：新法上路是命題重點，111年5月1日上路的勞工職業災害保險及保護法是時事題，可從勞工保險條例與職業災害勞工保護法兩個法令的原本規定出發，再比較新法的給付內容，即可找到答案。

解析：勞工職業災害保險及保護法於110年4月30日公布，111年5月1日施行，以專法形式，將原有的勞工保險條例中的職業災害保險及已公布施行多年的職業災害勞工保護法內容加以整合，除擴大納保範圍，提升各項給付保障外，並整合職災預防與重建業務，讓職災保障制度更趨完善。

職業災害保險針對強制納保而未加保之勞工亦可請領。亦即，未加保之職災勞工仍可請領失能及死亡補助；住院需人照護或經評估為終身無工作能力，日常生活活動需人扶助之職災勞工提供照護補助。

依據勞工職業災害保險及保護法第12條規定：符合第6條至第8條規定之勞工，投保單位應於本法施行之當日或勞工到職、入會、

到訓之當日，列表通知保險人辦理投保手續，其保險效力之開始自到職當日起算，至離職當日停止。但保險效力停止之例外情形如下：

(一) 參加勞工保險之職業災害勞工，於職業災害醫療期間終止勞動契約並退保者，得以勞工團體或保險人委託之有關團體為投保單位，繼續參加勞工保險，至符合請領老年給付之日止，不受勞工保險條例第6條規定之限制。

(二) 被保險人從事有害作業，於退保後，經認可醫療機構之職業醫學科專科醫師診斷係因保險有效期間執行職務致罹患職業病者，得向保險人申請醫療補助、失能或死亡津貼。

(三) 未加入本保險之勞工，於本法施行後，遭遇職業傷病致失能或死亡，得向保險人申請照護補助、失能補助或死亡補助。

由上可知，原勞工保險條例未加入勞保之被保險人無法請領各項保險給付，必須依照職業災害勞工保護法規定申請各項津貼，新法上路後，仍可向勞工保險局申請各項給付。

四、性別工作平等法規定，為審議、諮詢及促進性別工作平等事項，各級勞工行政主管機關應設性別工作平等會，請說明其委員之組成有何特殊規定？該規定之目的為何？中央與地方之性別工作平等會職權功能上有何差異？

答題索引：性別工作平等法（已更名為性別平等工作法）是近2年來的熱門議題，企業未依照法令規定推動各項促進工作平等相關措施，員工自得依法申訴，屬簡易題型。

解析：依據性別工作平等法第5條第1、2項規定：各級主管機關應設性別平等工作會，處理審議、諮詢及促進性別平等工作事項。

前項性別平等工作會應置委員五人至十一人，任期二年，由具備勞工事務、性別問題之相關學識經驗或法律專業人士擔任之；其中經勞工團體、性別團體推薦之委員各二人；女性委員人數應占全體委員人數二分之一以上；政府機關代表不得逾全體委員人數三分之一。

至於，各級主管機關應設性別平等工作會的基本任務則規範於各政府機關的單行法規中，以地方政府為例，性別平等工作會的任務為：

(一) 性別平等工作申訴案件調查及審議事項。

(二) 性別平等工作年度工作計畫審議事項。

(三) 性別平等工作法規修訂及適用意見諮詢事項。

(四) 其他促進性別平等工作事項。

但勞動部的性別平等工作會的掌理事項如下：

(一) 性別平等工作法及其附屬法規之諮詢及研議。

(二) 性別平等工作申訴案件之調查及審議。

(三) 年度工作計畫之審議。

(四) 性別平等工作現況之調查。

(五) 其他促進性別平等工作之事項。

其中，最大的特色在於性別平等工作申訴案件之調查及審議，亦即，申訴人對於各地方政府機關性別平等工作會的處分有異議時，可向勞動部提出審議，由勞動部性別平等工作會，依據「性別平等工作申訴審議處理辦法」進行審議（受僱者或求職者依性別平等工作法第34條規定向地方主管機關申訴時，地方主管機關之性別平等工作會應依本辦法審議。雇主、受僱者或求職者對於地方主管機關所為之處分有異議時，除得逕提訴願外，得於10日內，以書面向中央主管機關性別平等工作會申請審議。逾期，不予受理）。

111年 高考三級

一、我國勞動基準法第49條第1項關於禁止女工夜間工作之規定，經司法院釋字第807號解釋宣告違憲並失效，請試述勞動部針對本條之規定擬修正之重點並評析之。

答題索引：本題屬時事題，若準備考試期間隨時關注勞動相關時事，應能掌握女性夜間工作的重點內容，也可適時再最後段提出自己的看法與見解。

解析：現行勞動基準法第49條第1項針對女性勞工於夜間工作之限制，業經110年8月20日司法院大法官釋字第807號解釋，雖立意為保護女性工作者，惟有違憲法第7條及憲法增修條文第10條第6項，國家應消除性別歧視，促進兩性地位之實質平等之意旨，應失其效力。

為兼顧女性勞工之工作權暨保障其工作安全，並符合前揭大法官會議第807號解釋本旨，勞動部已針對勞動基準法第49條條文提出修正草案，草案重點及個人評析如下：

(一) 勞工從事夜間工作，不分性別，同受保障，且明定雇主使勞工於夜間工作，應符合職業安全衛生有關法令之規定。

(二) 為維護現行規定保護女性工作者之立法原意，並遵循大法官會議第807號解釋意旨，爰將勞動基準法第49條第1項修正為，夜間工作應經女性勞工本人同意，並保留雇主應為之處置，以達到手段與目的之必要關聯性與平衡。亦即本條第1項修正草案已將但書刪除，同條第5項一併配合修正。

(三) 為落實《憲法》對母性保護之精神，明定雇主不得使妊娠或哺乳期間之女工於夜間工作。惟為尊重女工之個人意願，在不影響分娩後母體恢復與健康之前提下，參酌國外立法例及《性別工作平等法》之規定，聽取職業醫學科、婦產科與兒科醫學會之專業意見，例外允許哺乳期間之女工，若有夜間工作意願，於分娩後6個月以上、未滿2年之期間，經勞工健康服務醫師、職業醫學科、婦產科或兒科之專科醫師評估建議無需限制其夜間工作者，可於夜間時段工作。

(四) 勞動基準法第84條之1規定之目的在允許雇主得與核定公告之工作者，依其工作特性以書面另行約定夜間工作等事項，爰配合修正雇主與該等工作者約定夜間工作，雇主提供有關交通工具等各項協助，可不受事前應通知工會或勞資會議勞方代表規定等限制。

個人以為，勞動部有關女性夜間工作之限制提出討論，惟該條文有多面向，包含妊娠期間及女性夜間工作是否具特殊性需加以保護等，理論上勞工得拒絕雇主強迫夜間工作之要求，惟從CEDAW（消除對婦女一切形式歧視公約）第11條第2項規定，妊娠或哺

乳期間女性是需特別保護之對象，立法時應衡量渠等能否保護自身，如有辦法則毋須加以限制，惟實務上顯然是無法保護自身，因此修正草案第49條確有其必要性。加以，面臨尊重女性自主選擇權（選擇夜間工作）和保護懷孕哺乳期間女性的兩難，女性在工作場所中，面臨夜間工作需要時，是否有完全自主選擇權，有無可能在自由選擇表象下，迫於各種壓力，並無說不的權利。上述大法官釋字第807號解釋指出，前揭規定立法原意係保護女性工作者，但此規定既剝奪女性工作者的自主意願，也使其工作權受限，有違背憲法第7條及憲法增修條文第10條第6項，中華民國國民不分性別一律平等之實質意旨。

二、我國近年有數起備受矚目之罷工事件並引發許多爭議與討論，關於罷工糾察行為之概念、功能、手段與界限等之判斷為何？請申述之。

答題索引：勞工採取的各項爭議行為中，罷工是近年來常見的行動之一，至於，由於罷工所衍生的糾察線，自始以來，勞工不重視，工會不關注，造成警察機關在處理罷工行動時的諸多困擾，事實上，糾察線的設置是對於罷工行動的相對規範，有利亦有弊，利在於呼籲同盟的團結權以期擴大罷工效果，弊則是糾察線的操作效果不佳，易成為有心人士誤用，成為對勞工負面傷害的管道，不得不多加注意。

解析：100年修正之勞資爭議處理法第54條第1項明文規定，工會非經會員以直接、無記名投票且經全體過半數同意，不得宣告罷工及設置糾察線，是我國勞動法首次針對糾察線的法律規定。

　　罷工糾察線是指參與罷工之勞工於工作場所入口處或附近站立或集結，以說服不參與罷工且欲從事工作之其他勞工，請其基於團結而加入罷工行列。

　　罷工糾察線主要訴求對象有二：(一)遭罷工波及所涉企業工廠但未參與罷工之員工；(二)非所涉企業工廠之其他勞工。在合法性的判斷上，以和平勸服手段組成糾察線，不論基於憲法保障之一般言論自由，抑或保障同盟自由權之同盟行動，罷工糾察線合法性毋庸置疑。

但學理上則認為，此合法罷工糾察線應有一定範疇，應屬「和平勸服」和「呼籲團結」，易言之，超越此兩者界限或侵害其他勞工、雇主或第三人之刑法上保護，可能涉及罷工過度而有違法之嫌，應限於特別具道德非難性且逾越罷工正當之有效範疇外，當屬違法。

三、勞工職業災害保險及保護法自111年5月1日開始施行，關於職災預防及重建之政策決定與事務執行之業務分工，主要由那些單位負責？本法關於職災預防及重建之重大政策與規範特色為何？請詳述之。

答題索引：本題亦屬時事題，是111年5月1日上路的新勞動法令，政府的法令宣導及各方意見隨時在資訊揭露上可見，可拿到滿意分數。

解析：詳見本書勞工福利類內容主題二。

四、我國基本工資之調整與運作有那些問題？請以現行之規範分析之。

答題索引：基本工資的調漲是近幾年來的重要勞工議題，惟勞工實質感受不高，基本工資調漲幅度遠大於各項生活費用增加幅度，未受其利，先受其害，反觀，企業也因惟基本工資調漲增加勞動成本，可見基本工資調漲在勞資政三方，都產生無法理想調整與公告的兩難。

解析：基本工資是指勞工在「正常工作時間」內所得之報酬（不包括延長工作時間之工資與休息日，休假日及例假工作加給之工資）。依勞動基準法第21條規定，工資由勞僱雙方議定之，但不得低於基本工資。上開規定目的在於保障勞工基本生活並維持其購買能力；對於工資在基本工資數額邊緣的弱勢勞工，尤其重要。考試時基本工資每月為新台幣25,250元，每小時基本工資168元。前者係指按月計酬者，且依法定正常工作時數上限（現為40小時）履行勞務之最低報酬；後者係為約定按「時」計酬者單位時間之最低報酬。

我國自105年開始，幾乎每年都調整基本工資，但調整金額遠遠趕不上物價的調漲，勞工並未因基本工資調漲獲得實質利益，因此，現行基本工資的調漲存在以下問題：

(一)基本工資審議委員會議召開時程應再提早：基本工資審議委員會議的召開時程，往往都落後於各項勞工生活必須支出與物價調漲之後，建議考量各項經濟數據的發布，對整體經濟情勢越能充分掌握，對基本工資的審議更加助益。

(二)基本工資調漲幅度要充分反映：若從照顧勞動者生活的角度考量，基本工資的調整應反映消費者物價指數（CPI）年增率，勞工感受到物價上漲壓力，主要來自外食費用及房租，租金是否列在CPI項目？是否也編列在躉售物價指數（WPI）？另外，CPI數值與民眾的認知有明顯落差，是否來自CPI以銷售值比重進行編列，若改以一般家庭消費產品支出比例編列，較能貼近勞工對物價的感受。

(三)考量企業勞動成本的增加壓力：CPI上升若來自成本推動，對企業而言，一方面生產成本提高，基本工資調升較有壓力。因此推動CPI年增率占比，可列入基本工資審議考量分析。

111年　普考

一、何謂勞資爭議之「冷卻期間」？我國目前有何規範？冷卻期間之起迄如何認定？請申論之。

答題索引：工會發起的各項爭議行動中，以罷工的影響力最大，一旦合法罷工正式啟動，勞資雙方應立即停止各項不利於對方的諸多活動，交給合法的勞資爭議調處單位辦理，是所謂的冷卻期，本題範圍較小，屬法令規定的事項。

解析：勞資爭議處理法第8條明定勞資爭議冷卻期（cooling-off period）：「勞資爭議在調解、仲裁或裁決期間，資方不得因該勞資爭議事件而歇業、停工、終止勞動契約或為其他不利於勞工之行為；勞方不得因該勞資爭議事件而罷工或為其他爭議行為」，目的在於保障勞工合法爭議權，並使勞資爭議在此期間內得以暫為冷卻，避免爭議事件擴大。

至於冷卻期的起迄時間，係指直轄市或縣（市）主管機關依職權交付調解，並通知勞資爭議雙方當事人之日起，或接到勞資爭議當事人雙方或一方之完備申請書之日起算，至調解紀錄送達之日終止。

二、勞動檢查為政府落實勞動法令之重要憑藉，請說明我國關於勞動檢查業務中央與地方之分工現況及其檢查重點。

答題索引：勞動檢查屬冷門題目，勞動檢查業務過往都由中央主政，雖配合六都要求慢慢將檢查業務下放給地方政府機關，中央與地方在權責上仍加以區分。

解析：依勞動檢查法第5條第1項規定，勞動檢查由中央主管機關設勞動檢查機構或授權直轄市主管機關或有關機關專設勞動檢查機構辦理之。勞動檢查機構認有必要時，得會同縣（市）主管機關檢查。簡言之，我國勞動檢查機構是一種「以中央為中心而授權成立之分立式」組織型態。現行制度可分為下列檢查機構之類型：

(一)直接隸屬中央勞政主管機關之勞動部職業安全衛生署北、中、南區職業安全衛生中心。

(二)中央勞政主管機關授權各直轄市所設立檢查機構，例如：臺北市政府勞動檢查處、臺中市勞動檢查處等。

(三)隸屬中央其他主管機關之檢查機構，即直屬經濟部之經濟部加工出口區管理處與直屬科技部之新竹、中區、南區科學園區管理局。

至於勞動檢查的分工說明如下：

(一)中央執行安全衛生檢查：依勞動檢查法規定，由中央設置（勞動部職業安全衛生署三區職業安全衛生中心）或授權經濟部加工出口區管理處、國家科學及技術委員會各科學工業園區管理局及直轄市成立之勞動檢查機構，負責檢查轄內事業單位有關職業安全衛生法及其附屬法規之相關規定，並依轄內事業單位分布情形、產業特性及安全衛生現況，以「宣導、檢查、輔導」併進策略，強化督導管理成效，另針對高違規、高風險及高職災發生率之事業單位，列為優先檢查對象。

(二) 地方政府執行勞動條件檢查：由各地方主管機關執行勞動條件檢查，檢查範圍包含勞動基準法及性別工作平等法等勞動條件相關法令，檢查重點對象包含常態性違規企業、違反勞動條件法令比例較高之行業及僱用弱勢族群（如青少年、派遣工等）較多之相關事業單位。

三、因疫情影響，坊間出現部分業者要求勞工「先借休再還班」，請說明此一現象之情形及其爭點為何？對此現象勞工行政主管機關之回應為何？請申述之。

答題索引：本題屬時事的勞基法題目，勞基法對於工作時間的規定相當明確，並無先借休再還班的規定，屬容易拿分的題目。

解析：因新冠疫情影響，部分餐飲業或醫院和員工商議，要求勞工「先借休」，疫情後「再還班」或「補服時數」。經查勞動法令並無「先借休、再還班」相關規定，勞動力具不可儲存特性，勞工並無事後補服勞務義務，雇主不可要求勞工日後補足工時。屆時，雇主若確有「先借休、再還班」事實，後續可能發生未知給勞工延長工時工資（加班費）等違法疑慮，可依勞動基準法進行處分。

事實上，受疫情影響，雇主有暫時縮減工作時間及減少工資必要，可參考勞動部訂定「因應景氣影響勞雇雙方協商減少工時應行注意事項」，與勞工簽訂書面協議。

四、為維護身心障礙者就業權益，我國定有相關法規並推動各項措施，請以「身心障礙者定額進用」以及「身心障礙者職業訓練」為例，說明制度之目的、依據及內容。

答題索引：本題偏向就業安全制度一科範圍，身障者的就業權益在身權法就業權益專章有明確規範定額進用，在職業訓練領域亦規範身障職訓相關規定，容易拿高分。

解析：定額進用制度是為了保障及促進身心障礙者就業，對一定員工人數以上的機關（構）課予進用身心障礙者的義務，鼓勵雇主釋出工作機會進用身心障礙者，使其得以發揮所長、融入社會，並喚起一般社會大眾及企業雇主對其工作能力的肯定。因故無法足額

進用,則課以差額補助費,屬於未履行特定法定義務而課徵之特別公課,收繳之差額補助費存入各縣市政府之身障者就業基金專戶,用以辦理促進身心障礙者就業相關事項。

法令依據為身心障礙者權益保障法第38條第1項規定,各級政府機關、公立學校及公營事業機構員工總人數34人以上者,進用具有就業能力之身心障礙者人數,不得低於員工總人數3%。同法第38條第2項規定,私立學校、團體及民營事業機構員工總人數67人以上者,進用具有就業能力之身心障礙者人數,不得低於員工總人數1%,且不得少於1人。同法第43條規定,進用身心障礙者人數未達前開規定未能足額進用者,應定期向所在地直轄市、縣(市)勞工主管機關之身心障礙者就業基金繳納差額補助費;其金額,依差額人數乘以每月基本工資計算。

至於身障者職業訓練,主要是協助身心障礙者就業,依其需求,提供專為身心障礙者開設的專班式職業訓練及多元管道職業訓練等,提升其職業技術能力,在養成訓練期間,為安定其生活,提供職訓生活津貼補助,另設置數位學習網站,提供網路研習課程。

法令依據為身心障礙者權益保障法第33、35條規定,目的是協助身心障礙者增進工作技能,提升就業競爭力。實施方式分為:

(一) 身心障礙者專班式職業訓練

    1. 針對身心障礙生理、心理發展及障礙類別程度的不同,開設專班職業訓練,訓練期間除依據身心障礙者之特性調整訓練方式外,並有輔導人員從旁輔導及提供適當之輔具協助訓練,結訓後並有專人輔導就業,以增加就業競爭力。

    2. 免費參訓。

    3. 訓練方式:採職前養成訓練及在職訓練2種方式辦理。

    4. 參訓對象:15歲以上或國中畢業,領有身心障礙手冊或證明,具備生活自理能力,並經評估具備擬參加訓練職類之就業潛能。

(二) 身心障礙者多元管道職業訓練

    1. 為使身心障礙者有公平機會及多種管道參加職業訓練,提供與一般民眾共同參與職業訓練,藉由無障礙訓練場所及教材教具規劃、手語翻譯等職務再設計協助,排除身心障

　　　　礙者參訓障礙，使其在參訓職類、時間、地點上，有更多
　　　　元的選擇，並鼓勵其透過融合式的職前或在職等訓練，以
　　　　增加其就業競爭力。
　　2. 免繳自行負擔費用或補助全額訓練費用。
　　3. 參訓對象：15歲（含）以上、具工作意願但工作技能不足
　　　　之失業者或已就業者。
(三) 職業訓練生活津貼
　　1. 提供參加全日制養成職業訓練的身心障礙學員訓練期間生
　　　　活津貼，安定受訓期間的生活。
　　2. 適用對象：領有身心障礙手冊或證明，參加全日制養成職
　　　　業訓練者（非自願離職者應優先申請就業保險法職業訓練
　　　　生活津貼）。
　　3. 津貼給付標準：依就業促進津貼實施辦法，申請職業訓練
　　　　生活津貼，每月按基本工資60％發給，最長發給1年。

111年　地特三等

一、勞工行政事務日益繁雜且更趨專業化，勞動部會補助地方勞工主管機關人事
**　　預算費用，協助執行特定勞工行政業務。請說明所執行的業務內容。**

答題索引： 本題屬相當冷門的題型，連在地方政府服務的編制外人員，也不一定
了解中央主管機關補助地方勞工行政機關的人事費所辦理的業務內容，除非對於
當前的勞工行政業務嫻熟者，才可獲知一二，命題範圍實有超出了。

解析： 由於受限於組織編制及員額不得擴充之故，地方政府執行勞工行
　　　　政業務確實有人力不勝負荷之壓力，勞動部每年由就業安定基金
　　　　編列預算，補助地方政府人事預算費用分別為：
　　　　(一) 辦理促進國民就業之各就業服務據點之就業服務員。
　　　　(二) 辦理失業者職業訓練之工作人員。
　　　　(三) 辦理就業歧視防制及求職防騙暨就業隱私宣導計畫之工作人員。
　　　　(四) 辦理職業災害罹災勞工生活扶助之工作人員。

(五) 辦理身心障礙勞工促進就業及安置與生活照顧之工作人員。

(六) 辦理大專青年學生公部門暑期工讀計畫之工作人員。

(七) 辦理資遣通報與就業保險法非自願離職名冊查核比對實施之工作人員。

(八) 辦理外籍移工管理事項的諮詢員或查察員。

二、團體協約法中有那些立法內容是有助於勞資雙方建立協商關係，有意義地展開協商？同時，團體協約之協商進行中，在何種情況下，勞工主管機關可依職權交付仲裁？並請分析其實益。

答題索引：勞資雙方透過集體協商後順利簽訂團體協約，是近年來勞動部極力推動的重點工作，現行的團體協約法對於雙方協商的主體，以及協商未果的解決方式，都有明確的規範，屬有利於協商機制與順遂進行的法令規範。

解析：相關內容敘述如下：

(一) 團體協約法中有利於勞資雙方展開協商的內容

1. 具協商資格工會的種類多樣化：依團體協約法第6條第3項規定：依前項所定有協商資格之勞方，指下列工會：(1)企業工會。(2)會員受僱於協商他方之人數，逾其所僱用勞工人數二分之一之產業工會。(3)會員受僱於協商他方之人數，逾其所僱用具同類職業技能勞工人數二分之一之職業工會或綜合性工會。(4)不符合前三款規定之數工會，所屬會員受僱於協商他方之人數合計逾其所僱用勞工人數二分之一。(5)經依勞資爭議處理法規定裁決認定之工會。

2. 有二個以上工會或雇主或團體時之協商代表產生方式：依團體協約法第6條第4項規定：勞方有2個以上之工會，或資方有2個以上之雇主或雇主團體提出團體協約之協商時，他方得要求推選協商代表；無法產生協商代表時，依會員人數比例分配產生。

(二) 勞工行政主管機關可依職權交付仲裁的情況

依團體協約法第6條第5項規定：勞資雙方進行團體協約之協商期間逾6個月，並經勞資爭議處理法之裁決認定有違反第1

項、第2項第1款或第2款規定之無正當理由拒絕協商者，直轄市或縣（市）主管機關於考量勞資雙方當事人利益及簽訂團體協約之可能性後，得依職權交付仲裁。

三、 新冠疫情期間，勞工工作模式產生革命性變化，「居家工作」（work from home）或稱「電傳勞動」（teleworking）變成重要的替代工作方案。請從職業安全衛生的層面，分析如何保障勞工權益？

答題索引：因為疫情影響，勞工居家工作或電傳勞動的人數增加，但雇主不能因此逃避職業安全衛生該有的法定責任，勞動部特頒定一項居家工作者之職業安全衛生指引，以為雇主遵守之規範，據以保障居家工作勞工之身心健康。

解析：因應COVID-19疫情，勞工的工作改以遠距、分流異地辦公、調整出勤或出差，以避免接觸的交互傳染，雇主與勞工協定於指定期間以居家工作（working from home）方式，維持企業持續營運。根據ILO的定義，居家工作是一種工作安排，工作者在家裡使用資訊傳播科技（Information and Communications Technology, ICT）完成雇主所交付的工作；然居家工作模式及環境，無法與辦公室等常態性之設施與環境相比，因此勞動部特於111年6月1日修訂「居家工作職業安全衛生參考指引」，提供企業於採取居家工作措施時應考量之安全衛生事項，企業在合理可行範圍內，對於居家工作環境或交付之作業應辨識可能之危害、實施風險評估，並依評估結果採取適當的控制措施；此外，對於居家工作者之身心健康狀況應保持關注，採取滾動式評估檢討，以調整安排適當之作法。

其中，安全衛生管理注意事項包含雇主應視居家工作之勞動特性及其危害風險評估結果，在合理可行範圍內，採取必要之預防設備或措施，並依安全衛生管理注意事項檢核表進行自我評估，重點如下：

(一) 必要之設備、措施或資源　　　(二) 居家工作區域

(三) 工作相關設施　　　　　　　　(四) 身心健康管理

(五) 教育訓練　　　　　　　　　　(六) 溝通與管理

四、近年美國國務院年度人口販運報告中，臺灣雖被評為第一級國家，但仍有部分勞工權益問題，未被根本解決。請分析這些關鍵問題為何？同時，請說明就業服務法中對於移工遭人口販運時，有何勞工立法或行政措施因應之？

答題索引： 被剝削勞動的外籍家庭看護工、假留學真打工的大學校院外籍生等慘遭剝削的問題、青年學子至柬埔寨工作遭挾持監禁等類似人口販運問題，在在凸顯台灣地區的人口販運問題之嚴重，如何有效遏止及積極改善，確屬當務之急，本題屬時事題型。

解析： 依據美國在臺協會發布的訊息指出，台灣當局在消除人口販運問題方面的努力完全符合最低標準，持續展現解決此議題的決心並持續付出努力，112年仍保持在第一級。不僅調查並起訴更多的人口販運者，也加強打擊人口販運犯罪活動的國際執法合作，也鑑別出更多人口販運被害人，亦查出遭受強迫勞動從事網路詐騙的受害者並將其移送回國。台灣亦制定一項新的行動計畫以遏止漁業違反勞動權益之情事（包括人口販運）、修改人力仲介稽查法規及外籍漁船的管理辦法以預防人口販運。但被害人身分鑑別程序問題、調查人力不足、規定不夠完善等問題，加上調查與起訴容易受到剝削的台灣籍遠洋船隊中的強迫勞動問題，缺乏更明確的勞動法規以保障外籍家庭看護工的權利，導致數以千計的外籍家庭看護仍然容易受到強迫勞動的剝削。

未來努力改善的重點方向為：

(一) 積極調查涉嫌在遠洋船隊中勞力剝削的台灣籍漁船或台灣權宜船，包括停靠在特別外國泊船區的船隻，若情節屬實，應對高級船員及船主予以起訴。

(二) 積極依據《人口販運防制法》對人口販運嫌犯起訴與定罪，處以足夠嚴厲的刑罰，包括處以適當刑期。

(三) 擴大漁業署駐外國港口人員的職權，透過以被害人為中心的程序，加強鑑別外籍船員的強迫勞動指標；將漁業署檢查員及勞動檢查員的檢查覆蓋範圍擴大至所有授權的海外港口；提供海事檢查機構充分培訓，使其具備能力可鑑別被害人、進行適當轉介，並瞭解執法通報程序；並對此類檢查擴大提供口譯服務，尤其印尼語和菲律賓語。

(四) 將重要相關單位（不只執法人員）納入人口販運被害人鑑別機構。

(五) 正式將民間社會（包括漁民代表、專家與從業人員）意見納入人力仲介評鑑程序。

(六) 修訂相關政策並補足法律漏洞，根除仲介收取招聘費、登記費、服務費、押金的情形，並與移工母國合作監控與協調契約規定及直接聘僱事宜。

(七) 繼續加強鑑別脆弱族群，調查是否有人口販運情形，包括受私立大學招募的外籍學生、涉及海外犯罪活動遣送返台者，以及因逃離工作環境的虐待而失去簽證，或向移民機關自首的外籍勞工，並轉介他們至庇護機構。

(八) 推動立法，將家庭看護和家事勞工納入基本勞工權益的保障範圍，包括全面禁止雇主扣留移工的身分證件及旅行證件。

111年　地特四等

一、為協助受疫情衝擊勞工和企業，勞動部提出一系列就業安定或促進方案。請舉出三個方案說明重要內容。

答題索引：本題屬就業安全制度題型，屬時事題，亦在猜題範圍之內，容易獲取高分。

解析：（參見本公司出版《就業安全制度（含概要）》整理重點）

二、請問勞工立法中，對於非身心障礙或失能之退休勞工領取退休金或相關之給付，有那些相關的法律規定？請分別就其資格要件和給與標準（或計算方式）加以說明。

答題索引：非身障或失能之退休勞工可領取之勞工退休金，法令規範在舊制的勞動基準法，新制的勞工退休金條例，以及勞工保險條例中的老年給付，屬綜合題型。

解析：首先，一般退休勞工之資格規定為勞動基準法第53、54條：

(一) 第53條：勞工有下列情形之一，得自請退休：

1. 工作15年以上年滿55歲者。

2. 工作25年以上者。

3. 工作10年以上年滿60歲者。

(二) 第54條：勞工非有下列情形之一，雇主不得強制其退休：

1. 年滿65歲者。

2. 身心障礙不堪勝任工作者。

至於，退休金的發給標準，適用勞基法的舊制勞工，同法第55條第1項：

(一) 勞工退休金之給與標準如下：按其工作年資，每滿1年給與2個基數（平均工資）。但超過15年之工作年資，每滿1年給與1個基數，最高總數以45個基數為限。未滿半年者以半年計；滿半年者以1年計。

(二) 適用勞工退休金條例的新制勞工，依據勞工退休金條例第14條，勞工年滿60歲，得依下列規定之方式請領退休金：

1. 工作年資滿15年以上者，選擇請領月退休金或一次退休金。

2. 工作年資未滿15年者，請領一次退休金。

最後，可向勞保局申領勞工老年年金或一次金的給付，資格及給付標準如下：

(一) 勞工保險條例第58條規定：年滿60歲（112年需滿63歲）有保險年資者，得依下列規定請領老年給付：

1. 保險年資合計滿15年者，請領老年年金給付。

2. 保險年資合計未滿15年者，請領老年一次金給付。

(二) 給付標準依據同條例第58-1條規定：老年年金給付，依下列方式擇優發給：

1. 保險年資合計每滿1年，按其平均月投保薪資之0.775%計算，並加計新臺幣3000元。

2. 保險年資合計每滿1年，按其平均月投保薪資之1.55%計算。

三、吹哨者（whistleblower）保護立法的目的，是鼓勵內部員工勇於揭弊，而免於遭解僱或調職等不利待遇之威脅。現行勞工立法中，有那些條文是針對勞工檢舉或申訴的保護，其內容為何？

答題索引：雇主未依據各項勞工法令規定辦理，勞工可向當地勞工行政主管機關檢舉，或稱吹哨，以保勞工權益及自身健康生命安全，勞動基準法、勞動檢查法、職業安全衛生法、性別平等工作法均有詳細規範，屬易拿高分題型。

解析：現行勞工法令規範勞工可申訴及有相關保護規定的計有：

(一) 勞動基準法第74條：勞工發現事業單位違反本法及其他勞工法令規定時，得向雇主、主管機關或檢查機構申訴。

雇主不得因勞工為前項申訴，而予以解僱、降調、減薪、損害其依法令、契約或習慣上所應享有之權益，或其他不利之處分。

雇主為前項行為之一者，無效。

主管機關或檢查機構於接獲第一項申訴後，應為必要之調查，並於六十日內將處理情形，以書面通知勞工。

主管機關或檢查機構應對申訴人身分資料嚴守秘密，不得洩漏足以識別其身分之資訊。

(二) 職業安全衛生法第39條：工作者發現下列情形之一者，得向雇主、主管機關或勞動檢查機構申訴：

1. 事業單位違反本法或有關安全衛生之規定。

2. 疑似罹患職業病。

3. 身體或精神遭受侵害。

主管機關或勞動檢查機構為確認前項雇主所採取之預防及處置措施，得實施調查。

前項之調查，必要時得通知當事人或有關人員參與。

雇主不得對第1項申訴之工作者予以解僱、調職或其他不利之處分。

(三) 勞動檢查法第32條：

事業單位應於顯明而易見之場所公告左列事項：

1. 受理勞工申訴之機構或人員。

2. 勞工得申訴之範圍。

3. 勞工申訴書格式。

4. 申訴程序。

又同法第33條：勞動檢查機構於受理勞工申訴後，應盡速就其申訴內容派勞動檢查員實施檢查，並應於14日內將檢查結果通知申訴人。

勞工向工會申訴之案件，由工會依申訴內容查證後，提出書面改善建議送事業單位，並副知申訴人及勞動檢查機構。

事業單位拒絕前項之改善建議時，工會得向勞動檢查機構申請實施檢查。

事業單位不得對勞工申訴人終止勞動契約或為其他不利勞工之處分。

勞動檢查機構受理勞工申訴必須保持秘密，不得洩漏勞工申訴人身分。

(四) 性別平等工作法第32～34條：

雇主為處理受僱者之申訴，得建立申訴制度協調處理。

受僱者發現雇主違反第14條至第20條之規定時，得向地方主管機關申訴。

其向中央主管機關提出者，中央主管機關應於收受申訴案件，或發現有上開違反情事之日起7日內，移送地方主管機關。

地方主管機關應於接獲申訴後7日內展開調查，並得依職權對雙方當事人進行協調。

四、近年勞動基準法修法中，新增限制某些特定勞動契約之約定型態，其中以「離職後競業禁止」和「最低服務年限」最具代表性。請說明其規定內容。

答題索引：近期勞基法修法對競業禁止及最低服務年限均有詳細規範，屬簡易題型。

解析：（參見本書重點整理及勞基法第15-1條）

112年　高考三級

一、近年，英國醫師、護理師、郵務、鐵路等公共服務罷工頻傳，導致國會提出新罷工法案，擬定罷工時的最低服務要求（minimum service requirements）。請說明我國勞工在進行罷工時的類似立法，以及其爭議行為限制規定？

> **答題索引**：罷工的最低服務要求，在我國勞資爭議處理法的第五章爭議行為中有明確規範，其主要目的在於不因勞工採取積極爭議行動，而影響人民生命生活等重大事件之進行，但真正發生大型勞資爭議案件時，並未見其表現。

> **解析**：勞資爭議處理法第54條第2項：「下列影響大眾生命安全、國家安全或重大公共利益之事業，勞資雙方應約定必要服務條款，工會始得宣告罷工：一、自來水事業。二、電力及燃氣供應業。三、醫院。四、經營銀行間資金移轉帳務清算之金融資訊服務業與證券期貨交易、結算、保管事業及其他辦理支付系統業務事業。前項必要服務條款，事業單位應於約定後，即送目的事業主管機關備查」規範限制性罷工的行職業或場所，都是與人民生活健康或生命息息相關的重要業別。
>
> 上述職業受到罷工期間必須維持最低服務要求的條款約束，勢必降低其爭議行為對資方造成的壓力程度，因此，在勞資爭議處理的仲裁程序上，特別規範雙方或任何一方針對調整事項之爭議案件得申請仲裁；勞資爭議處理法第25條第2項：「勞資爭議當事人之一方為第54條第2項之勞工者，其調整事項之勞資爭議，任一方得向直轄市或縣（市）申請交付仲裁；其屬同條第3項事業調整事項之勞資爭議，而雙方未能約定必要服務條款者，任一方得向中央主管機關申請交付仲裁」。

二、我國勞工界有提出制定最低工資法的倡議，立法院也有黨團提出最低工資法草案送審。請說明現行基本工資制度面臨的問題，並分析其與最低工資立法倡議之差異？

> **答題索引**：近幾年基本工資逐年微調，但始終無法獲得勞工團體的肯定，且觀察勞工實際的生活，工資調帳的幅度永遠趕不上物價調高的速度與程度，因此，過去一直未上路的最低工資法又再次被提及，究竟基本工資與最低工資是否相同，

眾多學者與勞工團體指出，兩者仍有明顯差異存在，政府應重啟最低工資法，才能保障長期處於低工資水準的廣大勞工生活，本題屬時事題。

解析：臺灣的低薪資高工時，是嚴重的勞動議題，勞工平均年總工時2008小時，躍居全球第6位，基本工資雖在近10年逐漸調高，但扣除物價膨脹因素後，勞工受益的實質基本工資年增率幅度不大。且，多數為與基本工資連結甚深的外籍移工受益最大，本國勞工受到基本工資調漲的正面影響很小。

早在1930年，中華民國國民政府批准國際勞工組織的《釐定最低工資機構公約》，1936年12月23日國民政府公布《最低工資法》，規定成年工資以維持其本身足以供給無工作能力親屬二人之必要生活為準，然因戰爭爆發未能實施。1968年行政院發布《基本工資暫行辦法》，是政府首次以法規命令規定全國性的最低工資，1984年《勞動基準法》公布施行，第21條規定：「工資由勞僱雙方議定之。但不得低於基本工資」，1986年11月21日立法院廢止1936年12月23日公布但施行日期一直未以命令定之的《最低工資法》，1986年12月3日總統公布廢止，由上可知，最低工資自始未在台灣正式施行，都以1984年勞動基準法的基本工資為準。

事實上，最低工資與基本工資是有所不同的，最低工資應就當地的生活程度與各行業不同狀況而定，且以撫養三口（本人及扶養親屬2人）的必要生活為準；而基本工資則類似國民所得，依據國家經濟發展狀況、物價指數等指標而定，為一綜合評估。以2023年4月20日公布施行的「基本工資審議辦法」第4條：基本工資審議委員會為審議基本工資，應蒐集下列資料並研究之：

(一) 國家經濟發展狀況。

(二) 國產與進口品物價指數。

(三) 消費者物價指數。

(四) 國民所得與平均每人所得。

(五) 各業勞動生產力及就業狀況。

(六) 各業勞工工資。

(七) 家庭收支調查統計。

綜上，臺灣使用的基本工資訂定內容與其他國家所定義的最低工資內容比較相近，因此，提出將勞動基準法的基本工資修正為最低工資的聲浪此起彼落。

再者，勞動基準法第21條：「工資由勞僱雙方議定之。但不得低於基本工資」之立法意旨，由雙方議定的工資內容應該超脫出政府規範的類似最低工資的意義，本於契約自由原則由勞資雙方議定，曾與最低工資完全脫鉤，與勞動部所指的基本工資實則與最低工資相同的說法有所不同，因此，勞工團體所倡議的盡速完成最低工資法的單獨立法，實有其實質意義。

三、國際勞動公約對於禁止「強迫勞動」有明文規定，且為國際上廣泛獲得承認的核心勞動基準。請問強迫勞動有那些類型？我國勞工立法和行政上有那些規定和做法？

答題索引：本題亦屬時事題，全球供應鏈下的部分跨國企業，選擇低度發展國家的充沛廉價勞動力來源之成本優勢，以貧窮人口、童工或女工為大量聘僱對象，長工時低工資的不良僱用型態，遭受國際媒體披露後，強迫勞動議題再度浮上檯面受到議論。

解析：國際勞工組織1930年通過的第29號強迫勞動公約中，對強迫勞動的定義規定在其第2條第1項，以任何形式之懲罰作為威脅，強迫勞工進行任何被強迫的、非自願性質的勞務或是服務者稱之。如何判斷是否構成強迫勞動至少滿足兩個要件：1.須有現實的或是可信的懲罰性威脅，2.欠缺自由的與知情的同意（informed consent）。常見的強迫勞動分成三大類型：

(一) 政府強制勞動（State-imposed forced labour）：範圍包含公部門、軍隊或準軍隊施以強制工作、強制性公眾服務或是強制性受刑人勞動等。

(二) 成人或兒童的性剝削強制工作（Forced sexual exploitation of adults and all forms of commercial sexual exploitation of children）。

(三) 具剝削意涵的強制勞動（Forced labour exploitation）：範圍對象為私經濟部門利用抵債勞動（bonded labour）等強制手

段達成剝削其勞動價值者。常見的強制手段包括扣發或威脅
不給工資、暴力威脅、施以身體暴行及恐嚇威脅其家人等。

四、社會對話（social dialogue）是國際勞工組織推動尊嚴勞動（Decent Work 或稱合宜勞動）的四大支柱之一。依據社會對話精神，我國勞工立法和行政上有勞、資、政三方參與決策或諮詢的組織和功能設計，請舉四例說明之。

答題索引：鼓勵勞資雙方本於勞資自治自主原則，啟動雙方的社會對話機制，除了透過持續宣導及教育訓練之外，補助經費即發給獎勵金，由企業工會和公司透過對話交流之後，簽訂團體協約，讓臺灣可以歐美國家的成功案例為鑒，早日看見勞資兩方或勞資政三方的對話機制，不僅可以達到資訊交換，亦可獲致諮詢或協商的深度功能。

解析：（參見本公司出版《勞資關係》乙書第五章集體勞資關係社會對話內容）

112年　普考

一、事業單位進行大量裁員時，依法須提出解僱計畫書。請說明解僱計畫書的內容、通知順序、協商方式，以及作成協議書的方式。

答題索引：由於疫情後少數企業面臨訂單驟減，人力過剩，必須啟動解僱勞工以達永續經營之效，近日縮減工時通報公司與受影響勞工數微幅增加，萬不得已必須依據勞動基準法第11條進行經濟性解僱，甚至必須啟動大量解僱勞工保護法提出解僱計畫書等法令規定之作業流程，本題屬法令規定的基本題型。

解析：（參見本書詳細內容）

二、為確保企業內工會的組織和運作，避免雇主侵犯工會組織權、集體協商權和爭議權，請說明我國工會法之工會會務假，以及禁止雇主不得為特定行為之規定。

答題索引：不當勞動行為屬雇主違背勞動三權之基本規範，侵犯勞工的結社權或協商權，在勞資爭議處理法中有裁決的專章規範，本題屬容易拿分題型。

解析：工會法第八章專章訂定保護規定，保障勞工組織或加入工會等規定；另對於辦理會務得請公假之規範如下：

(一) 工會會務假之規定

工會法第36條：

工會之理事、監事於工作時間內有辦理會務之必要者，工會得與雇主約定，由雇主給予一定時數之公假。

企業工會與雇主間無前項之約定者，其理事長得以半日或全日，其他理事或監事得於每月50小時之範圍內，請公假辦理會務。

企業工會理事、監事擔任全國性工會聯合組織理事長，其與雇主無第1項之約定者，得以半日或全日請公假辦理會務。

(二) 禁止雇主不得為特定行為之規定（又稱不當勞動行為）

工會法第35條：

雇主或代表雇主行使管理權之人，不得有下列行為：

1. 對於勞工組織工會、加入工會、參加工會活動或擔任工會職務，而拒絕僱用、解僱、降調、減薪或為其他不利之待遇。

2. 對於勞工或求職者以不加入工會或擔任工會職務為僱用條件。

3. 對於勞工提出團體協商之要求或參與團體協商相關事務，而拒絕僱用、解僱、降調、減薪或為其他不利之待遇。

4. 對於勞工參與或支持爭議行為，而解僱、降調、減薪或為其他不利之待遇。

5. 不當影響、妨礙或限制工會之成立、組織或活動。

三、勞工立法中，為貫徹保障勞工權益，賦予主管機關對違法事業單位限期改正之權力，屆期仍未改正者，按次連續處罰。請說明團體協約法中適用限期改正和連續處罰的違法事由，以及其裁罰認定方法。

答題索引：本題屬相對冷門題型，團體協約法的相關罰則僅一個條文，一般較少著墨，屬不易拿分的冷門題目。

解析：團體協約法第36條規定：勞資之一方，違反第6條第1項規定，經依勞資爭議處理法之裁決認定者，處新臺幣10萬元以上50萬元以

下罰鍰。又，勞資之一方，未依前項裁決決定書所定期限為一定
行為或不行為者，再處新臺幣10萬元以上50萬元以下罰鍰，並得
令其限期改正；屆期仍未改正者，得按次連續處罰。

而前項所指同法第6條第1項為：勞資雙方應本誠實信用原則，進
行團體協約之協商；對於他方所提團體協約之協商，無正當理由
者，不得拒絕。因此，違反規定並經裁決決定書所定期限，雙方
任何一方違反者，可再處以行政罰鍰，並得令其限期改正；若屆
期仍未改正者，得按次連續處罰。

四、為求行政主管機關有效執行勞動基準法，於立法中增設「檢查機構」和「申
訴」兩個機制。請說明檢查機構職權和申訴保護程序。

答題索引：勞動檢查業務過往都由中央主政，配合六都要求逐漸將檢查業務下放
地方政府機關，中央與地方在權責上雖有微小的區分，但職權與申訴是相同的。

解析：勞動檢查由中央主管機關設勞動檢查機構或授權直轄市主管機關
或有關機關專設勞動檢查機構辦理之。勞動檢查機構認有必要
時，得會同縣（市）主管機關檢查。簡言之，我國勞動檢查機構
是一種「以中央為中心而授權成立之分立式」組織型態。勞動檢
查機構職權和申訴制度內容分述如下：

(一)勞動檢查機構職權

勞動檢查法第4條規定：勞動檢查事項範圍如下：

1.依本法規定應執行檢查之事項。

2.勞動基準法令規定之事項。

3.職業安全衛生法令規定之事項。

4.其他依勞動法令應辦理之事項。

同法第13條規定：勞動檢查員執行職務，除下列事項外，不
得事先通知事業單位：

1.第26條規定之審查或檢查。

2.危險性機械或設備檢查。

3.職業災害檢查。

4.其他經勞動檢查機構或主管機關核准者。

同法第15條規定：勞動檢查員執行職務時，得就勞動檢查範圍，對事業單位之雇主、有關部門主管人員、工會代表及其他有關人員為下列行為：

1. 詢問有關人員，必要時並得製作談話紀錄或錄音。
2. 通知有關人員提出必要報告、紀錄、工資清冊及有關文件或作必要之說明。
3. 檢查事業單位依法應備置之文件資料、物品等，必要時並得影印資料、拍攝照片、錄影或測量等。
4. 封存或於掣給收據後抽取物料、樣品、器材、工具，以憑檢驗。

(二) 申訴制度內容

勞動檢查法第33條規定：勞動檢查機構於受理勞工申訴後，應盡速就其申訴內容派勞動檢查員實施檢查，並應於14日內將檢查結果通知申訴人。

勞工向工會申訴之案件，由工會依申訴內容查證後，提出書面改善建議送事業單位，並副知申訴人及勞動檢查機構。

事業單位拒絕前項之改善建議時，工會得向勞動檢查機構申請實施檢查。

事業單位不得對勞工申訴人終止勞動契約或為其他不利勞工之處分。

勞動檢查機構受理勞工申訴必須保持秘密，不得洩漏勞工申訴人身分。

112年 地特三等

一、勞工保險局除擔任勞工保險及勞工職業災害保險的保險人外，依法還有那些行政機關委任或委託辦理那些業務？

答題索引：勞工保險局除辦理勞保及職災保險之外，尚辦理就業保險、農民健康保險、國民年金、積欠工資墊償基金、勞工退休金、農民福利津貼核發等眾多業務，若常上勞保局網站搜尋相關資料，在首頁可見其業務內容介紹，本題屬易拿滿意分數題型。

解析：勞工保險局除辦理勞工保險及職業災害保險外，尚辦理其他業
務，其法源及業務重點如下：

(一) 就業保險：就業保險法第4條：本保險由中央主管機關委任勞
工保險局辦理，並為保險人。

(二) 勞工退休金提繳管理業務：勞工退休金條例第5條：勞工退休
金之收支、保管、滯納金之加徵及罰鍰處分等業務，由中央
主管機關委任勞動部勞工保險局辦理之。

(三) 積欠工資墊償基金提繳及墊償管理：積欠工資墊償基金提繳
及墊償管理辦法第2條第2項：本基金之收繳及墊償等業務，
委任勞動部勞工保險局辦理。

(四) 國民年金：國民年金法第4條：本保險之業務由中央主管機關
委託勞工保險局辦理，並為保險人。

(五) 農民健康保險：農民健康保險條例第2條第2項：本保險由中
央主管機關設立之中央社會保險局為保險人。在中央社會保
險局未設立前，業務暫委託勞工保險局辦理，並為保險人。

(六) 老年農民福利津貼核發：由農業部依據老年農民福利津貼暫
行條例規定委託勞保局辦理。

(七) 勞工退休金（新制）：勞工退休金條例第5條：勞工退休金之
收支、保管、滯納金之加徵及罰鍰處分等業務，由中央主管
機關委任勞動部勞工保險局辦理之。

二、工會法第6條第1項第1款所稱之企業工會，包括廠場工會。現行工會法施行
細則第2條第1項及第2項規定：「本法第六條第一項第一款所稱廠場，指有
獨立人事、預算會計，並得依法辦理工廠登記、公司登記、營業登記或商業
登記之工作場所。
前項所定有獨立人事、預算及會計，應符合下列要件：
(一)對於工作場所勞工具有人事進用或解職決定權。
(二)編列及執行預算。
(三)單獨設立會計單位，並有設帳計算盈虧損。」
憲法法庭112年度憲判字第7號判決宣布現行工會法施行細則第2條第1項及
第2項規定違憲，至遲於該判決宣示之日起屆滿2年時，失其效力。其理由
為何？

答題索引：本題屬時事題，主要來自華航工會沸沸揚揚的罷工案件後延伸聲請釋憲問題，系爭在於廠場工會必須該當「獨立人事、預算及會計」之要件，顯然侵犯勞工的結社權，要求勞動部在2年內應完成修法，若關注時事，本題屬易發揮拿高分的題型。

解析：憲法法庭針對聲請人：中華航空股份有限公司修護工廠企業工會所提111年度憲民字第350號於112年5月19日派決如下：

(一) 工會法施行細則第2條第1項規定：「本法第6條第1項第1款所稱廠場，指有獨立人事、預算會計，並得依法辦理工廠登記、公司登記、營業登記或商業登記之工作場所。」第2項規定：「前項所定有獨立人事、預算及會計，應符合下列要件：(1)對於工作場所勞工具有人事進用或解職決定權。(2)編列及執行預算。(3)單獨設立會計單位，並有設帳計算盈虧損。」牴觸憲法第23條法律保留原則，至遲於本判決宣示之日起屆滿2年時，失其效力。

(二) 上開二項規定與憲法第23條比例原則，均尚無牴觸。

(三) 最高行政法院109年度上字第584號判決及110年度上字第321號判決適用牴觸憲法之上開二項規定而違憲，均廢棄，發回最高行政法院。

　　最主要理由為：依據《公民與政治權利國際公約》第22條與《經濟社會與文化權利公約》第8條揭櫫勞工的組織結社（團結權）之保障內涵，不僅是勞工組織工會及加入由其自身所選擇工會之自由，其中更包含「勞工組織工會的型態與方式」，除依法律之規定，且為民主社會維護國家安全或公共秩序或保障他人權利自由所必要者外」，不得限制此項結社權利之行使。亦即，根據國際勞工組織第87號和第98號公約規範勞工應享有之結社自由的權利，就我國現行工會法施行細則第2條第1項及第2項之相關規定，對於成立廠場工會必須該當「獨立人事、預算及會計」之要件，恐使勞工結社自由受政府或雇主不當限制，且使勞工未能享有加入工會之權利，進而有違背國際勞工組織第87號和98號公約所定之團結權保障規範之虞。因此，工會法施行細則第2條第1項及第2項等規定與相關國際公約保障勞動權之要求不相符。

三、立法院於民國112年8月16日修正性別平等工作法（原稱性別工作平等法），將於113年3月8日施行，對性騷擾防治的規定有重大變革，請分別說明權勢性騷擾及持續性性騷擾之意涵。

答題索引：受到Me Too事件影響，政府迅速修訂性騷擾三法，尤其是職場性騷擾修正幅度最大，在原有的敵意性騷擾及交換性騷擾之外，增列權勢性騷擾，本題屬易拿滿意分數題型。

解析：詳見本書性騷擾防治內容。

四、現行勞動基準法第17條之1第1項規定：「要派單位不得於派遣事業單位與派遣勞工簽訂勞動契約前，有面試該派遣勞工或其他指定特定派遣勞工之行為。」如果要派單位違反此項規定，勞動基準法第17條之1規定那些法律效果？

答題索引：為避免事業單位透過派遣方式逃避雇主該有的法律責任，因此在勞基法規定，要派機構不得參與面試或其他指定派遣勞工行為等等，在108年6月19日針對勞動派遣規範保障內容。

解析：詳見本書勞動條件類主題一、勞動基準法內容。

112年 地特四等

一、根據我國工會法第4條第1項規定「勞工均有組織及加入工會之權利。」請詳述下列有關我國勞工於組織工會時，其勞工團結權於現行法上所受之保護與限制等問題。
(一)我國有那些受僱者被排除或限制於前述工會法第4條第1項條文之規範適用？
(二)根據工會法第6條之規定，勞工得組織「企業工會」。請說明勞工得組織企業工會的要件為何？
(三)如果要「結合同一廠場」之勞工組織工會，請詳述我國現行法上所稱「廠場」之定義為何？

答題索引：本題屬時事題，來自華航工會沸沸揚揚的罷工案件後延伸聲請釋憲問題，系爭在於廠場工會必須該當「獨立人事、預算及會計」之要件，顯然侵犯勞

工的結社權，要求勞動部在2年內應完成修法，若關注時事，本題屬易發揮拿高分的題型。由於工會與雇主簽訂團體協約本就不易，易遭雇主方無正當理由拒絕，同樣在協約有效期滿續約或修訂約定時，也容易遭此狀況，可依團體協約法規由主管機關交付仲裁，本題屬易拿高分題型。

解析：(一)、(二)詳見本書內容。(三)依工會法施行細則第2條規定：本法第6條第1項第1款所稱廠場，指有獨立人事、預算會計，並得依法辦理工廠登記、公司登記、營業登記或商業登記之工作場所。

前項所定有獨立人事、預算及會計，應符合下列要件：

(一) 對於工作場所勞工具有人事進用或解職決定權。

(二) 編列及執行預算。

(三) 單獨設立會計單位，並有設帳計算盈虧損。

本法第6條第1項第1款所稱事業單位，指僱用勞工從事工作之機構、法人或團體。

二、根據我國勞動基準法（下稱勞基法）第59條之規定「勞工因遭遇職業災害而致死亡、失能、傷害或疾病時，雇主應依下列規定予以補償。」請詳述下列有關我國勞工於職災發生時，其職災補償於不同治療階段得請求之補償內容等問題。

(一)當勞工因工作發生受傷或罹患職業病時，雇主依勞基法規定應負之補償責任為何？

(二)當職災勞工於醫療期間屆滿2年仍未能痊癒時，雇主依勞基法規定應負之補償責任為何？

(三)當職災勞工經治療終止後，雇主依勞基法規定應負之補償責任為何？

答題索引：職災勞工的補償在勞動基準法第7章有詳細規範，屬簡易題型。

解析：詳見本書勞動條件類主題一、勞動基準法內容。

三、根據我國勞工保險條例第6條第1項規定「年滿十五歲以上，六十五歲以下之左列勞工，應以其雇主或所屬團體或所屬機構為投保單位，全部參加勞工保險為被保險人」，其中同項第7款規定「無一定雇主或自營作業而參加職業工會者。」請回答下列問題：

(一)詳述何謂「無一定雇主」之勞工？並舉例說明。

(二)詳述何謂「自營作業」之勞工？並舉例說明。

答題索引：勞工保險的眾多被保險人中以無一定雇主或自營作業者最多，對於是否具備資格及申請保險給付時的資格認定常生爭議，在勞工保險條例施行細則及勞保局網站首頁上，針對此常有詳細說明並有範例深入分析，屬簡易題型。

解析：依據勞工保險條例施行細則第11條規定：本條例第6條第1項第7款及第8款所稱無一定雇主之勞工，指經常於3個月內受僱於非屬同條項第1款至第5款規定之二個以上不同之雇主，其工作機會、工作時間、工作量、工作場所、工作報酬不固定者。至於本條例第6條第1項第7款及第8款所稱自營作業者，指獨立從事勞動或技藝工作，獲致報酬，且未僱用有酬人員幫同工作者。

又，勞動部改制前的行政院勞工委員會81年8月13日、82年7月28日及同年10月23日函於廢止後，年滿15歲以上，65歲以下，符合勞工保險條例規定「自營作業者」定義之職業工會會員，不論是否從事以買賣、銷售貨品為目的之工作，均屬勞工保險的強制納保對象，應由所屬本業職業工會為其申報加保，以保障自營作業勞工投保勞保權益。

四、根據我國「勞工職業災害保險及保護法」之規定，中央主管機關為統籌辦理有關職災預防及重建業務應成立「職災預防及重建中心」。請說明下列有關該中心之成立與運作等問題：
(一)「職災預防及重建中心」之法人性質為何？其成立之方式為何？
(二)中央主管機關依法如何監督「職災預防及重建中心」之業務與運作狀況？

答題索引：111年5月1日將勞工保險的職業災害保險及職業災害勞工保護法合併成勞工職業災害保險及保護法，本題屬簡易題型，在法規內有具體規定，簡易題型。

解析：詳見本書勞工福利類主題二、勞工職業災害保險及保護法內容。

113年 高考三級

一、依性別平等工作法之規定，性騷擾包含那些情形？請詳述之。

答題索引：本題屬時事題，受到Me Too事件影響，政府迅速修訂性騷擾三法，尤

其是職場性騷擾修正幅度最大，在原有的敵意性騷擾及交換性騷擾之外，增列權勢性騷擾，本題屬易拿滿意分數題型。

解析：詳見本書勞動條件類性騷擾防治內容。

二、依勞資爭議處理法之規定，仲裁亦為勞資爭議處理機制之一。試問仲裁之優點、進行方式與效力為何？請詳述之。

答題索引：台灣目前勞資爭議處理的法定方式包含三種：調解（含行政調解及勞動調解、仲裁及裁決），由統計數字可見，裁決案件有一定條件以致案件較少外，仲裁案件相較調解也少很多，主要來自仲裁條件較嚴苛且效力亦比調解高很多，本題屬容易發揮拿高分的題型。

解析：詳見本書勞資關係類主題三、勞資爭議處理法及爭議權與爭議行為相關內容。

三、我國勞動市場屢生「假承攬、真派遣」之弊端，故勞動部特109年訂定派遣事業單位及承攬事業單位認定指導原則。依該原則之規定，勞動派遣關係與勞務承攬關係之區別為何？請詳述之。

答題索引：過往著重在傳統的僱傭與承攬差異比較，勞動基準法與職業安全衛生法對於承攬有諸多規定，派遣日益興盛後，政府對於派遣勞工的權益增加各項的立法保障，本題屬簡易題型。

解析：詳見本書勞動法規概論九、僱傭、承攬與委任契約的差異及十、非典型勞動與勞動派遣內容。

四、勞工保險條例之規定，勞工保險強制投保對象及自願投保對象為何？請詳述之。

答題索引：勞工保險屬政府辦理的強制社會保險之一，對受僱勞工來說有四險（勞保、就保、職保、健保）一金（勞工退休金）的法定保障，勞保不論受僱者或無一定雇主甚至實際從事勞動的雇主都有保障，本題易拿高分。

解析：詳見本書勞工福利類主題一、勞工保險條例內容。

113年　普考

一、依我國團體協約法之規定，無正當理由拒絕團體協商之情形及其效果為何？請說明之。

答題索引：由工會與雇主簽訂團體協約本就不易，易遭雇主方無正當理由拒絕，同樣在協約有效期滿續約或修訂約定時，也容易遭此狀況，可依團體協約法規由主管機關交付仲裁，本題屬易拿高分題型。

解析：詳見本書勞資關係類主題二、團體協約法內容。

二、依勞動基準法第22條及第23條第1項之規定，工資給付之原則為何？請說明之。

答題索引：工資給付在勞動基準法第二章有詳細規範，易可透過勞動契約或團體協約加以規範，屬簡易題型。

解析：詳見本書勞動條件類主題一、勞動基準法內容。

三、依職業訓練法之規定，職業訓練之實施包含那幾種類型？請說明之。

答題索引：職業訓練依法分為四大類，兩類由政府辦理的養成訓練及轉業訓練，兩類由企業辦理的技術生訓練及進修訓練，簡易題型。

解析：詳見本書就業安全類主題三、職業訓練法內容。

四、勞雇雙方應如何進行加班補休？請說明之。

答題索引：勞雇雙方針對加班補休規定，在勞動基準法的第三章工時休息與休假有詳細規範，亦可透過勞資會議或團體協約約定優於勞動基準法的約定內容，簡易題型。

解析：詳見本書勞動條件類主題一、勞動基準法內容。

NOTE

高普│地方│各類特考

名師精編課本 · 題題精采 · 上榜高分必備寶典

法律 · 財經政風

書號	書名	作者	定價
1F181141	尹析老師的行政法觀念課----圖解、時事、思惟導引 👑 榮登金石堂暢銷榜	尹析	近期出版
1F141141	國考大師教你看圖學會行政學 👑 榮登金石堂暢銷榜	楊銘	690元
1N021121	心理學概要(包括諮商與輔導)嚴選題庫	李振濤、陳培林	550元
1N251101	社會學	陳月娥	600元
1F381131	刑事訴訟法焦點速成+近年試題解析 👑 榮登金石堂暢銷榜	溫陽、智摩	590元

勞工行政

書號	書名	作者	定價
1E251101	行政法(含概要)獨家高分秘方版 👑 榮登金石堂暢銷榜	林志忠	590元
2B031131	經濟學	王志成	620元
1F091141	勞工行政與勞工立法(含概要)	陳月娥	790元
1F101141	勞資關係(含概要)	陳月娥	700元

書號	書名	作者	定價
1F111141	就業安全制度(含概要) 👑 榮登博客來、金石堂暢銷榜	陳月娥	750元
1N251101	社會學	陳月娥	600元

戶政

書號	書名	作者	定價
1F651131	民法親屬與繼承編(含概要)	成宜霖等	610元
1F341141	統整式國籍與戶政法規	紀相	750元
1E251101	行政法(含概要)獨家高分秘方版 👑 榮登金石堂暢銷榜	林志忠	590元
1F281141	國考大師教您輕鬆讀懂民法總則 👑 榮登金石堂暢銷榜	任穎	近期出版
1N441092	人口政策與人口統計	陳月娥	610元

以上定價，以正式出版書籍封底之標價為準

■ **歡迎至千華網路書店選購**
服務電話 (02)2228-9070

千華網路書店

■ **更多網路書店及實體書店**

博客來網路書店　PChome 24hr書店　三民網路書店
MOMO 購物網　金石堂網路書店　誠品網路書店

查詢實體書店

頂尖名師精編紙本教材

超強編審團隊特邀頂尖名師編撰，
最適合學生自修、教師教學選用！

千華影音課程

超高畫質，清晰音效環
繞猶如教師親臨！

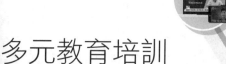
多元教育培訓
數位創新

現在考生們可以在「Line」、「Facebook」
粉絲團、「YouTube」三大平台上，搜尋【千
華數位文化】。即可獲得最新考訊、書
籍、電子書及線上線下課程。千華數位
文化精心打造數位學習生活圈，與考生
一同為備考加油！

TTQS 銅牌獎

實戰面授課程

不定期規劃辦理各類超完美
考前衝刺班、密集班與猜題
班，完整的培訓系統，提供
多種好康講座陪您應戰！

遍布全國的經銷網絡

實體書店：全國各大書店通路

電子書城：
Google play、 Hami 書城 …
 Pube 電子書城

網路書店：
 千華網路書店、 博客來
 MOMO 網路書店…

書籍及數位內容委製
服務方案

課程製作顧問服務、局部委外製
作、全課程委外製作，為單位與教
師打造最適切的課程樣貌，共創
1+1= 無限大的合作曝光機會！

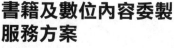
多元服務專屬社群 @ f YouTube

千華官方網站、FB 公職證照粉絲團、Line@ 專屬服務、YouTube、
考情資訊、新書簡介、課程預覽，隨觸可及！

國家圖書館出版品預行編目(CIP)資料

勞工行政與勞工立法(含概要) / 陳月娥編著. -- 第十四版.

-- 新北市：千華數位文化股份有限公司, 2024.11

面；　公分

高普考

ISBN 978-626-380-797-6(平裝)

1.CST: 勞工行政　2.CST: 勞動法規

556.84　　　　　　　　　　113017033

[高普考] 勞工行政與勞工立法（含概要）

編 著 者：陳 月 娥

發 行 人：廖 雪 鳳
登 記 證：行政院新聞局局版台業字第 3388 號
出 版 者：千華數位文化股份有限公司
地址：新北市中和區中山路三段 136 巷 10 弄 17 號
電話：(02)2228-9070　傳真：(02)2228-9076
客服信箱：chienhua@chienhua.com.tw

法律顧問：永然聯合法律事務所
編輯經理：甯開遠
主　　編：甯開遠
執行編輯：陳資穎
校　　對：千華資深編輯群
設計主任：陳春花
編排設計：林婕瀅

千華官網
／購書

千華蝦皮

出版日期：2024 年 11 月 15 日　　第十四版／第一刷

本書如有勘誤或其他補充資料，
將刊於千華官網，歡迎前往下載。